珠海经济社会发展

研究报告

(2016)

ANNUAL REPORT ON DEVELOPMENT OF

ECONOMY AND SOCIETY OF ZHUHAI (2016)

珠海市社会科学界联合会

主编／蔡新华

副主编／江志国　曹诗友

社会科学文献出版社
SOCIAL SCIENCES ACADEMIC PRESS (CHINA)

目　录

区域合作篇

人才教育篇

人文历史篇

综述篇

2015年珠海经济运行态势分析
及2016年展望

珠海市统计局

2015年，面对世界经济形势放缓、国内经济下行压力加大的复杂形势，珠海市认真贯彻落实国家和省各项政策部署，紧扣稳中求进的主基调，坚持创新驱动、投资拉动、开放带动，加大改革攻坚力度，通过简政放权和优化服务，有效激发了市场活力和发展潜力。产业结构优化和转型升级取得新进展，经济质量和效益稳步提升，经济增速由2014年的珠三角第一跃居全省第一。2015年，全市完成地区生产总值2024.98亿元，同比增长10%，顺利完成年初目标任务。

一 2015年经济运行总体情况

（一）主要经济指标完成情况

从主要指标完成情况看，一般公共预算收入、实际吸收外商直接投资同比增速分别为 17.2% 和 12.8%，与年度预期目标相比分别高出 5.2 个百分点和 7.8 个百分点；固定资产投资额、社会消费品零售总额同比增速分别为 15.0% 和 12.0%，均与年度预期目标持平；低于预期目标的是规模以上工业增加值和外贸进出口额，同比增速分别为 9.6% 和 -12.2%，分别比年度预期目标低了 1.4 个百分点和 13.2 个百分点。

表 1   2015 年主要经济指标完成情况

指标	总量	增速（%）	比年度预期增减（百分点）
地区生产总值	2024.98 亿元	10.0	0
规模以上工业增加值	980.76 亿元	9.6	-1.4
固定资产投资额	1305.14 亿元	15.0	0
社会消费品零售总额	913.2 亿元	12.0	0
外贸进出口额	2962.05 亿元	-12.2	-13.2
实际吸收外商直接投资	21.78 亿美元	12.8	+7.8
一般公共预算收入	269.92 亿元	17.2	+5.2

（二）主要行业发展情况

第一，工业保持良好增势。2015 年，全市工业发展呈现位次提升和结构优化两大特点。全市完成规模以上工业增加值 980.76 亿元，同比增长 9.6%，高于全国和全省的平均增速，在珠三角排名第二，比 2014 年提升一个位次。工业内部结构调整加快，一批新技术、新产品的高技术产业发展优势明显，增长速度明显快于传统制造业。高端制造业发展势头喜人，科技型企业增势迅猛，如魅族科技、晨新科技等科技型企业工业产值增速翻番，丽珠、汤臣倍健等企业产值增速超 40%。

第二，建筑业持续发力。在基础设施建设全面推进、房地产投资快速增长的带动下，近年来建筑业对全市经济增长的贡献逐步提升，已发展成珠海市的支柱产业之一，近两年均维持两位数以上的较高增速，并对全市经济增速形成正面拉动效应。2015 年，全市建筑业增加值增速为 19.1%，对全市经济增长的贡献率接近一成。

第三，批发零售业逐步转好。2014 年以来，国际原油及大宗商品价格持续下跌，对全市批发零售业造成较大冲击。2015年，全市批发零售业增加值增速为6.3%，创近三年新低。但随着一批新企业入库，批发零售业销售额增速走势趋好，出现逐季回升的良好态势，从一季度的负增长回升至全年9.3%的增长率。

第四，住宿餐饮业发展较快。随着横琴长隆三大主题酒店建成投入运营，带动全市住宿餐饮增加值增速从2013年的-5.7%跃升至2014年的23.8%，2015年虽然基数逐渐增大，依然增长9.1%，保持平稳增速。市内餐饮企业与美团网、大众点评网建立良好的合作关系，深入开展网上订餐、送餐等互联网营销成为常态。

第五，金融业稳步发展。随着高端服务业战略布局的深入，近三年全市金融业增加值占GDP的比重逐年提升，从2013年的6.2%增长到2014年的6.3%，2015年达到6.7%，逐步成长为全市的支柱产业之一，也对实体经济具有较好的助推作用。2015年，全市金融业增加值同比增长14.8%，对经济增长的贡献率达8.6%。

第六，房地产业平稳健康发展。由于生态环境的优势和世界宜居城市的打造，全市房地产行业近年来一直保持平稳健康发展的态势。近三年，全市房地产业增加值占GDP的比重保持在7%以上的水平。2015年，在房地产去库存的大背景下，全市楼市交易活跃，全市房地产业增加值同比增长10.8%，销售面积同比增长24.3%。

（三）三大需求表现为投资增势较强、消费平稳、进出口低迷

第一，投资增长较快。近年来，依靠重点项目和房地产投资的带动，珠海市固定资产投资增速连续四年稳居珠三角首位，"十二五"期间全市固定资产投资平均增速达21.3%，总量实现翻番，增速居珠三角首位。从结构上看，房地产投资占主导地位，基础设施投资居次位，工业投资是薄弱环节。2015年，全市固定资产投资增速有所放缓，同比增长15%，但依然是一个比较快的增速。

第二，消费较为平稳。近年来，消费有效地发挥了全市经济稳定器的作用，"十二五"期间全市社会消费品零售总额平均增速为13.5%。从结构上看，汽车消费是主力，网上商品零售、通信器材、旅游等领域消费增长也较为

迅速，但受油价拖累，石油及其制品消费下滑明显。2015 年，全市实现社会消费品零售总额 913.2 亿元，同比增长 12.0%。

第三，外贸进出口低迷。近年来，受外需疲软影响，全市外贸进出口呈现低位运行态势，"十二五"期间全市外贸进出口年均增长 1.8%，其中出口增长 6.7%，进口降低 3.6%。从结构上看，以加工贸易为代表的劳动密集型产品出口优势逐步减弱，原油和大宗商品的价格下跌对全市进口造成较大影响。2015 年，全市完成外贸进出口总额 2962.05 亿元，同比下降 12.2%。其中，出口增幅为 0.7%；进口降幅为 26.7%。

二　经济运行的主要亮点

（一）经济结构进一步优化

第一，服务业对经济的贡献率提升。近年来，加快推进产业结构优化升级初见成效，服务业比重稳步提升。"十二五"期间，全市第三产业占 GDP 的比重由 2011 年的 43.2% 逐年提升至 2015 年的 48.0%，突破 45% 的"箱底"，也预示着未来几年珠海服务业对经济的贡献将出现较快提升。目前，服务业新业态、新模式延续前两年高增长的态势，金融、电子商务、物流快递等现代服务业发展迅猛。大批金融企业在横琴注册，2015 年全市金融业增加值同比增长 14.8%，全市电子商务整体交易额同比增长 27%，全市快递业务量增速达 58.6%。

第二，高端制造业发展迅速。近年来，中海油、三一海洋重工、瓦锡兰玉柴、中航通飞、中国中车等一大批国内外龙头企业纷纷落户珠海，形成了海洋装备、通用航空、轨道交通等"海陆空"齐备的特色产业，与电子信息、家用电器、石油化工、电力能源、生物医药、精密机械制造六大支柱产业一起，初步构建起全市现代工业体系。2015 年，全市先进制造业、高技术制造业增加值占规模以上工业的比重分别达 49.6% 和 27.3%，比"十二五"初期的 2010 年分别提升了 5.8 个百分点和 3.9 个百分点。

第三，科技型企业快速成长。近年来，随着魅族、晨新科技、丽珠等一批高科技企业的发展壮大，全市高新技术产品产值占规模以上工业产值的比重稳步提升，占比在珠三角仅次于深圳，位居第二。全市工业对"两力"等传统大型骨干企业的依赖度有所下降，"十二五"期间，格力和伟创力集团合占全市规模以上工业产值的比重已由2011年的32%降至2015年的27%。

（二）经济发展的质量和效益明显提升

第一，财税收入快速增长。近年来，全市努力构建"三高一特"产业体系，推进传统工业向高端制造业、传统服务业向现代服务业升级，第二、第三产业的层次和水平得以提升，培育了如格力、魅族等一批经济效益高、市场前景好、纳税能力强的龙头企业，实现了产业转型升级对经济、财政的"双带动"。"十二五"期间，全市一般公共预算收入增速实现翻番，年均增速为19.2%；财政收入占GDP的比重在珠三角仅次于深圳，稳居第二。2015年这一比重超过13.3%，比2010年提升了3个百分点。

第二，人均GDP继续位于珠三角前列。2015年，全市人均GDP预计为12.5万元，在珠三角排在深圳、广州之后，位居第三。珠海GDP总量迈过2000亿元门槛，人均GDP也跃上一个新台阶，标志着珠海经济站上新的发展起点，迈入提质增效、健康发展的良性轨道。

第三，创新成为经济增长的重要因素。近年来，全市完善自主创新环境，为建设珠三角国家自主创新驱动示范区打下了坚实的基础。在经济增长动力因子中，体制和科技创新的作用稳步提升。从研发投入看，珠海的全社会研发经费（R&D）增长较快，2015年研发支出增速远超GDP的增速。从工业投入强度（研发投入占销售收入的比重）看，投入强度较高的行业有仪器仪表制造业、医药制造业、电气机械和器材制造业，其投入强度为1.71%~3.08%，远高于全省1.15%的平均值和珠三角1.32%的平均值，上述三大行业的产值接近全市工业产值的三成，且均为近年来景气度较高的行业。

第四，能耗水平控制得较好。2015年，全市经济调结构成效显现，经济增长要素逐渐向创新驱动过渡，低能耗的高技术产业和高端服务业发展加快，高能耗、高污染的钢铁、皮革制造等行业逐步淘汰，全年单位GDP能耗顺利达到年初预期，单耗水平仍居珠三角前列。

三　经济运行中存在的主要问题

过去一年，珠海市大力推动转型升级，高技术产业和现代服务业发展势头良好，产业结构优化升级。但在全国经济发展处于"三期叠加"和经济的中低增速成为"新常态"的大背景下，珠海市经济增长面临不少挑战，经济运行中一些结构性和周期性问题依然在一定程度上成为制约经济发展的因素。

（一）实体经济结构性的困难逐步显现

一是部分行业产能过剩的矛盾逐步凸显。受前期产能扩张过快和国内需求增长从住、行为主逐步转向服务业为主的影响，传统商品需求萎缩，导致部分传统制造业正从原来的增量市场进入相对饱和的存量市场。具体表现为以格力为龙头的电气业产值增速持续下滑，由 2013 年的 9.6% 降至 2014 年的 6.4%，2015 年继续滑落至 0.4%。仅空调行业，2015 年的库存就超过 70 亿元。二是企业利润增速放缓。受库存增加、工业品出厂价格指数（PPI）持续下滑影响，2015 年工业企业利润空间受到较大挤压。2015 年 1~11 月，全市规模以上工业企业利润同比仅增 3.0%，增幅同比回落 8.4 个百分点。此外，企业受结构性用工困难、汇率波动大等因素影响。

（二）消费市场缺乏新亮点

2015 年珠海市消费增速虽然较为理想，但主要是因为汽车升级换代需求带动中高端家用汽车消费增加，以及横琴长隆海洋公园带动全市住宿餐饮消费走旺。如果剔除横琴长隆因素，全市限额以上住宿业营业额同比仅增 6.7%，限额以上餐饮业营业额同比仅增 2.1%。与此同时，消费外流现象较为突出：一是网络购物消费外流，与网络购物相关的快递业务数据显示，全市快递业务同城不到三成，有七成以上流向市外；二是"海淘"等境外消费挤占了市内消费的空间。根据外汇部门数据和社会零售消费数据测算，境外旅游购物形成的净流出相当于全市社会零售总额的近一成。2015 年，虽有华发商都、富华里、扬明广场二期等新投入运营的消费热点，但对消费的拉动作用尚不明显。

（三）外需市场持续萎缩

虽然2015年加工贸易出口有所复苏，主要靠伟创力临时季节性订单的增加，但持续性仍没有形成。外贸奖励政策刺激作用减小后，全市一般贸易出口单月增速呈现逐月回落态势。在进口方面，油价的下跌直接拉低进口增速。在全球贸易萎缩的背景下，未来全市外贸进出口在低位运行或将成为大概率。

四　2016年宏观形势预判

（一）世界经济充满不确定性

展望2016年，世界经济仍将延续温和低速增长态势，国际经济环境依然复杂多变。IMF秋季报告预计，2016年世界经济将增长3.1%，与2015年大致相当。2016年全球经济发展最大的不确定性因素是，美联储加息靴子落地后，美国货币政策将逐步回归正常化，但欧元区和日本仍将实施宽松货币政策，全球金融动荡的风险依然存在；能源和大宗商品价格中低位徘徊，地缘政治及突发事件将会推动价格剧烈震荡，跨太平洋伙伴关系协定（TPP）达成，各国政策博弈加剧，导致世界经济增长充满变数。

（二）全国经济将探底企稳

中央经济工作会议提出，将继续保持经济在合理区间运行，预计2016年全国经济增长目标或将调至6.5%～7.0%。会议对2016年经济工作提出了去产能、降成本、去库存、补短板、去杠杆五大任务。这五大任务均围绕供给侧改革的主题展开。供给侧结构性改革已成为当前经济工作的重中之重，2016年如何在供给侧结构性改革方面落子布局备受关注。总的来讲，供给侧结构性改革就是要打破体制障碍，引导资本、劳动、创新能力等要素资源配置到需求旺盛、效率更高的部门。2016年的国家宏观经济政策将更多地体现为，需求端宽松的财政、货币政策和供给端的结构性改革相结合的双轮驱动模式。

（三）全省经济形势或将好于全国

从全省看，2015年珠三角地区经济增速预计将超过粤东西北0.4个百分点。这是2009年以来，珠三角增速首次反超相对欠发达的粤东西北地区。这表明全省经过持续调结构，经济质量出现明显变化，创新驱动已经初步成型，"粤式反转"出现。因此，2016年，受部分行业产能过剩、房地产市场调整等因素的影响，全省经济增速虽将有所回调，但经济运行仍将保持总体平稳态势，形势将好于全国。全省2016年地区生产总值增长目标定在7.0%~7.5%，略高于全国，由于产业转型升级效应逐步显现，预计经济发展状况或将好于全国。

（四）珠海经济将面临较大的下行压力，但预计将保持相对平稳的增速

受到国家规范地方性债务、政策红利逐步消退、工业支柱产业增长放缓和外需增长乏力等因素影响，2016年珠海市经济将面临较大困难，保增长的压力较大。但同时，国家推动"一带一路"和"双创"战略，广东自贸区和珠三角自主创新示范区建设全面推进，特别是省委、省政府打造珠江西岸先进装备制造产业带，为珠海市"三高一特"产业提供了新的强大动力。初步预计，2016年珠海市经济增速或将低于2015年，但仍将保持相对平稳的增速。

五 相关建议

综上分析，2016年珠海的机遇大于挑战，要提早布局，夯实经济增长的基础。全市的经济工作重点仍是保增长，同时把握好稳增长、调结构和防风险的平衡，立足当前、着眼长远，同时从供给、需求两侧发力，促进经济的平稳健康发展。

（一）从需求侧发力，进一步建立促进长远发展的长效机制

第一，抓创新。创新驱动直接促进全要素生产率的提高，从而带动产业整体实力的提升，近年来体制和技术创新对全市的经济增长越来越重要。对此，

要大力实施创新驱动核心战略，全力建设珠三角国家自主创新示范区，加快形成以先进装备为龙头的"三高一特"现代产业体系，率先建成智慧珠海，基本建成国家创新城市，从而逐渐提高创新驱动对经济增长的贡献，完成新旧发展动能的转换。

第二，抓项目。项目是保增长和促发展的载体。要继续实施重点项目的跟踪落实机制，把各项工作落到实处。一是抓工业项目。改变工业投资占比较小的状况，在增量上要加大市场景气度较高的高端装备和智能制造行业的投资，在存量上通过技术改造投资挖掘全市工业已有的潜力。二是抓政府和公共服务投资项目。发挥政府投资在公共服务领域的主导作用，提高政府资金的使用效率。三是加大基础设施投资力度。从改革融资渠道着手，通过争取更多的地方政府债券额度和推进债务置换减轻政府偿债压力，为全市基础设施投资腾出更多的空间。四是抓重大项目。规划建设的项目要抓紧实施，2015 年市里签署多个重大项目的合作协议，要加快落地进度。

第三，抓出口。全市规模以上工业增加值的近五成和限额以上批发业增加值的超一成直接受外贸影响，外贸进出口的持续萎缩，势必影响到全市经济的增长。因此，力促外贸复苏成为关键。一是加快外贸转型升级，帮助企业打开国内市场，增加生产订单；二是开拓新兴市场，稳抓对接"一带一路"沿线国家或地区的贸易投资机会。

第四，抓消费。近年来，消费一直发挥着全市经济增长稳定器的作用。一是要加快长隆二期等旅游重大项目的建设，发挥长隆对全市旅游消费的引领作用。二是以航展、马戏节、中国国际航海高新科技展览会等重大活动为载体，打造一批城市消费品牌。三是加快横琴及保税区等区域的跨境商品销售平台建设，形成横琴平行车进口及保税进口商品体验店、跨境工业区进口商品销售网络等一批消费新热点。四是利用阿里巴巴战略投资、网络众筹等新的农产品消费模式，提高斗门农产品的市场知名度，实现斗门农产品"走出去"的战略。

（二）从供给侧发力，力抓促进经济增长的增长点，确保全年预期目标的实现

2016 年要抓牢、抓实经济增长点，分行业、分项目逐步落实，高质量完成各项经济增长目标。

第一，稳固工业增长的基础。目前工业增加值仍是经济的重要部分，其增长对全市经济稳增长举足轻重。对此，一是要继续服务好重点企业，特别是对高栏港区清洁能源、精细化工和高新区高技术制造业要重点关注，确保其为全市工业增长多做贡献。二是对中航通飞、三一重工、中国北车等近年引进的但因建设周期长、市场培育需要时间、产能释放较慢的工业项目，努力达到协议约定的产能计划，形成新的工业增长点。三是要继续扶持市内重点企业的发展，部分骨干大型企业曾经为全市经济发展做过巨大的贡献，目前处于转型过程中的阵痛期，要更好地做好跟踪服务，减少重点企业发展减速对全市经济的负面影响。四是初步摸底显示，2015 年新投产的工业项目超过 30 个，新增产能或将在 65 亿元以上。要抓紧这些项目的建成投产。

第二，加强建筑业市场管理。全市建筑业增加值已经连续 3 年实现双位增长，并且行业占全市增加值超 5%，成为全市支柱产业之一。2016 年，全市固定资产投资高位回落影响建筑和安装工程投资的增加，建筑业难以维持往年的高增速。对此，要继续以重大项目和基础设施建设在珠海陆续动工为契机，进一步落实加强建筑业市场管理的各项措施，鼓励承接珠海重点项目的建筑企业在珠海本地落户，形成建筑业的新增长点。

第三，稳定大型批发企业。2015 年，全市批发业发展放缓，原油和煤炭等大宗商品价格已经进入底部区间，但不排除进一步探底的可能性，市场甚至出现原油价格可能短暂触及 20 美元的极端底部的预期，因此预计 2016 年价格下跌所带来的下拉效应会持续放大。对此，一是对重点石油类制品、化工、煤炭类企业做好跟踪服务，制定帮扶政策，力求不出现大幅下滑；二是利用自贸区政策优势继续引进一批有实力的批发业企业，形成批发业的新增长点。

第四，支持金融业规模扩大。2015 年以来，横琴金融业的布局加快，截至 11 月末，横琴新区金融类企业达 1825 家，注册资本 1893 亿元，其中持牌金融机构 51 家、互联网金融企业 47 家。对此，要以打造横琴高端服务业发展集聚地为依托，瞄准保险、支付平台、信征系统等景气度较高的金融细分行业，加快注册金融企业，在横琴建立一批总部型的金融企业或区域运营中心。

第五，推进房地产业健康发展。2015 年，全市房地产行业仍处于相对景气的周期，去库存周期只有 6 个月左右，远低于全国 23 个月的平均水平。对此，2016 年的主要任务还是加大供给，推动销售面积的增长，特别是落实国家房地产去库存化的各项政策。东部城区加快大面积住宅和商业地产的去库存速度，做精做强高端房地产商住项目。西部城区要提升房地产业的单位土地贡献，加快楼盘的推出速度，以确保经济的稳健发展，更好地服务全市经济发展大局。

珠海市社会科学生产力现状研究[*]

郑 勇

一 引言

　　作为哲学社会科学研究能力与成果体现的社会科学生产力（以下简称社科生产力），已被视为综合国力的重要组成部分，也是城市创新能力的重要体现。珠海市委、市政府非常重视哲学社会科学，2006 年发布的《关于进一步繁荣发展哲学社会科学的实施意见》提出，用 5 年左右时间基本形成具有时代特点和珠海特色的哲学社会科学体系，建设与现代化区域中心城市相适应的社会科学研究机构，建设一批有特色、有影响力的优势学科，培养一批具有较高水平的学术带头人；2010 年发布的《关于建设文化强市的实施意见》提出，加大对社科研究的投入力度，推出一批有重大影响的社科研究成果，引进一批高水平社科领军人物和青年人才，培育在全国有影响力的学术期刊，到 2015 年使珠海文化综合实力和竞争力处于珠江三角洲地区领先水平；2011 年发布的《珠海市哲学社会科学"十二五"发展规划纲要》提出，要构建与珠海经济特区发展相适应、与珠江口西岸核心城市定位相匹配、具有珠海特色的哲学社会科学发展体系。如今，珠海社科生产力发展成效如何，是否达到预期目标，相关文献不仅寥寥无几，而且大多为论者的主观感觉。

　　对于社科生产力，我国学者并没有给出一个清晰的界定，大多将其模糊地定义为"社会科学的研究能力和成果"。最具代表性也最有影响力的是南京大学邹志仁等的研究，他们以 CSSCI 数据库检索统计某个时间段、某个地域的作者发表的论文数量及其分布来反映社科生产力总体情况、学科结构、优势与不

　　* 课题负责人：郑勇，北京师范大学珠海分校副研究员。课题组成员：王婉、唐高芳，北京师范大学珠海分校馆员。

足、在全国的地位及发展变化状况，并没有对产量与产质加以区分。全国哲学社会科学规划办公室的蔡曙山、华中师范大学的吕国光等则没有以社科产品为研究依据，而是以国家社科基金项目的申报或立项情况来反映社科生产力的状况。从研究对象看，国家社科基金的申报或立项不等于最终的产出，且基金申报对申报者有资历等方面的要求，将绝大多数社科研究者拒之门外；从研究范围看，仅北京大学《中文核心期刊要目总览（2011 年版）》一书就收录了我国社科专业期刊 7243 种，而 CSSCI 数据库收录的期刊只有 533 种（2014～2015年）。所以这两种研究方法都很难全面反映一个地区的实际社科生产力状况，研究结论也缺乏说服力。

从文献计量学角度看，社科生产力是指哲学社会科学研究成果的生产能力，表现在产量和产质两方面，前者反映的是产品数量即产出能力，后者反映的是产品质量即学术水平、学术影响力与竞争力等。社科生产力水平取决于三大要素：一是生产者（谁生产，即研究者），其能力与水平起着决定性作用；二是生产条件（如何生产，即研究环境与条件，包括研究对象、工具、手段、方法、参考资料等），起着制约或促进作用；三是产品（生产什么，即研究成果，包括著作、论文、调研报告等），是社科生产力最终的表现形式。基于这一理解，要真实反映一个地区社科生产力的最可靠的方法就是对该地区社科研究产品进行观察与研究。

本文要从量与质两方面来反映珠海社科生产力的现状，前提条件是尽可能全面、充分地获取珠海作者出版的图书和发表的期刊论文、研究报告等社科产品。由于检索工具所限，要想全面获取珠海作者撰写的图书、研究报告等产品显然是极其困难的，但要较全面地获取中文期刊论文则是有可能的。因为CNKI "期刊大全" 目前已收录期刊 10243 种，其中社科期刊 5593 种（根据CSSCI 对学科范围的划分），包括了我国绝大部分中文社科学术期刊。

二 研究对象与方法

（一）研究对象

文献计量学评价指标相对成熟，而 CNKI 期刊库又为全面、充分获取中文期刊论文提供了可能，因此本文将期刊论文作为研究对象，以 CNKI 期刊库作为获取和研究珠海社科期刊论文的主要检索工具。

（二）研究方法

1. 文献获取

登录 CNKI "期刊大全" 检索平台，以 CSSCI 来源期刊（以下简称 C 刊）收录的学科目录为学科范围，限定检索学科范围为 "基础科学" 中的 "资源科学" "哲学与人文科学" "社会科学 I 辑" "社会科学 II 辑" "信息科技" 中的 "新闻与传媒" "出版" "图书情报与数字图书馆" "档案及博物馆" "经济与管理科学"，按单位、作者、年度、学科等分别检索出珠海、深圳、东莞、佛山、中山、江门、惠州七市的作者 2010~2014 年发表的论文（由于数据库与 C 刊的学科目录存在差异，对部分学科做了合并处理，如数据库的 "哲学" "逻辑学" "伦理学" "宗教" 合并为 "哲学宗教"，详见表 3）。对于单位名称不含城市名的论文（如广东科技学院不含 "东莞"）则单独检索；对于作者单位存在不同名称的论文（如广东科学技术职业学院又名广东科技干部学院）也抽出来单独检索；对于作者单位在不同城市设有分支机构而数据库没有区分的，则下载阅读全文，通过正文所注作者的通信地址来确定其单位所在地（如中山大学的广州校区与珠海校区）。检索时间为 2015 年 3 月 9~20 日。复核时间为 2015 年 4 月 21~24 日。

2. 文献处理

对于数据库检索出的文章，均手工剔除非学术论文（如文学艺术作品、广告、通知等）、非目标单位第一作者论文，之后再提取所需事实信息和统计数据，如作者单位、发文量、C 刊论文量等。其中 C 刊论文量以南京大学 CSSCI 官方网站提供的 2014~2015 年期刊目录为依据，将目标作者发表论文的期刊名与该目录一一核对后再进行人工统计。若数据库检索能直接获取目标数据（如论文被引频次等），则以检索结果为准；若数据库检索不能直接获取目标数据（如均被引量、均参考文献量等），则人工统计。

3. 数据分析

用表格将目标事实与数据列出，通过各种数据群的排列、比较、分析，以国内外通用的方法和指标，挖掘出数据所蕴含的特点与规律，并将珠海与珠三角主要城市（广州作为省会城市，其社科生产主力军的高校和科研机构数量占绝对优势，缺乏与珠海的可比性，故不作为参照对象）的各项指标加以比较，以反映珠海社科生产力水平。

三 结果与分析

（一）产品情况

1. 产量

表1显示，2010年以来珠海作者发表的社科期刊论文数量呈逐年增长趋势，2010年产量为1437篇，2014年则达到2270篇，其中2013年增长最快，产量比2012年增长了19.00%，比2010年增长了46.00%。如果将珠海与珠三角其他六市相比较，以珠海社科产量增长最快的2013年为例（见表2），珠海产量与江门、中山、惠州三市相比略有优势，但与深圳存在巨大差距，并且低于东莞、佛山两市；在产量增速上，珠三角各市均呈现出快速增长趋势，例如惠州虽然年产量不高，但增速较高，2010年产量为940篇，2013年产量则为1508篇，增长60.43%，增速高于珠海。可见，无论是产量还是产量增速，珠海在珠三角均没有表现出突出的优势。

表1　珠海作者发表的社科论文统计

指标＼年份	2010	2011	2012	2013	2014
产量（篇）	1437	1534	1763	2098	2270
增长（%）	—	6.75	14.93	19.00	8.19
C刊论文（篇）	95	119	146	121	143
C刊论文占比（%）	6.61	7.76	8.28	5.77	6.30

表2　2013年珠三角7市作者发表的社科期刊论文统计

单位：篇

指标＼城市	珠海	深圳	东莞	佛山	江门	中山	惠州
产量	2098	6050	2510	2544	1095	1417	1508
C刊论文	121(84)	320	96	46	34	25	47

注：括号数据为剔除中山大学、暨南大学不以珠海校区名义发表的论文后的数据。

2. 产质

虽然高水平期刊不等于高水平论文，但高水平期刊中聚集着高水平论文。因而 C 刊论文常被看作高质量论文从而成为评价一个机构或区域社科研究实力与水平的重要依据。表 1 显示，2010～2012 年珠海 C 刊论文数量从 95 篇快速增长到了 146 篇，增幅达 53.68%；2013 年论文产量没有继续增长，反而比 2012 年少了 25 篇，跌幅为 17.12%；2014 年虽有所增加，但依然未达到 2012 年的水平。如果与其他六市相比（见表 2），2013 年珠海 C 刊论文明显多于东莞、佛山、江门、中山、惠州，但与深圳存在巨大差距。珠海现有产量和 C 刊论文量均属理论上的数据①，这是因为中山大学、暨南大学虽有部分学院设在珠海，但其教职员工所发表的论文通信地址大多为广州，很少有通信地址为珠海的。如按学院所在地统计，高校珠海校区所发论文应属珠海，那么珠海 C 刊论文数量为 121 篇，但如按论文作者所署通信地址统计，则大部分应属广州，那么珠海 C 刊论文数量为 84 篇，少于东莞。当然，广东科学技术职业学院也存在这种情况，只是呈现出相反的状态，即大部分论文作者的通信地址为珠海，广州的较少，遗憾的是该校并没有贡献多少 C 刊论文，对珠海 C 刊论文量的影响有限。被引量无疑是评价期刊论文质量的重要指标，被引频次在相当程度上可反映学术影响力。有计量学家把高频被引规定为 10 次以上，但在实际中仍可视具体情况灵活确定频次。如果我们基于珠三角七市五年间庞大数目的期刊论文量把被引频次为 20 以上的论文确定为高频被引论文，那么珠海有 33 篇，深圳有 104 篇，佛山有 14 篇，东莞有 14 篇，江门有 12 篇，中山有 13 篇，惠州有 10 篇，深圳依然占绝对优势，珠海略优于其他五市。如果剔除中山大学、暨南大学不以珠海名义发表的论文（19 篇），则珠海具有较高学术影响的论文量与其他五市相当。

3. 学科分布

CNKI 期刊库虽能对各种期刊发表的文章加以学科分类，但分类效果并不理想。为较客观地反映珠海社科生产的学科分布状况，同时避免人为因素干扰

---

① 虽然广东财经大学也存在类似情况，但该校以佛山三水校区名义发表（或通信地址为佛山）的论文极少，加上该校在佛山三水校区没有整建制教学单位，因而要把该校以广州校区名义（或通信地址为广州）发表的论文看作佛山理论上的生产力是缺乏依据的。

分类结果，大多数以数据库分类为依据，只对少数明显分类错误的作品单独手工列出和统计。表 3 显示，2010～2014 年在论文总量上，珠海语言学、经济学、教育学三学科产量较高，均超过了 800 篇，经济学、教育学和环境旅游学 C 刊论文较多，均超过了 70 篇。珠海与东莞相比，珠海文学、体育学、环境旅游学等学科产量略占优势，而东莞在政治学、经济学、法学、图书情报学、教育学等领域略占优势。在 C 刊论文数量方面，东莞只有图书情报学占绝对优势，表明东莞大部分学科论文总体质量偏低。与珠海相比，佛山除了经济学、教育

表 3　2010～2014 年珠海、深圳、佛山、东莞社科生产力学科分布

学科 \ 城市 指标	论文总量				C 刊论文数量				顶级、权威期刊论文数量*				杰出作者数量			
	珠海	深圳	佛山	东莞	珠海	深圳	佛山	东莞	珠海	深圳	佛山	东莞	珠海	深圳	佛山	东莞
管理学	170	1519	111	182	37	154	12	22	1	19	1	4	6	18	0	1
马克思主义	29	129	24	27	7	25	0	2	1	7	1	0	1	3	0	0
哲学宗教	43	209	75	77	12	125	12	15	0	8	0	0	1	16	2	1
语言学	867	1208	731	948	22	79	9	17	0	3	0	0	2	5	0	1
文学	357	679	239	267	49	118	14	32	1	4	5	2	5	9	4	2
艺术学	392	1067	312	354	18	67	9	21	0	0	0	3	1	15	1	3
历史文化	170	637	186	136	35	97	13	18	0	5	0	2	0	4	0	2
政治学	289	1192	290	446	19	117	4	14	0	4	0	0	0	12	0	0
经济学	2048	9824	2444	2254	254	802	71	153	1	5	0	0	14	11	2	3
社会学	143	711	152	168	33	91	9	19	0	2	0	0	0	12	0	0
法学	310	1684	351	505	37	146	38	44	1	9	2	0	1	12	6	1
新闻传播	183	1063	154	268	25	116	7	8	0	21	2	0	1	14	1	0
图书情报	435	1085	483	576	39	181	32	115	2	37	8	19	2	14	2	7
教育学	3959	11528	6451	6456	75	273	98	43	1	13	1	3	4	11	4	1
体育	422	587	285	292	27	41	13	7	0	2	2	1	2	2	2	0
心理学	72	330	64	30	8	69	7	2	0	6	0	0	1	8	0	0
环境旅游	235	415	232	76	83	82	10	3	56	12	4	0	14	5	0	1

　*中国社会科学院中国社会科学评价中心发布的《中国人文社会科学期刊评价报告（2014）》对各个学科的学术期刊评定了顶级、权威、核心和扩展四个级别，表中数据以该报告所列各个学科的顶级、权威期刊为依据，用 CNKI 期刊库检索统计得出。

学两学科产量较高外，其他学科产量与珠海相差无几。珠海各个学科的产量均与深圳存在较大差距。除了环境旅游学外，珠海的 C 刊论文数量也远少于深圳。深圳除了马克思主义、哲学宗教、心理学和环境旅游学四学科产量不足500 篇外，其他学科均有较高产量；除了马克思主义和体育两学科的 C 刊论文数量不足 50 篇外，其他学科 C 刊论文数量也相对较多。再看发表在顶级、权威期刊上的论文情况，由于中山大学旅游学院的贡献，珠海环境旅游学的产量优势突出，但哲学宗教等九学科产量为 0，管理学等七学科也只有 1～2 篇，而佛山有五学科产量为 0，东莞的图书情报学产量仅次于深圳且相对珠海、佛山有较大优势。可见，珠海除了环境旅游学的优势外，其他学科的生产力与深圳相比还有不小的差距，与佛山、东莞相比，也只有文学、体育等少数学科略占优势。

（二）生产者情况

1. 生产单位分布

表 4 显示，珠海从事社科研究的主力军是高校和中小学，它们 2013 年的产量合计达 1642 篇，占了珠海总产量的 78.27%。其中珠海高校论文产出数量仅次于广州，在珠三角优势突出，是 C 刊论文的主要贡献者，占了总量的95.04%，显示出较强的社科生产力。进一步观察可以发现，中山大学和暨南大学珠海校区虽产量不高（2013 年分别为 84 篇、49 篇），但 C 刊论文（分别为 38 篇、24 篇）的贡献很大，而珠海另两所普通高校（遵义医学院珠海校区和北京师范大学 - 香港浸会大学联合国际学院）以及珠海党校、图书馆、研究机构、新闻机构等单位社科生产力都极低，无论是产量还是产质几乎可以忽略；珠海 3 所独立学院虽产量不低，但 C 刊论文数量较少，珠海 3 所职业技术学院的情况亦然。虽然珠海中小学论文数量较大，但大多是缺乏论证的教师个人教学经验与感悟的表达，学术质量较低。深圳社科生产单位的主要分布情况与珠海类似，但各单位社科生产力水平普遍比珠海高，深圳党校和深圳市（区）党政机关、图书馆、各种研究机构，甚至包括企业，在产量和产质上都有不俗的表现。其中，深圳大学尤其引人注目，其社科生产力水平极高，贡献了深圳 70% 的 C 刊论文，而珠海 3 所独立学院的生产力水平与深圳 2 所职业学院的水平相当。

表 4　2013 年珠海、深圳主要生产单位分布

单位：篇

珠海			深圳		
单位	产量	C 刊论文	单位	产量	C 刊论文
4 所普通高校	201	63	3 所普通高校	956	224
3 所独立学院	622	36	2 所职业学院	665	34
3 所职业学院	369	16	深圳研究生院	82	16
中小学	450	1	中小学	1182	3
党校	15	0	党校	131	8
研究院、所、中心	12	3	研究院、所、中心	236	9
2 个新闻机构	19	0	2 个新闻机构	172	2
中专、技校	90	0	中专、技校	171	4
市(区)党政机关	105	5	市(区)党政机关	358	7
市(区)图书馆	4	0	市(区)图书馆	91	24
企业	143	1	企业	904	6

2. 杰出作者分布

杰出作者亦称核心作者，是指那些发表论文较多、影响力较大的作者，通常依据普赖斯定律来反映。而普赖斯定律仅关注作者发文量，并不关心论文质量、水平与影响。产量较高说明学术活跃度较高，不等于产品质量高，更不等于学术水平高，故仅依普赖斯定律来反映杰出作者的情况显然是有缺陷的。学术论文发表后的被引用情况是论文在学术界的影响力以及学术界对论文评价最完备的书面记录。一般来说，论文被引频次越多，则该论文质量越高，学术价值与影响越大，于是有的学者把发文量和被引频次都作为考察杰出作者的重要指标，按综合指数确定杰出作者，也有学者取发文量最多的前 50 名（剔除篇均被引频次小于 1 的作者）为杰出作者。依据我国大多数相关研究经验，结合珠三角七市社科生产力现状，本文确定了杰出作者的筛选办法，即 2010 ~ 2014 年发表 C 刊论文 3 篇者即入围杰出作者候选名单，再根据入围作者五年里所发表期刊论文的平均被引量按学科在珠海、深圳、佛山、东莞四个社科生产力较高的城市中排序，如果被引量相同，则依发文量排序。考虑到学科差别，如果四市部分学科候选杰出作者数不到 20，则不用再次筛选，直接产生杰出作者，如果超过 20，则依排序情况取前 20 为杰出作者（较大学科如经济

学取前 30、管理学和图书情报学取前 25），产生最终杰出作者名单。表 3 显示，珠海共有杰出作者 58 名。从学科分布看，只有经济学和环境旅游两学科产生了较多的杰出作者，管理学、文学、教育学次之；而深圳管理学等九学科均产生了 10 名以上杰出作者；佛山只有法学、东莞只有图书情报学产生了较多的杰出作者。如果优势学科以学科论文总量、C 刊论文数量、顶级与权威期刊论文数量和杰出作者数量为依据，那么珠海环境旅游可谓优势学科，经济学次之。而这两个学科的优势也主要是中山大学和暨南大学珠海校区的贡献，两校区共产生杰出作者 45 名，占了珠海全部杰出作者的 77.59%，主要集中在环境旅游和经济学领域。珠海 3 所独立学院仅北师大珠海分校产生了 8 名杰出作者，吉林大学珠海学院产生了 1 名杰出作者。而深圳在大多数学科领域都有一批杰出作者，其中深圳大学的杰出作者最多，深圳党校、深圳图书馆、深圳职业技术学院以及深圳各种研究机构均有一定数量的杰出作者，尤其是北京大学、清华大学等重点高校在深圳设立的研究生院虽然产量不高，但有不少学术影响力较大的杰出作者。

3. 珠海作者研究珠海的情况

表 5 显示，2010～2014 年珠海作者以珠海为研究对象的期刊论文也呈逐年增长趋势。研究的主题非常集中，其中经济（尤其是产业发展）主题的论文有 192 篇，教育主题的有 204 篇，这两大主题的论文占了全部论文的 55.62%。珠海一直被定位为旅游城市，特别注重环境保护、生态建设，研究珠海环境与旅游的论文却极少（仅 9 篇）。虽然中山大学珠海校区旅游学可谓优势学科，但极少关注和研究珠海旅游。珠海是拥有立法权的特区，但缺乏杰出的法学研究者。不仅如此，五年来研究珠海的论文质量普遍较低，712 篇论文中最高被引频次为 19，仅 8 篇被引频次超过 10，且 C 刊论文较少，五年来每年均未超过 5 篇；大多数论文主要建立在主观感觉和分析的基础上，缺乏可靠的事实依据，其中以调查等实证研究方法为主的论文只有 110 篇，占 15.45%。尤其值得注意的是，平均参考文献量较少，不到 3 条，甚至有三成以上的论文参考文献为 0 条。由此可见，珠海社科作者的文献意识与文献研究能力明显不足，作者偏好主观分析，不愿意深入珠海经济社会发展前沿去做调查研究，总体服务珠海的能力与水平还有待提升。统计显示，五年来以珠海为研究对象的珠海作者主要分布在高校和市直机关，其中吉林大学珠海学院和珠

海城市职业技术学院产量最高，均为 90 篇，其次北师大珠海分校为 88 篇，再次市直机关为 85 篇，北理工珠海学院为 74 篇，广东科技职业学院和党校均为 30 篇左右，足见这些高校已真正扎根珠海，其教职员工均较关注珠海。社科研究能力较强的中山大学和暨南大学两校区产量极少，分别只有 4 篇，可见这两所高校虽有部分学院设在珠海，但其科研力量并不在珠海。值得注意的是，五年来珠海 10 所高校所发表的研究珠海的论文绝大多数是独立完成的或校内人员合作完成的，与本地政府、企事业单位合作发表的论文仅 12 篇，占比极小，可见这些高校还远没有融入珠海。

表5　2010～2014 年珠海作者发表的以珠海为研究对象的社科论文统计

指标＼年份	2010	2011	2012	2013	2014
产量(篇)	97	107	156	176	176
C 刊论文(篇)	5	3	2	3	5
无参考文献占比(%)	40.22	36.44	38.06	33.71	30.68
平均参考文献(条)	2.21	2.43	2.41	2.68	2.65

（三）生产条件

珠海市委、市政府对于繁荣哲学社会科学的高度重视无疑是提高社科生产力的重要助推力量。珠海社科联每年均立项支持服务本地社科研究的课题，且支持力度较大。据珠海社科联发布的历年立项课题目录，2010 年珠海立项支持的社科研究课题仅有 32 个，到 2014 年立项课题已达到 195 个，远超过惠州（33 个）、佛山（115 个）的立项数，甚至超过高校云集的广州的立项数（163 个）。珠三角大多数城市为社科课题申报者设定了副高及以上职称的资历要求，但珠海对此采取开放的态度，即没有任何资历要求。但 CNKI 期刊库检索结果显示，珠海 57.14% 的课题主持人五年来从未在核心期刊上发表过论文，30.95% 的课题主持人甚至从未发表过期刊论文。表6 显示，2010～2014 年珠海立项支持课题共 447 个，其中以论文为成果形式的有 227 个，但公开在期刊上发表论文的且明确标识为珠海社科立项课题的仅 34 篇，其中发表在核心期刊上的有 12 篇，远少于深圳、佛山、东莞和江门。可见，不设课题申报者的资历要求让更多社科研究者参与社科研究的方式虽有可取之处，但在保证申报者的学术研究能力与水平方面，以及在保证研究成果的质量并接受监督方面，珠海缺乏相应的引导、管理措施加以保障。

表6　2010～2014年珠三角七市发表立项课题成果期刊论文统计

单位：篇

城市	论文	核心期刊刊文	城市	论文	核心期刊刊文
珠海	34	12	中山	23	3
深圳	239	92	东莞	90	38
佛山	263	51	惠州	43	12
江门	140	37			

比较而言，珠三角其他各市支持本地社科力量开展社科研究的力度并不亚于珠海，某些方面比珠海更加开放和有序。例如珠三角大多数城市对于社科规划课题都实行按年度申报制度，珠海、中山等市仅限本地社科研究者申报研究课题，而佛山、深圳等市则面向社会公开招标社科研究项目，外地社科研究者也可参与竞标。有些城市采取了多样化的立项支持形式（如东莞实行招标、委托、资助和自筹经费四种形式）。在经费管理上，多数城市实行一次核准、多次拨付制度；在成果管理上，深圳市的要求较为具体，具有可操作性（如对于课题成果有字数要求，论文还须在刊物上公开发表）。大多数城市要求课题成果无论是否发表，都须明确标注为立项规划课题成果。珠三角绝大多数城市都定期奖励本地优秀社科研究成果。广州还定期奖励优秀社科人才，授予他们"优秀哲学社会科学家""优秀中青年哲学社会科学工作者"等称号；珠海虽也曾奖励过优秀社科研究成果，但从2014年开始取消了这一奖项，成为珠三角唯一取消这一奖项的城市。

访问珠海市图书馆及高校图书馆网站可见，珠海市图书馆及部分高校图书馆目前已面向市民开放，这无疑为珠海社科研究者开展社科研究、利用馆藏纸本文献提供了便利，但在利用馆藏数字资源方面依然存在障碍。利用CNKI期刊库检索珠三角各市拥有社科类学术期刊的情况发现，除了佛山有2种、深圳有5种外，其他各市均只有1种；除了珠海期刊无影响因子外，其他期刊均有一定影响因子，尤其深圳拥有2种影响因子较高的学术期刊（甚至有1种期刊为C刊）。拥有一定数量具有较高影响力的期刊，无疑有助于社科生产力水平的提高，但这不是决定性因素，拥有社科研究力量、社科研究条件和氛围更加重要。珠海社科研究机构很少，且主要为高校所设，生产力水平极低。以北师大珠海分校为例，其科研处公布的该校所设的研究所、研究中心有 50 余个，但五年间以这些机构名义发表的社科期刊论文仅有 13 篇。而深圳在本地和外地高校都设立了各种研究机构，市（区）直机关也拥有大量社科研究机构，电视台、报纸等新闻单位乃至企业也不甘落后，且各种研究院所（中心）都有一定生产力，仿佛所有机关、企业、事业单位、学校等都在努力从事社科研究，整座城市都笼罩在浓浓的研究创新氛围中，而这正是珠海最缺乏的。

四　结论与建议

（一）珠海社科生产力现状

珠海社科生产力处于迅速发展阶段，总体水平相对于江门、中山、惠州三市而言略有优势，但还未达到预期目标，还不具备与珠江口西岸核心城市和区域副中心定位相匹配的竞争力；相对于东莞、佛山两市而言优势不明显，某些指标还稍逊一筹；与深圳相比，除了个别学科领域外，大多相去甚远。从学科分布情况看，珠海的环境旅游学科由于中山大学旅游学院的贡献而在理论上具有绝对优势，经济学与教育学两学科有较高生产力，但与深圳、佛山、东莞相比，优势同样不突出，其他学科的生产力水平均较低。从生产者情况看，珠海社科生产力主要集中在 4 所普通高校、3 所独立学院和 3 所职业学院，其他单位的生产力水平均较低，但高校潜力仍未得到发挥，导致高质量、高水平、高影响力的学术成果较少。珠海市直机关、党校、图书馆、新闻机构等单位都普遍缺乏社科研究积极性，导致生产力水平极低，有生产力的社科研究机构也极少。珠海仅在经济学和环境旅游两学科领域产生了一批具有较高学术水平和影响力的杰出研究者，其他学科的杰出研究者均很少，尤其能在顶级、权威期刊上发表高水平论文的作者寥寥无几。珠海社科生产力服务珠海的程度与水平偏低，表现在研究主题单一、研究方法以主观感觉与分析为主、论文质量普遍偏低。珠海市委、市政府虽然高度重视社科生产力发展，但从实际效果看，还仅限于理论上的重视，在许多方面与其他城市相比，支持力度略显不足。珠海高校虽然普遍追求开放式办学，但融入当地社会及与当地企事业单位沟通、交流与合作的力度明显不足，社科研究的封闭状态明显。

（二）发展珠海社科生产力的建议

1. 引导珠海高校提升社科生产力水平

相关研究均显示，高校是社科生产力最重要的力量。然而珠海普通高校目前只有中山大学、暨南大学两校区的极少数整建制学院（如国际商学院、旅游学院等）显示出较高的生产力水平（其他院系的生产力水平均较低），而这几个学院却极少以珠海校区的名义（或通信地址为珠海）发表论文。这反映了其教职员工还没有认同珠海校区，而珠海独立学院虽在广东乃至全国都有一定影响力，但其重教学轻学术的应用型办学方向制约了其社科生产力水平的提高。可见并非高校多，社科生产力水平就高，高校的性质和办学层次与水平对社科生产力水平会产生重要影响。珠海一方面应加快城市建设步伐，尽快改善人才居住环境，不断提高中山大学、暨南大学等高校优秀社科人才的认同与归属感，使他们能真正扎根珠海、关心珠海，真正融入珠海经济社会发展中，避免教学在珠海、生活与科研却在广州这一窘境继续下去，将这两所高校理论上的社科生产力真正转化为现实生产力；另一方面还须利用政策引导各高校尤其是独立学院不断提升办学层次与水平，进而提升社科生产力的发展水平。珠海高校较多也意味着社科生产潜力巨大，只要有良好的政策和制度环境，就可能有较高的生产力。

2. 营造良好的社科研究氛围

珠海一方面要在经济发展、社会管理、城市建设、文化创新等各个领域的政府决策和制度创新中充分发挥社科研究力量的支持与智囊作用和社科研究成果的服务作用，形成一种尊重社科研究创新的氛围；另一方面要从制度上支持和鼓励社科研究创新，让珠海市直机关、党校、图书馆、新闻机构等单位都有社科研究创新的需要和积极性，同时不断创造条件让每个市民都有发表论文的可能性。此外，努力为社科研究者提供便利的研究条件，如通过建立定向支持与合作机制或平台，加强珠海高校与政府、企事业单位之间的联系、沟通与合作，让高校社科研究者能真正走到经济社会发展最前沿。正如珠海市委宣传部所主张的那样，深化社科人才体制改革，营造引才、爱才、用才的良好氛围，努力转化高校智力资源，尽快促进各高校融入珠海主流社会，服务珠海经济社会发展。

3. 努力提高珠海作者的社科研究能力与水平

珠海市委傅明认为，高校的建设与发展虽使珠海获得了一批优秀的哲学社会科学专业人才，但领军人物作用的发挥和重大科研成果的研发尚不能令人满意。因此，珠海首先要充分重视和发挥现有杰出社科研究人才的作用，使他们能真正人尽其才。当他们受到尊重、潜力得到发挥时，必然会对他们所在的学术圈子产生积极影响，从而使"以才引才"成为可能。其次，还可通过业务培训或继续教育等方式提高有关单位社科研究人员的科研素养。深圳市有意识通过岗位锻炼、"压担子"、拨经费等方式支持社科研究，让社科人才在岗位上成才，同时支持个人在岗位工作之余自我充电、自我提升，这种在工作岗位上培养社科人才的经验值得珠海学习。再次，要加大引进领军型社科人才的力度，关键在于珠海能提供留得住领军人才的条件和环境。最后，通过参考文献了解研究课题的研究状况与进展情况，是进行任何科学研究的首要步骤。参考文献的内容和数量可以反映作者的研究起点与深度，也能看出作者是否掌握了相关领域坚实的基础理论和系统的专业知识，以及运用这些知识的能力。然而从统计结果看，珠海缺乏文献意识、文献研究能力较弱的社科作者占比较大，有必要通过制度影响来唤起社科作者的文献意识，同时充分发挥各类图书馆在培养市民文献信息素养方面的积极作用。如协调各类图书馆面向市民全面开放，方便市民利用图书馆纸本的、电子的各类资源及配套服务，经常组织各单位社科研究人员参加图书馆的文献检索与利用培训；有关部门还可将是否利用图书馆做了较充分的文献调研作为社科研究课题立项评审的重要条件，对于已立项课题则委托图书馆开展课题文献检索，并将检索文献是否在最终研究成果中得到充分反映作为结题评审的重要依据。

4. 加强社科研究成果质量的引导与管理

为了产生更多高质量、高水平的社科研究成果，珠海应注重课题申报者的资质，让真正有较高科研能力的社科研究者承担研究课题，最有效的办法不是看学历、职称，而是观察近年是否在相关领域有较高质量的科研成果发表，也可以以订单或订制的方式将某些重要课题的研究直接委托给有关领域中有较高研究能力与水平的杰出研究人员，签订合同，按履行合同情况给予资助。如果本地研究力量不足，可以像某些城市那样面向社会公开招标，引入竞争机制，让市外科研力量承担重要研究课题任务。当然更重要的还是要彻底改变长期以来"重立项轻成果"的传统，高度重视社科研究成果质量的提高与管理。例如对于资助课题不再一次拨款，而是立项时只拨付一部分，另一部分须在成果评审通过后全部拨付；对于不能按要求完成科研任务的，课题主持人及其单位须返还已付拨款，对于立项课题成果必须明确标注且以适当方式公开发表，这是接受社会监督的必要方式；对于那些没有获得政府立项支持的研究珠海的高质量成果，珠海可采取购买成果的方式给予支持与鼓励。为了鼓励高质量社科研究成果的生产，珠海不仅不应取消对优秀社科研究成果的奖励，反而应加大奖励力度和广度，例如苏州市对于那些研究苏州现状的市外研究者的优秀社科成果也给予奖励，这种开放式奖励方式颇具借鉴意义。奖励优秀社科成果不仅是鼓励高质量研究成果的一种手段，而且体现了政府对于优秀社科研究成果和社科研究者的重视与尊重。

参考文献

蔡曙山：《对我国社会科学生产力现状的分析》，《学术界》2000 年第 1 期。

陈松源：《关于繁荣珠海哲学社会科学的思考》，《珠海市行政学院学报》2005 年第 1 期。

傅明：《用科学发展观指导珠海哲学社会科学的理论工作》，《珠海市行政学院学报》2004 年第 3 期。

葛扬、侯祥鹏：《〈资本论〉研究的文献计量分析》，《南京大学学报》（哲学·人文科学·社会科学版）2012 年第 6 期。

蒋颖：《人文社会科学领域文献计量学研究》，社会科学文献出版社，2013。

李彩云：《〈情报科学〉1998～2005 核心作者测评》，《情报科学》2007 年第 2 期。

娄策群：《社会科学评价的文献计量理论与方法》，华中师范大学出版社，1999。

吕国光：《我国社会科学学术生产力布局研究——国家社科基金项目立项课题的视角》，《武汉理工大学学报》（社会科学版）2008 年第 4 期。

罗式胜：《未被引和高频被引论文占有率的规范统计方法》，《情报理论与实践》1995 年第 5 期。

毛大胜、周菁菁：《参考文献数量与论文质量的关系》，《中国科技期刊研究》2003 年第 1 期。

深圳市社科院课题组：《加快深圳社科人才队伍的建设》，《特区理论与实践》2003年第 4 期。

袁培国、吴向东、马晓军：《广东省人文社会科学学术研究在全国的竞争力浅析》，《广东社会科学》2007 年第 3 期。

邹志仁、陈雅：《广东社会科学生产力试析》，《图书馆论坛》2003 年第 6 期。

邹志仁：《江苏、湖北、上海社会科学生产力评析》，《中国图书馆学报》2003 年第 4 期。

全媒体环境下珠海媒体的
融合发展策略研究[*]

李 洁

一 本课题的研究现状

（一）积极探索媒体融合发展已成共识

目前，关注传统媒体与新媒体的融合发展已是业界积极探索的方向。以中国知网为数据平台，篇名有"媒体融合"字样的课题就包括 1600 余项，探究传统媒体与新媒体的融合发展策略已然成为热门课题。这些研究课题从研究内容上大致可以分为以下几大类。

1. 梳理媒介融合的相关定义、理论概念

从理论性的概念入手探究媒介融合的本质问题，并由理论概念推测实践对策。中国人民大学新闻学院的高钢、陈绚 2006 年 9 月 23 日在《国际新闻界》上发表的《关于媒体融合的几点思索》，理清了媒体融合的理论定义，并预测了媒体融合将为新闻采写和传播模式带来的变革等。中国人民大学新闻学院的许颖 2006 年 7 月在《国际新闻界》上发表了《互动、整合、大融合——媒体融合的三个层次》。

2. 以某个媒体或节目为研究对象，着眼媒体融合的现状、问题及发展策略

中国人民大学新闻学院博导蔡雯 2013 年 7 月 5 日在《新闻记者》上发表的《微信公众平台：新闻传播变革的又一个机遇——以"央视新闻"微信公

---

* 课题负责人：李洁，北京师范大学珠海分校教师。课题组成员：蔡报文，珠海报业集团副总编辑；李俊，北京师范大学珠海分校副教授；赵晨，珠海电台主持人；林洪辉，珠海电视台主持人。

众账号为例》，以中央电视台新闻频道的微信公众号"央视新闻"为研究对象，认为微信公众平台这一新媒体平台将在新闻内容的生产、推送、接收和反馈的各个环节带来变革，并提出了相应的发展策略。

再如，中国传媒大学吕强在 2014 年全球化学术共同体中的传播研究教育国际会议暨青年学者论坛论文集中发表了《电视新闻栏目微信公众平台"碎片化"整合传播分析——以中央电视台〈新闻周刊〉微信公众平台为例》；2010 年 10 月 28 日《浙江传媒学院学报》刊发了《"全媒体"视野下的媒体融合及其运营和盈利模式》。

3. 在全媒体环境下，探讨人才培养方案

随着媒介环境的改变，高校人才培养的模式、媒体后续人才培养的重心也将发生改变。全媒体环境下的人才培养方案也是业界专家热议的焦点。如 2010 年 11 月 15 日《现代传播》刊发了《媒体融合环境下广播电视新闻专业人才培养的思考》；2010 年 6 月 5 日《新闻记者》刊发了《密苏里大学新闻学院媒体融合教育考察记》；2010 年 4 月 20 日《中国广播电视学刊》刊发了《媒体融合趋势下的传媒教育改革谨防再陷误区》。在 2010 年以后的课题中，以上论文被引次数均较多。

4. 从技术角度谈媒体融合

媒体融合最终离不开技术的支持，技术支持是媒体融合过程中至关重要的环节。2015 年 3 月 15 日《影视制作》刊发了《全媒体融合技术应用探讨》；2014 年 10 月 5 日《传媒评论》刊发了《媒体融合，技术引领？——南方报业的实践与体会》。

（二）以珠海媒体为对象的媒体融合研究还有诸多空白

在调研中，我们发现探究珠海媒体融合发展的课题并不多。我们依然以中国知网为数据平台，以"珠海电视"为篇名的研究成果有 42 项，以"珠海广播"为篇名的研究成果有 20 项，以"珠海报纸"为篇名的研究成果仅有 2 项。

其中，从新媒体角度研究珠海媒体融合发展的仅有 1 项：2007 年 7 月 22 日《声屏世界》刊发的《三网融合 互动创新赢受众——看珠海广播电视台〈新闻聊吧〉》，以一档面对普通市民的民生类节目《新闻聊吧》为研究对象，提出了珠海广播电视台应该充分利用自身优势，把广播、电视、互联网三种传播载体相结合。《新闻聊吧》是珠海电台在 2007 年推出的一档节目，该节目将广播、电视、互联网三种媒介形式紧紧结合。文章指出："受众可以通过广播和互联网来收听节目，并通过热线电话和网络论坛互动对节目进行深度参与。而电视新闻将会派记者现场采访到场的嘉宾，在第二天的珠海电视新闻栏目对节目中的精彩访谈进行追踪报道。而整个节目制作过程的内容、花絮、照片将会在珠海视听网的《新闻聊吧》节目组博客进行保存，网友可以随时访问互联网，了解《新闻聊吧》的节目内容。"经过媒体融合的尝试，《新闻聊吧》取得了较好的传播效果，"根据赛立信媒介研究有限公司的调查，栏目平均收听率达到2.83%，听众占有率达到了25.1%，在本频率排到前四名"。

该研究成果肯定了媒体融合发展的前景，但是只依据《新闻聊吧》的个案还不足以论证珠海媒体融合发展的整体策略。

另外，2015 年 4 月《中国社会医学杂志》刊登了一篇名为《珠海市社区居民媒体关注现状分析》的文章，该研究采用分层随机抽查的方式得出了珠海市民关注广播电视、报纸、新媒体的不同比例。其中，18～25 岁关注新媒体的人数最多，但是随着年龄的增长，这个比例会减小，对传统媒体广播电视、报纸的关注会增加。

这份调研中的数据为研究珠海媒体融合发展提供了重要的数据支撑，但是这份调研是针对如何推广普及健康医药知识而展开的，并不能对珠海的媒体融合发展提出任何针对性的意见与建议。

二　本课题研究的意义与价值

正如课题研究现状所反映的，积极探索媒体融合发展已然成为业界的共识，但是珠海媒体融合发展策略研究存在诸多空白。着手研究珠海媒体融合发展的意义在于：第一，2014 年，在中央全面深化改革领导小组第四次会议上，习近平总书记就媒体融合发展发表重要讲话，深刻阐述媒体融合的工作理念、实现路径、目标任务和总体要求。该课题贯彻落实了习近平总书记关于媒体融合发展重要讲话精神和中央关于推动媒体融合发展的指导意见。第二，珠海媒体的生存状况一直不容乐观。以珠海电视台为例，长期处于"前有狼后有虎"的被"威胁"状态，翡翠台、珠江台、各省卫视、凤凰卫视、央视一套、本港台等都在"瓜分"着珠海台的受众。"珠海电视台如何结合新媒体时代的发展趋势，有效地融合传统媒体与新媒体，结合珠海的本土特色，满足珠海受众对珠海媒体节目的需求"这个议题关乎珠海媒体"喉舌"作用的实现程度，更关乎珠海市民能否与珠海城市发展建设同呼吸。第三，目前珠海电视台、电台、报纸都已经纷纷开辟自己的新媒体平台，如互联网、微博、微信、订阅号、公众号等。就电台而言，每个频率都有自己专属的微信公众平台。显然，珠海的传统媒体已经自觉意识到要顺应新媒体时代的趋势，主动与新媒体融合，但是融合的效果如何，怎样才能实现有效地融合而不浪费资源，还有哪些较好的媒体融合策略，都需要该课题的积极探讨。

三 目前珠海媒体融合发展情况

目前，珠海电视台有 2 个自办频道：新闻综合频道（ZHTV‐1）和生活服务频道（ZHTV‐2）。珠海电台有 3 个广播频率：交通 FM87.5、先锋 FM95.1 和百岛之声 FM91.5。珠海报业包括《珠江晚报》《珠海特区报》。虽然珠海媒体的总体数量不多，但是珠海电视台、电台、报纸都在媒体融合上进行了积极的探索。第一步开创传统媒体的电子版，第二步实现台（报）网互动，第三步推出多媒体平台（官方微博、微信、移动客户端）等。

在电脑网页版方面，珠海广播电视台融合互联网平台推出了珠海网（珠海网络电视台）。《珠海特区报》《珠海晚报》在珠海新闻网纷纷开辟了报纸电子版，并公布了微博、微信平台二维码。珠海网的"视频"菜单将珠海电视台和电台的节目进行实时网络直播，还实现了内容的互动，比如 FM87.5 交通广播的网页实时更新珠海的路况信息、失物招领、通关信息等，这些信息也会在节目中实时插播。除此之外，还有"社区电视""专题片""珠海网原创"等内容，这是互联网平台的独家内容。另外，珠海传统媒体的官方微博均已上线，如 FM87.5 交通广播的官方微博截止到 2015 年年底吸引了 94144 个粉丝的关注。

在手机客户端方面，珠海的报纸、电台、电视台均开辟了自己的微信公众平台。不仅如此，频道内部的部分节目也开辟了自己的微信公众号。以珠海电视台为例，珠海电视台一套新闻综合频道开通了"珠海网"微信公众号，截止到 2016 年 3 月 9 日，该公众号的关注人数为 139722 人，对珠海咨询自媒体的关注量也处于前三位。珠海电视台二套生活服务频道开通了"珠海生活频道"微信公众号，截止到 2015 年 11 月中旬，关注该公众号的人数为 6835 人。由于生活频道是 2014 年刚建立起来的频道，所以关注量还有限。此外，珠海电视台一套的黄金节目《珠海新闻》《新闻 121》《第一地产》《财知道》等都注册了自己的微信公众号。以《珠海新闻》这档节目为例，其公众号每日推送的珠海当天的党政新闻、重大资讯、重大活动等内容，大多是当天播出的《珠海新闻》的节目内容。《珠海新闻》公众号每天推送内容的点击率大概为 500～1000。珠海广播电视台、"珠海网"还打造了一个珠海本地中立且具有权威性、公信力的"珠海新媒体榜单"，从近几期珠海公众媒体榜的榜单来看，对《珠海特区报》和《珠江晚报》公众平台的关注度均为前三名。

调研表明，珠海媒体在融合发展上做了大量的工作，并取得了一定成效。珠海的传统媒体均已搭建了自己的新媒体平台，以帮助传统媒体节目（内容）进行直播、互动、预告、宣传等，拥有了一定的关注量。但是，不得不注意的是，2010 年 11 月 1 日第六次全国人口普查数据显示，珠海市常住人口为 156 万余人，以珠海电视台一套的新媒体平台为例，关注人数为 13 万人，还没有达到常住人口数量的 1/10。数字的对比显示，珠海媒体还有很大的待改善的空间，传统媒体的影响力还有待加强，新媒体的关注度还待提升，媒体融合战略需进一步探索。

四　当前珠海媒体融合发展存在的问题

从总体上看，珠海传统媒体与新媒体的融合发展仍处于探索阶段，还没有实现真正意义上的融合发展，许多节目只是完成了平台的空间转移，简单地叠加使传统媒体与新媒体形成了"两张皮"的局面。珠海报业的相关负责人表示："如果不发展新媒体势必落伍，但如果发展一个只是'内容平移'的新媒体，那么会导致一个徒有资金投入没有效益产出的局面。"

珠海的传统媒体均已开辟了官网、微博、微信公众号等新媒体平台，为了调查受众使用这些新媒体平台的情况，我们特地设计了一份调查问卷。调查问卷的问题包括：①您的年龄、性别、职业？②您关注过珠海的报纸、电视台、电台吗？关注过哪个频道（报纸）？③您通过什么途径看/听这些内容？④多久会看/听以上这些内容？⑤是否知道珠海报纸、电视台、电台的网站、微博、微信等？⑥是否关注了他们的网站、微博、微信？⑦是否利用他们的网站、微博、微信参与过节目互动？⑧是否因关注他们的网站、微博、微信而更加有兴趣看/听节目（报纸）内容？

此次问卷调查对象的年龄范围为 17～70 岁，调查对象有在珠海读书的大学生（17～23 岁）、在珠海工作的白领及家庭妇女（24～49 岁）、久居珠海的退休老人（50～70 岁）等，一共 200 份问卷，有效问卷有 182 份。调查结果如表 1 所示。

表 1　珠海媒体融合发展问卷调查结果

单位：人

	学生（共69人）	上班族（共60人）	退休（共53人）
接触过珠海媒体	66	58	52
看过珠海电视台一套	11	27	36
看过珠海电视台二套	8	13	31
听过珠海电台 FM87.5	27	31	3
听过珠海电台 FM91.5	5	7	2
听过珠海电台 FM95.1	9	13	2
看过《珠江晚报》	15	13	24
看过《珠海特区报》	8	18	27
每周看/听几次	6	21	25
每月看/听几次	10	9	7
很少看/听	46	26	3
使用传统媒体看/听	41	53	44
知道或接触过新媒体平台	47	58	35
利用新媒体参与过内容互动	5	1	15
因关注新媒体平台而更加有兴趣看/听节目（报纸）内容	12	7	15

　　由表 1 数据可见，学生、上班族和退休人员接触过珠海媒体节目（板块）的人数比例分别是 95.7%、96.7%、98.1%，这些数据说明大家对珠海媒体是有所期待的。令人欣喜的是，以上三种调查对象知道或接触过珠海传统媒体的

新媒体平台的人数比例为 68.1%、96.7%、66.0%，均已过半，上班族为90% 以上。这些数据说明大家不同程度地知道珠海传统媒体拥有了自己的新媒体平台，但是知晓的程度有很大的不同。我们在调查中发现主要有以下几种情况：一是完全不知道；二是知道但不关注；三是关注之后又取消关注了；四是关注了但是几乎不浏览；五是既关注也活跃接触，这个群体主要是青年上班族群体。这项调研的结果也与最后两项数据的结果相吻合。从最后两项数据可以看到，利用新媒体参与过节目内容互动的人数比例分别为 7.24%、1.67%、28.30%，都不足三成。同时，因关注新媒体平台而更加有兴趣看/听节目（报纸）内容的人数比例分别为 17.39%、11.67%、28.30%，也不足三成。这些数据说明传统媒体的新媒体平台并未深入地走进受众生活，新媒体平台也没有为传统媒体的内容传播起到明显的促进作用。这也再次证明了本课题的必要性与意义。

五　思想意识上的策略建议

首先，摆脱"重新媒体、轻传统媒体"的思想。如今的媒体融合发展更多的是将新媒体的"摊子"铺得越来越大，以前是一个电视台建立一个网络平台，如今演变成一个频率甚至一个栏目建立一个网络平台。这一点在"珠海媒体融合发展的现状"的前期调研报告中有很明显的体现。重视新媒体固然是与时俱进的，但是忽略了传统媒体的优势与重要地位，只有将传统媒体建设好，在此基础上建立起来的新媒体才会健康发展。

其次，扭转传统媒体与新媒体"两张皮"的局面。新媒体的内容建设应该紧紧服务于传统媒体，而不应该"各搭各的台，各唱各的戏"。二者相互脱离不但不能提升节目（板块）的影响力，反而造成了受众资源的争夺。此外，传统媒体不能仅仅将节目内容平移至新媒体，应该要有升华，有质的变化，这样新媒体的建设才有实质意义。

最后，确立"建设重点项目"的思想。媒体融合发展不会是同等进度的发展，也不可能是齐头并进的发展，一哄而上只会造成资源的浪费。确立建设重点项目与一般项目的意识，重点打造某个频道或节目，借此建立具有公信力、影响力的多媒体阵营，再用一个重点项目带动多个一般项目。

六 具体内容上的策略建议

（一）坚持"内容为王"，保持并发挥传统媒体自身的优势

坚持"内容为王"的原则。在表 1 中，学生和上班族很少接触珠海媒体内容的就达到 55.8%，这与节目内容本身有很大关系。传播载体丰富多元势必会引起传统媒体受众的分流，但是不管什么载体，内容始终为"王"。《爸爸去哪儿》成为现象级节目，没有人去介意它到底是电视播放的还是网络播放的。最新数据显示，中国有线数字电视用户近 2 亿户，中国网络视频用户近 5 亿户，再次证实了新媒体的巨大影响力。但有意思的是，网络上点击量靠前的都是电视节目，如《奔跑吧兄弟》，网络传播活跃的依然是优质的电视节目。2015 年 11 月刊的《当代电视》公布了美兰德公司统计的 2015 年 9 月在播综艺栏目网络传播检测数据，数据显示无论是视频点击量还是网媒关注度位居榜首的都是浙江卫视的招牌节目《中国好声音》。不仅如此，上海东方传媒集团有限公司 SMG 常务副总裁王建军表示："业内公认的一些好节目，如《我是歌手》《中国好声音》《奔跑吧兄弟》等，仍然靠电视首发。"

因此，对于传统媒体而言，认识自身优势，发布权威、及时、精致的节目内容依然是其应该努力的方向。另外，不得不看到互联网上传播的视频节目，尤其是新闻类视频节目大多粗糙简单、难以求证。珠海电视台的新闻节目占到全部节目的一半以上，正是电视台在发布本土新闻资讯方面发挥权威、全面、准确优势的好契机。所以传统媒体的权威性优势不可忽视，尤其传统媒体应制作出有用、有料、有味的节目"大餐"。

（二）发挥地域优势，让珠海媒体主动拉拢年轻群体

珠海传统媒体应该利用地域优势打造出具有权威性、地域性、原创性、深度性的精品节目。珠海高校多，大学生多，与此相关的专业多，因此传统媒体完全可以开放式办节目、办报纸。

第一，创办大学生实践基地，为传统媒体的节目注入新鲜血液。第二，大学生是使用新媒体的活跃分子，传统媒体的新媒体平台可以创建大学生的工作

频道，让年轻群体在平台内容上发挥所长，以年轻人带动年轻人。第三，在大学生群体中树立"意见领袖"，带领其他大学生关注珠海媒体，并深度参与珠海媒体的各种新媒体平台。第四，媒体人还可以主动到高校开展讲座，讲大学生感兴趣的话题，关联性地宣传节目理念，推广节目及其媒体平台。第五，制造一些与大学生年轻群体相关的新媒体事件，比如珠海大学生百万创业基金招募、珠海大学生网络微视频大赛、珠海大学生免费回家最美家庭照片展评等，吸引年轻人的深度关注。例如，颇有影响力的新媒体平台吴晓波频道公众号的后台数据显示，读者群体年轻化，多集中在"80后"，于是吴晓波在自己的平台推出了八九灵创业公益基金，帮助正在打拼的"80后"创业者。

（三）与知名媒体合作，借知名品牌影响力宣传自家品牌

与知名节目合作，利用知名节目的品牌效应推广宣传珠海媒体平台或新近推出的节目。传统的做法一般是传统媒体自己为自己宣传，在节目中呼吁观众关注公众号，如果传统媒体自身的影响力很有限，这种做法的效果就不会理想。如果借助有影响力的品牌媒体，也许能达到事半功倍的效果。按照就近原则，珠海媒体可以与深圳卫视、凤凰卫视合作，在它们的知名节目中推广珠海本地的重点节目或新媒体平台。

这个做法已有前人经验，著名的财经作家吴晓波开辟了自己的微信公众平台"吴晓波频道"，他便做客凤凰卫视《锵锵三人行》这一知名节目来专门讨论自媒体现象，推广自己的公众平台，就有不少人从那期节目之后知道了"吴晓波频道"。另外，与知名自媒体合作也有可借鉴的先例。2015年9月18日，湖北省新闻出版广电局与知名自媒体"今日头条"签约，双方在内容传播、品牌推广、广告分成、数据共享、技术服务等方面达成合作。"今日头条"有技术优势，可以根据专业数据获得更加精准的信息投放，将传统媒体的发布内容更加准确地发送给目标人群。这种与知名自媒体平台合作的方法，珠海媒体也可以借鉴，传统媒体往往无暇建设新媒体平台，加之技术匮乏，依靠优质的新媒体平台也不失为一个投入小、反响大的有效策略。

除此之外，还可以打破地域限制做混搭合作。混搭就是传统媒体与新媒体打破独立状态，混合成新的主体，展现新的表达与传播状态，打破地域限制，

正如凤凰网与江苏广电总台联合推出的网台联动大型纪实节目《你所不知道的中国》。珠海媒体可以尝试与知名的新媒体合作推出专题活动，或者珠海的新媒体平台可以与具有品牌影响力的媒体合作主动制造媒体事件。

（四）新媒体平台的内容设置与内容创新

在珠海媒体融合进程中，报纸、电台、电视台创建了自己的微博、官网、微信公众号等，这些新媒体平台如何进行内容设置才能做到媒体融合？如何才能让新媒体平台与传统媒体互惠互利？

1. 在新媒体平台发布"碎片化"的传统媒体视频节目

将传统媒体的节目切割成一个个"碎片化"的小视频，这是由于网络视频深受观众喜爱。第36次中国互联网发展状况统计报告显示，截止到2015年6月，中国网络视频用户达到4.61亿户，网络视频用户使用率达到69.1%，比2014年年底增长了2.3个百分点。其中，手机视频用户为3.54亿户，比2014年年底相比增长了13.3%，手机视频用户占总体的76.8%，比2014年年底提升了4.6个百分点。移动视频用户的增长依然是网络视频行业用户视频增长的主要推动力，这充分说明了网络视频的受欢迎程度。另外，视频必须短小精悍。在移动互联网时代，人人随时随地在线，用户时间严重碎片化，长时间集中使用互联网越来越难，需要更快地获得信息。将珠海传统媒体的精品节目向新媒体延伸，同时将这些节目切割成1~2分钟的"碎片"视频推至网络平台、微信平台进行播放，使内容短小精悍，更加适应新媒体的传播。当然，留有"点击详情"的链接，同时满足受众深度阅读的需求。传统媒体在与新媒体的深度融合中都需要重构内容、平台与传播方式。

2. 开发新媒体私人定制的服务功能

新媒体指数监测数据显示，2015年1月1日至11月30日，每周WCI（微信传播力指数）排名前1000的微信公众号共发布文章212万余篇，总阅读量超过814亿人次，点赞总数达到5.1亿人次。在传统媒体微信公众号总阅读量排名前十的公众号中，浙江广播系统的FM93.0交通之声和杭州交通经济广播FM91.8这两家电台就特别注重服务功能的体现，均在网络平台提供了城市违章查询、高速违章查询、便民电话查询、实用地图查询、公交线路查询、高速路况查询、市区地图查询等服务，以适应新媒体互动化的趋势，满足用户多种多样的个性化服务需求。

珠海媒体也可以尝试在新媒体平台开辟个人服务功能，如开通查违章、办证、缴费、吃穿住用行、同城信息的交流分享等功能，满足百姓需求。比如受众在网络平台输入某路段的关键字，可以知晓该路段的最新路况信息和与此相关的新闻，新闻可以是文字，也可以是电视栏目播出过的相关视频，声画文字同时服务受众。以上只是很小的一个方面，还有许多针对受众的服务功能值得我们去开发。

我们在调研的过程中采访了珠海广播电视台分管广播电台的张涛主任，张主任表示："新媒体平台内容的服务性是第一位的，'服务意识'是搭建新媒体平台实现媒体融合的关键点，要多从身边家人的需求换位思考受众的生活实际需求。"《珠海特区报》副总编蔡报文先生还提议："新媒体平台上的内容可以进行分类设置，比如生活新闻类、企业新闻类、时政新闻类等，通过大数据分析，做每种类型新闻的精准推送，服务受众。"总之，满足受众的需求是内容设置的原则。

3. 媒体融合环境下发掘节目主持人在新媒体平台的功能

主持人在媒体平台可以发挥极大的"意见领袖"作用，主持人可利用新媒体平台进一步增强和巩固主持人的品牌效应。关注度极高的自媒体周播节目《罗辑思维》开创了"罗辑思维"的微信公众号，该节目主持人罗振宇每天在公众号发布60秒的语音，回馈粉丝。这不失为一个可借鉴的方式，微博、微信多用图文，少用语音、视频等，节目主持人可以尝试每天定时为观众或听众推送一条60秒的语音信息，比如主持人的语音内容可以是问候或有意思的生活小贴士，或是节目预告信息，或是与节目相关的评论反馈信息。主持人可以是本台的节目主持人，也可以不定期邀约其他台的知名主持。另外，随着微信的小视频功能推行后，新闻节目主持人还可以每天以小视频的方式通过微信公众平台出现在观众面前。小视频的内容可以是与节目内容相关的，也可以是主持人台前幕后的个性展示。

我们还可以打开思路，借鉴一下央视的举措，比如，新闻周刊的微信公众平台设置了"2014岩松十问"，抽中十个网友的精彩提问，由主持人白岩松为这十位网友私人订制答案，用知名主持白岩松的影响力吸引观众关注公众号。央视新闻的微信公众号在临近春节期间，推出了"我来唱《难忘今宵》"活动，观众可以通过平台录制专属自己的演唱，主持人撒贝宁、小尼、朱迅都在微信公众平台纷纷献唱。促进主持人与公众平台紧密融合，不失为主持人品牌化包装宣传的好策略。

4. 广告共享与植入，实现新媒体的价值空间

将传统媒体的广告巧妙地植入新媒体的各大平台，或者将新媒体平台独有的广告内容做到形式内容上的多样化推送，借助新媒体的影响力，帮助传统媒体多渠道提升经济效益，实现新媒体的价值。引用珠海广播电台张涛主任的话即是"输出我的价值观，并把价值观变现"。

这一点在珠海电视台的公众号"珠海网"中已经有所体现。"珠海网"与微商合作，开辟了"生鲜荟""宅购 justgo"单元，售卖肉类、调味品、护肤品、斗门特产、澳门特产等。与微商合作，扩展新媒体的价值空间，此举渐渐流行，河北生活广播电台和新疆人民广播电台与库尔勒香梨协会合作在公众平台售卖香梨，同时邀请媒介名人试吃宣传。

我们的问题是，如何让新媒体平台更好地、更多样化地实现经济效益。比如根据时令季节、使用新媒体人群的年龄身份、地域特色等更精准地找到目标消费对象。另外，还可以根据近期的节目内容或时效事件推出相关的商品。自媒体"首富"《罗辑思维》的公众号推出与当天语音内容有关的商品，在公众平台的商城进行售卖。比如，2016 年 1 月 19 日，罗振宇在当天的语音及图文中阐释了年货营销与礼物的内容，当即就在商城开始售卖年货及各种级别的新年礼品。

（五）线下主动拉粉丝关注

2015 年 10 月 27 日，珠海电视台生活频道（ZHTV - 2）内部举行吸收粉丝增加关注度大赛，全频道分为四个支队，通过此次为期四周的微信公众号有奖"吸粉"大赛，激励员工拉高公众号的关注量。

截至 2015 年 11 月 16 日，活动已经进行了 21 天，珠海电视台生活频道微信关注量增加了 458 人。截至 11 月 27 日，即活动结束日，珠海电视台生活频道公众号的关注人数共为 6845 人。这次的"吸粉"大赛主要是鼓励频道内部的员工通过线下的宣传拉关注，所谓的"带人头"就是让亲戚、好友帮忙关注。而此举《南方都市报》也运用过，激励员工拉高公众号的关注量，该项

线下工作与工资绩效挂钩。

但是，在全媒体时代有没有可能实现全媒体联动呢？郑州交通广播FM91.2选择郑州市《大河报》10月29日A23版整版宣传作为广播线下活动承载的平台。在刊发的前三天，广播直播节目、官方微信连续三天进行倒计时宣传，主动引导听众买报纸来参与线下互动，参与的方法也非常简单，只要在A23版留白处画下自己心目中主持人的画像，拍下照片发给FM91.2的官方微信，就有可能获得丰厚奖品。这一活动实现了电台与报纸的联动，发挥了主持人的明星效应，还提高了对电台微信公众平台的关注度。

（六）建立全媒体信息调度中心，即信息的"中央厨房"

在媒体融合发展格局中，需建立一个全媒体信息调度中心，把握信息的全局分配，做到一次制作、多形态传播。充分利用信息新闻资源并合理分配。美国佛罗里达州坦帕市在2000年由总媒体集团建成融合纸媒、电台、电视台和网站的新闻中心。崭新的新闻中心采取通透式的天井架构，便于一楼的超级指挥中心对各楼层的媒体平台实施指挥，使每个平台的编辑记者在物理上和思想上融为一体，共享资源、相辅相成，使每个媒体平台都为别的媒体平台贡献内容和提供帮助。该中心一度有"小联合国"之称，每天来自世界各地的参观者络绎不绝。

佛罗里达州坦帕市的媒体融合变革在美国颇有影响力，众多传媒公司都打通了各种媒体，各种信息来源、技术支持和数据分析都在同一空间存在，形成了信息的"中央厨房"。比如，"中央厨房"根据数据分析决定将某条信息内容分配给何种类型的媒体来做，以何种形式来做，"中央厨房"再根据共享的反馈数据，决定该内容是否继续深入下去。

建立这样一个全媒体信息调度中心最有益于选中恰当的主题，交由合适的媒体进行多次策划操作。而事实证明，选择好的主题切入，往往会给媒体带来好的传播效果。比如知名媒体人吴晓波分析道："好的内容经过好的策划操作会有20倍的传播效果。"吴晓波开创的"吴晓波频道"公众号在中国游客疯狂抢购日本马桶盖的新闻事件发生后，策划了一期《去日本买只马桶盖》的专题内容，该内容7天内点击量达到252万人次，创下公众号专栏的纪录。

七　技术支持上的策略建议

加大技术的投入力度、研发力度、政策扶持力度，比如在主城区做到全城免费使用 Wi-Fi，主动促进媒体融合发展的进程。培养具有全媒体意识的技术人才，培养全媒体记者，结合高效培养方案，校台联合，建立人才技术队伍。

传统媒体转型的重点还应放在为新技术提供新的基础设施上。《中国视频网站发展简史》总结了各个视频网站推出的多屏应用，在技术层面为我们拓宽了思路：第一，在优酷推出视频的二维码，人们使用移动设备扫描网页视频的二维码就能将正在看的视频"转移"到移动设备上并在同一进度继续观看。那么，我们能否再延伸一下，让电视节目画面上出现二维码，用移动设备扫描，就能将电视节目"转移"到移动设备并在同一进度继续观看。第二，PPTV 客户端推出"多屏服务"板块，可以将 pad、电脑连进同一局域网，在 pad 端选节目，在电脑端播放。那么，我们是否可以做同样的技术尝试，将 pad 或手机与电视连接，在 pad 或手机端可以选节目，在电视端播放，这个做法特别适合给孩子选择性看节目的家长。第三，爱奇艺推出一款手机视频拍摄、编辑和分享的应用"啪啪奇"，腾讯则上线短视频分享应用微视。民生新闻节目可以开通微视板块，让观众或听众拍摄并分享他们的小视频，这些小视频可以是生活的也可以是新闻的。第四，根据地域，在目标人群的电脑网页或手机端推出珠海广播节目、电视节目、报纸看点的预告。第五，互联网电视是介于电视和视频之间的特殊跨界产品，是一种利用宽带有线电视网，集互联网、多媒体、通信等多种技术于一体，向家庭互联网电视用户提供包括数字电视在内的多种交互式服务的崭新技术。用户可以享受点播节目、接收视频广播、上网等服务。2014 年 8 月尼尔森与优朋普乐联合推出的《中国互联网电视发展白皮书》称，互联网电视让 1/3 的年轻、高价值受众重新坐回了客厅电视大屏幕前。如果互联网电视进入中国市场，那么对传统媒体而言将是一次重大的机遇。

以上皆是技术成熟之后的愿景，但是着眼珠海媒体目前的现实情况，很少有特别专业的技术人员或部门来负责新媒体平台的建设与维护，这使得许多想法力不从心。不过我们在调研中获悉，《珠海特区报》目前有专门的新媒体部门，部门中有约 12 人，主要负责新媒体平台的技术支持与内容推送。该部门人员的考核与点击量挂钩，以此作为激励措施。珠海另外几家传统媒体欲与专业的技术公司合作，由技术公司提供技术支持，传统媒体负责内容的设置与把控。无论用何种策略推进媒体的融合与发展，媒体的党性原则始终不能改变，不能以发展新媒体为由放松对舆论导向、媒体环境的把控。珠海不仅不应一味唱衰传统媒体，反而应该重视传统媒体的权威性，坚守舆论阵地，积极维护健康的舆论环境。

参考文献

《2015 传统媒体"两微一端"表现如何》，http：//news. xinhuanet. com/zgjx/2016 – 01/11/c_ 134997026. htm。

蔡雯：《微信公众平台：新闻传播变革的又一个机遇》，《新闻记者》2013 年第 7 期。

何驰：《"爱看视频的中国人"网络调查》，《新周刊（2014 中国电视榜）》2015 年第 3 期。

《湖北省新闻出版广电局与今日头条签署战略合作协议》，http：//news. xinhuanet. com/zgjx/2016 – 01/11/c_ 134997026. htm。

吕强：《电视新闻栏目微信公众平台"碎片化"整合传播分析——以〈新闻周刊〉微信公众平台为例》，《新闻记者》2013 年第 7 期。

美兰德公司：《2015 年 9 月在播综艺栏目网络传播监测数据》，《当代电视》2015 年第 11 期。

杨万贵：《传统媒体与新兴媒体融合发展调研报告》，《传媒》2014 年第 12 期。

支庭荣、章于炎：《电视与新媒体品牌经营》，中国人民大学出版社，2007。

珠海市新型智库建设与
政府决策水平提高[*]

苏 晓

一 智库和政府的功能定位

中国特色新型智库是以战略问题和公共政策为主要研究对象，以服务党和政府科学民主依法决策为宗旨的非营利性研究咨询机构。

学界基于不同视角对智库功能的看法很多。基于宏观政治层面的多元理论视角，智库可以参与诸如贸易工会、环保团体和其他非政府组织以影响公共政策；基于中观政策过程视角，智库可以了解政策问题的各种信息，对过往政策进行成本收益测算。在中国现阶段的发展过程中，智库具有三个主要职能，即理性决策外脑、多元政策参与渠道、决策冲突的理性辨析平台。基于国际关系和公共外交视角，美国智库的功能是开展"二轨外交"，提供政策建议与智力支持，以及构建政策理念与价值观传播网络。

总而言之，学界对智库功能的概括集中在五方面。一是提供新思想。智库通过长期的研究和分析，提出某项政策新主张，积极向政府推荐，以期被政府采纳。二是为政府提供政策主张和建议。三是直接引导舆论，教育公众。通过发行刊物、举行研讨活动、参与媒体报道发表观点，影响公众，也间接影响政府决策。四是为政府储备和输送人才。发挥"旋转门"作用，让人才在政府和思想库之间流动，促进政府和学术咨询机构的交流。五是作为灵活的外交渠

———————————

* 课题负责人：苏晓，广东科学技术职业学院（广东省科技干部学院）、中国社会科学院欧洲研究所经济室博士后。课题组成员：尚涛，中共珠海市委宣传部理论科科长；王洪波，广东外语外贸大学博士；陈寒溪，广东国际战略研究院副秘书长、广东外语外贸大学欧洲研究中心主任。

道，以学术交流做好政府之间信息的传递，发挥其"二轨外交"的作用。

政府，广义上是指国家的立法机关、行政机关和司法机关；狭义上是指中央和地方各级国家权力机关的执行机关或国家行政机关，是国家机构的重要组成部分。本文采用广义的政府概念。

学界对政府职能的理论总结包含国家干预主义政府职能理论、自由主义政府职能理论（古典自由和新自由）、马克思主义政府职能理论。国家干预主义政府职能理论认为政府应当干预市民社会，扩大基本职能尤其是经济职能。古典自由主义政府职能理论认为政府职能是保卫个人安全，保卫国家安全，建设、维护公共设施与公共事业。新自由主义政府职能理论认为政府职能仅限于"防止暴力、盗窃、欺诈及保证契约履行"等方面，尊崇小政府理念。马克思主义政府职能理论认为政府的职能是有限的，包含社会管理和政治统治两方面职能，对社会经济起着正负两种作用；根据社会发展阶段不同，政府职能侧重点在社会管理和政治统治间转换。

（一）智库的专有属性

智库的专有属性，简单地说，就是只有智库才具备的功能属性，是智库有别于政府的根本属性。智库的专有属性，主要是专业性、中立性、竞争性、连贯性。

1. 专业性

首先，智库的专业性来源于对政策问题的分工。智库将政策问题归入不同的政策领域、学科领域，从而使人们对政策问题的关注更能找准焦点。如智库会将政策问题分为财政、税收、医疗、教育、卫生等政策领域，将政策问题分配到财政学、医学、教育学等学科领域，并确立一个或少数几个政策领域或学科领域为主攻方向。其次，智库的专业性体现为更加深入地掌握和频繁使用科学的研究方法。科学的研究方法主要包括几个步骤：观察现象、提出问题、假设、检验、得出理论。对比来看，智库在任一政策问题上，都严格经过以上五个步骤，而政府经常省去假设、检验、得出理论后三个环节。再次，智库的专业性体现为专门性人才聚集程度高。智库和大学是高学历、高职称专门性人才最为集中的机构。由于大学还有服务广大师生的职能，不可避免地会维持一定比例和总量的行政、教辅、后勤服务人员，因此智库是各类型机构中专门性人才聚集程度最高的机构。

2. 中立性

西方学者通常强调智库的独立性、非营利性。但是，西方的智库是以对智库捐赠主体的税收减免为制度保证从而确保智库的相对独立，而智库只是具有财务表面上的非营利性，实质上智库对公共政策的影响必然引起公共资源的再次分配，公共资源的再次分配背后必然有捐赠主体的利益诉求，包含改变、维持、减缓改变、加速改变公共政策的诉求。因此，不能用独立性、非营利性作为评判智库的硬性指标，用中立性更为恰当。它包含两层意思：一是智库作为政府的外部主体，可以接受政府或企业的资助，但意见保持中立，不受意识形态、党派、利益集团等因素影响，只是凭借专业知识得出中立的政策建议；二是由于智库运用专家理性，采取中立于政府、公民社会、市场的政策立场。

3. 竞争性

首先，不同智库给出的政策建议（方案）之间将产生竞争。由于最终政策只能采纳一个方案，从方案竞争倒推，智库可以围绕政策信息、决策逻辑、决策理论展开不同程度的辩论。其次，同一智库也面临不同专业视角的竞争。任何一项政策，比如生育政策，可以从人口学、经济学、政治学等不同学科视角进行研究，从而可能制定出完全相反的政策建议，因此，智库进行不同专业视角的内部辩论，有利于政策建议的完善。最后，大部分智库作为法人主体，会进行生存竞争。以广东省的人才研究智库为例，该领域的省级代表智库有省发改委下属的广东省人口与产业发展研究院（省产业院）、省科技厅下属的广东省科学技术情报研究所、省科技干部学院下属的广东省人才研究所、南方人事科学研究院、社会智库广东省人力资源研究会。在政策需求低和资源不足时，五家智库将在生存竞争中优胜劣汰。

4. 连贯性

第一，智库的连贯性体现在对政策问题的跟踪研究上。与政府不同，智库的研究通常不受行政区域、行政权力分割的影响，可以对政策问题进行长期的普遍规律性研究。第二，智库连贯性体现为受权力更替影响较小，可以不唯上只唯实。在政治现实中，政府的政策连贯性容易受到政府换届影响，也容易受到政策历史不清楚、政策信息不连续、政策执行人员离退休等制约。由于专业性、中立性，智库能在政策方案上将保持极大的连贯性。

（二）政府专有属性

政府的专有属性，指政府才具备的功能属性，是政府有别于智库的根本属性。政府的专有属性主要是权威性、社会性、系统性。

1. 权威性

政府作为社会公共权力结构中最重要的主体，以人类社会发展过程中的契约关系为基础，以宪法和暴力机关为后盾，使其行为具有约束力和强制性。由于具有权威性，政府一方面成为收集、公开政策信息的主体，另一方面成为决策、施策、担责的主体。因此，政府比智库掌握更多的政策信息，也比智库承担更大的决策责任。

2. 社会性

社会性由政府的社会职能决定，主要指政府承担提供公共服务、完善社会管理的社会职能，如负责二次分配、建立社保制度、保护生态、提高人口质量、优化社会服务。由于政府具有社会性，它比智库更关注整体利益平衡，因此采取的政策风格比智库政策建议更求稳健。

3. 系统性

系统性指政府从上到下形成一个具有极强整体性的有机系统。该系统具有结构性和有序性两个特征。结构性是指政府根据社会分工建立起来的机关权责体系的特征，有序性是指行政组织系统内一定的序列和等级体系所显现出来的特性。由于政府具有系统性，它能够比智库更加系统地获取政策信息，特别是过往政策的反馈信息。

（三）公共政策体系中智库和政府的功能交叉

公共政策体系（系统）是由政策主体、政策客体和政策环境三种因素及其相互作用所构成的社会政治系统，科学的公共政策体系是由信息、咨询、决策、执行、监控等子系统组成的大系统。

1. 共同完善政策信息系统

信息子系统的主要功能是信息收集、信息加工（筛选、分类、储存）、信息传递。工作要求一是准确，二是准时。信息子系统是公共政策资料、知识传导的神经网络。珠海市公共政策信息子系统主要由市委办公室、市委政研室、市政府办公室、市统计局、市人大、市政协、新闻媒体、智库构成。

公共政策信息根据政策过程分类，包含政策问题信息、政策预测信息、政策建议信息、政策监测信息、政策评估信息。

起基础性作用的是政策问题信息，包括政策信息收集、加工者感知、搜索、界定公共政策问题所用的信息及其问题本身。如珠海市拱北口岸附近居住着大量澳门籍居民是原始感知信息，经过信息初步加工可获得人口数量、年龄结构、性别结构、职业结构等描述性信息，将描述性信息与澳门居民分布特点横向对比、与拱北以往人口信息纵向对比得到"澳门居民居住拱北的主要需求是降低生活成本"的再加工信息，从而为信息使用者提出"如何维护居住在拱北口岸附近的澳门居民的治安稳定"的公共政策问题。原始信息、初步加工信息、再加工信息、公共政策问题本身都属于公共政策问题信息。

政策预测信息是公共政策可选方案未来采纳后可能发生的结果及其所用信息。例如，珠海市学前教育资源紧缺，假设可选方案有加大政府经费投入总量、控制人口规模、使优质幼儿园在地理上平均分布，每一种政策可选方案都可以通过外推预测、理论预测、判断预测三类方法进行预测。外推预测可以采取时间序列分析、线性趋势分析等方法，理论预测可以采用因果模型、回归分析等技术，判断预测可以使用德尔菲法、可行性评价等操作。例如，可以根据珠海老龄人口增长速度、人均医保费用历年变化对医保费用进行预测，并且根据医保预算增长速度测算出珠海市医保费用收支平衡点。

政策建议信息是通过对政策预测信息的成本—收益分析，提出当前政策环境下的优先政策措施及其理由。例如，对于珠海市香洲区佳能旧厂房地块，既可通过土地挂牌交易增加政府财政收入，也可以将其改造成商务中心促进人口聚集，还可以通过经营文化产业园完善城市软硬件基础设施。假设决策者在短期、中期、远期政策面前需要在不同学科、不同利益群体、不同城市规划理念间进行抉择，那么他们需要采纳不同学科、利益群体、专家群体提供的政策建议。政策建议包括选择排序、支持理由、反对理由，这些内容都属于政策建议信息。

政策监测信息是公共政策执行过程的反馈信息。例如，2013 年 11 月 15

日，珠海市物价局决定调整居民用水价格并实行阶梯水价政策。在该水价政策实施后，居民态度、媒体评论、实际用水量的增减、贫富阶层的水费负担等信息属于政策监控信息。通常，有科学决策思维的政府机构会在卫生、教育、住房、福利、犯罪、科技等领域依据综合的政策指标对政策的执行结果实施例行监控。政策监测信息有利于决策者掌握公众对政策的接受度，发现预测信息之外的情况，把准政策执行难点，划分政策方向偏离责任。

政策评估信息是公共政策执行完毕后的反馈信息。与政策监测信息不同，政策评估信息是经过对决策过程的完整评估，暗含效果、效率、完成率、公平性、预期相符度、适当性等评估标准的结果性信息。获取政策评估信息的主要方法有社会实验、社会系统核算、社会审计、综合实例研究、发展评价、实验评价、回顾性过程评价、回顾性结果评价、评价力估计、多重效用分析。

2. 共同构建政策咨询系统

咨询子系统是公共政策体系的智囊系统，珠海市咨询子系统的主体是珠海市智库，由许多专家、学者组成（见图1）。实践中，信息资料的占有是提出政策建议的基础，因此咨询子系统与信息子系统有诸多交集。

咨询子系统通过运用科学知识、方法、技术进行政策问题分析、前景预测、方案设计及论证、咨询建议、监测评估公共决策。信息子系统未必是咨询子系统，但咨询子系统必然是信息子系统。例如，珠海市政府办公室承担市一级公共政策信息的收集、加工、传递，因此属于信息子系统；珠海市委政研室不仅承担公共政策信息的收集、加工、传递职责，还承担政策问题的分析、政策建议的提供等职责，因此既属于信息子系统，也属于咨询子系统。

3. 共同强化政策监控系统

监控子系统是公共政策体系的特殊组成部分，负责监控公共决策过程的各个环节，确保政策问题受重视、政策目标不偏离、政策方案能执行。它的主要作用是监控执行子系统，确立政策执行标准、监督政策执行情况、反馈政策执行情况。监控子系统的最大特点是，不仅包含党政机关、事业单位、国有企业等"体制内"单位，也包含维权团体、意见领袖等"体制外"单位及个人。

珠海市市级监控子系统由司法机关、纪检监察机关、人大、政协、审计机关、新闻媒体、公民维权团体、意见领袖组成，主要包含珠海市法院、检察

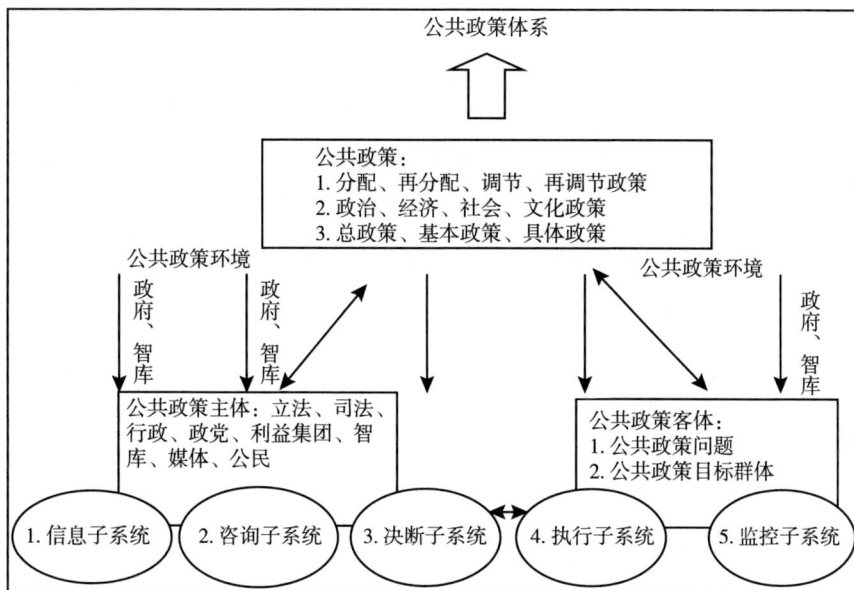

图1 公共政策体系

院、纪委监察局、人大、政协、审计局，以及珠海本地和在珠海驻点的纸质媒
体、广播媒体、电视媒体、网络媒体、维权团体及意见领袖。

二 新型智库建设应当规避的错误方向

笔者在中国知网进行了搜索，未发现有专门文章论述新型智库建设的错误
方向，但有文章做过近似论述。有学者认为，中国智库显著区别于西方智库和
中国古代智库，因此需要处理好官办性与民间性、政治性与独立性、单一性与
多元性等多方面的关系。有学者认为，地方建设好中国特色新型智库的前提是
认识和处理好地域性与全国性、本土化与国际化、及时性与前瞻性、策略性与
战略性、应用性与学理性、决策咨询与学科建设、应用研究与理论研究、队伍
建设与人才培养八个关系。

（一）放弃智库专有属性

新型智库建设的最大错误方向就是放弃智库专有属性，包括专业性、

中立性、竞争性、连贯性，而走非专业性、依附性、垄断性、临时性的发展道路。

第一，放弃专业性，走非专业性智库发展道路。首先，追求大而全，不确立自身政策领域、学科优势，希望面面俱到的智库，反而无法做到精深。其次，不深入掌握和经常性使用科学的研究方法，包括不掌握科学研究方法、不运用辩证思维、抵制定量分析方法等。最后，不重视专门性人才队伍建设，表现在智库内部专业技术岗位比例低、专业技术岗位准入门槛低、缺乏对研究队伍的培训交流、在研究上搞"一言堂"。

第二，放弃中立性，走依附性智库发展道路。放弃中立性主要是放弃意见中立，完全成为资方代言机构。国内官方、半官方智库资金来源主要是政府拨款和预算转拨，民间智库资金来源趋于枯竭迫使部分民间智库转向国外的基金会申请资金。部分官方、半官方智库"唯政府旨意是从"，部分民间智库研究议题受国外基金会操控，丧失了意见中立的智库发展基础。

第三，放弃竞争性，走垄断性智库发展道路。一是政府完全垄断政策议题甚至结论。例如，政府将智库视为政策正确性论证机构，对政策议题预设答案，交由智库走过场。二是下属智库垄断主管部门政策信息、课题、资金，主管部门课题倾向于采用定向招标、单一来源采购。三是官方、半官方智库垄断预算资金、课题，压制民间智库参与竞争。

第四，放弃连贯性，走临时性研究发展道路。一是智库沦为政府秘书班子。政府决定热点政策议题，智库就一窝蜂地去研究该政策议题，实际上缺乏对该政策议题、政策信息、政策理论等积累，也未仔细考量热点政策议题的长期生命力。二是沦为政府的"御用工具"，使得智库研究极易受政府换届等的影响。三是轻视积累，包括缺乏对过往政策、政策信息特别是数据资料、政策反馈的跟踪，因此在新的政策议题、政策环境面前束手无措。

（二）放弃智库体系化追求，走分割化发展道路

第一，不设统一的协调机制，或者协调机构"各立山头"。智库体系需要统一的协调机制，组织领导、资金保障、目标任务、考核监督缺一不可。第二，不设统一的政策研究需求发布平台，课题发布部门主观地分配课题、资

金。第三，不建立统一的政策研究成果推广机制。第四，智库间不进行学习培训、人员交流。

（三）放弃智库市场化、产业化潜力，走行政化、补贴型发展道路

智库市场化，是要打破"大锅饭"体制，加强政策产品供应方竞争，使智库在市场机制中优胜劣汰。智库产业化是要认识到智库属于服务业高端产业群，可以成为一个产业链，需要预留政策空间、地理空间、财政支持空间、税收调节空间、人才培育空间。

三　智库参与重大公共决策的意义

（一）智库的内涵

智库一词源于英文"think tank"，又译作"思想库""智囊团""脑库""外脑"等。所谓的智库，脱胎于传统的智囊制度，我国历史上有"孟尝君门客三千""谋士""幕僚""绍兴师爷"的记载，可视为智库的滥觞与雏形。

迪克逊从功能角度提出，"智库是一种稳定的相对独立的政策研究机构，其研究人员运用科学的研究方法对广泛的政策问题进行跨学科研究，在与政府、企业及大众密切相关的政策问题上提出咨询"；凯莱从制度安排角度提出，"智库是一种组织的安排，其中，企业部门、政府机构及富人把数以百万的经费拿出来，交给组织的研究人员，而这些研究人员必须花费时间来完成研究，最后研究者与机构将其研究成果以研究报告或专书的形式公开或不公开呈现"；威佛从产业形式角度提出，"智库是非营利的公共政策研究产业"。

西方对智库的定义主要强调独立性和非营利性。西方的智库是以对智库捐赠主体的税收减免为制度保证从而确保智库的相对独立，智库只是具有财务表面上的非营利性。实质上，智库对公共政策的影响必然引起公共资源的再次分配，公共资源的再次分配背后必然有智库捐赠主体的利益诉求，包含改变、维持、减缓改变、加速改变公共政策的诉求。因此，不能用独立性、非营利性作为智库评判的硬性指标。

在中国，很多学者采取宽泛的智库定义，认为"智库是一种专门为公共

政策和公共决策服务、生产公共思想和公共知识的社会组织，它的基本特性包括思想创新性、政策影响力和公众关注度等，它的主要功能包括提供思想产品、搭建交流平台、培养公共人才、引导社会舆论等，它的工作范畴包括信息报送、调查研究、人才培养、沟通交流、专题培训以及决策咨询等"。

本文认为，中共中央办公厅、国务院办公厅印发的《关于加强中国特色新型智库建设的意见》充分考虑了中国国情，首次明确了智库的定义、标准、分类。中国特色新型智库是以战略问题和公共政策为主要研究对象、以服务党和政府科学民主依法决策为宗旨的非营利性研究咨询机构。中国特色新型智库应当满足以下基本标准：第一，遵守国家法律法规，相对稳定，运作规范；第二，特色鲜明，长期关注决策咨询研究领域及其研究成果；第三，拥有具有一定影响力的专业代表性人物和专职研究人员；第四，有持续的资金来源；第五，有多层次的学术交流平台和成果转化渠道；第六，具有功能完备的信息采集分析系统；第七，有健全的治理结构及完善的组织章程；第八，具有开展国际合作交流的良好条件等。

（二）智库参与重大公共决策的意义

智库参与重大公共决策的意义，主要有以下两点。

第一点，智库参与重大公共决策，是中央在新的历史条件下做出的制度性设计。

2004年1月，《关于进一步繁荣发展哲学社会科学的意见》在党的历史上第一次以中共中央的名义明确指出："要使哲学社会科学界成为党和政府工作的'思想库'和'智囊团'。"2007年十七大报告首次出现了"发展智库的重要性"论述，此举表明，智库在国家治理体系中的重要作用已经得到了最高决策层的关注。

2009年6月17日，时任国务院总理温家宝在主持召开的国务院常务会议上明确要求，"根据国内外经济形势变化和中长期发展需要，加强储备性政策的研究，提高宏观调控的前瞻性和针对性"，从而将储备性政策研究的主力军智库推到政策参与前沿。

2012年11月8日，党的十八大报告进一步申明"坚持科学决策、民主决策、依法决策，健全决策机制和程序，发挥思想库作用，建立决策问责和纠错制度"，将智库发展与公共决策效能联系在一起。

2015年1月，中共中央办公厅、国务院办公厅印发了《关于加强中国特色新型智库建设的意见》（简称《意见》），并发出通知，要求各地区各部门结合实际认真贯彻执行。《意见》指明中国特色新型智库的重大意义：一是党和政府科学民主依法决策的重要支撑，二是国家治理体系和治理能力现代化的重要内容，三是国家软实力的重要组成部分。

第二点，智库参与重大公共决策，是科学民主依法决策的"全过程催化剂"。公共政策制定过程包含议题设置、可行性论证、备案拟定、咨询听证、方案确定、效果评估等。

第一，在议题设置环节，智库参与能够使政策议题更全面。公共决策是党政机关注意力聚焦的过程，同时使党政机关人员信息、时间两个要素快速耦合。由于"大政府"惯性，党政机关人员的事务性压力非常重，加上现阶段社会新情况、新问题层出不穷，党政机关在议题设置环节易受舆情不通和时间不足的局限。智库汇聚了不同领域的专家学者，可以就单个政策问题从若干专业角度进行解读，使议题设置更加全面，为科学决策提供有力支持。

以立法决策为例，珠海市人大常委会走出了第一步。2015年1月1日，珠海市人大常委会在其官网公布《珠海市2015年立法项目征求意见表》，立法项目包含电力设施保护、法治政府建设、土地管理、政府投资项目管理、安全生产、公共安全技术防范、空间发展概念规划、政府重大决策、业主委员会组织、住宅专项维修资金、控制吸烟、不动产登记、旅游、市容和环境卫生、行政程序等17项，是近年来网络问政的典型表现。但由于各立法项目专业性强、法规相关资讯涉及面广，而受访网民来源不一、对立法项目相关背景理解深度不同，因此问卷只限于从17项立法项目内选出2项作为重点立法项目，调查问卷效果易受影响。鉴于此，若能在立法决策规程上引导智库参与，既能帮助立法机关广泛倾听社会诉求，又可以借助智库在相关领域的研究基础，快速、准确地定位政策目标，使行政决策兼顾决策专业性和社情民意。

第二，在可行性论证环节，智库参与能够提供专家理性，从而引导舆论理性。以三峡工程的论证过程为例，1984年4月国务院批准由长江流域规划办公室组织编制《三峡水利枢纽可行性研究报告》。1986年6月中央和国务院发出通知，决定进一步扩大论证，责成水利电力部重新提出三峡工程可行性报告，以钱正英为组长的三峡工程论证领导小组特邀 21 名顾问，成立了 14 个专家组，经过大量研究，形成了 14 个专题论证报告，在可行性论证环节提供专家理性。

但是，一项政策的出台会引起相关利益群体的正面和负面反馈，这种反馈又通过社会舆论将效果成倍放大。鉴于境外干涉势力和境内维稳压力，利益群体的负面舆论比正面舆论更容易被广泛扩散。特别在互联网时代，决策执行后并不代表舆论发散结束。三峡工程竣工后，社会舆论对疏浚成本及迁置库区移民的成本、水量控制的实际经济效益、大容量蓄水对地质结构影响等方面有后续关注。因此，在决策早期的可行性论证环节引入除决策机关、相关利益群体之外的中立的智库论证，有利于决策和后续舆论理性，从而大大降低政策辩论升级为利益群体冲突的可能性。

第三，在备案拟定环节，智库参与能够限制决策时"从众唯上"的思维，充分考虑不同政策意见甚至相反的政策意见。

事实证明，集体决策并不能完全避免决策非理性。20 世纪 30 年代，犹太人并不相信他们会被送到集中营并全部杀掉；1972 年，以色列不相信会在奥运会上被屠杀；1973 年 9 月，虽然已经看到阿拉伯国家在进行战争动员，但是多数人讨论后认为并不构成威胁，以致后来仓促应战，险些输掉战争（赎罪日战争）。战后，以色列决定改革情报制度，建立了第 10 人制度：如果 9 个人看着相同的情报，得出相同的结论，那么第 10 人必须提出异议，无论这个意见看上去多么离谱，这个人必须假定其他 9 人都错了并设法证明。以色列政府决策层在赎罪日战争后同样进行了深刻反思，下决心采取措施避免从众思维和决策者专权对不同政策建议的排斥。例如，以色列国防部建立了"魔鬼代言人办公室"，所招募人员要求经验丰富、有逆向思维、创造力强。该机构以"观点中立"的专业化立场、"查缺补漏"的逆向思维进行研究，要求必须制定各类政策备案以通过实时直接的电信系统供决策者使用。

政府决策属于集体决策并且具有明显的权力等级特征，这样的双重特性就造成了政府决策很难避免从众思维和唯上思维。智库参与政府决策过程，可以有效避免政府在决策中的自我纠错能力较差的弱点，从而提供不同的政策视角和政策建议。

第四，在咨询听证环节，智库参与能够增强公共政策合法性，这种合法性既包括狭义的法律法规合法性，也包括公民认同的政治合法性。

以行政决策听证制度为例，国务院、广东省政府将健全重大行政决策听证制度列为法治政府建设考核指标之一，要求社会听证成为重大行政决策的必经程序。《珠海市重大行政决策听证办法》于 2014 年 2 月 20 日起施行。听证会旁听席分为一般旁听席、部门旁听席、媒体旁听席。因此，智库可以以企事业单位身份参与旁听。例如，2014 年，一位网名"@小 Q 吟你若无云便是晴天"的高三学生在微博发帖质疑修建有轨电车一事，随后又新写了一篇《我的市长我的市——修不修路谁说了算》的博客，强调自己"并非反对建设有轨电车"，而是质疑"建与不建谁说了算"。该帖子被转载到珠海某网站 36 个小时后，当时的珠海市长专程写下长达 1792 字的回信释疑。2014 年 8 月，珠海教育局出台"小学若择校，中考时不算指标生"的政策，这一被称为史上最严打击择校现象的政策引发广泛关注，不少市民表示支持。不过，也有反对者认为不够人性化，认为新政策使学生上学只能就家近而不能就父母工作单位近，从而导致接送不便，市教育局通过解读上级文件，回应了该质疑。根据舆论反馈，面对有理有据的政策质疑，不压制质疑，及时处理回复效果最佳。

第五，在效果评估环节，智库参与能够使评估更专业、更全面，评估结果公开范围可控。

从当前决策评估总体情况来看，行政决策法治化的总体水平不高，行政决策制度建构情况与地区的经济发展状况基本存在正相关关系。从具体指标的得分看，行政决策中的公众参与制度建设情况较好，而决策后的反馈制度尚没有普遍建立。

一项政策的实施效果按时间先后受到决策质量、执行程度、控制程度三方面因素的影响。其中，控制程度是指根据政策执行后的初期反应所做的修正调整的程度。决策评估内容包括经济效益评估、社会效益评估、环境效益评估，而每种评估内容又对应不同的评估方法。经济效益评估方法分为静态和动态评估法、定性和定量评估法、微观和宏观评估法等；社会效益评估方法分为关键指标评估法、抽样问卷评估法、申诉统计评估法等；环境效益评估方法分为资源综合利用率评估法、环境污染评估法等。一项政策的效果评估至少包含三大类十一种评估方法的综合运用，这类专业性较强的评估只有在专门的研究机构才能完成，而智库就是这类机构。此外，决策机关不适合做决策评估，因其主要职能是制定和执行政策。决策机关如果参与决策评估，不仅投入时间有限，而且存在"既是运动员，又是裁判员"的身份冲突。因此，将决策评估委托给中立的外部机构智库，并要求其遵守相关规则、明确保密义务，能使决策评估环节可行、可信、风险可控。

四　珠海市智库的现状、政策参与的路径和存在的问题

（一）珠海市智库的现状

智库是珠海市委、市政府科学、民主、依法决策的重要支撑。决策咨询制度是社会主义民主政治建设的重要内容。珠海市委、市政府历来高度重视决策咨询机构在经济社会发展中的重要作用。2012 年，珠海出台了《珠海市重大行政决策程序规定》，并在经济、环境、社会、法制和文化领域就珠海未来发展路径的"五道题"邀请国内外智库专家进行了一系列高端论证。2013 年，珠海市政府与中科院广州分院签署了科技合作协议，双方合作共建中国科学院广州技术转移中心珠海中心。可以说，智库在珠海经济社会发展中发挥了十分重要的作用。当前，珠海具有难得的后发优势，处于发展黄金期、改革攻坚期、转型关键期，港珠澳大桥即将开通，珠海要大力发展"三高一特"产业，打造珠江口西岸核心城市。珠海迫切需要健全决策支撑体系，大力加强智库建设，以科学咨询支撑科学决策，以科学决策引领科学发展。

《关于加强中国特色新型智库建设的意见》将智库分为五类，主要包括社科院和党校行政学院智库、高校智库、科技创新智库、企业智库、社会智库。媒体通常从智库性质出发，将智库分为官方智库、半官方智库、民间智库三大类。不同类型的智库在信息传递方式、驱动力量（行政、市场）、议题选择、研究特长等方面有不同的特点。

1. 官方智库

第一，市级决策咨询研究机构，包括市委党校、市委党史研究室、市经济社会发展研究中心（广东省社科院珠海分院）、市社科联、市科协 5 家常设机构。

第二，党政部门、人民团体下属决策咨询机构，包括市纪委下属的珠海市监察学会、市委组织部下属的珠海市党建研究会（与组织部研究室合署）、市教育局下属的珠海市教育研究中心、市民族宗教事务局下属的市民族团结进步促进会、市司法局下属的珠海市法学会、市人大下属的珠海市人大法制研究中心、市政协下属的珠海市人民政协理论研究会、团市委下属的珠海青年智库等。

2. 高校智库

珠海市现有高校 10 所（见表 1）。

表 1　珠海高校智库概况

高校名称	院系数量（个）	开设专业数（个）	纸质藏书（万册）	占地面积（亩）	研究机构
中山大学珠海校区	13	50～60	37	5356.5	官网介绍了 7 个，按院系查询为 82 个
暨南大学珠海校区	11	53	40	900	研究所 11 个、实践中心 5 个，共 16 个
遵义医学院珠海校区	8	10	—	1162.3	3 个
广东省科技干部学院（广东科学技术职业学院）	11	53	178	2012	4 个
珠海城市职业技术学院	11	36	32.6	542.1	1 个（代管）
珠海艺术职业学院	6	23	—	200	无
北京师范大学珠海分校	15	58	110	5000	2015 年 3 月撤销 16 个，约 60～80 个
北京理工大学珠海学院	11	46	131	5000	研究所 3 个、实验室 45 个，共 48 个
吉林大学珠海学院	14	41	253	5000	14 个
联合国际学院	3	20	—	199.5	8 个

资料来源：2015 年 3 月 5 日《关于撤销北京师范大学珠海分校职业技术研究所等科研机构的决定》（师（珠）校发〔2015〕11 号）。

3. 科技创新及企业智库

截至 2014 年，珠海已建立国家级企业技术中心 2 个、省级企业技术中心 45 个、市级重点企业技术中心 139 个；建有国家重点实验室分支机构 5 家、省重点实验室 1 家、省重点实验室产学研培育基地 1 家。

4. 社会智库

珠海的社会智库主要有珠海兰策商务咨询公司、珠海与北京大学合作设立的生态文明研究院、南方民间智库等具有民间性质的智库等。

（二）珠海市智库政策参与路径

第一，通过政府服务类项目公开招标，参与公共政策制定。

第二，接受政府部门课题委托，撰写调研报告以供政府部门使用。

第三，通过理论期刊和内参渠道，获得决策层关注。

第四，通过听证会、座谈会、评估会、培训班等会议互动形式参与公共政策讨论。

第五，通过电视台、报纸、广播、网络媒体、自媒体发布政策观点，引导政策舆论。

（三）珠海市智库建设存在的问题

珠海智库为社会经济文化建设做出了重要贡献。但是，随着形势发展，智库建设跟不上、不适应的问题也越来越突出。珠海智库建设存在着力量分散、职能交错、领军人物和杰出人才缺乏、研究和服务水平不高、参与决策咨询缺乏制度性安排、具有较大影响力的高质量智库缺乏、智库建设缺乏整体规划等一系列问题。具体表现为以下几点。

第一，党政智库疲于应付。党政智库是典型的官方智库，如各级党委、政府的政研室（研究室）、发展研究中心以及各政府部门内设的专门研究机构等。这些研究机构属于党政附属研究机构，直接为各级党委、政府决策服务。这类机构基本按照党政组织及其领导的工作部署进行"命题性"调研，其研究结果直接为领导决策服务。

与日益增长的珠海各级党委政府决策咨询需求相比，党政智库普遍存在着人才数量不足、人才结构单一、外脑借力较少的问题。据了解，珠海市政府研究室的主要任务是给市领导起草讲话稿，专职政策研究人员很少，事务性压力非常重，疲于应付"布置的作业"，加上现阶段经济社会文化新情况、新问题层出不穷，党政智库没有对重大宏观理论问题进行深入研究的时间和精力。在对党政智库的评价中，"缺乏独立性"是最常见的声音之一。

相对于其他类型的智库，珠海党政智库与决策层联系更紧密、沟通更便捷、决策需求把握更准确，更便于统筹全市范围内的各方资源，应致力于提供重大研究选题方案、带头开展政策研究和决策咨询、向决策层集中汇总并报送全市各类型智库的研究成果等。

第二，社科智库数量少且能力不强。社科类智库包括省社科院珠海分院和各级社科联。省社科院珠海分院成立至今成果有限，尚未发挥应有的科研作用。在珠海行政区中，香洲区和金湾区成立了社科联，斗门区却迟迟未成立社科联。珠海各级社科联主要发挥着为党和政府联系广大社科工作者的桥梁作用，科研能力很弱。截至2015年上半年，市社科联登记的社科类社团多达37个。但是，这些社团大多数都不具备科研能力，存在"小而弱"的特点，有些社团其实仅有"联谊会"的功能，有影响力的社会智库奇缺，整体社科研究能力和承接政府社科研究课题的能力仍需进一步提高。

第三，党校智库"重教轻研"。目前，各行政区均没有设立党校，珠海仅有市委党校一家。市委党校承担着繁重的日常教学任务，承担着培训珠海各级领导干部的任务，党校系统师资力量较强，科研力量相对薄弱，党校为地方政府提供决策咨询的作用尚未完全发挥。

第四，高校智库曲高和寡。经过15年的发展，珠海成功打造了一个办学体制多元、学科门类比较齐全、教育质量稳步提升的高等教育体系，拥有10所全日制普通高等学校，有研究生800多人（其中博士研究生近200人），具有副教授以上高级职称的有近2000人。在校大学生超过12万人，高校数量排省内第二，高校智库存量巨大，达到233所，基本形成了"文史哲、经管法、理工农"9类专业覆盖面广的智库体系，并具有独立自主性强、学术意识浓厚、研究水平高等特点。但是，在存量如此大的情况下，珠海市高等教育深度融入地方经济建设、对产业经济的拉动作用尚未充分体现，高校政策研究和调查研究成果转化形成实际决策的并不多，出现了明显的政策研究与决策咨询脱节的"两张皮"现象。究其原因，一是研究成果脱离实际，政策建议比较务虚，对领导决策缺乏咨询价值；二是存在信息不对称现象，决策部门与决策咨询机构之间沟通联系缺乏固定、快捷、通畅的信息传递和成果转化渠道。在座谈调查中，多位高校学者反映很难获得政府有关部门的需求信息，同时由于缺乏与党委政府层之间的信息传递渠道，研究成果很难让决策层知晓。

因此，一方面，高校要主动介入地方经济社会发展；另一方面，各级政府要学会借力高校智库。珠海高等院校不应该成为独立于社会的象牙塔，要开门办学，不能坐等社会资源送上门，要主动加强与政府、企业、行业、社会组织之间的沟通和合作，将校外机构请进来，将校内专家、教师送出去，主动适应世界高等教育发展趋势，提升协同创新意识和能力。珠海高校要以优势学科和重点实验室为基础，整合校内其他教育资源，吸引政府、企业、行业、社会组织、其他高校和科研院所等参与构建协同创新平台，提高解决社会经济发展所面临的关键和重大问题的能力。

第五，社会智库有心无力。社会智库是在工商部门、民政部门注册的研究机构，也被媒体称为"民间智库"。长期以来，官方或半官方智库相对活跃，社会智库因缺少政策与资金支持发展乏力，生存环境还比较脆弱，智库作为政府"外脑"的职能难以真正体现。珠海纯民间的社会科学研究机构在珠海数量很少，研究力量弱，研究能力有限。与北京、上海、广州、深圳、海南等民间智库发展先进的地区相比，珠海民间智库基本上处于未发育或萎缩状态。社会智库的优势在于它可以打破政府智库的"部门本位"和大学智库的"学科本位"，以相对客观、中立的姿态探讨一些公共政策问题，因此发展空间很大。珠海社会智库有如下两个特点：首先，社会智库在信息来源、经费投入、研究力量、占有资源、成果影响和体制保证等方面，远远落后于官方智库，社会智库即使想做出高水平的科研成果也有心无力；其次，与官方智库相比，社会智库决策谏言的渠道不够畅通，即使有高水平的研究成果，也很难发挥它应有的作用。官方智库可以通过内参或送阅件向上直接传递意见建议。相比之下，社会智库的成果和声音就不那么容易被反映到决策层。在座谈调研中，很多社会智库的从业人员表示，智库不要用民间、官方的标准简单划分，不要在智库身上贴标签，只有克服智库建设中的官本位思想，建立统一、公平的市场，才能促进各类智库之间的公平竞争。

第六，科技智库有待培育。2014 年全年，珠海经各级科技行政部门登记的技术合同有 577 项，技术合同成交额为 22.5 亿元；全市共有产学研示范基地 11 家、科技创新公共实验室 13 家（其中设立在高校和科研所的公共实验室有 12 家）；拥有国家级工程研究中心 4 家、省级工程研究中心 80 家、市级工程研究中心 56 家；已建立国家级企业技术中心 2 个、省级企业技术中心 45 个、市级重点企业技术中心 139 个；拥有国家重点实验室分支机构 5 家、省重点实验室 1 家、省重点实验室产学研培育基地 1 家；2014 年年末建立县及县级以上国有研究与开发机构、科技情报和文献机构 6 个。但是，科技创新智库和企业智库的科技创新能力有待进一步提高，"拳头"科技产品不多，领军人物和杰出人才缺乏。珠海市高校还没有引进"两院"院士、"长江学者"、国家"千人计划"入选者等高层次人才。

五 珠海新型智库建设的原则、目标和具体做法

珠海新型智库建设的原则是，要以党的十八大和十八届三中、四中全会精神为总依据，以习近平总书记系列重要讲话精神为总指导，以中共中央办公厅、国务院办公厅印发的《关于加强中国特色新型智库建设的意见》和广东省委办公厅、省政府办公厅相关文件精神为建设方向，以珠海市委七届三次、四次、五次全会精神为发展动力，坚持紧扣中心、服务大局，坚持分工明确、重点协同，坚持求真务实、大胆革新，围绕珠海建设生态文明新特区、科学发展示范市，构建珠海新型智库体系，创新智库发展模式，着力打造珠海智库品牌，为"蓝色珠海、科学崛起"提供强有力的智力支撑。具体来说，一是坚持智库发展基础，加强智库专业性、中立性、竞争性、连贯性的专有属性；二是智库要维护政府权威性、社会性、系统性的专有属性；三是重点抓好智库和政府间的交叉功能，共同完善政策信息系统，共同构建政策咨询系统，共同强化政策监控系统。

总的来说，珠海新型智库发展目标为智库专业化、体系化、产业化，这是新型智库发展道路与旧的智库发展道路的根本区别。具体来说，珠海要提升新型智库在公共政策体系中的地位，统筹智库与公共政策体系协同发展，优化公共政策信息、咨询、监控子系统；健全智库发展体制机制，建立具有珠海特色的新型智库发展模式；强本固基，内培外引，打造珠海智库品牌，提升珠海智库影响力。

珠海市建设新型智库和提升政府决策水平的具体做法如下。

（一）内培外引，构建珠海特色新型智库体系

第一，提高党校（行政学院）智库决策服务能力。为党委和政府提供决策服务，是党校的重要职责之一。建议强化党校智库建设，充实、配强科研人员，深化市委党校科研体制改革，按照教学、科研、咨询一体化协同发展要求，明确目标任务、方式方法和组织协调机制，更好地发挥党校（行政学院）在决策咨询方面的作用。结合干部教育培训，围绕市委、市政府中心工作开展决策咨询研究和服务，激活党校智库的决策咨询作用，让党校智库为地方经济社会发展提供有力的智力支撑。

第二，提高高校智库协同创新能力。珠海市多次强调要充分利用高校资源，打造高端智库。建议珠海按照教育部印发的《中国特色新型高校智库建设推进计划》的要求，立足当地高校的优势学科，依托特色专业领域的优秀人才，研究制定新型高校智库建设推进计划，支持培养一批具有重要影响力的高端智库人才和咨政研究团队，培育建设一批具有集成优势的新型智库机构。

依托高校优势学科建设，面向珠海产业发展重大需求，构建10个高校协同创新中心，以优势学科和重点实验室为基础，建立一批市级科技创新平台和创新型科技人才培养基地，提高解决社会经济发展所面临的关键和重大问题的能力。

着力构建高校智库建设的制度保障体系，加快研究、制定和落实支持高校智库发展的财政政策和投入机制，将地方政府对高校的扶持与研究成果挂钩，为智库参与地方建设提供制度保障。安排高校学者参与重大战略制定、重大规划制定、重要课题研究等工作，在决策部门与高校智库之间建立起更加畅通、快速的沟通联系和成果转化渠道。定期将党委、政府的决策资料和有关文件向高校发布，解决二者的信息不对称问题。

第三，合作借力办社科智库。建立国家级、省级智库与珠海市的协同创新中心，依托珠海市经济社会发展研究中心，建立国家级、省级智库在珠海的协同创新中心或者研究基地，为它们在珠三角特别是珠海开展研究提供办公、临时居住、信息资料及调查研究等便利；围绕港珠澳大桥的建设，定期组织港珠澳及中山、江门、阳江智库进行沟通交流；围绕建设葡语系、西语系国家经贸平台，定期开展拉美国家智库与我国及珠海智库的沟通交流；定期选派珠海市

智库人才到中央、广东省智库交流学习，邀请中央、广东省智库的专家到珠海市相关机构挂职。建立智库人才横向交流机制，推动党政机关与智库之间人才的有序流动，推荐智库专家到党政部门挂职、任职。

第四，建设、服务地方型科技创新智库和行业引领型企业智库。建设若干个高水平科技创新智库，围绕"三高一特"产业发展尤其是装备制造业的政策制定、重大项目、产业平台等开展决策咨询，在全市创新驱动规划、布局、政策等方面发挥支撑作用。支持骨干企业、企业家协会建设若干个产学研紧密结合的新型智库，重点研究行业技术标准、知识产权保护、品牌发展战略、公关策略，提升珠海企业和企业家的国内影响力。

第五，引导社会智库健康发展。坚持官方智库和社会智库"两条腿"走路。社会智库是发展珠海特色新型智库的重要组成部分，中央出台的《关于加强中国特色新型智库建设的意见》要求由民政部会同有关部门研究制定规范和引导社会力量兴办智库的若干意见，营造有利于社会智库发展的良好环境。建议珠海按照中央、广东省的要求，结合珠海实际，把支持和引导高端社会智库健康发展提上重要议程，加快研究制定规范和引导社会力量兴办智库的政策意见，为社会力量兴办智库创造更加有益的条件。建议梳理社团注册相关法律、法规、规章及其他规范性文件，建立并公示社会智库便利化注册流程，制定规范和引导社会力量兴办智库的实施意见，包括支持和鼓励社会智库参与决策咨询研究和评估论证，积极承接地方政府和部门的应用研究课题；解决社会智库发展面临的政策制约及身份问题，努力消除社会智库面对的各种不确定的政策门槛，明确其设立、业务开展、内部管理、税收政策等规定；建立并完善政府购买决策咨询服务制度，将社会智库提供的咨询报告、政策方案、规划设计、调研数据等纳入政府采购范围和政府购买服务指导性目录；拓宽社会智库建言献策的渠道，为社会智库发挥作用提供更多便利，将体制外专家咨询纳入决策程序等。

第六，建立智库名录与智库人才库。分类别统计智库概况，建立智库名录，在党政机关、智库之间实行内部共享。以各类市级战略顾问专家库为基础，进行智库人才盘点，通过自主申报、准入备案形式，建立智库人才库，注重对智库人才研究特长、过往成果等要素的收集；建立分级授权、实名制、扁平化、可移动使用的电子通信系统，降低决策者、决策执行者、智库人才之间的沟通难度和沟通成本。

第七，吸引国内外智库在珠海设立研究和信息分支机构。举办行业会议，发布研究成果。争取与国家级或者省级智库合作，在珠海设立研究点、数据分流中心、网站运营点。利用政策和地理便利，加大与港澳智库的合作力度，每季度举办粤港澳智库论坛，每年度举办国内外智库论坛。形成智库人才出入境学术交流便利化机制，探索国外智库授权代理，加强智库外语人才培养。待时机成熟后，在智库联盟的基础上，成立智库产业园。

（二）建立健全现代决策体制，推动新型智库健康持久发展

第一，进一步强化和明确智库深度参与珠海重大经济社会文化决策的规范化、程序化、制度性设计，完善智库参与决策的机制，使决策咨询论证成为重大决策程序的必经环节，让智库真正参与到决策中来。

长期以来，智库对决策的影响不稳定，决策体制机制缺乏必要的法制保障，在党和国家科学民主决策体系中缺乏规范化、程序化的制度性安排。客观地讲，大多数的决策部门还是习惯于传统的决策方式，而不习惯于决策咨询。根据国务院《全面推进依法行政实施纲要》《关于加强市县政府依法行政的决定》《关于加强法治政府建设的意见》等对建立健全科学民主决策机制的要求，以及《广东省法治政府建设指标体系（试行）》和《广东省依法行政考评办法》等健全重大行政决策听证制度的精神，进一步完善政府信息公开制度，深入贯彻和落实中共中央办公厅、国务院办公厅印发的《关于加强中国特色新型智库建设的意见》和广东省委办公厅、省政府办公厅的相关文件精神，对于涉及公共利益和群众切身利益的重大决策事项（除涉及国家安全和军事秘密的项目外）的各政策环节，都必须通过举行听证会、座谈会、论证会等多种形式，广泛征求公众及智库的意见，提高决策透明度和公众参与度。

智库在参与决策咨询的过程中还会遭遇以下问题：某些地区对重大事项界定不清，决策者有选择地对重大事项进行决策咨询；决策咨询需求不公开透明，有选择地确定决策咨询机构或专家个人；决策咨询过程和结果并没有形成完善的记录和档案加以管理，导致决策咨询缺乏责任追究机制；决策咨询工作走过场，智库或智库成员成为决策者的附庸和利益代言。这样的决策咨询现状要求智库不仅仅要参与政策的制定，更重要的是要把政策真正地落到实处。智

库参与决策咨询制度本身不健全，就会减弱智库决策咨询参与的实际效果。因此，建议珠海制定出台具体意见或办法，确立智库在议题设置、可行性论证、备案拟定、政策评估环节的法定参与权。

第二，建立由珠海市委统一领导、市委副书记牵头、有关部门分工负责的领导管理体制，成立智库建设领导小组，切实加强对智库建设工作的领导。智库设常设性办公室，办公室可考虑设在市委政研室，承担领导小组的日常工作，对领导小组负责；建立统一管理、统一课题发布机制，明确任务分工，形成工作合力。各级党委和政府要充分认识新型智库的地位和作用，把智库建设作为推进科学执政、依法行政、增强政府公信力的重要内容，列入重要议事日程。

第三，建立统一的政策需求网络发布平台，形成一个规模性的政策咨询市场。智库的产品要有政府的需求才能发展起来。由智库建设领导小组办公室，定期收集和汇总各党政部门政策研究需求并发布公告，以市社科联年度规划课题、市科技与工业化信息局课题为依托，将党政部门政策研究需求纳入年度科研项目规划，定期发布决策需求信息，通过项目招标、政府采购、直接委托、课题合作等方式，引导相关智库开展政策研究、决策评估、政策解读等工作。

第四，建立统一的、公开共享的政策数据资料库。以政府大数据中心为基础，融合新旧数据，融合政府网站公开数据和纸质存档数据，融合可行性报告、听证报告、舆情反馈、国内外政策经验和资料、理论文献、本市社情等政策资料，建立市级政策数据资料库，各有关单位依法依规向智库提供数据、资料，实现政府与智库之间数据、文件、资料、成果等的互联互通。

第五，建立统一的智库间交流平台和智库成果宣传推广平台。以智库名录和智库专家库为基础，建立智库论坛，定期进行成果、经验、研究方法、数据文献等交流，加强智库间合作研究意愿，在条件成熟后成立珠海市智库联盟。建立统一的智库成果发布网站、自媒体公众号，在智库名录、智库专家库和内参共享平台的基础上，挑选不涉密的政策建议在该网站、公众号上发布，同时向主要媒体推荐使用。建设智库间共享的讲座、会议配套场地和设施，建立智库间场地、设备等共享制度，用活存量资源；打造国家级、省级智库的成果发布平台。争取与国家级或者省级智库合作，每年10~11月在珠海举办3天左右的智库成果发布会和智库论坛。邀请国内外知名官方智库与民间智库在珠海集中发布成果，开展思想交流。定期与国内外智库开展交流。

第六，打造政府和智库间的人才"旋转门"。当前，我国干部人事制度改革正在向纵深发展。打破专家身份界限，使专家变换角色，直接服务于政府，甚至成为党委政府的决策成员，这已经在不少地方和部门成为现实。当前一些智库高级研究人员已经通过公开选拔、选调、挂职的途径参与和加入到党政部门中。同样，一些党政高级决策人员也可以离开领导岗位，转到研究性的智库里担任研究人员。这样就形成了类似美国"旋转门"的智库角色转换机制，不仅可以提高政府决策的科学化水平，而且可以促进现代智库的发展。因此，建议珠海加强纵向和横向交流，定期选派智库人才到国内外机构交流学习，邀请中央、广东省智库的专家到市相关机构挂职。建立智库人才横向交流机制，推动党政机关与智库之间人才的有序流动，推荐智库专家到党政部门挂职、任职，支持有研究能力的党政领导干部、国有企业高管离任后经批准到智库从事研究工作。建立党政部门和智库对口联系制度。各党政部门要在本部门业务领域重点联系 2 个以上智库，鼓励智库围绕本部门的工作重点、难点、发展趋势，进行长期性跟踪调研、决策咨询。各党政部门要以智库为依托，形成服务本部门的智库支撑力量。

第七，探索智库评级办法，建立智库研究成果评价机制。运用政策需求方评议、同行评议、公众评议方法，筛选研究成果数量、采纳率、引用率等指标，参照智库影响力因子模型和服务咨询类公司资质评定办法，建立智库评级办法和智库研究成果评级机制。

第八，深化经费管理制度改革。制定符合智库运行特点的经费管理、经费预算和经费信息公开制度，健全考核问责制度，形成规范高效、公开透明、监管有力的资金管理机制。建立按质取酬的激励机制，增加智力劳动在课题经费分配中的比重。

第九，探索税收支持措施。出台智库税收减免办法，减轻智库税收负担。出台对智库捐赠主体的税收减免办法，落实公益捐赠制度，鼓励企业、社会组织、个人资助智库建设。在条件成熟后，成立智库发展基金。

（三）善用市场化思维，打造区域性思想市场，探索珠海新型智库发展模式

第一，鼓励社会资本进入智库运营市场，探索民间智库运营开发经验，扶

植一批创新创业团队，抢占国内智库运营市场。广泛吸纳民间资本、非公有资本和战略投资者投资智库领域，进一步把有可能吸收的非公有制经济的资金更多地引入智库产业领域，鼓励、支持和引导非公有制经济的资金投资和参与新型智库建设，逐步形成投资主体多元化、融资渠道社会化、投资方式多样化、项目建设市场化的智库产业发展新格局。

第二，以发展高校智库为契机，发挥高校社会服务职能。持续跟踪慕课（MOOC，大型开放式网络课程）、职业教育发展趋势，开挖慕课、职业教育市场价值。借鉴美国莫雷尔法案措施和威斯康星大学社会服务理念，鼓励市内高校根据本区产业结构、临近产业园产业结构，设立服务本地产业的科技服务类智库、管理咨询类智库，大力发挥高校社会服务第三职能。加强智库对慕课和职业教育的跟踪研究，参考 Coursera（世界最大慕课平台）、edX（哈佛大学和麻省理工学院主导的高校联盟）、Udacity（计算机课程）、TED（技术、娱乐、设计全球大会）等发展模式，依托珠海市职业教育集团，建立服务企业、服务社区、服务居民的开放式学习体系，探索市场化发展路径。

第三，吸引、扶植、打造一批智库型新媒体，抢占国内新媒体市场发展先机。媒体要依托自身基础，建设媒体型智库。智库要抓住新媒体异军突起的契机，以智库为依托，打造媒体高地，建设智库型媒体。智库与媒体融合，必定会明显提升智库的传播力，推动智库焕发生机。建议珠海吸引一批以《南方日报》为代表的自主创业人员，在珠海注册智库型新媒体企业，在珠海设立新媒体运营中心、数据后台、行业会议中心等总部、分支机构。加大珠海市内媒体、智库、软件园企业协作，扶持市内主要媒体、智库的移动互联网平台建设，探索新媒体创收模式。以统一的智库间交流平台和智库成果宣传推广平台为基础，借鉴 EIU（经济学人智库）模式，吸引国内智库共同打造线上、线下平台，深挖电子报告和服务、定制研究、高管项目、高级会议的市场价值。

（四）培育智库品牌，增强城市辐射力，提高珠江西岸核心城市影响力

国内尚缺少智库博览会，广东省也缺少智库产业集聚空间，若能主动谋划、适时出击，将对珠海政策规划能力提升、智库产业化集聚、人才信息汇聚、国内国际声誉带来巨大帮助。

首先，建议在珠海打造葡语系国家智库论坛。未来五年，横琴新区将迎来"自贸时代"，通过与巴西建立自贸平台，打通与拉丁美洲的自贸通道；通过与葡萄牙建立自贸平台，打通与欧洲的自贸通道；通过与安哥拉建立自贸平台，打通与非洲的自贸通道。随着中国与葡语系国家的合作日趋密切，建议参照海南博鳌论坛的模式，借助横琴打造中葡商品展销中心和跨境电子商务平台的绝好契机，每年在珠海举办国内首个葡语系国家智库发展论坛。论坛可以就葡语系国家文化习俗、法律、市场进入、补贴和反倾销政策、信息技术、产品贸易、动植物检疫、纺织品出口、通信服务、金融保险服务、人才服务、知识产权转让等方面广泛开展讨论。中国内地的葡语人才相当缺乏，因此，学术界、企业界对葡语系国家政治、经济状况的认识和研究普遍不多。只有进一步认清这些国家自然资源及能源的实际状况，了解这些国家的不同需求及购买能力，才能有的放矢地开展贸易合作，谋求共同发展，因此，建议借助葡语系国家智库发展论坛把珠海打造成葡语系国家与内地经济、文化发展的桥梁和纽带。

其次，建议建设珠海智库产业园。紧跟本地产业园、产业体系、产业企业发展需求，加强科技创新、管理咨询、文化创意、产业园管理运行等服务功能，打造智库产业集聚的产业园，建立珠海新型智库发展模式。港珠澳大桥贯通在即，澳门轻轨横琴线建设加快推进，届时港珠澳一小时生活圈将形成，港珠澳智库人才往来便利，智库人才吸引半径扩大，粤港澳大湾区即将形成。十字门中央商务区3.4万平方米国际会展中心建成，珠海初步具备建立智库产业园和与港澳合办智库博览会的硬件条件。因此，建议整合科技创新企业、社会智库，建立珠海市智库产业园。2013年珠海市横琴新区公布了《横琴新区产业发展指导目录》，该目录涵盖了该区七大产业共计200条产业条目。其中与智库相关的产业占三成以上，如经济、管理、信息、会计、税务、审计、法律、节能、环保等咨询与服务，工程咨询服务（包括规划编制与咨询、投资研究、可行性研究、评估咨询、工程勘察设计、招标代理、工程和设备监理、工程项目管理等）、市场调查、资信调查与评级等信用服务体系，跨境数据库服务，科技信息交流、文献信息检索、技术咨询、技术孵化、科技成果评估和科技鉴证等服务等。根据《横琴新区产业发展指导目录》，筛选三成以上与智库发展高度契合的产业企业，推动相关企业入驻智库产业园。

（五）新型智库促进政府决策水平提升的关键领域和重要方法

新型智库促进政府决策水平提升的关键领域：第一，新型智库应加强政策监控、预测、预警；第二，新型智库应将主要资源投放到政策评估领域；第三，新型智库应努力帮政府建立决策优化体制机制。

新型智库促进政府决策水平提升的重要方法：第一，缩小重点政策议题范围；第二，借鉴国内外政策经验；第三，辅助政府进行危机管理；第四，培训政府人员；第五，降低政府、利益集团、公民间的信息成本；第六，发展咨询业。

珠海市国际级宜居城市建设标准研究[*]

白　雪

一　宜居城市相关概念和理论

（一）宜居城市的内涵

纵观国内外学者对宜居城市的研究可以发现，研究的成果和结论都有不同的侧重点，目前尚没有统一的定义。宜居城市是指在一定生存区域内城市各方面都能协调发展，能够满足居民精神和物质两方面需求。宜居城市有广义与狭义之分。从狭义层面来说，宜居城市指生态环境良好、气候条件舒适、景观优美且适宜居住的城市。而从广义层面来说，城市宜居性体现为环境优美、生活舒适、经济繁荣、社会安全、文明进步和美誉度高。从国内研究来看，宜居城市的定义更侧重于"生"的概念，认为宜居除了强调生态环境和气候之外，还要兼顾生活舒适、交通便利、社会稳定、就业机会充分等各方面的经济条件。而国外的定义更注重"权"，即城市内居民对城市发展决策的参与能力。简单分析两者的区别，国内认为"在这个城市内，居民不仅要能生活，还要生活得好"，国外认为"居民不仅要生活得好，更要有权生活得好"。但这两者并不冲突，国内对宜居城市的定义顺应可持续发展观、以人为本的思想，重视城市的经济指标和居民生活指标。国外在此基础上，加深其内涵，居民对城市建设的参与度即居民整体素质也是宜居城市的衡量标准之一。

总之，宜居城市是指那些拥有优美的生态环境、良好的居住环境以及和谐的人文社会环境的城市，即指适宜人类生活和居住的城市。宜居城市是对城市

[*] 课题负责人：白雪，北京师范大学珠海分校副教授。课题组成员：杜宾宾，北京师范大学珠海分校副教授；姜亚莉，北京师范大学珠海分校讲师。

适宜居住程度的综合评价，城市的宜居性建设应该体现"以人为中心"，所以应针对适宜人们居住以及生活的四个方面来诠释宜居城市，即经济繁荣、环境优美、设施完备及社会稳定。

1. 经济繁荣

宜居城市不可能是贫困或衰退的城市，因为经济发展是城市发展的基础，是人类生产和生活的重要条件。城市能够得到发展，在一定程度上要依托经济发展。宜居城市需要强大的经济基础和生产能力，能够提供更多的就业机会。只有经济繁荣发展，才能有效地提高人们的生活水平，并为人们的生产和生活提供更多种可能。

2. 环境优美

在宜居城市的定义中，最主要的指标仍然是环境质量。尤其是在当前环境污染、生态破坏的大背景下，能在保障经济繁荣的前提下保护好自然环境的城市将是宜居城市的佼佼者，健康而优美的自然环境是宜居城市建设的重要标准。

3. 设施完备

完善配套的设施是宜居城市的重要标志。一个城市如果没有完备有序的基础设施，必然会给生活在城市里的人带来许多不便。人们在生活水平不断提高的同时，对居住环境和配套设施的要求也越来越高。住宅的功能从单纯居住的功能转变为实用型、舒适型、美观型结合的多功能。城市居住适宜性主要表现为住宅功能全面、居住环境优美以及生活便利等。

4. 社会稳定

和谐社会是当前中国社会发展的主题，人对于城市安全感的强烈需求使得社会稳定成为宜居城市的另一个指标。只有在和谐、稳定的人文社会环境中，人们才能够安居乐业。因此应当构建一个安全和谐的社会，如增强人与人之间的诚信度，降低犯罪率，健全社会保障体系，加大对教育和医疗的投入等。

（二）国际级宜居城市

国际级宜居城市是对以建设宜居城市为发展目标的城市提出的更高要求。国际级宜居城市要求宜居城市的各项指标均达到国际级宜居城市的高标准。国际级宜居城市是国内各城市建设的新目标，更是正在建设宜居城市的城市奋斗的终极目标。

（三）相关理论

1. 人居环境理论

1993 年，吴良镛院士在中国科学院技术科学部大会上第一次正式提出"人居环境科学"倡议，创造性地提出中国人居环境理论。作为一门综合性学科，人居环境的概念很广，广泛来讲是指人类从事有组织的活动的场所。具体来说，它不仅指城市、乡镇的物质结构，还指所有人类活动的过程，如生活、居住、教育、文化娱乐等。人居环境由自然、人类、社会等五个系统组成，这和宜居城市的内涵基本一致。所以，在一个良好的人居环境中，不仅要注重自然环境的保护，还要从人的角度出发，促进社会与人的和谐相处，不能只局限于部分建设，而要以人为本，推进整体建设。

人居环境研究针对环境开发中的诸多问题进行综合研究和分析。从宜居城市的角度来看，这些研究更多的是重视生态环境建设、人文艺术建设、科学技术建设，促进城市居住环境与经济发展良性互动。随着时代的进步，人居环境科学理论也在不断地更新发展，对于建筑、地区规划和环境都从人的角度出发，解决实际问题，逐步在实践中推进。

2. 生态城市理论

生态城市的概念是在联合国教科文组织发起的"人与生物圈计划"过程中提出来的。随后，各国学者对生态城市有了各自的理论研究，其中最具代表性的是雷吉斯特的说法。他认为，生态城市追求人类和自然的健康与活力，即生态城市是紧凑、充满活力、节能并与自然和谐并存的聚居地。他提出了具有代表性的生态城市的建设原则和理论。雷吉斯特指明了未来城市人居环境模式的方向。生态城市理论的核心思想就是建设生态健康的城市，将自然与人类生活相结合，提倡生命中的美、和谐与公平。综合各个学者的说法，生态城市的概念主要从生态学的角度出发，阐述了城市建设的标准、目标和理想化状态。

这种理论认为，对城市的定位是一种动态平衡，居民对生存环境进入自觉机制，包括意识和行为上的改变，整个城市功能趋向现代化的生态节能化，强调运用生态建筑和技术，注重城市空间规划、基础设施建设、人工建造与自然环境融合。所以，基于生态理论，最终建立一个自然、社会与经济和谐高效发展、人与自然和谐相处的理想生存环境，这与宜居城市的定位不谋而合。

3. 可持续发展理论

可持续发展是一种生产方式、组织行为方式和生活方式，用人类规范调整兼顾环境与发展、公平与效率、局部利益与整体利益、眼前利益与长远利益的理想化发展模式，同时遵循公平、公正、可持续性与共同参与的原则。可持续发展包括社会、经济和环境三方面的可持续发展。在经济方面，提升城市整体竞争力和经济活力。在社会方面，促进社区健康、和谐发展，包括社区基础设施的建设、街区历史或时代特色的延续和人文景观的保护，关注社会底层人士和社会环境问题，注重居民参与度，增强居民归属感，促进社区和谐。在环境方面，注重环境保护，提升居民环境保护意识，增强居民保护环境的自觉性。

从宜居城市的角度来看，社会可持续要保障社会人群的教育、保障、公平、稳定等，还需营造健康的社区氛围，保证社会稳定发展。经济可持续是一个城市健康发展的基础，在此基础上，保持环境可持续发展是关键。对城市居民而言，经济可持续包括充足的就业机会、住宅供求平衡、完善的基础设施以及合理的城市规划等。环境可持续，则是从以人为本的角度保证城市生态性，不能为了发展经济而破坏城市的良好生态，这样不符合宜居城市的核心思想。

（四）宜居城市建设和发展规律

1. 城市发展到后期阶段，宜居城市概念诞生

城市发展是具有阶段性的。在初期阶段，以经济发展为主，居民最基本的物质生活需求得到满足。在中期阶段，经济发展迅速，经济重心开始转向重工业，重工业得到快速发展，但因此产生了一系列环境问题，城市居民生存环境开始恶化。在此阶段，农村也在发生变化，一部分农村人口到城市务工。农村劳动力不断涌入城市，导致城市人口过多，失业人数增加，住房紧张，城市安全隐患增多，加剧了城市居住环境的恶化。在后期阶段，高新技术产业和服务业等兴起，城市发展意识开始转变，以人为本的思想代替"经济第一"，人们开始重视生存环境的质量和宜居城市的建设，将目光投向城市生存环境、收入分配公平、社会安全、人文历史资源等方面。

2. 经济、社会和环境协调发展，人们开始注重宜居城市建设

宜居城市是指社会安定、经济发展、环境健康以及适宜人居住的城市。经济和环境要协调发展，发展模式和战略方针就要求在不破坏环境的基础上促进

经济增长和资源的有序利用。城市、社会与环境协调，是指在充分考虑城市资源有限性和环境有限承载力的基础上，不违背自然规律，让城市人口增长和社会生活方式有个合理的改变速度，保证居民的社会福利，促进社会发展。城市的社会发展离不开经济的支持，合理分配经济资源是一个宜居城市的必备条件。社会发展包括教育、科技、公共交通、公共安全等方面，这些都需要经济的支撑。社会和经济两方面的有力结合，不仅可以为城市经济发展创造稳定的社会环境，也可以为社会发展提供经济保证。

3. 宜居城市的建设需要市场和政府的正确导向与合作

滞后性、盲目性等是市场无法避免的缺陷，政府作为城市管理者，拥有实际权力。一个城市开始形成意识并趋向于宜居城市发展，需要政府通过各种政策方针和战略，利用宏观调控，协调经济、社会和环境的发展，协调区域和城乡间的关系。城市的合理规划也离不开政府的支持和监督，社会资源的分配和社会安全的保障都需要政府给予正确的指引。在经济方面，政府要合理解决资源分配、基础设施、居民住房等问题；在社会方面，要保障一个安全、和谐的社会环境；在环境方面，要注重环境保护，提高城市自净能力和废物处理能力，加强对人文古迹的保护，不能破坏城市面貌。

二 国外宜居城市的建设标准、经验及启示

（一）国外宜居城市的建设标准

目前国际上尚无通行的宜居城市建设标准，现阶段在宜居城市的评价标准方面最为权威的是英国经济学家智囊团（Economist Intelligence Unit，简称EIU）对于全球城市宜居性的评价研究和美国财富杂志（MONEY）对于全美城市宜居性的评价研究。

1. EIU 关于全球城市宜居性的评价研究

2004 年，EIU 构建全球城市宜居性评价指标体系，其评价指标共 12 个，分成健康和安全（Health & Security）、文化与环境（Culture & Environment）、基础设施（Infrastructure）三组。2005 年，随着城市涵盖内容的不断复杂化，EIU 全球城市宜居性调查指标也由三组增至五组，即社会稳定程度、健康水

平、文化与环境、教育质量、基础设施。EIU 对调查而来的数据进行定性和定量的综合分析,得出一个全面反映生活质量的指数。

2. MONEY 杂志对于全美城市宜居性的评价研究

MONEY 杂志的美国年度最佳居住地评选每年举行一次,评选依据来自对城市居民的调查,所以其指标在很大程度上依赖于居民对城市的主观评价。

通过对居民调查结果的分析,可以得出以下观点:"最受美国人青睐的小城多是高等教育中心""交通方便和自然环境优美是美国人挑选宜居城市的重要条件""一个城市的宜居性首先表现在当地居民对城市的满意度和忠诚度上""丰富的文化生活也是吸引人们移居的一个重要因素""房地产价格是家庭选择居住地时考虑的重要因素"。MONEY 杂志全美宜居城市评价指标体系具体如表 1 所示。

表 1　MONEY 杂志全美宜居城市评价指标体系

评价内容	评价指标	评价内容	评价指标
财务状况	年收入均值(美元)	生活质量	空气污染指数
	零售税率		人身犯罪指数
	州收入税率(高)		财产犯罪指数
	州收入税率(低)	文化娱乐设施	电影院
	汽车保险补贴(美元)		酒吧、餐厅
住房	房屋均价(美元)		高尔夫球场
	房屋价值增幅		图书馆、博物馆
教育水平	学院和大学数量	气候状况	年均降水量
	职业技术学院数量		年最高气温
	学生数/教师数		年最低气温

3. 国外学者的宜居城市建设标准

不同学者的宜居城市建设标准也有所差异,主要集中在健康、环境、经济、舒适、人文、安全、社会文明七个方面。国外宜居城市评价可以总结出以下特点:第一,注重生态环境的保护,认为宜居城市追求的是当前城市居民生活的高质量,并且更重视城市的可持续发展潜力;第二,对生活舒适性的渴求也很强烈;第三,重视居民参与城市发展决策,反映社会的文明程度较高;第四,关注和谐的人际关系和包容性等人文方面;第五,对经济发展水平和城市安全方面的重视程度相对较低。部分国外学者关于宜居城市的建设标准观点如表 2 所示。

表 2　国外学者的宜居城市建设标准

年份	学者	宜居城市的要素						
		健康	环境	经济	舒适	人文	安全	社会文明
1997	D. Hahlweg	健康	宽敞的绿地		交通方便	休闲、聚会、富有吸引力	安全	全民共享的城市
1997	E. Salzano		可持续发展		生活质量、公共空间、基础设施	尊重历史遗迹、尊重小辈		
2000	Mike Douglass		安全而清洁的环境	工作和谋生机会、生活机遇		包容、伙伴	城市管治	参与和透明
2001	Asami	保健	城市环境的可持续性		舒适、便利性		安全性	
2006	H. L. Lennard		审美考虑、建筑美学和实体环境的深层次文化含义	经济功能	提供合适的公共设施	彼此认同、尊重、具有文化功能		具有社会功能、自由交流、平等对话机制
2006	TIMMER V		进入绿色空间的公平性		基础的生活服务设施、居民的可移动能力			城市发展决策的参与性

（二）国外宜居城市建设的主要经验

1. 墨尔本

墨尔本位于澳大利亚东南部的雅拉河下游，是澳大利亚人口最密集、工业化程度最高、农牧业最为发达的一个州。墨尔本凭借其田园般的城市环境、完善先进的医疗卫生、教育和基础设施等项目在 EIU 的全球最佳居住城市的评选中数次名列前茅。墨尔本在建设宜居城市的过程中有以下特点。

第一，注重现代城市规划和老城区改造的结合，在城市规划中注重田园思想和生态建设。墨尔本的公园多达 404 个，高楼大厦林立，但又不缺乏古老的英式建筑与其交相辉映。

第二，城市规划先行，公共基础设施建设优先。墨尔本注重城市规划先行，并且整体布局规划，优先划出道路、学校、公共绿地、商店、高尔夫球场和运动场等公共用地。所以在房屋的建成出售之前，整体居住区就已经具备四通八达的道路、完善的公共基础设施和各项绿化工程。

第三，注重教育和文化的多元性。墨尔本大学是全澳洲最古老的大学之一。同时，墨尔本私立学校的比率较高，达 29.5%。这里的中学更是世界闻名。墨尔本定期举办国际活动以推广世界多元文化，如澳网公开赛、国际航空飞行展、亚洲龙舟赛等国际活动。

第四，坚持严格的公众和听证会制度。墨尔本在规划管理方面实行严格的公众和听证会制度，城市建设、道路设施、社会服务、生态建设、绿化设施等方面的规划管理需要经过听证会，以确保规划管理的公开、公平和公正。

2. 温哥华

温哥华终年气候温和湿润、环境宜人，东北部有纵贯北美大陆的落基山脉作屏障，是一个传统文化与现代文明和谐统一、自然美景与人文底蕴交相辉映的宜居乐园。2003 年、2004 年温哥华被美洲旅行社协会授予"美洲最好的城市"称号，2004 年被国际城区协会授予"城区建设奖"，2005 年被英国经济学家信息部授予"世界最适宜居住的城市"称号。

温哥华在城市发展建设中，遵循"精明增长"的理念，走紧凑型都市区发展之路。温哥华自 1970 年以来坚持建设宜居城市，推行的各项措施主要如下。

第一，设立环境保护的专项小组和基金，以重大专项规划来使自然环境不被破坏和持续改善；注重保护绿色地带和公共绿色空间。

第二，建设完善的社区，将社区设定为互帮互助的基本单位。社区是基于地缘关系的亲密的公共体，是城市人文建设的基本单位，也是宜居城市建设的重要依托，对社区的人文和社会资源进行整合具有重要作用。

第三，注重宜居城市和人居环境的整体性。温哥华在打造宜人的自然环境的同时，注重经济的繁荣和可持续发展，注重交通网络的便捷性，注重土地利用的集约度，充分利用公共交通设施和公共服务设施，实现城市紧凑型发展。

第四，强调文化的多元化和包容性。一个有巨大吸引力的城市必定是开放的、包容的、友善的，把文化多元、开放包容作为宜居环境建设的重要内容将吸引世界各地人才集聚。

3. 新加坡

新加坡位于北纬10°，人口320万，国土面积为646平方公里，是马来半岛最南端的热带城市岛国，具有典型的热带城市气候。以"花园城市"而闻名的新加坡已连续10年在世界宜居城市排名榜中荣登"最适合亚洲人居住的世界城市"以及"最适合欧洲人士居住的亚洲城市"榜首。

新加坡有限的土地资源和匮乏的物产资源并没有限制其城市建设的发展，而成为其努力构建宜居城市和花园城市的动力。新加坡之所以能够成为亚洲最宜居的城市，最重要的原因是有一个明确、清晰和强有力的政府控制体制。其推行的措施主要有以下几点。

第一，"城市建在花园中"的绿化建设。新加坡一直以来被称为"花园城市"，城市绿化建设和生态建设一直是新加坡的特点和优势，根据政府部门制定的"绿色和蓝色规划"，新加坡始终以保持优美的城市绿化和生态环境为首要任务。

第二，"居者有其屋"的安居计划。根据新加坡建屋发展局的相关政策，政府向市民提供大量的经济适用房和廉租房，以解决低收入者的住房问题，并且政府对于购买经济适用房的人群的收入有严格的限定。为了让居民都能承担起房费，新加坡政府推出了公积金制度、对购买经济适用房实行免税、低房价原则等一系列优惠政策。新加坡在每个发展阶段都提出新的目标，来提高以建设花园城市为目的的城市建设水平。

第三，完善的道路交通系统。新加坡有高度发达的公共交通，公路干线长度约3300公里，已经构筑起一个高度发达的蜘蛛网般的交通网络，主要以地铁和巴士为主，以轻轨和的士为辅助。

第四，等级分明的公共设施布局。新加坡新镇公共设施根据其等级和服务范围，分为新镇中心（New Town Center）、邻里中心（Neighborhood Center）、邻里组团中心（Residential Precinct Center）。其中邻里中心是较为重要的组成部分，为居民提供生活配套服务，主要功能为商用，其实质是购物中心。

（三）国外宜居城市建设经验对珠海市的启示

从以上宜居城市的建设经验中可以发现，这些城市都是利用自身的优势进行城市建设。它们的建设方法存在一定的共性，而这些特点和经验对珠海市建设国际级宜居城市有重要的启示。

第一，建设宜人宜居的自然和人文生态空间。建设宜居城市关键在于建设优美宜人的城市生态环境。珠海市目前的空气质量等生态指标都居于国家前列，这与珠海市一直以来的城市发展理念有关，但是也应该在此基础上继续打造全方位的自然生态空间，充分利用已有的自然生态资源，从环境质量、空间规划、景观营造、绿化空间等方面建设宜人的居住环境、生活和生产空间。

第二，完善珠海市的公共设施，提供公共服务。珠海市不仅要有空间合理布局、道路交通规划、建筑设计等，还应该有完善的公共服务，比如设计更加人性化的城市空间服务机制，利用新技术、新媒体等手段提高公共服务的效率，注重人文关怀等方面。

第三，加强珠海市城市空间精明增长管理。精明增长强调在城市增长和保持生活质量之间建立联系，在新的发展和既有社区改善之间取得平衡，集中时间、精力和资源用于恢复城市中心和既有社区的活力，新增加用地需求更加趋向于紧凑的已开发区域。精明增长管理主要有三大策略。一是城市空间发展方向及模式优化策略。如建立适合珠海市整体优化发展的空间组织框架；保障大面积相对集中的绿地系统；核心区严格坚守生态用地，划定禁止建设区。二是城市土地资源总量控制策略。如根据生态承载力、环境承载力和资源承载力确定核心区的发展规模；对于禁止建设区应该严格遵守规定，不对其进行开发利用。三是城市产业空间布局控制策略。如产业集群化发展与布局控制；依靠区位竞争机制，使各种功能的土地各尽其用。

第四，积极促进公众参与宜居城市的建设。宜居城市的建设不是政府部门的特有职责，而是整个城市所有公民的共同任务。宜居城市建设的最终目的也是让公众生活得更加舒适。公众应该参与到制定城市规划和重大发展决策的过程中来，并且在日常生活中不断地关注这一方面，这也是引导宜居城市建设的一种有效途径。

三 珠海市社会经济发展历程及宜居城市建设现状分析

（一）珠海市基本概况

珠海市是珠江口西岸的核心城市，是中国最早实行对外开放政策的四个经济特区之一，素有"百岛之市"之称；位于广东省珠江口西南部，占地面积为 1696 平方公里，全市下辖香洲区、斗门区、金湾区和横琴新区；东与香港隔海相望，南与澳门相连，是珠三角中海洋面积最大、岛屿最多、海岸线最长的城市，区位条件优越；属亚热带海洋性气候，冬无严寒，雨量充沛，气候宜人，生态环境优美，人居环境一流；设有拱北、九洲港、珠海港、万山、横琴、斗门、湾仔、珠澳跨境工业区八个国家一类口岸。珠海市山水相间，陆岛相望，是全国唯一一个以整体城市景观入选"全国旅游胜地四十佳"的城市。

（二）珠海市社会经济发展历程

从 1979 年设市至今，珠海市由昔日的边陲渔村发展成为一个经济活跃、人口适度、交通顺畅、市容整洁、环境优美的现代化海滨花园城市，城市规划与建设取得了巨大的成就，并走出了别具特色的发展道路：城市规划先行、环境保护优先、基础设施先导、制度法规护航。珠海市社会经济建设和发展大致经历了以下四个阶段（见表3）。

表 3　珠海市社会经济发展历程

珠海市建设发展阶段	城市发展情况
初创阶段 （1980～1990 年）	珠海经济特区起步时面积只有 6.81 平方公里，1990 年扩大到 121 平方公里。城市发展主要集中于主城区范围（拱北、吉北、香洲、前山），兴办了一批纺织、建材、电子、食品"三来一补"工业企业。与此同时，确立"花园式海滨城市"的建设目标，加强城市绿化、环保检测和污染治理
确立阶段 （1990～1999 年）	珠海市确立了"花园式海滨城市"和"现代化经济特区"的城市定位，实施可持续发展战略，加大处罚力度，将大批"三来一补"企业迁出珠海市，城区绿化、美化取得一定成就。珠海的情侣路就是这一时期的代表作，生态宜居特色基本形成
再探索阶段 （2000～2006 年）	广东省委、省政府在珠海召开现场办公会，明确提出珠海的城市定位是"三基地一中心"，这个时期的珠海注重"工业强市、实业旺市"，一批石化、钢铁、造纸大型企业进驻，环境保护工作虽然继续进行，但未从战略上拓展和深化
提升阶段 （2006 年至今）	2006 年至今，珠海市明确提出了要进一步贯彻可持续发展理念，积极实施特色化发展，走"聚集高素质人才、发展高质量经济、建设高品质城市"的道路，将珠海建设成"最适宜居住、最适宜创业、最富有魅力"的海滨山水城市，为建设珠三角区域性中心城市奠定坚实基础

（三）珠海市宜居城市建设现状

对珠海市建设宜居城市的评价，可从经济发展情况、环境发展情况、文化发展情况、社会发展情况四个方面予以介绍。

1. 经济发展情况

改革开放以来，珠海作为我国最早的四大经济特区之一，在政策支持下，从一个经济落后县一跃成为一个综合发展外向型经济的新型花园城市。由于珠海得天独厚的地理区位优势，不断吸引外商投资，经济飞速发展，2008~2014年珠海市地区生产总值及其增长速度如图1所示。

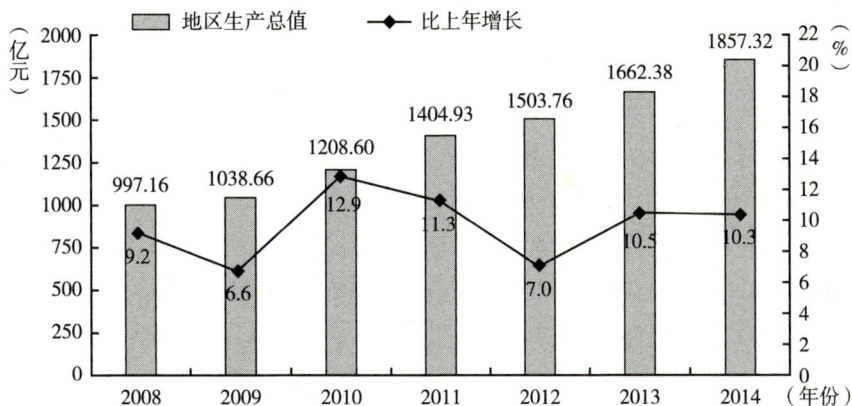

图1 2008~2014年珠海市地区生产总值及其增长速度

数据来源：珠海市统计年鉴。

图1显示，珠海市2014年的地区生产总值达到1857.32亿元，在广东省各地级以上城市中排名第十，经济走势良好，整体呈现稳步升温的良好态势。从经济增速来看，总体波动大，2010年达到最高，随后慢慢趋向稳定，2014年增长10.3%，增速高于全国和全省平均水平。

2. 环境发展情况

（1）空气质量。

珠海市作为国家环保模范城市，空气质量始终保持在全国前列，大气环境优良率一直是100%，是珠三角地区空气质量最好的城市之一。从2015年3月

18 日全国空气质量排名来看，珠海市位居前列，生态环境已经成为其主要优势（见表4）。

表4　全国空气质量排名（2015年3月18日）

单位：微克/立方米；毫克/立方米

排名	城市	空气质量指数	空气质量指数类别	细颗粒物	可吸入颗粒物	一氧化碳	二氧化氮	臭氧1小时平均	臭氧8小时平均	二氧化硫
18	大兴安岭地区	29	优	9	28	0.228	4	81	57	41
19	娄底	29	优	17	28	2.29	19	31	29	24
20	芜湖	29	优	10	28	0.777	16	29	28	10
21	铁岭	29	优	16	28	0.518	21	76	56	23
22	南京	29	优	10	16	0.927	29	61	57	6
23	珠海	30	优	17	29	0.849	25	43	34	6

数据来源：PM2.5全国空气质量网，http://www.pm25.in/。

表4显示，在全国367个监测城市中，珠海市空气质量处于第23位，击败了全国93%的城市，在广东省21个监测城市中排名第二。珠海市空气质量指数为30，在类别中属于优，表示珠海空气质量对居民健康影响小，各类人群可以正常活动。

（2）环境保护措施。

2010年珠海就已建成吉大、香洲、拱北等13个污水处理厂，整体环保投入比例一直保持在地区生产总值的2%以上，2010年占比高达2.20%。空气、水环境质量较好，集中饮用水的水质达标率为100%。2011年，珠海生态环境竞争力在全国位列第六。2014年，珠海环保部门规定：产业环境设立严格的准入条件，加快淘汰落后产能，保证合理的产业空间布局，注重工业和城市污染治理，严格控制污水排放。

3. 文化发展情况

珠海历史文化悠久，人文底蕴深厚，具有一定的人文优势，注重文化事业发展。据估计，珠海有200多处文化古迹和遗址，除其中的26处已为珠海市级文物保护单位外，另有6处为省级文物保护单位。2013年，珠海建立三大文化创意产业园，目的在于建立文化强区，将关注点放在创新。

珠海市在文化基础设施方面，拥有城市展览馆、画展、图书馆等，积极举办文体活动，促进文化事业的繁荣，加强对历史文化资源的保护，综合提高文化竞争力。

同时，珠海致力于大学园区建设，目前大学园区已经集聚了中山大学珠海校区、暨南大学珠海校区、北京师范大学珠海分校和北京理工大学珠海学院这四所高校近5万名师生，打造独具特色的"大学小镇"的城市形态，以形成珠海的"硅谷"。并且，珠海市大力开展社会科学、大学生就业孵化基地、珠海留学生创业园、广播影视和文学艺术等各类文化事业，培育和拓展珠海文化品牌。

4. 社会发展情况

（1）社会安全。

珠海社会治安效果显著，珠海市政府加大社会治安防控力度，加强值班备勤，建立严格的治安体系，制定严密的安保方案和突发事件应急处置预案。近年来，珠海市社会治安综合治理成效相对明显，刑事发案率呈下降趋势，社会秩序良好。珠海市城市综合防灾减灾基础设施逐步完善，市民的安全防范意识提高。

珠海市积极处理重大安全隐患，有效防范安全问题，保证社会治安秩序，以及居民出行各方面正常活动及各项大型活动的顺利进行。工程实施严格实行安全生产责任制度，完善突发公共事件应急体系，增强应对突发事件的能力。稳步推进平安珠海建设，如在《珠海特区报》和《珠江晚报》上发布"珠海平安指数"，该指数通过综合测算评分，用分数以及四种不同的颜色将各镇街的平安状况直观地告知广大市民，以构建和谐社会。2013年，共发生各类生产安全事故572宗，比2012年下降11.2%，2014年略有上升。

（2）居民生活。

随着珠海市经济快速发展和产业结构优化调整，珠海市居民生活水平显著提高，居民可支配收入呈稳步增长的趋势（见图2）。

图2显示，珠海市城镇居民人均可支配收入不断增长，且增长速度大幅上升，虽然2013年有所下降，但是城镇居民人均可支配收入达36375元，扣除物价因素，实际增长7.8%，处于较高水平。珠海市城乡居民生活质量各项指标在珠三角城市群中处于较高水平，住宅建设标准较高，供电、供水、通信等

图 2　2008～2013 年城镇居民人均可支配收入及其增长速度

资料来源：珠海市统计局公众网，http：//www. stats－zh. gov. cn/。

公共基础设施齐全，如为市民提供公共自行车以提倡市民低碳出行，并且城市绿化、美化、净化水平不断提高。

（3）社会服务。

珠海市覆盖城乡的就业技能培训体系不断完善，帮助下岗职工进行再就业培训，城乡平等的就业政策体系日益完善。针对留学生开设留学生创业园；针对大学生创业群体，开设大学生创业孵化基地。珠海市全面建立城乡一体化社会保障体系，实现人人享有基本社会保障，如覆盖城乡居民的社会基本医疗保险制度，建立健全工伤预防、工伤补偿和工伤康复"三位一体"的工伤保险体系等，不断提高社会保险待遇水平和服务能力。在协调劳动关系方面，珠海市推行劳动合同制度和工资集体协商制度，以确保市民的劳动成果得到应有的保障。

四　珠海市国际级宜居城市建设实施效果评价

（一）珠海宜居城市建设效果评价方法

1. 客观评价法

客观评价法是指对宜居城市建设过程中的各个要素进行数据的整理和

分析，相对主观评价法而言，各要素的分类和提取难度较大，且难以体现以人为本的思想。但是此方法中数据分析的方式更能让人信服，也更值得人们分析参考，将得出的结论运用到日后宜居城市建设的过程中，是较为理性的。

科学的指标选择是评价研究的基础，城市宜居性的评判指标涵盖了城市的各个方面，影响评价结果的因素也很多，所以要先确定指标的选取原则。首先，指标的选取应该注重科学性，指标体系要客观地反映宜居城市的内涵和要素，能较好地度量城市宜居性现状；其次，选取的指标应注重全面性，应尽可能涵盖城市宜居性的各方面，综合反映人居质量；再次，应具有可操作性原则，指标应当是可以量化的，尽量选取官方统计数据；最后，应具有可比性原则，应尽量选择具有相对意义的指标，同时注意指标在时间上是具有可比性的，保证同一城市在不同年代的评价结果可以进行对比分析。

2. 主观评价法

城市作为人们生活的空间，宜居性是可以被居民所感知的。一个城市的宜居性，最终还是要以人为标准，所以居民对生存环境的评价十分重要。虽然主观评价法带有一定的主观性和偏见性，但是通过书面或语言交流所获得的信息，是对一个城市宜居战略实施效果的最直接的反馈，而且能够针对不同人群，对实施宜居战略有一定的指导作用。运用这种方式，能加强居民对建设宜居城市的重视，也可以宣传宜居城市的概念及意义。

主观评价法主要采用问卷调查、入户访谈、电话采访等方式对城市居民进行访谈，本文主要采取实地和电子问卷调查的形式，获得居民对珠海市建设宜居城市效果的直观感受和居民的幸福感。

3. 主客观结合评价法

对一个城市实施宜居战略效果研究的最好方法是主客观结合评价法。由于调查范围的局限性和调查人群的反应程度不同，主观评价法具有一定的片面性，但是尽可能获取有效数据，可以减小误差，使得到的结果更具代表性和真实性。客观评价法的数据来源更加权威和可靠，但是缺乏人的直观感受，因此将两者互相结合，是较为合理的方法（见图3）。

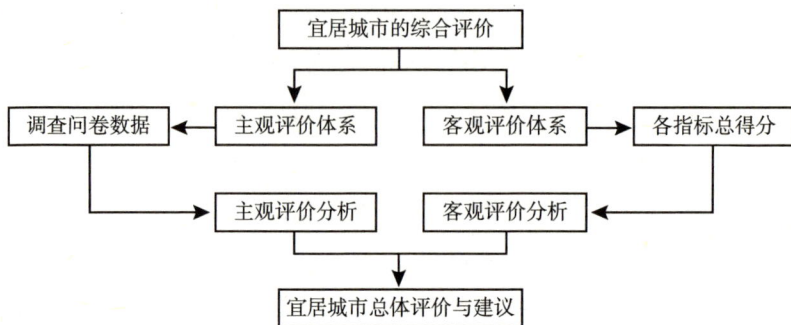

图3 宜居城市评价的基本框架

（二）珠海宜居城市建设的客观评价

1. 珠海宜居城市建设客观评价指标

根据本文对城市宜居性的基本内涵的表述，宜居性主要包括城市经济持续发展、社会稳定和谐、基础设施完备有序、生态环境可持续发展以及城市住区适宜居住五个方面。在指标的选取上，本文遵循以人为本的原则，选择与居民的生活息息相关的因素。

经济发展是宜居的前提条件，本文选取的经济发展指标主要有人均GDP、第三产业产值占GDP的比重、城镇居民家庭人均可支配收入、在岗职工平均工资等。宜居城市还要注重市民的人身安全、福利等社会保障，本文选取的指标还包括城镇登记失业率、基本养老保险参保人数、基本医疗保险参保人数、各城镇服务设施数等。宜居城市应当为人们的生活、生产提供便捷的交通和完备的生活基础设施，因此应选取城市道路面积、邮电业务总量、城市电话用户、公共图书馆数量以及每万人拥有公共汽（电）车数量五个指标来反映珠海市市民生活和出行的便捷程度。宜居城市应当为人们提供优美、稳定的生活环境，所以在生态持续发展方面应选取生活垃圾无害化处理率、建成区绿化覆盖率、工业废水排放达标率、空气质量日报优秀率、园林绿地面积五个指标。住区适宜度是宜居城市建设的最终目标之一。住区适宜与否，是人们评判城市是否宜居的重要指标。在住区适宜度方面选取的指标是人口密度、房地产投资额占GDP的比重、现有住房人均面积。具体指标见表5。

表5　珠海市宜居性评价指标体系

目标层	要素层	指标层
宜居城市客观评价指标	城市经济持续发展度	X1 人均 GDP(元)
		X2 第三产业产值占 GDP 的比重(%)
		X3 城镇居民家庭人均可支配收入(元)
		X4 在岗职工平均工资(元)
		X5 城镇居民恩格尔系数(%)
	城市社会稳定和谐度	X6 图书馆藏书(万册)
		X7 普通高等学校在校人数(人)
		X8 医院床位数(张)
		X9 卫生技术人员数(人)
		X10 城镇登记失业率(%)
		X11 基本养老保险参保人数(万人)
		X12 基本医疗保险参保人数(万人)
	城市基础设施完备度	X13 城市道路面积(万平方米)
		X14 邮电业务总量(万元)
		X15 城市电话用户(户)
		X16 公共图书馆数量(个)
		X17 每万人拥有公共汽(电)车数量(辆)
	城市生态环境可持续性	X18 生活垃圾无害化处理率(%)
		X19 建成区绿化覆盖率(%)
		X20 工业废水排放达标率(%)
		X21 空气质量日报优秀率(%)
		X22 园林绿化面积(公顷)
	城市住区适宜度	X23 人口密度(人/平方公里)
		X24 房地产投资占 GDP 的比重(%)
		X25 现有住房人均面积(平方米)

2. 宜居性要素及综合指数分析结果

在宜居性综合评价实践中，指标权重的确定可以采用多种方法，如德尔菲法、专家打分法、层次分析法和主成分分析法等，本文主要采用主成分分析法。

（1）主成分分析法的含义。

主成分分析（或称主分量分析，Principal Component Analysis）由皮尔逊首先引入，后来被霍特林发展。该分析法通过把多个变量化为少数几个主成分（即综合变量），使这些向量构成正交矩阵，这个正交矩阵与原始随机向量的乘积就是所谓的主成分。其中，特征值最大的对应第一主成分，特征值第二大的对应第二主成分，依此类推，所包含的原始变量的信息也依次减少，实际使用中通常取个数比较小的前几个主成分。这些主成分能够反映原始变量的绝大部分信息，它们通常表示为原始变量的某种线性组合，既能使各主成分相互独立，舍去重复信息，又能更集中、更典型地表明研究对象的特征，还能避免大量的重复工作。

（2）主成分分析法的基本步骤。

原始指标数据进行标准化，采集 p 维随机向量 $x = (x_1, x_2, \cdots, x_p)^T$，$n$ 个样品 $x_i = (x_{i1}, x_{i2}, \cdots, x_{ip})^T$，$i = 1, 2, \cdots, n$，$n > p$，构造样本阵，对样本阵元进行如下标准化变换：

$$Z_{ij} = \frac{x_{ij} - \bar{x}_j}{s_j}, i = 1, 2, \cdots, n; j = 1, 2, \cdots, p$$

其中 $\bar{x}_j = \frac{\sum_{i=1}^{n} x_{ij}}{n}$，$s_j^2 = \frac{\sum_{i=1}^{n} (x_{ij} - \bar{x}_j)^2}{n-1}$，得到标准化阵 Z。

对标准化阵 Z 求相关系数矩阵，$R = [r_{ij}]_p \, xp = \frac{Z^T Z}{n-1}$。

其中，$r_{ij} = \frac{\sum zkj \times zkj}{n-1}$，$i, j = 1, 2, \cdots, p$。

解样本相关矩阵 R 的特征方程 $|R - \lambda I_p| = 0$，得到 p 个特征根，确定主成分，按 $\frac{\sum_{j=1}^{m} \lambda_j}{\sum_{j=1}^{p} \lambda_j} \geq 0.85$ 确定 m 值，使信息的利用率为 85% 以上，对每个 λ_j，$j = 1, 2, \cdots\cdots, m$，解方程组 $Rb = \lambda_j b$ 得单位特征向量 b_j^o。将标准化后的指标变量转换为主成分：

$$U_{ij} = z_j^T b_j^o, j = 1, 2, \cdots, m$$

U_1 称为第一主成分，U_2 称为第二主成分，$\cdots\cdots$，U_p 称为第 p 主成分。对 m 个主成分的综合评价进行加权求和，即得到最终评价值，权数为每个主成分的方差贡献率。

3. 主成分分析法的计算结果及排序

收集珠海市 2002 ~ 2012 年的 25 个量化指标（见表 6）。

表6 2002～2012年珠海市主要宜居指标数据

指标＼年份	2002	2003	2004	2005	2006	2007	2008	2009	2010	2011	2012
人均GDP(元)	31457.03	35781.08	40311.04	45319.79	52189	61303.38	66797.98	68042.1	77888.5	89794	95471
第三产业产值占GDP的比重(%)	40.9	39.8	45.1	43.5	41.6	41.9	42.38	44.85	42.55	42.99	45.77
城镇居民家庭人均可支配收入(元)	15320	16602	18347	18907.73	17671	20515.53	20949.48	22858.6	25381.58	28731	32978.21
在岗职工平均工资(元)	18503	19202	20087	21844	23775	26613	29703	31764	34405	40925	48486
城镇居民恩格尔系数(%)	35.1	34.8	34.6	33.2	32.7	33.6	38.6	37.6	35	36.7	36.7
图书馆藏书(万册)	36	34	35	37	42	52	55	76	76	80	76
普通高等学校在校人数(人)	20114	30988	42100	52000	65943	79113	89897	102000	108190	116952	123000
医院床位数(张)	4024	4415	4814	4468	4155	4747	4316	5900	6092	5244	6103
卫生技术人员数(人)	5253	5760	6190	6436	8042	9903	10282	11119	12004	12192	12860
城镇登记失业率(%)	2.9	2.9	2.8	2.79	2.77	2.8	2.8	2.8	2.7	2.4	2.3
基本养老保险参保人数(万人)	28.96	36.7	42.2	49	58.0741	71.62	81.6894	82.1	94.28	94.3771	106.4
基本医疗保险参保人数(万人)	25.48	39.88	46.68	54	63.7021	72.88	82.9562	126.2	136.99	144.072	150.09
城市道路面积(万平方米)	1716	1927	2510	2628	2490	2649	2744	3338	3385	3390	3450

续表

指标＼年份	2002	2003	2004	2005	2006	2007	2008	2009	2010	2011	2012
邮电业务总量（万元）	272000	353103.72	516000	614761.03	732300	855100	948381.28	1079931.81	1376054.95	438500	491100
城市电话用户（户）	441400	551300	640000	769600	811300	865700	842100	817800	776200	790200	739800
公共图书馆数量（个）	2	2	2	3	3	3	4	4	4	4	4
每万人拥有公共汽（电）车数量（市辖区）（辆）	15.13	13.18	13	13.16	12.6	12.48	12.48	12.6	13.2	14.34	15.27
生活垃圾无害化处理率（%）	80.1	80	82	82	68.2	64.1	86.71	87.18	92.34	100	100
建成区绿化覆盖率（%）	45.17	35.92	42.11	41	42.88	40	45.16	45.1	50.1	51.11	51.2
工业废水排放达标率（%）	99	95.3	96.7	96.9	96.1	83.7	95.4	98.03	98.2	98.5	98.6
空气质量日报优秀率（%）	63.29	60.82	60.93	75.07	66.03	59.2	56.6	62.5	61.6	55.1	69.1
园林绿化面积（公顷）	3602	4039	4840	4910	4741	4720	5103	5217	5772	6125	7042
人口密度（人/平方公里）	779.7725	798.9691	822.7278	839	859	847	913.7522	932.256	944.2268	948	918
房地产投资占GDP的比重（%）	9.10	8.14	7.34	14.65	13.66	14.83	17.31	16.22	14.85	18.19	16.10
现有住房人均面积（平方米）	29.53	29.52	27.3	27.65	30.75	30.7	28.57	28.89	28.59	30.12	30.52

　　运用 SPSS19.0 软件将 2002～2012 年的指标数据进行标准化处理,消除量纲后进行主成分分析(见表7),可知前4个主成分提供了整个指标体系91%的信息,分别记作主成分 Z_1、Z_2、Z_3 和 Z_4。为了对主成分的意义给出进一步解释,计算主成分与各标准化后的指标之间的载荷矩阵,由回归法估计出各因子得分,以各因子的方差贡献率为权数进行加权汇总,经计算可得到主成分得分值(见表8)。

表7　特征值及主因子贡献率

公因子	特征值	贡献率(%)	累计贡献率(%)
1	15.991	63.963	63.963
2	3.267	13.068	77.031
3	1.954	7.816	84.847
4	1.575	6.299	91.146
5	0.761	2.866	94.011
6	0.561	2.866	94.011
7	0.347	1.389	97.646
8	0.271	1.086	98.732
9	0.224	0.895	99.626
10	0.093	0.374	100

表8　2002～2012 年旋转成分矩阵

指标	F_1	F_2	F_3	F_4
X1 人均 GDP(元)	0.984	−0.36	−0.158	0.023
X2 第三产业产值占 GDP 的比重(%)	0.588	0.172	0.465	0.376
X3 城镇居民家庭人均可支配收入(元)	0.954	0.193	−0.116	0.121
X4 在岗职工平均工资(元)	0.966	0.152	−0.176	0.056
X5 城镇居民恩格尔系数(%)	0.571	0.137	0.177	−0.642
X6 图书馆藏书(万册)	0.959	−0.050	−0.030	−0.143
X7 普通高等学校在校人数(人)	0.981	−0.183	−0.059	0.014
X8 医院床位数(张)	0.829	0.049	0.222	0.116
X9 卫生技术人员数(人)	0.968	−0.193	−0.123	−0.052
X10 城镇登记失业率(%)	−0.829	−0.370	0.263	−0.225
X11 基本养老保险参保人数(万人)	0.977	−0.166	−0.082	0.002
X12 基本医疗保险参保人数(万人)	0.986	−0.018	−0.003	−0.010
X13 城市道路面积(万平方米)	0.955	−0.144	0.174	0.131

续表

指标	F_1	F_2	F_3	F_4
X14 邮电业务总量(万元)	0.423	−0.709	0.382	−0.062
X15 城市电话用户(户)	0.593	−0.708	0.018	0.230
X16 公共图书馆数量(个)	0.919	−0.245	0.072	−0.063
X17 每万人拥有公共汽(电)车数量(辆)	0.220	0.892	−0.294	0.022
X18 生活垃圾无害化处理率(%)	0.728	0.551	0.254	−0.230
X19 建成区绿化覆盖率(%)	0.834	0.334	0.014	−0.112
X20 工业废水排放达标率(%)	0.228	0.694	0.461	−0.171
X21 空气质量日报优秀率(%)	−0.136	0.267	0.265	0.811
X22 园林绿化面积(公顷)	0.937	0.126	0.014	0.243
X23 人口密度(人/平方公里)	0.943	−0.213	0.134	−0.136
X24 房地产投资占 GDP 的比重(%)	0.968	−0.051	−0.165	−0.037
X25 现有住房人均面积(平方米)	0.220	−0.051	−0.911	0.077

表 8 显示，主成分 F_1 主要集中在人均 GDP、城镇居民家庭人均可支配收入、在岗职工平均工资、图书馆藏书、普通高等学校在校人数、卫生技术人员数、基本养老保险参保人数、基本医疗保险参保人数、城市道路面积、公共图书馆数量、人口密度、房地产投资占 GDP 的比重等数据指标上，反映了珠海市经济发展水平与社会稳定和谐度的状况；主成分 F_2 集中在每万人拥有公共汽（电）车数量、工业废水排放达标率等指标上，反映了珠海的交通和城市环境情况；主成分 F_3 主要由城镇登记失业率表示，反映了珠海的失业保障状况；主成分 F_4 主要由空气质量日报优秀率指标表示，反映了珠海的空气质量状况。

计算每一年的因子得分，然后按总得分的多少进行排序，以反映各年宜居性的差异。计算公式为：

$$F = \lambda_1/(\lambda_1+\lambda_2+\lambda_3+\lambda_4) \times F_1 + \lambda_2/(\lambda_1+\lambda_2+\lambda_3+\lambda_4) \times F_2 + \lambda_3/(\lambda_1+\lambda_2+\lambda_3+\lambda_4) \times F_3 + \lambda_4/(\lambda_1+\lambda_2+\lambda_3+\lambda_4) \times F_4 \tag{2}$$

其中，λ 为每个因子对应的特征根，根据表 8 的结果，$\lambda_1 = 15.991$，$\lambda_2 = 3.267$，$\lambda_3 = 1.954$，$\lambda_4 = 1.575$。因此有：

$$F = 0.70176F_1 + 0.14337F_2 + 0.08575F_3 + 0.06912F_4 \tag{3}$$

最后得到各年四个因子的得分、综合得分及排名（见表 9）。

表9   2002～2012年因子得分及排名

年份	城市经济发展及基础设施水平	城市便捷程度	社会保障水平	环境健康水平	宜居性总指数	排名
2002	− 0.91231	0.219072	− 0.04176	− 0.05768	− 0.79268	10
2003	− 0.86982	0.041355	− 0.04587	− 0.04723	− 0.92157	11
2004	− 0.54198	0.058895	0.10976	0.013954	− 0.35937	7
2005	− 0.42762	0.020353	0.099164	0.11542	− 0.19268	6
2006	− 0.36433	− 0.09923	− 0.0646	0.061777	− 0.46638	8
2007	− 0.19722	− 0.25272	− 0.13261	0.04259	− 0.53995	9
2008	0.188303	− 0.12046	0.036707	− 0.10697	− 0.00242	5
2009	0.488874	− 0.0924	0.100807	− 0.02925	0.468028	4
2010	0.657528	− 0.07199	0.07223	− 0.01769	0.64008	3
2011	0.881277	0.094345	− 0.08037	− 0.05868	0.836566	2
2012	1.097307	0.202778	− 0.05345	0.083764	1.330395	1

由珠海市宜居性总指数可知，从2002年到2012年珠海市宜居性总体水平呈现稳步上升趋势，宜居指数由2002年的 − 0.79268上升到2012年的1.330395，宜居水平不断提高。

珠海市经济发展及基础设施建设水平由2002年的 − 0.91231增长到2012年的1.097307。其中人均GDP、城镇居民家庭人均可支配收入、图书馆藏书、普通高等学校在校人数、医院床位数、卫生技术人员数、基本养老保险参保人数、基本医疗保险参保人数、建成区绿化覆盖率、园林绿地面积等正指标都呈现增长趋势。

社会保障水平在2006～2007年、2011～2012年呈现出下降趋势，主要原因是受到城镇登记失业率方面影响。社会保障水平是个不固定因素，在很大程度上取决于当年的城市经济状况。

环境健康水平呈现出波浪式发展状态，但总体趋势是下降的，仅在2004～2007年有上升趋势，这说明珠海市环境健康水平有些不稳定。这主要是因为近年来珠海市为了发展经济，引入越来越多的工业项目，造成环境健康水平呈现略微下降的趋势。

综合来看，2002～2012年珠海市宜居性指标呈增长趋势，但是还需要进一步加快城市经济发展，加大力度提高城市环境质量以及增加社会保障的支出等。

（三）珠海宜居城市建设的主观评价

珠海市宜居战略实施效果的主观评价法主要从居民直观感受出发，衡量珠海建设宜居城市的效果。本文主要分析珠海市居民对宜居战略实施效果的感受，针对反馈结果了解珠海市目前的宜居程度。

1. 珠海市宜居性主观调查区域及方法

本次调查区域为珠海中心城区香洲区和西部的斗门区、金湾区。调查地点尽量选取离学校较近、人流量大、人群素质较高的地方。本研究方法采用发放问卷和电子问卷的方式，对问卷进行统计，将数据进行量化处理，建立数据图表。

2. 珠海市宜居性调查问卷

（1）主观评价体系构建及调查问卷设计。

本文主要从珠海市安全、环境、设施、出行、舒适状况这五个方面来构建整体评价体系。问卷对各指标选项设定了非常满意、比较满意、一般、比较不满意、非常不满意和不了解六个选项。

（2）问卷调查实施情况。

本次共发放调查问卷 462 份，其中电子问卷 242 份，实地问卷 220 份。本次回收合格电子问卷 212 份，合格实地问卷 198 份，一共 410 份，回收合格率约为 89%。实地调查区域和问卷数量如表 10 所示。

表 10　调查区域及问卷数量

单位：份

调查区域	调查区	实地问卷发放数	实地问卷有效数	电子问卷有效数	问卷总数
香洲区	华发商都、中新国际花园、金鼎环球星梦影城	88	75	64	139
斗门区	井岸镇井岸大厦	70	65	72	137
金湾区	广东省科技干部学院、中珠上郡	62	48	86	134

（3）样本分布情况。

此次问卷调查中受访者的男女数量差不多，人数都在 200 人左右，受教育程度基本都是大学和大学以上水平，具备正确回答调查问卷的能力。

（4）调查问卷量化标准。

从六项不同程度的满意度出发，规定对应量化数，进行数据量化，以作为后期数据统计的基础（见表11）。

表11　问卷选项量化

问卷选项	非常满意	比较满意	一般	比较不满意	非常不满意/不了解
量化	1	0.8	0.6	0.4	0

注：各选项求和公式为 $S_i = (a_i \times 1 + b_i \times 0.8 + c_i \times 0.6 + d_i \times 0.4 + e_i \times 0)/Q_i$（$S_i$ 表示第 i 个指标的满意度分值；Q_i 表示回收的有效问卷数；a_i，b_i，c_i，d_i，e_i 分别代表第 i 个指标的有效问卷中每个指标的满意度分值）。

3. 珠海市宜居满意度分析

本文将此次调查问卷中的数据进行量化，按照指标进行对比，通过数值可以了解珠海市居民对珠海市宜居性的满意度（见表12和图4）。

表12　珠海市宜居性调查问卷各指标量化

指标	非常满意	满意	一般	不满意	很不满意/不了解	量化值
环境满意度	1374	1149	362	518	689	$(1374 \times 1 + 1149 \times 0.8 + 362 \times 0.6 + 518 \times 0.4 + 689 \times 0) \div 410 = 6.63$
安全满意度	243	658	246	0	0	$(243 \times 1 + 658 \times 0.8 + 246 \times 0.6 + 0 \times 0.4 + 0 \times 0) \div 410 = 2.24$
设施满意度	566	815	649	218	56	$(566 \times 1 + 815 \times 0.8 + 649 \times 0.6 + 218 \times 0.4 + 56 \times 0) \div 410 = 4.13$
出行满意度	354	596	713	561	80	$354 \times 1 + 596 \times 0.8 + 713 \times 0.6 + 516 \times 0.4 + 80 \times 0 = 3.62$
舒适满意度	149	315	135	328	225	$149 \times 1 + 315 \times 0.8 + 135 \times 0.6 + 328 \times 0.4 + 225 \times 0 = 1.50$

图4显示，珠海市居民对于环境的满意度颇高，设施其次，对安全和舒适的满意度有待提高。主要原因在于珠海自建市以来，注重对环境的保护，在宜居城市建设战略中突出环境保护的重要性，但是经济发展缓慢，整体基础设施不够完善，较难满足市民日益增长的需求。珠海市整体治安较好，但是在安全

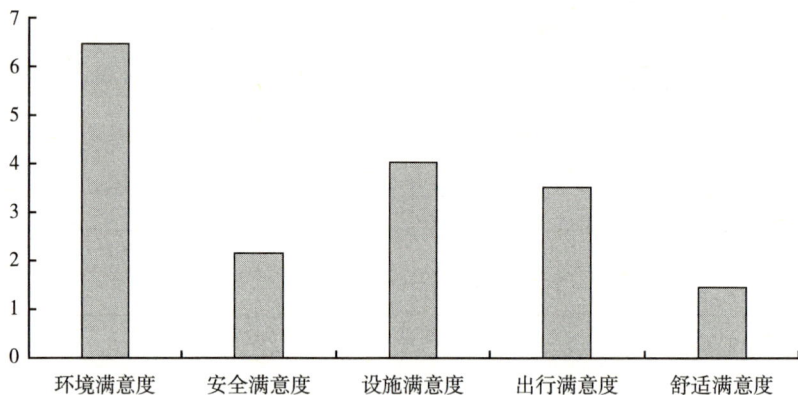

图4　珠海市宜居性调查问卷各指标满意度

教育宣传和食品安全监督方面还需加大力度。市中心居民离休闲娱乐设施较远，出行不是很便利，但是免费公园广场基本满足了市中心居民的出行需求。舒适度较低主要是由于部分区域建筑景观的协调度不够，以及社区团结度不够，小区居民相互比较陌生。

4. 珠海市各行政区域宜居性分析

珠海市的宜居城市建设效果区域性明显，各区居民对宜居性的态度和感受不同，为了更好地评价珠海市的整体宜居效果，本文针对三个区域的问卷数据进行量化和对比（见图5）。

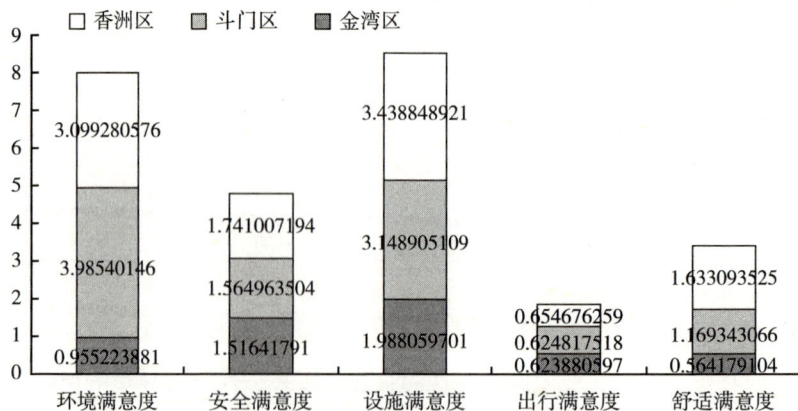

图5　珠海三个区域的各指标满意度

对珠海三个区域满意度量化值进行对比，具体分析如下。

区域环境满意度：最高的是斗门区，其次是香洲区，金湾区最低。原因主要是斗门区农村多，虽然较繁华的井岸镇车辆多、污染高，但此镇总体区域面积不大，整个斗门区较少开垦山林，自然环境保存较好。香洲区是珠海的经济中心，在人工绿化方面大于斗门区。在固体废弃物处理方面，香洲区是最好的，有较大的产业规模和较高的技术水平，所以环境满意度也较高，但是整体空气和环境比不上斗门区。金湾区工业多，虽然区域内基本都是小渔村，自然生态开垦较少，山基本保持原貌，但是珠海市大多数招商引资的企业都在高栏港附近，导致大气污染、水污染很严重，环境满意度低。

区域安全满意度：从整体上看，珠海市三区域的治安都较好，各个区域安全满意度差不多，大型案件发生率低，自然灾害少。

区域设施满意度：香洲区作为珠海的经济中心，医疗、娱乐、教育都是整个珠海市最好的。在娱乐休闲设施方面，金湾区以海泉湾为代表，公园较少。香洲区图书馆、体育馆、影院等很多，而且居民小区基本都设有免费公园。斗门区村镇和免费公园较多，比如井岸镇有三个免费公园，分别是霞山公园、尖峰山公园、西提公园，都在居民区附近，方便居民生活。

区域出行满意度：三个区域的出行满意度相差不多。近年来，通往中心区域的道路不再设有过路时间较长的红绿灯，限速80公里/时，路面很宽，车道较多，人们出行总体上较为便利。金湾区到中心区域的车程可以控制在45分钟以内，斗门区走机场高速到中心区域全程只需40分钟。

区域舒适满意度：香洲区自然环境与现代环境较为融和，整体绿化效果好，居民素质较高，社会文化活动多，舒适满意度高。斗门区包含很多老镇，发展较慢，建筑和城市面貌与周边自然环境格格不入，区内居民受教育程度不高，自然环境保护意识较差，居民间交流较少。金湾区由于工业污染严重，居民的舒适满意度最低。

5. 珠海市宜居城市建设的主观评价结果分析

在居民对珠海市宜居城市建设的主观评价中，对环境的满意度是最高的，证明珠海市近年来的环境保护战略颇有成效。出行、舒适、设施方面整体较好，分值略低的原因主要在于区域间的不平衡无法令所有居民满意。在安全满意度方面，城市内部安全系数高，但是珠海市属于"移民城市"，很多外地人口在此安居，而且距离港澳近，人口流动性过大，控制力度有所欠缺。从总体主观评价来看，抽样区域较为平衡，但是调查范围有限，调查者主观意识强，结果的客观性可能会略有欠缺。因此从目前已有数据来分析，根据珠海市居民整体的主观反应，珠海历年来实施宜居城市战略颇具成效。

五　珠海建设国际级宜居城市的 SWOT 分析

（一）优势

珠海自设市以来走的是一条别具特色的环境保护道路。通过珠海市政府多年的努力，目前珠海已经具备了宜居城市所应具备的自然环境和基础设施，为打造全面宜居珠海做了较好的铺垫。

第一，自然条件和区位条件优越。珠海市地处珠江入海口的西侧，气候温暖舒适，属南亚热带海洋性季风气候，是珠三角中海洋面积最大、岛屿最多、海岸线最长的城市。

第二，环境生态建设硕果累累。珠海市自设市以来，在环境保护领域硕果累累，人居环境一流。目前，珠海市是全国唯一以整体城市景观入选"全国旅游胜地四十佳"的城市，先后获得"国家园林城市""国家环保模范城市""国家卫生城市""国家级生态示范区""中国优秀旅游城市""中国最具幸福感城市""中国和谐名城"称号和联合国人居中心颁发的"国际改善居住环境最佳范例奖"。

第三，基础设施建设完备。目前，珠海市设有拱北、九洲、珠海港、万山、横琴、斗门、湾仔、珠澳跨境工业区 8 个国家一类口岸；金湾国际机场在2013 年年初开放使用；高栏港、九洲港等海运设施已经投入使用；珠海高速共分为京珠、西部沿海高速、江珠高速；港珠澳大桥也将于近期建成通车，成为连接香港、珠海及澳门的大型跨海通道，极大地改善并提高了珠海市的区域交通格局和地位。

（二）劣势

第一，珠海市整体经济发展水平较低。人均国民生产总值增长缓慢，2014

年珠海市 GDP 总值为 1857.32 亿元，同比增长 10.3%，增速居珠三角第一，但是经济总量居于广东省第 10 位，与珠三角其他城市存在差距。近三年，珠海的地区生产总值都是处于珠三角城市中靠后的位置，说明珠海的经济总量偏小，需要加快经济发展步伐。

第二，生态环境保护力度不强。虽然珠海市在过去的十几年间获得了许多国内甚至国际上一些环境领域的奖项，但是珠海市的空气质量有不断下降的趋势，工业废水排放达标率在 2003 年和 2007 年都有下降趋势。珠海市在部分环境保护方面仍有不足之处。城市生态环境是建设宜居珠海的重要制约因素，如果不加大生态保护的力度，建设宜居珠海只是空谈。

（三）机会

第一，包括港珠澳大桥在内的基础设施的兴建。港珠澳大桥完工指日可待，一旦建成将转变珠海长久以来作为华南沿海地区和珠三角西岸交通末梢的交通布局。除此之外，珠海市的高栏港深水码头、江珠西线高速公路、沿海高速公路、广珠轻轨等一系列重要交通基础设施将陆续建成。这些交通设施将助力珠海市奠定珠江口西岸核心城市的地位。

第二，粤港澳区域经济一体化带来的发展机遇。伴随着泛珠三角区域经济合作范围的扩大以及粤港澳合作范围的扩大，香港、澳门和珠江三角洲城市群之间合作的范围和深度在不断加大、加深，同时借助横琴自贸区的建设和发展，珠海市可以凭借独特的环境优势和地缘优势，在区域合作中寻找经济社会发展的良机。

（四）威胁

第一，周边城市发展给珠海市带来了一定的竞争压力。珠海市位于中国经济最发达、开放程度最高的珠江三角洲地区，周边城市经济发展迅速，广州、深圳以令人叹为观止的速度在发展，中山、佛山、惠州等城市的实力同样不容小觑。在与周边城市的竞争与合作中，珠海市难免面对巨大的竞争压力。这些都对珠海市吸引人才、资源，以及生态建设等造成一定的限制。

第二，经济发展与环境保护的固有矛盾。在各种资源有限的前提下，人类生存环境的保护与经济发展之间至少在短期存在着矛盾，这在很多城市的发展过程中已经得到了验证。发达国家曾经走过的"先污染、后治理"的路子也给了我们很多启示，城市发展必须对如何在经济发展与环境保护之间分配资源做出抉择，这也同样反映在城市发展战略的主流价值导向上。自建市以来，珠海市始终把保护生态环境作为城市发展的底线，为此珠海实施了环境保护"八个不准"、城市建设"八个统一"和土地管理"五个统一"，在推动经济社会发展的同时，建立和完善相关制度以保持良好的生态环境。但是如何制定更合理的宜居城市发展战略，更好地实现经济发展和环境保护双赢的局面是值得深入思考的问题。

六　珠海建设国际级宜居城市的战略定位和对策建议

（一）战略定位

1. 低碳城市：节能与环保

自 2007 年洛克菲勒兄弟基金会支持气候组织开展珠江三角洲低碳经济的探索后，2008 年年初，珠海市政协首先提议要把珠海建设成低碳城市，成为中国城市的首例。珠海作为国内首批经济特区，选择低碳发展模式有着最根本的理性驱动，其中一方面是为了满足目前国内外政策环境下对城市节能减排和经济结构转型的要求，另一方面是珠海城市自身全面和谐发展对于环境保护的内在需要。

珠海建设低碳城市应充分发挥政府、企业、公众三大主体的作用，提高人们对低碳的认识。结合"静、畅、宁、美"活动的开展，加大对气候变化危害的教育力度和发展低碳城市的宣传力度，表彰先进，曝光落后。公众要充分认识全球气候变暖对生态环境、生存条件的严重威胁，高度重视环境与气候变化带来的挑战，增强全社会低碳城市发展意识，加快形成全民低碳生活方式和消费方式，共同推动低碳城市建设。

2. 田园城市：景观与规划

田园城市是 19 世纪末英国社会活动家霍华德提出的关于城市规划的设想。广阔的花园绿地和深厚的文化底蕴是田园城市的必备条件。珠海市应结合西部地区的发展建设，形成一个多中心的空间布局格局，积极进行基础设施建设，将人文景观、自然景观及历史景观三者融为一体，从而塑造怡人的城市景观，加大环境治理以及生态建设的力度，让城市环境更加优美、空气更加清新。

3. 慢城运动：生活与精神

慢城运动是带着对生活的追求打造一种乌托邦式的居住环境的现代城市起义。全球 20 多个社会背景不同的国家加入到慢城运动的行列中，各个城市具体的发展目标和发展路径千差万别，慢城运动的内涵也在不断完善。慢城运动提倡慢节奏，并不意味着支持落后与贫穷，它尊重现代科技文明的进步；慢城运动强调独具特色，并不意味着抵制全球化和坚持故步自封，它是可持续发展的城市空间复兴运动；慢城运动践行慢哲学，并不意味着要使城市发展的步伐"蜗牛化"，它寻求传统与现代之间的平衡，该快则快，该慢则慢。总而言之，慢城运动的最终目的必将是寻求地域空间与人居环境的天人合一，对慢城运动的探讨也将在实践中衍变成一种城市哲学与生活哲学。珠海宜居城市建设能够促进区域内资源共享，共同促进城市发展的创新与转型。这也有利于带动珠海经济的发展，依靠城市特色全面带动城市建设。珠海不仅是一个区域性的发展亮点，而且成为众多城市发展的标杆，更是我国宜居城市建设的典型。

（二）珠海建设国际级宜居城市的对策建议

1. 经济与环境协调发展

珠海市要在保护环境的前提下，加快经济的发展。首先，调整经济增长方式，向集约化方向发展，将"小、弱、散"企业整合以建立"大、强、集中"的产业链，加强产品的研发和物流的管理，解决结构性突出问题。其次，加大研发力度，珠海经济要以高科技产业和出口产品为重点，对产品技术的创新和研究要达到一个新的阶段，增加产品的附加值。在出口产品方面，物流畅通是必不可少的，所以在提高产品科学技术含量的同时，要疏通海、陆、空各条物流线路。在海上运输方面，珠海应充分利用港口多这一优势；在陆地运输方面，利用港珠澳大桥、广珠铁路等交通基础设施；空中运输是珠海较薄弱的部分，要加强对空中运输的管理和基础设施的建设，扩宽珠海出口产品的渠道。再次，提高珠海经济发展水平，与珠三角周边城市的合作必不可少，应与广州、佛山、惠州、东莞等城市密切往来，以及加大与港澳的合作深度。最后，改善珠海内部的创业环境，活跃整体经济气氛，创建创业的平台和机会，提高工业土地利用效率，在确保环境保护的前提下，尽可能吸引人才。

2. 独特的城市个性和城市意象

为了建设国际级宜居城市，珠海市要打造独特的城市个性和城市意象，应具备以下特点：一是经济持续健康发展；二是社会稳定和谐；三是社会保障系统完善，充分保障居民生活；四是环境优美，城市规划使人与自然融洽相处；五是适宜居住，市民的个人能力在城市能得以发挥和展现，可以概括为"宜人、宜居、宜业"。

3. 城市生态景观空间设计

在打造国际级宜居城市方面，珠海要注重对城市建筑景观的规划，特别是在古建筑与现代建筑协调方面，如斗门区村镇较多，在城市建设的过程中出现了古建筑与现代建筑不和谐的问题，给居民带来了不舒适感，给城市面貌带来了负面影响。因此珠海要合理设计城市建筑景观，要合理保留有历史文化的古建筑，并在周边建立传统建筑，完美打造别样的"古村落"。对于一些年久失修的破旧建筑，可以进行拆除或重修，将现代化建筑的概念注入其中，感受新型城镇化氛围。香洲区现代化城市建设氛围不强，主要也是由于建筑布局不合理。要合理调整建筑布局和建筑高度，将香洲区建造成具有现代美感的中心城区，对违规、不美观、破旧建筑进行拆除和重修，将建筑高度设定在合理范围内。

4. 适合宜居城市的产业支撑体系

经济的高度发展是宜居城市建设中的最基本也是最重要的因素。发展珠海经济，应立足珠海市的区位优势、生态特征，重点推进产业结构的升级，在扶持传统企业的同时，培育新的经济增长点。珠海应以与港澳合作为重点，重点发展第三产业，建立现代服务业。此外，珠海应该发挥自身的地理优势，加大力度发展城市旅游业，提高城市档次，逐步向高端服务业方向发展。重点开发珠海的旅游资源，深入开发其他旅游产品，挖掘城市文化内涵；办好珠海专属的国际大型活动，如国际航展、汽车赛等；大力发展服务业，营造有利于服务业发展的良好环境。

要提高珠海的宜居、宜业水平，必须为外企入驻珠海提供良好的社会人文环境，如加强珠海市对外窗口建设，加强珠海市消费市场的管理，为入驻珠海的企业提供优惠政策等。结合资源优势，打造一个由现代化制造业、高新技术产业及现代化服务业为主导的城市经济体系，建立一个第三产业占有绝对优势、环境污染小、资源消耗低及科技含量高的生态经济体系。

5. 社会资本的积累和培育

社会保障是居民的重要生活支柱，也是建设宜居珠海的前提。因此，珠海市应当在医疗、养老、失业保险等方面建立健全的政策措施，让市民能够共享经济社会发展的成果，统筹区域和城乡发展，促进收入分配的公平性，提供足够的创业和就业机会，建立健全社会保障体系，维持良好的社会秩序。传承优秀历史文化，融合现代文明，从而营造浓厚的城市文化氛围。

首先，提高公共安全水平，完善应对违法犯罪活动的安全网络，预防青少年走上违法犯罪的道路，建设法治珠海。其次，建立非人为的自然灾害预警机制，以应对及防范台风、地震等重大自然灾害带来的破坏。再次，完善珠海教育设施，主要增加图书馆、影剧院、博物馆等的数量，争取在 2020 年达到每10 万人拥有 2.76 个文化设施的水平，丰富居民精神文化生活。最后，关注教育制度的改革与更新，增加财政对教育经费的支出。

参考文献

白雪、胡江、张博钰：《珠海建设低碳城市的对策选择》，《开放导报》2012 年第 1期。

鲍小芬：《开封城市宜居性评价与提升研究》，硕士学位论文，河南大学，2010。

董晓峰、杨保军：《宜居城市研究进展》，《地球科学进展》2008 年第 3 期。

方可：《生态化、宜人性与文化特色——创建 21 世纪中关村人居环境》，《城市问题》1999 年第 6 期。

高峰：《城市宜居理论与实践研究》，硕士学位论文，兰州大学，2006。

顾文选、罗亚蒙：《宜居城市科学评价标准》，《北京规划建设》2007 年第 1 期。

环卫科技网，http://www.cn-hw.net/html/china/201405/45746.html。

姜煜华、甄峰、魏宗财：《国外宜居城市建设实践及其启示》，《国际城市规划》2009 年第 4 期。

李光全：《温哥华为何能成为宜居城市?》，《学习时报》2013 年 6 月 10 日。

李军：《上海宜居社会发展建设历史的演变进程》，《住宅产业》2012 年第 8 期。

李业锦、张文忠、田山川、余建辉：《宜居城市的理论基础和评价研究进展》，《地理科学进展》2008 年第 3 期。

李肇琛：《城市宜居性评价——以天水市为例》，硕士学位论文，西北师范大学，2009。

理查德·雷吉斯特：《生态城市——建设与自然平衡的人居环境》，王如松等译，社会科学文献出版社，2002。

梁文钊、侯典安：《宜居城市的主成分分析与评价》，《兰州大学学报》（自然科学版）2008 年第 4 期。

刘敏：《南昌市城市宜居性评价》，硕士学位论文，江西师范大学，2009。

吕传廷、何磊、王冠贤、杨明、连玮：《广州宜居城市规划建设思路及实施策略》，《规划师》2010 年第 9 期。

罗文范、沈文金：《制定世界级宜居城市指标体系》，《南方日报》2012 年 6 月 18 日。

孟斌、尹卫红、张景秋、张文忠：《北京宜居城市满意度空间特征》，《地理研究》2009 年第 5 期。

《墨尔本连续四年获评全球最宜居城市》，中国新闻网，2014 年 8 月 23 日。

宁越敏、查志强：《大都市人居环境评价和优化研究——以上海市为例》，《城市规划》1999 年第 6 期。

欧阳梦云、李茹萍、谢飞：《珠海：实现经济发展与环境保护双赢》，《珠海特区报》2011 年 7 月 4 日。

任致远：《关于宜居城市的拙见》，《城市发展研究》2005 年第 4 期。

宋洋：《经济特区扩大后珠海经济发展的 SWOT 分析》，《特区经济》2012 年第 3 期。

唐雪：《从城市性格看会议服务》，《中国贸易报》2014 年 5 月 27 日。

王小双、张雪花、雷喆：《天津市生态宜居城市建设指标与评价研究》，《中国人口·资源与环境》2013 年第 5 期。

吴良镛：《人居环境科学导论》，中国建筑工业出版社，2001。

吴良镛：《人居环境科学的探索》，《规划师》2001 年第 6 期。

肖荣波、叶长青、艾勇军、梁颢严、李晓晖：《宜居城市研究的回顾与展望》，《生态文明视角下的城乡规划——中国城市规划年会论文集》，2008。

徐建春、李长斌：《精明增长理论对中国新型城镇化发展的启示——以杭州为例》，《中国名城》2013 年第 12 期。

《珠海概览》，珠海市人民政府网，http：//www.zhuhai.gov.cn/。

珠海市人力资源和社会保障局办公室：《珠海市就业和社会保障事业发展"十二五"规划重要指标》，2011。

珠海市统计局公众网，http：//www.stats - zh.gov.cn/。

社会管理篇

借鉴港澳经验创新珠海市领导干部财产申报制度[*]

——以横琴新区试点为例

张 文

　　如何从制度上预防腐败是当今中国的热点难题。领导干部财产申报制度被称为腐败的天敌和克星，被学者们认为是一种行之有效的且具有普遍意义的反腐利器，深得我国学者和民众青睐。香港、澳门在推行官员财产申报公示制度方面有比较成熟的经验，也取得了很好的效果。珠海毗邻港澳，与港澳同宗同源，文化、人情、心理、生活习惯等与港澳接近；珠海又是改革开放的先行地和桥头堡，2013 年年初珠海横琴新区被广东省纪委确定为"党员领导干部家庭财产申报并在一定范围内公示"制度的试行地区。为此，本课题组拟通过深入调研，比较研究港澳地区和内地（横琴）推行领导干部（官员）财产申报公示制度的具体做法，借鉴港澳地区的成功经验，为创新珠海领导干部财产申报制度做些积极探索。

---

* 课题负责人：张文，中共珠海市委党校党史党建教研室主任。课题组成员：李英，中共珠海市委党校副教授；龙海英，中共珠海市委党校副科长。

一 港澳官员财产申报制度的主要内容及推行特点

我国港澳地区在有关财产申报的具体制度设计上既有共同之处，又各有特色。澳门在回归前缺乏行之有效的专门预防贪腐的法律制度，其现行的财产申报制度是2003年出台、2013年修订的《澳门财产申报法》。香港现行的财产申报制度载于《公务员事务规例》第461条至第466条和公务员事务局通告第9/2001号。

（一）港澳官员财产申报制度的主要内容

1.财产申报主体

当前，世界各国对财产申报主体范围有三种不同的规定：第一种适用于所有的公职人员，第二种根据公职人员的职位而分别加以规定，第三种仅适用于特定级别和特定职务的公职人员。我国港澳地区的相关规定分别属于第二种、第一种情形。

根据《澳门财产申报法》第1条的规定，财产申报适用于几乎所有的公职人员，甚至包括非编制内但属于公共职位的某些公职人员（即政府聘用的所谓"临时工"）。香港地区财产申报主体并未包括所有公务员，而是按照职位来划分。其申报主体选择的依据是该岗位是否有较多机会和可能引致利益冲突等情况，并且其申报主体的范围并非一成不变的，而是根据实际情况的变化来增加需要财产申报的职位。香港将申报主体的职位分为两个层次。第Ⅰ层职位包括27个主要职位：第一，政务司司长、财政司司长、律政司司长、各局局长、警务处处长、廉政专员、入境事务处处长、海关关长及审计署审计长（24个主要官员的职位）；第二，中央政策组首席顾问、香港特别行政区驻北京办事处主任及新闻统筹专员（3个职位）。第Ⅱ层职位包括：第一，第Ⅰ层职位人员的政务助理和私人秘书；第二，第Ⅰ层以外的所有首长级公务人员。另外，公务员事务局会定期检讨是否有需要把其他职位列为第Ⅰ层职位。各局局长如认为有需要，可向公务员事务局建议把某些职位列入第Ⅰ层的职位。对于申报主体，香港公务员事务局还特别制定了《指定须申报投资职位的指引》，其中规定，凡是职位可接触敏感资料，而这些资料足以影响在香港及香港以外地区交易的地产及房产、股票及证券、货币、期货和期权合约的价格，这类职位应被列为财产申报指定职位。对于一些高级职位，可容许在职人员行使酌情权做出执法、规管或其他决定，因而使获酌情处理的人士得到财政或经济上的利益，应考虑将这类职位列为财产申报指定职位，例如各发牌当局、出入境管制及商业罪案调查部门以及有权决定如何处理和批示合约的高级职位。

2. 申报财产的范围

申报财产的范围与三个向度直接相关：申报谁的财产、申报哪里的财产以及申报什么财产。港澳两地都规定申报并不限于公职人员本人的财产。澳门规定需要申报本人及其配偶或与其有事实婚姻关系的当事人的财产状况；香港要求申报由公务员拥有的但以其配偶或代其行事的其他人或以公司名义持有的投资，以及配偶的职业。

关于需要申报财产的所在地，港澳两地都规定不限于本地区。如澳门规定，即使是在澳门特别行政区以外产生、形成、收取、经营或给付的财产也须申报；香港规定，须申报的投资包括在香港内及香港以外，对于第Ⅰ层职位的公务人员，还须申报在香港以外的权益登记。

港澳两地对须申报的财产的内容都规定得十分广泛。澳门规定，应申报的财产包括薪俸、财产和收益（其中包括资产、收益、债务、可获利的职位等），以及在过去两年基于担任公共职位而获得的直接或间接的经济利益或优惠。香港规定应申报的财产主要是投资，包括投资、持有的股票，直接或间接拥有的权益，地产或房产的任何权益，证券、期货、期权合约和其他产品，香港盈富基金；除此之外，还包括每次等于或超过20万港元或数额相当于三个月薪金（以较少者为准）的投资交易、配偶的职业。

3. 财产申报时间

港澳地区规定的财产申报时间可分为初任申报、日常申报和离职申报。初任申报是指公职人员担任特定公职之初所进行的申报。澳门规定申报人自开始担任有关职务或自续任、再当选或续期之日起90日内须提交申报书；香港规定，第Ⅰ层和第Ⅱ层职位的公务人员在初获委任时，须申报其在香港及香港以外地区的投资以及配偶的职业。

日常申报指公职人员在任期间按照规定申报财产，其中又包括定期申报和财产有重大变动时的申报。澳门规定，公共行政工作人员如转变所任职的实体或部门，或因其职务法律状况改变而引致职等变动，又或其薪俸或底薪的变动达公职薪俸索引点①45 点的金额，则自变动之日起 90 日内须提交具有最新资料的申报书（财产变动申报）；公共行政工作人员自上次提交申报书后届五年之日起 90 日内须提交具有最新资料的申报书（定期申报）。香港规定，在第 I 层职位任职的公务人员，在获委任后每年申报一次；在第 II 层职位任职的公务人员，须在获委任后每两年申报一次（定期申报）；在第 I 层和第 II 层职位任职的公务人员每次如有任何等于或超过 20 万港元或数额相当于三个月薪金（以较少者为准）的投资交易，均须在交易后 7 天内申报（财产变动申报）。

离职申报指公职人员在离开所任职务后应进行的申报。澳门规定，申报人自终止职务之日起 90 日内须提交具有最新资料的申报书；香港没有专门规定离职申报，但规定当局需保留所有申报的资料，直至有关人员离开政府后五年，以便调查任何在该官员任职期间发生，但离职后才披露的利益冲突事件。

4. 财产申报受理与审查

在港澳两地，受理和审查申报的机构因申报主体的身份不同而有所不同。在澳门，公共职位上的公职人员以及廉政公署工作人员将申报书提交给终审法院办事处，公共行政工作人员的申报书提交给廉政公署。在香港，由公务员事务局负责索取第 I 层职位公务人员以及属于第 II 层职位但不隶属于任何局长的部门首长的申报表，由局长/部门首长指定并负责索取第 II 层其他职位公务人员的申报表，属于第 II 层职位的部门领导应直接向所属部门的局长做出申报。两地均实行受理机构即审查机构的规定。

5. 财产申报的公开

在财产申报制度中，申报资料是否向公众公开是一个相当复杂而敏感的问题。澳门现在执行的 2013 年新修订的《财产申报法》规定，澳门所有副局级以上官员（包括检察官、法官等司法系统官员）将公开自己的财产状况，接受公众检视，公开的内容包括：第一，不动产数量，但无须公开具体地址；第二，公司参股状况，含股份说明及出资情况；第三，参与非营利团体、组织的职务。公众可以通过澳门终审法院网站查阅上述官员申报的财产资料。香港的

---

① 由薪俸索引表确定的据以计算公共行政工作人员薪俸数额的点数。澳门特区政府根据澳门地区经济发展及通货膨胀情况，每年 6 月底对薪俸索引点的数值做出调整，并自 7 月开始执行。1993 年每索引点为 38 澳门元，1997 年为 50 澳门元，2013 年为 62 澳门元。

具体做法是，在第Ⅰ层职位的公务人员做出的申报中，只有某些财务利益可供公众查阅，包括：一、地产及房产（包括自住物业）；二、公司股东、合伙人或董事的身份，还包括聘任性质、持有的权益所占比例、业务性质；三、任何上市、公共或私人公司发行股本的1%或以上的股权，包括持有的权益所占比例、业务性质及地点（香港或海外）。第Ⅰ层职位公务人员申报的其他资料以及第Ⅱ层职位公务人员的申报，均不对公众开放。

6. 违反申报规定的法律责任

港澳两地均明确规定了对违反财产申报规定的制裁措施。澳门比较明确地区分了拖延申报和不实申报。对拖延申报的制裁措施为停薪和罚款，如不按照终审法院院长或廉政专员要求交申报书者，触犯违令罪，判处最高刑期1年，加重违令罪则刑期翻倍。将不实申报区分为故意行为和过失行为，如因不可宽恕的过错所引致，可罚款；如故意不实申报，最高可获刑3年，还可判处罚金；财产来源不明罪最高获刑3年，申报人配偶不遵守者最高获刑2年。

香港没有严格区分违反申报义务的行为种类。香港规定，如果没有按照规定进行财产申报或者未如实申报财产，都属于违纪行为，可能会按情节轻重而将违纪人员革职或勒令退休。根据《公务员事务规例》第466条，公务员如未能遵守任何申报投资规例和规则，包括没有呈报与公职有利益冲突的投资，均可能受到纪律处分；如有运作需要以及法理依据支持，可受其他管理措施规管，例如要求放弃投资、禁止购入或出售有关投资或把有关投资由他人全权托管。值得注意的是，对于不能说明财产来源的情形，澳门和香港都专项规定了刑事处罚。

（二）香港、澳门地区财产申报制度推行的特点

1. 从高官开始推行

在财产申报主体的确定上，无论是澳门规定的所有公职还是香港规定的包括特首在内的第Ⅰ层和第Ⅱ层职位公务人员，都体现了港澳财产申报制度从高官开始推行的显著特点。尤其从澳门新修订的《财产申报法》规定从副局级以上（含副局级）官员开始推行财产申报公开制度中更可以看出，港澳财产申报制度的推行遵循"自上而下"原则，这与我国内地现行的关于官员收入申报和家庭财产报告的有关规定及地方的具体实践存在很大差别。内地现在推

行的基本是从基层起步的自下而上的收入申报和财产报告制度。

2. 配套措施处罚严格

港澳财产申报制度是行政特区的法律条文，它对财产申报的主体、范围、时间、审查与公开等方面内容都做了详尽的规定，尤其是对违约的处罚明确具体且规定得十分严格，这样就形成了一套"申报—审查—公开（监督）—问责"体系。而在内地，财产申报制度不仅颁发的层级有限（仅属于政策性文件和规范性文件，不具备国家意志性，不属于法律范畴），而且在就财产申报的具体内容进行规定时，原则性的条款居多，可操作的具体规定缺乏，存在较多漏洞，尤其是缺乏严格的违约处罚规定。这样导致整个制度缺少最后的把关闸阀，其执行的效果打了折扣。

3. 注重外部监督

香港财产申报制度很好地解决了财产公开与有效监督的关系问题。对于需要公开的财产，香港政府做到了分层次、有重点、有区别地对待。申报受理机关在规定时间内将官员财产申报结果向社会公众公开，由公众对其进行监督和举报。香港政府相关部门对举报人进行严格保护，泄密者将遭到严惩。同时，对于举报监督信息，受理部门会快速回馈，从而有效保障了公众参与的积极性。有效地保护举报人与高效的回应使香港财产申报制度处于一种良性循环的运作状态。澳门《财产申报法》修订案通过以后，对于副局级以上官员的资产，市民可自由查询，也体现了鲜明的社会监督特性。

4. 注重财产公开与隐私保护的结合

相对西方发达国家所推行的财产申报制度，我国港澳地区的财产申报制度尚显"中性"与"柔情"。比如，美国《政府伦理法案》规定，属于公开申报的人员应当遵循公开申报的程序，将他们的个人财产报告向社会公开，任何公民均可查看或复印。早在1766年，瑞典公民就取得了查阅所有官员财产和纳税状况的权利，任何公民都有权查看首相的财产及纳税清单，这个制度一直延续下来，迄今已经250多年。后来，瑞典规定，包括公职人员在内的所有公民和团体都必须向税务部门公开自己的财产和收入明细，并允许所有人查询。香港推行的财产申报制度采取的是分层级、区别对待的方式（只公开第 I 层职位公务人员三个方面的财产内容），而澳门公开的内容也限于部分内容和只提供一般性信息而非详细内容（如对不动产，只公开数量但不公开具体地址），港澳都坚持了内部全面掌握和对外适度公开的原则。这样，一方面保障了公务员私人投资和隐私的权利；另一方面也保证了不偏不倚，能够向公众交代，并且取得了两者之间较好的平衡。

（三）香港、澳门地区财产申报制度执行的效果

通过公开官员财产，实现对权力的监督，确保官员的廉洁，是世界各国通行的做法。截至 2012 年，全世界有 97 个国家应用这一制度，都取得了比较好的效果。据全球性公民组织"透明国际"公布的反映各国及地区贪污情况的"清廉指数"排行榜，香港得分排名始终居世界经济发达国家或地区前列，2010 年在全球 183 个地区中高居第 13 位，2011 年居第 12 位，近几年虽有所下滑，但一直居于全球前 15 位；香港多次被评为"全球最廉洁的城市"。能够取得这些成绩，其建立的官员财产申报制度功不可没。它让官员的财产置身于阳光下，接受公众的监督，较好地避免了受贿、贪污。澳门经过 2008 年欧文龙案以后，吸取了教训，推进了公职人员财产由申报向公开的重大迈进。随着 2013 年澳门《财产申报法》修订案的通过和严格执行，我们完全有理由相信，澳门的廉政建设也将会取得实质性的重大进步。

二 具有内地特色的横琴新区财产申报制度实践

（一）我国内地推行的财产申报制度沿革

我国内地领导干部财产申报制度于 1987 年被首次提出，财产申报制度改革大致历程如下。

1995 年，中共中央办公厅、国务院办公厅发布了《关于党政机关县（处）级以上领导干部收入申报的规定》，要求县（处）级以上领导干部申报个人收入情况。

2001 年，中共中央纪委、中共中央组织部发布了《关于省部级现职领导干部报告家庭财产的规定（试行）》，将省部级现职领导干部的申报事项由个人收入扩展至家庭财产。

2006 年，中共中央办公厅《关于党员领导干部报告个人有关事项的规

定》进一步将县（处）级副职以上领导应报告事项扩展至其配偶、子女的有关事项。

2010年，中共中央办公厅、国务院办公厅又印发了《关于领导干部报告个人有关事项的规定》，细化了报告财产事项的规定。该规定明确了有关领导干部应申报的财产范围：本人的工资及各类奖金、津贴、补贴；本人从事讲学、写作、咨询、审稿、书画等劳务所得；本人、配偶、共同生活的子女的房产情况；本人、配偶、共同生活的子女投资或者以其他方式持有有价证券、股票（包括股权激励）、期货、基金、投资型保险以及其他金融理财产品的情况；配偶、共同生活的子女投资非上市公司、企业的情况；配偶、共同生活的子女注册个体工商户、个人独资企业或者合伙企业的情况。同年，《中国共产党党员领导干部廉洁从政若干准则》颁布执行，这52条"不准"提出，"党员领导干部参加民主生活会和述职述廉"，"党员领导干部应当向党组织如实报告个人有关事项，自觉接受监督"。

伴随着中央关于财产申报的各项举措出台，部分地方也在一步步探索和试点。自2008年新疆阿勒泰地区出台《关于县（处）级领导干部财产申报的规定（试行）》以来，四川高县、湖南浏阳、江西黎川、浙江慈溪、宁夏银川等地相继推行了财产申报公示的试点。到目前为止，我国领导干部财产申报公示制度的探索已走过了27年，但依然处于试水状态，一个统一、完备、系统性的制度尚未形成。

（二）横琴新区领导干部财产申报制度的创新实践

2013年，珠海横琴新区在被广东省纪委确定为"党员领导干部家庭财产申报并在一定范围内公示"制度试行地区后，即针对试点实际，通过《财产申报工作实施方案》《财产申报工作办法》《财产申报工作实施细则》等文件的制定，对财产申报对象、内容、程序、核查、公开、问责等内容进行了明确规定。其主要内容如下。

1. 申报对象

申报对象突出有权和涉权的领导干部，包括横琴新区党政机关（含审判、检察机关）、人民团体和参（依）照公务员管理的企事业单位副科长以上的领导干部（其他一般工作人员不申报）。目前，全区包括区领导（不包括2位副厅级领导）、区各职能部门领导、区属企业主要负责人和镇委、镇人大、镇政府领导及基层站所负责人，共74人按照规定进行了家庭财产申报，其中副处长及以上35人、副科长和科长12人、区属企事业单位负责人27人。

2. 申报内容

按照《关于领导干部报告个人重大事项的规定》要求，主要突出领导干部现有财产，包括七大项24小项：第一，本人工资及各类奖金、津贴、补贴等；第二，本人从事讲学、写作等劳务所得；第三，家庭房地产情况；第四，家庭投资、持有有价证券、金融理财产品等情况；第五，配偶、共同生活的子女投资非上市公司、企业的情况；第六，配偶、共同生活的子女注册个体工商户、个人独资企业或合伙企业的情况；第七，家庭汽车情况（此项内容是在中央规定内容之上增加的）。

3. 申报程序

申报程序包括申报、公示、受理信访举报、调查处理四个步骤。具体为：申报人亲自填写《横琴新区领导干部家庭财产报告表》并亲笔签名，报试点工作领导小组办公室，在核对其填报规范性后，将财产申报内容录入电脑，予以公示。公示期间，受理投诉举报，并就有关情况进行调查处理和反馈。申报周期是一年。

4. 申报公示

采取"内外有别"的方式——对"内"申报尽可能详细，对"外"只公开简单概要性的内容。对"外"公示采取"分层公示、设权查阅"的方式。第一层次公开的内容为：七大项申报内容的概略情况，如年工资津贴合计数、房地产套数（不需要明确地址）、汽车总数等。全区所有公务员随时都可查阅。第二层次公开的内容为：第一，本人工资及各类奖金、津贴、补贴等；第二，本人从事讲学、写作等劳务所得；第三，家庭房地产情况；第四，家庭投资、持有有价证券和金融理财产品等情况；第五，家庭汽车情况。每项具体情况以链接的方式进入，但需管理人员输入密码进入阅读。全区所有公务员均可查阅，但查阅需登记。第三层次公开的内容主要涉及商业秘密的内容：第一，配偶、共同生活的子女投资非上市公司、企业的情况；第二，配偶、共同生活的子女注册个体工商户、个人独资企业的情况。对于以上两项内容，查阅单位和个人须经批准后方可查阅，且查阅需要登记。公示范围为横琴新区内网。公示时间为：除辞职领导干部的财产公示期限为 7 个工作日外，其他公示时间均为长期。

5. 调查处理

由试点工作领导小组办公室处理投诉举报，由纪检机关联合组织部门负责调查处理。对违反申报规定及发现财产状况存在违法违纪问题的党员干部，按照干部管理权限进行调查处理。

6. 实施效果

自 2013 年推行该制度以来，截至 2015 年 6 月底，全区共有 86 名机关、企事业领导干部按规定进行了申报公示，暂未发现有领导干部拒不申报、无故拖延申报的现象，也未收到关于虚假报告、隐瞒不报等行为的实名举报；受理机关对其中 59 名领导干部报告事项进行了核查，核查比例达 69%。全区对新提任领导干部拟任人选报告事项做到必查必核、不漏一人、不漏一事；2015 年年初，在对一名拟提拔任用的科长的个人报告事项进行核查时，发现其瞒报重大事项，当事人被立案调查，追究法律责任，并取消了提拔资格。

（三）横琴新区领导干部财产申报制度存在的局限

由于受内地整体环境的影响，相比港澳地区的官员财产申报公示制度，横琴新区的领导干部财产申报制度存在如下局限。

第一，从申报环节上看，申报对象缺少"龙头"。从总体上看，横琴新区的党员领导干部家庭财产申报的主体已经足够宽泛，一是涵盖了副科级以上的党员领导干部，二是不仅须申报领导干部本人的财产，而且要申报家庭（包括配偶及共同生活的子女）的财产。但是，无论是与港澳地区比较，还是与世界其他推行财产申报公示制度的国家或地区比较，横琴新区推行的是没有"龙头"的财产申报公示制度，即横琴新区的两位党政"一把手"没有被涵盖到财产申报公示制度里面，这样就给人一种不完美、有缺陷甚至是"挑软柿子捏"的感觉，且与港澳和世界其他国家或地区惯常从最高层做起、自上而下推行的做法相左。

第二，从公开环节上看，实行内部公开，社会监督有限。横琴新区"内外有别""分层公示、设权查阅"的公开制度，说到底还是一种内部公开的"自说自话"，财产申报制度的威力在于公开，未能面向社会公开，社会的监督作用自然受到局限。

第三，从审查环节上看，缺少一个专门对官员申报的财产进行评估和审查的部门。无论是受理还是审查，都是由试点工作领导小组办公室执行的（此办公室设在区廉政办，由区纪委牵头负责，2015 年后此项工作由区廉政办转至区党群工作部），由于该试点办公室人手有限，且没有上级的硬性、明确的关于调查、核实的规定，因此，财产申报的审查只是局限于一般性的审查核对。

第四，从监督环节上看，依然是同体内部监督。负责财产申报制度的，无论是前期的区廉政办还是后来的区党群工作部，他们既是财产申报制度的执行主体，也是监察和被监察的主体，执行权、监督权交叉重叠。这样的监督体制，既不利于对监督对象的权力限制，也不能保证监督机构的权力独立行使。

第五，从问责环节上看，责任追究有待进一步明确。从当前制度设定上看，财产申报公示制度谁来负责，怎么负责，监督机构不作为如何追责，这些问责主体、问责程序、问责处置皆不十分明确。比如，制度只对资料不全和申报财产总价值明显大于其收入水平两种情况分别做出补全资料和书面说明的规定。但是，书面说明是否真实可信，谁去核查？即使核查清楚了，又该如何处置？虽然，制度中有"经查实存在问题的，根据情节轻重给予组织或纪律处理"规定，但是，具体给予什么处理则语焉不详，这些规定远没有港澳的规定严格和具体。如果监督机构不作为又该如何追责等，这些问责环节的缺失，无疑都会严重制约领导干部财产申报制度的真正落实。

第六，制度本身是以党纪文件而非法律的形式颁布执行的，权威性、约束力受局限。当前横琴新区试行的财产申报制度，执行的是党内文件，而没有通过特区立法上升到法律层次，这样其执行效力自然会打折扣。

第七，从执行效果上看，效果还有待进一步扩大。迄今为止，受理机关对其中 59 名领导干部报告事项进行了核查，核查比例达 69%，其中一名拟提拔官员因隐瞒未报遭查处。这一结果一方面说明财产申报制度的执行已初显成效，另一方面也说明该制度执行的效果有待进一步扩大。我们不能奢望一个财产申报制度"包治百病"，也不能希望通过财产申报制度的执行而暴露出问题的官员越多越好。

三 借鉴港澳经验创新珠海市
领导干部财产申报制度

通过调研，结合珠海市经济社会发展情况和干部队伍的实际，港澳地区推行的财产申报制度对珠海市的启示如下。

（一）领导层的决心和行动是制度推行的关键

财产申报制度监督的对象是公职人员。纵观我国港澳地区乃至国外财产申报制度的推行，都曾遭遇了当地或该国公职人员的抵制和阻挠。港澳最高行政当局从大局出发，顺应民意，表示了坚强的推行决心并从自我做起，从而使财产申报制度得以顺利推行。港澳财产申报制度从高官自身开始就是明证。此次澳门《财产申报法》修订案的推动更说明了这个问题。据《南方都市报》2011 年 12 月 19 日报道，澳门特首崔世安上任后，积极推动官员财产申报透明度的提高。澳门特区政府发言人表示，财产申报法案修订的最大推动力来自特首崔世安，崔世安本人和政府主要官员均愿意公开自己的财产利益。因此，对珠海来说，是否推行领导干部财产申报制度，财产申报的主体、内容、方式如何规定，推行的力度如何，很大程度上取决于市委、市政府主要领导及市委常委会的立场和态度。

同时，一旦决定推行财产申报制度，就必须由领导层带动、做出表率，而不能推行没有"龙头"的财产申报制度。因为没有"龙头"的财产申报制度，会给百姓甚至一般领导干部以口实，这样既不能显示出推行该项制度的决心和勇气，也不能显示自身的底气，更不利于制度的切实推行。

（二）最好是以法律的形式予以推行

制度的法律等级越高，其权威也越高。纵观我国港澳地区和世界其他国家或地区的财产申报制度，它们大多是以法律的形式予以体现和推行的，这样，该制度的权威性、执行的效果不言而喻。我们不否认，以党内文件政策的形式推行这一制度可以取得一定的成效，但其权威性和执行的效果肯定不如以法律的形式推行。珠海是一座因改革开放而崛起的新城，敢于创新是珠海的特质；

同时,珠海拥有全国人大授予的较大市和经济特区的立法权,这是珠海在制度上的最大优势。据横琴新区全体公务员问卷调查情况,全区 95.5% 的公务员支持财产申报公示试点工作,认为有必要以立法方式使其制度化、常态化。因此,如果珠海在领导干部财产申报制度方面迈出的步伐更大一些、步子更快一些,卓有成效地推行这一制度并为全国做出示范,就可以学习和借鉴港澳经验,以经济特区法律的形式来体现和推行财产申报制度。

(三)要有严格的违约处罚措施

实行官员财产申报,仅靠个人自觉是远远不够的,必须建立配套的责任追究制度。当前内地现行的财产申报制度中的违约问责制度显得过于"温柔",仅限于批评教育、限期改正、责令做出检查、诫勉谈话、通报批评、取消提拔资格之类的党纪、政纪处分,这样远达不到震慑的作用,"违而不重究"自然会使该制度流于形式。珠海可以借鉴港澳地区实行严格的违约追究制,加大党纪、政纪的制裁力度,并加强纪律责任与法律责任、行政责任与刑事责任的相互衔接,增强违法者的刑责风险,从而让申报者感到震慑,而不是疲软松散,视制度为儿戏,这样我们就可以扎牢财产申报制度的最后一道篱笆,为财产申报制度达到预期的推行效果提供制度保障。

(四)要向社会公开和接受社会监督

"不公开的财产申报没有生命力。"内地现行的关于领导干部收入申报和家庭财产报告的系列规定,在财产申报制度建设过程中发挥了起步和奠基的作用。但客观来讲,该系列规定远没有达到制度颁布执行的预期目标(包括横琴新区推行该制度的效果)。分析其原因有多种,其中一个很重要的原因就是申报的内容只是内部掌握而没有向社会公开和接受社会监督,正如有人评价道:"官员填报财产却不公开,这种做法堵住了以身犯法者的门,却又给他们留出了一扇窗。"相对西方经济发达国家,我国港澳地区的财产申报制度在公开方面尚属"中性"和"柔情",但由于港澳具有开放的新闻媒体环境和相对完善的财产登记制度,加之廉政公署的无形威力(以上三点内地尚不具备),财产公开依然取得了很好的效果。珠海可以学习和借鉴的是:第一,财产申报公开的主体应为副科级以上的党政机关、人民团体和企事业单位的领导干部;

第二，财产申报公开的范围应参照 2010 年中共中央办公厅、国务院办公厅印发的《关于领导干部报告个人有关事项的规定》，坚持内外有别的原则，接受财产申报的机关全面审查、掌握申报人的财产申报信息，面向社会公开的家庭财产范围至少应包括不动产的数量，本人、配偶及共同生活的子女的收入情况，配偶及子女的职业等；第三，公开的形式，在市纪委（监察局）网站设立领导干部财产申报制度专栏，利用网络向全社会公开，或在《珠海特区报》上开辟专栏对副处级以上干部财产进行登报公开。若改革的力度更大一些，财产申报受理机关可以接受公民在凭有效证件办理有关查阅手续后自由查阅财产申报官员所有的财产申报信息。

四 结语

对于反腐败而言，领导干部（官员）财产申报制度只是一道闸门，虽然可以遏制腐败的泛滥，但是无法切断腐败的源头；它虽是一剂反腐败的良药，但不足以"包治百病"。对于腐败顽疾来说，希望通过这一制度"药到病除"不切实际。随着 2015 年 3 月《不动产登记暂行条例》的颁布施行，国内舆论对建立领导干部财产申报制度的要求更为强烈，民众对这项制度寄予很高的期望，珠海要顺应民意推行严格的领导干部财产申报制度并力求取得好的效果。但是，我们也应当清楚地认识到，仅靠实施这一项制度不可能解决腐败问题，对于领导干部财产申报制度不能过于理想化。如果把反腐败比作一套组合拳，那么领导干部财产申报制度只是这套组合拳中的一记重拳。要想有效遏制腐败现象的发生和蔓延，必须建立健全惩治和预防腐败体系，实行标本兼治、综合治理。

参考文献

邰祖岩：《国外官员财产申报制度的实施状况及启示》，《领导科学》2010 年第 20 期。

新型城镇化背景下珠海
交通运输系统构建研究[*]

李德慧

一 引言

（一）研究目的与意义

改革开放以来，伴随着城镇化的不断加速，中国工业化取得巨大成就。城镇化是工业化发展到一定阶段的必然结果。工业化通过拉动就业、增加收入、改变土地形态等方式影响城镇化，这一过程必然导致人口转移或者流动。一个国家城镇化可达到的水平，既受经济发展水平的影响，又受人口、地理、资源等自然条件的制约。

进入 21 世纪以后，中国经济高速增长。2004 年我国城镇化水平为41.8%，较 1978 年增加了 26 个百分点；截至 2013 年，我国城镇化率已达到53.73%。城镇化水平得到很大的提高，并且已经形成了京津冀、长三角、珠三角等多个城市群。珠海作为珠三角城市群中的重要一员，凭借地理及政策优势，从改革开放初期的小渔村，发展到现在人口 159 万、城市已建成用地 263 平方公里的现代都市，城镇化取得令人瞩目的成就。但是在高速发展的城镇化背后，新的问题相应地出现了，如交通运输体系不合理、交通拥堵等城镇化速度与质量不匹配、土地城镇化快于人口城镇化、城乡二元结构凸显、城市病等。

新型城镇化是珠海经济持久增长的内生动力，在内需拉动方面具有巨大潜

＊ 课题负责人：李德慧，北京理工大学珠海学院副教授。课题组成员：刘赛花，北京理工大学珠海学院讲师；包凡彪，北京理工大学珠海学院副教授。

力，已成为经济发展方式转变背景下经济保持长期平稳较快增长的关键之所在。"十二五"时期，我国步入新型城镇化发展的重要时期，国家明确提出要在区域发展总体战略和主体功能区战略的指导下，科学推进城镇化健康发展，全力构筑区域经济优势互补、主体功能定位清晰、国土空间高效利用、人与自然和谐相处的城镇化区域发展格局。

另外，交通作为城市的一个必要因素，在城市发展过程中起着无法替代的重要作用。交通运输业作为经济社会重要的先导性产业，在促进城镇要素跨区域流动、支撑城镇经济协调发展、保障城镇社会有序运行、引导城镇产业合理布局、锚固城镇空间格局形态等方面具有重要作用。《珠海市城市总体规划（2001～2020年)》（2015年修订）指出，要加强与泛珠三角西部、珠三角区域中心城市的密切联系，辐射中山、江门，沟通港澳，大力协调区域交通设施的规划建设，实现多种对外交通衔接方式，提高海港、空港、公路、铁路和口岸服务水平，构建可持续发展的交通运输系统，促进区域交通一体化发展。

（二）珠海概况

1. 区域信息

珠海市是珠江三角洲南端的一个重要城市，位于广东省珠江口的西南部。全市总面积约为7666平方公里，其中陆地面积（含海岛）约为1724.32平方公里，海域面积约为5941.76平方公里，下辖香洲、斗门、金湾三个行政区，设有横琴新区以及高新、高栏、万山、保税四个经济功能区。珠海香洲主城区面积为105.8平方公里，包括拱北、吉大、老香洲、新香洲、前山五个片区。

2. 珠海城镇化水平

第六次全国人口普查数据显示，珠海市常住人口为1560229人，同第五次全国人口普查的1235582人相比，10年共增加324647人，增长了26.27%，年平均增长率为2.36%。珠海市常住人口占广东省常住人口总量的1.50%。

截至2013年年末，珠海常住人口为159.03万人（见图1），户籍人口为108.57万人，且常住人口的57.60%集中在东部香洲区，26.37%在斗门区，16.03%在金湾区，人口城镇比为87.85%。2014年年末全市常住人口为161.42万人，同比增加2.39万人，增长1.5%，人口城镇比为87.87%。

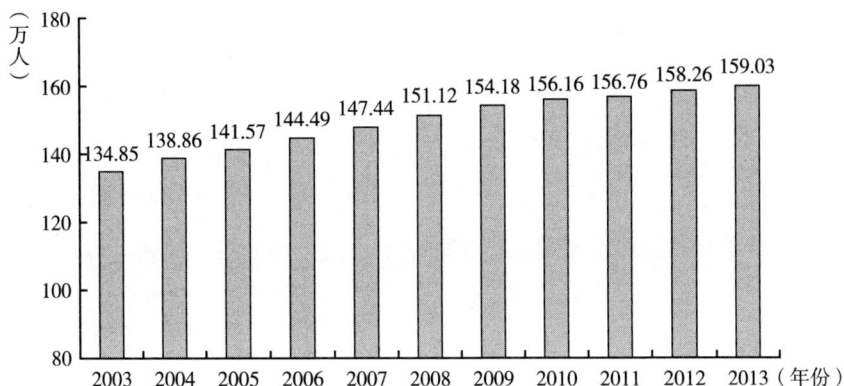

图1 珠海市2003～2013年常住人口数

3. 社会经济

2013年，珠海市实现地区生产总值1662.38亿元（见图2），同比增长10.5%；财政一般预算收入194.17亿元，同比增长19.42%；人均GDP为1.69万美元，全省排名第三，同比增长9.7%，增速全省排名第四。2014年全市实现地区生产总值1857.32亿元，同比增长10.3%；人均GDP为1.9万美元，同比增长9.2%。2014年，从各区域看，香洲、金湾和斗门三个行政区分别实现地区生产总值1192.79亿元、402.19亿元和262.34亿元，同比增长9.9%、12.6%和8.3%。

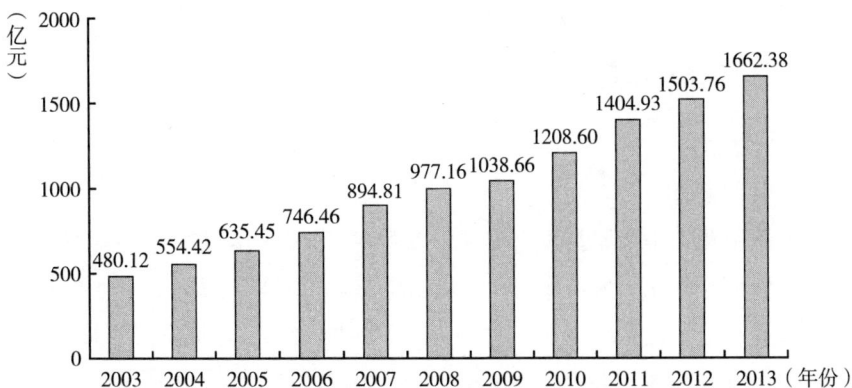

图2 珠海市2003～2013年地区生产总值

4. 珠海交通概况

（1）路网结构。

截至 2009 年，珠海市道路网通车里程达到 1367 公里，公路网密度为 80.6 公里/100 平方公里，平均技术等级为 2.67，平均车速达到 45～50 公里/小时。2014 年年末公路通车里程 1446.71 公里，其中高速公路通车里程 124.69 公里。主城道路网络基本成型，交通运行总体基本正常，部分主要道路高峰时段初显拥堵。

各组团路网结构差异明显。老组团偏"自由式"，而新组团、新区偏"方格网式"。从网络级配来看，主干路骨架基本完备，次干路、支路仍有较大差距。全市道路长度比例为主干路∶次干路∶支路 ＝2.4∶1.7∶1.0，主城区比例为主干路∶次干路∶支路 ＝1∶0.45∶1.30。全市人均道路面积为 18～20 平方米，超过国家推荐指标；而主城区人均道路面积为 7～8 平方米，仅达到推荐指标下限。人均拥有人行道面积位列珠三角各城市之首，与厦门、大连等滨海旅游城市水平相当。

（2）机动车组成结构。

从机动车组成结构来看，2013 年全市小客车保有量占机动车总量的 74.5%，较上年增加了 3.5 个百分点；摩托车保有量占 9.2%，较上年下降了 2.2 个百分点。2014 年年末，全市民用机动车保有量达 39.1 万辆，同比增长 13.0%。私人汽车保有量为 33.1 万辆，同比增长 17.3%；民用轿车保有量为 21.5 万辆，同比增长 11.3%；私人轿车有 19.8 万辆，同比增长 13.8%。

（三）研究基本理论

1. 新型城镇化

（1）指导思想

新型城镇化，是指坚持以人为本，以新型工业化为动力，以统筹兼顾为原则，推动城市现代化、城市集群化、城市生态化、农村城镇化，全面提升城镇化的质量和水平，走科学发展、集约高效、功能完善、环境友好、社会和谐、个性鲜明、城乡一体、大中小城市和小城镇协调发展的城镇化建设路子。

我国城镇化发展方向与目标的核心主要有三方面：首先，缩小区域发展差距；其次，明确城市群是发展的主体形态，东部城市群的主要任务是提高国际竞争力，中西部城市群的主要任务是发展壮大；最后，强调促进城市群内各城市功能定位和产业布局，促进大中小城市和小城镇协调发展，强化中小城市、小城镇产业和公共功能。

《广东省城镇化发展"十二五"规划》（简称《规划》）顺应国家城镇化发展目标，注重以人为本、公平共享。以人的城镇化为核心，合理引导人口流动，有序推进农业转移人口市民化，稳步推进城镇基本公共服务对常住人口的全覆盖，不断提高人口素质，促进人的全面发展和社会公平正义，使全体居民共享现代化建设成果。

（2）区别于传统城镇化。

第一，新型城镇化强调经济、社会、环境、文化，甚至政治治理，指综合的发展和转化，它的目标是城乡一体。第二，新型城镇化强调以人为本，或者以人为核心，传统城镇化强调土地的城镇化，这是一个重大的差别。第三，新型城镇化与传统城镇化最大的区别就是以市场为主导，政府起到引导的作用。

新型城镇化强调了城市化、工业化、信息化、农业现代化的互动，以"四化"共同推动城镇化向前发展。

（3）新型城镇化与交通的联系。

新型城镇化的实质是在城市为人们提供就业机会并吸引人们在此居住生活，交通对城镇化发展具有间接引导和直接影响两方面的作用。首先，工业、服务业等产业发展为人们提供就业岗位，是城镇化发展的根本动力，交通为产业发展提供条件，间接引导和带动城市发展。其次，城市交通是城市公共服务的重要组成部分，是影响城市宜居水平和城市吸引力的重要因素。因此，交通是城镇化发展的前提条件和驱动力之一，具有较强的支撑和引导作用，是必要而非充分条件。另外，交通对城市、城市群的形成、发展和空间布局形态具有重要影响，城镇化发展也影响着运输需求的数量与质量，对交通运输提出新的要求。

2. 交通运输系统

（1）交通运输系统发展特点。

交通运输是人类生产生活中的重要组成部分，随着时代的发展与社会的进步，人们的交通需求也发生了突飞猛进的增长。交通运输一般分为管道、航空、铁路、水运、公路五种基本的运输方式。每一种交通运输方式都有各自的特点，也有相应的限制条件，下面从运送能力、速度、运输路线、停放场站、休息场站、动力类型、运输成本、运作机构、运作模式、运作特点、环境适应性、安全性，以及运输的通信控制这几个方面对五种基本运输方式进行对比（见表1）。

表1　五种基本运输方式的特性比较

运输方式特性	铁路运输	公路运输	水路运输	航空运输	管道运输
运送能力	大	较大	大	小	大
速度	较高	较高	低	高	—
运输路线	轨道线路	城市道路与各级公路	沿海、沿河、沿江及各大洋	固定航线与非固定的航线、航路	各种气、液、固体运送管道
停放场站	铁路车站	汽车站	港口	机场	储存库、压气站
休息场站	客货运站、中间站、区段站、编组站	服务区、客运站、货运站	沿海港口、内河港口、国际航运中心	国内外机场、各级机场、干线、支线、枢纽	低压储气罐
动力类型	内燃机与电动机	内燃机与电动机	内燃机与电动机	内燃机	压缩机
运输成本	较低	较高	低	高	低
运作机构	国家经营、私人经营、运输代理	运输代理、运营公司与个体经营	运营公司与个体、运输代理	航空公司、个体经营	国家经营、运营公司经营
运作模式	集中、分级管理	多种模式相互协作	多种模式相互协作	多种模式相互协作	集中性管理
运作特点	完全市场化	垄断性经营	完全市场化	部分市场化	寡头型市场化
环境适应性	强	强	弱	较强	弱
安全性	一般	好	好	较好	好
运输的通信控制	卫星、光缆、电线	卫星、光缆、电线	卫星、光缆、电线	高频通信系统、呼叫系统	卫星、光缆、电线

随着科学技术的不断发展，产业结构也发生着巨大的变化，社会劳动生产对运输的需求也不断地变化，因此也导致各种交通运输方式的范围与特性发生变化。要适应这种变化，避免产业结构的改变使得交通运输方式利用不当，必须根据社会经济的发展状况做出适当的调整，协调好各种交通方式之间的关系，对各种交通方式进行系统的研究。

系统是指相互联系、相互作用的若干元素构成的具体的结构和具有特定功能的有机整体，具有整体性、联系性、有序性、动态性、最佳性等特点。

将五种交通运输方式作为一个整体，对社会经济、劳动生产进行研究；各种交通运输方式相互联系，有规律、有秩序地完成各自的运输需求；各种交通运输方式随着劳动生产对运输需求的变化不断做出调整，形成一个具有最优状态的有机整体。

（2）交通运输系统未来的发展趋势。

在提倡可持续发展的今天，我国交通运输系统建设虽然取得了突出的成就，但是与国外发达国家相比还存在很大的差距，存在运输系统适应能力不强、各种运输方式的投资效率低、铁路异常繁忙、干线利用率低、干线公路的饱和度不够、重要物资港口卸货能力低、机场通行能力低等问题。因此为适应和引导城镇化健康发展，交通运输发展的出发点必须紧紧围绕缩小区域差距、促进和引导城市群的形成与发展、促进大中小城市协调发展这三方面。

我国交通运输系统应在完善区域骨干网络的基础上，重点发展城市群交通网络，同时注重都市圈交通网络建设。故在大中城市切实落实公交优先，加快小城镇交通改善，推动城乡交通一体化，构建区际、城际、城市和城乡四位一体的综合交通运输网络将成为交通运输系统未来的发展趋势。未来的交通运输系统应该以节约资源为前提，各种交通运输方式相协调，以充分利用资源为目标、方便快捷为宗旨，对交通系统的发展进行指引，通过技术信息化等管理体制提高交通运输系统各交通运输方式的效率。

3. 交通与产业的关系

在空间上，资源禀赋的不同使得经济活动要在不同的地区进行。为了使资源在空间上的组合达到最优，需要使资源在空间上流动来实现经济在地区间的分工和聚集，以实现扩散作用和规模效应。交通为地区经济活动提供空间及聚集和传播的渠道，它不仅是地区经济活动必不可少的载体及区域经济发展的基础，而且是国民经济体系的重要组成部分。

（1）产业发展水平（产业升级）决定了经济发展水平的高低。

经济发展水平的高低决定了交通的发展。交通的发展水平取决于经济的发达程度。交通与经济发展有密切的关系，两者之间的作用是相互的，彼此之间相互促进、协调发展。

（2）交通基础设施的建立与产业结构的关系。

交通基础设施对经济发展有着不可替代的作用，交通基础设施的改善能改变集中（例如聚集经济）和分散（例如资源的成本、产业间的竞争）力量的相对重要性。产业结构优化升级是地区经济实现跨越式发展的必要途径，中国正处于发展的关键时期，鉴于交通基础设施对经济增长的长期持久的拉动作用，加快交通基础设施建设显得尤为重要，但是应根据地区自身的现实情况具体对待。

4.交通与城市发展

珠海是组团型发展的城市，发展模式是以中心或重要地带及交通枢纽为核心连接线带动整个片区发展。其中，交通运输系统是城市发展的工具，城市发展是交通运输系统发展的载体，二者密不可分。

组团发展城市的交通网络分为两个层次：组团间联系交通和组团内部交通。两个层面的交通系统在运输组织上完全不同，组团间联系的交通网络按照中心、组团构建，以中心和枢纽为核心的多模式的连续干线走廊；而组团内部的交通网络则以干线走廊衔接点和衔接的枢纽为核心，按照组团内部实际交通组织的模式，构建适合自身交通组织的交通网络。

第一，联系网络以高机动性为主，本地网络以集散和本地活动组织为主，以步行和支线交通（次干路、支路、支线公交）组织为核心；第二，等级道路与轨道交通适度分离，实现轨道交通对高密度开发的带动和支持；第三，区间快速交通系统联系和区内的组团间联系交通以快速、可靠为重点；第四，组团内以集散和本地交通组织为主，以可达性为核心。

（四）构建方法

在优化城镇化布局和形态方面，交通作为城市的一个必要因素，本文提出以下两方面以构建新型城镇化下的交通运输系统。

一方面，原有交通基础设施日益跟不上时代的步伐，因此要强化综合交通运输网络支撑，抓紧公路网和城际轨道网的建设，推动区域和城市客运优先发展，强化城市群之间的交通联系，加快城市群交通一体化规划建设，服务邻近城市交通发展，改善中小城市和小城镇对外交通，发挥综合交通运输网络对城镇化格局的支撑和引导作用。

另一方面，确立以公共交通为导向的城市发展模式，即 TOD 模式，服务远期城市交通发展。由于城市未来发展的总体趋势为分散的多中心组团式分布，而交通可以连接组团中心，辐射带动周边地区的发展。

区域的增长结构和公共交通发展方向一致，因此采用更紧凑的城市结构和TOD模式，以混合使用、适合步行的规划原则取代单一用途的区划控制原则，面向公共领域，以人为导向，贴近民生，把公共交通放在发展的首要位置，而不是倾向私人地域和小汽车空间。

（五）发展策略框架

本研究的发展策略框架如图 3 所示。

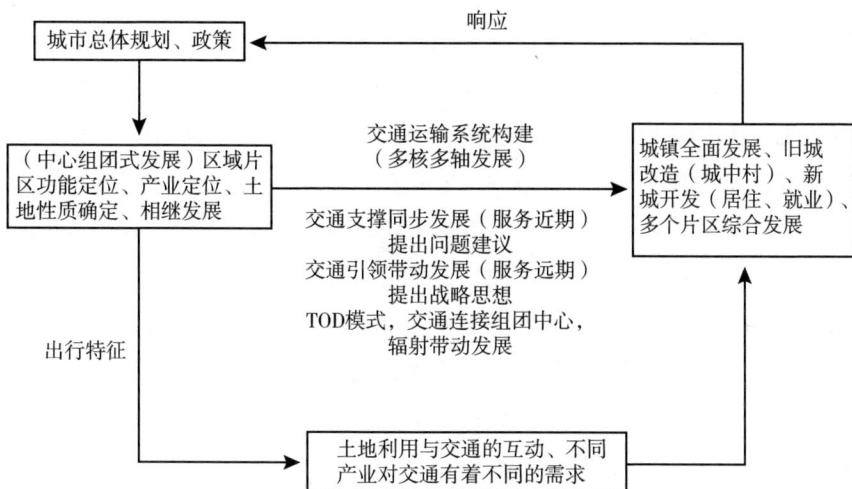

图 3　本研究的发展策略框架

二　问题及挑战

（一）时代发展的需要

20 世纪 30 年代后，随着工业化的不断推进和技术的不断进步，汽车逐渐成为大众化的交通工具，原来已有的交通设施和道路变得日益跟不上时代发展的步伐。在这种情况下，往往会通过不断拓宽道路宽度和增加道路网密度来提高交通的承载力，虽然在短时间内交通压力得到缓解，但从长远来看，如果没有及时协调城市结构和用地布局与城市交通的关系，那么随着城市的发展，可能造成更严重的环境和社会问题。根据珠海市总体规划和发展以及已有的珠海市道路状况，在新型城镇化背景下构建交通运输系统可能面临的主要问题有以下四点。

1. 交通基础设施建设不足

近年来，汽车总量随着经济的发展迅速增长。小汽车特别是私人汽车，主要分布在香洲区（85%）。随着社会经济和珠澳同城化的发展，小汽车进入家庭呈现加速状态，而珠海交通基础设施建设的速度难以满足日益增加的出行需求，给珠海城市交通系统带来一定压力。

2. 交通规划存在不足

珠海市内在交通组织瓶颈多和联系通道少等问题，主要体现在珠海东西部的联系难以在市域内畅通实现，也制约了西区的发展。同时情侣路是珠海城市景观性道路，其沿线进行了大量的住宅开发，成为功能混合、交通冲突较为严重的地区。出现这种状况的主要原因是用地功能差异较大，组团式用地布局并没有起到减少交通出行的目的，而且自身用地功能不平衡反而导致组团间需求增加。中心城向西、向南发展趋势明显，但城市的主要服务职能仍集中在中心城，导致外围组团与中心城间联系通道流量增长迅速，城市公交客运量下滑；跨区间长距离出行需求增长，导致机动车出行大幅增加，有限的组团间联系通道趋于饱和，组织效率降低。

3. 公共交通优先政策落实不足、发展滞后

近年来，珠海采取了多项措施保障公交优先，公共交通系统得到了较大的发展，同时建设有轨电车来承担公共交通主要客流。但公交优先也是一个系统工程，公交优先政策的落实涉及多个政府部门，目前落实的力度还不够。

近年来公交车辆数缓慢增长，新增车辆仅供投放于新开设的线路，既有线路服务水平难以提高，东部地区的平均单车日载客量为804人，公交舒适度有待提高。

公交线路以直达为主，给乘客带来了方便。但是珠海是分区组团式发展，东西部公交客运呈现不同特征，西区线路整体客流量较少，跨区线路里程长，整体效益不佳。

公交场站设施落后于城市建设步伐。场站布局不合理，综合利用率低，场站规模小、设施不足，不能满足客运市场的发展需求；缺乏衔接多种交通运输方式的综合客运枢纽；对于公交专用道的管理不严，时常出现专用道不专用的情况。

4. 静态交通系统不完善影响动态系统发展

目前珠海机动车保有量约为 40 万辆，机动车数量的增长使珠海对停车泊位的需求也越来越大。在主城区主要商业及办公场所，停车位不足已经对香洲、拱北等地区的动态路网产生影响。整体而言，停车泊位供应量与机动车停车需求之间还存在很大的差距，老旧小区、商业区及办公集中地区停车难问题突出。

在停车收费制度方面，珠海在 2014 年 9 月举行停车收费听证会，对香洲主城区实行差别化停车收费制度，这在停车收费领域是一项巨大的进步。

（二）综合交通运输网络不合理

综合交通运输网络不合理，不仅阻碍产业的发展，而且影响区域经济的发展，并由此导致一系列问题（运输成本高、市场偏远、原材料供给不足等），抑制产业发展和产业结构的优化，间接影响地区的城镇化发展水平。

提高交通运输的效率，关键是建立一个布局合理的综合交通运输网络。布局合理的交通网络要建立在分工明确、五种交通运输方式协调发展的基础上，以获得最高的效率。

高效的交通体系需要建立一个有层次、立体的交通网络。在区域层面，各种运输方式发挥其应有的职能，形成公路、铁路和水路全面的交通运输格局。不同交通运输方式多式联运的出现，不仅为农村提供了方便，消除缺乏信息的影响，极大地降低了生产成本，而且节省了大量物流企业的运输成本。多式联运的效率已经显著提高，可以有效地促进和优化产业的发展，更快地满足经济发展的需求。在城市层面，小汽车、公共交通、慢性交通应形成适应珠海组团发展特点的、多层次的居民出行体系结构，减少出行时间，提升出行品质，增强城市居民幸福感。

（三）区域发展的不平衡

随着传统城镇化的进行，我国深入实施西部大开发、中部崛起、振兴东北老工业基地等战略，中西部地区发展整体加速，连续几年多项经济指标增速高于全国平均水平，新的增长点不断涌现。然而从总体上看，区域差距扩大的趋势还没有从根本上得到缓解。城镇是一个地区产业发展到一定阶段的必然结果，形成后又会加快这个地区的产业发展，提高经济发展水平。总体而言，我国城镇还处于中等发展水平，城市群数量多但发展质量不高，中小城市潜力难以发挥，小城镇集聚产业和人口的能力有限。

而珠海的区域发展亦有不平衡之势。香洲区已经在珠海东部形成了城市核心区，但受地形及河道的影响，斗门区、金湾区的优势还未发挥出来。在斗门区加快城市路网建设的时期，香洲区已经完善了路网并开始发展轨道交通，在一定程度上加剧了市域发展的不均衡性。所以珠海以城带乡的长效机制尚未形成，而且城乡一体化水平有待提高。面对这样的情况，珠海市应当加大改革创新力度，破除体制机制障碍，在"硬件""软件"上增强西部地区小城镇的吸纳能力。

（四）必要性

1. 构建可持续发展交通运输系统，推动珠海新型城镇化

2014年3月16日，中共中央、国务院印发《国家新型城镇化规划（2014～2020年)》（简称《规划》)。《规划》按照走中国特色新型城镇化道路、全面提高城镇化质量的新要求，明确未来城镇化的发展路径、主要目标和战略任务，统筹相关领域制度和政策创新。《规划》是指导全国城镇化健康发展的宏观性、战略性、基础性规划。

除此之外，《规划》指出，要有序推进农业转移人口市民化、优化城镇化布局和形态、提高城市可持续发展能力、推动城乡发展一体化四大战略任务；同时要加强制度顶层设计，尊重市场规律，统筹推进人口管理、土地管理、财税金融、城镇住房、生态环境等重点领域和关键环节体制机制改革，形成有利于城镇化健康发展的制度环境。

交通运输系统对珠海新型城镇化发展具有直接影响和间接引导两方面的作用。首先，交通运输系统是城市公共服务的重要组成部分，是影响宜居水平的重要因素，直接影响城市居民的生活；其次，工业、服务业等产业发展为人们提供就业岗位，良好的交通运输能够为产业发展提供条件，间接引导和带动城市发展。因此，交通是城镇化发展的前提条件和动力之一，具有较强的支撑和引导作用，是必要而非充分条件。

2. 构建可持续发展交通运输系统，珠海建设需要新方向

近年来，交通运输体系对城市群及单体城市的产业发展、经济发展、城市运行有着举足轻重的作用。然而，由于历史的、体制的、发展阶段等因素，珠海出现了交通运输系统构建不合理、交通拥堵等问题，交通运输系统未能有效支撑城市产业发展，也未能为社会经济及居民出行服务，在一定程度上成为制约城镇化的瓶颈。

未来珠海构建"三高一特"产业将形成核心竞争力，珠海仍将持续不断地吸引外来人口，户籍人口与外来人口公共服务差距造成的城市内部二元结构矛盾也将日益凸显，居民的出行需求增加，居民出行结构发生变化，这都对构建新型城镇化背景下的可持续交通运输系统提出更高要求。

在新型城镇化的发展进程中，应以交通基础设施的构建为导向，强化交通运输网络对珠海的支撑，利用交通系统引导产业发展，优化城镇化布局，提高居民出行品质，改善周边城市的交通发展条件，增强中心城区的辐射带动能力。

3. 构建可持续发展交通运输系统，促进产业升级改造

产业是城镇生存和发展的根基，没有充分产业支撑的城市，犹如缺乏水和营养的小苗，不可能长成参天大树，即使有暂时的繁荣，也只能是昙花一现。然而，产业能否科学持续发展在一定程度上受到交通运输系统的影响。珠海作为一个新兴城市，凭借政策、自然条件、地理位置等优势，大力发展高端制造业、高端服务业、高新技术产业、特色海洋经济和生态农业等，建立现代产业体系，发展循环经济和绿色产业，提高资源产出效益。通过构建可持续发展交通运输系统，能有效推动珠港澳、珠中江与粤西区域合作以及珠中江一体化发展，实现产业高端化和服务化，强化功能辐射，打造区域交通枢纽，开展区域生态建设与环境保护。

三 探索构建珠海交通运输系统

（一）总体战略

珠海交通运输系统的构建采取内部整合的策略。通过各级综合客货运枢纽整合各种运输方式，发挥多式联运的优势；明确枢纽体系结构和功能等级，实

现统筹管理；枢纽节点建设按照资源条件、发展动力、产业要求、城市空间发展进行规划，提高整体效率，避免重复建设。

基于总体战略目标和目标定位，构建区域一体、具有珠海特色、引导城市空间和产业格局的现代化综合交通网络及服务体系，具体分解如下。

（1）区域一体化——实现珠海各片区交通运输一体化。

（2）引导格局——加快区域干线、组团联系交通网络建设，通过交通先行，以网络化交通格局引导城市新型空间格局和产业格局的形成，促进珠海城市发展。

（3）构建现代化综合交通网络及服务体系——城市公共交通以慢行交通为主体，倡导公平、低碳，在规划、建设、管理、服务、运营、标识、宣传上全面向西方发达国家大城市借鉴经验，构建多层次一体化的城市交通结构。

（4）打造本土特色——结合珠海的地理、历史等因素，打造具有本土交通服务特色的城市。

（二）发展策略案例借鉴

随着经济发展水平和居民收入稳步提高，珠海市居民小汽车拥有量还会继续增加，城市居民的出行需求总量，特别是机动化的出行需求总量仍将呈现快速增长的趋势。机动化出行需求快速增长引起的拥挤问题、能源问题、社会公平问题和交通安全问题日益突出，逐渐引起国家和各级政府的重视，相关问题也成为交通领域的研究重点。

经过几十年的探索，世界上很多城市已经对缓解城市交通问题的途径进行了研究和探索，如在城市交通领域，建立合理的城市客运交通结构，以高效的公共交通来满足增长的出行需求。世界各地具有代表性的交通政策与措施如表2所示。

我国城市人口总量多、密度大，道路交通设施短缺，更是将"优先发展城市公共交通"作为解决城市交通问题的国家战略。1996年，《北京宣言：中国城市交通发展战略》从宏观的战略、规划以及行动计划等不同层面提出，在适度发展小汽车的同时，要推动城市公共交通的发展。对于珠海而言，也要合理规划交通运输发展模式，加快落实公共交通优先发展措施，提升综合交通运输系统的效率。

表2 世界上部分地区的交通政策与措施

典型战略	代表地区	主要政策
控制城市蔓延的土地使用政策	波特兰	城市发展界线和改造政策
	伦敦	绿化带政策
围绕铁路、地铁和轻轨进行开发的土地使用政策	哥本哈根	自1947年以来使用的沿线城市"指状"规划
	斯德哥尔摩	沿地铁线路的新城镇发展
	波特兰	沿轻轨交通导向发展(TOD模式)
多模式一体化的公共交通模式	全世界有95个城市	经营2种或以上的轨道交通系统和常规公交
	伦敦、巴黎、维也纳和旧金山	经营4种或以上不同种类城市轨道交通系统和常规公交
采用创新以及高收益、低成本的方法来发展城市轨道交通	卡尔斯鲁厄	在国家铁路网络上发展城市有轨电车,提供超过300千米的快速公交线路直达市中心
	法兰克福	广泛利用国家铁路来提供市郊和S-Bahn服务
综合车票系统或票务系统	中国香港	"八达通"智能卡几乎可用于所有的公共交通,还可以购物
	荷兰	全国通用Strippen Karte车票,可用于国内所有公共交通
为骑车者提供设施或有利于自行车行驶的政策	荷兰和丹麦所有城市	扩大自行车网络,建立完善的标志、标线,保证设备状况良好
	比利时	建立完善的自行车服务网络
	牛津、伦敦	建立自行车网络
利用快速公交系统和公交专用道路作为低成本的大容量快速运输系统	库里巴蒂、圣保罗、基多等	有专门道路给公共汽车或者无轨电车使用,提供与某些轨道系统相媲美的公共交通服务
	南锡、鲁昂和洛杉矶等	采用高新技术的快速公交系统以及公交专用道路系统在试运营
	美国的10个城市	联邦运输局目前正在10个城市主持快递公交系统示范项目,尽管有些计划在某些地方更类似于公交专用道
构建环境友好的公共交通	旧金山	超过一半的公共交通工具都是电动的
	圣地亚哥	主要使用电动轻轨和天然气做燃料的巴士
	中国香港和西欧	公共汽车实行欧洲排放标准
	卡尔加里	使用动力来源于可再生能源的城市电力轻轨

续表

典型战略	代表地区	主要政策
采取措施限制私家车来往于市中心及城镇中心	哥森堡、不莱梅	单元区域计划，限制驾驶者驾驶汽车穿梭于城市之间
	新加坡	电子道路收费系统（ERP）
	伦敦	2003年起车辆进城加收拥挤费
	采尔马特	所有机动车道限制（游客必须在把车辆停放在市外的火车站后转乘火车进入采尔马特）
	威尼斯	只有水路交通和步行的历史名城，没有公路或机动车道
其他限制小汽车拥有量和使用的措施	新加坡	限制小汽车拥有量
	中国香港	高额的初次登记税和昂贵的汽车驾照收费
	旧金山和波特兰	在市中心拆除干线公路

（三）城市交通一体化发展战略

1. 综合运输方式协调政策

对外交通多利用港口与铁路积极发展城际轨道交通，注重对外交通与城市交通的衔接，形成分工明确、功能与布局合理的交通网络。加快建设地区的公路、铁路、水路和航空运输网络，合理布局，形成以快速路为主体框架的道路网络系统，使不同的运输方式之间合理衔接以促进城市公共交通的发展。交通换乘便捷，使客运实现"零换乘"，使货物实现"无缝对接"，形成"畅通、便易、经济"的局面。

2. 以枢纽为节点重塑城市发展模式

综合协调城市规划区内不同类型对外交通基础设施，以及与城市发展、城市交通的关系。以区域性对外交通枢纽为依托来建设与运营，引导城市空间布局和交通网络的调整。横琴新区的设立给珠海口岸、港口和机场等重要空间节点地区带来了发展契机，同时西部中心城区、情侣路、十字门、唐家湾等重要节点地区的快速发展都将重塑珠海市的城市空间格局。因此，珠海市交通运输发展应当顺应城市空间格局的变化，统筹考虑区域交通发展，重点做好关键节点的交通枢纽建设工作，实现多运输方式在枢纽的一体化衔接，方便旅客的换乘和货物的换装。

3. 推进城乡统筹的交通建设

要加快市域交通一体化建设，支持市域的全面发展。通过城乡一体化，实现城乡公共交通设施布局与城乡公共服务布局的协调。乡镇公交以中心镇为依托，实现乡镇对外或对各乡的公交辐射和聚集。由城区对外公交枢纽、乡镇客运枢纽，以及中心村、行政村停靠站点组成乡镇的多级公交场站体系。结合城际轨道网规划，在珠海北站、明珠站、前山站、拱北站、横琴口岸站规划综合交通枢纽，作为东区与西区联系线路的换乘枢纽；在机场站、珠海西客站规划综合交通枢纽，在湖心路口规划城市公交枢纽，作为西区与东区联系的换乘枢纽。将城乡公共交通纳入城市公共交通系统统一建设和管理，明确其公益性特征。珠海市交通运输必须探寻跨越式发展途径，实现区域、城乡及城市客运的一体化，强化各种运输方式的融合与衔接；加强跨市公交的开行力度，加快珠中江一体化进程。

（四）优先发展公共交通

区域客运将发展的重点放在城际铁路、区域公交和城乡公交发展上，城市交通全面贯彻落实公交优先政策。在投资方面向公共交通倾斜，在规划、建设、交通管理上全面实施公共交通优先，在运营、服务方面体现以乘客为本。通过体制创新和科技创新，促进公共交通改革，提高公共交通的竞争力。通过交通枢纽建设，加强公交与其他运输方式衔接，逐步形成干支结合的新型公共交通网络，实现公共交通的跨越式发展。

1. 明确公共交通服务的公共政策属性，完善公共交通服务标准

明确公共交通服务的公共政策属性，完善公共交通服务标准，加强政府监管。按照政府购买公交服务的模式，科学核算、优先落实公共交通的投资和补贴政策。加快公共交通投融资体制的改革与探索。

坚持城市公共交通投入为主，加大政府对城市公共交通的投入，将城市公共交通发展纳入公共财产体系，通过立法建立稳定、多元的资金来源。建立与城市交通发展目标相一致的、合理的公共交通运输价格、票制体系，通过针对性的票制补贴和投资，引导网络结构转变，扩大服务范围、提高服务水平。

2. 因地制宜地发展具有城市特色的公交优先系统，实现公共交通一体化发展

根据客流水平和道路条件因地制宜地发展具有城市特色的公交优先系统；扩大公共交通服务范围，实现城乡间无差别、一体化的规划与运营；在外围新发展地区推行公共自行车作为接驳方式，不同运输方式之间要通过枢纽进行转

换，实现多模式、多层次的公共交通一体化发展。

3. 形成多层级的客运交通枢纽

形成多层级的客运交通枢纽，使得公共交通与各种衔接运输方式一体化规划、建设、运营和管理。在城市规划中落实公共交通枢纽与各类场站的用地，采用场运分离、建管分离的模式，保障公共交通场站与枢纽的健康运行。

统一规划各种交通模式、各层面交通设施，从出行者的角度减少换乘距离和出行时间。一体化规划、设计和使用轨道交通、长途客运、常规公交、旅游巴士、水上客运和对外交通等各种模式的公共交通设施。与城市土地使用规划紧密结合，完善公共交通各项规划，并在相关的城市土地规划中，落实公共交通场站用地。

4. 改革公共交通票制、票价

根据公共交通网络调整和城市分区，以换乘为核心，引进区域票制，并逐步实现不同运输方式之间票制和票价的一体化，采取统一的标准制定常规公交和（城际）轨道交通的票价，充分发挥不同运输方式的整体优势，弱化对公交企业的经济效益考核，突出其社会公益特性，提高公交出行分担率。

5. 提供多样化的公共交通服务，提高低收入人群公共交通的出行能力

根据城市人口的构成，提供多样化的公共交通服务，提高低收入人群公共交通的出行能力，大力宣传"绿色交通"的意义，鼓励更多的市民选择公交车出行。

6. 公共交通路权优先

在交通管理上，突出公共交通优先，在信号、路权分配、交通组织上贯彻公共交通优先政策，在城市的主要客运走廊上，全面开通公交专用道。如人民路是珠海市内开通的公交专用道，从使用效果来看，公交专用道有效提高了沿线十几条公交线路的运营效率。

7. 充分利用共享单车提高公共交通的吸引力

近两年来共享单车在资本的推动下发展迅速，在很大程度上已经取代了政府建设的公租自行车。共享单车作为新的出行模式，正在快速地改变着人们的生活，很好地解决了"最后一公里"的问题。同时，共享单车也是实践绿色环保理念、增进群众交流和个人健康的重要方式。

8. 加快发展城市轨道交通系统

城市轨道交通是城市公共交通的重要组成部分，是承担城市客流走廊的干线系统，对城市客运有着至关重要的作用。目前珠海社会经济都在快速发展，作为珠江西岸的核心城市，珠海未来在城市发展和人口聚集上还将不断加速。鉴于轨道系统建设周期长、投资大，珠海应提前并加快发展城市轨道交通系统以便应对快速变化的出行方式和不断恶化的城市交通堵塞问题。

（五）建设智慧交通系统的战略

1. 信息不流通阻碍发展，建设智慧交通系统

信息不流通将严重阻碍运输集约化和规模化，应该形成综合交通运输的概念，在地区、行业之间进行统一规划和协调，对交通信息进行系统的收集、分析和传播。加快交通信息网络建设，为业主提供最好的线路、运输和付款的方式，以及旅游和出行方式。统筹安排运输资源，使乘坐各种交通工具的游客也可以调整运力，使智慧交通系统服务于交通运输行业，使整体运输效率得到显著提高。

加快智慧交通信息化建设，提高交通运输效率，加大资金投入智慧交通系统，强化一体化发展，充分运用物联网、云计算和数据仓库等先进信息化技术，优化配置、促进资源共用共享、节约建设资金、建立统一平台。

2. 智慧交通系统建设实现一举多得

建立区域智慧交通系统，打造"一基础、三平台"（一基础：主要涵盖一张网、一个数据中心、一张图和一套保障体系四方面建设内容；三平台：公共信息服务平台、行业监督管理平台、电子政务平台），提高公共服务水平，强化行业监督管理能力，提升政务管理效率，实现路网动态监测和公众服务及应急处置联动体系。

实现路网动态监测，包括：实现路网运行状态（交通流、交通环境、基础设施技术状况、设备运行状况、交通异常事件）的监测与预警管理；实现水路运输市场动态监测及水路运输市场预警，并对水路运输企业进行安全生产标准化监测。

公众服务及应急处置联动体系包括各类路网运行协调联动子系统和应急处置子系统。前者便于相关部门及时采取联动措施，提高工作效率。而应急处置

子系统有三种用途：应急处置前，该系统用于应急培训演练、应急储备资源的管理和风险隐患管理；突发事件发生时，通过应急辅助决策为应急事件处置提供支撑，通过会商决策实现应急指挥，及时向相关人员发布；应急处置后，对处置情况进行统计分析、评估，形成新的应急预案，提高行业应急处置能力。构建安全畅通的应急处置系统，为领导决策、业务管理、公众服务提供信息支持，可有效提高管理效率和服务水平，提高应急处置能力。

（六）交通与土地使用、城市空间协调发展政策

交通与土地使用及城市空间协调发展政策是规划期内交通政策实施的重点，重点建立可持续的交通与土地开发关系，从规划、开发、建设、管理等环节把土地使用与交通融合在一起，利用交通系统引导和支持城市的空间结构调整、城市职能提升。合理使用土地空间可为珠海带来巨大的品牌效益，并形成独具特色的体育休闲、娱乐、会议会展、赛车、航展、旅游度假等区域性或者全国性的城市服务职能。

1. 利用重大交通基础建设引导城市开发

立足于区域共享与区域空间开发一体化，利用机场、港口、铁路场站等大型交通基础设施与配套交通网络建设引导周边地区开发，把重大交通基础建设发展与城市职能和产业用地布局发展紧密结合。

2. 协调交通网络与城市空间，实行分区发展战略

通过交通组织支持城市拓展和组团布局，协调快慢交通与城市空间层次的关系。联系网络按照分区、组团构建，以高机动为主，支持城市组团的专业化分工，同时避免将快速车流引入组团中心；组团内部以干线走廊衔接点和衔接枢纽为核心，按照组团内部实际交通组织的模式，以集散和本地活动组织为主，以步行和支线交通（次、支路、支线公交）组织为核心，构建适合各个组团自身交通组织的本地交通网络。

珠海作为典型的组团城市，各分区发展特征不同，出行特征各异，需要构建具有不同特点的交通系统。同时，由于城市交通网络受瓶颈断面的限制无法改变，如果瓶颈需求过大，城市交通负荷将增加，组织成本也会大大增加，或将陷入瘫痪。分区可以合理组织自然条件限制区域的出行。

3. 协调交通设施与城市功能布局

利用交通引导城市空间结构调整，支持城市重点地区的开发，借助城际轨道和城市地铁网络建设，提高可达性，建设与中心服务相一致的交通系统。进行城市交通枢纽和公交网络的规划调整，调整枢纽布局和网络层次、结构，使之与城市空间发展相协调。规划建设与城市空间布局相一致的道路交通网络，形成富有城市特色、分工明确、等级合理的道路系统。

4. 完善组团内部布局，降低交通需求

各组团规划注重平衡，内部增加具有吸引力、功能良好、适宜步行的高密度、紧凑发展的办公、居住和商业等混合功能综合体，通过增加生活性配套设施，减少不必要的跨组团交通需求，缓解城市中心城区的交通压力。

5. 协调市域总体交通组织

珠海的区域性口岸应通过城市快速干道接入区域高速公路网，增强口岸在珠江西岸的辐射能力，提高可达性。中山、广州、佛山方向利用京港澳高速和太澳高速，江门方向利用太澳高速和江珠高速，粤西方向利用西部沿海高速。加强与邻市的区域交通合作，协调各方利益，积极发展跨境公交线路，满足区域人员流动需求，真正实现珠中江交通一体化。

（七）交通需求管理政策

在机动化快速发展、交通需求（特别是机动交通需求）迅速增加和交通拥挤成为常态的背景下，交通需求管理政策是未来保障交通运行高效、畅通的关键政策。这需要从城市的整体发展、运行的角度，制定全面而分步推进的交通需求管理政策。在交通需求管理政策上重点突出对交通出行成本的调控，对机动化全面发展加以引导，对城市中心区的跨越瓶颈的机动交通进行限制，削减联系交通中的私人机动交通总量，以及对区域交通进行引导和管理，确保城市重点地区、重要走廊交通运行的畅通、可靠。适时研究制定机动车分区停车收费、城市关键截面与中心区通行管理等政策，引导机动车的合理发展与使用。制定针对城市道路运行特征的分时段城市道路路权管理措施，加强道路拥挤管理，在道路路权分配上鼓励合乘、高载客车辆和环保车辆优先。在主城区与外围组团联系走廊、区域交通走廊上，通过价格制定、路权分配等措施提高公共交通的竞争力，实施公共交通优先政策。

根据城市就业分布与交通特征，研究错开上下班高峰的政策，降低高峰出行客流量。通过优先发展公共交通，引导机动化发展，尤其是引导分区间交通向公共交通转化。随着城际轨道交通的完善和城市轨道交通建设的发展，形成以轨道交通为骨架、公共交通为主体的城市客运系统。

（八）交通系统可持续发展政策

建设与城市定位相适应的交通系统，突出生态和环境优先，发展循环经济和低碳经济，建设生态环保、可持续发展的交通系统。

1. 营造生态型交通系统

加强交通节能减排的政策研究，加大管理力度，控制交通污染物在城市大气污染物中的比重。在城市交通层面，鼓励高效、集约、环保、低成本的交通出行方式，总体上按照慢行、公交车、其他机动车的顺序进行城市交通的设施布置和资源分配。在对外交通、区域交通和市域交通层面，在公路交通持续发展的同时，着重加大对铁路和水路等集约和节约型运输方式的推动和支持力度，逐步向铁路（城际轨道交通）、水路转移，提高综合运输效率。加强对机动车排放的监管，特别是对高排放车辆的监管，通过财政补贴鼓励淘汰黄标车，鼓励高于现行排放标准的车辆提前淘汰，鼓励使用环保型车辆并提高营运车辆中清洁能源车辆的比例。尽量避免占用耕地和基本农田，集约使用土地。加大轨道站点周边用地开发强度；通过立体开发，节约土地资源，尤其是在停车设施建设方面。

2. 建立可持续的交通设施建设资金来源

根据交通建设的特征，拓宽投资渠道。利用国家重点支持的 PPP 模式（Public－Private－Partnership）提高社会资金投资交通设施建设的积极性，建立可靠、稳定的交通投资来源，保障城市交通设施建设资金的可持续。

3. 以人为本，扩大公共交通服务范围

交通系统要符合社会各阶层的交通需求。坚持以人为本，关注各个群体特别是弱势群体的出行权，强调交通发展中的社会公平。城市要通过提供可支付的交通服务，增加低收入人群的就业机会，完善无障碍交通设施。对于城市各类保障性住房小区，必须提供低票价的公共交通服务。

4. 促进应急和防灾型交通发展

加大对智慧交通系统的资金投入，强化一体化发展，加强在极端条件下（突发事件、恶劣天气、自然灾害等）保障城市交通系统持续、可靠运行的城市应急和防灾交通系统研究。

参考文献

陈晨等：《沈阳市中心城区交通网络中心性及其与第三产业经济密度空间分布的关系》，《地理科学进展》2013 年第 11 期。

陈卫：《广东省物流产业与交通相关性的研究》，硕士学位论文，重庆交通大学，2013。

程世东：《新型城镇化背景下交通运输发展思路与重点》，《综合运输》2014 年第 1 期。

樊一江：《新型城镇化需要交通运输先行引领》，《综合运输》2012 年第 7 期。

李海军等：《苏南地区区域经济与交通运输耦合协调发展研究》，《江西建材》2014 年第 6 期。

李海涛等：《新型城镇化背景下的智慧城市建设思考》，《科技创新与应用》2013 年第 20 期。

刘建平等：《中国快速城镇化的风险与城市治理转型》，《中国行政管理》2014 年第 4 期。

南方网：《珠海大力构建快速骨干路网和综合交通体系》，http：//news. southcn. com/d/2014 – 05/23/content_ 100413081. htm。

全永燊：《中国城市化机动化进程中的交通问题》，《公交优先与缓堵对策——中国城市交通规划 2012 年年会暨第 26 次学术研讨会论文集》，2012。

奚宽武：《新型城镇化背景下公路交通发展对策》，《公路》2014 年第 2 期。

新华网：《国家新型城镇化规划（2014～2020 年）》，http：//news. xinhuanet. com/house/bj/2014 – 03 – 17/c_ 126274610. htm。

杨洋：《中国区域工业化与交通资源配置协调研究》，博士学位论文，北京交通大学，2013。

张书红等：《基于耦合度模型下旅游经济与交通优化互动研究——以河北省为例》，《陕西农业科学》2012 年第 4 期。

珠海市社区养老服务机制研究[*]

袁小良

一 珠海的老龄化

(一)珠海老龄化的时点

珠海市自1980年设立经济特区以来,经济和社会一直蓬勃发展。在人口规模方面,2001年珠海市全市的常住人口达到128.45万人,其中户籍人口有75.93万人;2013年常住人口达到159.03万人,其中户籍人口有108.57万人。数据显示,近十年来户籍人口保持增长,而非户籍人口比户籍人口增长得慢(见表1)。

表1 2001~2013年珠海市人口统计

年份	常住人口(万人)	常住人口增长率(%)	户籍人口(万人)	户籍人口增长率(%)
2001	128.45	0.3	75.93	2.7
2002	131.61	2.5	78.61	3.5
2003	134.85	2.5	82.02	4.3
2004	138.86	3.0	86.17	5.1
2005	141.57	2.0	89.60	4.0
2006	144.99	2.4	92.63	3.4
2007	147.43	1.7	95.69	3.3
2008	151.11	2.5	99.48	4.0
2009	154.17	2.0	102.65	3.2
2010	156.15	1.3	104.74	2.0
2011	156.76	0.4	106.01	1.2
2012	158.26	1.0	106.55	0.5
2013	159.03	0.5	108.57	1.9

数据来源:《珠海统计年鉴》(2001~2013年)。

---

[*] 课题负责人:袁小良,北京师范大学珠海分校讲师。课题组成员:张东旭,珠海市民政局科员。

根据珠海市民政局提供的老年人口统计数据，2005 年珠海市 60 周岁以上人口达 77846 人，占户籍人口的比例为 8.69%。2007 年珠海市 60 周岁以上人口达 84433 人，占户籍人口的比例达 8.82%，比 2005 年上升了约 0.13个百分点。而 2008 年和 2009 年珠海市 60 周岁以上人口分别达到 93321 人和 99746 人，占户籍人口的比例分别为 9.38% 和 9.72%，说明珠海市当时尚未进入老龄化社会。直到 2010 年珠海市 60 周岁以上人口达到 104899 人，占户籍人口比例的为 10.02%，才进入老龄化社会。同样的印证来自 65 周岁以上人口占户籍人口的比例方面，2007 年为 6.4%，2008 年为 6.5%，2009 年为 6.6%，2011 年和 2012 年为 7.2%，均表明珠海市已进入老龄化社会（见表 2）。

表 2　2005～2013 年珠海市老年人口情况

年份	常住人口（万人）	户籍人口（万人）	60 周岁以上人口（人）	60 周岁以上人口占比(%)	65 周岁以上人口（人）	65 周岁以上人口占比(%)
2005	141.57	89.60	77846	8.69	—	—
2006	144.99	92.63	80932	8.74	—	—
2007	147.43	95.69	84433	8.82	61103	6.4
2008	151.11	99.48	93321	9.38	64488	6.5
2009	154.17	102.65	99746	9.72	67610	6.6
2010	156.15	104.74	104899	10.02	—	—
2011	156.76	106.01	113879	10.7	76311	7.2
2012	158.26	106.55	117035	11.0	76655	7.2
2013	159.03	108.57	—	—	—	—

数据来源：珠海市民政局 2005～2013 年老年人口相关数据。

（二）珠海老龄化的差异

珠海市作为中国最早设立的经济特区之一，下辖香洲区（中心城区）、金湾区、斗门区三个行政区，这三个区在社会经济发展水平和人口规模等方面有所差异（见表 3）。

表3　2013年珠海市各区基本情况

地区	面积 （平方公里）	常住人口 （千人）	户籍人口 （千人）	街道 （个）	镇 （个）	居委会 （个）	村委会 （个）
香洲区	550.84	892	570	8	6	141	7
斗门区	613.88	416	341	1	5	23	99
金湾区	559.60	254	136	0	4	25	14
珠海市	1724.32	1562	1047	9	15	189	120

注：香洲区数据包含珠海高新区所辖唐家湾镇、横琴新区所辖横琴镇及万山海洋开发试验区所辖桂山、万山、担杆三镇；金湾区数据包含高栏港经济开发区所辖南水、平沙二镇。常住人口数据来自2010年第六次全国人口普查，香洲区数据包含珠海高新区109152人、横琴新区6914人及万山海洋开发试验区4813人；金湾区数据包含高栏港经济开发区104111人。

数据来源：《珠海统计年鉴（2013）》。

根据珠海市民政局2005～2012年的相关数据，在老年人口数和老龄化程度方面，珠海市三个行政区之间存在一定的差异（见表4、图1）。图1显示三个行政区老龄化呈现不同的特征：2005～2012年，香洲区有较多外来人口，导致人口结构相对年轻，老龄化程度为6.89%～9.31%，虽然一直低于联合国标准，但目前正逐渐接近临界位置；而斗门区早在2005年已迈入老龄化社会；同时金湾区亦在2009年正式进入老龄化社会。从整个市来看，珠海于2010年进入老龄化社会。

表4　珠海市各区60周岁以上老年人口情况

单位：人，%

年份	地区	总人口	老年人口	老龄化程度
2005	香洲区	447167	30826	6.89
	金湾区	115625	10882	9.41
	斗门区	329706	36138	10.96
	珠海市	892498	77846	8.72
2012	香洲区	590330	54938	9.31
	金湾区	134839	16229	12.04
	斗门区	340379	45868	13.48
	珠海市	1065548	117035	10.98

数据来源：珠海市民政局2005～2013年老年人口相关数据。

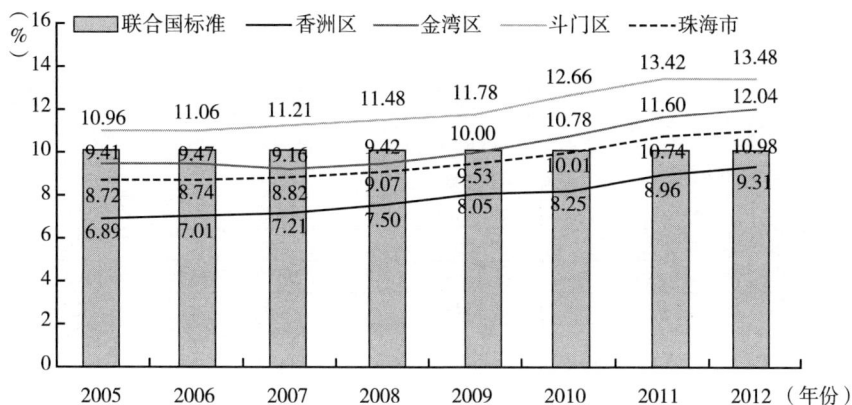

图1 2005～2012年珠海市各区老龄化差异性

在高龄老人群体的结构方面,三个行政区域之间也存在差异。根据珠海市民政局的相关数据,斗门区80周岁以上的高龄老年人口有8484人,占老年人口总数的18.5%,居全市之首;而金湾区的高龄老年人口有2447人,占老年人口总数的15.1%;香洲区的高龄老年人口占老年人口总数的9.9%(见表5、表6)。不同区域的老龄人口特征与发展趋势是各区设计和规划社区养老服务体系的基础,形成了养老服务的需求方。

表5 珠海市各区老年人口分布

单位:人

年份	地区	60～64周岁	65～69周岁	70～74周岁	75～79周岁	80～84周岁	85～89周岁	90～94周岁	≥95周岁
2005	香洲区	9946	9064	5812	3101	1721	737	322	123
	金湾区	2988	2506	2233	1433	940	465	219	98
	斗门区	8148	7486	7663	6345	3796	1720	677	303
	珠海市	21082	19056	15708	10879	6457	2922	1218	524
2012	香洲区	18960	12454	10606	7500	3468	1331	455	164
	金湾区	5889	3310	2530	2053	1342	737	278	90
	斗门区	15531	9506	6304	6043	4620	2584	966	314
	珠海市	40380	25270	19440	15596	9430	4652	1699	568

数据来源:珠海市民政局2005～2013年老年人口相关数据。

表6　珠海市各区高龄老年人口分布

单位：人，%

年份	地区	老年人口 （60 周岁以上）	高龄老年人口 （80 周岁以上）	高龄老年人口占比
2005	香洲区	30826	2903	9.4
	金湾区	10882	1722	15.8
	斗门区	36138	6496	18.0
	珠海市	77846	11121	14.3
2012	香洲区	54938	5418	9.9
	金湾区	16229	2447	15.1
	斗门区	45868	8484	18.5
	珠海市	117035	16349	14.0

数据来源：珠海市民政局 2005~2013 年老年人口相关数据。

二　珠海的机构养老服务

养老服务的产生简单来说是老年人因身体各项生理机能退化或丧失而产生由他人提供相应的生活照料或服务的需求，这是从狭义的角度对养老服务的理解。从广义上讲，养老服务不仅涵盖生活照料，还包括精神慰藉、社会参与服务等。社会养老服务的满足主要通过养老服务的需求方和供给方的精准匹配来实现。

目前，虽然珠海没有设立市级公立养老机构，但实际上，珠海市形成了以区镇（街道）各级社会福利中心的公办养老机构为主，以社会民办养老机构为辅的养老服务体系，它们成为全市养老服务最重要的供给方。

（一）公办机构养老服务

全市香洲区、金湾区、斗门区均建有各区的社会福利中心，同时区下辖的部分镇（街道）也建有养老机构。从规划批复的数据（金湾区社会福利中心的床位数数据暂时缺失）可以推算，在入住率100%的情况下，全市公办养老机构可接受总的服务规模上限大致为970~1000个床位（见表7）。即便不考虑这些养老机构的入住资格，这一服务规模对全市近11万老年人口以及1.6万高龄老人来说，都显得微不足道。

表7　珠海市区镇（街道）养老机构的规模

机构名称	床位数（个）	员工人数（人）	投资额（万元）
香洲区社会福利中心	38	8	20
金湾区社会福利中心	—	—	225
斗门区社会福利中心	30	14	388.22
前山社会福利中心	105	42	368
湾仔社会福利中心	30	2	64
南屏镇福利中心	52	8	150
唐家湾镇社会福利中心	50	7	150
唐家湾镇唐家敬老院	20	3	70
唐家湾镇淇澳敬老院	30	2	30
三灶镇社会福利中心	30	4	60
红旗镇社会福利中心	42	3	227
平沙镇社会福利中心	55	4	—
南水镇社会福利中心	36	2	—
斗门区城南社会福利中心	13	2	70
井岸镇社会福利中心	68	7	380
白蕉镇社会福利中心	44	9	360
白蕉镇六乡社会福利中心	40	5	330
莲洲镇莲溪社会福利中心	40	5	110
莲洲镇横山社会福利中心	41	5	211.89
斗门镇社会福利中心	42	16	120
乾务镇五山社会福利中心	47	4	456
乾务镇社会福利中心	117	9	288

数据来源：《珠海市社会福利设施布局规划（2006～2020）》。

除了服务规模缺口较大外，在服务质量方面，民政部《老年人社会福利机构基本规范》对老年人社会福利机构人力资源配置方面要求"城镇地区和有条件的农村地区，老年人社会福利机构应有1名大专学历以上、社会工作类专业毕业的专职的社会工作人员和专职康复人员。为介护老人服务的机构有1名医生和相应数量的护士。护理人员及其他人员的数量以能满足服务对象需要并能提供本规范所规定的服务项目为原则"。珠海市区镇（街道）养老机构的人员配置情况如表8所示。

表8 珠海市区镇（街道）养老机构的人员配置

单位：人

机构名称	服务对象	医护员	护理员	工勤员
香洲区前山街道社会福利中心	118	2	30	8
香洲区湾仔街道社会福利中心	1	0	2	0
香洲区南屏镇社会福利中心	63	1	14	5
金湾区三灶镇社会福利中心	5	0	3	0
金湾区沙平镇社会福利中心	21	0	2	2
金湾区红旗镇社会福利中心	42	0	4	2
斗门区井岸镇社会福利中心	40	1	4	3
斗门区斗门镇社会福利中心	38	1	5	2
斗门区白蕉镇社会福利中心	79	1	7	2
斗门区乾务镇社会福利中心	100	0	8	4
斗门区莲洲镇横山社会福利中心	33	0	4	1
斗门区莲洲镇莲溪社会福利中心	34	0	4	1
高新区唐家社会福利中心	8	0	1	0
高新区金鼎社会福利中心	14	0	3	0
高栏港区南水镇社会福利中心	10	0	1	0
平均值	40.4	0.4	6.13	2

注：表中为2009年上半年的数据。

数据来源：珠海市民政局《珠海市社会福利机构情况统计表》。

同时，在老年人社会福利机构人员配置方面，国家、地方在工作人员与生活能自理的服务对象、生活不能自理的服务对象之间的比例规定上有所不同。从工作人员与生活能自理的服务对象的比例来看，《国家级福利院评定标准》（民福发〔1993〕6号）指出，国家级福利院工作人员与正常老人的比例为1∶4；而《广东省民办社会福利机构管理规定》指出，直接服务于服务对象的工作人员与生活能自理的服务对象的比例不低于1∶10。按照上述两个标准，目前珠海公办养老机构中工作人员与生活能自理的服务对象之间的比例平均值约为1∶5，显示珠海公办养老机构在人员配置（工作人员与正常老人的比例）方面，稍高于广东省的设置标准，但距离国家级福利院的标准还有一定的距离。

（二）民办机构养老服务

珠海养老服务的供给方除了上述公办养老机构外，还有在2000年前后依托民间资本兴建起来的民办养老机构。截至 2014 年 10 月，全市共有 10 个民办养老机构，在 100% 入住率的情况下，总计可提供 1320 个床位（见表 9）。

表 9　2014 年珠海市民办养老机构的规模

	机构名称	成立时间	床位数（个）	入住数（人）	入住率（%）
1	慈安护老中心	1997.05	160	126	78.75
2	博爱护老院（拱北）	1999.08	100	79	79.00
3	朝晖护老院（湾仔）	2000.12	80	68	85.00
4	爱晖护老院	2002.12	122	110	90.16
5	祈康托老中心	2008.12	100	82	82.00
6	博爱老年公寓（东坑）	2009.08	100	36	36.00
7	国艳护老院	2009.08	100	35	35.00
8	快乐寿星老年公寓	2010.12	200	140	70.00
9	朝晖护老院（光明街）	2011.04	178	110	61.80
10	乐百年护老中心	2011.10	180	72	40.00

注：由于 2014 年朝晖护老院（湾仔）和朝晖护老院（光明街）双方合并，同时爱晖护老院未参与项目调研，故三者使用 2012 年的数据，以下涉及前述机构的调研数据均做此类处理。

数据来源：《UIC 珠海市社会福利中心全市养老机构社工巡回服务项目服务调研》。

截至 2014 年 10 月，民办养老机构整体入住率仅为 65%，共护理 858 名老人。进一步调研得知，目前在民办养老机构内的女性服务对象占 55%，并且 57% 是非珠海户籍人士；从年龄结构来讲，62.9% 的服务对象为 80~89 岁，24.3% 的服务对象为 70~79 岁，数据显示民办养老机构服务对象呈高龄化倾向。民办养老机构对服务对象大部分以提供双人间为主，而护理的对象以半护理和全护理为主，几乎所有的民办养老机构未提供日托服务。在养老机构对老人的收费方面，一般来说，自理老人收费范围为 1500~2500 元/月，半自理老人收费范围为 1800~3000 元/月，完全不能自理和临终期的老人收费范围为 2000~3500 元/月。

在服务质量方面，调研数据显示，截至 2014 年，民办养老机构从业人员累计 441 人，包括管理及行政人员、医生、护士、护工和后勤人员等（见表 10）。在剔除管理及行政人员后，从工作人员与生活不能自理服务对象的比例来看，珠海民办养老机构的这一比例为 1:3.49。《广东省民办社会福利机构管理规定》指出直接服务于服务对象的工作人员与生活不能自理的服务对象的比例不低于1:3，《国家级福利院评定标准》（民福发〔1993〕6号）规定工作人员与生活不能自理老人的比例为1:1.5，按照这两个标准，珠海民办养老机构的人员配置情况不容乐观。更进一步的调研还发现，在民办机构内医护人员劳动强度较大、工作时间长、工资待遇较低，机构大多通过劳务市场、熟人介绍等方式招聘，并多为外地40~50岁的农村妇女。机构也普遍反映护理工作人员招聘难、流动性高，现实压力迫使机构无暇考虑护理人员的培训和发展问题，由此造成护理人员的知识和技能缺乏，进一步降低了机构的服务质量。

表10　2014年珠海市民办养老机构的人员配置

单位：人

	机构名称	服务对象	医护员	护理员	工勤员
1	慈安护老中心	126	6	15	35
2	博爱护老院(拱北)	79	1	3	25
3	朝晖护老院(湾仔)	68	1	1	13
4	爱晖护老院	110	1	3	50
5	祈康托老中心	82	1	3	10
6	博爱老年公寓(东坑)	36	1	1	13
7	国艳护老院	35	0	4	12
8	快乐寿星老年公寓	140	1	3	10
9	朝晖护老院(光明街)	110	1	1	6
10	乐百年护老中心	72	1	3	21
总计		858	14	37	195

（三）机构养老的挑战

对于机构养老的目标，珠海市政府相关文件（珠府办〔2013〕1号）要求"到2015年，全市基本实现4%的老年人可入住养老机构的'9064'社会养老服务格局"。换言之，平均每千名老人必须有40个床位，即每千名老年人口养老床数比例为40‰，诚然，珠海的这一指标稍高于2014年国家十部委文件《关于加快推进健康与养老服务工程建设的通知》"到2015年，基本形成规模适度、运营良好、可持续发展的养老服务体系，每千名老年人拥有养老床位数达到30张"的要求。但现实的情况是，如果以2012年全市老年人口数量以及现有公私养老机构的床位数量这一指标来计算，目前珠海每千名老年人口养老床数比例为 19.8‰，这意味着在不远的将来将会出现"一床难求"的情况，这也意味着全市养老服务供给距离市政府相关文件的要求尚有较大的距离。更重要的是，截至 2015 年 3 月，全国每千名老年人口养老床数比例为 27.5‰；截至 2015 年 6 月，广东省民政厅的数据显示全省的每千名老年人口养老床数比例为 22.6‰。珠海不仅低于全省平均值，亦低于全国平均值。

在服务质量方面，目前单从人员配置这一项来看，珠海的情况不容乐观，加之服务人员的流动、知识和技能缺乏，进一步降低了机构的服务质量。当然，这只是当下养老机构管理体制的一个缩影，毕竟公办养老机构由政府投资兴办，重点为"三无"（无劳动能力，无生活来源，无赡养人和抚养人，或者其赡养人和抚养人确无赡养和抚养能力）老人、低收入老人、经济困难的失能或半失能老人提供无偿或低收费的供养、护理服务，并在土地、税费、补贴、购买服务等政策上享受一定的政府支持。私营或社会力量投资兴办的养老机构则较少享受政府支持，无形中其营运压力增大。珠海市民政局的研究报告亦表明，"民办养老机构由于前期较多的硬件投入，回收周期较长，加上入住率较低、经营收费也较低等制约因素，目前只有 6 家机构能持平或微利运营，仍有 4 家机构处于亏损运营状态"。

在"养儿防老"的传统观念下，赡养老人被简单地理解为子女与父母共同生活。在金湾区开展调研座谈会谈到是否愿意入住农村养老机构时，农村老人无一例外地表示不愿意，他们认为在农村送老人进养老机构是不孝的。后期问卷调研的数据显示，有 81.2% 的农村老人表示没有意愿入住养老机构，同意入住的老人其理由主要是老人不能自理以及子女因工作不能照顾。入住养老机构成为现实中很多农村老人在没有办法下的最后选择。

因此，养老机构面临进退两难的困境。一方面，随着家庭规模缩小，家庭结构向核心化和小型化发展，加之子女数量的减少和"4 - 2 - 1"家庭结构格局的出现，社会对养老的需求迅速增长；另一方面，公办养老机构主要服务政府托底对象，并享受一定的扶持，而民办养老机构则在较大的运营压力下提供较低质量的服务，两者作为养老服务主要供给方无论是在总体规模还是在服务质量上，均无法满足需求。更糟糕的是，即便机构在规模和服务方面达标，传统文化观念的束缚也限制了农村养老机构的入住率。从珠海全市养老机构分布情况来看，全市养老资源城乡分配不均匀，其中市区的公办与民办养老机构共计12家（不含高新区），而斗门区的养老机构仅6家。这意味着，在不远的将来市区将出现"一床难求"的情况，而农村则会出现"空床闲置"的情况。

三 珠海的城乡社区养老服务

（一）社区养老的理念

老化（aging）不仅是中国的一个议题，更是一个全球性的议题。面对老龄化的挑战，联合国及世界卫生组织提出积极老化（active aging）的主张，指出老人要积极地自然老化，强调"积极"和"健康"二者之间的联结。积极（active）指持续参与社会、经济、文化、宗教和公民事务，非局限于身体活动的能力、体力或参与劳动市场的能力。健康是指在生理、心理、社会层面均达到舒适安好的程度。因此在积极老化的框架中，一切政策或方案在提升个体健康之外，也应关注个体的心理健康及其与社会的联结，目标在于延长个体的预期寿命，并使个体在老化过程中维持良好的生活品质。

此外，在地养老（aging in place）也成为世界发达国家面对老化的新趋势，指用在地的资源照顾老人，让老人在自己熟悉的社区中自然老去，以维持老人的生活品质，希望以"在地"的服务满足"在地"老人的养老需求，尽可能延长他们留在社区的时间。

在地养老将年老（aging）视为人生常态，是人生成长过程中的一个阶段。因此，老化的过程应该很自然地在老人原来的生长环境中发生，老人不应因为身体不好就必须离开"生于斯，长于斯"的社区，到机构里面接受照顾。将老化视为自然过程，是对老年人生活品质的一种反思，这种观点认为老人能掌控自己的生活，能有尊严地过着已经习惯的生活是最基本的生活品质。因此，贯彻在地养老的理念，由将老人消极收养，转变为促使其积极追求独立自主与常态的生活，由被动地为老人服务，转变为将服务送到老人家里，尽量帮助老人继续住在家里，在提供照顾服务的过程中，尽量让老人保持原有的生活方式。

由于社会变迁以及家庭结构改变，老人能否在家中独居正面临巨大的挑战。为使在地养老的理念更为实用，欧洲社会事务委员会（European Council of Ministers for Social Affairs）建议将在地养老改为社区养老（aging in neighborhood/aging in community），强调让老人留在社区中养老的重要性。经济合作与发展组织（OECD）各国家的健康与社会福利部门均表示，应尽可能让需要长期照顾的老人住在自己的家中；如不可能的话，尽量让他们住在社区。在地养老理念就是希望发展"在地"服务，照顾"在地"老人，尽可能避免老人因需要照顾而必须离开他熟悉的环境。

在地养老的理念包含"在家养老"与"在社区养老"两种内涵，在实践中，就是指居家养老和社区养老模式。居家养老主要是由家人照顾老人，并提供家庭照顾所需要的相关支持性服务；而社区养老则包括家人和专业护理人员的配合。在地养老最大的特点在于，其服务人性化且具有弹性，能较好地满足个别老人的需要，能提供"量身定做"的服务。当然，在地养老服务的落实会因社区资源、个人支持体系等出现差异，致力于在老人的家庭或社区熟悉的环境中提供服务，被照顾者仍能维持其原有的社会关系网络，发展以人为中心的优质服务体系。

一般来说，机构养老服务主要依赖专门机构对正式资源加以运用，通常难以调动非正式资源参与提供养老服务，也难以满足被服务者的心理需求。相比之下，社区养老则可以整合社区的全部社会资源，更强调社区居民的积极参与，除了提供养老服务外，还通过社区意识的培养有效引导非正式资源提供养老服务，为服务需求者建立社会支持网络以满足其心理需求，并最终形成提供全面性服务的体系。

（二）城市社区养老服务

目前，珠海除了推进社会福利中心、活动中心、敬老院的建设外，也开始大力推动居家/社区养老服务。2005 年年底，香洲区被省民政厅定为居家养老服务示范区，2006 年首先在香洲区拱北街道开展居家养老服务试点工作，2007 年在香洲区全区推进，同时在高新区开展，并逐步在其他各区推广。2010 年 11 月，在香洲区翠香街道康宁社区开展政府购买社区居家养老服务试点工作。至 2010 年年末，珠海市已在横琴新区、香洲区、金湾区、斗门区、高新区、高栏港区开展居家养老服务工作。2011 年 9 月，高栏港区平沙镇开展社区养老服务试点工作。

按照"9064"社会养老服务格局的要求，珠海市要基本实现90%的老年人在社会保障体系和服务体系支持下的居家养老目标。在机构养老供给不足的情况下，市政府希望在较早开展养老服务的香洲区开展"一键通"信息化养老服务，并将其列为2014年十大民生实事项目之一，试图依托信息科技的力量，通过信息化平台覆盖90%的老年人，以辅助社区开展居家养老服务工作。目前，珠海市斗门区老龄化速度快，农村老年人口比重大，高龄老年人口数量大，大部分养老机构、养老服务、养老资源集中于市区，如果仅依靠市区资源则无法实现市政府的养老目标，如何开展农村社区的养老服务工作也是摆在政府面前的一个大问题。根据课题的研究目标，结合政府的现实需求，本课题组以香洲区的"一键通"和斗门区的农村养老为典型个案，探讨城乡社区养老的可能性。

"一键通"利用信息科技力量，辅助社区有效开展居家养老服务工作。其主要定位为"虚拟养老院"，即在"一键通"覆盖范围内，老年人可以随时随地拨打"一键通"服务热线即时获得紧急救助或照顾服务。市政府从2014年4月起以狮山街道教育社区、湖湾社区和前山街道春晖社区作为试点，委托珠海市天颐一键通老年人网络服务中心（"一键通"）承接试点服务。截至2014年6月25日，对狮山街道教育社区辖区符合条件的136名80周岁以上和13名70周岁以上的老年人发放首批"一键通"智能手机及为期一年、每月价值100元的资助服务。根据"一键通"在2015年3月提供的数据，目前其服务了约2000名80岁以上的老年人，现在他们的服务对象目标数量为5000人。"一键通"仍在积极以不同的推广方法去接触更多符合条件的老年人。

在实地调研中，课题组观察到"一键通"目前的办公设施仍然十分简陋，只在市内租用了一个小办公室，实行24小时轮班制，每班3~4个话务员接听老年人的电话和处理日常行政工作。如服务持续发展，"一键通"有必要改善这些硬件，以确保服务质量的稳定性，能及时处理老年人的紧急呼叫。

透过深入访谈得知，"一键通"是私营机构，为受补助老年人提供服务只是他们业务的一部分。该中心主管对居家养老服务的概念并不清楚，话务员一般也没有接受过相关专业（如社工、护士）的训练，对老年人的需要及其分类与如何配对最合适的服务认知不多。不过该中心参考其他公司的经验制定日常工作指引与员工守则以指导员工入职培训和日常工作，从而确保服务质量达到要求。

该中心使用已开发的老年人网络服务软件帮助中心更有效地运作。软件能协助服务员在短时间内做出决定和处理老年人的需要，同时配对和联系相关服务提供单位，如医院及紧急联络人。另外，软件也可以组织服务数据，以供该中心日后检讨与改善服务质量之用。

在宣传与推广服务的过程中，该中心寻求地区组织如居委会或村代表的协助。由于老年人对这些组织和它们的成员相对熟悉，由他们作为中介来解释服务更容易令老年人及其照顾者接受。事实上，在这次研究的访问中经常会有老年人或其家人拒绝接受服务。受传统观念的影响，不少老年人及其家人即使十分需要外界的援助，也拒绝接受社工和社会组织的帮助。而大部分受访者亦由开始接受服务至受访的 11 个月内从未致电"一键通"寻找支持，即使部分老年人真的需要紧急照顾、护理，甚至医疗服务，他们一般倾向依靠同住亲人照顾。同时他们表示，如日后自己或家人能力变差，再难以照顾他们在家中的起居饮食，才会考虑入住养老机构。可以看到由老年人有简单的照顾需求及至家人都无法照顾的阶段，使用社区资源来支持居家养老并不在他们考虑之列。即使他们受到免费流动电话及网络通信服务的吸引，登记接受"一键通"服务，一年以来，绝大部分受访老年人也不曾主动致电该中心，有些老年人只视之为免费流动电话服务，甚至有些老年人的电话仍在盒子之中，一直未使用过，他们也不懂得如何使用。而其间如有服务照顾或护理需要，他们一般只会向亲友和街坊求助，不会联络网络服务中心。

在与"一键通"用户的访谈中，有用户指出，他曾因在家摔倒骨折而使用了"一键通"代联络救护车服务，随后使用"一键通"转介的复康服务。但因为所转介的私营单位的服务定价昂贵，而他又需要持续多次的复康治疗，预计总医疗费用会很高。最后他在街坊介绍下使用了邻近另一单位的服务，该单位的收费约是"一键通"转介的私营单位的1/3，更可提供上门服务，不用四处奔波，往后他和家人再没有使用"一键通"的服务。虽然他们正是需要起居照顾和康复服务，又希望能留在家中养老的一群人，但因"一键通"所转介的服务比市场昂贵，最后他与家人的选择是尽量由老伴照顾直到难以继续才入住院舍。虽然该用户觉得试点服务仍未能有效帮助他居家养老，但他们大致上都认同相关服务的发展方向，对服务内容与方向做出了正面评价。

（三）农村社区养老服务

相对于城市的信息化养老，珠海斗门区的居家养老服务可视为农村社区养老的典型。斗门区的居家养老服务对象为居住且户籍在斗门区井岸镇、斗门镇社区居委会及井岸镇北澳村和坭湾村的60周岁以上的常住居民。根据老年人的不同情况，养老机构将分别提供无偿、低偿和有偿服务。居家养老服务内容根据区内试点镇老年人的需求，以"立足社区、面向老人、专业服务"为特点，其主要内容包括生活照料、家政服务、康复服务、心理咨询、法律咨询、精神慰藉、临终关怀等。符合条件的老年人或其亲友可到户籍所在地的社区居委会申请居家养老服务补助。

现在，斗门区居家养老服务站分布于井岸镇、斗门镇南门村、白蕉镇南澳村、乾务镇夏村、莲洲镇莲江村、莲洲镇南青村和莲洲镇石龙村七个地点。这些试点地区居家养老服务站点基本情况如表11所示。

表11 斗门区居家养老服务站点基本情况

序号	站点	基本情况
1	井岸镇	井岸镇社会福利中心是省一级敬老院，位于斗门区井岸镇城区，全镇60岁以上的老年人约有1.2万人。井岸镇社会福利中心占地面积约为5500平方米，其中居家养老服务站点的驻点工作人员有6名
2	斗门镇南门村	南门村位于斗门镇，60岁以上老年人约有980人。南门村居家养老服务站点主要的驻点工作人员有4名
3	白蕉镇南澳村	南澳村位于斗门区白蕉镇北部，60岁以上老年人约有400人，80岁以上老年人约有90人，其中残疾老年人5人、独居老年人9人、低保户老年人10人。南澳村居家养老服务站点主要的驻点工作人员有3名
4	乾务镇夏村	夏村位于斗门区乾务镇中北部，60岁以上老年人有近250人，其中残疾老年人有36人，低保户老年人家庭有15户，80岁以上高龄老年人约30人。夏村居家养老服务站点主要的驻点工作人员有3名
5	莲洲镇莲江村	莲江村位于斗门区北部，由沙湾、新村、桔湾三个自然村组成，60岁以上老年人约有210人。莲江村居家养老服务站点主要的驻点工作人员有3名，还有2名护士、康复师等兼职人员
6	莲洲镇南青村	南青村位于斗门区北部，60岁以上老年人约有200人。南青村居家养老服务站点主要的驻点工作人员有3名，还有2名护士、康复师等兼职人员
7	莲洲镇石龙村	石龙村位于莲洲镇莲溪片中心，由原石龙、三湾两村合并而成，60岁以上老年人约有200人。石龙村居家养老服务站点主要的驻点工作人员有3名，还有2名护士、康复师等兼职人员

本课题组于 2015 年 3 月访问了斗门区民政局、社区居委会以及居家养老服务机构的代表，以了解服务的推行情况、困难和发展方向。

根据受访者的反馈，斗门区农村居家养老工作面对的困难较多。由于老年人住处分散和缺乏资源，正式成立的服务中心暂时只提供上门服务，如简单的家政、卫生保健、配餐、身体检查、问诊等，转介工作亦比较简单。服务对象是低保和"五保"老年人、生活困难的老年人等，政府已有分类标准来处理居家养老的补贴申请。

斗门区不少村镇人口分散，这些地区缺乏专业配套服务，尤其在农村，这种情况更严重，服务对象的居家照顾与护理便需要倚靠邻近亲友。由于这些亲友一般缺乏照顾老年人的专业训练，如缺乏有关的护理知识与技巧，所以其只能提供非紧急和一般的起居照顾，遇上紧急事故时容易延误治疗。另外，一般亲属只会照顾自己家中的老年人，这种运作模式亦不利于管理与培训。目前市政府仍未有一套有效的监管方法去管理和控制他们的服务质量，以确保老年人能得到适当的照顾和补贴金。

因此，政府应考虑为服务人员定好标准，如减少购买亲属照顾服务或加强专业培训，并由机构监管以改善服务质量和监管工作；同时以试点的方式利用3~5 年的时间先由一两个单位展开服务，优先照顾目标对象如"五保"、低保老年人。而从长远来说，随着服务逐渐发展成熟，其他老年人可通过机构收费享受服务，以应付未来庞大的老年人服务需求。

受访者又提到农村的老年人及其家人十分抗拒接受服务，觉得接受陌生人（如专业社工和护理员）的服务不体面。加上推行者和服务使用者对居家养老服务的界定与认识不多，有碍服务发展。居家养老服务提供商虽然开展有关工作已有数月，但其服务内容与传统老年人服务中心无异，加上老年人人口分散和区内居民对由陌生人照顾家中长辈的服务模式仍然十分抗拒，服务发展仍然未有突破。而展开试点工作有助于政府掌握这类社区内服务对象与社区的特色，有益于日后进一步发展区内其他村镇的居家养老服务。

最后，与在城市开展居家养老服务比较有利的情况不同的是，斗门区在发展居家养老服务时有明显的地区差异。如井岸镇人口比农村集中，其交通也较方便，可支持较全面和多元化的养老服务。井岸镇也有如香洲区

"一键通"的私营信息化平台，其服务可涵盖 1500 个老年人。政府亦为符合资格的老年人进行补贴。但目前斗门区各区的居家养老服务体系和配套设施仍有待改善。所以，即使有信息化平台服务，中心亦难以有效地把老年人与合适的服务联系起来，而更缺乏配套设施的农村就更加难以支持这类平台的运作。

四　构建社区养老服务体系

香洲和斗门两区虽然在经济、人口结构与老龄化程度、社区服务设施的提供等方面都有一定的差异，但两者发展居家/社区养老服务体系都在起始阶段遇到了类似的障碍，主要包括：第一，服务提供者和社会人士对居家/社区养老概念及相关政策的掌握不足，有碍彼此进行有效率的沟通去推广和发展养老服务；第二，社区内居家养老服务配套设施与服务发展并未完善，试点服务在缺乏支持的条件下难以有效运作；第三，社会普遍受传统家庭养老观念的影响，而且对社会养老概念认识不多，接受程度不高；第四，社会养老服务质量有待提高。

（一）服务界定与理解

在香洲区和斗门区的社区服务者均未能清楚掌握居家/社区养老服务体系的概念和他们在当中的角色与功能。他们一般都未能清楚说明居家养老服务的目的与内容，且说法也不一致，这对服务发展无疑是很大的障碍。

首先，服务提供者如果未能清晰掌握这些概念和认识他们在当中的角色与功能，便难以准确和有信心地设计与推行有关工作。另外，这亦有碍负责单位、服务提供商、社工以及其他合作单位在工作上进行有效率的沟通。尤其是在推行的试点包括市、镇与村和小区，他们在推行服务时会面对不同的处境、服务需求与困难，清晰掌握居家养老服务概念有助于他们就各自的处境和个案的特色而更有弹性地提供居家养老服务。

虽然相关的政策文件对居家养老服务的目的、原则、内容和一些推行的细节都有一些解说，但在实施时，服务提供者对这概念的理解仍然不够清晰。譬如在斗门区，虽然服务提供商开展有关工作已有数月，但部分单位仍处于摸索阶段，所提供的服务内容并未符合要求。故如要提高服务提供者的沟通和服务的准确性与效能，有必要确保他们对相关服务政策与概念有更多的掌握。

值得注意的是，珠海市出台的相关政策措施都是以保障"三无""五保"、高龄、独居、空巢、失能和低收入老年人为补助依据并以此分类。这与国家政策的方向一致，而市场服务亦跟着政府庞大的资金发展。最后，服务的提供与发展会侧重参考这些人的经济与家庭状况及相关支助做服务规划设计与分类，而非参考服务对象日常照顾和护理的实际需求。这很容易导致有需要的人得不到服务，同时有服务没人使用的资源错配状况。

目前，国外不少福利系统都会先对老年人的服务需求做评估分类。这一方面有助于更有效地预计整体服务的需求从而做出设计和规划；另一方面有助于掌握个别老年人的需求，为他们提供更适切、全面的支持。例如，日常生活能力量表（ADL）与自我照顾能力量表（IADL）都是一些相当普遍的评估分类工具，可供服务提供者参考和使用，能帮助他们更准确地预计服务的需求与发展方向，以及提供更适合老年人的服务。

（二）配套设施与服务

随着年龄增长，老年人的身体状况与自我照顾能力日益变差，对日常护理、家居清洁及医疗护理服务的需求日益增加。要让老年人留在熟悉的社区或在家中安心养老，所属社区是否能有效、及时提供高水平服务及老年人在经济上能负担起的相关支援服务至为关键。但由于各城镇的状况、养老的相关配套设施与服务的发展情况各异，在发展居家养老服务体系时各自需要面对不同的挑战与障碍。总的来说，面对庞大和急速增长的老年人口，珠海市各区的老年人服务和配套设施都在不断优化以配合社会发展的需求。

首先，社区配套设施与服务也包含了正在运作的试点服务，这些服务是否能发挥预期中的功能及相关部门能否扮演好在社区养老服务系统中的角色都十分重要。如香洲区"一键通"中心目前只有一间小办公室，只有数台电脑与每班3个话务员，他们是否能有效地执行其紧急服务联系工作、应付他们的目标服务人数5000人令人质疑。其次，目前"一键通"提供的转介服务很多都不是受补助老年人所能负担的私营服务，未能真正发挥其作用，如提供合适及有保证的服务建议给老年人。而斗门区部分试点服务中心更因资源不足，服务开展了数月仍未设立正式的服务中心以支持日常运作。这些限制或不足都有待突破或弥补。

在社区提供日常护理方面，根据香洲区民政局办公室《关于开展社区居家养老服务工作的通知》，居家养老服务人员是由镇（街道）社会事务办（社区建设办）负责确定和具体安排的，优先择用本辖区低保户、下岗失业人员，报社区居家养老服务领导小组备案。

斗门区采取了使用服务券的形式。生活不能自理的补助对象如果自请保姆，需由本人或其近亲属每季度携带雇佣双方身份证等文件和服务券，到户籍所在社区居委会进行审核，然后到辖区镇将服务券兑换成现金。在农村或人口密度较低的地方，则多由同住或居住在附近的亲友充当服务人员这一角色。斗门区暂时未提供系统性的、可保证的起居照顾服务。由于都是由不同的业余人士提供照顾，政府亦难以监管服务的质量。

香洲区老年人医疗和福利服务的整体发展情况比斗门区成熟，其利用"一键通"信息化平台，让老年人及其照顾者可通过网络服务迅速地与所需的服务联系起来。类似的服务在斗门区的井岸也有，但在农村或人口较少的乡镇，由于人口分散和缺乏有关的社区配套设施，紧急服务网络中心暂时难以发挥效用。

（三）传统文化的改变

中国社会自古以来崇尚孝道，老年人一般由家人照顾，随着社会步入老龄化，家庭照顾老年人的功能不断弱化。但受传统观念的影响，有不少老年人及其家人即使十分需要外界的援助，也拒绝接受社工和社会组织的帮助。在这次研究的访谈中经常会听到"养儿防老""由外人照顾父母，子女觉得不体面"等说法，而不少老年人也会因此拒绝接受服务，最后不能获得适切的照顾。

研究发现，无论是在香洲区还是在斗门区，现有的服务使用者对居家养老的概念并不太理解，更遑论真正的接受。受访者一般倾向依靠家里亲人照顾，同时表示如日后自己或身边的照顾者能力变差，再难以照顾他们的起居，他们就会考虑入住院舍。这里可以看到由家中老年人有简单的照顾需求至家人无法照料的阶段，使用社区资源（如试点的服务）来支持居家养老并不在他们考虑之列。

而斗门区的情况更严重，不少老年人及其家人更抗拒社会养老服务的概念，他们深感接受社工或其他社区服务的支持不够体面，最后亦令老年人得不到适切的照顾。尤其在农村，不少年轻的家庭成员都已离家外出工作，老年人的照顾问题更令人困扰。

这些现象都反映了社会人士不太接受亲友以外的人照顾家中老年人，当中涉及传统文化以及社会对家庭成员角色与责任的期望。这明显是发展居家养老的一大障碍，同时凸显了加强有关服务教育与宣传工作的重要性。

为确保曾经为社会发展做出努力的上一代安享晚年，在如今社会高龄化和空巢化的社会环境下，要有效实现这一目标，需要改变社会上这些旧有观念，好让老年人都能无顾虑地接受这些支持，而较年轻的家人也能更专心工作和学习。

由于旧有观念的存在，教育工作便不能只针对老年人及其照顾者，而应扩大其覆盖面，以确保接受服务者及其家人不会因接受服务而面对外界的压力与歧视。而且，让整个社区认识居家养老服务亦有助于服务发展取得更多的支持和更大的成效。

借鉴香洲区和斗门区的经验，在宣传与提供服务的过程中，他们都会寻求地区组织如居委会或村代表的协助。由于老年人及其照顾者对这些组织和他们的成员并不陌生，甚至很熟悉，由他们做中介和解释服务更容易被老年人及其照顾者接受。尤其在农村，这些组织一直是村民与外界沟通的重要桥梁，他们在协助村民与外界在观念和服务上接轨所能发挥的作用不容忽视。所以，应进一步加深这些地方组织对居家养老的概念、服务方法和内容的认识；通过他们先行接触有关老年人及其家人；在服务初期，多留意接受服务家庭的适应情况；同时与服务提供者多沟通，帮助他们进行相应改善。这些工作都有助于提高大家对有关服务的接受程度，消除旧有的偏见与社会压力，让老年人及其家人安心去接受专业服务的帮助，在得到适切照顾的情况下好好生活。

（四）服务质量保证

国务院办公厅发布的《社会养老服务体系建设规划（2011～2015年）》提到，中国社会养老服务体系建设仍然处于起步阶段，其存在的问题主要表现在：缺乏统筹规划，体系建设缺乏整体性和连续性；国家出台的优惠政策落实不到位；服务规范、行业自律和市场监管有待加强等。这些问题仍有待各地方政府逐步解决。

事实上，服务使用者的信心和社会对新服务概念的接受程度除需要有关组织积极推广外，亦需要很多个人经验与口碑的累积。当服务逐渐改善和成熟，社会对使用区内养老服务系统的服务自然更有信心。而要社会接受这些服务，服务质量有保证和服务的定价合理等都十分关键。而试点工作在这些方面都有待改善。

譬如，香洲区"一键通"用户指出，他曾因在家摔倒骨折而使用了"一键通"代联络救护车服务，随后向他们查询康复服务。但因为所转介的私营单位服务定价昂贵，而他预计自己会需要多次的康复治疗，最后在街坊介绍下使用了邻近医疗中心的服务，该单位收费约是"一键通"转介的私营单位的1/3。

假如"一键通"在提供配对服务时也提供一些有保证和受补助老年人可以负担的服务，使服务能更切合受助者的经济能力和需要，"一键通"定能得到更多使用者的认同，真正发挥老年人居家养老信息化网络平台的功能。

为确保服务质量，"一键通"也尝试引入详细的服务流程和员工行为规范作为服务中心职员提供服务的依据。就观察所见，这些服务指引与守则都挂于职员工作间的显眼处，让他们在工作时能实时找到专业的依据。而从主管那里得知，职员在入职时亦必须先进行有关培训。这些设计都是提供专业服务必须注意的地方，都是可取的服务态度，值得其他服务试点参考。

但在对服务使用者访谈后，也发现不少个案的跟进（如定期接触）与中心服务指引的描述不符，指引执行情况有待改善。而这些指引与守则正好提供了依据，让提供补助的一方进行服务监督，从而不断改进服务内容与质量，使服务能与时俱进，为老年人提供更快捷、适切的服务。

另外，根据珠海市香洲区民政局办公室《关于开展社区居家养老服务工作的通知》，服务人员是由镇（街道）社会事务办（社区建设办）负责确定和具体安排，优先择用本辖区低保户、下岗失业人员，报社区居家养老服务领导小组备案。无论是辖区低保户、下岗失业人员还是亲友提供"家属照料型"居家养老服务，在本质上是将原来政府购买社会养老组织的服务补贴分配给这些人。虽然这样成本较低，而且他们与受助者较熟识和了解，相对由陌生人提供服务，老年人亦比较安心和容易接受。但是，一般而言，他们都欠缺相关的专业训练，如急救、康复护理等。另外，使老年人难以取得适当的照顾，甚至弄巧成拙，延误了紧急救助虽然民政局对此也有监管的措施，但始终未能解决这些问题。

（五）以社区为本的养老服务体系

对于养老的目标，国务院《社会养老服务体系建设规划（2011～2015年)》提出，"到2015年，基本形成制度完善、组织健全、规模适度、运营良好、服务优良、监管到位、可持续发展的社会养老服务体系"，其中明确了我国的社会养老服务体系主要由居家养老、社区养老和机构养老三个有机部分组成。对此，珠海市政府提出"9064"目标，即"到2015年，全市基本实现90%的老年人在社会保障体系和服务体系支持下通过家庭照顾养老、6%左右的老年人可由社区提供日间照料和托老服务、4%的老年人可入住养老机构的'9064'社会养老服务格局，居家养老服务和日间照料服务基本覆盖城市社区和半数以上的农村社区"（珠府办〔2013〕1号）（见图2）。

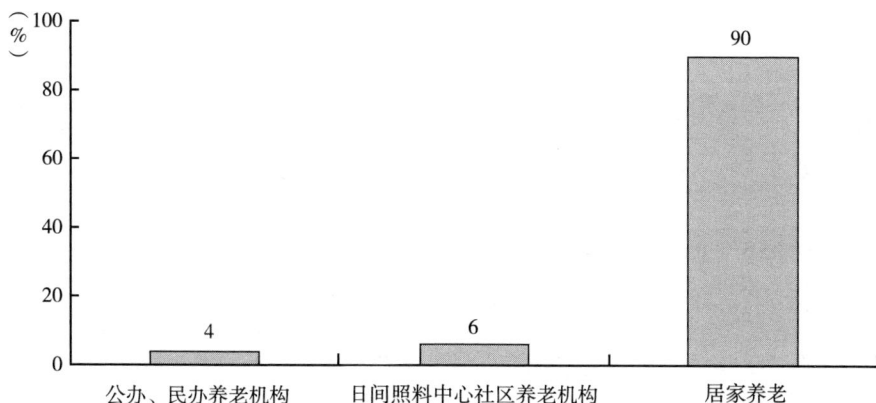

图2 珠海社会养老服务目标

从上述目标中，我们可以看出居家/社区养老服务模式将在很长一段时间内成为珠海乃至全国养老服务体系的主体，因此需要建构一个以社区为本的养老服务体系。

以社区为本的服务体系中的"社区"指的是地域性社区。服务是着眼于一个特定地域的社区，针对该地域社区中的不同需要，规划并提供不同类型的社会服务以满足社区需求的过程。以社区为本的服务发展策略是目前我国社区服务发展的趋势之一，代表着社会服务的一个发展方向，具有独特的优越性和前瞻性。此种服务模式具有全盘规划、综合发展的特点。

以社区为本的综合服务有两种模式：一是纵向综合模式，即由一间机构在一个社区/服务单位内同时为两类或两类以上的服务对象提供多类型的服务，属于全面综合服务模式；二是横向综合模式，即由一间机构在社区内专为单一对象提供一系列不同的服务类型，是局部综合模式。两种模式并不矛盾，在同一件机构内也可整合或同时存在。无论哪一种发展模式，均强调服务的管理一体化和资源人力等的统筹。

在构建以社区为本的养老服务体系中，对居家养老、社区养老和机构养老三者的角色和定位，国务院发布的《社会养老服务体系建设规划（2011～2015年）》指出：

居家养老服务涵盖生活照料、家政服务、康复护理、医疗保健、精神慰藉等，以上门服务为主要形式。对身体状况较好、生活基本能自理的老年人，提供家庭服务、老年食堂、法律服务等服务；对生活不能自理的高龄、独居、失能等老年人提供家务劳动、家庭保健、辅具配置、送饭上门、无障碍改造、紧急呼叫和安全援助等服务。有条件的地方可以探索对居家养老的失能老年人给予专项补贴，鼓励他们配置必要的康复辅具，提高生活自理能力和生活质量。

社区养老服务是居家养老服务的重要支撑，具有社区日间照料和居家养老支持两类功能，主要面向家庭日间暂时无人或者无力照护的社区老年人提供服务。在城市，结合社区服务设施建设，增加养老设施网点，增强社区养老服务能力，打造居家养老服务平台。倡议、引导多种形式的志愿活动及老年人互助服务，动员各类人群参与社区养老服务。在农村，结合城镇化发展和新农村建设，以乡镇敬老院为基础，建设日间照料和短期托养的养老床位，逐步向区域性养老服务中心转变，向留守老年人及其他有需要的老年人提供日间照料、短期托养、配餐等服务；以建制村和较大自然村为基点，依托村民自治和集体经济，积极探索农村互助养老新模式。

机构养老服务以设施建设为重点，通过设施建设，实现其基本养老服务功能。养老服务设施建设重点包括老年养护机构和其他类型的养老机构。老年养护机构主要为失能、半失能的老年人提供专门服务，重点实现以下功能：1. 生活照料。设施应符合无障碍建设要求，配置必要的附属功能用房，满足老年人的穿衣、吃饭、如厕、洗澡、室内外活动等日常生活需求。2. 康复护理。具备开展康复、护理和应急处置工作的设施条件，并配备相应的康复器材，帮助老年人在一定程度上恢复生理功能或减缓部分生理功能的衰退。3. 紧急救援。具备为老年人提供突发性疾病和其他紧急情况的应急处置救援服务能力，使老年人能够得到及时有效的救援。

鼓励在老年养护机构中内设医疗机构。符合条件的老年养护机构还应利用自身的资源优势，培训和指导社区养老服务组织和人员，提供居家养老服务，实现示范、辐射、带动作用。其他类型的养老机构根据自身特点，为不同类型的老年人提供集中照料等服务。

就珠海的情况来看，结合居家养老、社区养老和机构养老三者的角色和定位，目前整体养老服务处于起步阶段，90%以上的居民选择居家养老，同时已经开展相应的服务试点，具备一定专业知识和能力的人员又大多集中在养老服务机构，珠海应以此为基础，建构一个以社区为本的养老服务体系。

在以社区为本的养老服务体系中（见图3），各利益相关者的角色和定

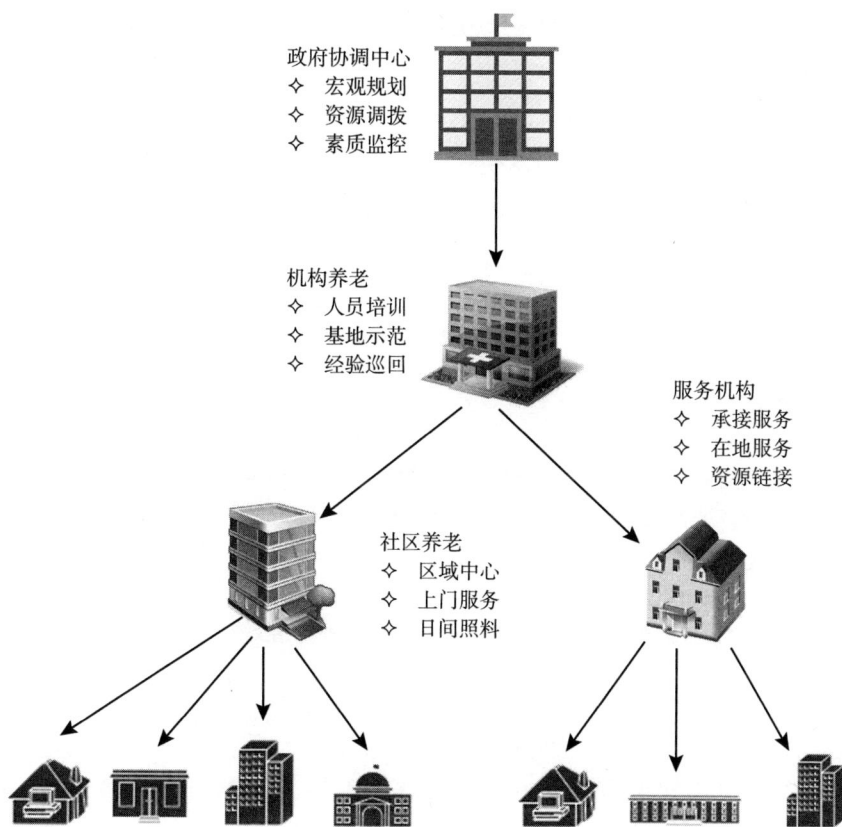

政府协调中心
✧ 宏观规划
✧ 资源调拨
✧ 素质监控

机构养老
✧ 人员培训
✧ 基地示范
✧ 经验巡回

服务机构
✧ 承接服务
✧ 在地服务
✧ 资源链接

社区养老
✧ 区域中心
✧ 上门服务
✧ 日间照料

图3　构建以社区为本的养老服务体系

位如下。

第一，政府进行整体规划，从宏观上进行资源调拨，同时监督服务素质。

第二，借助政府的统筹和支援，机构养老单位主要利用现有人员、设备方面的资源优势，对养老服务人员开展相应的人力资源和服务技能培训，提高其服务水平；同时在区域内建构示范基地，以小组巡回的方式构建社区之间的联系并分享服务经验，发挥对社区养老服务组织和人员的示范、辐射、带动作用；机构养老也对部分特定对象（例如"三无"老人、生活不能自理的老人等）提供护理服务。

第三，社区在调拨资源方面以社区作为服务单位/基地，建立区域性养老服务中心，为家庭日间暂时无人或者无力照顾的社区老年人提供服务。在城市社区通过信息化服务打造居家养老服务平台，在农村社区则依托村民自治和集体经济展开服务，同时社会服务机构亦可通过政府采购等方式承担区域性养老服务中心的运营，也可在获取资源的基础上直接开展社区服务。

第四，每个家庭通过居家设施改造为居家的老人提供更适合养老的环境，同时老人"足不出户"即可以享受社区/社会服务机构的上门服务。在此基础上，获得服务的老人可以向政府提供社区/机构的反馈意见，以保障整体的服务质量。

参考文献

广东省政府：《广东省民办社会福利机构管理规定》，2009。

国家发展改革委、民政部等：《关于加快推进健康与养老服务工程建设的通知》，2014。

黎汝标：《中国养老产业的挑战与商机》，《社会福利》2013年第10期。

李培林：《社会蓝皮书：2014年中国社会形势分析与预测》，社会科学文献出版社，2013。

美国疾病控制与预防中心（CDC）：《健康空间词汇》，http://www.cdc.gov/healthyplaces/terminology.htm，最后访问日期：2015年7月15日。

民政部：《国家级福利院评定标准》，2007。

《广东各地人口老龄化调查》，http://gd.oeeee.com/html/201508/11/282506.html，最后访问日期：2015年9月。

桑德斯:《社区论》,徐震译,台北:黎明文化事业公司,1982。

滕尼斯:《共同体与社会:纯粹社会学的基本概念》,林荣远译,商务印书馆,1999。

杨团:《社区公共服务论析》,华夏出版社,2002。

袁小良:《"互联网+"智慧养老的实践反思》,《社会工作与管理》2016年第2期,第56~60页。

袁小良:《社区养老:整合的养老服务体系》,《重庆工商大学学报(社会科学版)》,2016年第3期,第95~98页。

中华人民共和国民政部:《社会服务统计季报(2015年1季度)》,http://files2. mca. gov. cn/cws/201504/20150429113520825. htm,最后访问日期:2015年9月。

中央政府:《社会养老服务体系建设规划(2011~2015年)》,2011。

中央政府:《中国老龄事业发展"十二五"规划》,2011。

中央政府:《中华人民共和国第十二个五年规划纲要》,2011。

珠海市统计局、国家统计局珠海调查队:《珠海市统计年鉴(2013)》,2014。

珠海市政府:《关于加快社会养老服务事业发展的实施意见》,2013。

珠海市政府:《关于开展社区居家养老服务工作的通知》,2009。

珠海市政府:《珠海市社会养老服务体系建设规划(2011~2015年)》,2012。

珠海统计信息网:《大力发展社区养老 打造全方位城市养老服务体系——2012年珠海城市养老模式调查分析》,http://www. stats – zh. gov. cn/tjzl/tjfx/201412/t20141203 _ 189022. htm,最后访问日期:2015年9月。

Hillery George, Definitions of Community:Areas of Agreement, *Rural Society* 1955.

WHO, *Active Aging*:*A Policy Framework*, Geneva:World Health Organization, 2002.

产业发展篇

基于城市品牌定位的珠海休闲养生
产业发展策略研究*

徐 琳

一 导论

（一）珠海发展休闲养生产业集群的背景与意义

休闲养生产业是指将养老养生的社会需求融合到旅游休闲的产业发展中，涉及房地产、旅游、商业服务、保健、健康管理、保险、教育、文化、传媒等行业的多元化产业集群，它是全球性的朝阳产业。近 20 年来，美国的休闲养生产业产值增长了 36 倍，日本增长了 32 倍，欧盟各国则每年以 17% 的速度增长。有经济学家预言，健康养生时代已逐渐来临，休闲养生经济将成为 21 世纪的主导经济。休闲养生产业符合现代人对于生命质量的要求，有着广阔的市场前景：一是随着生活节奏的加快、工作压力的加大、人们健康状况的下降，

＊ 课题负责人：徐琳，北京师范大学珠海分校讲师。课题组成员：孟子敏，北京师范大学珠海分校教授。

我国一线城市白领的亚健康比例达 76%，人们对休闲、养生有着更为迫切的需求；二是工业迅速发展进一步激发了人们对养生的欲望；三是在"十二五"期间，我国 60 岁以上的老年人每年会增加 800 万人，随着老龄化的到来，有养生需求的人口比重大幅增加；四是居民收入大幅提高（2013 年我国人均GDP 已达 6767 美元），人们追求长寿的愿望增强，促使产业结构从传统的制造业向休闲、旅游、养生等新兴产业升级，并产生诸如候鸟式旅游和医疗养生等新的消费形态；五是 2015 年 1 月 28 日国务院批准修订《珠海市城市总体规划（2001~2020 年）》，新规划将珠海定义为"国家经济特区""珠江口西岸核心城市""滨海风景旅游城市"。根据新规划，我国要将珠海打造成具有国际影响力的以休闲康体度假、海洋海岛生态旅游、会议会展为特色的国际性商务旅游度假区和风景旅游胜地。休闲养生产业作为一项极具潜力的朝阳产业迅速崛起，并将掀起中国继房地产、汽车之后的第三次消费浪潮。发展休闲养生产业有助于促进经济社会转型和结构升级，同时对推进其他高端制造业和高端服务业的发展具有重要意义。

（二）国内外城市休闲养生产业集群发展现状

休闲养生产业在国外已经发展得比较成熟，例如，日本长崎得天独厚的自然资源、完备的医疗系统、合理的膳食结构、丰富的游乐资源充分体现了日本的休闲养生精髓；美国太阳城中心以休闲、旅游、生活、养生于一体的人居服务，诠释了休闲养生地产的发展模式。近几年，国内一些城市在休闲养生产业发展方面也突出了自己的特色，例如浙江千岛湖在生态、运动、美食、居住、生理美容、游乐等方面充分诠释了休闲养生的内涵，成为国内著名的旅游观光胜地和休闲养生天堂；三亚海棠湾以 CCRC 社区为龙头，集合房地产、旅游、商业服务、保健、健康管理、保险、教育、文化、传媒等行业，形成多元产业集群复合型国际休闲养生社区；2012 年，浙江桐乡启动了乌镇国际健康生态休闲产业园项目和中国平安养生综合服务社区项目，规划建设集商业、旅游、度假、医疗、培训于一体的产业链，打造一个多元化、专业化的养生养老产业集群。

（三）研究思路和框架结构

本课题旨在研究基于海洋经济背景的符合珠海城市定位的休闲养生产业体

系的构建与发展策略。课题从探讨城市品牌塑造与产业定位的关系出发，分析国内外休闲养生产业发展模式，调研珠海休闲养生产业发展现状，立足于"生态文明新特区""科学发展示范市"的城市定位，尝试构建珠海休闲养生产业体系，并提出发展策略，为"蓝色珠海，科学崛起"提供理论指导。

（四）研究方法

本课题的研究方法主要为定量研究和定性描述相结合、综合研究分析与比较研究分析。在定性分析都市圈总体发展的基础上，对珠海休闲养生产业发展现状进行实地调研，并定量分析和研究，论证其可行性；综合运用产业经济学、区域经济学、城市经济学等方法论，在城市品牌塑造的基础上对珠海休闲养生产业的要素、竞争力进行系统分析和研究，为产业发展提供一定的支持和帮助；对国内外不同城市的休闲养生产业定位与模式进行比较分析，从中找到符合珠海休闲养生产业定位的方向和趋势。

二　相关理论概述

（一）城市品牌理论

现代城市的发展经历了城市行政、城市管理和城市经营三个阶段；而城市经营大体又经历了从城市形象到城市营销，再到城市品牌的萌芽阶段。

1. 城市品牌的概念

城市品牌是指城市建设者分析、提炼、整合所属城市具有的独特的要素禀赋、历史文化、产业优势等差异化品牌要素，并向城市利益相关者提供持续的、值得信赖的、有关联的个性化承诺，以提高城市利益相关者对城市的认同效应和满意度，增强城市的聚集效应、规模效应和辐射效应。城市品牌是城市管理者需要悉心经营和培育的最重要的无形资产，它所带来的持久品牌价值和影响力将创造出远高于资本成本的收益，并给这座城市和利益相关者带来无限的发展机会。

2. 城市品牌的实质

城市品牌的实质就是城市利益相关者在选择城市来投资、旅游、居住、工作或学习时，对著名城市更偏爱、更感兴趣，愈来愈多的人被吸引前来定居，人们将产生愉悦感、信赖感、可靠感和安全感。城市地位一旦在人们心中确立，就能够保持长久的相对稳定性。人们对著名城市的关注、信任与忠诚是社会公众普遍存在的一种心理现象。

3. 城市品牌塑造与城市产业定位的关系

城市产业定位是根据影响城市产业发展的内部和外部因素，对城市在一定发展阶段的主导产业的选择和确定，其目的是通过分析城市特有的资源条件寻求差异化，构建具有竞争优势的区别于其他城市的品牌形象。定位的实质就是要将城市在目标受众心中奠定独一无二的位置，从而塑造城市鲜明的品牌个性。因此，城市产业定位是城市品牌塑造的基础，是城市核心价值的体现，是城市形象与城市灵魂、活力的有机融合，是塑造城市品牌的核心，也是城市品牌形成的关键因素；而且，作为塑造城市品牌的必要条件，可以非常清晰地表达出这些城市的品牌个性，取得较好的营销效果。如果城市产业定位不明确，品牌个性就会显得模糊不清。所以，城市品牌塑造过程中的口号、战略和广告等都是以城市产业定位为基础的。没有准确的产业定位，城市品牌塑造就难免走入歧途。城市产业定位与城市品牌的结合已成为带动城市发展的一种品牌塑造模式。随着产业的调整和重新定位，许多城市的发展获得了新的活力，如义乌通过发展小商品市场"以商促工，贸工联动"，带动生产加工业、会展业、物流业以及其他现代服务业，形成发达的现代商贸产业结构并走向国际化，成功塑造"全球最大的小商品批发市场"的品牌形象，并在未来发展过程中，为提升品牌形象，将目标定为"国际性商贸城市"。同时，城市品牌的塑造也促进了产业定位及发展，带动城市周边地区的发展，比如有"国际影都"之称的洛杉矶不但以电影制片业为主导，而且发展起演艺业、电影特技业、休闲旅游业、电影发行业、音像制品业等电影延伸产业。

（二）产业集群理论

产业集群发展可以有效降低企业生产成本，提高生产经营效率和竞争优势，而且能优化产业布局，加快技术创新，促进资源优化配置。产业集群发展需依靠企业的利益驱动，更有赖于政府的积极推动。

1. 产业集群的内涵

1776 年亚当·斯密在《国富论》中对分工与专业化生产的论述已经为产业集群的研究奠定了理论基石，1920 年马歇尔在他的著作《经济学原理》中对产业集群及外部性的关系做了论述。产业集群的概念最早是 1990 年由迈克·波特在《国家竞争优势》一书中提出的，他认为产业集群是指在某个特定区域之中的某个领域，拥有一群具有紧密联系的生产商、供货商和专业协会的现象。国内较早的研究把产业集群定义为一群自主独立而又相互关联的企业依据专业化分工和协作建立起来的一种中间性组织，其作用是有效克服内部组织失灵和市场失灵。概括国内外各种观点，产业集群指的是在一个特定行业或者领域之中，众多具有紧密联系的企业及其配套机构自发形成的在特定地理空间集聚并促使区域经济形成强劲发展势头的现象。

2. 产业集群的特征

尽管国内外对于产业集群的界定各有侧重，但一般来说，产业集群都具有以下五大特征：一是企业在地理上高度集中，关联性强，集聚区内企业与某种附加值的生产链关联在一起，从而形成一个既有分工又有协作的共同体；二是企业高度分工协作、产出效率高，企业围绕某一种或某一类产品生产而形成"原料加工—产品生产—销售—服务"等各个环节，且每个环节的主导产品都比较突出；三是外部规模经济效应显著，集群内人员与机构、资金与技术、信息等要素的流通与传播速度较快，企业处于具有普遍联系、信任和共享、资源互补的社会网络体系之中；四是竞争与合作并存，创新性强，众多同类企业聚集在同一地区，激烈的竞争必然促使它们在改进技术工艺、提高质量、加强服务等方面不断创新；五是交易费用低，成本优势突出，产业群内无论是上游企业还是下游企业均能方便地找到自己所需的原材料和中间产品，因而其产品最终价格具有很强的竞争优势。

3. 我国产业集群的发展模式

随着改革开放的深化，我国的产业集群也不断发展，并开始向周边地区和相关行业扩展和演化，按其形成的主要力量可以分为九种模式：一是内源型品牌企业推动模式，例如以海尔、海信、澳柯玛等名牌企业为主导的青岛产业集群；二是市场创造模式，例如以福建晋江的制鞋、中山古镇的灯饰等为主导的相关产业集群；三是自然资源开发模式，例如福建安溪利用当地独有的茶叶资源"铁观音"形成了"种植—加工—包装—销售"这一年产值为10多亿元的茶业加工产业集群；四是历史传统产业利用模式，例如以德化瓷器、惠安石雕和湖南省浏阳市的花炮制造业等为主导的相关产业集群；五是区位优势形成模式，以20多公里的"面宽、水深、无淤泥、长年不冻、天然避风"的赛江独特地理优势而形成的福安船舶修造业产业集群；六是外向型加工产业集群模式，该产业集群的形成与资本流动有关，主要方法是吸引外资，例如广东珠三角地区的电子信息产品产业集群；七是依靠高校资源和科技人员创业的模式，这类产业集群以智力密集和开放环境条件为依托，例如北京的中关村高科技产业集群；八是当地企业家发展特色集群的模式，例如以浙江温州的打火机、广东中山小榄的五金为主导的相关产业集群；九是在政府推动下形成的产业集群，如各地的高科技园区、工业园和开发区等。由于导致集群形成的因素不同，以及相同因素在不同集群中所起到的作用不同，以上各种集群在形成机理上也有各自不同的特点。

三 国内外休闲养生产业发展模式分析

（一）休闲养生模式概述

休闲养生模式主要包括居住养生、文化养生、医疗养生、美食养生、生理美容养生、运动养生、生态养生等。

1. 居住养生

居住养生是以旅游房地产开发为主导形成的旅游产品，它是以经营土地、经营城市的手法围绕养生休闲进行开发的。这种养生社区向人们提供没有污染的新鲜空气、有机食物。

2. 游乐养生

根据旅游资源的不同，结合当地地脉、文脉资源，设置参与性、趣味性较强的养生休闲旅游活动，使游客通过参与游乐活动放松身心。

3. 文化养生

深入挖掘历史文化中积淀下来的各种与养生有关的理论，将其应用到养生旅游活动之中，使休闲养生不仅具有身体养生的功能，还具有心理养生的益处。

4. 医疗养生

依托营养学、心理学等知识，结合人体生理行为特征进行的以药物康复、药物治疗为主要手段，配合一定的休闲活动进行的康复养生旅游产品，包括康体检查类产品。

5. 美食养生

药食同源是东方食养的一大特色，因此美食养生是休闲养生中至关重要的内容。在美食养生休闲旅游产品的开发中，美食餐厅的设计要情调独特，菜式丰富，营养搭配合理，具有不同风味。

6. 生理美容养生

生理美容养生是时下女性游客比较喜爱的一项活动，把生理美容同养生休闲旅游结合起来，可以取得较好的效果，它既丰富了旅游活动的内容，又增强了旅游产品的吸引力。

7. 运动养生

生命在于运动，适宜的运动健身是一种比较科学的养生休闲方式，在此类旅游产品的开发中，可充分利用多种运动养生方式，以开发不同的运动养生系列产品。

8. 生态养生

生态与养生有着天然的联系，绿色生态环境是养生休闲的理想场所，生态养生旅游不同于一般旅游，需要在观光游乐中开展养生活动，而且是以生态手段养生，如森林浴养生法、雾浴养生法、生态温汤浴法、生态阳光浴法等。

（二）日本长崎休闲养生模式

日本有全世界最长寿的民族，其长寿的主要原因是注意饮食、均衡膳食、和睦共处、精神愉快、注意体育锻炼，另外日本环境优美、医疗保健完备。归纳其休闲养生之道主要有美食养生、沐浴养生、医疗养生、生态养生、运动养生、游乐养生。长崎以其得天独厚的自然资源，充分诠释了日本休闲养生的内涵。

（三）美国养生（养老）地产模式

美国"太阳城"和持续照料退休社区（CCRC）开发模式，是美国两种主要的养老地产开发模式。"太阳城"精准的客户定位和产品定位、CCRC持续照料的精细化服务理念和运营模式，都是非常值得中国借鉴的。

1. 美国"太阳城"开发模式

美国"太阳城"目前主要有15个项目。"太阳城"具有住宅开发性质，依靠销售回款盈利；限定55岁以上的老人才能入住，为健康活跃的老人提供会所和户外运动设施；主要依赖社区所在城镇提供的大市政配套，社区内设有建设医疗、护理等配套服务设施；一般都位于郊区，占地广、容积率低；建筑形态多为单层、独栋或双拼，精装修标准、拎包入住、房价便宜，对老年购房群体很有诱惑力；附近一般都配有专为社区服务的商业中心；"太阳城"兼有旅游度假功能，目标客户有常住客户和旅游度假客户。

2. 美国 CCRC 开发模式

持续照料退休社区（CCRC）的概念就是，在一个综合社区中，为老人提供相应的居住产品，以满足老人在不同生理年龄阶段对居住和配套服务的要求，老人不需要搬家就可以在 CCRC 社区中完成人生 1/3 的幸福旅程。CCRC 开发模式的特征：至少同时满足三类老人的居住需求，并配备了相应的服务设施；按三类老人的基本特征，产品类型有所区别；紧邻医院，社区内设有医疗室，每层设置秘书站（护理站）；设老人专属食堂，给老人提供营养配餐；不设大会所，但化整为零，为老人提供丰富的活动设施；在经营模式上，只提供租赁权和服务享受权，不提供房屋产权；一般位于郊区，以多层为主，规划布局紧凑，提供有力与集中的护理服务，减少管理成本，方便对老人开展及时的护理和照料；管理和护理服务人员比例较高。

（四）浙江千岛湖休闲养生模式

千岛湖位于浙江杭州西郊淳安县境内，是世界上岛屿最多的湖，因湖内有1078座翠岛而得名。千岛湖优美的自然风光和良好的生态环境，使其成为国内著名的旅游观光胜地和休闲养生天堂，在运动、美食、居住、生理美容、游乐等方面充分诠释了休闲养生的内涵。

（五）三亚海棠湾国际休闲养生社区模式

按照《海棠湾分区规划及城市设计》的要求，泰康人寿保险股份有限公司联合中国对外建设总公司，确定在海棠湾小龙江塘建设"海棠湾国际养生社区"，终极目标为：通过对区域内土地的保护和利用，延伸和扩展海棠湾国际品牌，以 CCRC 社区为龙头，建设集休闲度假、养生（养老）、健康体检为一体的可持续发展的绿色国际养生社区。该社区是一个低层、低密度、低能耗、低污染、低排放、低运行成本的生态社区。

四　珠海休闲养生产业发展现状、要素与 SWOT 分析

（一）珠海城市品牌定位与产业发展现状分析

城市品牌是指城市建设者分析、提炼、整合所属城市具有的独特要素禀赋、历史文化沉淀、产业优势等差异化品牌要素，向城市利益相关者提供持续的、值得信赖的、有关联的个性化承诺，以提高城市利益相关者对城市的认同度和满意度，增强城市的聚集效应、规模效应和辐射效应。城市品牌是城市管理者需要悉心经营和培育的最重要的无形资产，它所带来的持久品牌价值和品牌力将创造出远高于资本成本的收益，并给这座城市和利益相关者带来无限的发展机会。城市品牌需要产业支撑，必须根植于产业优势。有了城市品牌之后，可以依托城市品牌打造特色产业。此外，城市品牌与产业之间应形成互动关系，并在互动中实现升级。

1. 珠海城市核心品牌价值

珠海经济特区成立 30 多年来，对于城市定位曾经有很多种提法：1980 年提出"建成具有相当水平的工农业相结合的出口商品基地，成为吸引港澳客人的旅游区、新型边防城市"；1984 年提出打造"海滨工业商贸城市，以工业为主，兼营农牧渔业、旅游业、商业，综合发展"；1988 年修订为"花园式海滨工业商贸城市或高科技城市"；1992 年提出将"发展高新技术企业和技术含量高的企业作为重点"；1998 年提出"构筑实业旺市、科教兴市、环境强市三大发展平台"；2000 年确立为"现代化区域性中心城市"；2003 年定位为"珠江三角洲中心城市之一""东南沿海重要的风景旅游城市"等。尽管对城市定位的表述不一，但相同之处是始终强调珠海的经济特区属性、区域位置优势、

自然资源和生态环境特色等。短期的城市定位导致产业选择摇摆不定，产业集群度不够导致城市美誉度下降，降低了对人才和资本的吸引力，从而影响了城市的综合竞争力，因此，城市定位要具有长期性，要用发展的眼光来看待城市未来可能达到的高度和所处的位置。深入剖析城市特质，提炼核心要素，将其不断强化、塑造为城市的核心品牌价值，为进一步确定城市发展战略、明确产业发展方向提供指引。

2. 珠海城市品牌定位的再思考

珠海海域辽阔，山林丰富，不仅具有山海相间、陆岛相望的独特自然景观，而且利用山体、岸线构造出了具有代表性的城市景观地带。珠海的城市规划与建设以中低建筑为主，营造了宜人宜居的城市空间环境，形成了浪漫、悠闲散淡的城市文化气质。在城市绿地规划建设方面，通过打造公园、驿站、绿道等公共绿地空间，为市民提供健身、休憩等服务设施，极大提升了市民的幸福感。无论是城市发展理念还是城市形态，珠海都体现了生态文明这一核心品牌的特点。广东省委对珠海市提出"要率先探索建设生态文明的发展道路，争当我省科学发展的示范市"的目标要求，珠海进一步将"生态文明新特区""科学发展示范市"确定为城市主题文化发展战略。城市定位不仅要对自然资源和文化价值进行深入挖掘，而且要对产业内涵提供物质支撑，否则就会形成大而空、虚而泛的口号。珠海拥有美丽的海岸线、海岛等海洋资源和蓝天盛会（航展）、游艇、船舶等涉蓝产业，无论是城市自然景观还是产业版图都突出了海洋特色。2012 年提出的"蓝色珠海，科学崛起"战略目标是围绕海洋特色打造城市品牌的新举措，也是对"生态文明新特区""科学发展示范市"内涵的形象化诠释和进一步丰富。因此，根据新规划，珠海的城市品牌定位至少应包括海洋、生态、休闲、康体、旅游、商务等因素。

3. 珠海产业发展现状

珠海经济经过 30 多年的快速发展，产业结构不断优化调整，第一产业产值迅速下降，第二产业快速增长从而代替第一产业成为经济增长的支柱，第三产业缓慢发展，目前呈现良好的发展态势。2014 年全市实现地区生产总值1857.32 亿元，同比增长 10.3%，三次产业产值之比为 2.6∶50.6∶46.8，高新技术制造业增加值增长 8.7%，先进制造业增加值增长 20.1%；在服务业中，现代服务业增加值增长 9.2%，占地区生产总值的 27.0%。珠海初步形成了以先进制造业、高新技术产业和现代服务业为主体的现代产业体系。珠海经济发展重心逐步向相对落后的西部地区倾斜。珠海产业发展存在的主要问题：由于城市定位的反复变化，支柱产业尚未成大气候；先进制造业整体竞争力不足，制造业向重化工业发展，节能环保压力大；生产性服务发展滞后；企业的创新主体地位有待强化，具有知识产权的自有品牌凤毛麟角等。珠海市政府在产业结构优化调整方面出台了一系列政策：大力推进 67 个重大项目建设，总投资3000 多亿元；通过扩大增量、优化存量、做大做强战略性新兴产业、打造高端产业集群综合提升产业发展水平；推动服务外包、会展、金融、工业设计、物流、文化创意等产业做大做强，加快培育一批大型服务业企业，积极发展电子商务和物联网，壮大发展现代旅游、现代商贸等生活性服务业，大力发展现代服务业；通过加大自主创新扶持力度、强化自主创新激励机制、深化产学研合作、建立高层次人才引进绿色通道，大力推进自主创新。

（二）珠海休闲养生产业发展概况

随着物质生活水平的提高，人们对健康的追求越来越强烈，中国传统的养生文化与现代休闲理念结合形成了休闲养生产业。休闲养生产业作为一种以养生为主题的产业，以中国传统养生文化与现代休闲理念为背景，以健康长寿为核心，以养生文化为灵魂，以养生产品、养生服务为支撑，包括旅游、保健、医疗、医药、房地产、保险、商业服务、教育、文化、传媒等行业。面对不断增加的亚健康人数，休闲养生必将成为热点和潮流，具有广阔的市场空间。

1. 休闲养生产业的产业基础

目前，世界已经出现过四次分别由农业、工业、服务业和信息业驱动的经济变革浪潮，未来的第五次浪潮将由休闲产业、生命科学、新原子时代和航天时代驱动。按照全球休闲与旅游业发展的一般规律，当一个国家人均 GDP 达到 3000 美元之后，人们的消费开始由小康型消费向享受型消费转变；超过6000 美元后，将由享受型消费向休闲型消费转变。而突破 1 万美元后，物质消费的主导位置将被精神消费所取代。2014 年，我国人均 GDP 达到 7485 美元，处于享受型消费向休闲型消费转变阶段。中央经济工作会议把新常态下消费需求变化趋势置于首位。因此，中国居民休闲消费正处于强劲增长的发展阶段。

2. 珠海休闲养生产业存在的问题

珠海的休闲养生产业尚处于起步发展阶段，笔者通过实地走访调研，发现主要存在以下几方面问题。

（1）资源开发不充分、整合不合理。

珠海地处珠江三角洲南端，濒临南海，河流众多，但三角洲水乡文化的旅游特色还不明显；珠海山地资源丰富且富有特色，但山地森林旅游还没有发展起来；海岛经济基础薄弱，开发方式相对粗放，海洋旅游、休闲、养生资源尚未充分挖掘。珠海现有休闲养生资源比较零散，不仅规模及档次不够，而且没有对多样化资源进行有效整合。例如，海岛交通服务尚不成熟，绝大多数海岛尚未通航，岛上住宿床位不足，节假日一房难求，而且高星级酒店偏少，无法满足高端客户需求，严重制约休闲养生产业发展。

（2）特色不突出。

提到珠海，使人印象深刻的就是空气质量高和自然环境好。珠海海洋资源丰富，海岛众多，但尚未深度开发，还没形成以海洋、海岛为特色的休闲养生产品，没有形成具有显著珠海城市特色的休闲养生体系。

（3）品牌影响力有限。

珠海长隆、海泉湾、御温泉等现有休闲、旅游、养生品牌仅在国内如华南地区有一定影响力，目前还没有形成具有全球影响力的世界旅游品牌，珠海建设现状与"港珠澳世界级旅游休闲目的地"的目标有很大距离。

（4）平台建设滞后。

休闲养生产业涉及的行业众多，目前珠海尚未形成集房地产、旅游、商业服务、保健、健康管理、保险、教育、文化、传媒于一体的休闲养生平台，导致整个产业链还处于分散发展阶段，产业聚集度不够，严重制约区域经济发展。

（三）珠海休闲养生产业要素分析

在发展休闲养生产业方面，珠海不仅具备较好的自然、人文、生态条件，还拥有一定的区位优势和有竞争力的经济政策环境。

1. 区位优势

珠海地理位置优越，东与香港隔海相望，南与澳门陆路相接，目前设有国家一类口岸 6 个、二类口岸 7 个。九洲口岸是我国最大的水路客运口岸。2011 年拱北口岸首次超越罗湖口岸成为全国最大的陆路口岸，每年经此出入境的海内外游客数量过亿，拥有珠海机场和华南第一深水港珠海港。随着广珠铁路、西部沿海高速、江珠高速、广珠高速、港珠澳大桥等陆续开通，江、海、陆、铁联运非常便利，珠海将成为连接中国西南地区与港澳的交通枢纽和珠三角的区域性中心城市。因此，在发展休闲养生产业方面，珠海拥有其他海滨城市无可比拟的区位优势。

2. 自然资源

珠海自然环境优美，山清水秀，属亚热带海洋性气候，冬无严寒，年平均气温 22.3℃，气候宜人。海域广阔，滩涂广布，领海基线内海域面积约 6000 平方公里，是陆域面积的 3.6 倍，其中滩涂面积为 227 平方公里，大陆海岸线长 224.5 公里，岛屿众多，有海岛 218 个，海洋生物、海洋可再生能源等资源类型丰富、特色鲜明。珠海宜人的气候与丰富的自然资源比较适合人类居住和开展户外休闲活动。

3. 生态环境

珠海山海相间，陆岛相望。经过 30 多年的城市建设，已经形成了以公园、驿站、绿地为点，以道路、海河岸绿带为线，以山地为面的城市绿化立体格局，1998 年荣获联合国"国际改善居住环境最佳范例奖"。多年来，珠海始终坚持以保护生态环境与经济发展共赢的理念制定城市发展战略。目前，珠海正朝着"环境宜居与欧美先进国家相媲美"的目标奋斗，并力争到 2016 年初步建成"全国生态文明示范市"，到 2020 年基本建成"国际宜居城市"。

4. 人文资源

休闲养生产业的开发需要浓厚的历史积淀做底蕴，历史文化是休闲养生城市的灵魂。作为香山文化的发源地，珠海同时具有浓郁的海洋文化气质。香山文化展现了我国明代以来香山人文历史的丰厚底蕴和对蓝色文明的不懈追求，具有传承性、包容性、先导性、民生性、创新性、开放性和革命性等文化特点。根据历史发展特征及其所具有的文化类型，珠海构筑了"三轴两片""八圈两湾""两区多点"的历史文化遗产整体保护与空间利用结构，已经确定 58 处文物保护单位和 189 处不可移动文物保护点。深入挖掘珠海现有物质文化遗产和非物质文化遗产的价值，将其与现代休闲理念相融合，实现珠海市自然与人文资源整合开发，促使自然、生态、人文资源优势转化为发展休闲养生产业的核心竞争力。

5. 经济政策

为了实现"蓝色珠海，科学崛起"的战略目标，珠海于 2013 年提出"三高一特"产业定位，即以高科技含量、高附加值、低能耗、低污染的产业群为核心，建立主要包括高端制造业、高新技术产业、高端服务业、特色海洋经济和生态农业的新型产业体系，为珠海市经济发展提速提质注入新的动力。珠海发展休闲养生产业正符合"三高一特"产业定位。2009 年 12 月 16 日，横琴新区正式成立，国务院批复《横琴总体发展规划》，在政策上给予多项优惠支持，例如创新通关制度、税收优惠、支持粤澳合作产业园发展等，这些优惠政策也为珠海休闲养生产业创造了良好的发展环境。

（四）珠海休闲养生产业 SWOT 分析

1. 优势分析

前文已深入剖析了珠海市在发展休闲养生产业方面所具备的优势，如毗邻港澳的区位优势、丰富的海洋自然资源、宜居的生态环境和有待深入挖掘的人文资源等，这些要素构成了珠海在发展休闲养生产业方面的比较优势。

2. 劣势分析

前文分析了珠海休闲养生产业存在的问题，如资源开发不充分、整合不合理、特色不突出、品牌影响力有限、平台建设滞后，这些都是珠海的劣势。除此之外，珠海经济总量小也严重制约了产业发展，2014 年珠海人均 GDP 为116789.29 元，在广东省内仅次于深圳和广州，全国排第 11 名，但是 GDP 总量为 1857.3 亿元，不足深圳和广州的1/9，在广东省内排第 7 名。

3. 机会分析

首先，休闲旅游兴起。随着经济发展，越来越多的游客愿意选择将休闲、观光、运动、体验甚至商务等有机结合的慢节奏休闲养生旅游项目。其次，生活品质提升促使养生需求不断提高。研究表明，当人均 GDP 超过 5000 美元时，健康消费将由单纯的治疗向预防、治疗、康复、保健复合型模式转变，与健康有关的产品、设备、服务等将全面进入健康消费领域。最后，城市规划带来新机遇，2015 年 1 月 28 日国务院批准同意新修订的《珠海市城市总体规划

（2001～2020年）》将珠海定义为"国家经济特区""珠江口西岸核心城市""滨海风景旅游城市"。根据新规划，珠海将强化区域合作，依托海洋资源优势，构建科学发展、生态文明、区域引领和创新"一国两制"的珠江口西岸核心城市，打造具有国际影响力的以休闲康体度假、海洋海岛生态旅游、会议会展为特色的国际性商务旅游度假和风景旅游胜地。

4. 威胁分析

珠海发展休闲养生产业的外部威胁主要来自其他城市的竞争。国内与珠海有着类似海洋资源的城市有三亚、青岛、厦门、大连等，除三亚之外，其他城市的GDP总量都远高于珠海，拥有发展休闲养生产业更坚实的经济基础。尽管三亚的GDP总量和人均GDP都低于珠海，但其相对成熟的休闲旅游产业链和正在兴建的海棠湾国际休闲养生社区都对珠海的休闲养生产业发展构成了威胁。

综上所述，珠海在发展休闲养生产业方面既有其他城市无可比拟的区位优势、丰富的自然和人文资源，又存在起步晚、发展缓等问题；外部市场既有机会，也存在其他城市的竞争威胁。

五 构建具有珠海城市特色的休闲养生产业体系的路径选择

（一）突出特色、明确定位、合理规划是发展珠海休闲养生产业的基础

1. 突出"海洋经济"的概念

珠海是珠三角海岸线最长、海岛最多、海域最广的城市，拥有国内独特的海洋资源。因此，应大力推进海洋乐园、海岛观光、海上运动、海底潜游、邮轮游艇、休闲度假、休闲渔业等新兴海岛旅游项目；开发以海水、海洋生物、沙滩、空气、阳光等生态资源为载体的海滨海岛休闲度假项目，进行娱乐、健身、保健等；通过组织或举办海洋发展论坛、游艇博览会、海洋文化节、海洋科技产品交易会、沙滩音乐派对等各种主题的海洋节庆活动，形成富有地域特色的海洋文化；加强海洋生物技术研发与成果转化，为发展休闲养生产业所涉

及的医疗、医药、健康行业提供技术支持；重点加强海洋药物、海洋功能性食品的研制与开发，继续推进建设三灶生物医药（集群）产业园、横琴中医药科技产业园，培育一批海洋生物医药重点企业。

2. 明确国际高端市场定位

随着人口老龄化的发展和亚健康人数的增加，国内很多地方结合当地资源特点大力发展休闲养生产业。例如海南三亚着力发展休闲养生地产，以此推动休闲养生产业的发展；广西巴马是世界长寿之乡，走出了一条长寿养生的特色路线；浙江丽水以"五养"——食养、药养、水养、体养、文养为特色，打响了生态休闲养生品牌。综合分析珠海的自然、人文资源与区位优势，将休闲养生产业定位为国际高端市场，在休闲度假产品开发方面向"三高一特"产业定位靠拢。

3. 产业发展要做到大规划、大产业、大服务

当前珠海在打造"国际商务休闲旅游度假区"的进程中，引进和建设了长隆等一批旅游龙头项目，但产业挖掘深度不足、基础建设不完善、整体规模不大、专业人才缺乏等问题依然存在。因此，在休闲养生产业规划上要与城市总体规划、国土资源规划、环境规划、城乡规划以及其他产业规划紧密地结合起来。例如积极探索休闲养生岛的整岛规划、开发、建设模式，形成"一岛一特色、岛岛不相同"的城市特色。再如借鉴台湾宜兰发展模式，引入 TDZ 旅游目的地地带概念，规划斗门"十里风光"幸福村居乡村风情带，打造中国乡村风情带全新旅游品牌，实现联澳共建"世界级旅游休闲目的地"的目标。珠海依托大力发展"三高一特"现代产业体系的背景，深入挖掘海洋资源，把海岛和游艇产业、航空产业等结合起来；通过加大投入、加强服务，使珠海休闲养生产业更具特色、服务品质更高、竞争力更强。

（二）政府引导、协会推动、企业主导是形成珠海休闲养生产业的原则

1. 构建完整、科学的产业链，加快市场培育步伐

综合分析珠海的资源要素，构建涵盖房地产、旅游、商业服务、保健、健康管理、保险、教育、文化、传媒的休闲养生体系，并以点带面、以大带小培育企业。珠海拥有海泉湾、御温泉等知名温泉品牌，但是由于缺少高端医疗服

务品牌，所以尚未形成具有珠海特色的养生医疗体系。政府可以通过引进一些类似瑞士的高端康体医疗项目，将珠海的养生、温泉和城市医疗技术结合起来，使旅游、休闲与养生保健联系起来，依托良好的环境优势和合理的医疗价格，打造珠江西岸的康体医疗核心，构建珠江西岸医疗旅游目的地。

2. 以高端会议、会展推动产业发展平台的建设

养生、养老产业以及健康服务业的发展受到全世界的关注，相关行业的研讨会、交流会、产品发布会层出不穷，会议、会展产业对其他行业发展的带动能力以及对本地经济发展的推动作用不可估量。高层次的行业会议举办不仅能为城市带来直接的经济效益，还可以提高城市知名度和社会影响力。珠海可以通过开发会议酒店举办国际休闲养生产业论坛和行业会议，以打造世界级、国际级定期会议永久会址为发展目标，构建行业协会交流机制，推动产业平台建设，以此促进政府与企业互动。

3. 充分利用市场资源，发挥大企业带领中小企业的主导作用

在政府引导、协会推进的基础上，始终坚持发挥企业的市场主导作用。一方面，充分利用已开发或正在开发的资源，例如通过长隆、海泉湾、粤澳合作中医药科技产业园等项目带动周边中小企业的发展；另一方面，充分挖掘市场资源，引进、建设一批高端休闲养生景区或社区，例如吸引保险行业中高端养老社区项目入驻珠海，尤其是 CCRC 项目涉及地产、健康、养生（养老）、保险、休闲等行业，还不仅符合珠海发展休闲养生经济的需求，而且能够带动相关产业中一批中小企业的发展。

（三）完善产业扶持政策是构建珠海休闲养生产业的保障

1. 加大休闲养生产业人才培养力度，实现产学研一体化

经过多年发展，珠海高等教育从无到有、从弱到强，目前珠海已发展成为广东第二大教育集群城市，拥有 10 所高校，在校大学生已达到 13 万人。依托珠海丰富的教育资源，充分发挥高校的资源优势，合理规划专业设置，发展若干与休闲养生产业相关的在全国有影响力的学科，并通过建立产学研平台提升教育质量，为休闲养生产业搭建人才培养与输送平台，推进产学研一体化。

2. 加大产业招商力度，构建企业培育环境

加大产业招商力度，针对国际高端养生产业制定优惠政策，把有实力的投

资企业引进来，将现有分散的养生资源策划、包装、整合成有影响力、有规模的高端品牌项目，充分发挥优质企业的带头作用，促使珠海休闲养生产业全面发展；设立休闲养生产业引导基金，用于产业基础平台建设、标准制订、引进高端人才等；增强政府的引导作用，切实加强珠港澳区域经济合作，从"貌合"走向"实联"。

六　结语

本课题基于产业经济学、区域经济学、城市经济学等方法论，立足于珠海市现有的休闲养生产业发展现状，采取实证研究与规范分析相结合的方法，立足于"生态文明新特区""科学发展示范市"的城市定位，提出了构建珠海休闲养生产业体系的路径选择，但在产业发展与城市品牌提升互动方面还有待日后深入研究。

参考文献

张燚、张锐：《城市品牌论》，《管理学报》2006 年第 4 期。

郝胜宇：《国内城市品牌研究综述》，《城市问题》2009 年第 1 期。

季凯文、韩迟：《产业集群发展模式及提升途径分析——以江西省为例》，《江西科学》2015 年第 3 期。

毕磊：《中国产业集群的形成机理及模式分析》，硕士学位论文，北京化工大学，2005。

王娜：《北京延庆县发展休闲养生产业的 SWOT 分析》，《山西师大学报》2011 年第 S2 期。

邓佐明：《珠海产业结构现状分析与思考》，《特区经济》2012 年第 7 期。

中共珠海市委党校城市品牌与产业选择课题组：《珠海城市品牌与产业发展分析》，《中共珠海市委党校珠海市行政学院学报》2013 年第 1 期。

中共珠海市委党校课题组：《"蓝色珠海，科学崛起"发展战略研究》，《中共珠海市委党校珠海市行政学院学报》2014 年第 1 期。

李慧：《国外旅游城市品牌研究新视角给我们的启示》，《生产力研究》2010 年第 2 期。

叶方长、罗根香、郑素云：《丽水市休闲养生产业发展研究》，《绿色科技》2012 年第 6 期。

刘炳献：《面向"十二五"的珠海旅游城市定位及促销组合策略》，《商场现代化》2012 年第 23 期。

孔建华、李博昊：《浅谈珠海的城市形象设计与海洋文化传承》，《吉林省教育学院学报》2013 年第 9 期。

栾贻伟：《三亚市滨海旅游开发模式与实证研究——以海棠湾为例》，硕士学位论文，上海社会科学院，2010。

李小云、田银生：《休闲养生产业定位与城市品牌塑造——以南阳市为例》，《资源与产业》2011 年第 4 期。

珠海市海洋农渔和水务局：《珠海市海洋经济发展"十二五"规划》，2011。

"互联网＋"新经济形态下珠海经济发展的思路与对策研究[*]

——从"互联网＋"产业发展的角度

孟子敏

一 珠海发展"互联网＋"新经济形态的优势条件和制约因素分析

珠海作为我国最早设立的四大经济特区之一，始终走在改革开放的最前沿。在经济发展中，珠海始终固守环境底线，坚持产业发展的高端定位。从20世纪90年代开始，珠海就开始发展高新技术产业，进入21世纪以来，珠海最终定位于发展"三高一特"产业。总体而言，在珠海目前的经济和产业发展中，低端制造产能不足，高新技术产业发展迅速，互联网、大数据等技术发展迅猛，珠海已经在一定程度上形成和具备了发展"互联网＋"新经济形态的产业基础。不过，与此同时，珠海整体产业规模尚小，经济实力亟待增强，也面临着发展"互联网＋"新经济形态的种种条件的限制。因此，在"互联网＋"新经济形态的新态势下，珠海既具有一定的优势条件，也存在一些制约因素。

（一）珠海发展"互联网＋"新经济形态的优势条件分析

从全国范围看，当前我国发展"互联网＋"新经济形态及其经济新业态具有一定的基础。正如《国务院关于积极推进"互联网＋"行动的指导

---

[*] 课题负责人：孟子敏，北京师范大学珠海分校教授。课题组成员：徐琳、赵宇，北京师范大学珠海分校讲师；粟郁，北京师范大学珠海分校副教授；肖代柏，澳门城市大学人文与社会科学学院副教授。

意见》（简称《指导意见》）指出："近年来，我国在互联网技术、产业、应用以及跨界融合等方面取得了积极进展，已具备加快推进'互联网＋'发展的坚实基础。"具体到珠海，珠海在发展"互联网＋"新经济形态方面主要具有以下四个优势条件。

1. 珠海已初步具备发展"互联网＋"新经济形态的产业生态基础

珠海目前的产业发展已经广泛涉及《指导意见》中提到的创业创新、协同制造、现代农业、智慧能源、普惠金融、益民服务、高效物流、电子商务、便捷交通、绿色生态、人工智能 11 个重点领域。特别是在创业创新、协同制造、普惠金融、益民服务、电子商务、人工智能等领域已经具备了发展"互联网＋"新经济形态的产业生态基础。

在创业创新领域，横琴·澳门青年创业谷为澳门青年在横琴创业提供办公场地、首期规模 20 亿元的创业扶持资金以及金融服务、财税补贴等优惠扶持政策，30 个项目已入驻创业谷。珠海国家高新技术产业开发区集聚了一批创业创新典型企业。在智能制造和协同制造领域，格力电器公司、方正科技公司等知名制造企业已经建造智能工厂。在人工智能领域，运泰利自动化设备公司研制了具有人工智能的高精密制造检测设备，云洲智能科技公司研发了云洲智能无人船平台，丽珠集团丽珠制药厂建设了中医药制品质量周期测控、智能溯源平台及 Lhoest 理念固体制剂车间等。在电子商务领域，珠海已经培育出唯品会、聚美优品等品牌知名度较高的互联网电子商务企业。在现代农业领域，珠海十亿人社区农业科技公司借助移动互联网，以微信为平台，实现了农产品年销售额过千万元。在普惠金融领域，横琴自贸区正在集聚现代化的金融企业。在益民服务领域，珠海政府服务平台、公共信息服务平台建设均在珠三角地区处于领先水平。

2. 珠海具有发展"互联网＋"新经济形态的企业基础

珠海的诸多大型骨干科技型企业已经提前规划企业转型，使珠海具有发展"互联网＋"新经济形态的企业基础。

格力电器公司提出将以能源和环境为中心着力发展智能家居，已携手中国移动公司推出了最新的物联网空调产品，同时，开始实施产品多元化战略，即将推出手机、洗衣机、厨电、路由器等产品战略计划。此外，格力电器公司还投资了上海新世纪机器人公司的 i－ROBOT 代步车，参与了万达集团的 IPO，并与红星美凯龙集团结成战略联盟。

罗西尼表业公司已经形成成熟的个性化定制、柔性化生产的制造模式。魅族科技公司与豌豆荚、百度、360 等多家互联网公司开展合作，带来了收入的爆发式增长。珠海十亿人社区农业科技公司以电子商务为起点，向产业上游延伸，建成现代化的特色农产品基地。

3. 珠海已初步建成发展"互联网＋"新经济形态的基础设施

珠海具备发展"互联网＋"新经济形态所必需的一些软硬件基础设施。

在软件基础设施方面，珠海南方软件园是全国 11 个"国家软件产业基地"之一，集聚了一批极具创造力的成长型互联网企业。唯品会、聚美优品等互联网电子商务企业具有较强的品牌影响力，巨人、金山等传统的计算机软件企业集聚了大量优秀的计算机软件设计人才。

在硬件基础设施方面，珠海已被列入首批 90 个国家智慧城市试点名单，将以高起点构架智慧城市的顶层设计，以高标准构建智慧城市的基础设施，以高规格建立智慧城市的发展协调机制。与此同时，珠海拥有格力电器公司、运泰利自动化设备公司等现代化制造企业，还培育了若干具有一定优势的集成电路设计、高端仪器仪表、传感器等企业。

4. 珠海具备发展"互联网＋"新经济形态的良好政策环境和氛围

珠海政府部门高度重视和极力推动"互联网＋"新经济形态的发展。目前，珠海市科技和工业信息化局、珠海市商务局等有关部门不但着手制订相关领域的行动计划，加强对现有企业的调研，总结成功经验，而且大力引进和培育具有良好发展前景的重点项目和企业。例如，目前已经成功引进高级可穿戴织物传感器项目、小米科技公司、聚美优品科技公司等。

与此同时，珠海企业界已达成协同联合的共识。珠海市工业互联网协会于 2015 年 6 月 18 日在南方软件园正式成立，该协会是国内首个工业互联网协会，将成为政府与企业、企业与企业之间的桥梁和纽带，推动珠海市工业与互联网行业的融合创新，加快实现传统工业产业转型升级。

（二）珠海发展"互联网＋"新经济形态的制约因素分析

从全国范围来看，当前我国发展"互联网＋"新经济形态及其经济新业态尚存在一些问题和不足。《国务院关于积极推进"互联网＋"行动的指导意见》指出："我国在互联网技术、产业、应用以及跨界融合等方面取得了积极进展，已具备加快推进'互联网＋'发展的坚实基础，但也存在传统企业运用互联网的意识和能力不足、互联网企业对传统产业理解不够深入、新业态发展面临体制机制障碍、跨界融合型人才严重匮乏等问题，亟待加以解决。"具体到珠海，珠海在发展"互联网＋"新经济形态方面，主要存在以下四个制约因素。

1. 珠海"互联网＋"产业规模仍然不大

珠海互联网、大数据技术产业等发展势头良好，取得了一些成效。但是总体而言，"互联网＋"产业的整体规模仍然较小，具有一定规模和实力的企业还较少。

2. 珠海"互联网＋"技术创新体系不完善

在互联网核心芯片、基础软件和关键器件的研发和制造领域，珠海本地企业的自主创新能力不强，大部分产品处于价值链低端，产品附加值较低。信息技术推广应用的深度和广度不够，信息资源的开发利用程度不高，工业化和信息化"两化"深度融合的水平还有待进一步提高。

3. 珠海"互联网＋"企业品牌知名度有待进一步提升

珠海已经聚集了格力电器公司、魅族科技公司、小米科技公司、唯品会、聚美优品等具有较强品牌影响力的"互联网＋"企业。但是，知名"互联网＋"企业的数量仍然较少，多数企业品牌知名度还不高，区域品牌塑造亟待加强。

4. 珠海"互联网＋"产业协作合力尚未完全形成

珠海具有发展"互联网＋"新经济形态的软硬件基础设施，企业转型发展意识较强。但是，软件企业与硬件企业之间、相关行业的企业之间尚未完全形成优势互补、良性合作的机制，产业协同发展效应尚未发挥，需要政府有关部门给予支持和引导。

二　珠海发展"互联网＋"新经济形态的思路、原则和目标分析

依据前文对"互联网＋"新经济形态的最新理论和实践的研究，结合上述对珠海发展"互联网＋"新经济形态的优势条件和制约因素的分析，本部分研究和分析珠海发展"互联网＋"新经济形态的总体思路、基本原则和目标定位。

（一）珠海发展"互联网＋"新经济形态的总体思路分析

发展"互联网＋"新经济形态需要循序渐进，具有战略意识和长远眼光。要根据珠海地区经济发展的特点逐步推进，尤其要注重以"互联网＋"改造提升传统产业，而非仅仅发展互联网平台经济。遵循国家和广东省"互联网＋"行动计划的总体思路，结合珠海发展"互联网＋"新经济形态的优势条件和制约因素分析，提出珠海发展思路。

按照《珠海市"互联网＋"行动计划（2015～2020)》，珠海市"互联网＋"的发展思路是：围绕"生态文明新特区、科学发展示范市"总任务，以智能制造为中心，以创业创新为动力，以新业态、新模式为抓手，充分发挥区位优势和比较优势，着眼创新驱动、转型升级和提质增效，加强体制机制创新，激发互联网"大众创业、万众创新"的活力，推进互联网、大数据在经济社会各领域的广泛应用，提升经济发展质量和社会治理水平，加快建设"互联网＋"示范城市。

这一提法基本符合珠海经济社会发展实际，根据这一思路，必须进一步认识发展"互联网＋"新经济形态在珠海未来经济社会发展中的战略地位，要坚持"以发展为第一要务"，认真落实"四个全面"的新要求，全面深化改革开放，以"互联网＋"为抓手，坚持"两化"深度融合与"四化"协同发展，大力实施创新驱动，致力融合应用，着力激发"大众创业、万众创新"，突破新技术，研发新产品，开发新服务，创造新业态，改造传统产业，发展新兴产业，推动珠海市经济社会全面转型升级。

（二）珠海发展"互联网＋"新经济形态的基本原则分析

《国务院关于积极推进"互联网＋"行动的指导意见》提出了实施"互联网＋"行动的五条基本原则，即坚持开放共享、坚持融合创新、坚持变革转型、坚持引领跨越、坚持安全有序。

根据珠海"互联网＋"新经济形态的发展实际，可以提出以下四项基本原则。

1. 系统设计

必须认识到"互联网＋"新经济形态是一个系统，发展"互联网＋"新经济形态是一项系统性工程。必须坚持按照系统论的方法，按照"互联网＋"新经济形态的系统结构和层次进行整体谋划和顶层设计。

2. 企业主体

必须认识到企业是发展"互联网＋"新经济形态的主体。在发展"互联网＋"新经济形态的过程中，必须坚持以企业为主体，理顺政府和企业的关系。

3. 比较优势

必须认识到发展"互联网＋"新经济形态需要发挥比较优势。必须坚持趋利避害，进行客观、科学定位。

4. 协同创新

必须认识到发展"互联网＋"新经济形态需要网络经济与实体经济深度融合。必须坚持鼓励和支持不同产业之间、不同企业之间进行跨界合作，实现协同创新。

（三）珠海发展"互联网＋"新经济形态的目标定位分析

《国务院关于积极推进"互联网＋"行动的指导意见》提出了实施"互联网＋"行动的两个阶段的发展目标。第一阶段的发展目标是：到2018年，互联网与经济社会各领域的融合发展进一步深化，基于互联网的新业态成为新的经济增长动力，互联网支撑"大众创业、万众创新"的作用进一步增强，互联网成为提供公共服务的重要手段，网络经济与实体经济协同互动的发展格局基本形成，并且从经济发展提质增效、社会服务便捷普惠、基础支撑夯实提升、发展环境开放包容四个方面提出具体目标。第二阶段发展目标则是：到2025年，"互联网＋"新经济形态初步形成，"互联网＋"成为我国经济社会创新发展的重要驱动力量。

《广东省"互联网＋"行动计划（2015～2020）》提出了2017年和2020年两个阶段的发展目标，并且分别从互联网创业创新体系建立和完善程度、互联网与产业融合程度、互联网应用与服务普及程度三个方面制定了具体的发展目标。

根据珠海现有的发展基础和条件，珠海亦可制定阶段性目标，分两个阶段推动"互联网＋"新经济形态的发展。珠海应该明确，到2020年，互联网经济与其他产业经济的融合渗透及其转型创新进一步深化，初步确立互联网经济在珠海市经济中的主导地位。具体而言，两个阶段的目标定位可以确定如下。

1. 第一阶段：2017年的目标定位

到 2017 年，全市互联网与传统行业加快渗透融合，互联网"大众创业、万众创新"的活力进一步增强，经济社会各领域互联网应用逐步普及，电子商务、云计算、物联网、大数据等新业态快速发展，把珠海发展成为全省互联网经济发展的重要基地。

第一，互联网创新创业体系初步建立。各类互联网创新创业公共服务平台和孵化基地（园区）初具规模，建成互联网创新孵化基地 1～2 家，培育创新型互联网中小企业，形成一批"互联网＋"创业集聚区。

第二，互联网与产业发展深度融合。互联网新业态快速发展，在智能制造、互联网金融、跨境电子商务、现代物流等领域率先取得突破，形成 1～2 个产值超过 100 亿元的智能制造产业集聚区，年营业收入超过 10 亿元的互联网骨干企业达到 10 家，电子商务交易额突破 1000 亿元，物联网和云服务产业形成一定规模。

第三，互联网应用与服务基本普及。政府行政审批事项网上办理率达100%，社会服务事项网上办理率达85%，与民生相关的教育、卫生、文化、社保等基本实现信息化。建成政务大数据、企业大数据管理和服务平台，推进数据资源开放与应用对接。

第四，互联网接入水平大幅提升。全市互联网普及率达到 85%，光纤入户率超过 60%，基本建成全覆盖的 4G 移动通信网络，城市宽带接入能力达到100Mbps，无线宽带城市初步建成。

2. 第二阶段：2020年的目标定位

到 2020 年，全市经济社会互联网应用成效显著，"互联网＋"产业生态基本形成，创业创新蔚然成风，大数据产业和智慧园区不断培育出新兴增长点，互联网服务已深入融入经济、社会、生活各个领域，成为全省互联网经济发展核心区、网络民生应用服务示范区、网络创新创业集聚区，基本建成国内一流的智慧城市。

三 珠海发展"互联网＋"新经济形态的路径选择和保障措施分析

依据以上对珠海发展"互联网＋"新经济形态的总体思路、基本原则和目标定位的分析，本部分从产业发展的角度研究和探讨珠海发展"互联网＋"新经济形态可供选择的主要路径与保障措施。

（一）珠海发展"互联网＋"新经济形态的主要路径分析

基于上述思路、原则和发展目标，珠海发展"互联网＋"新经济形态应致力于三个方面的内容：一是着力做优存量，推动现有的传统行业提质增效，包括制造、农业、物流、能源等产业，通过实施"互联网＋"来推进转型升级；二是着力做大增量，打造新的增长点，培育新的产业，包括生产性服务业、生活性服务业；三是要推动优质资源的开放，完善服务监管模式，增强社会民生等领域的公共服务能力。

1. 做优存量，推动传统产业转型升级和提质增效

（1）推动"互联网＋"改造传统制造业，发展智能制造。

一是促进工业生产制造模式创新。对珠海"三高一特"产业布局中的重点行业和企业，构建智能制造单元、智能生产线、智能车间、智能工厂等智能制造系统，形成具有自组织、自适应、自维护等特征的智能生产系统，发展基于互联网的按需制造、柔性制造、数据制造、网络制造、云制造、绿色制造等新型生产模式。

二是促进工业研发和营销模式创新。鼓励大型制造业企业发展基于互联网的个性化定制、众包设计、云制造等新型研发制造模式，依托创客、众筹、众包等平台，利用大众创新实现传统产品智能化，并不断开发智能化新产品，推动制造业产品向高端化发展。鼓励企业充分利用互联网大数据资源，高效、准确、及时挖掘和响应客户需求，发展个性化营销、精准营销、创造需求等新型营销模式。

三是发展智能制造装备。推动智能设备及关键部件核心技术升级和产业化，鼓励装备制造业企业加快研发虚拟仿真、3D 打印、智能建模、工业数据

采集与管理等共性关键技术和高端核心工业软件，为智能制造提供技术支撑。

四是推动制造业向服务型制造业转型。鼓励制造业企业充分利用互联网技术，构建在线监测和远程维护服务体系，拓展制造业服务价值链。支持企业面向客户提供个性化的产品设计和整体解决方案，发展供应链金融、再制造、全生命周期管理等专业化新业务。

（2）发展"互联网＋"农业，促进农业现代化。

大力发展基于互联网的优质高效、绿色安全的农业新产品、新模式和新业态。通过多方协作建立透明的、可持续的农产品供应链体系，开展农产品质量安全追溯示范系统建设工作，提高农产品质量及安全水平。

加快推进农村互联网基础设施建设，加快研发和推广适合农民的低成本智能终端，完善农村信息化平台和服务中心。推进农业物联网建设，开展设施农场种植、规模农场养殖、森林防火监测等农业物联网的建设示范试点工作，大力发展高效农业，加快农业现代化发展。

（3）发展"互联网＋"服务业，推进服务业现代化。

深化信息技术在服务业领域的应用，促进信息技术应用向生产性服务业和生活性服务业渗透，实现传统服务业向现代服务业的转变。实现服务业智能化和网络化升级，促进现代服务业结构向高级化发展。依托信息技术的深入渗透和运用，开拓发展科技、教育、文化、咨询、出版、会展、旅游等现代服务业。

2. 做大增量，探索新模式，培育新产业，发展新业态。

（1）稳健发展"互联网＋"金融，推动互联网金融新业态的发展

加快信息技术在金融领域的应用，支持互联网企业与银行、证券、保险等金融机构合作，鼓励基于互联网的金融产品、技术、平台和服务创新，积极发展互联网金融新业态。

探索建立网络银行，促进第三方支付、P2P网络借贷、股权众筹、金融产品网络销售等新兴业态的发展。探索构建政府、企业、金融机构等共同参与的多层次社会信用体系，为互联网金融发展营造良好的信用环境。

支持各类互联网金融平台建设，鼓励传统金融机构设立互联网金融研发中心。明确互联网金融监管职责，加强协调配合，完善监管体系，推动建立信息披露、风险防控和应急处置机制，利用大数据等技术加强互联网金融的监管与

服务，以防范风险。

（2）提升发展"互联网＋"商贸，推动新型电子商务的发展。

深化信息技术在商贸领域的广泛应用，鼓励各行各业利用电子商务在生产、制造、经营、销售等各环节应用模式创新。

加快发展跨境电子商务。培育跨境电子商务经营主体，建立多语种支付体系，完善跨境电子商务报关、结汇、退税、统计等管理机制和信用体系，拓展外贸市场和增加跨境电子商务综合试点。

加快发展农村电子商务。加强农村电子商务相关基础设施建设，完善农村配送服务网络体系，优化农村电子商务基础环境。鼓励电子商务平台企业服务下沉农村，鼓励农民利用资源优势发展特色农产品电子商务，打开销售渠道，促进产销对接。

（3）促进发展"互联网＋"物流，推动现代物流的发展。

落实国家"一带一路"战略部署，加快完善公共基础配套体系，大力发展现代物流，推进大宗商品物流主要枢纽和全球集装箱物流重要枢纽建设。搭建航运、船舶管理、物流贸易、金融保险等信息服务平台，为实施国家"一带一路"发展战略提供支撑。

构建覆盖城乡、联通全球的物流配送体系，加快城乡"最后一公里"快递配送业的建设。推进港口、铁路、机场、货运站等交通枢纽和仓储基础设施智能化建设，构建海铁联运、铁水联运、公铁联运、陆空联运等多式联运智慧物流体系。

（4）加快培育"互联网＋"信息服务业，推动公共服务业的发展。

一是加速发展云计算产业。以云工程及云服务为重点，推进软件和信息服务企业向云服务企业转型，提供云计算专业服务和增值服务。形成完善的云计算公共服务产业体系，推动建设一批"政务云""工业云""农业云""电商云""健康云""旅游云"等行业专有云平台，为行业提供专业云服务。

二是培育发展大数据产业。以大数据应用为中心，加强数据挖掘分析、商业智能、多媒体加工、可视化软件等自主技术创新，推动大数据产业链协同发展。

三是积极推动移动互联网产业发展。围绕软件、服务平台、应用服务等，引导移动互联网产业向特色化、高端化发展，推出一批领先的应用服务产品。

3. 推动优质资源开放，加强服务监管理念

（1）提升电子政务服务效能，构建互联互通的电子政务公共服务平台。

顺应行政审批制度改革和转变政府职能的总体要求，完善以管理社会和服务群众为中心的电子政务服务体系。基于我国统一的政务网络，整合各部门政务服务资源，优化服务流程，加快构建基于云平台的跨层级、跨部门的互联互通的统一的电子政务公共服务平台，面向企业和公众提供全生命周期的远程公共服务，实现政府行政审批等服务事项一站式网上办理与全流程效能监督。

（2）大力发展"互联网＋"公共服务体系。

推进社保卡、市民卡、金融 IC 卡等公共服务卡的应用集成和跨区域一卡通用，实现医保费用跨区域即时结算。完善公共就业信息服务平台，推进就业信息联网，提升公共就业服务水平。建设智慧社区，搭建社区信息服务平台和服务站，发展面向家政、养老、社区照料和病患陪护的信息服务体系，为社区居民提供便捷的综合信息服务。推进物联网、移动互联网等在养老服务和社区服务领域的广泛应用，更好地满足养老服务和社区服务需求，释放信息消费潜力。围绕家居安防、智能家电控制、室内环境智能监测等，开展智能家居、数字家庭应用示范，带动智能家居技术突破和产品升级，提高人民生活质量。探索发展远程办公、移动商务等在家办公新模式，满足多元化数字生活需求。

（3）推进信息惠民和智慧城市建设。

充分利用现代信息技术，创新城市管理模式，实现对城市全地域覆盖、全时空监控、全过程综合管理，推进信息惠民和智慧城市建设。加快新一代信息技术在试点城市的创新应用和推广，推进城市综合服务体系建设，促进城市低碳化、绿色化、智能化发展。在医疗卫生、安全居住、公共交通、资源和环境保护、文化教育、娱乐休闲等领域，应用大数据、云计算、物联网等技术，建立开放、统一、优质、高效的"健康云""安居云""畅行云""绿色云""文化云""旅游云"等，推动信息平台之间的互联互通和信息共享，拓展信息服务的新业态，探索信息服务新模式，形成社会保障信息公共服务体系。

（4）促进政府和公共数据资源的开放共享。

建立公共信息资源开放共享机制，制定公共信息资源开放共享管理办法，依托现有电子政务基础设施，搭建公共信息资源开放共享平台，形成物理分散、逻辑统一的公共信息资源开放共享体系，为各级部门提供信息资源开放共

享支撑。培育信息资源交易市场，建立信息资源资产登记制度和交易规则，制定信息资源数据标准，规范信息资源资产说明，推动形成信息资源资产交易市场，建立信息资源资产知识产权管理制度，加强对信息资源资产的知识产权管理。积极推进大数据试点示范工程，面向重点行业和重点民生领域，广泛开展大数据应用示范。

（二）珠海发展"互联网＋"新经济形态的保障措施分析

为保证上述发展路径的实现，珠海发展"互联网＋"新经济形态应制定以下四个方面的保障措施。

1. 构建鼓励创新创业的政策促进体系

构建鼓励"互联网＋"创新发展的政策体系，形成政策合力，实现政策效应最大化。贯彻落实国家、省和市在财税、土地、招商引资等方面的优惠政策，综合运用政府购买服务、无偿资助、事后奖励等方式，推动互联网与珠海各个产业深度融合。

加快制定规范和支持互联网金融发展的政策措施，加快制定鼓励和支持创业的政策措施，鼓励互联网创业创新。研究制定发展"互联网＋"的优惠政策，向移动互联网、物联网、云计算、大数据等新兴信息技术服务产业倾斜。

2. 创新培育"互联网＋"的引导模式

积极争取国家及广东省有关资金扶持，统筹利用珠海市创新驱动、技术改造、信息产业发展、民营中小企业等专项资金，鼓励和支持社会资本创立、创新投资基金，加大对互联网创新创业的投资。

相关资金重点向支持"互联网＋"倾斜，加强对创新应用和新型产业的投资。加强示范引导，建立一批技术先进、商业模式新、资源整合力强的"互联网＋"企业。加强政策引导，加大对创新型中小企业的资金支持。

开展"互联网＋"试点示范，加强政府部门之间、中介组织和企业之间的经验交流，推广示范试点成功经验，发挥典型示范带动效应。

3. 营造发展"互联网＋"的宽松环境

加大"互联网＋"行动扶持政策和成果宣传力度，倡导互联网创新创业文化。报道一批创新创业先进事迹，树立一批创新创业人物典范，大力培育互联网企业家精神和创客文化，让互联网创新创业蔚然成风。

推进互联网信息安全保障设施建设，支持互联网、物联网、移动互联网、云计算、大数据等安全防护技术应用，健全地方网络和信息安全标准体系，加大依法管理网络和信息的力度，确保互联网信息安全。

4. 推进拓展"互联网＋"的国际合作

支持和鼓励珠海本地企业采取 B2B2C、C2B、M2C 等多种模式开拓国际市场。争取建立区域间电子商务合作机制，在区域合作协定中增加关于共同促进互联网经济发展的条款。

鼓励珠海本地企业与港澳台企业合作建立网上流通渠道，实现产品线上线下的低成本、便捷化流通。建立"互联网＋"合作机制，将珠海本地与港澳台的跨境电商平台对接，鼓励有条件的珠海本地电商企业与港澳台电商企业建立合作平台。

四 珠海发展"互联网＋"新经济形态的重点领域和实现方式分析

如前所述，对于国家及广东省提出的"互联网＋"重点行动计划中的产业领域，如"互联网＋工业""互联网＋农业""互联网＋金融""互联网＋商贸""互联网＋物流"等，珠海均有所涉及。经过调研与分析，相对而言，珠海具有优势的领域主要包括五个，即"互联网＋工业""互联网＋金融""互联网＋商贸流通""互联网＋公共服务""互联网＋创新创业"。

从产业发展的角度，珠海可将上述五个领域作为发展"互联网＋"新经济形态的重点领域。通过调查和研究珠海这五个重点领域中典型产业的代表性企业与互联网的融合程度和方式，得出"互联网＋"的实现方式。

（一）"互联网＋工业"领域

如前文所述，珠海在智能制造、协同制造领域具有一定的产业发展基础，因而可以将智能制造、协同制造领域作为重点，发展"互联网＋工业"。"互联网＋工业"，即促进传统工业与互联网的深度融合，提高工业自动化与信息化水平，从而有效促进产业升级和产业结构调整。

1. 推动智能制造发展

在智能制造领域，可以选择产业基础好、对智能制造需求迫切的重点行业，有针对性地开展智能部件、智能技术、成套智能装备的系统集成等的研发和产业化，推进其对重点行业的应用示范，提升制造过程的绿色化和智能化水平。可以选择信息化和数字化基础好的家用电器、生物医药、电子信息、装备制造等行业中的骨干企业，进行智能化生产线和数字化车间的应用推广。

（1）支持智能制造骨干企业壮大规模。

支持格力电器公司、丽珠医药公司、运泰利公司、云洲智能公司等骨干企业建设智能工厂、智能车间，促进工业生产制造模式创新。支持工业企业开展O2O（线上线下）、柔性制造、大规模个性定制等制造模式创新试点。

（2）加快互联网与工业控制自动化系统深度融合。

鼓励格力电器公司、赛纳科技公司、凯邦电机公司等企业运用智能传感器、移动互联网、物联网、人工智能等新技术，推动生产设备互联、设备与产品互联，提升制造过程的智能化水平。

（3）推动装备和产品智能化。

鼓励整机企业与东信和平公司、全志科技公司、炬芯科技公司、魅族科技公司等芯片、器件、软件企业合作，开发智能穿戴设备、互联网电视、智能手机、3D打印等智能终端产品。

（4）发展机器人智能制造产业。

组织实施智能机器人重大科技专项，加快突破以机器人为重点的智能制造核心关键技术，重点支持机器人本体、控制器、伺服电机、减速器等关键零部件的研发和应用。加快引进机器人企业落户建设，打造完整的机器人制造产业链。

2. 构建协同制造体系

协同制造是基于敏捷制造、虚拟制造、网络制造、全球制造的生产模式，通过互联网打破时间、空间的约束，使整个供应链上的企业和合作伙伴共享客户、设计、生产经营信息。协同制造模式的推广使得制造业从传统的串行工作方式转变成并行工作方式。

珠海市构建协同制造体系，可以根据不同行业产业链的特点，发展不同类型的协同制造模式。

（1）整机与零部件企业之间的协同制造模式。

整机生产企业联合零部件生产企业开展产品组装与制造方面的合作，可以广泛应用于智能家居、新一代信息技术产业、打印机及耗材等行业。

（2）工程总承包公司与装备制造企业之间的协同制造模式。

工程总承包公司联合装备制造企业开展服务与制造方面的合作，可以广泛应用于海洋工程、特种工程船舶、轨道交通装备制造等行业。

（3）研发设计服务企业与制造业企业之间的协同制造模式。

研发设计服务企业与制造业企业紧密合作，开展研发设计与制造方面的协同制造，可以广泛应用于医疗设备、游艇等行业。

3. 促进工业企业制造服务化

鼓励工业企业利用物联网、云计算、大数据等新技术，围绕客户需求，推进服务模式创新，向用户提供远程诊断、预防性维修和定期维护等智能服务。支持工业企业通过搭建云平台，开发定制化的工业 APP，提供大数据分析定制，为用户提供多样化、个性化的增值服务，并探索从"制造"向"制造＋服务"的混合型企业转变。

鼓励大型企业建设公共服务平台，为相关产业链上的中小型企业提供产品设计、制造、销售、管理等多层次的信息化服务，实现产品设计、制造、销售、管理等生产经营各环节的企业间协同运作，提高整个供应链的运行效率，形成网络化企业集群。

支持企业及社会机构建立互联网工业设计中心及服务平台，发展互联网工业设计。大力发展设计方案异地共享、模具 3D 在线打印、网络协同设计、网络众包设计等互联网工业设计新模式。共享设计方案，支持建立基于互联网的3D 打印创意社区，探索个人工厂、社区工厂的商业化运作，推进互联网工业设计与产业对接。

4. 促进工业企业管理智能化

支持工业企业运用互联网推动组织结构优化及业务流程再造，提升市场竞争力。支持企业建立客户大数据库，开展用户消费行为分析，提升精准营销、精细服务水平。引导企业基于智能化产品和物联网向用户提供一体化的解决方案。

在智能家居、电子信息、石油化工等重点行业，鼓励企业开展基于工业大数据的新一代商业智能应用试点，挖掘并利用产品、运营和价值链等大数据，实现精准决策、管理与服务。

（二）"互联网＋金融"领域

1. 发展互联网金融新业态，鼓励互联网金融产品和服务创新

珠海可以依托横琴新区、自贸区先行先试政策优势，出台鼓励互联网金融发展的政策措施，积极引进互联网消费金融、互联网证券、互联网保险、网络第三方支付、股权众筹、P2P 网络贷款等互联网金融项目，促进互联网金融新业态的发展。

鼓励传统金融企业及相关机构采取线上和线下相结合的方式，研发符合市场需求的金融产品和服务。支持互联网企业基于自身业务优势设立网络小额贷款、第三方支付、网络金融超市、网络金融大数据挖掘和评估、企业信用评价等互联网金融相关机构。

鼓励金融机构在线上开展 P2P、P2B、票据众筹、保底融资、融资租赁、消费金融、资产的证券化等业务，解决中小微企业融资难的问题。

2. 深化珠港澳互联网金融合作，建立珠港澳互联网金融共同市场

以横琴新区为核心，在《关于建立更紧密经贸关系的安排》（CEPA）框架下，引进港澳各类互联网金融机构和互联网金融投资主体。依托珠港澳金融合作创新示范区的建设，大力发展跨珠港澳在线支付、电子支付、跨境支付和移动支付等业务，稳步发展网络保险、网络基金等业务。

探索建立珠港澳互联网金融共同市场，实现从业人员资格互认，鼓励横琴新区符合资质的金融机构推出面向港澳居民的互联网金融产品，允许港澳地区符合条件的金融机构向横琴新区居民销售互联网金融产品。推进莲花大桥穿梭巴士受理金融 IC 卡项目，加快横琴新区与澳门支付同城化进程，便利两地资金往来和结算。

3. 发展互联网海洋金融

鼓励互联网金融企业为海洋经济发展提供融资支持，可推出海域使用权抵押贷款、（在建）船舶抵押贷款、船舶出口买方信贷、船舶融资租赁等海洋金融产品。采用众筹的模式创新航运保险业务，探索发展海洋灾害保险等新品

种，促进保险机构提供更多适应海洋经济需要的保险产品。

引进、设立互联网金融海洋产业基金。推动银行、保险、风险投资、股权投资、担保机构等建立海洋投贷联盟，支持海洋工程装备制造、海洋能源、港口物流、海岛旅游、现代海洋渔业等特色海洋经济发展。

完善海岛金融服务网络，增设海岛金融网点，推广基于移动终端的金融服务，促进海岛金融服务便利化。

4. 推动互联网金融规范化发展

加强对互联网支付、网络借贷、股权众筹融资、互联网基金销售、互联网保险、互联网信托和互联网消费金融的监管，保护消费者的合法权益，维护公平竞争的互联网金融市场秩序。

建立健全互联网金融网站备案审查、客户资金第三方存管、信息披露、风险提示和合格投资者等制度，开展互联网金融业务数据统计、监测和风险评估，加强互联网金融网络与信息安全保障体系建设，提升互联网金融安全风险防范能力。

完善互联网金融信用体系建设，支持具备资质的信用中介组织开展互联网金融企业信用评级。加强企业信用信息平台建设，全面完善企业信用信息公示，建立企业网络金融征信系统。利用大数据手段制定纳税人分类管理办法，对不同信用等级的纳税人实施分类管理，构建珠海互联网风险个人信用评级制度。

（三）"互联网＋商贸流通"领域

"互联网＋商贸流通"领域包括电子商务服务和现代物流服务两大领域。

1. 电子商务服务领域

（1）优先发展跨境电子商务。

珠海应发挥横琴自贸区的优势，加强跨境电子商务公共服务平台和跨境支付平台等服务体系建设，推动传统外贸企业向跨境电商企业转型，争取成为国家跨境贸易电子商务服务试点城市、跨境电子商务进口试点城市。

加快跨境电子商务产业园建设，完善进出口通关、仓储物流、体验中心和电商综合服务等公共服务体系。加快横琴进口商品O2O展销体验中心建设，支持聚美优品、唯品会等跨境电商核心企业发展，鼓励本地企业面向海外市场拓展 B2B、B2C 贸易渠道，大力扶持面向葡语国家、拉美国家的电商平台建设。大力引进总部型电子商务企业，鼓励制造企业、商贸流通企业、农产品企业建立或依托第三方电子商务平台开展网上交易，加快推动电商集聚区发展。

（2）大力发展农村电子商务和农产品溯源。

建设面向农村的电子商务综合服务平台、网络及渠道，加快横琴新区、斗门区等电商集聚区的发展。依托珠海国家农业科技园和珠海金湾台湾农民创业园，促进十亿人果蔬网等农业电商龙头企业的发展。

加快推动与阿里巴巴合作，通过农村淘宝项目实现网货下乡和农产品进城双向流通。加快推进国家食品安全（横琴）创新工程建设，建立农产品可追溯体系。到 2017 年前对珠海市主要农产品实行可追溯试点，2020 年全面建成农产品可追溯体系。

2. 现代物流服务领域

（1）合理布局现代物流园区、基地、中心等基础设施。

实施珠海市现代物流服务业发展规划，依托港珠澳大桥、珠海港、珠海机场、广珠铁路、西江联盟等基础设施，通过互联网加强与港澳地区和珠江西岸城市间的物流合作，扩大珠海物流服务腹地。

（2）推动电子口岸、智慧港口建设，发展保税物流和保税仓储。

加快电子口岸建设，建设跨境电商通关服务平台、船舶出入境联检平台和国际贸易"单一窗口"三大重点项目，促进通关、物流便利化。加快智慧港口建设，提升港口营运效率以及港贸物流电子服务。依托横琴自贸区建设，吸引互联网电商企业开展保税物流和仓储服务。

（3）构建现代快递、物流配送体系，推进物流企业管理信息化。

构建与电子商务发展相适应的现代快递、物流配送体系，支持发展第三方物流企业，鼓励珠海物流企业与互联网公司协同合作，打造国内具有影响力的物流运营服务平台。支持物流企业运用先进的物流管理信息系统、射频识别技术（RFID）、物流大数据分析等技术，提高管理效率和水平。

（四）"互联网＋公共服务"领域

"互联网＋公共服务"领域包括政务服务和民生服务两大领域。

1. 政务服务领域

（1）完善互联网公共政务服务。

完善政府网上办事大厅建设，建立规范化、标准化的办理事项库，加快审批、审核及服务事项全面网上办理；推进各项办事事项流程优化及再造，打通各政府部门之间的服务流程，整合各部门网上信息和服务项目，提升网上办事大厅的服务能力和服务效率，为企业和公众提供高效可用的一站式电子服务。

加快实施电子政务畅通工程，建设完善电子政务信息资源共享平台，推进市、区政务信息资源共享。开展商事登记制度改革，推动"三证合一""一照一码"登记制度在全市推广应用。

（2）推进政务大数据在线开放和应用。

建设包括城市公共基础数据库、公共业务数据库和公共服务数据库三大内容在内的智慧城市公共数据库及综合服务平台门户系统；推动各部门积极开展大数据服务，扩大大数据技术应用的深度。初步建立政府数据信息资源开放机制，支持各行业通过应用智慧城市综合服务平台，调用其他行业的数据和服务，推进公共服务个性化和政府决策智能化，提升政府精细化管理水平。

（3）构建企业大数据管理和服务体系。

按照全省的统一部署，组织开展企业数据采集工作，依托全省企业情况综合数据库及企业大数据分析系统，搜索挖掘企业经营和活动数据，满足数据分析应用需求，实现数据可视化。公开珠海市企业注册、投资、经营、效益、分类等总体情况，动态分析行业、企业、产品等经济运行情况，提出扶持企业发展的对策措施。

（4）加强市民卡推广和深化应用。

进一步完善市民卡支撑平台，发行、推广支持社保、居住证、公积金、就诊、交通等多项公共服务的市民卡，建设支持全市统一的账单信息呈递、交换、支付的市民卡统一付费平台，发展基于市民卡的小额支付业务，为市民提供集政府公共服务、社会事业服务及电子商务服务三大类应用于一卡的便捷服务。

2. 民生服务领域

持续完善"互联网＋惠民服务"，推动智慧城市建设，惠及民生。

（1）在医疗卫生领域，建设健康珠海。

建立市级医院与基层医疗单位（乡、镇医疗机构）的数字化远程医疗系统，实现医疗资源共享；建立珠海市卫生综合管理决策系统，对居民健康档案进行数字化挖掘、整理，实现卫生资源的合理配置、疾病监测以及卫生监督；推广医疗便民服务，建立全市居民预约挂号系统和120急救指挥平台，通过互联网和手机终端实现在线预约挂号、预约支付、在线询诊、自动电话联络、手机定位、车辆调度等功能。

（2）在安全居住领域，建设安居珠海。

增补重要路段和核心地点的监控，提升监控覆盖率，建设和完善覆盖珠海市全市中小学和幼儿园的安防设施，通过接入珠海联网报警服务中心提供24小时联网报警服务；推动政府行政办公与人流密集等重要公共服务区域Wi-Fi免费服务；建设包含电力、通信、排水、排污、燃气等在内的集地下管网的信息采集、数据应用服务于一体的智慧市政管网综合管理系统。

（3）在公共交通领域，建设畅行珠海。

建设智能交通信号控制系统、非现场违法自动抓拍系统、路网态势监控系统、智能停车管理系统，完善和丰富交通信息服务手段，实现以道路交通引导、综合智能停车引导、微信微博发布、广播电台等多种手段为基础的交通服务新模式。

（4）在资源和环境保护领域，建设绿色珠海。

建设珠海市水资源动态管理平台，对珠海的取水资源数据监控、水资源实时预警、突发事件应急响应、水资源调度、水资源费征收以及水资源信息统计及发布等业务进行智能管理，完善工业集控区排污在线监控分析系统；建立生态环境监测数据集成共享机制，构建珠海市生态环境监测大数据平台，实现大气、水、扬尘等环境质量、污染源、生态状况监测数据、远程视频在线监控的有效集成和互联共享，实现多部门联防联控、超标自动报警、大数据关联分析，为政府生态环境保护决策、管理和执法提供数据和技术支持。

（5）在文化教育领域，建设文化珠海。

加快建设珠海市教育云数据中心，推进广东省"粤教云"计划珠海应用示范试点区的建设工作，建设数字教育公共服务平台，开展移动网络"学习帮"帮扶计划，打造珠海市教育视频网及应用平台，推进智慧校园建设，将全市50%以上的中小学建成在课堂、学习、教研、管理、服务五个方面领先的数字化校园，提升珠海市教育信息化应用水平。发展移动多媒体、数字出版、动漫游戏等新型业态，鼓励研发具有自主知识产权及中华民族特色的网络文化产品，加快数字版权知识保护，形成一批有影响力的网络文化品牌。

（6）在娱乐休闲领域，建设旅游珠海。

继续建设和推广珠海市旅游 APP、微博、微信及官方网站"四位一体"的智慧旅游平台；加强与国内互联网龙头企业合作打造珠海智慧景区，用智能手机、电脑等终端设备完成旅游项目引导的全过程，通过智能手机、体验触摸屏及平板电脑等终端，实现智能化自助导览、导游、导航及餐饮、娱乐等商务服务以及客流统计、车船调度、环境监测等智能管理；借助互联网平台，深化对澳合作，共同打造世界级旅游休闲中心。

（五）"互联网+创新创业"领域

"互联网+创新创业"即利用互联网优势，激发创新活力、重塑创新体系、探索创业模式，培养新兴业态，推动"大众创业、万众创新"。

1. 打造互联网创新创业平台

（1）支持创新创业平台建设。

支持建设横琴澳门青年创业谷、北大创业营横琴基地、大学生创业孵化基地、海纳城电子商务产业园（孵化平台）等创新创业平台；依托创新创业平台，为创客群体提供技术研发、咨询、技术转让、项目孵化等服务。

（2）鼓励新型研发机构和公共技术服务平台建设。

加快建设华南理工大学珠海现代产业研究院、清华珠海创新中心、珠海南方集成电路设计服务中心、珠高电气检测中心、省海洋工程装备技术研究所、航空航天装备技术研究所等新型研发机构，通过互联网技术促进研究机构资源开发共享。鼓励在珠高校、新型研发机构及公共技术服务平台等开放实验室、检测认证、软件工具等资源，支持创新企业和创客开展技术、产品开发。

（3）加快众创空间建设。

支持清华科技园、高新技术创业服务中心等科技企业孵化器开辟众创空间，支持同望科技、全志科技等骨干企业自建众创空间，为创业者提供资金、技术和平台，形成开放的网络创新创业生态圈。

2. 支持互联网跨界融合创新

争取"中国（珠海）互联网+创业创新大赛"落户珠海，吸引全国甚至全球范围内的创业创新人才和项目汇集珠海，营造"大众创业、万众创新"的良好氛围。

支持发展"互联网＋"中小微企业，积极申报国家小微企业创业示范基地、国家小微企业创业创新基地城市示范等相关项目，争取资金和政策的支持。

围绕"互联网＋产业＋创客空间"体系，连接港澳，辐射珠江西岸，建立跨行业、跨区域创业创新联盟，探索"创意众谋、设计协同、资金众筹、生产外包、网络分销"等新型的、轻资产化模式。

通过众创、众包、众筹、众扶等方式，支持创新企业、青年创业者和大学生等利用互联网、物联网、云计算、大数据、人工智能等新技术开发购物、娱乐、旅游等网络消费应用，发展交通、连锁商业、居民缴费等移动支付应用，开发基于互联网的云家电、生活机器人和智能穿戴产品与各类创新 APP 应用。

3. 支持开放式协同创新

按照各行业的特点，鼓励建立不同模式、不同功能的协同开放式创新云平台。

（1）通用航空、新能源汽车等行业。

支持中航通飞公司、银隆新能源公司等大型骨干企业自建开放式创新云平台，连接潜在的创新源，实现企业内部、产业链上下游企业之间协同创新，提高创新效率。

（2）智能家居、电子信息等行业。

通过自建或依靠第三方创新云平台，加强同用户端的联系，实现研发领域的众包、众创，适应需求牵引型创新的要求。

（3）生物医药、智能电网等行业。

在生物医药、智能电网等智力密集型的行业，依托第三方独立的创新云平台，实现同国内外行业专家的联通和协作，实现"端到端"的开放式创新模式。

参考文献

阿里研究院：《互联网＋：从 IT 到 DT》，机械工业出版社，2015。

安宇宏：《"互联网＋"战略》，《宏观经济管理》2015 年第 5 期。

陈灿：《互联网＋：跨界与融合》，机械工业出版社，2015。

郭嘉凯：《让传统产业插上"互联网＋"翅膀》，《软件和集成电路》2015年第9期。

靳欣：《"互联网＋"产业革命路线图亮相》，《科技智囊》2015年第8期。

赖丹：《产业升级：从"＋互联网"到"互联网＋"的嬗变》，《当代广西》2015年第18期。

李冬梅：《互联网与产业的融合》，《统计与管理》2015年第11期。

李淼：《从消费互联网到产业互联网》，《中国战略新兴产业》2015年第22期。

李亿豪：《互联网＋：创新2.0下互联网经济发展新形态》，中国财富出版社，2015。

李易：《互联网＋》，电子工业出版社，2015。

李者聪：《"互联网＋"时代产业转型思维》，《人民论坛》2015年第23期。

林念修：《"互联网＋"：促进产业转型升级的关键》，《中国经贸导刊》2015年第31期。

陆峰：《"互联网＋"强力升级中国经济社会转型》，《互联网经济》2015年第4期。

马化腾：《互联网＋：国家战略行动路线图》，中信出版社，2015。

宁家骏：《"互联网＋"行动计划的实施背景、内涵及主要内容》，《电子政务》2015年第6期。

邬贺铨：《"互联网＋"行动计划：机遇与挑战》，《人民论坛·学术前沿》2015年第10期。

徐勇：《大力发展跨境电子商务 打造"互联网＋"新兴产业》，《港口经济》2015年第7期。

张莉：《落实"互联网＋"行动计划的路径及措施探讨》，《中国经贸导刊》2015年第21期。

赵立昌：《互联网经济与我国产业转型升级》，《当代经济管理》2015年第12期。

邹磊、徐策：《实施"互联网＋"行动计划 推动提质增效升级》，《宏观经济管理》2015年第6期。

新型城镇化背景下珠海乡村生态旅游
发展及其推动农业产业结构优化研究[*]

萧 琳

一 新型城镇化背景下珠海乡村生态
旅游发展必要性研究

（一）从珠海的城市定位分析

珠海是珠江三角洲南端的一个重要城市，位于广东省珠江口的西南部。随着时代的变迁，珠海的城市定位也在不断变化，在1980年经济特区建立时的定位为"具有相当水平的工农业相结合的出口商品基地""成为吸引港澳客人的旅游区""新型边防城市"，后来的定位为"花园式海滨工业商贸城市""高科技城市"，再到后来被定位为"大学园区—科技创新海岸""构筑实业旺市、科教兴市、环境强市"；2003年，珠海被定位为"珠江口西岸的区域性中心城市"，但在国务院的批复中，珠海被定位为"珠江三角洲中心城市之一""东南沿海重要的风景旅游城市"；2008年《珠江三角洲地区改革发展规划纲要（2008~2020年)》明确提出，珠海市作为珠江口西岸核心城市，注重经济、社会、环境的协调发展，体现以人为本，构建低碳型经济社会。因此，建设具有区域特色的珠海市综合发展的生态农业，大力发展乡村生态旅游，打造珠海生态城区，加快城乡一体化建设，实现城乡共同繁荣，成为珠海市经济社会发展的主要目标。

* 课题负责人：萧琳，珠海城市职业技术学院讲师。课题组成员：潘沁红，珠海城市职业技术学院副教授；霍巧红、高倩倩，珠海城市职业技术学院讲师。

（二）从国民经济和社会发展趋势分析

2011 年《珠海市国民经济和社会发展第十二个五年规划纲要》出台，明确指出珠海在"十二五"期间以发展战略性新兴产业和"三高"产业为主体，构建生态型现代产业体系；突出发展高端服务业，重点发展物流、商务会展、服务外包、文化创意、休闲旅游等现代服务业；创新发展现代农业和海洋经济，重点发展城郊型特色农业、水产科技研发、农业生态旅游，加快形成具有岭南特色的都市型、外向型、生态旅游型现代农业产业体系。因此，发展乡村生态旅游进一步完善了农业产业体系，有利于经济与生态的完美融合，符合国民经济发展要求。

（三）从新型城镇化背景分析

《国家新型城镇化规划（2014～2020 年）》指出，中国特色新型城镇化道路不是单纯地将农村变成"水泥森林"，而是要"延续文脉，留住刻骨乡愁"，"让居民望得见山、看得见水、记得住乡愁"。要让绿色生产、绿色消费成为城市经济生活的主流，将生态文明的理念融入城镇化的进程。因此，乡村生态旅游将第一产业、第二产业和第三产业有机结合起来，具有产业关联度高、带动性强、绿色环保的特征，成为新型城镇化的重要产业之一。首先，新型城镇化关键是要实现人的城镇化，乡村生态旅游业的发展可以吸纳更多的农民就业，通过经营食宿、加工纪念品、表演、参与乡村旅游项目的经营等各种方式获得收入，从而实现人的城镇化。其次，乡村生态旅游的发展不仅可以传承和保护乡土文化，也可以辐射城镇的人文内涵，提升城镇的形象和知名度，有利于招商引资，降低城镇化建设的成本。最后，乡村生态旅游自身的发展特征可以统筹城乡生态环境建设，调整产业结构，合理分配资源，促进城乡统筹发展，扭转长期形成的城乡二元结构。

（四）从珠海农村政策法规分析

《珠海市综合发展的生态农业总体规划（2011～2020 年）》明确指出，以生态经济系统原理为指导，延长农业产业链条，建立起资源、环境、效率、效益兼顾的综合性农业生产体系，调整和优化农业结构，促进农、林、牧、副、渔各业和农村经济的综合发展，形成资源、生态与经济良性循环，以及社会效益综合统一的现代新型农业发展模式。大力发展乡村生态旅游，打造粤港澳、珠江口地区旅游产品的主导品牌，将珠海市打造成为亚太地区著名的滨海生态农业休闲旅游城市。珠海出台的《关于创建幸福村居的决定》提出了农村实施"特色产业发展、环境宜居提升、民生改善保障、特色文化带动、社会治理建设、固本强基"六大工程，注重建设城乡一体、具有连片大色块特色的森林生态景观。因此，大力发展乡村生态旅游，进一步完善珠海生态农业产业体系，增加了村民收入，有效地解决了劳动力就业问题，促进了幸福村居建设。

二 珠海乡村生态旅游产业发展现状研究

乡村旅游兴起于法国。随着现代社会经济的不断发展，人们对生活品质的要求越来越高，世界旅游组织提出"回归自然与返璞归真"旅游主题为中国乡村生态旅游发展创造了重要机遇。下面从珠海乡村生态旅游资源、发展现状等方面对珠海乡村生态旅游发展进行具体分析。

（一）珠海乡村生态旅游资源分析

1. 珠海乡村生态资源优质

气候资源：珠海属亚热带季风气候，气候宜人，年平均气温为22.3℃，雨量充沛，年降雨量为1770~2300毫米。大气的年平均相对湿度是79%，人体舒适度极佳。

地理资源：珠海处于北纬21°48′~22°27′、东经113°03′~114°19′，东与香港隔海相望，南与澳门相连，西邻新会、台山，北与中山接壤。市区内陆部分地势由西北向东南倾斜，地形多样，以平原（占25.5%）、丘陵（占58.68%）为主，兼有低山、滩涂等，以纵横交错的水网划分。珠海地势平缓，倚山临海，海域辽阔，百岛蹲伏，有奇峰异石和秀美的海湾、沙滩，内陆由凤凰山、将军山两大山系的山地丘陵及海岸、平原构成，地理环境良好。

水文资源：珠海处于珠江出海口西岸，境内江河、河涌水网纵横，咸淡水交汇，河口型渔业资源丰富。海域面积为6100平方公里，沿海滩涂资源丰富，具有发展鱼、虾、蟹、蚝等天然优势。珠江八大入海口中有3个（磨刀门、鸡啼门和虎跳门）在珠海境内，水资源极为丰富。

生物资源：珠海林地面积为49030公顷，生态公益林有36636.4公顷，森林覆盖率为28.6%，林木绿化率为29.6%，拥有淇澳岛、黄杨河等良好的生态湿地资源和丰富的生物物种资源，为珠海市发展生态农业和休闲旅游创造了良好条件。

2. 农业资源丰富

农用土地资源：珠海市土地资源类型齐全，有利于产业综合发展。农用地具有"一大两小、三片多点"的特征。大片区指西区陆域斗门和金湾片区，多集中连片；两小片区指香洲区北部唐家湾镇和南部横琴南屏，分布较集中。最新调查数据显示，珠海市农用地总面积为97718公顷，占土地总面积的59.49%，其中耕地及可调整地类为32405.60公顷，占总面积的19.73%，园地为6201.90公顷，占总面积的3.78%。

渔业资源：珠海海域属南亚热带浅海区，水域生境多样，生物区系复杂，是多种经济鱼、虾、藻类的繁育场。全市海岸线长达700公里，河口型水域资源丰富，适宜发展海水养殖；内陆地区河流纵横，河涌密布，为发展淡水养殖提供了有利的条件。

3. 交通便利

珠海拥有完善的海陆空交通设施，交通四通八达，为珠海发展旅游业创造了便利的条件。

航空：珠海机场已开通飞往全国30多个城市的航线，从机场到市区及周边城市都有相应的交通接驳。

轻轨：已开通广珠城轨，珠海境内现设有珠海站、前山站、明珠北站以及珠海北站，以后还将开通珠海站延伸至珠海机场的线路。珠海各轻轨站也有相应的公交接驳进市区。

公路：珠海高速公路发达，每天有多班豪华巴士往返于市内外，珠海市内主要有珠海香洲长途客运站、歧关长途客运站、拱北长途客运站以及上冲长途客运站，珠海的西区也有斗门长途客运站等。

水运：珠海的九洲港是华南地区与亚太地区的海上交通枢纽，与国内各大港口及香港、澳门直接通航，每天都有船班往返于香港、深圳和珠海之间。九洲港至香港航线，每天往返28个航班；九洲港至深圳蛇口航线，每天往返46个航班；澳门环岛游航线，每天有5个航班；浪漫海上夜游航线，每晚有2个航班；还有九洲港至珠海东区海岛游。

此外，珠海正在兴建港珠澳大桥，一期计划于 2017 年完成，届时可将香港、澳门和珠海三地连接起来，形成港珠澳半小时生活圈，交通更加便利。

4. 乡村文化独特

珠海拥有独特的、成熟的海洋文化，以及丰富的名人文化。在各种祠堂、牌坊和古村落、古建筑中，既有南宋皇室的后裔、唐朝的官宦子弟、唐宋元代著名诗人的后人修建的古代建筑，还有民国时期的富甲商贾等修建的欧美风格建筑。此外，珠海市出现了莲江村、冲口村等一批新农村的典型。这些独特的乡村历史文化资源和社会主义新农村风貌为珠海乡村生态旅游业的发展增加了独特的魅力。

（二）珠海乡村生态旅游业发展现状

珠海按照"依托产业、生态休闲、特色文化、带状发展"的发展思路，培育乡村体验式、高端商务度假式、都市观光及消费式的乡村生态旅游业。

1. 乡村生态旅游产业格局日益明晰

按照地理位置、自然资源条件、产业基础以及发展潜力，将珠海市农业区域划分成东部转型区、西部开发区和海洋试验区三大区域（见表1）。

表1 珠海市乡村生态旅游产业格局

区域名称	主要范围	功能定位	发展方向
东部转型区	香洲区，以前山为核心	充分发挥科技、交通、区位等优势，以发展总部经济为方向，优化发展农业科技、农产品贸易和物流，将产业化的最前端和最末端布置于该区域，充分发挥窗口示范作用，打造生态农业总部经济圈	发展以观光休闲农业为主的生态旅游业
西部开发区	斗门区、金湾区和高栏港区，以斗门区为重点	充分发挥土地资源多、生态环境好、生产规模大、产业化基础强的优势，做大做强健康水产、有机水稻、优质蔬菜、特色花卉和荔枝、香蕉、龙眼、火龙果等南方佳果产业，提高农业的机械化、标准化、产业化水平	发展以生态农庄和生态风景林为品牌的生态旅游业
海洋试验区	万山区	充分发挥海洋海岛资源等优势，加快开发试验步伐，突出发展现代生态海洋渔业、海洋科技产业、仓储物流业和海岛旅游业，创建国家级综合海洋开发试验区	发展海岛特色文化资源，丰富以海岛旅游为主要内容的海岛旅游业

资料来源：《珠海市农业农村发展"十二五"规划》。

2. 乡村生态旅游景点丰富

伴随着珠海市全市旅游业的发展，乡村生态旅游业也得到了长足的发展，有许多与乡村生态旅游相关的著名景点如表2所示。

表2 珠海市已建设的生态农业休闲旅游景点

分布区域	主导类型	主要景点
香洲区	观光	农科奇观、淇澳岛红树林生态保护区、淇澳村文化观光、湾仔海鲜城、横琴蚝生态园
金湾区	休闲、体验	台湾农民创业园、世外桃源农庄、一棵树休闲农庄、白藤湖度假区、荷包岛、海泉湾度假城、游艇基地
斗门区	观光、休闲	黄杨山八景、六乡水松林、灯笼沙水乡、省绿道4号线、御温泉、万盛乡村俱乐部、黄氏大宗祠、南门菉猗堂、接霞庄、斗门古街、网山古村、白藤湖度假区以及斗门"水上婚嫁""装泥鱼"等非物质文化遗产等

资料来源：《珠海市综合发展的生态农业总体规划（2011~2020年）》。

部分乡村生态旅游区具有一定的社会影响力和知名度，如珠海十景之一的农科奇观现已成为国内知名农业休闲旅游胜地，斗门白藤湖度假区也彰显了农业休闲魅力。珠海乡村生态旅游正处于初级阶段，横琴蚝生态园、淇澳人家、灯笼沙水乡、莲江村农家乐、西区小林镇、三灶生态农业观光园、下栅荔枝节等都初具规模，分布零散，管理落后，缺少独有特色。此外，珠海市还将继续打造新的乡村生态旅游项目（见表3）。

3. 乡村生态旅游特色鲜明

珠海拥有优美独特的岭南水乡生态环境，有众多美丽的海岛、海湾、沙滩，以及淳朴浓郁的乡风民俗、深厚隽永的文化底蕴，这都为珠海发展原生态、纯自然的乡村生态旅游业和生态农业高端商务度假旅游业等提供了良好条件。珠海打造了一批如农科奇观、横琴岛、荷包岛、外伶仃岛、灯笼沙水乡、淇澳人家、珠海渔女、红树林、黄杨河两岸等魅力四射的特色乡村生态旅游产品。

4. 乡村生态旅游布局高度整合

珠海的乡村生态旅游呈现带状和圈形发展趋势，《珠海市农业农村发展"十二五"规划》明确指出，未来珠海乡村生态旅游重点发展斗门北部生态农业休闲带和滨海生态农业休闲带（见表4）。

表3 珠海市生态农业休闲旅游业分期建设景点

规划期限	年实现产值（亿元）	规划建设目标	城乡统筹目标	建设内容
2011～2015年	4.77	提升改造原有项目4个；初步建设大型园区1个、小型园区1个；建设特色、原生态型农家乐4个	拉动城乡就业8万人，辐射带动园区及农家乐旁的农户3万户，户均年增收1万元，年拉动农产品销售4亿元	建设农业生态休闲旅游及商业圈的示范点，探索具有珠海特色的亚热带生态农业休闲旅游业模式，初步形成片、带式发展，拉长农业生产产业链，连接城乡发展与居民生活消费，形成相关产品的辐射联动
2016～2020年	9.54	提升改造原有项目6个；建设完善大型园区1个、小型园区2个；引导建设特色、原生态型农家乐10个以上	拉动城乡就业20万人，辐射带动园区及农家乐旁的农户6万户，户均年增收3万元，年拉动农产品销售9亿元以上	形成生态农业休闲旅游业产品的产业片、产业带，促进重点建设项目的成熟运营，规划期末初步形成不同产业与农业生态休闲旅游产业的联动，形成跨区域的辐射示范效应

资料来源：《珠海市综合发展的生态农业总体规划（2011～2020年）》。

表4 珠海重点打造的生态旅游圈

名称	区域	文化类型	特色
斗门北部生态农业休闲带	以黄杨山为重点的文化休闲生态圈	宗教文化	金台寺、赵氏文化代表建筑菉猗堂、南门村和斗门古街传统古建筑、一代名将张世杰墓、御温泉等
	以东滘和西滘为重点的沙田水系生态圈	水系文化	莲洲镇的东滘村与西滘村水道与虎跳门水道以及黄杨河连通，区内有水道、河湾、港汊、湿地等，打造成沙田水系生态旅游功能区
	以莲江村为重点的现代生态农业休闲观光旅游圈	乡土文化	以莲江村为核心，包括莲洲镇的北部地区。将斗门北部优越的旅游资源与人文景观结合，积极发展以渔家乐、农家乐为主题的乡村游、田园风光游，带动周边地区发展多种形式的农家乐旅游产品，带领现代都市人体验岭南乡镇田园风光、品味水乡原生态文化
	以灯笼沙为重点的白蕉水乡非物质文化旅游圈	非物质文化	斗门区白蕉镇水乡文化资源丰富，其中包括被列入第二批国家非物质文化遗产名录的推荐项目——水上婚嫁。灯笼水乡非物质文化旅游圈将依托白蕉镇优美的田园风光和民俗文化资源，充分展现"灯笼水乡风情"的非物质文化主题
	以竹银水库为重点的生态休闲观光旅游圈	生态文化	竹银水库位于斗门区白蕉镇，水库周边生态环境优美，气候温和，非常适宜休闲度假。旅游圈的开发将借助宏伟的水利工程，开发竹银水库及周边地区生态观光旅游资源

名称	区域	文化类型	特色
滨海生态农业休闲带	都市农业休闲区	农家乐文化	依托近郊农业产业园区、滨海旅游资源等,利用基础条件比较好的农场、农庄和村庄,如斗门的一棵树、万隆、坪沙的世外桃源等农庄,配套特色餐饮、住宿服务,开发垂钓、采摘、农业生产体验等项目,发展都市生态农业休闲旅游业
	滨海生态农业休闲区	海洋文化	瞄准蓝色海岸生态旅游区、沿海渔港风情街、海泉湾等高端游客市场和消费人群,依托台湾农民创业园、农游世界、农科奇观等发展优质特色农产品的观赏、采摘、品尝和销售,开发特色高档餐饮、住宿、游玩等项目,建设高端农业休闲旅游项目

资料来源:《珠海市综合发展的生态农业总体规划(2011~2020年)》。

5. 乡村生态旅游产业规模不断壮大

珠海市是全国知名的休闲旅游城市,旅游业是珠海的重要产业。2010年珠海市接待入境旅游人数448.46万人次,实现旅游总收入219.35亿元,其中生态休闲旅游收入占有较大比例。珠海现有的纳入旅游统计的规模以上的旅行社共95家、酒店101家、著名景区景点23个。发展特色水产养殖业,如白蕉海鲈、锯缘青蟹、横琴蚝、紫海胆等休闲渔业和生态农业休闲旅游业,为拓展产业功能、实现产业联动、协调资源与经济发展提供了空间。从各种景点的发展趋势来看,休闲、观光类型的占多数并迅猛发展,体验式的休闲农业也在逐步增加。从经营方式来看,珠海农科奇观、珠海农游世界、一棵树休闲农庄等园区型生态农业休闲旅游项目主要以企业投资或承租等形式经营;而在珠海全市范围内零星分布的农家乐有上百家,其建设规模与形式不均,主要以民建私营性质为主。总的来看,经过多年的发展,珠海市已初步形成了各具特色的具有一定数量基础的生态农业休闲旅游产业体系。

(三)珠海乡村生态旅游发展的SWOT分析

1. 优势(S)

第一,区位优势突出。珠海地理位置特殊,毗邻港澳,政治和经济优势明显,陆海空综合交通条件便利,拥有国际标准的机场、深水港口和连接珠三角的交通道路网络,并建有多个与澳门、香港相连的口岸,特别是已经建成的广珠城际轨道和即将建成的港珠澳大桥为珠海乡村生态旅游的发展提供了方便、快捷的交通条件。珠海凭借临海大港的优势强化对港澳和内地的辐射，吸引国内外人才、技术和资金，促进珠海市经济全面、快速地发展。

第二，生态旅游资源条件良好。珠海自然生态系统优势明显，拥有滩涂等多项生态资源，拥有山海环抱的地形地貌、优美宜人的海滨风光和具有特色的乡土文化，可开发度强。

第三，农业产业比较发达。珠海的农业旅游景点拥有一定影响力及知名度，旅游产业链配套相对完善，形成了生态农业休闲旅游品牌效应；珠海引进市场机制较早，特色农产品资源丰富，为农产品的流通、发展"口岸农业"提供了有利条件。

第四，消费市场优势明显。珠海具有一定影响力的高端休闲产业资源和消费人群，为发展乡村生态旅游提供了一定的基础，间接降低了乡村生态旅游业的开发成本与难度，同时也提供了一定的消费市场。

2. 劣势（W）

第一，旅游外扩空间缩小，环境污染严重。随着城镇化进程的加快，珠海农业土地资源逐年减少，使乡村生态旅游发展空间受到很大程度的挤压和制约。生活垃圾和工业废水大量增加，又致使生态环境恶化，严重影响了生态农业的可持续发展。

第二，乡土文化退化。中国乡土文化的源头在农村，珠海的乡土文化主要体现为"海耕文化""渔村文化"，但在城镇化进程加速和移民文化的强烈冲击下，珠海原有的民风民俗逐步淡化，传统的生产生活方式逐渐消失，语言、服饰、生活方式被同质化，这对以"乡村性"为特征的乡村生态旅游构成了威胁，也成为目前珠海乡村生态旅游产品普遍缺乏文化内涵的主要原因。

第三，乡村生态旅游缺乏统一规划，历史文化资源保护意识落后。由于缺乏统一规划，对于优质的旅游资源没有通过有创意地策划形成完善的开发思路，所以目前珠海市乡村生态旅游景点整体布局不清晰，同质化程度高，分布散乱，开发层次较低，未能形成与珠海市旅游城市相匹配的旅游体系，而对于一些重要的历史文化旅游资源或景点的保护意识落后，阻碍了珠海乡村生态旅游的可持续发展。

第四，未能形成与农业产业、生态环境、乡村历史文化等资源良性互动的生态农业休闲旅游产业体系。珠海乡村生态旅游业的开发没有从根本上将农业生产资料与乡村旅游资源进行融合，使旅游业在开发上脱离乡村的实际环境，产业化规模不大、实力不强，难以体现农业生产与农业休闲旅游综合发展的效益，农业产业化程度偏低。

第五，珠海市生态旅游基础设施不完善，招商吸引力不足，资金紧缺。珠海乡村旅游景点的资金量较少，村民自发组织进行经营的景点居多，经营水平还停留在初级水平，规模较小，同时基础设施建设不完善，乡村生态旅游整体发展水平不高，难以招商引资，城乡统筹拉动力度小，生态农业休闲旅游业的辐射能力亟待加强。

3. 机遇（O）

第一，"三农"政策利好。中央、省、市各级政府高度重视"三农"工作，为农业、农村经济发展带来了新的机遇。党的十七届五中全会提出了"在工业化、城镇化深入发展中同步推进农业现代化"的重大任务；党的十八大明确提出要"推动城乡发展一体化""建设美丽中国"；广东省提出了大力创建"幸福村居"；《珠海市综合发展的生态农业总体规划（2011～2020年）》明确提出了调整和优化农业结构，大力发展生态旅游农业。从以上可以看出乡村发展形势大好，这些都为发展乡村生态旅游带来了新机遇。

第二，粤港澳经济合作日趋紧密，为珠海农业发展带来新的机遇。加强粤港澳经济合作不仅在珠海引进资金、技术、服务、人才等方面为农业科技进步和产业升级创造了有利条件，而且促进了三地消费者的良性互动，增加了旅游观光客源，对珠海乡村生态旅游发展带来了积极影响。

第三，城市化进程加快，为乡村生态旅游创造了极为有利的条件。在新型城镇化的快速建设中，以工促农、以城带乡的趋势基本形成，财政资金及各种资源更多地投向农业和农村，为城乡一体化发展、转移农村剩余劳动力、优化农村经济结构提供了充足的动力。

第四，全球生态旅游已经成了游客的一种新的休闲方式，国内外生态旅游产业的蓬勃发展为珠海乡村生态旅游发展提供了难得的机遇。

4. 挑战（T）

第一，珠海正处于由传统农业向现代生态农业转型由粗放型增长方式向科学的增长方式转变的关键时刻，正面临着资源环境与经济发展的矛盾。一方面强调大力发展农业现代化，另一方面又要求保护生态环境，因此，二者之间的矛盾制约了乡村旅游业的发展。

第二，开放的世界经济与文化使人们对旅游的需求更加多元化，替代品的出现将会使乡村生态旅游产业陷入困境。例如随着旅游市场和旅游产品的不断成熟，城市旅游也逐渐改变了"景点走马观花"的辛苦模式，大力倡导休闲旅游，这和乡村生态旅游形成了部分替代关系。城市旅游中的度假村既具有乡村的宁静、舒适，又具有完善的基础设施，休闲环境非常优越，这是乡村旅游无法比拟的，对乡村生态旅游造成了很大的冲击。

以下用SWOT分析模型对珠海乡村生态旅游的情况进行分析，并提出相应的战略（见表5）。

表5　珠海乡村生态旅游SWOT分析模型

内部能力／外部环境	优势 S 1. 区位优势突出 2. 生态旅游资源条件良好 3. 农业产业较发达 4. 消费市场优势明显	劣势 W 1. 旅游外扩空间缩小，环境污染严重 2. 乡土文化退化 3. 缺乏统一规划，历史文化资源保护意识落后 4. 未能形成良性互动的生态农业休闲旅游产业体系 5. 生态旅游基础设施不完善，招商吸引力不足，资金紧缺
机会 O 1. "三农"政策利好 2. 粤港澳经济合作日趋紧密 3. 城市化进程加快 4. 全球生态旅游已经成了游客的一种新的休闲方式	SO 战略（增长型战略） 1. 利用利好政策，加快发展乡村生态旅游 2. 利用区域优势，整合粤港澳乡村旅游资源，联合开发	WO 战略（扭转型战略） 1. 加强乡村生态旅游整体规划，由文体旅游局牵头负责项目打造 2. 在城市化进程中，要重点保护乡土文化，将乡土文化作为生态旅游开发的重点 3. 增加生态旅游设施，广泛吸纳社会资金
威胁 T 1. 资源环境与经济发展的矛盾 2. 开放的世界经济与文化使得人们对旅游的需求更加多元化，替代品的出现将会使得乡村生态旅游产业陷入困境	ST 战略（多种经营战略） 1. 改变过去以牺牲环境为代价的旅游模式，将"生态"贯穿整条旅游价值链 2. 与城市旅游景点合作，打造异质性的旅游体验	WT 战略（防御型战略） 1. 加强乡村生态环境治理，加大农用地的转型利用力度 2. 和城市休闲文化旅游走差异性道路，利用浓郁的乡土文化气息来激发城市游客的乡愁

综上所述，珠海乡村生态旅游的发展具有显而易见的优势，同时也具有不可忽略的劣势，在面对发展机遇的同时，也要积极应对不利的因素，以保证珠海乡村生态旅游健康、持续、快速地发展。

三 珠海乡村生态旅游产业发展战略研究

珠海乡村生态旅游"以产业为基础，以生态休闲为主题，以特色文化和饮食为拉动"，城乡统筹发展，进一步促进珠海生态资源的保护和合理利用，优化农村产业结构，改善农业生产、农村生活环境，使之可持续发展。

（一）体现三个"大"：大空间、大文化、大市场

1. 优化珠海乡村生态旅游业的聚集空间布局

乡村生态旅游不再限于一村一镇的小范围旅游，应着力推进区域集聚，扩大与珠江口西岸等城市的区域合作，加强与港澳旅游资源的合作与开发，实现乡村生态旅游的错位发展、互补发展，形成跨地区的大联合，打造各具特色、城乡一体、辐射粤港澳的聚集生态旅游圈，共用基础设施，共享规模经济收益。例如以保持生态景观、发展循环农业经济为主导，以斗门区为依托，建立一个特色鲜明的都市型现代农业示范区，将生态观光、体验、度假休闲集于一体，发展农家乐等休闲农业产业聚集区。围绕金湾台湾农民创业园等建设区域辐射力强、技术水平好的园区，建设体现农业生产现代化科技水平和生态农业发展成就的集生产、展示、科普、观光等于一体的综合性乡村生态旅游园区。以乡村生态文化创意产业为依托，联合港澳珠，打造影视城或大型综艺活动基地等，使珠海乡村生态旅游规模化、主题化。

2. 融合珠海特有的历史文化和地域文化

Roberta 和 Lee 的研究表明，传统文化是乡村旅游可持续发展的宝贵资源。珠海文化隶属香山文化，与中山、澳门的文化同宗同源，它在本质上集中体现了岭南文化中广府文化的特征，是中原文化、土著文化、西洋文化、南洋文化相互碰撞和不断融合的产物。珠海文化的内涵较广，是一种具有经济推力的"大文化"。因此，乡村生态旅游在田园风光、民俗风情、土特名产和乡村服务等方面要融合古老的岭南水乡文化、浓郁的农耕"海味"、以"疍家人"为

代表的民俗文化、宗祠文化、度假休闲文化等特色，体现中国传统的"天人合一"、顺应自然、实用理性的文化观念，促进生态旅游经营方式创新，强化生态化管理和生态化消费。

3. 构建完善的乡村生态旅游产业链和生态旅游产品价值链

首先，与传统旅游产业一样，乡村生态旅游业也包括"吃、住、行、游、购、娱"等基本要素，将生态理念渗透到诸要素之中，形成"吃生态饭、品生态菜、住生态院、干生态活、娱生态乐、购生态品"的旅游特色，构建具有特色的生态旅游产业体系，形成以生态农业旅游、生态文化旅游、生态休闲旅游、生态会展旅游等为依托，以原生态旅游产业为核心的生态旅游产业链格局，吸引港澳、全国乃至世界的客源，推动珠海乡村经济社会的全面发展。事实证明乡村生态旅游产业链越完整，服务越完善，游客消费需求转化为实际消费行为的概率就越高。当整个旅游产业链被"生态"串联在一起，旅游差异化竞争优势便会越强。其次，在乡村生态旅游发展的同时，开发高档次的生态旅游产品，注重生态文化创意产品的开发、生产、营销等，打造专业化、规模化的生态旅游产品生产经营的价值链体系，提高整条价值链的综合竞争力。

（二）以名牌和精品开发为龙头，带动产业整体发展

突出珠海市的生态资源优势，整合优化珠海原有的小、散、杂的乡村旅游资源，打造一批规模大、档次高的乡村生态旅游产品，形成特色鲜明、主题各异、高度互补的旅游模式，带动农村产业整体发展。结合珠海的乡村地域文化和历史文化，重点开发名牌和精品旅游产品。例如，以唐家会同村古建筑为依托，打造规模较大的近代香山居住文化之旅；以淇澳村为中心，打造海洋生态文化旅游圈；以三灶为中心，打造航空、军事文化旅游圈；以高栏港为中心，打造滨海民俗文化旅游圈；以白蕉镇灯二村为中心，打造"疍家人"的水乡原生态旅游圈；以斗门为中心，发展以生态农庄和生态风景林为品牌的生态旅游业等。

（三）构建珠海乡村生态体验旅游营销模式

积极探索以生产为基础的特色生态农业体验、观光式旅游项目，如在水产养殖场、果蔬生产基地、各类规模农场或农庄发展生态农业观光、农家乐项

目，促进农业生产资料商品化，使农业生产能够与生态、休闲相结合，使农村生活资料、农业生产资料商品化、经济化，实现资源互动、效益共进。

1. 竞争环境分析

利用美国哈佛大学的迈克尔·波特教授的五力分析法对珠海乡村生态旅游的行业环境进行分析，在此基础上提出相应的营销策略（见图1）。

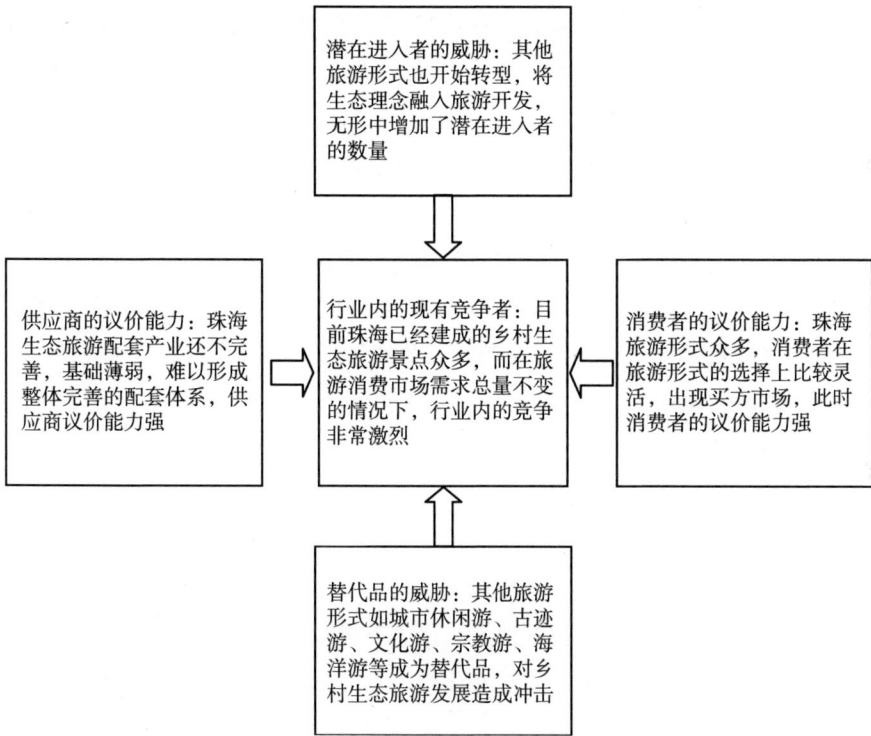

```
            ┌──────────────────────┐
            │ 潜在进入者的威胁：其他 │
            │ 旅游形式也开始转型，将 │
            │ 生态理念融入旅游开发， │
            │ 无形中增加了潜在进入者 │
            │ 的数量                 │
            └──────────────────────┘
                        │
                        ▼
┌──────────────┐  ┌──────────────┐  ┌──────────────┐
│ 供应商的议价能 │  │ 行业内的现有竞 │  │ 消费者的议价能 │
│ 力：珠海生态旅 │→ │ 争者：目前珠海已│ ←│ 力：珠海旅游形 │
│ 游配套产业还不 │  │ 经建成的乡村生 │  │ 式众多，消费者 │
│ 完善，基础薄弱，│  │ 态旅游景点众多，│  │ 在旅游形式的选 │
│ 难以形成整体完 │  │ 而在旅游消费市 │  │ 择上比较灵活， │
│ 善的配套体系， │  │ 场需求总量不变 │  │ 出现买方市场， │
│ 供应商议价能力 │  │ 的情况下，行业 │  │ 此时消费者的议 │
│ 强            │  │ 内的竞争非常激 │  │ 价能力强       │
│              │  │ 烈            │  │              │
└──────────────┘  └──────────────┘  └──────────────┘
                        ▲
            ┌──────────────────────┐
            │ 替代品的威胁：其他旅游 │
            │ 形式如城市休闲游、古迹 │
            │ 游、文化游、宗教游、海 │
            │ 洋游等成为替代品，对乡 │
            │ 村生态旅游发展造成冲击 │
            └──────────────────────┘
```

图1　珠海乡村生态旅游五力分析模型

行业内现有的竞争者：珠海发展乡村生态旅游的自然资源丰富，优势明显，因此目前珠海已经建成的乡村生态旅游景点众多（见表2）。而在旅游消费市场需求总量不变的情况下，行业内的竞争非常激烈，同质化市场的竞争趋于白热化。

潜在进入者的威胁：目前生态旅游成为全球的一种旅游新形式，因此其他旅游形式也开始转型，将生态理念融入旅游开发，无形中增加了潜在进入者的数量，直接对行业内现有的竞争者构生威胁。

替代品的威胁：1991 年，珠海以整体城市形象被国家旅游局评为"中国旅游胜地四十佳"之一。珠海的旅游形式非常丰富，例如城市休闲游、古迹游、文化游、宗教游、海洋游等，这些旅游形式将成为替代品对乡村生态旅游的发展造成冲击。

供应商的议价能力：珠海生态旅游的发展必须依靠其他配套产业整体发展，为其提供食、住、行、购物等各项产业支撑。目前珠海生态旅游配套产业还不完善，基础薄弱，难以形成整体完善的配套体系，供应商议价能力强，乡村生态旅游发展受限。

消费者的议价能力：珠海作为国际性的旅游城市，旅游业基础较好，旅游形式众多，而乡村生态旅游发展的各项设施还不完善，消费者在旅游形式的选择上比较灵活，出现买方市场，此时消费者的议价能力强。

综上分析，珠海旅游业的竞争非常激烈，同质化市场越来越明显，因此，乡村生态旅游要开创"蓝海"，走差异化道路，形成自己的风格与特色，就必须构建独特的营销模式。

2. 营销理念

价值体验是增强旅游资源吸引力的重要途径之一，从市场营销角度看，体验营销是乡村生态旅游深层次开发的重要方式，是发生在旅游者与相关企业之间的一种互动过程，消费者在参与体验活动的过程中获取体验价值。珠海乡村生态体验旅游作为一种新型发展业态，以生态体验经济为核心内涵，以多功能农业网络为空间载体，将传统农业文化与生态文化进行有机融合，将经济、文化、生态及管理机制进行有机整合，实现行动者要素间的融合创新发展，形成"生态旅游＋文化旅游＋休闲旅游＋服务体验"的旅游模式。

3. 产品组合

在乡村生态旅游体验的基础上，开发生态体验旅游产品，将体验旅游产品进行组合营销，把体验者的体验感知与生态环境的发展目标统一结合在一起，从"感官体验→情感体验→理性体验"三个层次组成的金字塔结构出发，充分挖掘生态体验旅游产品的属性特征。旅游产品组合在宽度上融合游览、饮食、住宿、旅行、娱乐、购物等方面；在产品组合深度上以顾客的需求为依托，将每项产品进行细分，例如，在主体产品游览上，具体细分为娱乐体验游、教育体验游、逃遁体验游和审美体验游；在饮食产品上不应只有普通的农家菜，应该以当地盛产的特产主打饮食；在旅游产品的相关度上做到将生态与文化理念贯穿于旅游的各项要素中，实现游客从身到心的感受。

4. 促销方式

乡村生态体验旅游以基础的广告宣传、政府与城市宣传、营业推广活动以及人员促销等方式来促销珠海乡村生态体验旅游。

首先，广告是旅游目的地营销的有效载体。珠海可以聘请专业机构制作形式多样的广告宣传品，如平面广告、电视广告、现场宣传广告、互联网广告等，还可以将乡村生态旅游和歌曲联合创作，进行旅游歌曲展播等，或者进行广告植入，借鉴"乌镇模式"，将电视剧的拍摄引入珠海乡村，扩大宣传的影响力。

其次，旅游展销会是现代一种重要的旅游目的地推介形式。珠海市旅游主管部门作为珠海旅游的宣传代表可以有针对性地、有计划地通过参加各国、各地区举办的各类旅游交易会，提升珠海国际商务休闲度假旅游区的国际影响力。

再次，在网络信息时代，珠海旅游目的地宣传要利用好互联网。目的地网站是目的地网络营销活动的物质载体，是目的地营销信息传播的重要媒介，是目的地品牌化的重要渠道。珠海市可以通过网站和微信营销进行宣传。在这方面珠海市有了比较成功的尝试，珠海旅游网由珠海市旅游局与香港上市公司九洲发展有限公司及亨亚合组的路路通网络有限公司共同创办，是目前珠海市最具权威性的专业旅游网站。该网站已经建立了比较全面的信息共享机制，有助于珠海开展目的地营销。

最后，进行事件营销。利用当前的热门事件进行宣传。比如与湖南卫视合作，在珠海的乡村进行《爸爸去哪儿》这样的节目拍摄；或者利用《舌尖上的中国》这类节目对珠海的特色乡村生态美食进行宣传。这样可以改变传统乏味的促销模式，使众多消费者在欣赏娱乐节目的同时记住珠海美丽的乡村景色。

四 珠海乡村生态旅游推动农村产业结构优化的路径

农村产业结构的调整优化即农业从简单再生产时代的单一种植业结构，逐步调整为大农业结构，再继续调整为多元化产业结构。产业结构的不断升级优化使得生态循环逐渐平衡、经济效益逐渐提高。乡村生态旅游充分协调区域特色资源，兼顾文化、社会、环境等多重因素，优化产业结构，统筹城乡发展，通过生态旅游资源的开发改善农业生产、生活环境，协调城乡资源，使之可持续发展。

（一）乡村生态旅游业推动农村产业结构优化的路径研究

1. 通过带动农村相关产业配套发展来优化农村产业结构

珠海农村目前产业结构不完善，第一产业比重过大，第二、第三产业比重小而且发展缓慢，阻碍了农民收入的增加。乡村生态旅游业是一个关联性极强的行业，其发展必然带动其他相关行业的发展，包括交通运输业、商贸业、餐饮业、农产品加工业以及旅游商品和纪念品制造业的配套发展，促进乡村地区尽快建立健全农村社会化服务体系。乡村生态旅游业甚至间接地为建筑业、商业、邮电业、通信业、金融业、房地产业、轻工业等相关部门提供广阔的需求市场，进而增加农村第二、第三产业的比例，优化农村产业结构，推进农村的城镇化进程。第二、第三产业发展的同时为社会资金流向农村创造了条件。交通运输、电力、通信等基础设施的建设则是增强农村竞争力的必要条件，可以为农业、农村的发展带来外部经济效益，从而有效克服农业弱质产业的特性。因此，乡村生态旅游使农业实现了多项多次增值，也为农副土特产提供了很大的消费市场，促进了当地蔬果种植业、农产品加工业、畜牧业、旅游纪念品加工业等多种行业的产业化、规模化发展，实现了三次产业发展的相互促进，改变了乡村第二、第三产业较弱的局面；加速农村现代化、城镇化进程，促进农村社会事业全面进步，实现城乡统筹协调发展。

2. 通过优化农村产业间的区域资源配置来优化农村产业结构

建立乡村生态旅游区域聚集网络，加强珠海区域旅游资源协同整合。农村可以与周边著名旅游景区联合构建旅游线路，加强区域旅游整合，通过建立城乡之间的信息网络，实现旅游信息共享和客源共享。乡村生态旅游推动了区域间的资源流动，优化了区域间的产业配置结构，使得区域整体经济发展更加协调、更具竞争力。在可持续发展方面提高乡村生态旅游资源的配置效率，形成学习—成长曲线效应，有利于促进珠海乡村生态旅游产业的资源整合和利用，形成产业规模，从而优化农业产业结构。

3. 通过调整劳动力就业途径来优化农村产业结构

根据我国农业专家测算，我国农村剩余劳动力达到 1.5 亿人，而且每年新增劳动力 600 多万人。目前大部分仍然以农业劳动为主，农村劳动力与非农村劳动力的比例大致是 3∶2。农村剩余劳动力的合理转移问题成为限制农村经济发展和全面建成小康社会的瓶颈。在过去，传统乡镇企业是吸收农村剩余劳动力的主要渠道。而乡村生态旅游业是乡镇企业成长过程中的"嫁接体"，属于劳动密集型产业，就业范围宽，就业方式灵活多样。根据世界旅游组织估计，2005～2010 年我国旅游业直接从业人数每年增长 52 万人以上。在乡村生态旅游业发展中，由于农民熟悉自己乡村的历史和环境，稍加职业技术培训，他们便可以承担起乡村旅游所需要的导游接待、服务、卫生、管理等工作，成为乡村生态旅游的主要力量。这样便能成功实现农村剩余劳动力的转移，优化农村地区的就业结构。

4. 通过增加农民收入来优化农村产业结构

农村产业结构是否得到了优化，最重要的衡量标准是看结构调整之后农民收入是否增加。乡村生态旅游在创造和增加农民收入方面有着很强的乘数效应。据统计，旅游部门每收入 1 元，社会综合经济效益为 6～7 元。乡村生态旅游不但可以拉长产业链，改变传统农业仅仅作为"生产车间"的角色，而且可以有力地促进农业相关领域的生产、加工、贸易等产业的发展，融生产、流通、交换、消费于一体，提高农产品的商品率，而且能把农业的生态效益和民俗文化等无形产品转化为合理的经济收入，从而大大提高农业的经济效益，增加农民收入。

5. 通过促进多功能农业发展来优化农村产业结构

多功能农业是现代农业的重要选择，它作为农业综合发展的一种理念，已成为各国制定农业政策的重要依据。多功能农业的本质表明农业不仅具有产品贸易及服务的功能，而且具有其他的社会经济功能，如文化功能及旅游功能。乡村生态旅游从自然景观到人文景观、从空间拓展到产业发展等都与多功能农业的开发密不可分，很好地将"旅游""生态""贸易"有机结合起来，为农村经济可持续发展提供了保障，有效地促进了多功能农业的发展，成为推动现代农业产业体系发展的驱动力。

（二）乡村生态旅游产业推动农村产业结构优化的保障体系

1. 政府主导，统筹规划

国内外经验表明，充分发挥政府在乡村生态旅游发展中的主导作用，是加快发展乡村旅游的重要保障。目前珠海的乡村生态旅游还处于发展的初期阶段，在很大程度上还要依靠政府的扶持政策、科学规划引导和创新旅游模式的大力支持。政府通过实施发展乡村生态旅游的优惠政策，鼓励各行政机构、民间团体和个人进行乡村生态旅游开发。通过调度各级政府的行政资源，迅速集聚各类生产力要素向乡村生态旅游业倾斜，从而优化和完善乡村生态旅游的资源配置和管理体制，为乡村生态旅游的发展提供良好的外部环境，包括提供必要的资金、技术和政策支持。同时，要大力加强乡村生态旅游的人才引进与培养，政府要在资金和政策上加强定向支持，例如可以和当地职业院校如珠海城市职业技术学院的旅游专业开展"订单培养"，或者为广大乡村生态旅游从业人员提供业务培训保障，培养"留得住，用得上"的人才。

2. 资金保障，招商引资

珠海乡村生态旅游需要民间资本与金融资本的投入。目前乡村生态旅游的投融资体制不完善，资金投入不足，融资渠道狭窄，投融资方式单一，缺乏强有力的投融资平台。首先，加大财政的引导性投入。各级政府的财政金融部门应加大对各地乡村生态旅游项目建设引导资金的投入力度，重点用于基础设施建设、资源环境保护和人才培训等，并对重点项目给予贷款贴息或补贴。其次，不断创新旅游投融资体制。珠海应逐步推进旅游景区（景点）所有权、管理权与经营权的分离，加快旅游市场化运作，推动组建大型旅游企业集团，促使资源优势向经济优势转化。最后，吸引社会资金和民间资本的投入。珠海应继续执行各种有关土地使用、税费等优惠政策，鼓励和引导社会资金以独资、合资、合作、联营和项目融资等方式，参与旅游景区（景点）基础设施建设。

3. 加强产业组织平台建设

乡村生态旅游产业化的合作运营是大幅度节约旅游发展成本、整合旅游资源、避免产品同质化的有效途径，无须牺牲个体经营户的灵活性，而可以利用产业合作社平台机制，低成本地使用互补性乡村旅游资源。一方面，合作运营可以避免各个自由经营户之间经营项目的同质性和恶性竞争，有利于资源利用率的最大化；另一方面，各乡村旅游合作社之间优势互补，形成联合经营模式，依靠旅游生产能力的提高而获得规模效益，提升乡村旅游产品整体抵御风险的能力。这既能创造更多的经济效益，又能更好地满足乡村旅游者的消费需求。

4. 完善乡村生态旅游的配套设施建设

乡村生态旅游是一个产业链工程，能将游、购、娱、食、住、行各要素有效连接在一起。大力发展乡村生态旅游，首先必须促使其他各配套要素的有效完善，重视购、食、娱等高附加值要素的建设规划，进一步突出农业产业优势。其次，政府主导，招商引资，完善与旅游相关的各项基础设施和各项配套设施建设，切实将旅游者的物质需求与精神享受有机统一起来。

五 结语

发展乡村生态旅游符合当前珠海的城市定位和社会经济发展的总要求，也充分响应了"蓝色珠海，科学崛起"的发展战略，具有很高的实际价值。首先，本文旨在结合珠海乡村经济社会发展现状，提倡大力发展乡村生态旅游产业，要让绿色生产、绿色消费成为城市经济生活的主流，将生态文明的理念融入城镇化的进程。这不仅体现了新型城镇化建设需要延续文脉、留住刻骨乡愁的思路，而且增加了农村的经济收入，从本质上推进了乡村的城镇化。其次，本文为珠海乡村生态旅游产业的发展提供了指导。根据珠海乡村产业和生态环境特点，乡村生态旅游产业的发展规划提出了三个"大"：大空间、大文化、大市场。乡村生态旅游产业形成各具特色、城乡一体、辐射粤港澳的聚集生态旅游圈，便于资源共享与互补；将生态文化理念融入珠海乡村生态旅游产业链中，实现生态旅游经营方式创新，强化生态化管理，促进生态化消费。本文还提出了"生态旅游文化创意产品"开发的商业模式，打造成熟的价值链体系；从市场营销角度打造珠海乡村生态体验旅游营销模式，促进了乡村旅游的升级转型，也为推广珠海乡村生态旅游找到了发展方向。最后，珠海乡村生态旅游产业与其他产业的融合使乡村生态旅游成为区域经济发展的新亮点和第三产业的支柱，极大地带动了社会就业，并促进了与之相关的餐饮、娱乐、交通等行业的飞速发展，为农民提供了新的收入来源，促进了农村经济的多元化发展，调整和优化了农村产业结构，促进了珠海生态经济的可持续发展。

参考文献

李光明、钱明辉、苟彦忠：《基于互动导向的体验营销策略研究》，《经济体制改革》2010 年第 1 期。

刘炳献：《面向"十二五"的珠海旅游城市定位及促销组合策略》，《商场现代化》2012 年 8 月（中旬刊）。

柳百萍：《发展乡村旅游——农业剩余劳动力转移新选择》，《中国乡镇企业》2006 年第 5 期。

邱云美：《乡村旅游发展与农村产业结构调整的互动关系研究》，《农业经济》2005 年第 12 期。

王乐：《山东省乡村旅游发展模式研究》，硕士学位论文，中国海洋大学，2014。

赵承华：《乡村旅游及其推动农村产业结构优化研究》，博士学位论文，武汉理工大学，2009。

郑辽吉：《生态体验景观构建——以丹东大梨树村为例》，《辽东学院学报》（社会科学版）2010 年第 1 期。

Kastenholz, E., J. Lima, "The Integral Rural Tourism Experience from the Tourists Point of View: A QualitativeAnalysis of its Nature and Meaning", *Tourism & Management Studies*, 2011 (7).

Kizos, T., "Survival Strategies of Farm Households and Multifunctional Farms in Greece", *The Geographical Journal*, 2011, 177 (4): 335 – 346.

"一带一路"背景下珠海港
发展战略研究*

——基于基础设施互联互通的视角

尹 竹

推进"丝绸之路经济带"和"21 世纪海上丝绸之路"（简称"一带一路"）建设，是以习近平同志为总书记的党中央主动应对国际形势深刻变化、统筹国内国际两个大局做出的重大战略决策，对于开创我国全方位对外开放新格局、推进中华民族伟大复兴进程、促进世界和平发展具有划时代的重要意义。珠海作为古今"海上丝绸之路"连接点和改革开放的先行城市，要抢抓机遇、积极进取，主动参与"一带一路"建设，寻求珠海开放发展的新突破。

一 加快发展珠海港是珠海市参与
"一带一路"建设的战略需求

珠海建设成为"21 世纪海上丝绸之路"的重要节点，既反映了在"一带一路"建设背景下国家对珠海的期望和珠海参与"一带一路"建设的战略需求，也反映了珠海具有满足国家期望、实现自身战略需求的条件和优势。

珠海参与"一带一路"建设，主要是基于以下三个方面的诉求。

一是实现珠海经济社会跨越式发展的现实需要。珠海是我国最早实行对外开放政策的四个经济特区之一，虽然对外开放时间较早，特别是在"十一五""十二五"时期经济社会发展取得了较大成就，但是由于各种因素影响，珠海

---

 * 课题负责人：尹竹，吉林大学珠海学院教授。课题组成员：邓剑虹，高栏港经济区经济发展局副局长；王志刚，吉林大学珠海学院讲师；于延良，吉林大学珠海学院助教。

的经济社会发展速度在珠三角地区时常居于后位，经济总量在广东省所有地级市中处于中游水平，更是远远滞后于同一批对外开放城市深圳、厦门。随着《推动共建丝绸之路经济带和 21 世纪海上丝绸之路的愿景与行动》（简称《行动》）的发布，珠海被赋予了建设"21 世纪海上丝绸之路"重要节点的历史使命，迎来了第二次机遇。《行动》明确提出："充分发挥深圳前海、广州南沙、珠海横琴、福建平潭等开放合作区作用，深化与港澳台合作，打造粤港澳大湾区。""大湾区"概念的提出，也意味着包括广东沿海特别是珠三角区域城市在内的粤港澳地区，将在"一带一路"战略的推进过程中扮演重要角色，特别是将在"21 世纪海上丝绸之路"建设中担当"排头兵"和"主力军"的重任。珠海地处珠三角、面向东盟和南海，具有在地理上与海外互联互通的天然优势，自古以来就是"海上丝绸之路"的连接点。随着"21 世纪海上丝绸之路"的建设，珠海也将迎来全新的开放空间和更多的发展机遇，进而推动实现经济社会跨越式发展。

二是在珠海市体制机制创新方面实现新突破的现实需要。从一定意义上来讲，政策比资金、项目更为重要，政策上的优势往往会进一步促进资源要素的优化配置，进而有效带动和提升区域发展水平。珠海对外开放以来所取得的一系列发展成果中很大一部分得益于国家对于经济特区相关政策的扶持，得益于不断利用和放大国家相关政策效应、大胆创新自身体制机制。但是，随着我国对外开放力度的不断加大，原先的特区优惠政策已逐步在全国各地推广开来，特别是随着自贸区推进力度的加大，珠海特区在全国各区域城市中的政策比较优势在大幅下降，特区政策高地效应已经明显弱化。横琴自贸区被列入"一带一路"《行动》方案，标志着珠海将在"21 世纪海上丝绸之路"建设整体布局中占有一席之地，将再次迎来重大发展机遇。为此，珠海要继续发扬经济特区敢闯敢试、敢为人先的精神，不断开阔视野、创新发展理念，抢抓广东自贸区横琴片区建设发展重大机遇，力争创造新一轮对外开放发展的新优势。

三是带动珠海市经济结构调整、优化升级的现实需要。当前，我国经济发展步入新常态，内外环境持续发生深刻变化。从国际上看，世界经济处在危机后的深度调整期，国际金融市场波动加剧，地缘政治等非经济因素影响加大。从国内看，我国过去支撑经济高速增长的要素条件和市场环境发生明显改变，经济潜在增长率趋于下行，与此同时，趋势性、阶段性、周期性矛盾相互交织,"三期叠加"的阵痛持续显现。虽然近几年来珠海在可持续发展方面取得了一定成绩,但总体上还处于经济总量补偿性发展和经济结构优化发展的多需求交织发展期,在推动创新驱动转化为现实生产力、促进创新成果产业化方面任重而道远。随着横琴自贸区被纳入"一带一路"《行动》方案,珠海就要在加快内部转型升级的同时,抢抓"一带一路"建设重大战略机遇,积极向外拓展发展空间,在巩固和提升传统优势产业的基础上,培育和发展新兴高增值产业,从而实现经济增量提质、优化升级。

二 珠海港参与"一带一路"建设的优势和劣势

(一)珠海港参与"一带一路"建设的优势

主动对接和参与"21世纪海上丝绸之路"建设,珠海港既有优势,又有挑战。其优势主要包括四个方面。

1. 横琴自贸试验区政策优势日益凸显

横琴位于珠海市南部、珠江口西侧,毗邻港澳,处于"一国两制"的交汇点和"内外辐射"的结合部。2015年3月24日,中共中央政治局召开会议审议通过广东、天津、福建自由贸易试验区总体方案,珠海横琴自贸区被定位为促进澳门经济适度多元发展的新载体、新高地。随着港珠澳大桥的建立,横琴将成为唯一陆桥连接港澳两地的区域,其优势又将更为凸显。从一定意义上看,横琴是珠海参与"21世纪海上丝绸之路"建设的最大优势,其国际化、法治化的营商环境使之成为我国新一轮对外开放的重要窗口。以自贸区建设为重要契机,横琴将在投资贸易便利化、加快边境口岸"单一窗口"建设从而降低通关成本、发展跨境电子商务的新业态和现代服务贸易方面进行更多的探索,这与"一带一路"行动方案中的许多计划十分吻合。横琴自贸区的探索也可能为"一带一路"建设提供更多的实践经验。目前,与"21世纪海上丝绸之路"相关的部分产业项目已在横琴正式启动。比如,中国—拉美企业家理事会联络办公室落户,国家食品安全(横琴)创新中心挂牌,国家"互联网+"创新创业基地落户,国家中医药现代化科技产业创新联盟、中国中医科学院中医药国际创新中心在横琴成立。又如,跨境人民币贷款政策已在横琴落地，自贸区已新增金融类企业 1300 家、各类要素交易平台 11 家。此外，随着中国制造能力的不断提升，国内的高铁、核电、工程机械等产业已逐渐迈向世界先进行列，加之珠海目前在海洋工程装备制造、有轨电车、智能家居、智能电网等先进装备制造产业方面已有了较好的产业基础，推动中国装备、中国企业"走出去"，珠海横琴自贸区正好扮演的是企业"走出去"的桥头堡角色。

2. 陆海空交通条件相对优越

水运方面：珠海水路交通便利，珠海港是我国沿海主要港口之一，从水路可直通巴基斯坦的瓜达尔港，是广东省及我国西南地区参与国际经济竞争的重要战略资源，是珠海发展外向型经济和临海产业的重要基础设施。随着"西江黄金水道"高等级航道的建设、广珠铁路的建成、临港先进装备制造业的集聚和国家南海开发战略的持续推进，随着国家"一带一路"战略和《珠江—西江经济带发展规划》的实施，珠海港已经成为广东省发展最快和最具竞争力的港口之一。虽然，珠海港并没有被列入《行动》重点港口的行列，但珠海高栏港是华南地区自然条件最优越的深水大港之一，近年来在航道建设、码头建设、航线开展、江海联动等方面都取得了较好的进展，货物吞吐量不断攀升，尤其是在煤炭等大宗干散货领域已形成较大的规模，有望在海上丝绸之路建设中占据一席之地。有关数据显示，截至 2014 年年底，珠海港共完成货物吞吐量 10703 万吨，其中外贸 2140 万吨，完成港口集装箱 117 万标准箱，旅客吞吐量 748 万人次，港口吞吐量增幅位列全国前列，成功实现亿吨大港目标。此外，高栏港是西江—珠江航道里最重要的港口，是两江经济带的重要节点。它不光承接珠海自身和粤西、粤中地区的外贸货物运输，还承接西江上游流域的西南各省份的外贸货物运输，同时国外的产品尤其是大宗的原材料，也可以通过高栏港进入国内市场。两个市场的衔接会给珠海的港口物流带来很大的发展空间。按照《行动》，广西未来将被打造成为"21 世纪海上丝绸之路"与"丝绸之路经济带"有机衔接的重要门户。目前，珠海港正全力推动"西江战略"，通过江海联运进一步加大与广西等地的水上运输合作，这将为珠海与丝绸之路经济带的衔接提供有力的抓手；珠海正大力推进智慧港口建设，从市场拓展、码头信息化建设、航线完善、物流平台建设、智慧港口社区建设、保税物流完善等多个方面着手，力争将珠海港打造成国内最先进的智能型国际港口之一。

航运方面：珠海金湾国际机场将在现有基础上，实施特殊系统可靠性提升、飞行区基建更新、航站楼机电设备更新升级、航站楼设施及建筑更新扩容等常规项目，以及国内旅客离港流程改造、国际航站楼加建、停机坪及滑行道改造扩建、航站楼升级改造、规划建设商用航空中心等升级改造项目。重点推进以 FBO（服务基地）、公务机等为主的通用航空产业发展，届时将形成以珠海为中心的 5 小时航程圈，将覆盖主要东南亚国家和 90% 以上的国内城市。

陆运方面：广珠铁路纵贯珠三角西岸，连接广州、佛山、江门、珠海四市，线路全长 189 公里，其中珠海段长 35.1 公里，已于 2012 年 12 月 29 日正式通车。广珠铁路是珠三角首条直通码头的电气化专线铁路，有助于进一步完善珠海港的中转服务功能，提高码头疏运效率，增强港口综合竞争力。广珠城际轨道交通是珠三角轨道交通网的主轴线之一，于 2005 年 12 月 18 日正式动工，工程全线总长 143 公里，其中广州至珠海主线长 117 公里，小榄至新会支线长约 26 公里。主线北起新广州站（广州南站），直达珠海拱北站。经过珠海的高速有京珠高速、西部沿海高速、江珠高速等。正在加紧建设的港珠澳大桥跨越珠江口伶仃洋海域，是连接香港、珠海及澳门的大型跨海通道，在促进香港、澳门和珠江三角洲西岸地区经济进一步发展方面具有重要战略意义。港珠澳大桥以公路桥的形式连接香港、珠海和澳门，整个大桥按 6 车道高速公路标准建设，设计行车时速为 100 公里。大桥全长 49.968 公里，主体工程"海中桥隧"长 35.578 公里，设计时速为 100 公里，总投资 1000 多亿元，于 2009 年 12 月 15 日开工建设，一期计划于 2017 年年底完成。

3. 特色旅游产业优势明显

旅游业是珠海的优势产业之一。近年来，珠海围绕"三高一特"产业体系（以高科技含量、高附加值、低能耗、低污染的产业群为核心，建立主要包括高端制造业、高新技术产业、高端服务业、特色海洋经济和生态农业的新型产业体系）的建设，不断提升旅游产业的硬件和软件水平，尤其长隆国际海洋度假区的开业使珠海成为粤港澳地区旅游产业发展的新亮点。以长隆为代表，珠海目前的旅游业已有很好的发展基础，加上澳门在世界休闲旅游产业中的独特地位，两者可以通过合作打造集休闲、娱乐于一体的"海上丝绸之路"特色旅游带。随着"一带一路"的推进，各国之间的旅游合作肯定会越来深入，在这种情况下，具有特色的旅游点会有更大的市场空间。珠澳两地应进一步加强合作，在旅游线路策划、旅游服务、旅游推介方面进行更深入的合作，尤其应在打造面向东盟以及一些葡语系国家的旅游产品方面有更大的作为。

4. 具有海洋文化、开放包容、公平法治、融合港澳等其他多个方面的优势

珠海不仅有自贸区、对外互联互通、特色旅游等突出优势，还有自身的独特优势。第一，海洋文化优势。从珠海宝镜湾遗址出土的距今4000多年的大型石锚来看，岭南先民居住于沙丘，航海技术先进，具有明显不同于农耕、游牧文明的海洋文明特点，是多元汇流的中华文明中的一枝奇秀。之后经过不断演变，形成了开放融合、敢为人先、开拓进取、灵活变通的海洋文化特质。第二，开放包容优势。珠海开放包容的优势既是与生俱来的，又是国家战略造就的，还是全国各地的人才聚合在一起共同形成的。第三，公平法治优势。珠海拥有特区立法权，立法事业有目共睹，营造了一个公平、公正、法治的珠海软环境。第四。融合港澳优势。珠海与港、澳陆桥相连。港、澳在金融、立法、保险、港口、科研、文化、服务等领域有与国际接轨的成熟经验，有利于珠海借鉴"他山之石"主动作为，与港、澳成为命运共同体。第五，人才的优势。珠海有9所高等院校，本土和海归人才较多，具有参与"一带一路"战略城市少有的人才聚集优势，此外还有承办国际航空航天博览会、与海外侨民联系紧密、土地储备多、海外友好城市多、人口压力小等诸多发展优势。

（二）珠海港参与"一带一路"建设的劣势

与此同时，珠海参加"21世纪海上丝绸之路"建设也面临着诸多困难和挑战。

1. 基础设施互联互通水平有待进一步提升

虽然近几年来珠海交通基础设施建设加快推进，但东西部之间交通建设滞后，出海通道、连接西南地区通道的建设任务依旧艰巨而繁重。珠海港区位优势明显，具备建设国际大港的先天条件，然而由于"西江战略"持续推进速度缓慢、航线开通不足、港口腹地拓展有限、港口运营发展缺少大型专业企业带动等多种原因，港口码头资源利用率偏低（不足100%），而我国枢纽港或干线港码头资源利用率都超出100%甚至达到150%，临港产业、港口物流业

发展有也待进一步提升。珠三角地区共有五家机场，珠海机场为其中之一，然而在广州、深圳、香港、澳门的机场运力均已出现饱和的同时，由于对外交往不便，珠海机场2015年旅客吞吐量远远没有达到1200万人次的年设计能力。这种状况无疑对珠海外向型经济的发展造成很大制约。

2. 产业结构不合理

经过多年的发展，目前珠海已经形成了电子信息、家用电器、石油化工、电力能源、生物医药和精密机械制造六大支柱产业，2015年轻重工业的比例为44.2：55.8，但是企业之间的发展很不平衡。在珠海，多年有着工业增长靠"两力"的说法。一是格力电器，二是国际著名的电子信息产品贴牌生产厂商伟创力集团。"两力"的产值一度占珠海全部工业产值的四成左右，其一旦受到外部环境的冲击，就会对珠海的整体经济产生很大影响。比如2009年，伟创力集团因海外订单大幅减少，产值跌幅超过30%，拖累了珠海经济的增长。珠海的服务业在经济中所占比重虽然达到45.5%，但是现代服务业与邻近的香港、澳门、深圳等地相比还存在较大差距，这在一定程度上影响了珠海的发展后劲。

3. 经济转型升级面临诸多挑战

随着我国经济步入新常态，经济增长从单纯注重速度向质量与效益兼顾方向转变。因此，珠海既要高速度，也要高质量，高速度才能解决经济总量不大和实现全面小康的问题，高质量才能解决资源配置效率低的问题。质量创新、科技创新、管理创新、制度创新将为有雄心在先进制造业领域有所作为的珠海提供重要动力，将变成珠海经济转型升级的重要手段，而质量创新是其中几种创新的终端表现形态。珠海既要面对珠三角、长三角兄弟市的竞争，还要面对"一带一路"沿线国家或地区的竞争，挑战艰巨。

4. 人才瓶颈制约产业发展

目前，人才引进数量少与需求量大的矛盾仍是制约珠海市经济特别是高新科技产业发展的重要原因之一，尤其高层次和高技能人才短缺已经成为制约珠海产业机构调整和构建现代产业体系的重要因素。近几年，倍感人才缺乏的珠海在吸引人才方面实行了一系列优惠措施，营造了人才聚集的"洼地"，但人才引进瓶颈依旧没有得到完全解除。尤其是随着云计算、大数据、工业互联网、3D打印等新技术不断发展和"一带一路"战略的深入实施，对高端专业人才、熟悉"一带一路"沿线国家或地区的人才及港澳专才的需求不断加大，但现有的人才队伍面临与"一带一路"战略相适应的智能升级的问题，与留住人才不相宜的政策措施还不同程度地存在，这些均导致珠海引进的人才无法有效满足现有人才需求。

5. 体制机制改革还不到位

目前，珠海的市场活力还没有得到充分释放，基层特别是企业的积极性仍然没有被充分调动起来，政府在市场监管和风险防控等方面还有许多薄弱环节。"一带一路"战略的深入实施将进一步助推我国新一轮对外开放，并以此倒逼体制机制改革，形成更为开放的体制机制。政府职能更多的是使权力回归市场和社会，促使政府在依法行政和法治政府建设方面有新的作为，实现政府社会职能和公共服务职能真正到位。在这方面，珠海还有很多功课要做。

6. 营商环境仍然存在不少瓶颈

目前，珠海依托横琴自贸区建设，营商环境得到进一步优化，但行政审批流程复杂、效率不高等突出问题仍然存在，办事难依然是企业和群众反映强烈的问题。

7. 文化融合交流工作艰巨而繁重

"一带一路"沿线国家或地区文化的交流和融通是"一带一路"战略实施的重要组成部分。但目前珠海与"一带一路"沿线国家或地区之间的文化合作尚存在一些不足，文化合作机制主要由政府主导，缺少有机的社会纽带，特别是民间交流合作缺少亮点及标志性成果。

8. 珠海与"一带一路"沿线国家或地区的城市之间一些不相匹配的挑战

珠海与"一带一路"沿线国家或地区的城市之间既有城市发展水平、资源需求、产业转移不相匹配的问题，也有制度、法律、政府行为差异，等等。

三　珠海港参与"21世纪海上丝绸之路"建设的建议

建设"一带一路"的基本要义是依托古代丝绸之路的辉煌历史，突出和平发展、合作共赢的时代主题。在新的国家战略布局中，珠海港应切实增强机遇意识，迅速行动、主动作为，在国家发展大局中找准角色定位，努力形成新常态下新的经济增长点，呼应广东打造"21世纪海上丝绸之路"的战略枢纽、经贸合作中心和重要引擎的政策要求，争当"一带一路"建设的"排头兵"和"主力军"。

（一）明确角色定位，突出自身发展优势

为了连接东亚经济圈、欧洲经济圈，我国提出了建设"一带一路"的发展战略。2014年7月，《珠江—西江经济带发展规划》获得国务院批复，珠江—西江经济带开放发展正式上升为国家战略。2015年11月3日，党的十八届五中全会审议通过《中共中央关于制定国民经济和社会发展第十三个五年规划的建议》，其中在关于港澳发展的篇章中，特别建议"深化泛珠三角等区域合作"。这是泛珠合作继亮相2014年、2015年政府工作报告后，首次写入国民经济和社会发展五年规划。日前，国务院印发《关于深化泛珠三角区域合作的指导意见》，标志着泛珠三角区域合作全面上升为国家战略，对于进一步提升泛珠三角区域在全国改革发展大局中的地位具有重大意义。这一系列动作将与"一带一路"建设紧密结合，共同推动形成中西互动合作、国内统筹协调发展的大格局。

珠海作为古今海上丝绸之路的连接点，在"21世纪海上丝绸之路"、珠江—西江经济带、泛珠区域发展战略中的重要地位日益凸显。2015年，广东省率先发布《广东省参与建设"一带一路"的实施方案》，明确了广东的三大"突出"，即突出"21世纪海上丝绸之路"建设、突出粤港澳合作、突出经贸合作，并梳理了促进重要基础设施互联互通、提升对外贸易合作水平、加快产业投资步伐、推动海洋领域合作、推动能源合作发展、拓展金融业务合作、提高旅游合作水平、密切人文交流合作、健全外事交流机制九项重点任务。在上述定位与重点任务中，珠海占据了不小的分量，尤其是在基础设施建设、海洋领域合作、对外投资贸易、旅游合作等多个方面，可以说珠海已经抢占了先机，有望释放出巨大能量。立足珠海的区位优势和现有基础，结合国家现有各类战略规划，可以总结珠海参与"21世纪海上丝绸之路"建设的战略定位为：以横琴自贸区、珠海港、港珠澳大桥等为基础，以多边、双边合作项目为载体，以投资贸易、现代金融、商务会展、特色旅游、现代物流、装备制造等为合作重点，努力将珠海打造成为"21世纪海上丝绸之路"上辐射东南

亚、连接南亚和拉美的综合枢纽城市之一，把珠海建设成为"21世纪海上丝绸之路"上重要的金融、物流、商贸中心及资源要素集散地和引擎之一。

（二）以交通基础设施建设为先导，全面提升互联互通水平

在"一带一路"战略实施的初始阶段，交通基础设施建设是优先条件和重点工作。交通不畅就会对深化区域合作构成一定障碍。因此，珠海要参与"一带一路"建设，交通基础设施建设是前提。

（1）要加快完善港口基础设施。珠海参与"一带一路"建设，对港口基础设施条件提出了更高的要求。"十三五"期间，要以完善港口软硬件设施和提升综合服务能力为重点，以服务临港产业和区域经济发展为目标，以港、产、城一体化发展为主线，深化港区功能转变，打造以高栏港区为主，以洪湾港、斗门港和万山港为辅，以其他港区为补充的"一港七区"的总体布局。以"智慧、物流、安全、绿色"四型港口为抓手，突出港口物流服务能力和信息化建设，力争利用五年时间建设成为基础设施完善、机制健全、信息化程度高、综合服务能力强、运作高效的珠江口西岸先进装备制造龙头港、华南地区能源主要接卸港、区域性国际物流中心，实现"第三代"国际港口的建设目标，并向"第四代"港口迈进。

（2）要积极开拓海内外航线。要继续完善海铁联运基础设施，疏通西江黄金水道，加快疏港公路建设，建成高栏港疏港铁路专用线二期，打造完善的江海联运、海铁联运、公铁水联运、海空联运和管道运输相结合的货畅其流的港口集疏运体系，进一步发挥对珠江口岸城市群、西江流域及铁路沿线地区的辐射带动作用；要继续加快发展近洋航线，进一步开拓远洋航线，共建港口联盟，打造珠海与内地、"一带一路"沿线国家或地区的互联互通走廊，构建对外全方位开放的新格局；要深入推进自贸区、开发区与港口之间实现"区港联动"，加快完善服务功能。

（3）要推进综合运输体系建设。积极抢抓"一带一路"先导投资和区域经济发展机遇，加大港口、公路、铁路的联合建设力度，推动港珠澳大桥建成通车，主动连接深中通道，谋划建设深珠城轨，主动融入珠江口国际湾区；加快推进广佛江珠城际轨道建设，建成金琴快线、兴业快速路等内通外联工程，实现15分钟内在主要交通节点上快速路；建成金海大桥、香海大桥、洪鹤大

桥及其连接线，力争建成市区至机场的城际轨道；加大公交投入，增加运营线路，建成一批综合性公交枢纽站场，公交机动化分担率超过 45％，中心城区交通拥堵问题得到明显改善；推动开放珠海机场国际口岸，启动第二跑道建设，打造复合型国际干线机场和货运枢纽机场。力争到 2020 年，实现多种运输方式间的客运零换乘和货运无缝衔接，将珠海建设成为以港珠澳大桥为龙头的立体综合交通枢纽城市。

（三）依托现有优势领域，深化拓宽国际合作空间

充分利用珠海在连接内地、通江达海、面向东盟、辐射南海方面的区位优势和交通条件，用足、用好、用活横琴自贸区的相关政策，加强与"一带一路"沿线国家或地区特别是巴基斯坦、巴西等南亚、拉美国家的产业联系，积极开展贸易、金融、基础设施、会展、物流、旅游、装备制造等领域的合作，实现互惠多赢、共同发展。

（1）要推进装备制造产业合作。拉美、非洲、东南亚等地区的国家是中国装备"走出去"的主要市场所在。"一带一路"战略的推进将进一步激发工程机械、港口机械、能源设备、电力设备等先进装备制造的市场需求。珠海目前在海洋工程装备制造、有轨电车、智能家居、智能电网等先进装备制造产业方面有较好的基础，可以依托横琴自贸区的政策优势，建立中国与葡语系国家、拉美国家或非洲国家在基础设施方面的推广平台，推动中国基础设施工程（包括路桥、港口、机场、电站、通信、石油、化工、冶金、水利等）和基础设施机械设备（包括高铁、机床、地铁）等"走出去"和基础设施服务外包的发展，同时也为珠海先进装备制造产业提供更广阔的市场空间。

（2）要推进产业合作。珠海要依托自身港口和区域优势，进一步加强与东盟、南亚、东非等资源较为丰富的国家的经济联系，积极参与"一带一路"沿线国家或地区的基础设施和城市建设，进而通过投资和贸易的推进，实现产业梯度转移，进一步优化产业结构；要通过不断加强与我国港澳和欧洲、北美等发达国家或地区的交流合作，大力引进高端技术、管理方式、资金等，积极发展国际贸易、金融、物流、跨境电商、会议会展、通用航空等现代服务业，促进珠海各类优势产业向高端迈进。同时，依托面向南海和万山等现有资源优势，积极推进与港澳以及"一带一路"沿线国家或地区在海洋领域的合作，

打造国际一流的海洋开发试验区或海洋经济合作示范区，大力发展海洋保护、海洋工程、海洋科技、海洋防灾减灾、海洋渔业、海岛金融、海洋新能源等海洋产业，努力培育新的经济点和增长极。此外，要进一步发挥区位和政策优势，与沿线省份、国家或地区合作推进"蓝色海洋旅游"和"绿色休闲旅游"，尤其要进一步加强与澳门之间的合作，两地携手推动旅游线路策划、旅游服务、旅游推介等，打造更多面向东盟以及一些葡语系国家的特色旅游产品。

（3）要增进文化交流。要争取尽快加入"海上丝绸之路"申遗城市行列，拓宽与"海上丝绸之路"沿线国家或地区文化交流的渠道；主动与"海上丝绸之路"沿线城市或地区联合发展旅游，促使更多的珠海旅客到"海上丝绸之路"沿线国家或地区旅游观光；要做大做强珠海会展业，进一步提升中国（珠海）国际航空航天博览会、中国国际马戏节的影响力，要将其列入珠海"海上丝绸之路"主题旅游项目，探索举办珠海国际合唱节、中医药文化节、珠澳国际电影节等活动，加快筹划组建"21世纪海上丝绸之路"海洋会展中心，筹办"海上丝绸之路"旅游文化节，全方位展示"海上丝绸之路"文化风情；要着力扶持文化创意产业，积极打造平沙文化创意园、V12文化创意产业园、南方影视城等一些规模较大的文化创意产业发展平台，大力吸引和培育具有国际视野的文化专业人才，使珠海真正成为中国连接东盟、走向世界的重要节点城市，为"21世纪海上丝绸之路"建设做出积极贡献。

（四）突出重点合作对象，促进对内对外开放

对外交流合作要有所侧重、突出重点，通过突出重点区域、国家、行业及热点，引导企业对外投资逐步实现健康、有序发展。当前，珠海应重点加强与巴西等葡语系国家、巴基斯坦等南亚国家的交流与合作，不仅要加强彼此在物流、航运等"硬的"基础设施领域互联互通，还要加强文化、教育、人文等"软的"领域交流合作。

（1）要加强与葡语系国家之间的联系。与葡语系国家合作是广东参与"一带一路"建设的有效延伸，是落实国家自贸区建设的重要举措。珠海应充分发挥好广东作为中国第一经济大省、澳门与葡语系国家联系密切、横琴自贸区创新能力强三大优势，主动对接国家战略，构建多层次合作格局，为加快自

贸试验区建设、促进澳门产业适度多元化、实现广东与葡语系国家更紧密合作做出积极探索。要把重点放在经贸合作上，加强与葡语系国家的产业对接，明确具体合作思路、合作项目；要整合全省外事资源，借助中葡论坛、中拉部长级会议论坛等国家级平台，加快搭建区域平台；要发挥珠海空港枢纽作用，促进横琴与港澳深入合作；要打好"澳门牌"，发挥澳门与葡语系国家深厚的历史渊源优势，加快搭建与葡语系国家的合作平台。巴西作为最大的葡语系国家，经济体量大，2015 年经济总量达到 2.5 万亿美元，在世界排第八位。珠海为了促进与巴西的合作所做的努力以下几点。一是珠海港和巴西维多利亚港 2016 年将实现直航。二是在线上建设方面，珠海在横琴与巴西合作搭建跨拉美电子商务平台，目前平台已经建立，正在调试之中；平台集公共信息交流、在线采购批发、大宗商品交易和跨境购物四大功能为一体，将共同完善中巴两国跨境 B2B 进出口服务体系；同时，巴西方面现已整合了约 8 万家当地企业的资源，未来有望借助平台实现两国企业基于本币实时结算等功能。三是在线下建设方面，珠海高栏港综合保税区投资 8.4 亿元的拉美综合保税枢纽仓储物流中心也于 2016 年开始建设，共分三期，预计 2018 年完工。总的来看，珠海市与巴西在经贸、科技、文化、教育、旅游等方面既有许多共性，又具有互补性，双方合作前景广阔。双方在跨境电子商务与服务贸易一体化方面，尤其在珠海港与维多利亚港之间，商贸、物流等多领域的深层次交流与合作前景也很广阔。要主动对接"一带一路"国家战略，发挥澳门与葡语系国家联系密切的优势，与澳门联手打造中拉国家经贸合作平台；要依托中国—拉美合作示范区建设，推动中国—西跨境电子商务平台落户珠海，使珠海港发展成为广东省乃至中国南部对接拉美的重要商贸门户。

（2）要加强与巴基斯坦等南亚国家之间的联系。目前，珠海与巴基斯坦瓜达尔市就"一带一路"旗舰项目——瓜达尔港建设签署 4 项合作协议，计划在港口建设、经贸等方面开展全方位合作。珠海港控股集团与中海港控签署了 65 亿元的合作大单，合作共建巴基斯坦瓜达尔港，同时珠海港投资建设"贵广—南亚国际物流大通道"。下一步要继续加快推进与巴基斯坦瓜达尔港之间的港港联盟，促进与瓜达尔自贸区之间的合作，加快建设瓜达尔"中国南方商品采购交易中心"。同时，加强与中远、中海、马士基、太平洋船务、中国台湾长荣等大型船务公司之间的港航联盟，开辟内外贸航线，逐步把珠海港发展成为广东省连接南亚、西亚、拉美等地区的区域性航运服务中心。

（3）要积极推动与内地省份间的区域合作。沿线内地区域是珠海的直接腹地，联动发展空间大。要继续向西深化与珠江—西江经济带沿线城市之间的联系，向东与沿海各港口城市和自贸区实现对接和错位发展，使珠海与珠江—西江经济带城市之间互联互通；向北积极与贵州及中西部区域之间联系，借助欧亚大陆桥加强与"丝绸之路经济带"沿线各国家或地区之间的经贸往来。

（五）深化区域交流，强化务实合作

在加强区域交流与合作方面，珠海已经具有了一定的经验和基础。下一步，一方面要将这些成功经验推广并复制到"一带一路"建设中去；另一方面，要积极吸收和借鉴各地的先进成果和有效做法，不断创新区域合作新途径，不断探索与"一带一路"沿线国家或地区联动发展的新体制机制。

（1）要搭建国际经贸交流合作平台。以参与"一带一路"建设为重要契机，依托珠江口西岸唯一自贸片区横琴自贸区的独特开放优势，与澳门合作搭建中拉国家经贸合作平台，重点发展旅游休闲健康、文化科教和高新技术等产业，将其打造成为文化教育开放先导区和国际商务服务休闲旅游基地，发挥促进澳门经济适度多元发展新载体、新高地的作用；以参与巴基斯坦瓜达尔自贸区港口建设为突破口，进一步深化双方合作，加快建设中国南方商品采购交易中心（瓜达尔），搭建与瓜达尔自贸区的经贸合作平台；深化与新加坡在智慧港口建设方面的合作，大胆创新和引进国际智慧港口先进经验，加快建成先进、开放、便捷、高效、安全的区域性综合电子物流平台。大力发展电子商务，推动中国—巴西跨境电子商务平台落户，加强与国内外知名电子商务平台的合作，鼓励本土企业和外商投资企业在珠海（横琴自贸区）设立具有独立法人资格的网上交易平台，不断扩大市场份额。

（2）要支持优势产业和企业"走出去"。要不断巩固和发挥珠海装备制造、石化产业、港航物流、特色旅游等产业基础雄厚、企业实力较强的优势，积极引导和鼓励企业拓展东盟、南亚、非洲等新兴市场，通过对外投资办厂、兼并收购、资源开发等多种形式，参与境外稀缺资源和能源开发，收购境外优质企业、研发机构、营销网络和知名品牌，全方位参与国际竞争；要加强与欧洲、北美等发达地区的联系，支持企业通过组成联合体或战略联盟的方式组团

"走出去"，鼓励骨干企业到欧洲、北美建立研发、生产和营销体系；要利用珠海与东盟国家合作的既有基础和优势，坚持"引进来"与"走出去"并重，进一步加强两地在贸易、投资、旅游、教育等方面的交流。

（3）要继续创新和探索区域合作形式。借鉴中德合作、中新合作、粤港澳合作经验，争取规划建设一批双边、多边合作产业园区，支持有条件的珠海企业在"一带一路"沿线国家或地区建立境外经贸合作区，创办开发区。加快推进珠海经济技术开发区（高栏港经济区）建设，抢抓"中国制造 2025"、"一带一路"、广东自贸区横琴片区启动和港珠澳大桥建成通车等战略机遇，发挥产业转移载体作用，加快发展港口物流、临港产业、装备制造产业、新能源产业等，将其打造成为我国企业进入东盟、南亚和拉美市场的重要跳板和我国科学技术与文化对外辐射的重要窗口。

参考文献

花建：《"一带一路"战略与我国文化产业的空间新布局》，《福建论坛》（人文社会科学版）2015 年第 6 期。

李楠：《"一带一路"战略支点——基础设施互联互通探析》，《企业经济》2015 年第 8 期。

文君、蒋先玲：《用系统思维创新高校"一带一路"国际化人才培养路径》，《国际商务（对外经济贸易大学学报）》2015 年第 5 期。

区域合作篇

港珠澳三地旅游合作发展路径研究[*]

熊 科

一 港珠澳三地的旅游业发展现状

（一）珠海旅游业的发展现状

珠海作为我国著名的旅游型城市之一，曾被评为"中国旅游胜地四十佳城市"之一。珠海的旅游资源非常丰富，蓝天碧海、绿岛白沙，得天独厚的自然资源以及优美的城市环境为珠海发展旅游业提供了广阔的空间，其独特的地理位置使其拥有广阔的旅游市场。因此，旅游业是珠海特区建立以来发展时间最长、最繁荣的产业之一。改革开放以来，珠海市充分利用毗邻港澳的区位优势和经济特区的政策优势，大力加强旅游基础设施建设和旅游资源开发，旅游业发展迅速、成绩斐然，突出表现在两点。第一，旅游整体形象不断提升。珠海以高分进入首批全国优秀旅游城市之列。珠海还先后荣获"国家园林城

---

* 课题负责人：熊科，北京师范大学珠海分校副教授。课题组成员：石元蒙、李昊，北京师范大学珠海分校副教授；陆剑宝，北京师范大学珠海分校讲师。

246

市""国家环保模范城市""国家卫生城市""国家级生态示范区""国际改善居住环境最佳范例奖""最具幸福感的城市"等殊荣。这些荣誉提高了珠海的知名度和美誉度,增强了对游客的吸引力。经过长期精心经营和打造,珠海的"海岛、温泉、高尔夫"休闲度假品牌及"浪漫之城""魅力之城"的形象日益鲜明。第二,旅游接待条件日臻完善。目前,珠海已建立了旅游目的地营销系统(DMS)、旅游信息中心,珠海市旅行社在中国"百强旅行社"中榜上有名。

珠海旅游市场发展的主要特点:第一,城市环境是吸引游客的最主要因素;第二,海岛、温泉、高尔夫成为珠海旅游业的特色项目;第三,珠海航展和一级方程式赛车场能够提升珠海的国际知名度;第四,珠海旅游市场以休闲旅游为宣传亮点;第五,珠海可开发的土地资源较多,旅游业劳动力价格低廉;第六,珠海长隆海洋公园的火爆开园提升了珠海的旅游知名度。

(二)香港旅游业的发展现状

香港是亚太地区著名的旅游中心,享有"购物天堂"的美誉。香港旅游设施和旅游服务质量较高,旅游业是香港服务业中发展势头最强劲的行业之一。香港旅游业、金融业、工商业及物流业被称为香港四大支柱行业。香港的旅游业随着大陆政策的放宽而迎来更多的游客到访,旅游业收入也直线上升。

香港旅游市场发展的主要特点:第一,独特的人文景观和自然景观是吸引国际国内游客的基础;第二,"购物天堂"一直是香港最突出的优势之一;第三,国际一流的服务设施和服务质量深受欢迎;第四,自由行政策为香港旅游业带来机遇;第五,完善的会议、展览设施使之成为全球会议中心之一。

(三)澳门旅游业的发展现状

澳门拥有各种古老的中西建筑,澳门历史城区是世界文化遗产,旅游博彩业发达。随着博彩经营权的放开,澳门引进了更为先进的娱乐场所管理模式,兴建了各种休闲、度假和会展设施,旅游功能更为齐全。澳门博彩旅游业为澳门带来了巨额的财政收入,创造了大量的就业机会,带动了相关产业发展。为促进澳门的产业结构调整,澳门政府不断对当地旅游业和服务业进行产业升级,通过兴建丰富多彩的旅游景点和完善的旅游设施来促进当地旅游业的发展,澳门博物馆、澳门文化中心、会议展览中心、黑沙公园、郊野公园、竹湾公园、海洋公园等项目的开发和建设体现了澳门不断创新的旅游文化发展水平。此外，还大力发展澳门国际音乐节、国际烟花汇演、车赛、澳门艺术节、龙舟赛等文化活动，提升了人文旅游的游客比重。为了吸引更多海外的游客，澳门还积极举办各类大型的国际性会议，从而增加了为参加会议而来澳旅游的人数，使其在国际上的旅游形象不断提升。

澳门旅游市场发展的主要特点：第一，澳门游客主要以香港地区游客和内地游客为主；第二，旅游市场结构单一、一业独大，博彩旅游是澳门旅游收入的最主要来源；第三，较低的旅游购物消费水平和留宿率极大地影响着澳门旅游业未来的发展；第四，人文旅游市场独特，购物旅游业在澳门也逐渐兴起。

二　港珠澳旅游业的 SWOT 分析

港珠澳因经济发展、历史、人文和地理等综合原因，在旅游业的发展方面具有各自的特点，这些特点也成为三地各自定位自身旅游形象的出发点。以下通过三地旅游业的 SWOT 分析见表 1 ~ 表 3，找出三地旅游业的异同，从而为三地旅游业合作提出建议。

（一）珠海旅游业的 SWOT 分析

表 1　珠海旅游业的 SWOT 分析

短处（Weakness）	长处（Strength）
<ul><li>旅游景区"产品"结构单一</li><li>缺乏精品旅游项目</li><li>景区的基础设施建设较差</li><li>食住行与游乐购发展不相协调</li><li>留宿人数较少</li><li>景点保护不到位，景观遭到破坏</li></ul>	<ul><li>海岛众多，旅游资源丰富</li><li>与港澳相比，物价水平较低</li><li>出境人口流动性较高</li><li>毗邻港澳，拥有与港澳旅游合作的垄断性优势</li></ul>
机会（Opportunity）	威胁（Threat）
<ul><li>港珠澳大桥开通有望，香港加大对珠海各类项目投资，将提携服务业整体大发展，吸引更多人才进驻珠海</li><li>政府的支持，政策的倾斜</li><li>横琴新区建设加快，引入了许多国际发展项目与大量资本，可以慎重选择，引入更多旅游项目，按规划扩大旅游业格局，增强城市旅游吸引力</li></ul>	<ul><li>区域竞争压力大：一是来自东盟的竞争，二是在省内主要面对来自中山、东莞的竞争，三是入境旅游面对来自杭州、桂林、苏州的竞争</li><li>大量资本流入，旅游行业有可能出现大量泡沫，在环境变得更为复杂的同时更应审慎应对，把握机会、稳步发展</li></ul>

（二）香港旅游业的 SWOT 分析

表 2　香港旅游业的 SWOT 分析

短处（Weakness）	长处（Strength）
• 地域狭窄，旅游资源相对不足 • 旅游业成本高昂 • 服务质量下降 • 内地自贸区的开发使得香港的旅游优势逐渐消失	• 融贯东西文化的人文景观 • 世界一流的旅游基础设施和优质服务 • 优越的地理位置和便利的海空交通条件 • 独特的购物环境和美食文化
机会（Opportunity）	威胁（Threat）
• 内地对外开放后经济高速增长，形成潜在的旅游市场 • 内地政府的大力支持和香港政府的扶持 • 港珠澳大桥的开通更有利于香港旅游发展	• 内地与海外直航线增多使以前须经香港转乘内地的游客减少 • 内地和周边国家或地区旅游市场的兴起 • 部分香港市民对大陆游客的抵触情绪

（三）澳门旅游业的 SWOT 分析

表 3　澳门旅游业的 SWOT 分析

短处（Weakness）	长处（Strength）
• 澳门"赌城"造成旅游业发展的局限性 • 其他文化旅游资源开发进度缓慢 • 依赖博彩业的澳门市场经济的单一性 • 博彩业所派生的各种社会治安问题 • 本地居民缺乏积极的竞争观念	• 我国独有的合法博彩权利 • 其他旅游资源的高知名度和高利用率 • 博彩业具有连带其他产业的作用 • 澳门的低税收具备低成本的优势 • 具备货物免税的自由港优势 • 享有欧美国家给予的配额和关税优惠 • 经济特区的优惠待遇
机会（Opportunity）	威胁（Threat）
• 两地政府给予澳门与珠三角旅游合作的政策支持，进一步促进建设休闲中心和中葡合作平台 • 横琴自贸区成立和澳门新 CEPA 的签约 • 内地区域旅游业发展的巨大机遇 • 促进交通往来的港珠澳大桥的即将建成 • 珠三角城际快线网络的基本完成 • 高铁及高速公路网络日趋完备	• 周边地区博彩业的逐渐合法化 • 大陆反贪风暴的波及作用 • 依靠博彩业单一经济的多元化转型困难 • 互联物购物和大陆货物的完善影响澳门零售业 • 人力资源紧缺，需要大量的劳动力输入

从表1、表2和表3可以看出，三地旅游业因各自特色差异，形成了一种优势互补的局面，这样有利于三地开展旅游业合作；横琴自贸区的成立和港珠澳大桥的即将落成为切实加快三地旅游业合作提供了可行的基础。

三　港珠澳三地旅游的合作现状及评价

港珠澳三地在CEPA政策的推行下获得了长足的发展，但是旅游业的合作项目明显落后于制造业投资项目。特别是香港对珠海的旅游投资不足。一些在建或者已经在营项目主要以澳门地区和珠三角周边地区旅游企业为主。以下通过对投资于珠海的香港、澳门（含控股或投资）的旅游合作项目进行详细分析，对现在的合作效果进行科学评价（见表4）。

表4　珠海的港澳珠三角外来投资项目评价

旅游合作项目	进展情况	投资模式	合作项目的评价分析
珠海长隆海洋王国	●2014年3月29日正式开业,同时启动长隆海洋王国、长隆横琴酒店和长隆国际马戏城三大项目。创造五大世界吉尼斯纪录,推出"七大之最" ●2014年4月19日,田亮、叶一茜和森碟一家出任"长隆幸福大使",并在长隆水上乐园开园之日精彩亮相 ●2014年4月23日下午,长隆集团到长沙进行主题旅游推介 ●2015年1月15日,湖南卫视综艺节目《奇妙的朋友》正式进驻长隆海洋王国拍摄 ●2015年2月19日《爸爸去哪儿2》大电影上映使得长隆名声大噪	旅游投资模式 园区旅游目前推出的八大展区:海象山、缤纷世界、极地探险、海洋奇观、海豚湾、雨林飞翔、横琴海、海洋大街 正在投建项目: 1.珠海长隆企鹅酒店:珠海长隆企鹅酒店在西南角设置了过街天桥直通公园影院区,酒店住客可通过空中通道直达5D影院,极大地丰富了酒店的配套功能 2.珠海长隆马戏酒店:打造奇幻欧洲小镇 3.珠海长隆海洋王国五维特效影院:拥有全球最大3D弧形银幕	●珠海横琴海洋王国的建设依托雄厚的资金实力及公司背景,拥有良好的资源以及政府的大力支持 ●旅游项目新颖,拥有诸多的世界吉尼斯纪录,并且园区的产品丰富,对顾客有较大的吸引力 ●珠海横琴长隆国际海洋度假区与澳门充分互补,大大扩展了澳门的发展空间,形成"博彩在澳门,休闲度假在横琴"的格局 ●地理位置优越,毗邻港澳,客流量较大 ●宣传力度强,有大量的广告宣传,如微信、微博等各种网络、媒介、软文的传播及明星代言;并且不断地引入综艺节目《爸爸去哪儿》《奇妙的朋友》等,大大提升了品牌的知名度

旅游合作项目	进展情况	投资模式	合作项目的评价分析
珠海海泉湾项目	● 2006 年 1 月 22 日，全面开业迎客 ● 2006 年 8 月，推出加勒比海岸项目 ● 2007 年春节，推出海洋园林温泉项目；7 月，推出高尔夫练习场项目 ● 2008 年 5 月，推出休闲垂钓区项目；7 月，推出大型音乐舞蹈诗画《大海的记忆》、新经济型酒店"海泉湾客栈"；11 月，推出高端海泉湾温泉会所，大型多功能宴会厅海泉宫建成 ● 2009 年 11 月，推出温泉矿泥浴项目 ● 2010 年 5 月，推出海泉湾拓展训练营二期"亲水乐园""极地巅峰"项目；10 月，推出海洋温泉项目 ● 2013 年 2 月 27 日，珠海海泉湾二期项目开工，项目占地面积约 3.1 平方公里，主要以海洋温泉为核心，利用高端酒店集群效应，依托一期项目的品牌影响力和市场认知度，逐步形成"滨海温泉＋度假酒店＋会议会展＋旅游地产"的商业模式。同时，二期项目也与正在规划的珠海平沙新城进行着有机衔接	旅游房地产投资模式（即私募股权投资模式或自筹模式）与旅游投资模式相结合其现有的产品投资体系有核心产品高端地产和重点产品海洋温泉。延伸产品主要涉及海泉湾维景大酒店、神秘岛主题乐园、梦幻剧场、渔人码头、运动俱乐部（含高尔夫球场）、健康体检中心、拓展训练营 7 大产品	据实地调查，海泉湾项目一期经营状况不佳，呈现出产品之间缺乏联系和互动、综合配套效益未能体现、文化内涵不足、客源区域化明显、缺乏多样性、客源停留在观光休闲体验的初级档次、项目还限于休闲范畴、综合度假理念未能体现等不足之处。首期投资 21 亿元，营业收入仅 3.6 亿元，未能形成可持续的发展模式 分析其原因，主要有以下四点： ● 主题不明确，温泉产品特色不足，环境营造不足，以致引爆动力不足 ● 开发步骤割裂旅游与度假，导致整体经济效益不景气 ● 会议客源开拓不足，导致大量设施闲置，不能得到很好的维护，从而进一步影响了项目的整体水准 ● 横琴自贸区的发展、各大旅游景区温泉项目的增多等所带来的竞争压力
3D 梦工厂项目	● 2010 年 9 月 28 日，香港文化传信集团与横琴新区管委会正式签约 ● 2011 年 8 月 17 日，香港文化传信集团开始落实 3D 梦工厂项目，项目包括创意产品产权交易、3D 技术研发和	BOT 投资模式（全资模式）3D 梦工厂项目是将基础设施投资、建设和经营一体化的全投资模式，以政府和私人机构之间达成协议为前提，由政府向私人机构颁布特许，允许其在一定时期内	● 由于珠海政府和香港文化传信集团的资金不到位，珠海 3D 梦工厂项目自 2010 年签约到现在都还没有多大的起色 ● 项目的负责公司香港文化传信集团开始趋向于发展移动端的电子商务，在游戏业务

续表

旅游合作项目	进展情况	投资模式	合作项目的评价分析
3D梦工厂项目	技术服务、3D动漫影视制作等内容 ●2011年8月17日在深圳举行的"广东省动漫产业发展情况"发布会透露，珠海横琴已经与香港企业合作建设"文传亚洲3D梦工厂项目"，该项目不久便可上马	筹集资金建设某一基础设施并管理和经营该设施及其相应的3D产品与服务	方面也花费不少，严重影响了需要投资百亿元的3D梦工厂项目的进行 ●横琴自贸区的业务更多的是携手澳门打造顶级"区域经济体"，由香港企业和珠海政府进行的BOT筹资模式的百亿元3D梦工厂项目发展前景还是一个未知数
平沙游艇与旅游产业园	●南国游艇俱乐部目前项目建设已进入游艇码头、酒店建设和会所装修阶段 ●即将完成休闲度假酒店和会议酒店这两座五星级酒店的主体建设，准备投入运行 ●目前珠海市平沙镇已有游艇制造企业18家、配套制造企业6家、商贸配套企业30多家，总投资3亿多美元 ●园区内建设广东省质量监督游艇材料检验站，为游艇原材料提供监测服务	旅游项目投资模式 对于游艇项目的旅游投资，平沙游艇工业已成为国内公认的设立最早、规模最大、密集度最高、档次最高的游艇基地	其投资项目成功的主要原因如下： ●平沙镇地处海港，土地广阔，地势平坦，地质基础较好 ●有较高的专业园区知名度，产业链不断延伸，产业配套不断完善，全国首个游艇设备专业市场广东南国游艇与零配件交易中心已经建成 ●靠近消费市场，毗邻香港、澳门、广州和深圳，客户资源丰富 ●目前国内还没有大型的综合性游艇俱乐部，平沙将成为中国第一个游艇专业镇，具有较强的吸引力
心海VEGAS	●携手凯撒娱乐集团、国家交响乐团、成品书店、果壳里、玩具反斗城、现代经典、力美健、Forever21等众多国内外一线品牌，打造中国南部最大国际顶级演艺中心和超白金五星级酒店	旅游房地产投资模式 心海VEGAS项目的主要目标是面向每年9000万名过境游客，为他们提供一个在珠海过夜、娱乐休闲的高端平台，努力建成旅游度假、休闲体验的娱乐胜地	●对于招商方面，心海VEGAS商业步行街携手世界500强企业中唯一的商用物业供货商世邦魏理仕（CBRE），将引入国内外一流品牌入驻 ●拥有独特的商业业态：全业态娱乐体验，全球美食享受。避免与珠海其他商业体系之间的零和博弈，实现差异化发展战略 ●倚靠心海州都市综合体的顶级配套，坐拥近15万名消费者，预计日均客流承载力近万人次

旅游合作项目	进展情况	投资模式	合作项目的评价分析
银河娱乐珠海横琴项目	● 项目位于横琴西南面,面积为 2.7 平方公里,沿海有长达 2.5 公里的海岸线,力争在港珠澳大桥通车前落成 ● 吕耀东表示,自 2011 年"澳门银河"开业以来,已有连续十个季度的盈利增长,为集团带来现金流 ● 其中"澳门银河"第二期将如期于 2015 年落成,路凼第三期及第四期将投资 500 亿港元至 600 亿港元,主攻非博彩业设施 ● 对于和横琴的合作计划,吕耀东预期该项目将与公司的澳门业务优势互补,在支持澳门成为世界旅游休闲中心方面扮演重要角色	PPP 投资模式,即公共部门通过与私人部门建立合作关系而提供公共产品或者服务的一种方式 "澳门银河"的活动场地将大大增加,为筹办会议、奖励旅游、产品发布、宴会及特别活动提供更多选择,并可容纳 3000 人。从社交聚会、华丽婚宴、展览活动、产品发布到典雅隆重的宴会,"澳门银河"都将提供周到的服务,并提供更多元化、更不凡的场地	大规模资金涌入珠海横琴,必定给当地经济带来冲击。从发展来看,澳门、珠海两地联合打造世界级旅游胜地并不是遥不可及的。无论是建筑规模还是资金注入,都显示出银娱集团的实力和信心。港珠澳大桥竣工在即,珠海必定成为一处接口,为澳门分担土地压力并解决政治限制问题。根据分析其还可以开拓以下项目: ● 舞台剧院的打造:歌舞团、娱乐秀等国内外团体可借此机会,打造专属于"澳门银河"的歌舞剧 ● 空中冲浪池:人们在冲浪的间隙需要休息。"能量站"、休闲沙滩椅以及人造沙滩都是不错的选择 ● 社交聚会:为活动承办做第三方支持
珠海励骏友谊广场项目	● 2014 年 3 月 28 日动工兴建 ● 励骏友谊广场项目以 17 世纪葡萄牙曼努埃尔式的建筑风格为基础,融入澳门特色,体现中西合璧的特点 ● 建成后,将为横琴新区提供大型超市、3D 立体影院、知名零售品牌、国际连锁餐饮等服务	旅游房地产投资模式 励骏友谊广场总投资 16 亿元,是横琴开发区首个动工的澳门中小企业投资项目。横琴是澳门的后花园,励骏集合近 30 家澳门中小企业的资金和力量共同在横琴开发建设励骏友谊广场,可以"以大带小",促进澳门中小企业融入横琴发展,推动澳门经济多元化发展	● 位于横琴附近,毗邻澳门,客流量大 ● 占地面积较大,资金力量雄厚,联合近 30 家澳门中小企业的资金和力量 ● 创造了三个"第一",即横琴对澳门企业定向出让的第一块地皮、第一个动工的澳门中小型投资项目,也是第一个实践"以大带小"、共同联合发展模式的中小企业发展项目 ● 与横琴新区优劣互补,形成了休闲旅游、客源互动以及市场一体化的战略合作

四 港珠澳旅游业发展面临的问题

（一）长期的过境地角色

珠海是大量港澳自由行游客的过境地，港澳是许多外国游客和中国台湾游客往来大陆的中转站，珠港澳三地均存在游客停留时间短的问题。外国人、香港同胞、澳门同胞和台湾同胞四种入境游客的停留天数均低于全国主要旅游城市的平均停留天数。过境地角色不利于游客在当地留宿和消费，旅游业对酒店业、零售业、娱乐业带动作用不强。随着形势的变化，如大陆城市开辟越来越多的国际航线以及台湾和大陆直接"三通"等，部分境外客源容易流失。港澳境外客人的流失可能直接引起珠海的入境旅游人数的减少。

（二）三地旅游业发展不平衡

由于珠海长期处于"交通末梢"，产业战略选择也因环境保护而比较慎重。经过30多年的发展，珠海工业基础仍然薄弱，现代服务业发展水平不高，生产性服务业发展滞后，经济总量在珠三角城市群中偏低，在对接港澳经济方面存在较大差距。

（三）三地体制机制差异的问题

首先，珠海和港澳政府管理经济的职能和方式不一样，合作项目实施步骤不同，办事程序、效率均有差异；其次，教育、科技、文化、卫生、环保、司法等方面的资质认证、职业资格和评估标准不相同；最后，合作权利不对等、自主权不同，等等。这些都在不同程度上影响了地区之间的相互沟通和协作。

（四）区域性旅游客源的竞争

港珠澳共同面对其他区域和城市的竞争，如共同面对东盟、长三角的竞争。香港主要面对新加坡、泰国、马来西亚及韩国的竞争；澳门面对博彩业已经或正在合法化的周边地区的竞争；珠海在省内面对东莞、中山等的挑战，在国内入境旅游方面面对杭州、苏州、桂林等的挑战。另外，澳门面临旅游市场单一性问题及本地人才短缺问题；珠海存在外国游客少、商务客人少、旅游购物比重小、旅游六要素不平衡等问题。

五　珠海与港澳区域旅游合作的可行性分析

（一）三地相邻

港珠澳地理位置相邻，珠海澳门陆路相接，经济、文化、社会民间交流甚密。珠海和香港隔海相望，很早就有贯通两地的水路交通。即将建成的港珠澳大桥将大大缩短珠海与香港之间的时空距离，将珠海纳入香港半小时生活圈，创造了珠港之间在都市圈基础上开展合作的基础条件，正如30年前香港辐射深圳、东莞一样，将辐射带动珠海及西岸城市的发展。与珠江口西岸相比，珠海是珠江口西岸承接香港辐射的"桥头堡"，必将成为香港与珠江口西岸乃至粤西、大西南地区合作的先行区。

（二）相似的社会文化背景

在秦汉时，港珠澳同属南海郡，晋至陈朝同属东官郡，隋朝和唐朝同属宝安县。南宋至明清时期，珠海与澳门同属香山县的辖地。目前港澳地区人口中绝珠大部分属广东籍，居民日常语言主要为粤语。港珠澳相同的地缘、史缘和人缘，一脉相承的历史文化、地方语言和风俗习惯，大大降低了旅游合作的交易成本。

（三）坚实的经济基础条件

在旅游合作中，涉及旅游设施的建设、旅游资源的开发和旅游营销的推广等，需要政府和民间的大量投入；涉及互送客源，需要居民有较高的可自由支配收入。因此，要进行有效的旅游合作，需要各方具有一定的经济实力。珠海是全国经济较发达的地区，而港澳地区是世界上经济发展水平较高的地区。

（四）互补性的旅游吸引物

香港是著名的国际金融中心和航运中心，以优良的自由港、良好的营商环境、出色的会展设施、汇聚世界各地的琳琅满目的商品、著名主题公园等吸引世界各地的商务、邮轮、购物和休闲娱乐旅游者；澳门的旅游吸引力主要是博彩、多元文化、保存完好的中西古建筑、中外美食等；珠海的旅游吸引力主要是优美的城市风光、富有情调的休闲度假环境等。

（五）已有一定的合作基础

珠海与港澳经贸关系密切，港资和澳资是珠海最主要的外资，这为港珠澳旅游业合作创造了条件；中国首个跨境工业区珠澳跨境工业园区的建设为港珠澳旅游合作创新提供了范例；港珠澳已有的旅游投资合作、旅游线路合作、互送客源合作、营销推广合作为进一步的旅游合作提供了直接基础。

（六）横琴岛将成为港珠澳旅游合作的重要载体

2009年6月，《横琴岛总体发展规划》获国务院批准，将横琴岛纳入珠海经济特区范围，并明确把横琴岛定位为"一国两制"下探索粤港澳合作新模式的示范区、改革开放创新和科技发展的先行区和珠江口西岸地区产业升级的新平台。由此可见横琴岛所担当的历史使命，犹如30多年前创办经济特区，具有国家战略意义。《横琴岛总体发展规划》的出台使广受关注的横琴岛开发再次迈出了关键性的一步，横琴将成为推进港珠澳紧密合作、融合发展等方面大胆探索、先行先试的重要平台。随着港珠澳大桥的建设，香港将成为粤港澳合作开发横琴的新主力军。这将有利于横琴加快发展商务服务、休闲旅游、科教研发和高新技术产业等以高端服务业为主导的现代产业，吸引港澳和国际高端人才及服务资源，打造粤港澳地区的区域性商务服务基地、与港澳配套的世界级旅游度假基地、珠江口西岸的区域性科教研发平台、融合港澳优势的国家级高新技术产业基地，为港珠澳更紧密合作提供先行先试的重要平台。

六 珠海与港澳区域旅游合作的不利因素

（一）缺乏统筹协调的机制，三地旅游合作进展较慢

目前，三地旅游合作只是在市场层面有一定的探索，并未开展统一旅游规

划编制，具体的合作措施不多。政府间旅游合作协调机制尚未建立，导致旅游合作协商渠道不畅。

（二）三地旅游发展不平衡，珠海旅游业竞争力较弱

相比香港和澳门的旅游设施及服务，珠海的酒店、餐饮、购物、娱乐等旅游元素的规模和档次均不够高，特别是缺乏大型主题旅游项目和标志性景区，对游客没有足够的吸引力。

（三）出入境限制阻碍三地深化合作

在珠海和港澳之间往来属于出入境，出入境的限制在一定程度上影响了人员、资金及各种资源和旅游要素的自由流动，同样增加了旅游交易成本，目前在珠海与港澳之间建立服务无障碍、管理无障碍的无障碍旅游区任重而道远。珠海目前正联手港澳，争取国家支持珠澳人工岛建设粤港澳口岸通关合作示范区，创新通关制度，简化人流出入境手续，方便物流车辆便捷通关。

（四）行政级别不平等，增加旅游合作难度

港澳作为两个独立的关税区和中国的特别行政区，高度自治，各方面影响力大。珠海市是更小一级的行政区，行政、经济管理权限和影响力远不及港澳。目前的合作更多地表现为粤港合作和粤澳合作，这为珠海与港澳旅游合作的协调增加了难度，同时增加了旅游交易的成本。

（五）利益不平衡，存在一定挑战

珠海的国际知名度较小，以旅游促消费的力度远小于港澳，在客源方面特别是境外客源方面更多依赖于港澳。合作的基本出发点是利益，如何寻求利益的平衡点，存在一定的挑战。

七　珠海与港澳区域旅游合作的特点分析

（一）相邻地区间的合作

从空间的角度来看，旅游合作主要有相邻地区之间的合作、非相邻地区之

间的合作和以线路为纽带的合作。珠海与港澳地区的旅游合作主要是相邻地区之间的合作，既涉及客源共享、线路产品开发、人才流动和培养等方面的合作，也涉及交通设施的衔接、边界地区旅游资源的共同开发、旅游市场的监管等更为广泛的合作内容，合作的广度和深度更为复杂。

（二）跨越边境的合作

港珠澳区域旅游合作不同于通常的一国以内的相邻地区间的合作，它是在"一国两制"的前提下，在内地、香港、澳门作为三个独立关税区的条件下，作为内地关税区一部分的珠海与香港、澳门两个独立关税区之间的合作，三地之间的人员往来属于出入境。边界与距离一样，影响着不同地域的空间联系和地域空间的人文差异性，边界两侧的人文因素是突变的，它提高了交易成本。因此，珠港之间、珠澳之间的边界在一定程度上增加了其人流、物流和信息流的成本。对游客来说，增加了游客办证、过境等的时间成本和金钱成本；对旅游企业而言，影响了资本（港资和澳资在内地属于外资）、工作人员及旅游要素的自由流动；对政府部门来讲，珠港之间、珠澳之间的交流交往属于外事活动，须遵守外事纪律。因此，这在一定程度上增加了港珠澳区域旅游合作的难度和复杂性。但港珠澳之间的关系毕竟是相容性利益集团下一国之内的合作性竞争关系，因"两制"制约而遇到的各种问题，如通关问题、在港澳地区的外国人到珠海旅游签证的问题等，可以在遵守基本法的前提下，得到更有效的协调和解决。

（三）粤港澳合作的一部分

粤港澳旅游合作是在国内产生较大影响的区域旅游合作，已在旅游信息、旅游营销推广、旅游政策等方面取得了较大成绩。一方面，港珠澳旅游合作作为粤港澳合作的前沿，会起到一定的辐射带动作用，推动粤港澳合作全面深入发展；另一方面，港珠澳区域旅游合作作为粤港澳旅游合作的一部分，应该与广东省其他地区与港澳之间的旅游合作相协调。

（四）非排他性的合作

港珠澳旅游合作并不排除任何一方或两方与其他地区的合作，即它是一种开放性的、非排他性的合作。如除了港珠澳合作，还有深港旅游合作、广深珠旅游合作、中（山）珠澳旅游合作等。这种非排他性的旅游合作有利于提升港珠澳旅游发展的整体水平。

（五）三边合作与双边合作共存

根据旅游项目的实际情况和合作发展的阶段，港珠澳旅游合作可以是两方参与的合作，如珠澳合作、珠港合作等，也可以是三方均参与的合作。目前珠澳合作应深化，珠港合作需逐步全面开展起来，其基本走向是形成港珠澳三方参与或珠港澳深四方参与的港珠澳旅游圈或珠港澳深海湾型旅游圈。

八　珠海与港澳区域旅游合作发展路径

（一）从旅游业协同发展寻找合作路径

1. 横琴—澳门离岛跨境旅游城

珠海与澳门共建跨境旅游城，首先有利于最大限度地提高珠澳旅游业一体化的程度。纵观各时期各地区的旅游合作，整个区域在澳门博彩业的带动下，形成以博彩会展业为龙头，集酒店、主题公园、游艇、高尔夫球、购物等于一体的以高端旅游为主的具有"一城两制""中西交汇"特色的国际旅游城。从内容来看，主要有客源互送、线路产品合作、投资合作、营销合作、旅游规划合作、信息合作、人才合作等。从空间来看，主要有相邻地区之间的合作、非相邻地区之间的合作和以线路为纽带的合作。其次，有利于最大限度地发挥港澳经济的辐射作用。根据经济影响力的距离衰退原理，珠澳跨境旅游城将最先受到澳门旅游业的辐射作用。香港与澳门同为自由经济体系，港澳两地旅游业联系极为紧密。因此，珠澳跨境旅游城也将受到香港旅游业的强烈辐射。而跨境旅游城的旅游业"极化"后，又可不断向珠三角西部、粤西乃至泛珠三角地区扩散，从而最大限度地发挥港澳旅游业的影响力和优势。珠海陆邻澳门，水连香港。多年来，在全国的主要城市中，珠海的入境旅游人数和旅游外汇收入位于前列。但目前珠海在入境旅游方面仍存在国际知名度不高、外国游客较少、入境游客停留时间较短等问题。珠澳共建跨境旅游城可以使珠海"借船出海"，有利于提高珠海的国际知名度，进一步开拓珠海的入境旅游市场，特别是开拓珠海的外国旅游市场。

2. 珠海东部群岛—香港西南部离岛跨境海洋海岛旅游产业集群

珠港两地产业定位有很大的一致性，为实现合作共赢、客源共享和客源互补，两地需进行旅游发展规划的协调，搞好旅游功能和旅游产品的定位。根据两地特点，大屿山宜以大型娱乐性的主题公园为主，融进西方文化的元素；珠海东部群岛在保持传统海岛"3S"旅游的基础上，宜以深海潜水、环岛游、游艇运动、渔家乐、垂钓、攀岩等为主，融入中国历史传统文化和革命传统文化元素。珠海东部群岛的旅游知名度相对较低，要利用香港品牌、迪士尼品牌宣传珠海东部群岛旅游特色，在大屿山国际机场、迪士尼乐园等中外游客集中的地方竖立到桂山岛、东澳岛的指示牌；在桂山岛等树立到香港的指示牌，给客人留下两地既各有特色又融为一体的印象。珠海东部群岛可开发游艇旅游、游轮旅游等高端旅游产品，特别是选择在综合条件较好的岛屿如庙湾岛建设高档度假设施，以开拓海外市场，延长游客停留时间，增加旅游收入。港珠澳共建跨越三地的海洋海岛旅游区，将以上两个旅游产品融合成一个整体，以游艇和游轮相连接，由港珠澳三方合力建成跨越三地的国际性著名的海洋海岛旅游区。

3. 旅游线路产品

为适应旅游需求个性化的需要，推出不同时间组合和空间组合（包括景点组合）的多种旅游线路产品。目前，对于国内旅游市场，绝大多数跨港珠澳三地的旅游线路都是从香港开始，再到澳门，经拱北口岸最后到珠海，在珠海所游景点为圆明新园、海泉湾度假城、珠海渔女等。时间组合一般是香港最长、澳门其次、珠海最短。这种旅游线路设计考虑了市场、交通和出入境等各种因素，具有一定合理性。但旅游产品的时间和景点组合模式不是一成不变的，应该不断翻新花样，以适应不同旅游者的需要和旅游市场的变化。如设计游客在珠海停留时间较长的旅游线路；设计出游客由澳门经莲花大桥入横琴的旅游线路等。对于国际旅游市场，可将经港澳的旅游线路延伸到珠海的市区、横琴或东部群岛等不同地区。另外，可推出体现港珠澳特色的专题旅游产品，包括海洋旅游产品、生态旅游产品、文化旅游产品等。如可将珠海万山群岛地区的环岛游线路延伸到香港海域，将香港正开发的新界东北部的环岛观光游延伸到珠海海域，甚至整合为一条环珠港海岛的跨境游船旅游线路产品。

4. 旅游市场推广合作

通过设计跨境游线路，制作旅游指南，共建旅游产品营销网络平台，整体包装推广港珠澳旅游休闲中心。充分利用澳门、香港国际旅游办事处网络，共同向国际重点旅游市场推广港珠澳旅游产品、旅游项目和旅游线路，开拓海外市场。联合在国内重点城市举办各种丰富多彩的推广活动，重点开拓高铁沿线客源市场，吸引更多游客来珠海旅游，并通过澳门、香港辐射到其他国家和地区。

5. 区域旅游形象

旅游经济是一种"注意力经济"、"知名度经济"和"美誉度经济"，要增强港珠澳区域整体的吸引力，三地应形成既各具特色又和谐统一的旅游形象。一是互相宣传介绍对方的良好形象，二是互相交流旅游信息和旅游宣传资料，三是联合举办各种对外旅游推介活动。

（二）从政府层面寻求旅游合作的发展路径

1. 旅游合作发展机构

建议在港珠澳专责小组中增设珠澳旅游合作工作小组，加强政府高层沟通交流；成立由珠海、澳门、香港旅游部门以及业界参与的港珠澳旅游产业合作发展委员会，统筹推进三方旅游产业合作；联合编制港珠澳旅游合作发展专项规划，确定三地旅游合作的目标、重点领域和重点项目；积极研究设立港珠澳旅游合作发展基金，由三方共同出资，对影响三地旅游的基础设施和旅游项目进行投资；适时签署《港珠澳旅游合作战略框架协议》，就深化三地旅游合作达成共识，做出部署。

2. 便利化的通关

建议拱北口岸实现 24 小时通关。开放旅游大巴在横琴口岸的通关过境，发挥横琴口岸分流的作用。探索突破海岛开放政策限制，与边检、海关等部门沟通研究，对"船不靠岸，人不上岛"等政策进行完善，并与港澳联合向有关部门联系，争取开放政策，让港澳居民和国外游客方便进出海岛，让境外游艇方便在珠海海岛和码头停泊。

3. 旅游业区域合作发展的鼓励政策

建议旅游管理部制定推进旅游业发展的相关鼓励政策，设立珠海旅游发展专项基金，加大财政投入，重点用于旅游规划修编、宣传推广、基础设施建设、项目开发和旅游人才培训等方面。建议制定《珠海旅游促销奖励办法》，鼓励旅行社组织港珠澳团，根据游客留在珠海过夜的数量对旅行社给予一定现金奖励，以此增加游客在珠过夜人数和消费。对新获得四星级、五星级酒店和国家4A级、5A级旅游景区给予3年的税费优惠和奖励。引进国内外高端旅游策划、经营管理等领军人才，纳入全市人才计划，在住房、工资、子女入学等方面给予优惠待遇。

4. 港珠澳之间的交通捷运

一是建设珠海机场与港澳机场间的快速通道。由于珠海机场没有开通国际航线，国外游客到珠海主要通过港澳转道而来，而香港国际机场是世界上最繁忙的机场之一，开通珠海机场至香港机场的海上航线可使到香港机场的国外游客来往珠港更为便捷。二是开通珠澳观光巴士。随着今后泛珠三角横琴经济合作区的开发和更多澳门旅游产业延伸到珠海，充分利用珠海与澳门多面相邻的优势，可推出多条横跨珠海和澳门的观光巴士路线。

参考文献

曹扬：《西部区域旅游合作现状分析与对策研究》，《特区经济》2010年第4期。

刘德谦：《关于区域旅游合作的思考——当前中国区域旅游合作的难点与机遇》，《旅游学刊》2008年第3期。

秦学：《特殊区域旅游合作与发展的经验与启示——以粤港澳区域为例》，《经济地理》2010年第4期。

万方秋、唐左：《珠海与澳门共建跨境旅游城探讨》，《国际经贸探索》2008年第4期。

万方秋、唐左、甘巧林、冯淑玲：《珠海与港澳区域旅游合作的对策研究》，《经济问题探索》2008年第6期。

王建军：《珠澳旅游市场一体化发展战略研究》，硕士学位论文，吉林大学，2012。

武光：《区域旅游合作理论基础研究》，硕士学位论文，重庆师范大学，2007。

许辉春：《泛珠三角区域旅游合作利益机制研究》，《特区经济》2012年第10期。

薛莹：《论旅游区域与行政区域的关系——以黄山市为例》，《经济地理》2003 年第 6 期。

郑红娟、梁军、韩晨霞、张淑媛：《京津冀区域旅游合作基础与模式探究》，《经济论坛》2015 年第 5 期。

郑耀星：《区域旅游合作是旅游业持续发展的新路——制订〈闽西南五市旅游合作发展规划纲要〉的深层思考》，《福建师范大学学报》（哲学社会科学版）1999 年第 2 期。

港珠澳大桥对珠三角物流业的影响研究[*]

——以港珠为例

张华伟

一 珠三角物流业的现状与不足

（一）物流业现状

珠江三角洲位于珠江西河口地区，主要包括深圳、珠海、香港和澳门，拥有 28 个县市，面积达 5 万平方公里，人口为 3500 万人。目前，珠江三角洲已形成了以广州为轴心，以东莞、惠州、深圳和香港为东岸，以佛山、顺德、江门、中山、珠海和澳门为西岸的扇形城市空间结构。香港和澳门分别位于珠江三角洲东西两翼的末端，通过珠江水系、京广和京九铁路以及高速公路等交通网络把珠江三角洲连接成为一个紧密的整体。广东省物流运输硬件格局如表 1 所示。

表 1　2013 年广东省物流运输硬件格局

公路里程	11.03 万公里
高速公路总里程	2303 公里，居中国第二
全省通航里程	1.8 万公里，占全国总航程的 12%，居中国第二
高等级航道里程	1685 公里，居中国第一
铁路营业里程	2022 公里
港口年吞吐量	5.09 亿吨
沿海主要港口泊位	932 个
集装箱吞吐量	430 万标准箱
民航航线	303 条

资料来源：《广东省交通统计年鉴（2013）》。

---

* 课题负责人：张华伟，中共珠海市委党校副校长。课题组成员：杨少华，暨南大学国际商学院教授；夏芸，暨南大学国际商学院副教授；杨林涛，暨南大学经济学院博士。

珠三角已建立起完善的海陆空立体交通运输网络，基本形成以广州、深圳、珠海为主枢纽港，以中山、江门、惠州、东莞和佛山等为中小港口的分层次格局。在港珠澳大桥通车之前，珠江口西岸地区与香港之间的客货运输一直以水运为主，与陆路绕行相结合。高额的运营成本是当前珠江西岸物流企业发展的阻碍。该地区有大量的工业产品需要外运，并且许多要通过香港装运出口，但物流基础配套设施跟不上交通发展的步伐，造成进出口通关费用偏高、运输距离较远、运输成本大于珠江口东岸的运输成本。

港珠澳大桥的兴建将解决香港、珠江口西岸地区以及澳门三地之间的陆路客货运输问题，建立起连接珠江东西两岸的陆路交通运输通道，这必将对珠三角地区物流业现状与产业格局造成重大冲击。

物流业归属于现代服务业，珠三角的物流服务已从传统的交通运输服务，扩展到第三方物流和管理与信息技术的综合性物流服务，涉及社会经济活动的生产、交换、分配、消费的全过程。珠三角物流业发展特点表现为以下四点。

第一，珠三角集装箱运输体系完备，是当今世界最大的出口加工地区。国际制成品贸易大部分是通过集装箱运输完成的，珠三角是中国集装箱进出口的主要地区，具有便捷的立体交通网络和广阔的经济腹地，同时有香港和澳门的支持。

第二，具备现代物流理念的企业迅速成长。珠三角现代物流企业主要有以下四种。

依托港口的物流企业——拥有自己的码头，以集装箱运输方式为主，在港口设有专业仓库，经营陆海联运货物。

依托保税区的物流企业——设在保税区内，经营保税物流，是物流运作的核心部分，经营的产品货值高，但业务手续多，对企业资质要求高，物流成本与利润高。

依托货运交易市场的物流企业——主要负责内陆货物运输，占领珠三角大部分公路货运市场，有自己独立的配送网点，专门从事物流业务，服务质量比较高。

依托大企业的物流企业——承包生产企业的销售物流，有货物配送网络，但业务比较单一，主要从事仓储、运输服务，很少涉及供应物流、生产物流和回收物流。

近几年具有一定技术水平和经营规模的第三方物流企业兴起；地理信息系统、全球卫星定位、无线通信及联网技术在物流和供应链管理上得到应用；物流配送中心也得到了一定发展。国有、民营、外资等多种类型的物流企业共同发展，拥有广州宝供、广东邮政、广州商储、中海国际、招商局物流等一批具有相当规模和较高服务质量的物流企业。UPS、TNT、马士基等国际著名物流企业先后进入广东物流市场，全球著名的零售企业沃尔玛、家乐福、吉之岛、万客隆等带来了先进的物流经营理念和管理技术，沃尔玛在广东设有全球采购中心。

第三，第三方物流发展势头良好，为物流业发展注入新的增长动力。第三方物流企业源自业务外包，使物流从一般制造业和商业等活动中分离出来，形成能开辟新的利润空间的新兴商务活动，是现代物流业发展的重要标志。大型物流运营商一般依托物流节点设施，如物流园区、物流中心或港口，为第三方物流企业提供服务，实际上形成了物流产业集群，典型的例子是山东盖家沟国际物流有限公司、浙江传化公路港物流发展有限公司和重庆港务集团等。外包物流活动的工商企业是现代物流体系的重要组成部分，它们多集中于各类工业园区和专业市场，是决定物流基础设施和专业物流公司的主导力量。规划物流基础设施要考量物流设施服务工业园区和专业市场情况及主要行业的物流需求情况。

第三方物流业是经济全球化的产物，也是推动经济全球化的主导服务业之一。广东的经济总量和近1.04亿人口的消费需求，是第三方物流发展的重要驱动力。电子商务的兴起为第三方物流的发展提供了良好的外部环境。物流基础设施、仓储建设和物流装备水平发展迅速，也为第三方物流的发展提供了一定的硬件基础。广东有巨大的第三方物流需求市场，2013年全省第三方物流业务额已超过200亿元，年增长速度近30%。广东2012年营业额在10亿元以上的第三方物流企业如表2所示。

表2 广东2012年营业额在10亿元以上的第三方物流企业

物流企业名称 \ 物流发展指标	营业额（亿元）	同比增长率（%）
中国外运广东公司	17.29	32.5
广东省航运集团有限公司	16.21	6.5
广东邮政物流服务公司	15.61	54.7

资料来源：《广东省交通统计年鉴（2013）》。

第四，机场（航空）物流发展迅速。珠三角航空物流主要以广州白云机场和深圳宝安机场为依托，承运方涵盖了国内各大航空公司、外航以及国际快递企业等，还有众多货运代理和提供航空物流地面服务的公司，航空物流规模庞大，但服务水平参差不齐。华南航空公司大部分只承担了货物的空中运输，其他物流服务多采用业务外包或与其他公司合作的形式进行。

广州白云机场是我国三大航空枢纽机场之一，是首个按中枢机场概念设计并建设的大型国际机场。远期规划年旅客吞吐量可达8000万人次，年货物吞吐量可达250万吨。2009年完成旅客吞吐量3704.86万人次、机场货邮量95.5万吨，位居全国第二。随着广州白云机场与FedEx开展合作，航空快件将成为其航空物流的发展方向。

深圳宝安机场被定位为海陆空联合中转的大型货运枢纽机场、中国南部客运门户机场，远期目标为旅客吞吐量超过3600万人次，货邮吞吐量达200万吨。此外，深圳宝安机场还有一优势，它是国内唯一一个拥有码头的机场，能真正实现海陆空无缝对接，这大大增加了其物流业务的独特竞争力。世界四大快递巨头之一的UPS拟将亚洲航空转运中心移到深圳宝安机场，其货物处理能力为18000～36000件/小时，促使深圳航空物流与广州白云机场一样向航空快递业发展。

处于航空物流服务第一线的是大量货代企业和物流企业，它们直接面向客户服务，负责货物的地面运输和其他增值服务。运输代理业最大的优势在于能够凭借其网络化的经营格局，为客户提供迅速快捷、高效高质的运输服务。

（二）不足之处

第一，物流基础设施条块分割，服务功能还较单一。许多物流活动被割裂至各个部门，如交通运输、邮电运输、对外贸易等。就运输而言，涉及铁路、公路等各个部门，部门之间缺乏高效协作，无法实现资源优化利用、信息共享和规模效益，影响物流企业综合服务水平的提高，进而制约物流企业的快速发展。

多数物流企业只能提供单项式分段的物流服务，物流的功能主要停留在储存、运输和城市配送上，相关的增值服务不多，还未形成完整的物流供应链。

据统计，珠三角物流服务商收益的 80% 来源于基础性服务，而增值服务与物流信息服务等仅占 20%。

第二，距专业化的物流服务水平还有一定的差距。大部分物流与运输企业仍属于传统物流模式，服务水平与效率较低，服务方式和手段单一。服务内容多集中在运输、仓储与市内配送，主要提供运输和仓储服务，而在流通加工、物流信息服务、库存管理、物流成本控制等物流增值服务方面，尤其在物流方案设计以及全程物流服务等更高层次的物流服务方面还没有全面展开。第三方物流企业尚不成熟，未能摆脱传统模式，信息不对称、不准确，网络服务不完善，现代物流企业发展的整体规模较小，水平相对较低。

目前华南地区市场上绝大多数物流企业是中小规模运输代理企业，它们只能在局部的、地区性的、小规模和有限的市场上展开经营活动，或者仅依靠几个客户或某几条线路运营，服务水平比较低；只有少数企业经过长时间发展形成了完整的服务体系，可以为客户提供全面优质的物流服务。

第三，珠三角区域物流还未达到一体化的发展程度。首先，基本设备方面的统一规范相对缺乏，如集装箱、托盘、卡车、仓库货架等设备标准间缺乏有效的衔接，物流包装标准与物流设施标准间也存在缺口，影响货物在运输、仓储、搬运过程中机械化、自动化水平的提高及协调运作。其次，物流信息化建设相对滞后。许多物流企业都在建设自己的信息数据库，但由于技术方面的原因，这些信息数据库只是一个个信息的"孤岛"。整个珠三角地区物流领域还没有公共数据接口的行业和国家编码标准，造成在实际运作过程中互不兼容、数据无法自由交换和共享的窘态，严重影响了货运效率的提高，也不能充分体现信息的价值。

二 港珠澳大桥对珠三角物流业的影响分析

（一）大桥预计效应分析

有关专家预计，大桥建成后，将大大改善目前三地的交通格局，开创珠三角地区合作的新局面，其中，珠海至香港的路程将由 3 小时缩短至 30 分钟，"香港上班、珠海居住"的梦想将会变成现实，大桥效益凸显（见图1）。

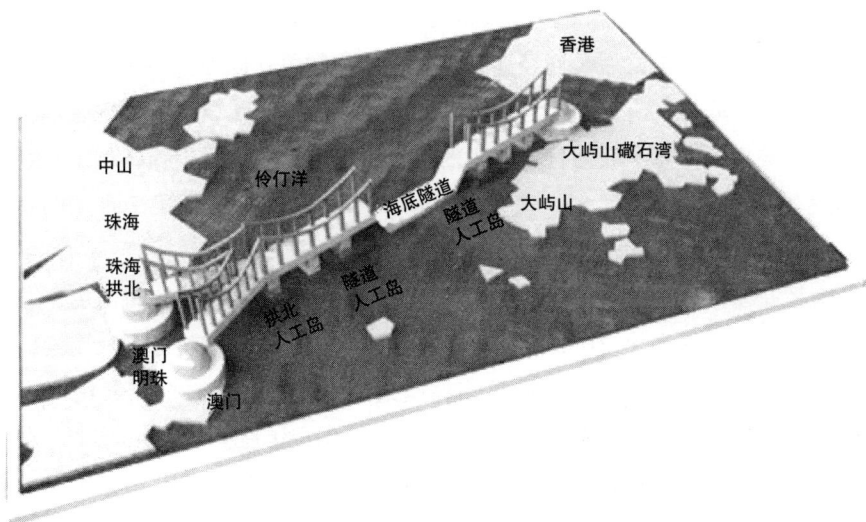

图1　港珠澳大桥示意

1. 客运安排——形成连接港澳珠的1小时高速铁路网

珠三角正在实施轨道交通网建设规划，2012年已完成广州至珠海、广州至深圳及中山至虎门的A字形轨道主骨架，并计划在2020年完成广州至惠州、肇庆和江门的轨道放射线。港珠澳大桥建设轨道交通，在A字形底部与珠三角轨道交通接驳，与穗港区域快线、广珠轻轨和香港地铁正好形成一个完整的三角形高速铁路网，往返广州与香港都只需1小时，实现香港与珠三角其他城市的"1小时生活圈"目标。这既适应了未来大屿山发展成为新的旅游中枢的目标，也满足了澳门博彩业发展和珠三角西部、粤西及大西南开放以及内地居民赴港澳个人游的需要，又可使香港机铁的客运量成倍增长。京广铁路、京九铁路、京汉铁路大幅提速，武广客运专线已建成，广州到武汉只需6小时，往返珠三角与北京1天可实现。厦（门）深（圳）客运专线2010年动工，港珠澳大桥建设轨道交通将大大扩大旅游客源市场。

2. 货运安排——形成海河陆空多式联运物流通道

大屿山货柜码头建成之前，一些途经港珠澳大桥的"抢时"货物可直接与航空联运；一般货物可利用已有的机场高速和青屿干线或机场货运码头到青衣、葵涌货柜码头。随着 2016 年大桥的建成，港澳珠高速公路网也相应形成。大屿山货柜码头建成之后，途经港珠澳大桥的货物可在此地直接装船，还可实现海陆空多式联运，有利于香港机场、港口的物流园区建设。届时贯通元朗公路与北大屿山的十号干线与货柜码头的建设一起进行，十号干线将连接深港西部通道和屯门货柜码头。

3. 大桥经济效益凸显，将产生经济空间溢出效应

大桥是未来珠江三角洲地区快速交通网络的重要组成部分，目前主要城市间的高速公路网正在建设中，城际轨道交通网络的建设在加快进行，连接横琴两岸和澳珠间的环状快速交通网络正在建设中。据统计，2009 年澳门的客货运量分别达到 250.2 万人次/日、22 万吨/日。2016 年后大桥将实行"三地三检"通关模式，港澳游客仅需 10 秒便可通关，其他游客则需 50 秒，出入境车辆每辆验放时间仅需 30 秒，大桥经济效益将显现，尤其将拓宽城市经济空间，改变发展格局（见表3）。

表3　大桥对珠江西岸经济空间溢出效应分析

路径	影响区域	空间溢出效应(正或负)
专业化	全部区域	正
生产要素集聚	珠江西岸(生产要素流入区域)	正
	珠三角(生产要素流出区域)	负
技术与知识扩散	全部区域	正
人才与劳动力集聚	劳动力流入与集聚的外地	正
	劳动力流出的珠江西岸	负
贸易自由度改善,商品市场范围扩大	澳门与周边城市	正
	个别落后区域	负
噪声污染、尾气排放	全部区域	负

一般，正负空间溢出效应叠加结果有正效应、负效应和无效应三种情况。港珠澳大桥的建设将满足不断增长的跨界交通需求，加速珠江西岸新一轮产业结构的整合与调整，促进港澳经济持续繁荣和稳定发展。珠江西岸相对低廉的劳动力和与港澳互补的产业结构将吸引更多的港澳资本，大桥与澳门直接连通将进一步拓展澳门经济发展的空间。大桥建成后，三地连接将对珠三角经济一体化进程起到重要的推动作用。

（二）对珠三角物流业格局的总体影响

广东现有对外开放口岸 150 个，其中一类口岸 51 个、进出口装卸和起运点 99 个。广东的公路通车里程、高速公路、铁路专用线长、港口吞吐量等均居全国前列，每年进出港澳人数也是全国第一。珠三角都市区现有 5 大机场，每周国际航班 1600 个以上；珠三角的集装箱生成量占全国的 1/3 以上。预计大桥的通车将改变珠三角地区空港、海港和公路运输的空间联系，从而改变整个珠三角地区的物流业格局。珠江三角洲主要交通通道如表 4 所示。

表 4　珠江三角洲主要交通通道

		珠江西岸	珠江东岸	东西岸间的联络
高速公路	已建	广花高速、广佛高速、佛开高速、珠海—虎门高速、江鹤高速、京珠高速	广深高速、增莞深高速、机荷高速、惠盐高速	中山—东莞的虎门大桥（连接珠海—虎门高速）；广州的公路绕行
	在建	江中高速、西部沿海高速、江珠高速等	广惠高速、深港高速	珠港澳大桥（在建）
	规划	珠江三角洲环形高速、西线高速、广珠东线	广北二环、虎惠高速	
国道		105	107、205	
铁路		广珠铁路（规划在建）广州—中山—珠海城际轻轨	广深铁路、广九铁路、东莞—惠州铁路	
水路		澳门—广州、佛山、江门、中山、珠海；珠海—中山、江门、佛山、广州	香港—深圳、惠阳、广州、佛山；深圳—东莞、广州、惠阳、佛山	澳门—香港（快速船）；香港—中山、珠海、江门（轮渡）；东莞、深圳—中山、珠海（轮渡）
航空		珠海机场（国家 4E 级）	深圳机场（国家 4E 级）	

资料来源：《广东物流业发展规划》。

大桥建成通车后，将使珠江西岸的珠海、中山等城市到香港葵涌码头的公路运输距离平均缩短 35% 以上，大大降低物流企业的运营成本，增加其经营效益。港珠澳大桥建成前后珠海、澳门等地到香港公路里程的变化意味着大桥带来时空距离的变化，珠三角新的物流格局将形成（见表 5）。

表 5　港珠澳大桥建成前后珠海、澳门等地到香港的公路里程变化

单位：千米，%

	往葵涌码头			往香港国际机场		
	建桥前	建桥后	减少比例	建桥前	建桥后	减少比例
澳门(珠海)	196.3	113.9	42.0	214.3	40.1	81.3
江门	196.8	145.7	26.0	214.3	122.2	43.0
中山	164.7	100.8	38.8	182.7	91.4	50.0

资料来源：《广东省交通统计年鉴（2013）》。

（三）对五大机场的影响

珠三角现有广州、深圳、珠海、香港和澳门五大机场。跨海大桥促使五大机场的连接网络得以建立，能有效地把珠海、澳门和香港机场直接连接起来，通过广深、广珠铁路和高速公路把深圳、广州机场与其他三个机场连成一体，使机场的整体效益得以发挥。五大机场形成航空网络后，其航空网络将遍及全球，使珠三角国际航空中心地位得到加强，机场联合协作的功能容易发挥。

大桥加快五大机场现代物流的发展趋势网络化。物流网络化形成网络经济，其经济线性关系表现归纳如表 6 所示。面向机场的航空物流网络包括物流网络、信息网络、航线网络、机场网络。

表 6　物流网络经济线性关系表现

运输密度经济	线路通过密度经济	特定产品的线路密度经济
		多产品的线路通过密度经济
	港站(枢纽)处理经济能力 载运工具载运能力经济 车(船、机)队规模经济	
网络幅员经济	线路延长	运输距离经济
	服务节点增多	由于幅员扩大带来的多产品经济

物流网络——市场中的货物种类、流量与流向、生产、销售、供应和运输动态。物流网络构造物流线路和物流节点。物流线路是指已具备通航条件的航

线，包括航线走向、空中管制、通信导航、航行情报等，而物流节点是指机场及地面物流处理单元等。网络是区域经济空间的脉络，点、线、面空间结构要素之间存在着几何学与物理学上的转换关系，即连点成线、交线成网和扩网成面。

信息网络——五大机场统一的航空物流信息平台使航空物流成员通过互联网和电子数据交换平台实现信息共享，利用机场代码和条形码技术对货物的位置、状态等情况进行实时跟踪，客户可以通过电脑终端了解货物的动态。

航线网络——由干线和支线组成，包括飞机、空中走廊、空中指挥系统等，枢纽城市与周边非枢纽城市之间形成辐射式的网络系统。

机场网络——机场与机场之间通过 AFTN、SATA 以及互联网进行连接，实现彼此之间的信息共享。每一个机场都是一个航空物流网络终端，可以形成强大的覆盖全国的现代航空物流网络，可以逐步实现与国际机场、航空公司的战略联盟；与航空公司的空中业务进行很好的衔接，可及时按照客户的需要临时更改货运目的地，减少手续，降低成本；可对货源、航线、效益、市场份额等进行分析，以便及时制定有效的经营策略。

（四）对客货流量的影响与预测

1. 大桥的客货流量与三地的交通情况有关联

因为大桥建设对珠海区位条件的提升影响最大，大桥开通后珠江东西岸将连接起来，将使中国广东及西南各省份甚至越南等东盟国家的交通联为一体，使原材料与工业产品的进出口更为便捷。香港的经济腹地大大延伸，对其发挥和巩固金融中心和物流中心的地位大有裨益。在珠江东西岸，广州以南100多公里的范围内居住了5300万人，市场潜力、人口流动、经济结构对跨江通道的需求都远远大于全国其他港湾。大桥是连接国家沿海高速公路的枢纽，可将珠江东面的机场高速和西南的中山市、南沙港对接，也可缓解虎门大桥的交通压力。

2. 影响大桥汽车流量的主要因素是收费

据专家预测，私家车单程收费为100~200元，货车则为200~300元，但最终收费标准还需在通车前的最后3个月确定。目前三地能够过境的牌照只有4万多个，若放开牌照自由通行，香港方面将十分担心由此带来的大规模污染。若不放开，过桥车流量又难以增加，这势必会延长投资回收期，加大收费压力。

3. 车流量预测——以珠江西岸为例

2000～2012年经所有公路口岸过境的车辆总辆次和按公路口岸分别统计的所有类型过境车辆辆次的资料显示，经所有公路口岸过境的车辆总辆次一直上升，其中拱北口岸过境车辆总辆次及所占比例逐年上升，从35.3%上升到60.4%；而其他口岸过境的车辆总辆次及比例则逐年下降，从44.7%下降到26.7%。经所有公路口岸过境的车辆总辆次和按车辆类型（私家车、巴士、普通货车和货柜车）分别统计的所有口岸过境车辆辆次的资料则显示，客运车辆（私家车和巴士）的绝对数和相对数都逐年上升。预计每日车流量达到2.5万～3万辆次，包括珠江东西岸进出珠澳的货车与私家车。在火车承载80%客流的情况下，预计客运车流量（私家车和巴士）为150万辆次，货运车流量为420万辆次。如果没有火车，客流量全部由巴士承载，按平均30人/车计算，则巴士的流量将增加93万辆次，总共约120万辆次，客运车辆达到240万辆次。届时，港珠澳大桥将同时供客运和货运使用。

4. 客流量预测分析——以来往港澳的旅客为例

预计大桥通车后将改变目前旅客的入境渠道，海陆两种入境渠道的比例会出现较大变化。本项目采用路网预测模型进行预测。

由于澳门居民和赴澳旅客的出行特征不同，在进行跨境客运需求分析时，将跨境旅客分为澳门居民和赴澳旅客分别进行预测。在进行跨境货运需求分析时，根据不同货物的发展趋势分别进行预测。

针对不同的交通流分别采用不同的预测方法，由于客运流的交通产生多具有连续性因此采用时间序列的分整自回归移动平均模型 ARFIMA（m，d，n）来确定，其数学模型为：

$$(1 - L_m)(1 - L)^d \ln PT = (1 - L_n)u_t$$

$$(1 - L)^d = \sum_{k=0}^{\infty} \frac{\Gamma(d+1)}{\Gamma(k+1)\Gamma(d-k+1)}L^k$$

其中，L表示滞后算子，$0 < d < 1$；u_t表示服从完全独立同分布的正态分布随机变量；PT表示客运流量。在 ARFIMA 模型中，阶数（m，d，n）需根据

AIC 和 SC 信息准则确定。针对货运量的交通变化，采用多元回归的面板模型来确定和预测其交通诱增量，其数学模型为：

$$freight_{it} = \alpha_i + \alpha_2 POP_{it} + \alpha_3 POP_{it}{}^2 + \alpha_4 EMP_{it} + \varepsilon_{it}$$

其中，$freight_{it}$ 表示第 i 区的第 t 期货运量；α_i 表示偏回归系数；POP_{it} 表示第 i 区的第 t 期人口总量；EMP_{it} 表示第 i 区的第 t 期就业岗位数。对大桥通车后来往港澳的每日平均客流量（香港居民与赴珠澳旅客）进行预测，预测结果如表7和表8所示。

表 7　2016～2035 年来往港澳的每日平均客流量预测

单位：万辆

年份	来往港澳的每日平均总客流量预测	利用大桥来往港珠澳的每日平均客流量	
		低预测值	高预测值
2016	0.58	3.29	3.87
2020	0.61	4.85	5.59
2025	0.76	5.98	6.07
2030	0.95	6.59	7.08
2035	1.03	7.20	8.09

表 8　2016～2040 年来往港澳的每年平均客流量预测

单位：万辆

年份	来往港澳的每年平均总客流量预测	利用大桥来往港珠澳的每年平均客流量	
		低预测值	高预测值
2016	211.8	120.1	135.2
2020	217.4	177.2	203.9
2025	225.6	210.4	234.5
2030	342.2	239.8	257.3
2035	374.1	262.4	294.2
2040	398.5	296.3	312.6

对预测结果进行分析可以得出以下结论。

一是上述预测结果一般要受政策、价格等因素的影响，而可能出现一些不同的变化。若客流量高，则该变数势必影响珠海市内的交通格局以及外港码头的功能，因此大桥通车前珠澳必须通过自身对外硬件条件的改善，增强竞争力。尤其值得注意的是，随着横琴的快速发展和各项工程、大项目的落成，横琴口岸在旅客出入境中扮演的角色日趋重要。考虑上述各种因素，需要前瞻性思考，及早规划好城区各部分的交通衔接，预留弹性空间，以迎接大桥开通后给珠澳带来的更多的车流量与客流量，要在交通布局与用地方面留有余地，以适应日益改变的交通流。可以预见，大桥落成后，由香港过境进入澳门和珠海的游客会成倍增加，对澳门旅游与酒店业发展有利。

二是大桥通车后，将分流虎门大桥的客货流量，减缓虎门大桥和相关线路不断增加的交通压力。大桥建成后，将彻底改变港珠澳三地过度依赖水运通道的被动局面，还将分流珠江三角洲东西两岸经由虎门大桥的客货流量，将大大减轻虎门大桥的压力。珠江东西岸经济合作的便利性增强，促进珠三角各市对外自由贸易，形成与港澳一体化的综合运输网络，珠三角地区将成为亚太地区最便捷、高效、安全的客流和物流中心，客流量和货流量都将全面增加。

三 港珠澳大桥对港珠澳物流业的影响分析

（一）对香港物流业的影响

香港拥有世界一流的集装箱码头和国际机场，凭借自由贸易港的独特功能和极高的通关效率，成为国际金融中心、全球购物天堂、远东国际航运中心和物流中心。但是，随着国际服务业的大规模转移，国际物流巨头开始进驻中国市场，使珠三角原本严重依赖香港物流服务的状况发生改变。因此，近年来香港物流业发展速度放缓，并出现较大波动。但兴建港珠澳大桥给香港物流业提供了机遇，表现为以下两点。

一是港珠澳大桥建成后，将改变香港、珠海、澳门三地之间过度依赖水运通道的被动局面，将增强运输通道抵御海上恶劣天气的能力，宽阔的大桥和隧道将为香港增添输送客流和货流的大动脉。

二是港珠澳大桥修通后，珠三角西岸及粤西、桂、云、贵、川等地区货物可通过大桥便捷地抵达香港机场或货柜码头，进一步增加了交通量。香港机场和货柜码头的腹地扩大，可开辟大量新的货源。届时，港口货物吞吐量和集装箱货运量都将大大增加。据测算，2016 年仅珠江口西岸的珠海、中山、江门三市增加的流向香港港口的集装箱数量可达到 60.7 万标准箱，2020 年会增加到 122.4 万标准箱，香港物流业有望再上一个新台阶。

（二）对澳门物流业的影响

澳门和香港之间没有直接的陆路通道，这是珠三角区域交通网络布局中一个相对薄弱的环节。大桥的建成能使澳门更有效地与香港陆路连接，增强两个城市的相互辐射，促进港澳的物流联系；届时澳门与内地的联系将更加密切，借助内地充足的货源，澳门的物流业也必将得以发展。澳门现代物流业的发展更多地依靠转运货物。澳门与香港隔海相望，距离 60 多公里，目前往来于两地最快的交通工具是喷射飞船，行程约为 1 个小时。港珠澳大桥建成后，驾车从澳门到香港大屿山只需 0.5 个小时，将大幅度提高港澳的物资流通能力。改变澳门过去主要依靠海上运输连接香港的方式，将在一定程度上弥补澳门缺乏深港码头、运力不足的缺陷。

一是澳门交通优势凸显，可以吸引内地货源经由澳门转运。澳门港的港口腹地范围扩大，利用香港间接引资，可能引导港澳企业区域总部向横琴迁移，港口物流压力加大，使澳门真正成为香港与内地之间的货物中转站，成为背靠内地、面向东南亚的贸易平台。

二是珠澳物流新格局有望形成。大桥的建成将彻底改变香港、澳门与珠海间的物流运输结构，由过去单一的水路运输变为以陆路为主、以水路为辅的运输模式，这不仅增强了三地之间的物流运输能力，也提高了物流运输的灵活性和可靠性。另外，大桥的建成通车使珠海成为珠三角西部城市通过陆路进入香港的必经之路，可带动周边人流、物流、信息流、资金流在珠海的流通，产生较强的聚集效应，这些有利因素都将促进珠海和澳门物流业合作新格局的形成。

三是物流成本降低，珠澳共同受益。就整个珠三角西部地区的物流业现状来讲，日益增加的运营成本已成为制约其发展的瓶颈，而交通运输网络通畅是保证相对低廉的运营成本的关键。珠三角西部地区大部分工业产品都是通过香港出口的，但目前珠三角西部和香港之间的物流基础配套设施不够完善，使得珠三角西部地区货运市场存在出口通关费用高、运距远、总体运价昂贵的问题。此外，在港珠澳大桥通车前，珠三角西部地区的集装箱货运市场存在运距长、中间环节繁多的问题，在一定程度上降低了该地区的货运市场竞争力。预计大桥建成后，珠江西岸与香港港口间的距离将平均缩短41%，运输成本和时间将平均减少34%和39%。由此，珠海、中山等城市与香港的公路运输距离随着大桥的建成将明显缩短，珠海物流企业的运营成本也会随之大大降低，物流效率和效益将得到提高。

（三）对珠海物流业的影响

1. 珠海物流业的现状与不足

珠海市已有纵横交错、四通八达的公路交通网络，基本形成了以高等级公路为骨架，以香洲区为中心，向周边地区辐射的海陆空立体交通枢纽。公路网密度达70公里/百平方公里，珠海港已经形成8个港区，码头总长约7370米，总货物吞吐能力为2308吨。在空中交通方面，珠海机场是广东三大4E级（国家最高级别）机场之一，飞机跑道的长和宽足以满足最大型飞机的起落。加上港珠澳大桥和广深高速的建设，整个珠三角将会形成一个环状的高速陆路交通线，珠三角西部将进入以香港为中心的3小时生活圈，这种区域性交通枢纽和交通运输的优势为珠海市现代物流业的发展奠定了基础。

珠海的保税区内有11家仓储物流企业，全部是外资或中外合资企业，例如佳能、日通、东京兵兼、南光、启恒和明德等。美国第二大物流公司嘉吉公司投资2500万美元与珠海和平物流有限公司合资，设立嘉吉龙之杰冷冻食品物流有限公司。嘉吉公司年收入在美国《财富》杂志500强中排名17，这样有实力的企业落户珠海，说明珠海的物流业是有发展潜力的。

珠海2015年交通运输、仓储和邮政业实现增加值39.05亿元，比上年增长6.4%。全年规模以上港口完成货物吞吐量11208.8万吨，增长4.7%，其中外贸货物吞吐量2075.2万吨，下降3.0%；内贸货物吞吐量9133.6万吨，增长6.7%。港口集装箱吞吐量133.77万标准箱，增长13.7%。

截至2015年年底，全市共有生产性泊位147个、非生产性泊位5个、万吨级以上生产性泊位27个，设计年吞吐能力1.52亿吨、集装箱吞吐能力188万标准箱；干散货泊位25个，年吞吐能力8113万吨；油、气、化工品液体散货泊位40个，年吞吐能力4486万吨；多用途泊位23个，年吞吐能力796万吨，集装箱年吞吐能力102万标准箱；集装箱专用泊位4个，年吞吐能力86

万标准箱；件杂货泊位 16 个，年吞吐能力 377 万吨；客运及陆岛交通泊位 39
个，年周转（吞吐）能力为旅客 946 万人、货物 2 万吨。2015 年珠海各运输
方式完成货物与旅客运输量及其增长速度如表 9 和表 10 所示。但珠海物流业
仍存在不足之处，主要表现为以下四方面。

表 9　　2015 年珠海各种运输方式完成货物运输量及其增长速度

指标	单位	绝对数	比上年增长（%）
货物运输总量	万吨	11925.6	7.1
铁路	万吨	298.0	-2.5
公路	万吨	9917.8	7.5
水路	万吨	1708.5	6.5
航空	万吨	1.2	3.8
货物运输周转量	亿吨公里	172.81	8.4
铁路	亿吨公里	5.6	-2.2
公路	亿吨公里	55.9	11.1
水路	亿吨公里	111.11	7.6
航空	亿吨公里	0.20	0.1

资料来源：《2015 年珠海国民经济与社会发展统计公报》。

表 10　　2015 年珠海各种运输方式完成旅客运输量及其增长速度

指标	单位	绝对数	比上年增长（%）
旅客运输总量	万人	5460.9	7.4
铁路	万人	1276.5	5.9
公路	万人	3348.1	7.9
水路	万人	668.8	7.7
航空	万人	167.5	6.2
旅客运输周转量	亿人公里	101.03	8.8
铁路	亿人公里	5.24	7.4
公路	亿人公里	66.59	9.4
水路	亿人公里	2.59	8.7
航空	亿人公里	26.61	7.6

数据来源：《2015 年珠海国民经济与社会发展统计公报》。

第一，配送中心不规范。2013 年珠海有物流企业 760 家，全年的物流总
费用约 180 亿元。但能够做到高端配送的只有港达一家，大部分物流企业只负
责运输、仓储，在低端市场运行。珠海大部分企业关于第三方物流的意识较

淡，用地等方面受限，而管理部门又缺乏引导，物流扶持政策不足。

第二，无第三方物流中心。一个区域中心城市如果没有一个大型第三方物流中心，其物流业难以快速发展。例如伟创力在珠海找了一圈也没找到第三方配送中心，最后花了5000万元将一个私营企业老板在红旗镇的厂房改造成仓库。华润万家、沃尔玛等大企业原本都用第三方配送，而在珠海同样只能自建小配送中心。

第三，物流基础设施有待完善。珠海市交通运输基础设施总体规模较小，能够有效连接不同运输方式的大型综合货运枢纽、物流中心还比较缺乏，这些都严重制约物流集散和运输效率的提高。物流企业员工素质不高，物流人才缺乏；物流从业人员缺乏业务知识和技能，主要是因为完整的教育培训体系尚未形成；物流人才培育的途径也不规范，尤其在对高层次的物流规划和管理人才的培养方面，还远不能满足珠海市物流市场的需求。

第四，物流技术相对落后。珠海市企业内部物流信息管理和技术手段比较落后，物流公共信息网站存在低水平重复建设、各自为政的问题，尚未建立跨部门、跨行业、有权威性的综合物流信息服务平台，难以实现资源和信息流的共享，不能为珠海市物流市场的供求双方提供准确、及时的信息。在珠海市第三方物流企业中，现代信息技术的应用水平不高，除了少数知名物流企业外，许多物流企业还停留在手工操作阶段，这种状况使物流企业缺乏竞争力，阻碍了珠海市现代物流产业的快速发展。

2. 大桥对珠海物流业的影响预测

大桥将使内地到港澳的距离缩短，降低物流成本，促进珠海物流业发展。本部分采用弹性系数预测法。它按规模经济中货运量的增长速度与国民生产总值的增长速度的比例关系来预测货运量，其优点在于国民生产总值的增长率扣除了通货膨胀的影响后，它也涉及政治、经济等环境因素以及经济跳跃式发展的情况，因此在确定需求弹性系数和经济发展规律后，此方法预测的结果可信度较高。基于此方法，根据珠海市2005～2012年货运量的原始数据，对港珠澳大桥通车后珠海市的货运量进行预测，预测2016～2020年珠海市的物流需求量（见表11）。

在过去十年中，珠海市的货运量年均增长率为7.29%，国内生产总值年均增长率为13.61%。在通车后的未来五年，大桥的建成通车将对珠海市物流产业产生重大影响，珠海市地理位置优势将显现，珠海市 GDP 的增长率约为 16%，由此可以确定弹性系数为：$E = 7.29\% / 13.61\% = 0.54$。

表 11　2016～2020 年珠海市物流需求量

单位：万吨

年份	2016	2017	2018	2019	2020
预测值	9868	10721	11647	12653	13747

珠海市 2012～2020 年物流需求量将呈继续上升的态势，2014 年珠海市的货运量为 8000 多万吨，相比 2008 年货运量翻了近一番，尤其在港珠澳大桥通车后的未来五年中，珠海市货运量的年平均增长率达到 8.64%，这与珠海市现代物流产业发展目标十分吻合。此外，预测结果也提醒我们，未来几年珠海市货运量的增长势头仍然比较强劲，因而对物流基础条件和货运装备条件的改善提出了新的挑战，需要决策者们未雨绸缪，认真应对大桥经济时代的到来。

3. 大桥对珠海物流业影响的分析

一是提高珠海物流基础设施的利用率。大桥将缩短珠海与香港及珠江东岸的距离，使珠海成为珠三角西部城市进入香港的必经之路，这些都为珠海物流业的发展壮大提供了条件，将极大地提高珠海物流基础设施的利用率，如大桥的建成将缩短珠海机场与香港机场之间的距离，将车程由过去的 3 个小时变为 0.5 个小时，为两地机场开展国际国内货运合作带来全新的机遇，可以改善珠海机场的经营状况，提高其利用率。

二是促进珠海与其周边城市尤其是与澳门的交通一体化建设。港珠澳大桥的建成将改变珠三角城市群的快速陆路网络结构，使珠江两岸的香港、深圳、东莞、广州、佛山、江门、中山、珠海、澳门等城市连接成一个闭合的环形，珠三角城市间的连接度和通达度将得到明显提高。大桥的建成也将为香港、澳门、珠海以及珠江西岸提供一条全新、便捷、高效的陆路通道，增强港珠澳之间的联系，促成珠海与其周边地区交通一体化的发展。

三是港珠澳大桥建成后，珠海要有效承接港澳的经济辐射，打造西区现代物流产业基地与物流园区，避免出现"过桥经济"现象。

物流园区的运作模式主要分为三个基本类型：配送中心型物流园区，是以服务城市消费物流为主，使城市消费品配送服务中心集中的地方；仓储型物流园区，以货物的核查验收、分拣、配货、加贴标签、重新包装等为主要运作方式；货运枢纽型物流园区，包括港口物流园区和陆路口岸物流园区以及综合物流园区。珠海可以根据物流需求，分别建立货物枢纽型物流园区和配送中心型物流园区。

珠海物流园区的选址要充分利用自身深水良港、国际机场两大优势，配合珠海（国家）高新技术产业开发区、珠海保税区、临港工业区、横琴经济开发区、万山海洋开发试验区五个经济功能区的运作。

依托金鼎、前山等物流园区，扩大市域物流。金鼎物流园区位于金鼎科技园区内，可以为科技园区和唐家港区港口货物提供中转、拆装和联运等物流服务。

前山物流园区对珠海市中部辐射作用较大，可建立城市配送中心型物流园区和城市货物交易中心，并为南屏工业园区、洪湾港区等周边工业园区提供运输、仓储、货物中转、联运及其他综合物流服务。

依托"双港"，打造珠江西岸区域物流中心。空港物流园区在香港机场管理局入驻后明确要发展国际空港物流，珠海机场将承接香港分流出来的国际货运。空港物流园区的长期定位为国际航运中心，带动一系列航空相关产业的发展，逐渐成为珠三角空中物流枢纽。

海港物流园区随着广珠铁路和沿海高速公路等1小时交通网的建成，将成为珠江西岸重要的港口枢纽，可能长期承接珠江西岸工业品的国际运输，成为名副其实的国际中心港。

区港联动，大力发展保税区物流园区，其优势包括税收优惠、投资便利、信息流通和企业集聚等方面。扩大保税区的影响范围，与海港、空港形成区港联动，扩大保税区物流园区的辐射范围。同时推动多层次港澳合作，科学定位横琴物流园区。利用横琴区位优势发展国际物流，为跨境工业和粤澳物流业合作提供综合区域物流服务。

四是在物流节点的布局上，抓住与交通要道、工业园区及港口相近的节点，从东到西全面布局。港区制造型企业向富山工业园搬迁；三灶毗邻机场，可发展航空产业园，主打机场物流；洪湾立足太澳高速、横琴开发区、港珠澳大桥，加上高新技术产业发展较快的东部地区，这些地区都应有物流园区和物流设施的相关规划布点，只有这样才能由点到面，促进珠海物流业的发展。

四 大桥促使珠三角物流中心的形成与应对策略

香港、珠海和澳门无疑是港珠澳大桥的最大受益者，尤其是香港和珠海，将迎来物流业发展的契机。通过大桥的建设，香港物流服务能够全面覆盖珠三角西岸地区，可为香港海运、空运带来大约30%和35%的货源。同时，大桥把香港、澳门、珠海连成一线，能够拉动珠海和澳门较为薄弱的工业，也为珠澳成为区域物流中心提供了现实的可能性。而对于广州、深圳来说，大桥的建设虽然会分流部分货源，但它们珠三角区域物流中心的地位不会有太大改变。因此，该区域物流产业以往三足鼎立的局面可能会演变为港、广、深、珠四强并进的局面，物流中心的优势进一步凸显。应对策略有以下八点。

（一）完善珠三角运输系统，构建多式联运体系

建立以港口为龙头，以大桥为加速器，以立体交通为通道的多式联运体系和现代物流运作体系。沿大桥通过陆海多式联运方式向西南地区吸纳货源，形成港珠澳集装箱多式联运体系（见表12）。

表12 集装箱港区规模比较基本参数

集装箱港区	集装箱码头泊位量（个）	码头岸线总长（米）	最大靠泊能力（万吨）	主要集疏运方式
珠海港高栏港区	2	824	10	公路、内河、铁路
深圳港盐田港区	16	4347	10	公路、内河、铁路
广州港南沙港区	10	3500	10	公路、内河

从表12可看出，珠海港在集装箱码头泊位量和码头岸线总长方面与深圳港、广州港有较大差距，但珠海港在水深条件和集疏运方式上拥有地缘优势。大桥建成后，珠海港可通过完善铁路、水路、公路等集疏运体系，扩大港口对腹地的辐射半径，发挥综合集疏运体系优势，提升珠海港集装箱运输的整体水平。

（二）发挥珠澳区域中心作用，打造服务型供应链

现代物流的目标是赢得全球供应链网络。物流企业与供应商的关系不单纯是买卖关系，而是在同一供应链上共同满足消费者需求的整体，使整条供应链的供货能力大于需求能力，实现增值服务。

将电子商务、电子政务、网上市场相组合，完善通关、物流服务和信息等一体化服务功能；从与港澳物流合作、建立合作伙伴关系、供应链的系统规划和信息化控制三方面对供应链进行整合，形成快速反应能力；提供一站式物流服务，树立港口服务"门对门"形象；吸引更多资源，货源互补；形成组合式港区，提升区域物流整体服务水平。

（三）加强珠三角区域物流资源整合，提高物流资源的利用率

加强区域内物流资源整合和共享，消除物流设施重复建设和浪费。从区域内各城市的资源禀赋和比较优势出发，搞好区域物流据点的整合，逐渐实现区域和区域之间、线路和结点之间、各种运输方式之间的合理配置和资源共享，避免低水平重复建设，优化港口、公路、铁路、仓储等物流网络建设。

提高物流资源的利用率。物流企业要应用 ERP（企业资源计划）、SCM（供应链管理）等流程优化技术和 EDI、互联网等信息共享技术，开展以供应链为基础的物流流程优化和物流功能整合，使物流活动中重复操作、准确性差、可靠性低等问题得到解决。上下游企业之间要建立快速、及时、透明的信息传递和共享机制，降低物流成本，形成对市场需求变化的快速反应能力，提高物流综合协调能力，提升企业供应链的整体竞争能力。供应链管理流程如图2所示。

（四）加强珠三角物流标准化建设，推动区域物流一体化

加强珠三角物流标准化建设与统一，有助于提高珠三角物流作业的效率，增强珠三角与国际接轨的能力。一是加强物流硬件标准化建设。通过制定标准规划来实现整个货运过程的连续性，主要包括：确定物流的基础模数尺寸，用物流模数作为物流系统各环节标准化的核心、系列尺寸的基础；确定有关系列的大小及尺寸，从中选择全部或部分作为定型生产制造尺寸。二是加强物流软

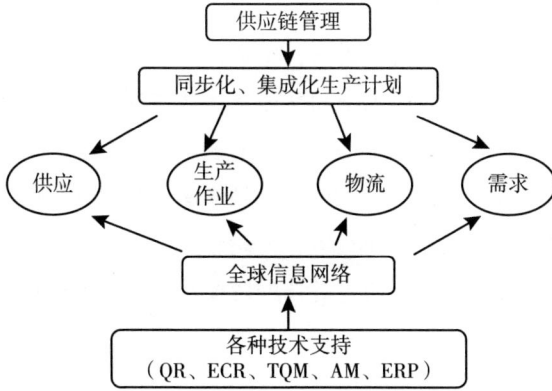

图2　供应链管理流程

件标准化建设。加快通用标准体系建设，实现标准数据传输格式和标准接口，通过网络和信息技术连接用户、制造商、供应商及相关单位，实现资源共享、信息共用，借助信息技术实现对物流的全程跟踪，实现有效控制。三是协同创新，提高区域物流一体化建设水平。一体化物流是指对物料（原材料、半成品和制成品）和相关信息从生产厂家经过供应商进入营销渠道进行战略性管理，实现物流利润最大化的全过程（见图3）。

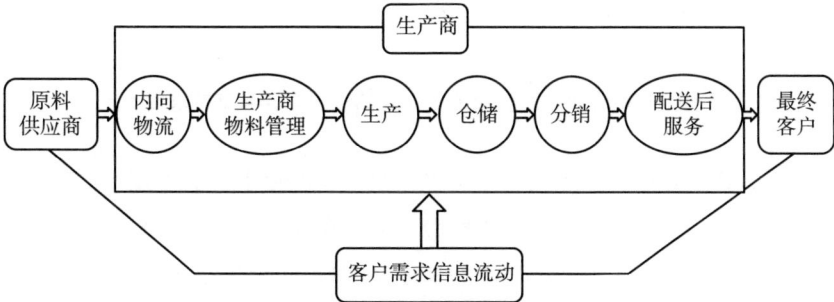

图3　一体化物流

整合区域物流产业发展规划，构建产业链条，合作建设区域内大型物流基础设施，消除地方保护主义，定期进行全面的交流、磋商与沟通，实现物流产业对接、交通对接和规则对接。通过协调机制，消除贸易壁垒和商品流通的地区障碍，共同打造区域物流一体化格局，建立功能完善、覆盖面广的区域物流网络。

物流一体化分为三个阶段：第一，企业内部物流一体化，这是物流一体化发展的初级阶段，强调对企业内部与物流相关的原材料采购、物料管理、生产制造、销售、分配等活动进行统一管理，实现采购、生产、销售与物流作业的协调统一。第二，供应链物流一体化，这是物流一体化发展的中级阶段，企业之间的竞争演变为供应链之间的竞争，强调企业专注核心业务，与上游供应商和下游分销商紧密合作，拓展产业链条的广度与深度，实现供应链的一体化管理。第三，区域物流一体化，这是物流一体化发展的高级阶段，是社会物流一体化的典型形式，是区域经济一体化发展的必然产物。它是在区域协调发展的条件下，在企业内部物流一体化和供应链物流一体化的基础上形成的，强调社会资源的合理配置与优势互补、物流软硬件条件的标准化与集成化、物流政策的协调统一，以提升区域物流的整体竞争力，实现物流产业的社会、经济效益最大化（见图4）。

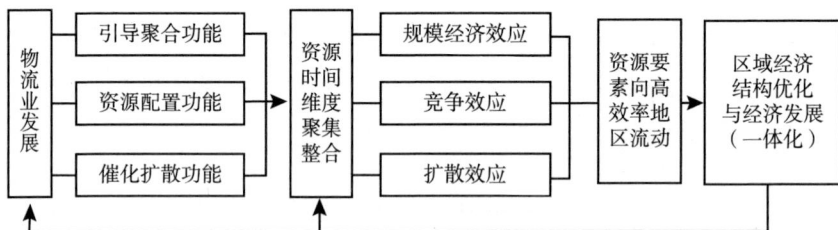

图4　物流业对区域经济一体化的作用机理与支持效应

物流业对区域经济一体化的作用表现在，渗透和作用于区域产业和经济发展的全过程，为区域经济发展搭建桥梁，通过降低运行成本、聚集资源要素并实现其流动与整合，实现区域资源的规模经济与合理配置，从而促进产业结构优化和区域经济结构的互补发展。

（五）构建珠三角区域公共物流信息系统平台

物流信息化是物流一体化的基础。纵观珠三角各市，虽然不少企业建立了物流信息系统，但大部分物流企业都是由传统的货代、船代、仓储和运输企业演变而来的，导致物流信息化水平低，难以实现物流信息互联互通和物流资源的有效配置。而物流企业要提供一体化的物流服务，其开发的物流信息系统就要面对与供应链上所有环节的信息系统的数据接口问题，加之物流业务的运作涉及与众多部门的协调，如银行、税务、保险、海关、检验检疫、交通、交管、外贸等部门，物流企业要与这些部门进行沟通和协调。而目前这些部门的信息也无法共享，每个部门都从各自的利益出发考虑问题，甚至各自出台的规章常有冲突和矛盾的地方，办公效率不高。这制约了区域物流企业的发展和区域物流一体化的形成。

构建区域公共物流信息系统平台，可以把供应链上的各家单位，包括海关、检验检疫、税务、银行、工商企业、物流企业等连接起来，为物流企业提供一站式的接入服务。物流企业的物流信息系统只需与公共物流信息平台接口，即可实现物流链上所有环节的信息系统互联互通，这不但整合了信息资源，实现了信息共享，消除了不同行政区划所带来的一些信息阻隔的弊病，还可促进物流企业建设一体化物流信息系统的建立。通过构建公共物流信息平台，物流企业可以发布、查询和接收物流运作信息，有助于提高物流运作环节的透明度和闲置物流资源的利用率，减少物流信息交换的环节，缩短物流运作的周期，降低物流系统整体运行成本，实现物流规模效益，加快区域物流一体化进程。

综上所述，珠三角只要能从区域经济一体化的大局出发，以科学发展观为指导，以现代信息技术为手段，消除行政阻隔，加强与港澳的合作，统一规划，加强协调和沟通，实现优势互补和资源共享，一定能实现区域物流一体化，为珠三角区域经济一体化的长足发展提供物流服务保障。

（六）提高对第三方物流的认识，为客户提供增值服务

第三方物流与以前纯粹的运输不一样，第三方物流具有比普通物流和单纯运输业大得多的社会经济效益。物流企业转型应抓好"两个转变"：一是向市场一体化观念转变，树立变市场条块分割为区域市场一体化，变生产资料与生活资料分割为商品市场一体化，变省内市场与国内市场分割为省内外市场一体化的新观念；二是改变管理观念，在企业经营战略、内部管理、服务水平、企业文化等方面进行根本改变，使现代物流理念深入人心。

一是发展常规扩展型物流增值服务。在仓储基础上发展库存管理、原材料

质检、库存查询、库存补充等服务；发展个性化运输、个性化配送、个性化包装等服务。

二是发展联合型物流增值服务。联合型物流增值服务指为客户提供一体化物流服务。本企业不能为客户提供的物流服务则联合其他物流企业为客户提供，企业可通过建立物流服务平台、虚拟物流企业、全程物流等提供此类服务。发展第四方物流增值服务，即为客户提供物流规划、咨询、物流信息系统、供应链管理等业务，例如企业可以提供一体化物流解决方案、物流系统设计、市场调研与预测、构建物流信息系统、人员培训、物流系统诊断与优化、帮助客户选择第三方物流企业和服务等。

三是发展纵向延伸型物流增值服务，即为客户提供采购、加工、销售等增值服务。由于第三方物流企业为多家客户服务，因此在为客户提供采购服务过程中存在数量优势，可以以更低的价格采购商品；现代物流已经明确了流通加工属于物流的一个基本功能。物流增值服务属于物流企业创新，在开展过程中一定存在很多的不确定因素，要注意以下两个方面。一是贴近客户需求。物流行业本属于服务业，服务业的主要功能就是满足客户的需求，一切以客户的需求为导向，新开展的物流增值服务必须是客户需要的，只有在需要的基础上开展的增值服务才能为企业带来利润。二是提高品牌形象。品牌是企业产品认知的标识，没有品牌的企业很难让客户产生忠诚度。物流企业在开展物流增值服务时必须注重企业品牌培养和企业形象。物流增值服务本身就是相对于常规服务提出的，随着某项增值服务在物流企业中的普及，该服务将变化为常规服务，企业的竞争力逐渐消失。所以物流企业要保证在长期的竞争中始终存在优势，就必须注重品牌的培养。

（七）加快五大机场物流的联合重组步伐

随着大桥的建成和区域的融合发展，珠三角航空货物运输应当走联合发展之路。航空公司可与物流企业、公铁运输公司通过投资、参股、兼并、联合重组等方式，打造2~3家重量级的大型航空货运物流企业，学习港澳机场的管理优势，挖掘共同的市场优势、技术优势和人力资源优势，共同经营和进一步优化区域内货运航空网络，在巩固国内航空货运市场的基础上走出国门，参与全球航空物流竞争，在竞争激烈的国际航空物流市场中占有一席之地。

（八）加快珠海港—澳门港的一体化建设进程

加快两地岸线资源的整合以优化港口资源，增强港口的作用。

按照区域物流中心、我国沿海主枢纽港目标建设的珠海港具有很好的发展前景，但目前集疏运条件还不完善，配套设施还不完整，不能完全满足现代物流业的发展需要。因此要建好大港口，才能发展大物流。通过大物流的建设，发展大的临港产业，"大港口、大工业、大发展"就是珠海基于这一思路提出的；另一"港"珠海机场应抓住加入世界贸易组织和国际速递区域调整的机遇，以建设国际航空货运枢纽港为目标，开辟华南地区的对外运输新通道。"双港"互动将进一步发展连锁经营、多时联运、物流配送、电子商务，加快形成区域性物流中心城市。

加快集疏运网络的建设。为了建设珠三角南翼经济中心和进一步发挥珠海船舶大型化的优势，世界各大班轮公司为适应新港集疏运能力的需要，促使珠海完善集疏运网络基础设施，努力争取在高栏港高速、集装箱码头等重点项目方面取得突破。

珠港澳金融合作与
创新法治保障研究[*]

周盛盈

　　随着《中国广东自贸区总体方案》和《广东省建设珠三角金融改革创新
综合试验区总体方案》（以下简称《综合试验区总体方案》）的出台、横琴自
贸区的挂牌成立以及横琴金融业的发展，港澳将会在跨境支付结算、金融机
构、金融市场、金融业务、金融监管等方面进行广泛而深入的合作，在许多方
面将会有创新之举。横琴新区临近澳门，区位优势明显。横琴将促进澳门产业
多元化发展，满足实体经济金融服务需求，在全面复制上海自贸区金融成功经
验的基础上，结合区域特色，促进内地与港澳经济、金融更深度地融合。截至
2015 年 4 月末，横琴新区有金融类企业 889 家，注册资本 1384 亿元，各类财
富管理机构资产管理规模超过 8400 亿元。横琴的新型金融机构数量也在迅速
增加，目前股权投资类机构已达 496 家，融资租赁类机构为 28 家，保险类机
构 21 家，互联网金融企业已达 22 家。目前横琴金融制度创新加快。一是创
新账户管理制度。人民币基本结算账户审批业务在全国率先下放，横琴新区
内银行试行办理。二是创新外汇管理制度。2014 年 8 月，横琴新区成为首批
实施外商投资企业资本金意愿结汇的地区；2015 年 2 月，外汇局珠海市中心
支局创新推行横琴区内企业外汇登记业务代办政策；2015 年 4 月，在直接投
资外汇登记和境外放款上浮额度下放等两项自贸区创新政策的支持下，横琴
成功办理首笔境外放款业务，金额达 3520 万美元。此外，银行业监管的创新
进程也在提速，珠海银监分局提升区内银行业机构行政许可准入工作效率，
为有意向在横琴新设或升格的银行机构设立绿色准入通道，加快审批或初

　课题负责人：周盛盈，中共珠海市委党校教授。课题组成员：陈晓宇，珠海德赛律师事务所
　高级律师；刘连生，广东金融学院教授；袁建华，广东金融学院副教授。

审。然而，珠港澳金融机构的合作与监管缺乏明确的法律授权、金融业务的开展没有明确的法律界定、金融纠纷解决的方式比较单一且行政色彩较浓。因此，有必要对珠港澳金融合作与创新进行具体的法律分析，以寻找其解决的路径与方法。

一　珠港澳金融合作与创新在法律制度上的困境

《综合试验区总体方案》提出，要全面深化粤（珠）港澳金融合作，推动粤（珠）港澳金融市场双向开放，合作发展跨境人民币业务；逐步实现深交所和港交所的互联互通，创新发展两地同步上市的金融产品；创新发展保险产品和服务。然而，珠港澳金融合作与创新遭遇了法律制度上的困境。

（一）金融法律制度与法律体系上的冲突

按照法律的源流关系、历史传统和文化的某些特点，中国内地、香港、澳门属于不同的法律体系（或不同的法域）。中国内地法律属于社会主义法系，在英国法制基础上形成的香港法律属于英美法系，在葡萄牙法制基础上形成的澳门法律属于大陆法系。由于法律体系的不同，三地在立法理念、法律原则及具体的法律规定上有很大的差异。与此同时，中国内地、香港、澳门三地的金融管理方式也有较大的差异。香港、澳门是市场化水平较高的商业社会，社会信用高，金融业的运行以自律为主、以政府监管为辅。珠海的社会信用不够高，金融业以严格的行政监管为主，并且金融业实行分业经营和分业监管。

（二）金融机构的合作与创新缺乏明确的法律授权

1. CEPA 协议缺乏在国内法上的法律依据，法律效力不明确

从国际经济法来看，CEPA 协议是中国内地和香港、澳门两个单独关税区之间签订的自由贸易协定，在国际法上具有一定的地位，本质上属于 WTO 区际协议。但从国内法来看，CEPA 协议属于区际合作协议，我国内地立法中没有对合作协议的法律性质和地位做出规定，也没有对内地和特别行政区在缔结

协议方面做出相关规定。因此，CEPA 协议在国内法上的性质和地位并不明确，其法律效力也不明确。

2.《粤港合作框架协议》《粤澳合作框架协议》因缺乏法律的明确授权而无效

《粤港合作框架协议》《粤澳合作框架协议》是广东省人民政府与香港特别行政区、澳门特别行政区为促进粤港、粤澳更紧密的合作而制定的综合性合作协议。2010 年 4 月 8 日广东省人民政府与香港特别行政区政府签署的《粤港合作框架协议》以及 2011 年 3 月 6 日广东省人民政府和澳门特别行政区政府签署的《粤澳合作框架协议》并没有法律的明确授权。根据我国《宪法》第 89 条、第 107 条、第 108 条以及《地方各级人民代表大会和地方各级人民政府组织法》第 59 条的规定，只授权各级政府管理其辖区范围内的事务，对于地方政府能否自主缔结跨行政区划的合作协定以及缔结协定的权限、程序、法律效力等问题，都没有任何规定。此外，《香港特别行政区基本法》《澳门特别行政区基本法》也没有对特别行政区与内地各省份之间缔结区际合作协议的权限做出规定。这一立法上的缺失导致两个协议因缺乏法律依据而难以成为法律渊源，无法产生法律效力。

3.《广东省建设珠三角金融改革创新综合试验区总体方案》属于政府行政性指导文件

2012 年 7 月 25 日，由中国人民银行、国家发改委等八部委联合印发的《综合试验区总体方案》出台。《综合试验区总体方案》围绕构建大珠三角优质生活圈和世界级城市群的金融服务需求，依托粤港澳三地的区位、市场、体制优势，以贯彻落实国务院批准的《综合试验区总体方案》为契机，大力推进金融改革创新试验，全力打造以香港为中心，以广州、深圳、澳门为副中心，以广州南沙、深圳前海、珠海横琴、广东金融高新技术服务区为重要节点的大珠三角金融核心圈，通过金融机构协同、市场对接、产品互认、基建互通、人才互动推进区域金融业的集聚、整合和升级。在机构设置方面，深化广东与港澳金融机构合作，进一步推进金融机构跨境互设、强化金融业务合作，共同打造立足粤港、服务全国、辐射亚太的国际化金融集团。在业务拓展方面，将深圳前海跨境人民币贷款业务的实施范围扩大至广州南沙、珠海横琴；支持广东与港澳地区金融产品互认买卖；推动广东与港澳金融基础设施互联互通；推进内地与港澳地区金融 IC 卡技术标准互通应用和受理机具改造，支持广东在与港澳地区合作推进金融 IC 卡跨境使用方面继续先行先试；在香港推广银联卡境外受理商户人民币结算业务，将业务的地域范围拓展至澳门。因此，《综合试验区总体方案》属于国家发改委、中国人民银行基于国家金融发展战略全局和长远发展目标，对粤港澳地区的金融改革发展实施行政指导所制定的规范性文件，其目的在于对广东地区的金融发展做整体规划，推动粤港澳金融的深度合作与创新。《综合试验区总体方案》没有明确规定中国人民银行、广东省各级人民政府的权利和义务，也没有规定各级行政机关不服从其行政指导时的行政处罚措施，是典型的行政指导性文件。

4.《中国广东自贸区总体方案》也属于政府行政性指导文件

2015 年 4 月 20 日，国务院印发了《中国广东自贸区总体方案》，该方案也属于国务院的行政指导性文件，缺乏强制执行力。该方案明确提出自贸试验区要当好改革开放"排头兵"、创新发展先行者，以制度创新为核心，贯彻"一带一路"建设等国家战略，在构建开放型经济新体制、探索粤港澳经济合作新模式、建设法治化营商环境等方面，率先挖掘改革潜力，破解改革难题。珠海横琴新区重点发展休闲旅游、商务金融服务、文化科教和高新技术等产业，建设文化教育开放先导区和国际商务服务休闲旅游基地，打造促进珠海经济适度多元发展新载体。在金融方面，一是推动跨境人民币业务创新发展。推动人民币作为自贸试验区与港澳地区及国外跨境大额贸易和投资计价、结算的主要货币；推动自贸试验区与港澳地区开展双向人民币融资；支持粤港澳三地机构在自贸试验区共同设立人民币海外投贷基金；允许自贸试验区金融机构和企业从港澳及国外借用人民币资金；支持自贸试验区内港澳资企业的境外母公司按规定在境内资本市场发行人民币债券；允许自贸试验区证券公司、基金管理公司、期货公司、保险公司等非银行金融机构与港澳地区开展跨境人民币业务；支持与港澳地区开展个人跨境人民币业务创新。二是推动适应粤港澳服务贸易自由化的金融创新。降低港澳资保险公司进入自贸试验区的门槛，支持符合条件的港澳保险公司在自贸试验区设立分支机构，对进入自贸试验区的港澳保险公司分支机构视同内地保险机构，适用相同或相近的监管法规；支持符合条件的港澳保险中介机构进入自贸试验区，与内地保险中介机构适用相同或相近的准入标准和监管法规；在自贸试验区建立与粤港澳商贸、旅游、物流、信息等服务贸易自由化相适应的金融服务体系；积极推动个人本外币兑换特许机构、外汇代兑点发展和银行卡使用，便利港元、澳门元在自贸试验区的兑换、使用；支持符合条件的内地和港澳地区机构在自贸试验区设立金融租赁公司、融资租赁公司，开展飞机、船舶和海洋工程设备等融资租赁业务；发展与港澳地区的保险服务贸易，探索与港澳地区保险产品互认、资金互通、市场互联的机制；支持自贸试验区内符合互认条件的基金产品参与内地与香港基金产品互认。三是推动投融资便利化。探索实行本外币账户管理新模式，在账户设置、账户业务范围、资金划转和流动监测机制方面进行创新；支持自贸试验区金融机构与港澳地区同业合作，开展跨境担保业务；允许在自贸试验区注册的机构在宏观审慎框架下从境外融入本外币资金和境外发行本外币债券；按照国家规定设立面向港澳和国际的新型要素交易平台，引入港澳投资者参股自贸试验区要素交易平台，逐步提高港澳投资者参与自贸试验区要素平台交易的便利化水平；研究设立以碳排放为首个品种的创新型期货交易所。四是建立健全自贸试验区金融风险防控体系。构建自贸试验区金融宏观审慎管理体系，建立金融监管协调机制，完善跨行业、跨市场的金融风险监测评估机制，加强对重大风险的识别和对系统性金融风险的防范；探索建立本外币一体化管理机制；综合利用金融机构及企业主体的本外币数据信息，对企业、个人跨境收支进行全面监测、评价并实施分类管理。根据宏观审慎管理需要，加强对跨境资金流动、套利金融交易的监测和管理；做好反洗钱、反恐怖融资工作，防范非法资金跨境、跨区流动，完善粤港澳反洗钱和反恐怖融资监管合作和信息共享机制；探索在自贸试验区建立粤港澳金融消费者权益保护协作机制以及和解、专业调解、仲裁等金融纠纷司法替代性解决机制，鼓励金融行业协会、自律组织独立或者联合依法开展专业调解，建立调解与仲裁、诉讼的对接机制，加大金融消费者维权支持力度，依法维护金融消费者合法权益；支持建立健全金融消费者教育服务体系，积极创新具有自贸试验区特色的多元化金融消费者教育产品和方式。

（三）金融业务的开展没有具体的法律规定

《粤港合作框架协议》第三章第一条对推进跨境人民币结算，支持粤港金融机构跨境互设分支机构，全面推进信贷、债券、保险、期货、基金管理等金融业务的合作等做了具体的规定。《粤澳合作框架协议》第五条规定：推动澳门人民币业务加快发展，共同推进跨境贸易人民币结算工作，探索推进粤澳资本项目交易使用人民币结算，支持粤澳金融机构跨境互设分支机构，支持符合条件的澳门银行在广东设立法人机构和分支机构，依法参与发起设立村镇银行、贷款公司等新型金融机构或组织，参股地方法人金融机构，推动广东法人金融机构在澳门开设分支机构和代表处，鼓励粤澳银行机构联合对重大跨境基础设施建设项目提供银团贷款。支持符合条件的澳门金融机构和企业通过在广东省设立或者投资参股当地法人机构，参与广东个人本外币兑换特许业务试点。加强保险产品的创新合作，推动保险业务的衔接。探索粤澳跨境集中代收付业务的双向开展。支持小额多用途预付卡的跨境使用。按照商业原则，在双方法律法规明确或允许的范围内，支持在澳门经营的内地企业以内地资产作为抵押在澳门融资；支持在广东注册经营的澳资企业以企业或其法定代表人在澳门的资产作为抵押品，向广东省内银行机构申请抵押贷款。支持在广东注册经营的符合条件的澳资企业在内地银行间市场发行企业债券、短期融资券和中期票据等债务融资工具。完善粤澳金融合作联络机制，共同推进跨境金融基础设施建设，加强两地金融监管和跨境反假币、反洗钱、打击银行卡犯罪等方面的合作，共同打击跨境金融违法犯罪活动。根据《中华人民共和国商业银行法》第九十二条的规定，外资商业银行、中外合资商业银行、外国商业银行分行适用本法规定，法律、行政法规另有规定的，依照其规定。也就是说，香港银行、澳门银行在内地开展人民币存贷款业务及与其他商业银行之间的合作与交流除非法律、行政法规另有规定，否则必须适应《中华人民共和国商业银行法》。同样，根据《中华人民共和国保险法》第一百八十五条的规定，中外合资保险公司、外资独资保险公司、外国保险公司分公司适用本法规定；法律、行政法规另有规定的，适用其规定。也就是说，香港保险公司、澳门保险公司在内地开展保险业务除非法律、行政法规另有规定，否则必须适应《中华人民共和国保险法》。《粤港合作框架协议》《粤澳合作框架协议》是广东省人民政府与香港特别行政区、澳门特别行政区为促进粤港、粤澳更紧密合作而制定的综合性合作协议。但因为这两份协议没有明确的法律授权，因此很难成为我国法律、行政法规的渊源。所以目前关于粤港澳金融机构开展的存贷业务、跨境人民币结算以及保险、证券等业务均没有明确具体的法律规定。

（四）金融纠纷解决的方式比较单一且行政色彩较浓

1. 金融机构内部处理机制的作用尚未完全发挥

目前，中国内地金融机构内部受理投诉的部门地位不高、责任不明、服务意识不强。此外，根据 2012 年 3 月中国银监会发布的《关于完善银行业金融机构客户投诉处理机制 切实做好金融消费者保护工作的通知》的规定，与国外的金融机构投诉处理机制相比，中国内地金融机构内部受理投诉处理机制存在如下问题：投诉处理时限较长、投诉确认和告知程序的设置不够科学、报告的内容不够细致、投诉卷宗的保管不够规范。

2. 金融督察服务机制尚未建立

2011 年 10 月，中国保监会成立保险消费者权益保护局，主要工作是加强产品管理和售后服务管理，加强信访工作，健全举报投诉处理机制。2011 年年底，中国证监会成立投资保护局。随后，西安、南京相应出台金融消费者保护办法。这种"一行三会、分业管理"的保护机制和保护办法显然难以起到作用。因此，有必要建立像加拿大、美国那样全国统一的消费者金融保护局。

3. 金融调解、金融仲裁的理念和规则不具有港澳特色，作用远没有得到发挥

虽然广州仲裁委员会、深圳仲裁委员会等广东仲裁机构相继成立了金融仲裁院，金融案件的受理数量逐年增加，但调解、仲裁解决金融纠纷的作用远没有得到发挥。

二 创新理念，完善政策法规，建立多元化的金融纠纷解决机制

（一）建议全国人大尽快制定《中国内地与港澳区域经济合作法》

随着珠港澳深度合作的进行，我们可以借鉴澳大利亚的方式，采取中央统一立法的模式，向全国人大常委会建议由全国人民代表大会制定《中国内地与港澳区域经济合作法》。在该法中，对香港特别行政区、澳门特别行政区以及内地省级人民政府在区域经济合作中的权利和义务以及不履行义务所应受到

的处罚做出详细规定。与此同时，对中国内地与港澳合作的范围包括货物贸易、服务贸易、知识产权，尤其是对金融合作的领域、金融纠纷内部处理机制做出具体明确的规定。

（二）完善珠港澳金融合作的决策和管理机制

参照北美自由贸易区的自由贸易委员会模式，在现有的粤港、粤澳联席会议制度的基础上，设立常设机构粤港澳贸易委员会。将现有的粤港澳合作联络办公室相应地更名为"粤港澳贸易委员会秘书处"，负责粤港澳贸易委员会内部的日常事务，提供区际合作中日常运行所需的组织和后勤管理服务，落实各项活动的计划和方案。参照北美自由贸易区的做法，在粤港澳贸易委员会下设货物贸易、服务贸易、金融合作、知识产权四个专门委员会，负责某一领域的专业事项。完善粤港澳发展战略研究小组的咨询职能，吸纳内地与港澳各界代表和专家参与，研究探讨各领域合作发展策略、方式及问题，举办合作发展论坛，向粤港澳高层提供政策建议。

（三）创新珠港澳金融纠纷解决机制

珠港澳三地之间的贸易纠纷主要通过政府部门解决，用行政手段代替法律手段，从而影响纠纷解决的效力和权威。为此，参照 WTO 纠纷解决的方法，设立珠港澳贸易纠纷解决中心。以磋商为必经程序、以仲裁为核心的争端解决机制是目前世界上多数区际贸易协定所采用的方法。在磋商阶段，给予当事人一定的期限（3 个月左右），就争端解决方式、适用法律、管辖范围以及其他事项尽可能达成一致。按照贸易自由化、争端解决便利化的基本原则，建立科学的粤港澳贸易纠纷仲裁中心，明确仲裁程序的启动条件（包括启动主体、启动依据、可采用的仲裁程序等），以及在这一过程中需要决定的关于仲裁庭组成、法律适用、裁决效力和执行等问题给予详细规定。

（四）拓宽粤港澳金融纠纷解决渠道

1. 建立全国统一的金融消费者保护局，切实保护金融消费者的合法权益

我们要借鉴加拿大、美国、英国等国的基本经验，尽快成立全国统一的金融消费者保护局，专门负责各个金融领域的消费者保护工作。其主要职责为：

监督金融机构遵守与金融消费者有关的法律，促进金融机构实施金融消费者保护法律的程序，进行金融消费者教育，受理金融消费者投诉，对违法金融机构进行行政处罚。

2. 创新调解机制，建立具有粤港澳文化特色的金融纠纷调解中心

在设立民商事纠纷调解中心的理念方面，必须突出珠港澳文化特色。以务实、开放、包容、和谐为主要特色的粤港澳文化是中华民族文化中特色鲜明、灿烂多彩、充满生机活力的地域文化，是建设社会主义和谐社会的重要内容。因此，在横琴新区设立金融纠纷调解中心，必须突出务实、开放、包容、和谐的调解理念。

在调解规则的制定和机制创新方面，必须借鉴发达国家的先进经验和成果。2002年11月，联合国大会通过了由联合国国际贸易法委员会（UNCITRAL）起草并提交的《国际商事调解示范法》。大会的决议建议各国考虑统一关于争议解决程序的法律可取性和国际商事调解实践的具体需要，对该法的立法给予应有的考虑。因此，有必要借鉴《国际商事调解示范法》的基本原则和基本精神，融合岭南文化的理念，在横琴设立国际商事调解中心，聘请内地和港澳专业人士做调解员，开展商事纠纷调解服务。

3. 创新仲裁机制，建立与国际惯例接轨的金融仲裁制度

深圳仲裁委员会、广州仲裁委员会相继成立了金融仲裁院，并已经开始运作，效果良好。在横琴新区，应尽快启动珠海金融仲裁院的运作和涉港澳案件的审理工作，创新仲裁机构的治理机制和案件的审理模式。在运作的理念和模式上，借鉴香港国际仲裁中心的成功经验，实行法定机构治理方式；参照联合国国际贸易法委员会制定的《国际商事仲裁示范法》的基本要求，制定严格的仲裁规则；大量吸收港澳专业人士参与金融仲裁院的管理和案件的审理，把珠港澳的深度合作推向一个新阶段。在仲裁机构的治理上，珠海金融仲裁院的理事会成员、港澳专业人士不得少于1/3，充分发挥港澳知名人士、银行专业人士、大律师、退休大法官在仲裁机构的决策作用；在仲裁案件的审理和仲裁规则的选择上，要求港澳地区仲裁员（律师、建筑师、会计师等专业人士）不得少于1/3。仲裁规则可规定，当事人可以约定适用《联合国国际贸易法委员会仲裁规则》、香港国际仲裁中心仲裁规则以及澳门世贸中心仲裁规则。在这种情况下，港澳专业人士可能有更多的机会被指定为仲裁员，在香港、澳门

或珠海横琴参与仲裁案件审理。在仲裁案件的代理人及专家证人的选择上，允许港澳律师及外国律师担任。随着横琴现代服务业合作区的发展，将会有更多的交易选择适用香港法律、澳门法律和外国法律，也会有更多的香港、澳门专家以仲裁员的身份出现在珠海金融仲裁院。在仲裁调解的机制上，探索建立"香港（澳门）调解+珠海裁决"的跨境纠纷 ADR 机制，为当事人提供更多解决纠纷的方式，来自港澳的专家在粤港澳商事争议解决中将会发挥更加重要的作用。

4. 尽快建立金融法院，专门处理珠港澳金融纠纷案件

按照中央司法体制改革的总体要求以及法官管理专业化的思路，在横琴人民法院设立金融法庭，专门负责审理珠港澳的金融纠纷案件。与此同时，珠海市两级法院逐步从律师界、金融界以及港澳引进一批既懂法律又懂金融的金融审判专业人才，实行法官的专业化管理。

参考文献

冯霞：《我国内地区际民商事送达制度的司法探索》，《人民司法》2006 年第 8 期。

宋锡祥：《中国内地与香港区际民商事司法协助若干问题探讨》，《华东政法大学学报》2008 年第 2 期。

邢会强：《金融消费纠纷的多元化解决机制研究》，中国金融出版社，2012。

周盛盈：《创新粤港澳深度合作下多元化纠纷解决机制》，《南方》2014 年第 2 期。

珠澳两地文化创意产业协同
发展及对策研究[*]

周冠怡彤

一　研究背景与研究目的

（一）研究背景

文化创意产业（简称"文创产业"）已经从一种理念转化成为巨大的市场经济价值，文化正在取代资本成为新一轮经济竞争的核心要素。因此，无论是在中国、印度等发展中国家，还是在英、美、日、韩、新加坡等发达国家，文化创意产业成为众多国家致力抢占的产业高地。据调查，全球每天来自创意经济创造的产值是 220 亿美元，并以 5% 的速度递增。一些国家增长得更快，美国的创意经济产值增长率为 14%（1996 年开始，美国文化创意产业增长率已超过其他所有传统产业，成为美国最大宗的出口产品来源），英国为 12%（文化创意产业增加值占经济总量的 9%）。

在中国，文化创意产业增加值也逐年攀升，即便遭遇世界性金融危机，也没有改变这种趋势。中国已初步形成以北京为核心的首都创意产业集群，以上海、苏州和杭州为核心的长三角创意产业集群，以广州、深圳为核心的珠三角创意产业集群，以昆明、丽江、三亚为核心的创意产业集群，以成都、重庆和西安为核心的川渝陕创意产业集群等颇具特色的文化创意产业集群。文化创意产业已经成为许多区域的新增长极。

珠海和澳门在一系列国家政策的支持下规划发展，未来珠澳的城市定位可

---

[*]　课题负责人：周冠怡彤，广东科学技术职业学院讲师。课题组成员：陶章，吉林大学珠海学院讲师；张锦，广东科学技术职业学院讲师。

以相互叠加，两地联动发展。2011 年 3 月签署的《粤澳合作框架协议》明确提出，"粤澳携手建设亚太地区最具活力和国际竞争力的城市群，共同打造世界级新经济区域，促进区域经济一体化发展"，再次为珠澳跨界合作提供了新机遇和新动力。从《珠江三角洲地区改革发展规划纲要（2008~2020 年)》来看，珠海的产业发展目标是加快建成"三区一基地"，即珠海高栏港工业区、航空产业园区、国际商务休闲旅游度假区和海洋工程装备制造基地，打造珠江口西岸核心城市。澳门的发展目标则是发展成为世界旅游休闲中心。一个目标是区域核心，另一个目标是世界中心。《横琴总体发展规划》的实施为珠澳两地合作创造了新平台。抓住发展文化创意产业的黄金机遇，为经济发展安装创意引擎，是珠澳经济适度多元发展的基本路向。两地应充分认识合作的必要性和可行性，努力克服体制、理念、文化等障碍，求同存异。

（二）研究方法与思路

本研究主要通过文献研究、专家访谈、实地调研等方法进行。通过对珠澳两地的实地调研、访谈等，获取第一手的相关数据信息，在对国内外相关领域文献分析研究的基础上，多角度了解和论证在文化操作、项目合作、文化融合下的珠澳两地文化创意产业协作发展的相互影响，分析影响经济协作发展的主要因素。关于台湾地区文创产业的研究内容比较丰富，对于文创产业园与文创扶持政策有比较多的理论基础和实践研究。本研究结合珠海和澳门的实际情况，有针对性地阅读大量文献进行资料收集；本研究也对量化数据进行归纳演绎，根据 2007~2014 年的《珠海统计年鉴》对数据进行归纳与整理，根据调研结果找出珠澳两地文化创意产业遇到的问题与瓶颈，并结合调研情况提出珠澳两地文化创意产业协同发展的对策。

（三）研究创新点

第一，系统地调查区域经济合作、文化创意产业等方面的理论知识。随着国际国内宏观经济的发展，珠澳两地的经贸往来、文化沟通不断增加，对包括文化创意产业在内的行业要求也日益提高。这就要求两地必须加大协作力度，以促进两地整体经济的协同发展。

第二，调研发现，珠澳两地文化创意产业协同发展是推动珠海经济转型升级的客观要求。本研究将对珠澳两地文化创意资源的有效整合、加快珠海市产业转型升级起到积极的推动作用。

第三，随着文化创意市场的竞争越来越激烈，本研究将为两地文化创意企业寻求战略合作、提高行业的整体竞争力做出一定的贡献。研究珠澳两地的区域经济合作有利于珠海经济持续快速发展。

第四，本研究的成果也将为相关政府部门的文化产业行业政策制定及行业发展规划提供专业的参考意见。

二　理论基础与研究现状

（一）理论基础

1. 珠澳文化创意产业概述

文化创意产业是当今最受关注的、最具发展潜力的产业之一。文化创意产业通过市场整合、创意商品和服务的市场分布以及人力资源的市场重组，深远影响国家经济的发展。文化创意产业的发展取决于以科学方式实现经济的永续发展。联合国教科文组织定义：文化产业从内容来看可定义为创意产业，在经济领域被称为未来性产业，在科技领域被称为内容产业。中国内地的文化娱乐、新闻出版、广播影视、音像、网络及计算机服务、旅游、教育等为文化产业的核心产业；而将传统的文学、戏剧、音乐、美术、摄影、舞蹈、电影电视创作、工业建筑设计、艺术博览馆、图书馆等视为产业化的进程；另外，广告业与咨询业则被视为文化产业与相关产业的成功结合。澳门文化创意产业有13个门类，包括艺术表演、大众娱乐业、视听业、大众传播业、图书出版业、电影业、旅游业、网络服务业、电子娱乐游戏业、体育业、文化培训业、艺术拍卖和收藏业、会展业。

产业区域合作是在各地方政府引导力度加大的情况下，强调企业的主体地位，突出市场及其主体在跨区域资源配置中的基础性作用，通过市场化运作整合区域内的生产要素，提高区域内专业化分工和社会化协作的水平，调整和优化经济结构。政府政策的扶持在于为文创产业创业环境、主体行为规范化提供制度环境，保护交易双方的合法权益。珠澳两地唇齿相依，已有良好持久的民间与民间、民间与政府合作的基础。进一步加强珠海与澳门的合作，特别是文化产业合作须从增强两地政府合作观念、明确双方合作基础、合作规划先行三方面推动。

目前珠海横琴岛作为粤港澳合作三大平台之一，已经成为一个物质、资金、人才、技术等要素高效自由流动的"特区中的特区"。伴随着国内整体政治环境的良性发展和行政生态环境的变迁，在"一国两制"的基本制度和政治框架下，珠澳两地关系的发展更多地表现为一种区域行政关系。两地政府合作关系的确立和走向显得尤为重要，对珠澳两城文化创意产业与区域合作更有深远的影响。

2. 粤港澳区域创意产业发展概括

我国 2011 年文化创意产业数据库显示，全国创意产业发展迅猛，已形成了以环渤海、长三角、珠三角为代表的创意产业发展经济圈。《中国创意产业发展报告 (2008)》数据显示，广东省创意产业发展总体处于国内领先位置，创意产业集聚态势初步形成；香港创意产业发展由来已久，在市场体制、政府支持、法制环境等领域较为成熟，具有得天独厚的有利条件；澳门独特的历史文化资源优势、适度多元化的经济结构调整目标和博彩业形成的产业基础、资金优势等都为澳门的创意产业发展提供了有力保障。《珠三角地区改革发展规划纲要 (2008~2020 年)》明确了珠海作为珠江口西岸核心城市的地位，横琴新区和港珠澳大桥的建设都标志着珠海迎来了难得的发展机遇。

3. 促进珠澳两地文创产业协同发展的主要政策

2003 年中央政府与澳门特区政府签署的《内地与澳门关于建立更紧密经贸关系的安排》（简称《安排》），开启了内地与澳门制度性合作新模式的探索之路，是内地与澳门经贸交流与合作历程中重要的里程碑。《安排》的主要框架包括三大方面：一是货物贸易，二是服务贸易，三是贸易投资便利化。在服务贸易领域，《安排》涉及的服务业有管理咨询、会议及展览、广告、会计、法律、仓储、医疗、物流、货物运输代理服务、分销、运输、旅游、建筑、视听、银行、保险、证券、电信 18 个行业。这为之后珠澳两地在文化创意产业领域协同发展提供了纲领性的政策指引。

2008 年年底，国务院颁布《珠江三角洲地区改革发展规划纲要 (2008~2020 年)》，再次强调珠三角地区要"推进与港澳更紧密合作"：本着互惠互补的原则，加强与港澳的协调合作，充分发挥彼此的优势，支持与港澳加强产业合作，全力支持在珠江三角洲地区的产业实现转型升级。这为充分发挥珠海绝对的人力资源成本优势、土地成本优势和澳门的资金优势及产品的国际知名度优势，在会议、展览、广告、旅游等文化创意产业相关领域的深入合作提供了难得的契机。为促成《珠江三角洲地区改革发展规划纲要（2008～2020年）》的落实，2011年广东省和澳门特区政府的领导人在北京签署《粤澳合作框架协议》，全面涵盖了粤澳经济、社会、民生、文化等合作领域，明确了新形势下粤澳合作的定位、原则、目标，确立了合作开发横琴、产业协同发展、基础设施与便利通关、社会公共服务、区域合作规划五个合作重点，提出了一系列具体、务实、可操作的合作举措，并明确了完善合作机制等保障机制安排。双方在协议中提出，将携手建设亚太地区最具活力和国际竞争力的城市群，共同打造世界级新经济区域，促进区域经济一体化发展。《粤澳合作框架协议》推动珠澳两地文化创意产业一体化协同发展迈上了一个新的台阶。

2009年8月，国务院正式批复同意《横琴总体发展规划》，国家给予的政策建议是"科学发展、先行先试"。横琴的发展在多方面强调与澳门"共同开发"的原则，尤其是横琴划出5平方公里的土地，由横琴与澳门共同合作使用。这为珠澳两地文化创意产业协同发展创造了得天独厚的有利条件。

《中华人民共和国国民经济和社会发展第十二个五年规划纲要》在第五十七章中进一步提出要"深化内地与香港、澳门经济合作等战略"，由此可见中央对推动内地与澳门经济协同发展的决心，并且这已成为澳门目前最重要的发展纲领，为珠澳两地文化创意产业协同发展创造了良好的政策环境。

4. 文化融合理论视角

文化融合是指不同形态的文化或者文化特质的相互结合、相互吸收的过程。它以文化的同化或相互感应为标志，在融合的过程中，各种文化彼此改塑对方，各种文化特质相互渗透、相互结合、互为表里，最终融为一体。文化的融合包括两种主要方式：第一种是文化与文化之间的沟通，第二种是文化与文化之间的协同。随着经济全球化的日益发展，文化将逐步经过严酷的斗争而走向融合的大趋势是不可避免的。事实上，经济全球化的现实已经在为文化的融合铺垫道路。且不说跨文化的讨论是不同文化走向融合的必由之路，人们所谈论的文化冲突也应被看作文化融合的前奏。

根据经济全球化的事实，很多人认为人类共同体不仅是一个经济共同体，而且是一个伦理共同体。全球化不仅是国际经济交往的过程，而且是文化交往的过程。前者已经是现实，后者也将随之而逐步成为现实。为了顺应国际上各种交往过程全球化的潮流，我们在经济上要积极参与全球化生产与市场网络，在文化上特别是在观念形态上要更大幅度地实行"门户开放"，要适应时代要求，批判继承。

（二）研究现状与研究意义

1. 珠澳两城文化创意产业与区域合作现状概述

为全面了解本课题的研究现状及进展情况，课题组成员在中国知网、万方、台湾华艺在线等学术资料库中分别以"粤澳文创产业""澳门文创产业""珠澳合作"等为关键词进行搜索，为保障文献质量，设定资料来源为"来自核心期刊"。相关研究成果主要如下。李静认为，珠澳两地唇齿相依，已有良好持久的民间与民间、民间与政府合作的基础。进一步加强珠海与澳门的合作特别是文化产业合作，须从增强两地政府合作观念、明确双方合作基础、合作规划先行三方面推动。苏武江从区域经济理论以及文化创意产业的发展趋势出发，研究认为，经济发展水平、历史人文资源和制度环境等方面的资源互补优势奠定了珠澳外联内通、跨界合作的产业发展路径。他提出，构建文化创意产业发展共同体，使"创意珠澳，跨界打造"成为区域合作新典范。彭劲松认为，大力发展创意产业是粤港澳区域产业转型升级的必然选择。粤港澳三地由于地理、文化、制度等存在差异，在创意产业发展过程中各有优劣势，增加了该区域创意产业发展的复杂性和动态性。

通过以上文献回顾，课题组发现：

（1）关于区域文化创意产业协作的重要性研究，学者从不同角度提出政策建议，如苏武江、彭劲松等。这表明类似研究的学术价值得到了广泛认可，但仍有缺陷和不足。首先，文化创意产业调查要素仍没有一个较权威的系统框架。其次，现有的研究主体大多包含各种文化创意企业类型。而本研究主要对珠澳自主创业的中小文化创意企业进行调查并分析研究，更具针对性。

（2）具体的个案研究更多地集中于国与国之间、地区与地区之间的区域文创产业协作的研究等，较少涉及珠澳两地的文创产业协作。

2. 推动珠澳文化创意产业协同发展的意义（区域合作现状与数据调研）

珠海作为最靠近澳门的内地城市，是澳门主要的合作城市。粤港澳合作的重点在于珠澳合作。两地政府必须本着互惠互利的宗旨，形成积极的合作意识。由于文化同根、地缘人缘相近，珠澳已有了良好持久的民间与民间、民间与政府合作的基础，是交流与合作的非常有利的条件。但由于种种原因，两地在人力、物力、财力等方面的资源共享和优势互补还没有得到深入发展。根据《珠海统计年鉴》（2007～2014 年）的数据，珠海文化、体育和娱乐业近年来跨界合作及引进外资情况并不理想，并没有发挥其本身优势（见图1）。

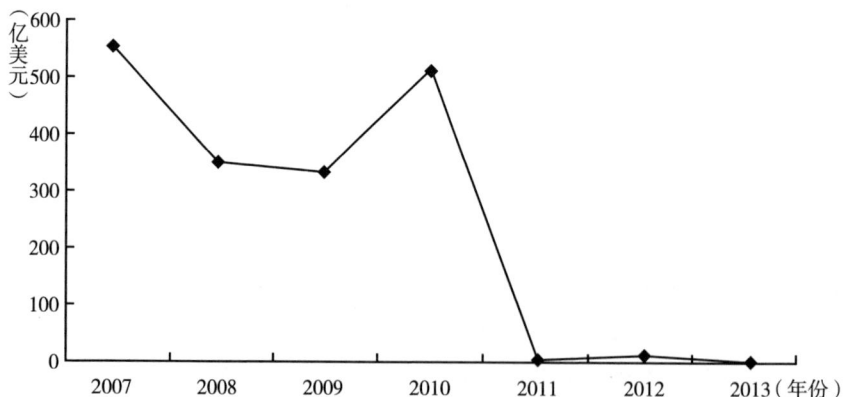

图1　2007～2013 年珠海市文化、体育和娱乐业实际吸收外商投资项目情况

数据来源：《珠海统计年鉴》（2007～2014 年）。

文化创意产业合作是珠澳合作、珠澳同城化的最佳切入点，本文提议珠澳两地共同成立文化创意产业发展基金，合作开发横琴文化产业创意园，同时将粤港澳文化产业合作区设于横琴，两地优势互补，推动文化创意产业快速发展。2009 年，珠海与澳门基金会合办珠澳文化论坛，提出珠澳中西文化走廊的概念，表明珠澳双方在文化创意产业方面的合作空间很大。

根据《珠海统计年鉴》（2007～2014 年），文化、体育和娱乐业外商投资新创企业的情况如图2、图3 所示。

彭劲松认为，大力发展创意产业是粤港澳区域产业转型升级的必然选择。粤港澳三地由于地理、文化、制度等存在差异，在创意产业发展过程中各有优劣势，增加了该区域创意产业发展的复杂性和动态性。

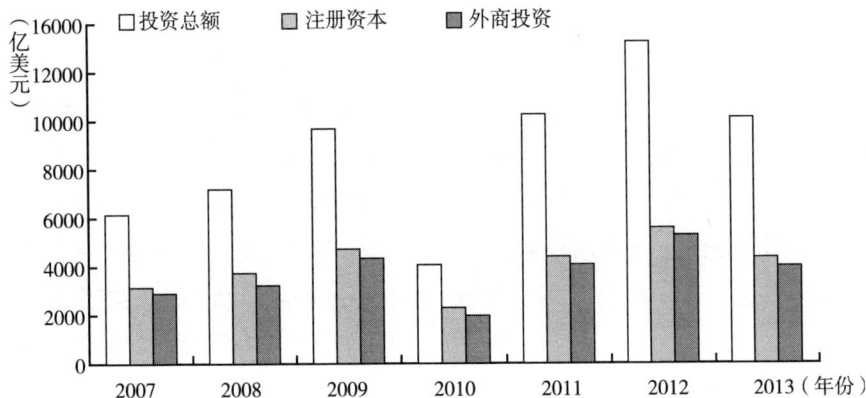

图2　珠海文化、体育和娱乐业外商投资新创企业投资情况

数据来源：《珠海统计年鉴》（2007～2014年）。

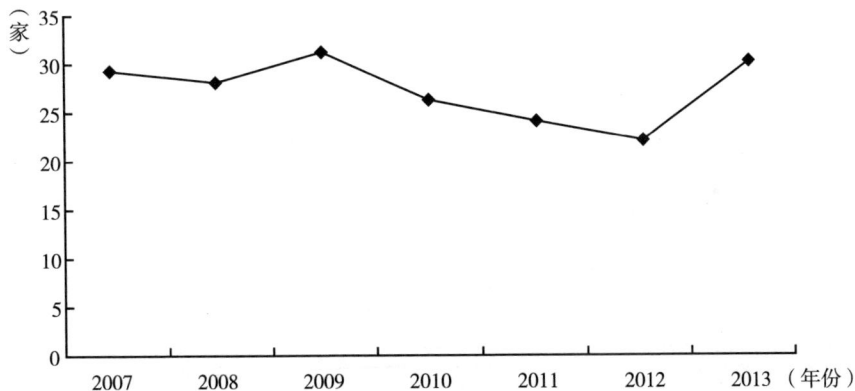

图3　珠海文化、体育和娱乐业外商投资合资注册新创企业数量

数据来源：《珠海统计年鉴》（2007～2014年）。

三　以文化融合为出发点的文化发展策略

（一）以文化融合为出发点的文化发展策略框架

文化是文化创意产业的基础，创意是文化创意产业的核心。文化作为一种资本存在于市场，其价值亦是通过市场上的转换价值实现的。文化的本质应该具有地区性、独特性及不可比较性。最原始的文化应该只是社群意识，之后随着时空的转变逐渐扩张，才有了民族意识及国家意识的形塑。在文化融合的思维下，文化不再只是符号及文本的建构、解读及沟通，它已经蕴含着"功能"及"社会效应"的特质，可以相互提升产业技术，增加地区之间的文化联结度，增加合作的成功机会，在极大化双方消费的前提下，决定文创产业的合作地区以及文化脉络。文化结合创意体现在产业体系中，可以为社会带来新的发展可能与机会，从而创造价值。文化的融合往往能够带动地区的经济发展，而这些地区也应是多元化、包容性高、开放自由的。本文从文化融合的角度构建文化发展的策略。通过文献回顾，本文对推动珠澳城市文创产业融合发展的研究架构重新进行了整理（见图4）。

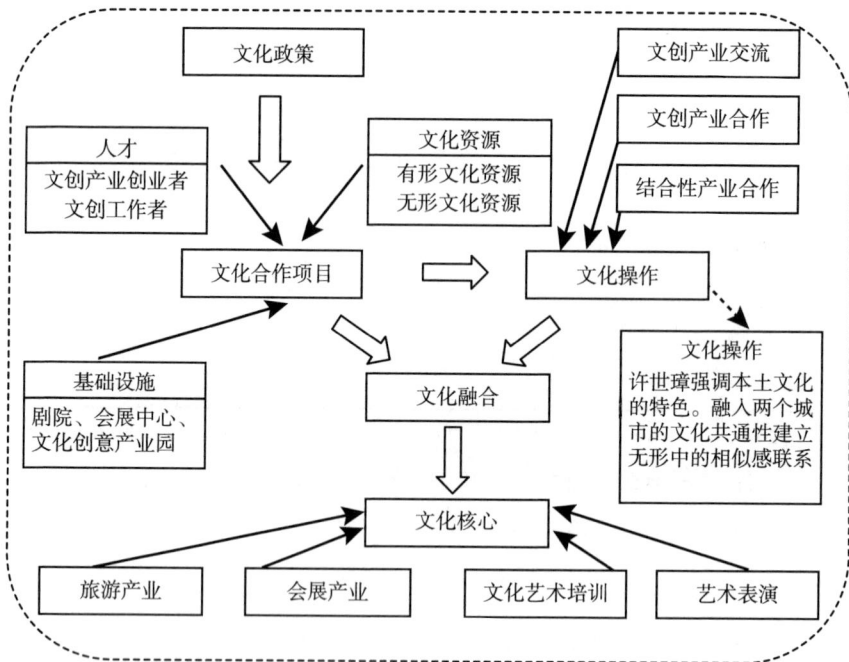

图4 推动珠澳城市文创产业融合发展的研究架构

（二）以文化政策推动珠澳两地文化创意产业合作的计划

珠海、澳门之间文化的交流与合作需要双方政府主动引导和支持，由政府形成文化政策，带动和推进创意产业人才、文创企业、文化资源和相关组织间的合作。文化政策形成后，珠澳两地开始盘点城市中的文化特色、文化内容，包含有形、无形的文化核心，通过相关文创工作者、文创企业，以及可以协助核心工作者进行商业规划的服务者，结合本地既有的技术，进行文化、创意、产业的结合，而形成合作计划，实现资源共享、文化认同和产业合作，为文化企业共享区域资源、共享区域市场创造有利的环境。如澳门的本土舞剧、戏剧，可通过整合珠海大会堂、珠海北山剧院、珠海华发中演大剧院、珠海梦剧场等文化基础设施，整合两地文化资源，咨询网络平台等，为文创产业文化市场推广创造有力机制。珠澳两地相互开放文化市场，采取相似或统一的优惠政策，鼓励、支持各类文化企业的发展，共同营造一个培育创意、鼓励创新、方便创业的制度环境和文化氛围。本研究的访谈对象多为珠澳两地的文化艺术创业者，能有效提高文化创业、文化创意产业园发展的认知度，但是受访者对于政策与法规如何有效支持自己文创项目的认知还是相对薄弱的。因此，政府部门应该积极面对在文化产业政策和法规上的行政有效性和认知落差问题，设法提高执行政策的效率，以有效协助文化艺术创业者带动文化需求，促进文化创意产业发展，提高公众的参与率，建立起两地文化产业价值链，落实多元化创意人才的聚集。

（三）从文化交流到文创项目深度合作的策略

把文创项目合作作为珠澳文化产业合作的战略重点，包括文化资源项目整合合作、文化产业园区项目合作、文化企业发展合作以及文化产业开放与交流合作。可以利用横琴新区开发的有利机遇，联手打造品牌项目，吸引国际知名文化企业、中介机构进驻，建立以高端创意产业为内容的创作平台和生产基地。根据珠海近年来文化、体育和娱乐业与外商合作的统计数据可以看出，目前珠海文化、体育和娱乐业与外商合作情况并没有突出珠海文创产业的优势，2011~2013年对外交流合作也非常少，发展尚不理想。正因为如此，珠海更应借助珠澳的地理优势，珠澳互补，联动发展。珠澳文创产业间的合作方式从简单的技术交流、举办展览转变为深化文创产业链间的合作与知识共享。在文创产业的合作架构下，城市双方可以通过文化融合、文化操作展开深层次的文化合作，例如以双方城市为故事背景，进行戏剧、舞台剧的编排筹划。在筹划过程中，可以通过故事情节的设计，针对两地文化共通性、文化差异面向大众进行传播；或者结合当地的文化独特性推出相关的本土原创戏剧，传送相关的文化核心内容，建立双方市民对于城市的情感联系，增强珠澳两地的文化认同感，也因此两地市民心灵契合，进而产生较高的经济效益与市场价值。如提高澳门本土舞剧《牡丹楼》等文创产业的知名度，带动两地城市获得更大的观光效益。

（四）以群聚效应加强整合珠澳两地文化创意产业园区

通过文献回顾发现，台湾推动文化创意产业发展的策略是支持兴建文化创意产业园区。实际上，兴建文化创意产业园区是一种较为成熟的文化创意产业发展模式。然而，要发展文化创意产业园区并非只发展文化创意产业，文化创意产业园区与企业间不应单纯为房产租赁关系，而应该发展成为一个整合创意资源的平台，具体包括人际网络平台、创意交流平台、创意展示平台、文化推广平台等。如横琴丽新星艺文创天地建设以影视制作、音乐制作及演艺、培训、休闲、会展等文化关联产业为主要内容，以创意发展为主要方式的创意文化生活社区，打造具有国际竞争力的文化创意基地；香洲埠文化院街项目占地约 9.5 万平方米，总投资约 10 亿元，拟被打造成一个以中国特色的传统民间工艺、民俗文化为主题，集会展、休闲、旅游、购物、美食等功能于一体的大型主题文化旅游项目，将创意、资本和市场进行整合，聚集成群，成为创作与展演的公共空间。如今，横琴新区正式成立，被定位为"一国两制"下探索粤港澳合作新模式的示范区，横琴新区以粤港澳合作为主线，粤澳合作产业园、励骏友谊广场、澳门青年横琴创业谷等涉澳重大项目相继启动建设或建成，拓宽了澳门产业多元发展的空间，政策、资源的利好同时也为珠澳两地的文创产业带来了发展的契机和空间。横琴粤港澳文化创意产业示范园区的发展思路可以简单概括为：以国家政策为引导，以龙头企业为带动者，以大学园区为依托，以前瞻性的产业集聚模式，借助珠三角的资源和政策优势，整合香港和澳门的优势力量，充分利用"一国两制"的特殊性及中国文化产业现在的发展契机，依靠横琴新区的媒体平台、信息平台、融资平台、物流平台，文化创意产业示范园区将引领横琴、珠海乃至中国的文化创意产业发展方向，并发挥示范园区和窗口的作用，使中国创意走向世界。

大众文化参与能力是文创产业发展的关键因素，相关文化资源的投入，应该考虑资源、基础设施与珠澳两地大众文化参与能力的联结关系，以有效扩大文化消费的市场。

参考文献

郝雨凡、姜姗姗:《澳门多元经济与珠澳整合》,《广东社会科学》2009 年第 4 期。

李静:《珠澳文化与文化产业发展初探》,《中共珠海市委党校珠海市行政学院学报》2010 年第 4 期。

李婉钰:《城市合作背景下珠澳同城化研究》,硕士学位论文,湖南大学,2013。

彭劲松:《产业升级中的人力资源优化配置——以广东省为例》,《改革与战略》2013 年第 5 期。

苏武江:《澳门文化创意产业发展路径研究》,《科技管理研究》2012 年第 24 期。

孙林、王磊:《粤港文化创意产业合作与发展研究》,《粤港澳区域合作与发展报告（2010～2011）》,2011。

许世璋:《亚洲城市文化交流与文创产业的发展策略》,《台湾经济研究月刊》2013 年第 36 期。

曾资文、周凯盈、黄琲瑜:《由中日韩文创产业推动成效分析中央与地方的互动性》,《台湾经济研究月刊》2011 年第 34 期。

张保全:《横琴·粤港澳文化创意产业示范园区优势分析》,《中国市场》2014 年第 21 期。

Shen W. , "Changes and Return to the Top of the Macau Cultural Design", *China Media Report Overseas*, 2014, 10 (4).

人才教育篇

珠海市大学生自主创业
现状及对策研究*

刘 冰

一　珠海市大学生自主创业现状

（一）在珠高校大学生基本情况

　　珠海市目前有十所高校，分别为中山大学珠海校区、暨南大学珠海校区、北京师范大学珠海分校、北京理工大学珠海学院、吉林大学珠海学院、遵义医学院珠海校区、广东科学技术职业学院、珠海市城市职业技术学院、北京师范大学 - 香港浸会大学联合国际学院、珠海艺术职业学院。截至2015 年 9 月，十所高校在校大学生约有 13 万人，占到珠海市常住人口的8%，大部分大学生毕业后选择在珠海就业。珠海市是广东省高校在校生人

---

　　* 课题负责人：刘冰，北京师范大学珠海分校讲师。课题组成员：闫为国，北京师范大学珠海分校助理研究员；严杰雄，珠海市人力资源和社会保障局高级职业分析师；刘思圆，北京师范大学珠海分校助教。

数仅次于广州市的城市。珠海的很多高校建成时间晚，学生素质虽然不如名牌大学，但是办学理念新，注重和社会需求对接，大学生从商的氛围比较浓厚，探索精神较强。许多大学生已经在校园创业，主要目的一是通过创业赚取生活费，二是积累创业经验。有同学在校内开店，如烧烤店、粥店、精品店，或开网店卖化妆品和服装；有学生借助父母投入的资金，在校内寻找志趣相投的同学组建销售团队（4~5人），推广自己的项目；有同学在做减肥药的促销和香港、澳门的代购；有同学与朋友组成团队在珠海注册公司，成立培训教育的机构；有同学利用父母投入的资金，在学校附近承租一部分公寓，再转租给学生，收取中间差价。虽然有些创业没有工商注册登记，但是这种氛围确实对大学生创业意识的提高有积极影响。根据麦可思研究院对北师大珠海分校2013届、2014届毕业生的追踪调研，留在珠海工作的学生比例约为20%。由此可以推断，珠海十所高校的毕业生留在珠海工作转而在珠海创业的人数不在少数，这些大学生创立的公司对珠海的经济发展做出了贡献。

（二）广东省及珠海市对大学生创业引领的目标要求

根据《关于实施广东省大学生创业引领计划（2014~2017年）的通知》（粤人社发〔2014〕182号），到2017年，广东省力争引领5万名大学生成功创业，并领取工商营业执照或完成其他法定注册登记手续。该文件对珠海市四年间的任务做了要求，分解如表1所示。

表1 广东省对珠海市大学生创业引领的要求

单位：人

年份	2014~2017	2014	2015	2016	2017
目标数	2000	200	500	620	680

珠海市四年间要引领2000名大学生成功创业，任务艰巨，政府各职能部门以及高校要通力合作，共同完成。

珠海市对广东省下达的任务指标进行了分解，制订了市内各区大学生创业的引领计划（见表2）。

表2 珠海市大学生创业引领计划（2014～2017年）目标任务

单位：人

年份	横琴新区	香洲区	斗门区	金湾区	万山海洋开发试验区	高栏港经济区	珠海高新区	合计
2014	7	80	27	30	3	13	40	200
2015	16	240	68	83	8	28	110	553
2016	31	252	102	102	14	34	136	671
2017	35	298	115	115	21	39	153	776
合计	89	870	312	330	46	114	439	2200

（三）在珠高校大学生创业意向调查分析

将北京师范大学珠海分校与在珠其他高校进行对比完成了大学生创业意向调查报告，项目组采用微信、QQ的方式对北师大珠海分校和其他高校的同学进行问卷调查。

本次问卷调查的目的：第一，了解北师大珠海分校想要创业的在校大学生数量是否比外校的多；第二，了解当前推动和阻碍在校大学生创业的因素有哪些（主要针对北师大珠海分校）；第三，调查政府、学校支持大学生创业的政策力度及信息宣传工作是否到位；第四，分析大学生创业热潮的利弊，希望能为在校大学生创业者提供借鉴和指导。

本次共发放调查问卷300份，实际收回有效问卷298份。在有效问卷中，大学生所属院校、年级分布、创业意向等情况如图1～图4所示。

北师大珠海分校及其他高校调查对象人数应相同，故在收集到的问卷中随机抽取了240份（北师大珠海分校学生与校外学生各120份）作为分析"北师大珠海分校想要创业的人数是否真的比外校的多"这一问题的依据。

由图4可知，北师大珠海分校在校大学生比国内其他高校的在校大学生更有创业的意向。

图5数据显示，过半数的在校大学生选择的是"找得到工作就不会考虑创业"，这表明找工作仍是多数大学生寻找出路的首要选择。但也有将近两成的大学生会首先考虑创业，创业在不少人的心目中仍占有不可忽视的地位。而在

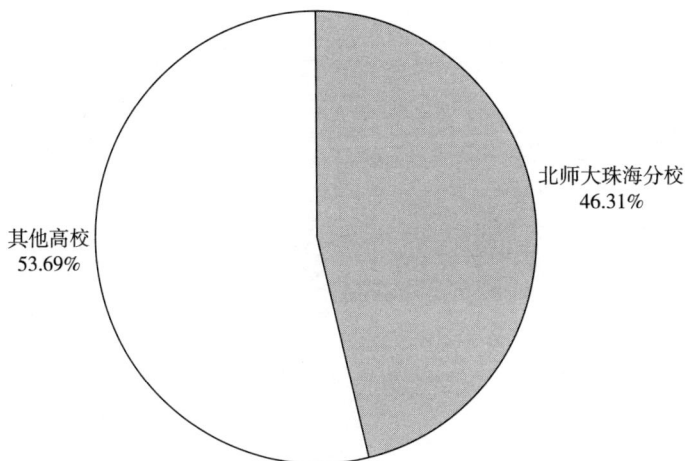

图1 调查对象所属院校

其他高校
53.69%

北师大珠海分校
46.31%

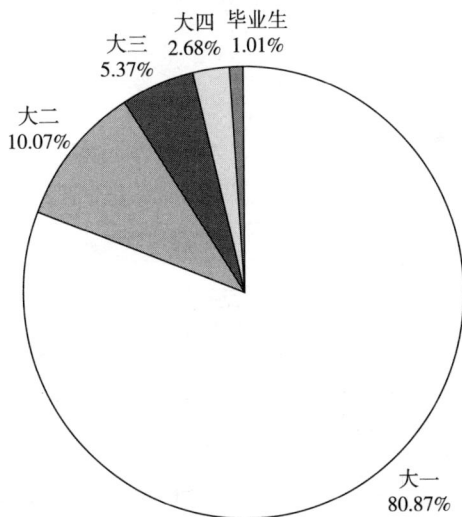

图2 调查对象的年级分布

大三 5.37%
大四 2.68%
毕业生 1.01%
大二 10.07%
大一 80.87%

开放性选项中，许多在校大学生打算毕业后先参加工作，在积累了一些资金和经验之后再创业，或在工作过程中寻找创业时机，而非全身心地投入创业中。由此可知，许多大学生知道创业本身所带来的风险，想通过工作积累资金和经验，使创业风险降低，从而成功创业。

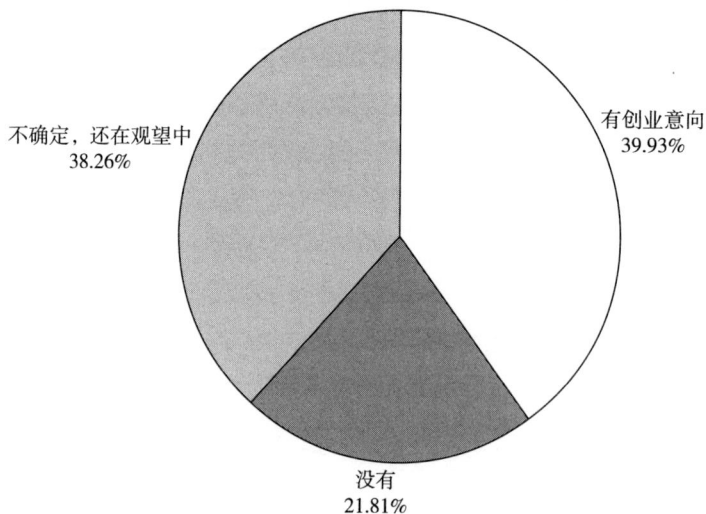

图3　调查对象的创业意向

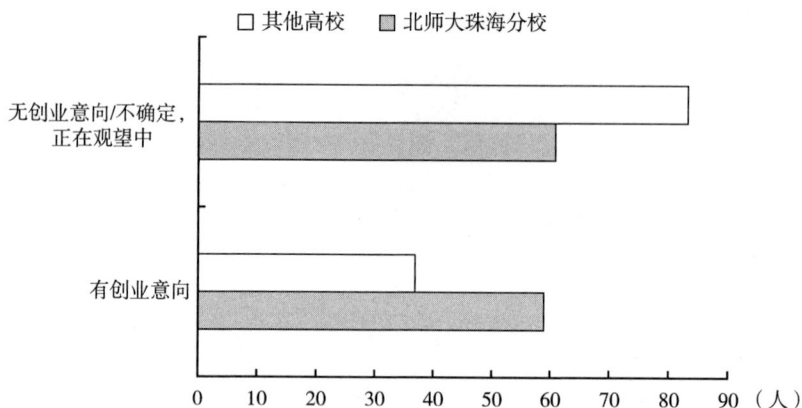

图4　北师大珠海分校及其他高校大学生创业意向对比

　　图6数据显示，成功的大学创业者案例在推动在校大学生创业中发挥着很大的作用，这反映了大学生创业在一定程度上是从众心理驱使下的行为；也有许多在校大学生会因为想要赚取更多生活费而创业，反映了在校大学生想要通过创业来获得高于就业岗位的薪水这一期望，"创业成功＝赚到更多的钱"这

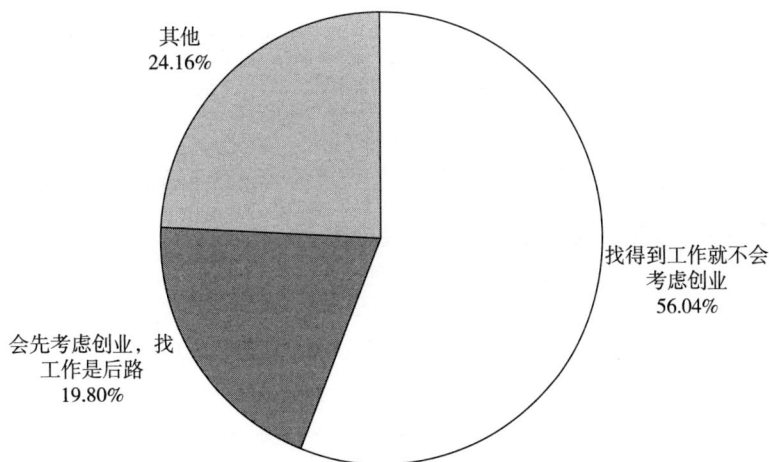

图5　调查对象对工作与创业的考虑

一个观念普遍存在。政府为大学生提供政策、资金支持也是一个重要的推动因素，这表明大学生创业很重视资金问题，政府出台政策为大学生解决资金问题可以更好地推动在校大学生创业。

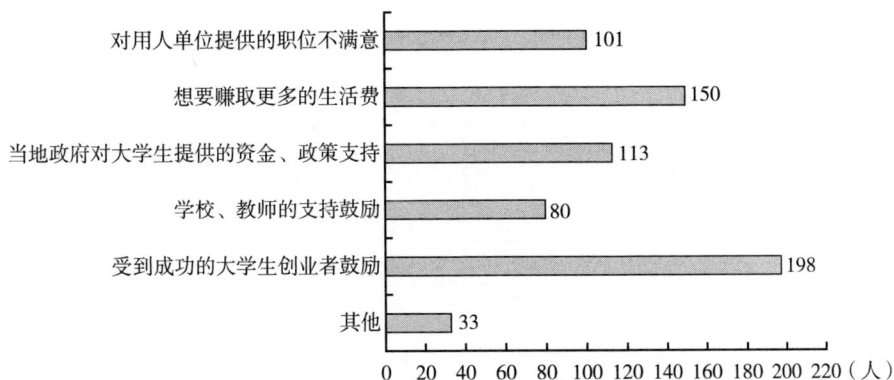

图6　推动在校大学生创业的因素

由图7数据可知，阻碍在校大学生创业的因素排位依次是资金不足、个人能力有限、找不到合作伙伴、学业繁重、家人反对。在校大学生普遍认为，资金对创业来说是最重要的影响因素，个人能力不足以及无法组成一个好的团队

317

等问题也不可忽视。此外，部分大学生学业繁重，在大学里创业会牺牲学习的时间，这也反映了在校大学生创业需要承担时间成本的风险。

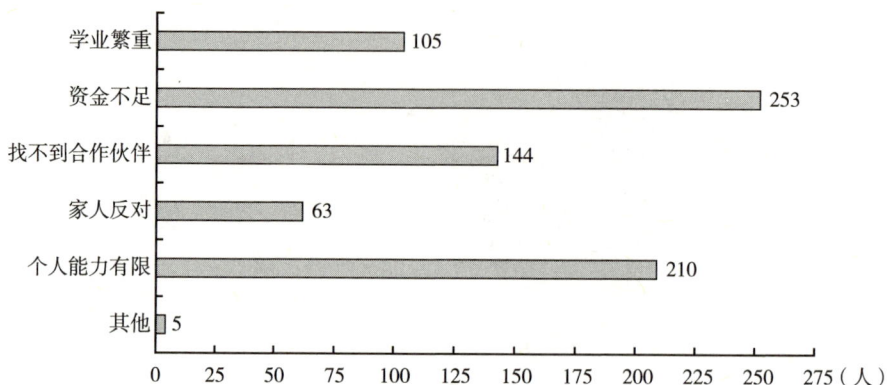

图7　阻碍在校大学生创业的因素

由图8可知，大多数高校都设置了和创业相关的课程，还有一部分在校大学生对有无相关课程并不清楚，小部分高校并没有设置与创业相关的课程。这说明大多数高校对推动大学生创业是持支持态度的。一部分人对学校开设与创业相关的课程的情况并不了解，说明高校对创业课程的宣传力度不够，还说明学生本人对创业没有足够的热情，不会主动去了解相关课程信息。

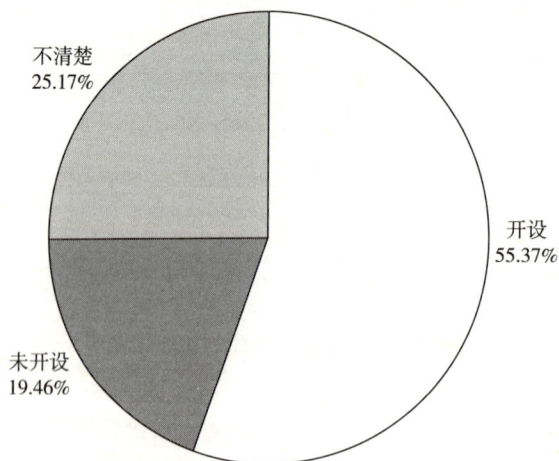

图8　学校开设与创业有关的课程的情况

由图 9 可知，过半数的在校大学生认为学校提供的关于创业的信息勉强足够，一部分认为是完全不够的，只有少数人认为能获得自己想要的信息。这说明学校还不能很好地为学生提供足够的与创业相关的信息。建议学校增加一些为学生提供创业信息的渠道，以提供不同类型的信息。

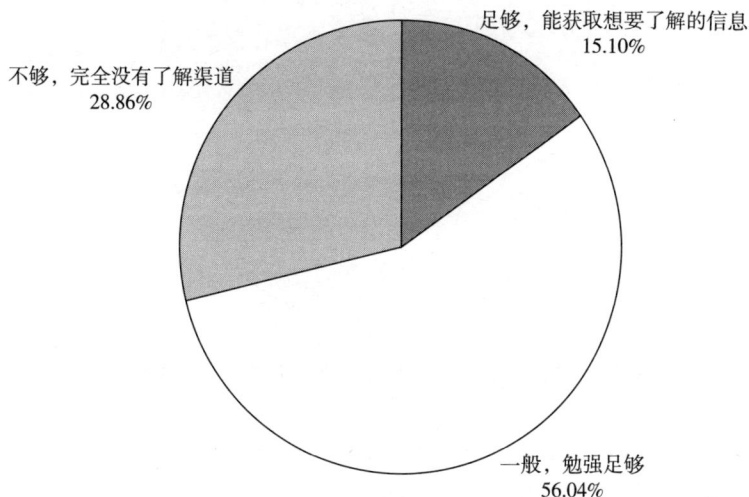

图 9　对学校提供的创业信息的满意情况

由图 10 可知，过半数的在校大学生对当地政府支持大学生创业的政策是完全不了解的，近四成表示只知道一点点，只有极少部分的在校大学生对政策是十分了解的。由此可见，相关政策还未对大学生产生很大的影响，以及学校并没有很好地为政府传递相关信息。

（四）珠海大学生成功创业典型案例

课题组通过走访调查，采访了两位在珠海成功创业的大学生。通过他们的具体案例，我们可以对珠海市大学生自主创业的现状有所了解。

1. 创业者姓名：刘玄智

毕业院校及专业：北师大珠海分校特许经营管理专业

创办企业名称：珠海市上合文化传播有限公司

访问时间：2015 年 1 月

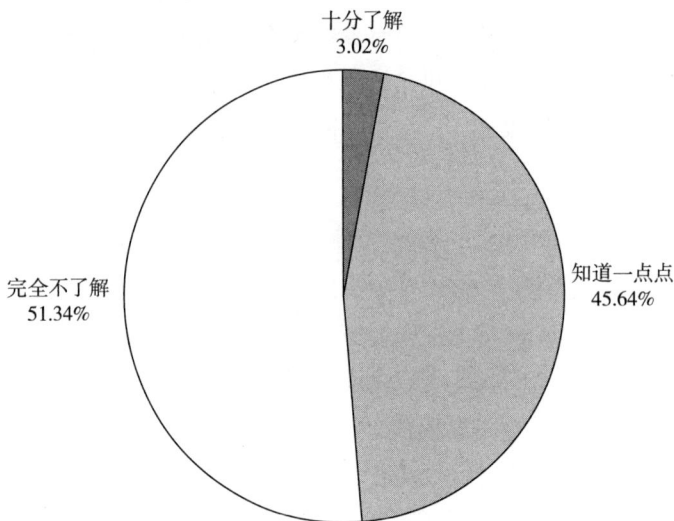

十分了解
3.02%

完全不了解
51.34%

知道一点点
45.64%

图10　对政府支持大学生创业的相关政策的了解情况

　　创业基本情况：珠海市上合文化传播有限公司是一家主营房地产活动策划与执行、微信运营与维护和物料供应的媒体公司。创业者刘玄智在创业前曾经担任腾讯房产网营销经理、房掌网营销总监，从事网络媒体这方面的工作。在问及他为什么选择做房地产开发商活动策划方案与执行这个方面的创业项目时，他回答说，由于在房地产和网络媒体这两个圈子待得比较久，也积累了不少的房地产商客户资源，因此能用在这个方面。

　　刘玄智从有创业想法到真正成立公司仅仅用了四个月的时间，之所以时间这么短是因为他拥有比较稳定的客户资源。因为他不是房地产专业的，所以找了个搭档来填补相关专业知识的漏洞。公司成立于2014年11月28日，他被访问时公司处于发展初期，规模较小，只有6位员工。运营两个月之后，公司已经有接近30万元的业绩。根据刘玄智的介绍，能有这么好的业绩主要是因为前期积累了很多人脉资源。公司的公众微信号里面提到："珠海市上合文化传播有限公司以'积极向上、专业合作'为核心价值，一切以最人性化的标准打造。"我们通过走访可以看到"人性化"之处，刘玄智和员工不只是上下级的关系，更重要的是把大家当作合作伙伴。上下班不用打卡，靠合理分配工作来保证工作效率，参与公司活动会得到奖金等。他同时提到人脉资源对创业十分重要。

通过对该创业案例的分析，课题组成员认为大学生要规划好自己的职业道路，把握好节奏，避免在大学期间浪费美好的青春时光。同时，创业不应该盲目，可以在有过就业经历后再创业。因为有过工作实践，你会了解公司的管理制度，能积累经验和资源，这对日后创业有很大的帮助。人脉、资源、资金、学识对创业而言都是极其重要的。具备这些条件会大大降低创业的风险。

2. 创业者姓名：徐志远

毕业院校及专业：北京师范大学珠海分校编辑出版专业

创办企业名称：第十人策划服务团队

访问时间：2015 年 3 月

创业基本情况：徐志远毕业后成立"第十人策划服务团队"，团队筹划了"第十人猎筹网"，并以此项目参加 2014 年珠海市大学生创业大赛计划组比赛，取得了优异的成绩。徐志远大一期间参加多个学校社团组织，在每个社团中都担任负责人。徐志远在外联部工作时，经常与商家联系，得到了锻炼。大三的时候，他作为项目负责人以"老班长"的项目成功申请了广东省大学生创新创业训练计划项目，并且顺利结项，从此创业的"幼苗"在他心中萌发。大三担任网络编辑以及大四在文化传播公司兼职之后，他决定在毕业后与同学一起成立创业团队。2014 年 7 月 15 日，团队在他们租住的房间里面成立了，与当年马云创办阿里巴巴时类似，公司创立之初只有三个人。公司秉持两个原则，一是让学生在校期间靠自己的专业能力赚钱，二是团队协作精神至上。因为徐志远在校时有参加创业大赛的经验，他明白合力协作的团队与相对自由的思想是企业走下去的动力。于是，徐志远成立了"第十人策划服务团队"，主要是承担一些企业的外包服务工作。他招聘了十多名具有美工、网络、摄影、策划技能的大学生加入团队。他们的团队在 2014 年珠海市大学生创业大赛中以预赛第一名的成绩进入了决赛，虽然在决赛中表现不佳没有取得名次，但他们深知"失败是失败者的座右铭"，在吸取了教训之后，他们会继续努力。

通过对该创业案例的分析，课题组成员认为大学生在校期间多参加一些创业大赛对今后创业有很大的帮助。因为从有想法到落地实践需要一段时间，通过参赛可以了解自己的团队到底适不适合创业。很多大赛都会给选手提供一些创业咨询和辅导，让参与者通过大赛的锻炼来查找自身的不足。很多选手在大赛中取得了名次从而获得了一些资金的支持，以及一些天使投资人的资助。这对他们今后创办自己的企业至关重要。所以我们建议各高校及政府职能部门多开展一些创业大赛来提升大学生的创业能力。

二 珠海市政府部门对大学生创业的扶持政策

（一）珠海市出台的扶持大学生创业的相关文件

2014年10月，由共青团珠海市委员会、珠海市人力资源和社会保障局、珠海市科技和工业信息化局、珠海市金融工作局、中国人民银行珠海市中心支行共同下发的文件《关于进一步推动青年创新创业的通知》（团珠联字〔2014〕35号）明确表示，对创新创业团队进行项目投资和担保贷款最高可以享受2000万元的经费扶持，对高层次的创新人才每年给予最高10万元的工作津贴，并对创业团队给予场地和贷款方面的便利。文件还就珠海市主要创业孵化基地的情况进行了说明。

2015年6月，珠海市政府下发的《珠海市人民政府关于进一步促进创业工作的意见》（珠府〔2015〕71号）从培养创业能力、鼓励创业、鼓励创业带动就业、大力支持留学人员创业、完善创业投融资机制、推进创业孵化培育、提升公共创业服务能力、整合社会创业资源、营造创新创业社会氛围和加强工作保障十个方面提出了指导性意见。这是首次以政府的名义下发的关于创业的文件，对整个珠海的创业工作具有重要意义，对完善珠海扶持创业的优惠政策、形成珠海市政府激励大学生创业、社会支持创业等都起到了积极作用，必将带动珠海掀起一轮全民创业的浪潮。

（二）珠海市人社局为大学生免费提供 SIYB 创业培训

珠海市人力资源和社会保障局在高校推广使用"创办和改善你的企业"（SIYB）项目，大学生享受免费创业培训及相关服务。2011年，在吉林大学珠海学院等高校举办了12期创业培训班，培训大学生372人，让学员们得到了方式多样的仿真模拟机会。创业培训与模拟实训使大学生的创业素质和能力均有所提高。目前，珠海市大学生创业培训在教学组织、教师团队管理、学员跟踪管理等关键环节，已基本形成流程化、规范化的管理模式。自 2010 年起，珠海市人力资源和社会保障局牵头举办"创业专家校园行"活动，至今已走进 14 所高校，举办专家讲座活动 15 场，吸引 5000 名高校学生参加，成功引领 152 名大学生创业。近年来，珠海市人力资源和社会保障局与各高校共同建立了大学生创业实训平台。据走访调研，目前吉林大学珠海学院、国际联合学院、广东科技职业学院三所高校建立了大学生创业实训平台，市就业专项资金给予每个平台 15 万元的建设扶持经费。广东科技职业学院珠海校区成立了诸格靓大学生迷你创业园，学生以团队的形式进驻经营，每个学期的创业实训人数达到 2000 人次。

三 珠海市创业孵化园基本情况调研

（一）珠海市首个大学生创业孵化基地

2012 年 8 月，珠海市人力资源和社会保障局在柠溪路双竹街设立首个大学生创业孵化基地，为创业大学生提供经营场地、小额贷款、专家指导、项目推介等多项服务，12 支创业团队在此"破壳"成长，涉及互联网、人力资源、餐饮、文化传播、机械制造等行业。截至 2014 年 6 月，大学生创业孵化基地入孵项目总计实现营业收入约 957 万元，利润率为 18.23%，上缴税费约 21 万元，吸纳就业 330 人，为 80 名在校大学生提供实习、实践机会。

（二）珠海市大学生创业孵化园情况

为满足更多大学生的创业需求，2014 年 8 月，珠海市大学生创业孵化园新区在香洲汽车总站对面落成，位于香洲核心地带，建筑面积达 3700 平方米，以蜂巢微型和自由规划为主要布局，为创业者提供了 80 个入驻空间，构建一个集创作、展示和交易为一体的综合平台。按功能划分为科技创新、商贸服务、创意设计、电子商务和综合类五大创业孵化区，提供了"拎包入驻"的低门槛创业途径。园区同时提供一站式公共创业服务、一条龙创业孵化平台、一体化创业实训平台、零租金的办公场地，将创业培训、开业指导、项目对接、孵化见习、融资服务、落实扶持政策等有机结合起来，为有创业梦的大学生营造浓郁的创业氛围、良好的创业环境。

1. 入孵对象

孵化基地入孵对象主要是在本市创业的普通高校毕业学年在校大学生、毕业5年内高校毕业生、领取毕业证5年内的出国（境）留学回国人员、本市认定的高层次人才，以及本市其他创业扶持对象。

2. 入孵条件

（1）创业项目属于电子商务、软件外包及开发、工业设计与模具开发、网络工程和系统集成、通信数码技术、文化创意产品、动漫游艺与数字媒体设计制作、电子信息技术、企业管理战略设计与实施、现代物流、环境保护、会展服务、创业咨询服务等范畴。重点引进和孵化在珠海市"三高一特"产业配套方面的创业项目。

（2）具有较成熟的创业项目计划书，项目具有一定的孵化培育潜力；具有保证营运的资金或可行的融资方案，以及实施项目的人才队伍。

（3）法定代表人或符合入孵对象范围的创业团队核心成员在创办的企业中出资总额不低于注册资本或投资额的30%。

（4）注册登记时间在3年内（含未登记注册的创业项目），依照国家法律法规合法经营，无知识产权纠纷及债务纠纷，并具有完善的经营管理制度。

（5）遵守创业园的管理制度，同意承担相关支出费用。

（三）珠海市政府与社会和高校共同建设的创业孵化基地

2014年12月3日，吉林大学珠海学院大学生创业孵化基地被认定为首批金湾区大学生创业孵化基地，根据《珠海市金湾区创业孵化基地认定和管理办法》（珠金创业领导小组〔2014〕1号）规定，由吉林大学珠海学院招生与就业处提出申请，经过区人社部门初审、区创业工作领导小组办公室实地考核，并参照《珠海市金湾区创业补贴办法》创业孵化基地建设补贴标准，给予20万元的一次性建设扶持资金，已到学院账户；同时，学校大学生创业孵化基地也在积极申请珠海市大学生创业孵化基地资格认定。吉林大学珠海学院大学生创业孵化基地认真落实国家和地方的创业扶持政策，基于专业引领创业，加强管理制度建设，科学遴选创业项目，并积极培育和引导服务地方经济建设的创业人才，通过对 17 家入驻企业提供创业指导、管理咨询、工商税务和法律财务指导，切实把创业孵化基地打造为帮助大学生自主创业的重要载体。

除此之外，珠海人社部门还致力打造一批具有专业特色的创业孵化基地。2015 年 4 月，市人社部门认定珠海市西部大学生创业孵化基地、芝辰商务（德光大厦）创业孵化基地为 2015 年第一批市级创业孵化基地。位于广科院校园内的珠海西部大学生创业孵化基地总面积为 1500 平方米，在孵企业 15 家，有迷你商贸企业 260 余家。芝辰商务（德光大厦）创业孵化基地由芝辰商务服务有限公司（属民营企业）利用吉大工业区旧厂房改造而成，建筑面积 3400 多平方米，目前已入驻各类创业企业 41 家。两家市级孵化基地中一家为高校背景，一家为民营企业，为构建起珠海市"高校—政府—社会"的孵化格局迈出了关键的一步。

(四)珠海市主要创业孵化基地基本情况

课题组成员在 2015 年 4~6 月对珠海市多个创业基地进行调研，并让相关人员搜集了基地的一些基本资料，从基地的性质、类型、面积、可容纳经营户数、进驻企业数量和带动就业人数着手，归纳基地的基本信息，整理汇总如表 3 所示。

表 3 珠海市主要创业孵化基地基本情况一览

序号	基地名称	基地性质	基地类型	基地面积（平方米）		可容纳经营户数（家）	已进驻企业数（家）		带动就业人数（人）	
				规划面积	建筑面积		当期数	累计数	当期数	累计数
1	湾仔街道创业孵化基地	省级	政府投资	38600	18700	400	7	352	28	1102
2	广东珠海大学生创业孵化基地（珠海市大学生创业孵化园）	市级	政府投资	6500	5600	100	14	86	103	464
3	珠海市西部大学生创业孵化基地（广东科学技术职业学院）	市级	政府投资	2000	2000	20	0	21	6	88

序号	基地名称	基地性质	基地类型	基地面积（平方米）		可容纳经营户数（家）	已进驻企业数(家)		带动就业人数(人)	
				规划面积	建筑面积		当期数	累计数	当期数	累计数
4	珠海壹拾贰文化创意产业园孵化基地	市级	民营	42000	42000	160	6	153	20	3050
5	芝辰商务（德光大厦）创业孵化基地	市级	民营	3400	3400	80	3	96	18	377
6	吉林大学珠海学院大学生创业孵化基地	市级	民营	1000	1000	31	2	21	102	194
7	高栏港区珠海永呈园艺有限公司	区级	民营	66000	2500	20	0	18	0	40
8	高栏港区珠海市金湾区惠民蔬果专业合作社	区级	民营	130000	100000	55	0	34	0	208
9	斗门区古街创业带动就业孵化基地	区级	政府投资	5200	2500	111	0	15	0	32
10	香洲区创业孵化基地	区级	政府投资	1800	1500	30	4	10	34	80
11	高栏港经济区赤头鱼基地	区级	政府投资	3000	2000	60	41	41	41	41
12	高栏港区平沙镇罗非鱼基地	区级	政府投资	10000000	300	850	0	0	1000	1000
13	高栏港区平沙镇农侨种养专业合作社	区级	政府投资	333333	500	60	0	0	80	80
	合　计	—	—	10632833	182000	1977	77	847	1432	6756

其中，珠海市大学生创业孵化园、珠海市西部大学生创业孵化基地、吉林大学珠海学院大学生创业孵化基地这三个基地全部针对珠海市在校或毕业的大学生开放。以2015年第二季度为例，三个大学生创业孵化基地新入驻企业16家，新带动就业人员211人。截至2015年7月，共有大学生入驻企业128家，累计带动就业人员746人，孵化基地累计进驻企业847家，累计带动就业人员6756人。

四　珠海市留学人员创业调研

（一）留学人员创办企业发展情况

珠海市通过产业聚才、以才引才和才企联姻等模式，大力吸引海外高层次人才来珠海市创业，取得显著成效。截至 2015 年 6 月，累计创办留学人员企业及各类高新技术企业 200 多家，90% 以上属于高新技术项目，实现年产值 30 多亿元，形成了以生物医药、电子信息、新材料为主导的产业格局。由于留学人员自主创新能力强，在国外积累了比较丰富的产业化经验，创业时可以充分发挥在技术上的领先优势。近两年来，一批掌握核心技术、具有国际领先水平的团队纷纷来珠海创业，促进了先进装备制造、新材料、电子信息、生物医药、新能源、节能环保等产业发展，打造高新技术企业群和产业群。在珠海市创业的珠海德百祺科技有限公司、珠海光库通讯有限公司、欧比特控制工程股份有限公司，为"北斗导航""嫦娥奔月""神舟飞天"等项目提供了高技术支撑。以光库通讯为代表的八家留学人员企业规模正快速扩大，博观科技、晶通科技的效益预计会产生裂变式增长。

（二）留学人员资金环境

留学生创业得到的政策支持应该是所有创业者中最多或最优惠的。仅以资金为例：包括对留学人员实施的创业项目经本人申报并通过专家评审后，给予 8 万～15 万元的创业前期费用补贴或最高 10 万元的贷款贴息。企业注册成立 2 年内，在孵化基地内租用办公和研发场地的，给予每平方米 20 元/月的场地租金补贴，所需资金在珠海市留学人员专项资金中列支。补贴面积和期限根据投资强度确定，最大补贴面积不超过 200 平方米，最长补贴期不超过 3 年。

（三）留学人员创业资金面临的困难

留学生企业的资金供给渠道较多，天使投资、风险投资、政府资助和其他形式的股权投资等都关注留学生企业，投资人、投资机构、投资中介机构、券商、银行等金融机构对留学生企业兴趣浓厚。不过，大多数投资往往是在企业收获丰厚之时，即在企业准备上市、预期收益比较明确时（即"临门一脚"时）进行的。企业为了包装形象、利于上市，也有接受和吸引投资的需要。这种投资主要是为了参与分成，对于真正帮助企业度过危险期意义不大。

五 珠海市大学生创业大赛开展情况

（一）第一届珠海市大学生创业大赛基本情况

由珠海市人力资源和社会保障局、共青团珠海市委员会主办，珠海市人才资源与就业服务中心、珠海金领企业管理咨询有限公司承办的 2014 年珠海市大学生创业大赛在 2014 年 11～12 月举行。参赛对象分为以下几类。

创业实践组：由毕业 5 年以内的高校毕业生（含留学归国人员，户籍不限）或在校大学生担任企业法定代表人，已在本市办理注册登记，经营规范，社会信誉佳，无不良记录。

创业计划组：有创业意愿或正准备创业的国内高校在校大学生组成创业团队；具有可行的创业计划书；项目具有商业开发价值，实际用途广泛，市场发展潜力大，适合带动各类群体创业，无知识产权纠纷，参赛团队成员在 8 人以下。

组委会对参加此次创业大赛的大学生提供金融支持。对符合条件的创业者，政府可给予创业小额贷款贴息支持，享受贴息的创业小额贷款额度最高为100 万元。优秀获奖项目可以获得横琴金融市场的入市推荐，并由邮政储蓄、横琴村镇银行的风险投资部作为评估机构对项目进行资产评估。对大赛表现优秀、具有发展潜力的创业团队给予宣传支持，扩大项目的社会影响力。对比赛项目开展多种形式的项目对接活动，推动项目与企业、风投、产业园区的对接，促进项目落户成长，推进企业转型升级。进入决赛的通信类优秀项目可进入中国移动珠海分公司"智慧城市"科技展厅进行产品推广，并可被推荐成为正式供应商。决赛获奖项目被评为珠海市高校毕业生优秀创业项目的，最高可获得 12 万元创业梦想基金，其中决赛奖金 2 万元、毕业生优秀创业项目 10万元，还可免费入驻市大学生创业孵化园。

本次有 13 支队伍在经过项目展示、答辩、现场拉票、评委帮忙拉票和大众评审团评判五个环节的激烈角逐之后脱颖而出；最终来自遵义医学院珠海校区的"绿达集团"团队以其绿达生物饲料添加剂有限公司的项目获得了此次活动创业计划组的金奖，而创业实践组的金奖则由吉林大学珠海学院的"珠海指针信息技术有限公司"团队的指针智能社区门铃呼叫系统夺得。

（二）第二届珠海市大学生创业大赛报名情况

2015年第二届珠海市大学生创业大赛报名时间截止到2015年10月10日，本次大赛在总结前一届经验的基础上，面向十所高校的在校生及大学毕业生，同时规定在2014年获得市政府资助的项目不允许再次参赛。

（三）在珠海举办的"中国创翼"决赛情况

"中国创翼"（2015）青年创业创新大赛由中国宋庆龄基金会、人力资源和社会保障部共同发起。大赛于2015年2月在全国范围内启动，共有2226个项目通过资格审核进入初赛，320个项目晋级复赛。全国八大赛区分别进行复赛，其中华南赛区设在广东省珠海市。

"中国创翼"（2015）青年创业创新大赛华南赛区复赛于8月21日在珠海市完美收官。在进入本次复赛的40个创业项目中，最终有7个项目晋级全国半决赛，其中2个项目来自珠海，分别是四维时代科技、绿达创未来团队。

本次复赛入围项目总共有39个，其中有来自福建的12个、广东的11个、广西的12个、海南的4个。比赛按团队组和企业组两个组别进行，分为现场PPT展示和答辩两部分。经过两天的激烈角逐，最终7个创业项目脱颖而出，被推荐进入全国半决赛，分别是：来自福建的福州市乐圈传媒有限公司、芯创生物科技有限公司、时立派智能短物流团队，来自广东的四维时代科技、大柑智能科技团队、绿达创未来团队，来自海南的laputa VR眼镜团队。

对于进入半决赛的创业项目，大赛组委会给予每个团队和企业10万元的奖金，颁发"中国创翼"青年创业创新大赛"金翼奖"，将促进参赛项目获得风险投资、众筹和其他商业合作的机会。

来自北师大珠海分校的两名毕业生分别获奖，他们是2008届毕业生赖凯标创办的珠海学子锦程人力资源服务有限公司的参赛项目"e职多-互联网+大学生就业服务O2O平台项目"、2012级传播系学生王天晓创办的珠海市小天王艺术品有限公司的参赛项目"传承与创新的薄胎瓷设计"。两个项目在比赛中表现突出，分别荣获大赛团队组"银翼"大奖和企业组"银翼"大奖，成为大赛评委老师和风险投资人关注的焦点。

珠海市人力资源和社会保障部门以承办本次复赛为契机，引进创新创业人才，承诺对参加复赛的所有项目团队选择在珠海创业的，将提供六个方面的政策扶持，包括创业者所需的经营场地、住房、资金等，含金量高，对珠海市大学生的创业热情起到积极推进的作用。

六　珠海市对大学生创业的金融扶持

课题组走访了珠海市人社局和几家银行，了解了关于珠海市大学生创业的一些政策，现将文件规定总结如下：根据《关于印发珠海市创业小额贷款贴息管理办法的通知》（珠人社〔2014〕66号），毕业学年起3年内（指毕业前一年7月1日起3年内）的高校毕业生，可以享受贴息的贷款额度。高校毕业生包括在珠海创业的国内普通高等院校毕业生和具有中国国籍、取得国外学位证书、经驻外使领馆出具《留学回国人员证明》的留学生。

（一）大学生创业贷款额度申请

申请人享受贴息的贷款额度按以下标准确定：申请人本人最高为10万元；申请贴息时吸纳毕业学年起3年内珠海市普通高校毕业生、入学前具有珠海市户籍的市外普通高校毕业生或珠海市户籍人员就业（不含申请人），并办理就业登记备案，且实际履行劳动合同满3个月和按规定缴纳社会保险费的，可根据吸纳就业人数，按每人10万元的标准增加贴息额度。两项累计最高不超过100万元。

（二）大学生创业贴息利率

珠海市将大学生创业贴息利率根据申请人的人员类别，分为两个档次：第一，申请人属于本市就业困难人员、毕业学年起3年内的珠海市高校毕业生或入学前具有本市户籍的市外高校毕业生的，在中国人民银行公布的同档次贷款基准利率上浮3个百分点内据实贴息，即贴息利率≤（贷款基准利率+3%）。

第二，其他申请人按同档次贷款基准利率贴息。目前中国人民银行公布的两年期贷款基准利率为5%，上浮3个百分点为8%（贷款利率更新时间为2015年8月26日）。

（三）大学生创业资助

根据《关于印发珠海市就业补贴办法的通知》（珠人社〔2014〕20号），本市户籍就业困难人员、在校生及毕业5年内高校毕业生、留学生和本市户籍其他城乡失业人员在珠海市领取工商营业执照或办理其他法定注册登记手续，正常经营6个月以上，依法纳税，并办理就业登记和按规定缴纳社会保险费的，给予一次性创业资助。对本市户籍就业困难人员和在校生及毕业5年内高校毕业生、留学生补贴5500元；对本市户籍其他城乡失业人员补贴1000元。参加创业培训并经考核合格的，可享受400~1000元的创业培训补贴；大学生创办的企业吸纳3人以上就业并参加社保的，给予每年3000元的租金补贴，补贴期限最长为2年；创业大学生本人和其招用的毕业生享受最长3年的社会保险补贴和岗位补贴。符合条件人员每人只能享受一次补贴。创业大学生需携带营业执照或办理其他法定注册登记手续凭证、税务登记证原件和复印件、有效纳税证明或减免税证明；在工作时间前往市人才资源与就业服务中心申请补贴。

七 对珠海市大学生创业工作的建议对策

（一）珠海市各高校应系统地开设大学生创新创业教育课程

我国高等教育因社会历史和社会经济体制等的影响，高校创业教育的培训长期不受重视，培养力度不够。政府的政策引导不够全面，创业教育理念也不足，缺乏与创业和企业管理相关的系统理论和实践课程，很难获得实际可用的创业技能，许多大学生对创业内容并不是特别了解，在创业路上吃了不少亏。课题组对珠海市十所高校开展调查，还没有一所高校将创业类课程完全纳入学生的必修学分，即使个别学校出台了相应的规定，但从实际开展的情况来看，也都没有全面地开设相关课程。大部分只是以选修的形式面向本校学生开设的。很多高校的管理者没有认识到创新创业教育对人才培养的重要性，一些教师还是传统地认为学生应该学好专业课，而不应有创业这种不切实际的想法。还有一些客观的因素，如整个高校创业教师的师资问题，大部分教师都没有创业的经历，也没接受过相应的培训，无法满足学生的学习要求，这也是制约高校创业课程开设的重要原因。市教育局、人社局、团市委等相应部门应通力合作，在全市高等学校、职业院校全面推进创业教育，将创业教育纳入人才培养体系。优化创业教师的师资结构，吸引校外有创业经验的人员加入高校的兼职师资队伍，并积极开展创业骨干培训班，提高高校的创业教师水平。

（二）大学生创业扶持政策落实情况和宣传情况应具系统性

珠海市政府近几年出台了多个关于支持大学生创业的相关扶持政策。文件里面涉及的部门有珠海市人力资源和社会保障局、珠海市财政局、珠海市教育局、珠海市各区政府（管委会）、珠海市科技和工业信息化局、珠海市住房和城乡规划建设局、珠海市发展和改革局、珠海市总工会、珠海市妇女联合会、中国人民银行珠海市中心支行、珠海市金融工作局 11 个部门。对创业扶持的政策没有系统性，没有形成一个具体的、全面的、细致的框架。各个部门在执行相关政策时，其职能限制导致信息不通畅、政策零散，没有形成一条完整的政策链。由于缺乏对政策的专业解读和介绍，许多大学生对政府颁布的优惠政策存在疑问，这大大降低了政策的执行力度。另外这些部门都是平级单位，很多政策都是由一个单位牵头、其他单位配合，实际操作起来也会遇到各种阻力。建议珠海市政府成立扶持创业工作领导小组，由市领导担任组长，各职能部门负责人担任副组长，这样会保证政策开展落实的有效性，另外应加大政府对大学生创业的各种优惠政策的宣传力度。课题组成员很多都是高校教师，在日常工作中往往是政府的政策文件发布了很长一段时间，高校才收到通知，然后再发到各个学院负责老师，老师再发到各班，学生得到信息往往延迟了很久，并且信息在传递过程中会降低有效性。市政府部门可以建立一个官方公众微信号，宣传各种政策文件、创业大赛等消息。真正做到执政为民，促进大学生创业工作的开展。

（三）设立珠海市政府的大学生创业基金

无论是在校的大学生还是刚刚步入社会的大学生，创业最难的地方在于创业资金。根据课题组的调查结果，大部分大学生创业资金的 90% 来源于自筹，虽然珠海市为大学生提供了创业贴息贷款，但从实际来看，真正用到贷款的大学生还很少。一方面是因为很多人不知道政策，另一方面是因为贷款手续烦琐，很多初创型企业等不及贷款的资金到位就失去了很好的机会。还有很多企业迫于无奈以民间资本融资，付出了高额的利息，从而增加了大学生创业的融资成本。这些都不利于大学生企业的成长。珠海可以参考杭州市政府在 2009 年出台的大学生创业无偿资助体系，这是杭州市政府通过设立专项资金来无偿资助特定大学生创业的一系列制度和程序。2009 年，杭州出台了《杭州市大学生创业资助资金实施办法（试行）》（杭人才〔2009〕180 号）。该办法规定，市财政每年从市人才专项资金中安排一定数额的资金专门用于资助符合条件的大学生在市区创业。资助条件为在杭普通高校在校生及毕业后 5 年内的全国普通高校毕业生以本人名义在杭州市区范围内创办企业或从事个体工商经营。杭州普通高校在校生提出创业资助资金申请，必须有在校期间接受孵化并在杭州市区落地转化的创业项目。对参加杭州市政府主办的大学生创业大赛并获奖的创业项目，在市区落地转化的，按本规定给予创业资助，即获奖项目只要在杭州落地转化，就可以根据该办法获得资助。正是由于杭州市政府出台的惠民政策，以 2014 年 1~7 月为例，在杭州市新注册的大学生企业就有 1004 家，大学生创业比例远远高于国内其他城市。平均每家企业拿到了 4.8 万元的政府无偿资助。这些成功的举措都值得珠海市参照，以提高珠海市大学生创业的成功率。

（四）定期邀请成功企业家来珠做讲座

常住珠海的人都知道，珠海有个品牌活动叫"珠海文化大讲堂"，每周定期邀请知名学者和文化大家来珠开展讲座。我们建议政府定期邀请珠海的成功创业人士开展讲座，营造创业的良好氛围。例如可以邀请格力电器的董明珠女士、从金山走出去创办小米的雷军先生、改革开放后第一代创业成功但又经历大起大落的原巨人集团董事长史玉柱先生。利用名人效应来倡导创业的理念，尤其是让这些企业家走进校园，他们是很多学生的榜样，通过讲述自身的创业故事能更有效地激发同学们的创业激情，同时可以提高珠海市民对创业的认识水平。

（五）建立珠海市青年创业中心

珠海市目前建立的大学生创业孵化基地很多，既有政府公办的，也有民营资本注入举办的，但是孵化园分布比较散，而且是比较传统的办公室格局，没有一个供广大学生交流思想的场所。世界上很多著名的公司如苹果、惠普、谷歌等都是在硅谷的车库里面，在几个年轻人有了伟大的构想之后开始实施的。国内的中关村有个创业大街，每天都有很多"创客"在这里进行思想交流，街区致力于构建服务功能完善的创业生态。以创业企业的需求为导向，以全球范围内的服务资源的整合为基础，街区积极引进各类创业服务机构，重点打造"创业投融资 + 创业展示"两大核心功能，以及"创业交流 + 创业会客厅 + 创业媒体 + 专业孵化 + 创业培训"五大重点功能。现在珠海就缺少这样的场所，孵化基地只是比较单一地提供办公地点，而如果能够建立一个青年创业中心，提供创业交流的平台，有专家现场进行创业培训，还能够吸引风投资金注入，这样系统地开展创业扶持工作会取得很好的效果。中国村的创业大街就吸引了很多年轻的公司进驻，国务院总理李克强同志也在 2015 年 5 月前往视察。珠海的青年创业中心既可以利用政府提供的资金，也可以吸引民间的资本，给年轻人提供机会和平台，这对珠海这类年轻城市的未来发展至关重要。

（六）简化大学生创业手续的办理

大学生要完成企业的注册需要办理多项手续，刚刚走出校园的大学生总是无法摸清门道。课题组在调研期间就曾见到，有些同学花费几个月都没有办理下来税务登记证。很多学生都没有办理工商营业执照，而在"悄悄地"进行创业，这样也不利于珠海市有关部门统计企业数量。也有很多学生没有相应的资质却在进行超范围营业。目前市面上有很多代理注册的业务，大学生提供相应的证件资料，再缴纳几百元，就有专人替你办理手续，节省了学生的时间和精力。但是这也加大了学生的经济成本，几百元虽然不多，但是对于还没有资金来源的大学生来说也是不小的数目。政府有义务在大学生办理注册登记期间提供义务咨询服务，并相应地减免大学生办理相应证件所需要的费用。这样更有利于推动大学生创业工作的开展。度过初创期的公司在发展壮大后所创造的税收对整个珠海市的经济发展也至关重要。

（七）营造珠海全市的创新创业氛围

在全市范围内加大创新创业的宣传力度，利用报纸、电视等传统媒体和微博、微信等网络传播媒体，积极倡导敢为人先、宽容失败的创新文化，大力培养具有企业家精神的大学生，加大力度推广一些创业成功的大学生事迹，让全社会来关注和支持大学生的创业活动。要利用好珠海这张名片吸引全国的资源。如2014年1月，中央电视台经济频道《创业榜样》节目组就来到了北京师范大学珠海分校，董明珠等知名企业家现场担任评委，来自北师大的四名同学现场展示了自己的项目，节目最后在中央电视台二套播出。这一方面提高了整个珠海高校大学生的创业热情，另一方面也提高了珠海这座城市的知名度。

八　珠海市大学生整体创业情况总结

调查组通过近一年的走访调研发现，珠海市大学生自主创业的热情很高，市政府在扶持大学生创业方面做了大量的工作，每年政府也都会拿出一定的财政资金来进行金融扶持。珠海的大学生创业园也比较多，基本满足了目前学生创业场地的需求。但相比广州、深圳以及杭州等大学生创业开展得较好的几座城市，珠海在这方面还有很大的差距，这也与珠海目前所处的产业结构转型有关。从美国硅谷的案例中能够看出，只有科技发展才能带动创业的发展。

参考文献

《关于进一步推动青年创新创业的通知》（团珠联字〔2014〕35号）。

《珠海市人民政府关于进一步促进创业工作的意见》（珠府〔2015〕71号）。

陈冠任：《个人创办私营公司全过程操作》，中国工人出版社，2002。

丁栋虹：《创业管理》，清华大学出版社，2006。

姜尔岚、刘畅、王辉：《重庆市大学生创业教育现状调查及其对策研究》，《学术研究》2012年第4期。

杰佛里·蒂蒙斯：《创业企业融资》，华夏出版社，2002。

李炳安：《地方政府资助大学生创业类型研究》，《学术论坛》2011年第1期。

李家华：《创业基础》，北京师范大学出版社，2013。

李时椿：《大学生创业与高等院校创业教育》，国防工业出版社，2004。

刘常勇：《创业管理的12堂课》，中信出版社，2002。

刘志成：《中外创业案例与分析》，陕西人民出版社，2002。

罗伯特·J. 卡尔文：《创业管理》，中国财政经济出版社，2003。

彭莉萍：《大学生成功创业对策研究》，《学习月刊》2012年第12期。

唐乘花、叶奕：《数字出版"一体两翼"创业人才培养路径探析》，《创新与创业教育》2012年第4期。

吴忠宁、汪保安：《全国大学生创业意识的调查和研究》，《教育与职业》2009年第17期。

谢艺伦、徐岚：《对政府引导大学生创业的政策分析及建议——以成都市创业优惠政策为例》，《今日中国论坛》2013年第15期。

余少伟：《新形势下广东省大学生创业教育的状况及改革》，《高教高职研究》2011年第10期。

珠海市产业增长极模式下的创新型人才支撑体系构建*

李斌宁

一 珠海市产业增长极经济发展现状及创新型人才供求分析

（一）珠海市产业转型升级急需创新型人才

整体而言，珠海已经进入人才发展的战略机遇期。我国经济持续在高速增长的通道上运行，广东省的发展势头也持续向好，国家和广东省对人才更加重视，人才回流加速，国际、国内发展格局重新调整，加上珠海发展空间扩大，产业转型升级加速，为珠海建设创新型人才队伍创造了机遇。

1. 珠海的发展空间扩大

要使人才引得进、用得上、留得住，关键要有一个创业、干事的环境，使想干事的人有机会、能干事的人有舞台、干成事的人有前途。人才工作始终是围绕工作重心和重大发展战略进行谋划部署的，而珠海经济社会发展状况、发展战略和重大建设工程等为创新型人才队伍建设提供了基础，将有力推动人才数量增长、能力提升与经济社会发展数量、质量、效益的同步提高。珠海城市地位提升，珠江口西岸交通枢纽城市加快建设，各项重点工程进展顺利，为建设创新型人才队伍开辟了广阔空间，为创新型人才提供了宽广的事业平台。

2. 产业转型升级加速

产业结构优化升级包含两个层面：一是产业间的优化升级，如由过去的

课题负责人：李斌宁，广东科学技术职业学院教授。课题组成员：胡跃文，广东科学技术职业学院讲师；肖丹儿、胡彩虹，广东科学技术职业学院助理研究员。

"二三一"结构尽快转为"三二一"结构，由传统产业转换为现代产业，由低附加值产业转换为高附加值产业；二是产业内的优化升级，即发展高新技术产业，用高新技术改造传统产业，由产业内价值链低端向价值链高端升级。

产业结构优化升级的目的是实现资源的优化配置。珠海实施的"东部大转型、西部大开发"战略就是主动升级产业结构的重大举措，香洲区成为服务业聚集区，金湾区和斗门区成为先进制造业基地和特色产业基地。相应地，服务业创新型人才在香洲区聚集，而现代制造业创新型人才向珠海西部地区集中。

新兴产业崛起包括主导性新兴产业崛起和战略性新兴产业崛起。城市经济的发展依靠新兴产业的快速兴起，新兴产业将替代原有的支柱产业成为国民经济的支柱。新兴产业可称为朝阳产业，如新能源、新材料、生物医药等，有的在珠海已经具有较好的基础，如生物医药；有的则处于起跑阶段，如新能源产业。一般地，新兴产业属于创新驱动型和人才驱动型产业，对创新型人才的依赖和需求很大。珠海已经培养了一支创新型人才队伍，产业转型升级为这支创新型人才队伍的扩张增添了新的动力。

尽管珠海在珠江三角洲地区较早致力于产业升级，但从全球的产业链来看，珠海工业整体上处于全球分工体系的产业链底端，拥有的自主核心技术少，绝大部分依靠引进技术，还没有从根本上改变依赖廉价劳动力的发展模式，对创新型人才的需求还不大。随着产业向技术、资金密集型转型，人才短缺问题逐渐突出，珠海对创新型人才的需求增大。

（二）珠海市创新型人才队伍现状

1. 珠海市创新型科技人员及科技产业的产值现状

如表1所示，珠海市科技创新的产值逐年上升，从2012年的37.89亿元上升到2013年的41.98亿元，占GDP的比例从2012年的2.52%上升至2013年的2.53%，这个比例高于广东省的平均水平，在珠三角城市中排在第二位，低于深圳市，高于广州市和佛山市。

如表2所示，科技活动人员数量由2012年的17856人下降至2013年的16634人，但R&D产值从2012年的37.89亿元增加到2013年的41.98亿元，R&D占GDP的比例没有下降，反而有所上升。这说明了科技活动人员在产业的升级中创造的价值更大。

表1 广东省与珠三角地区的 R&D 情况

单位：亿元，%

地 区	2012 年		2013 年		R&D 2013 年比 2012 年增长	R&D 占 GDP 比重 提升的百分点
	合计	R&D 占 GDP 比重	合计	R&D 占 GDP 比重		
广东省	1236.15	2.17	1443.45	2.23	16.8	0.15
珠三角	1161.21	2.43	1357.22	2.56	16.9	0.13
广 州	262.87	1.94	292.07	1.90	11.1	-0.04
深 圳	499.37	3.77	584.61	4.03	19.7	0.26
佛 山	149.44	2.26	163.16	2.33	9.2	0.07
珠 海	37.89	2.52	41.98	2.53	10.8	0.01
中 山	53.66	2.20	62.10	2.35	15.7	0.15
江 门	28.10	1.49	32.14	1.61	14.4	0.12
东 莞	83.02	1.66	109.93	2.00	32.4	0.34
惠 州	45.31	1.91	55.60	2.08	22.7	0.17
肇 庆	12.55	0.86	15.61	0.94	24.4	0.08

注：R&D（research and development）指在科学技术领域为增加知识总量（包括人类文化和社会知识的总量），以及运用这些知识去创造新的应用而进行的系统的创造性活动，包括基础研究、应用研究、试验发展三类活动，可理解为"研究与开发"、"研究与发展"或"研究与试验性发展"。

数据来源：《珠海统计年鉴（2014）》。

表2 珠海市 R&D 占 GDP 比重情况

地 区	科技活动人员数量(人)		R&D (亿元)		GDP (亿元)		R&D 占 GDP 比重(%)		R&D 2013 年比 2012 年增长 (%)
	2012 年	2013 年	2012 年	2013 年	2012 年	2013 年	2012 年	2013 年	
香 洲	11901	9908	25.59	28.85	943.95	1053.93	2.65	2.74	12.74
斗 门	1675	1892	3.50	3.70	188.59	238.45	1.79	1.55	5.71
金 湾	4280	4834	8.80	9.43	371.27	370	2.59	2.55	7.16
合 计	17856	16634	37.89	41.98	1503.81	1662.38	2.52	2.53	10.79

数据来源：《珠海统计年鉴（2014）》。

2. 珠海市创新型人才资源状况

珠海市统计局统计数据显示，2012 年和 2013 年珠海市国有企业及事业单位中专业技术人员按职称进行统计的数据如表3 所示。

表3　按职称分类的国有企业及事业单位专业技术人员（2012～2013年）

单位：人

项　目	2012年	2013年
高　级	3227	3416
中　级	10277	10540
初　级	8719	8990
其　他	5405	4944
合　计	27628	27890

数据来源：《珠海统计年鉴（2014）》。

通过数据对比可以发现，珠海创新型人才队伍不断壮大。从职称看，珠海拥有高级职称的创新型人才从2012年的3227人增加到2013年的3416人。

珠海市的高新技术企业从2012年的285家增加到2013年的333家，增幅为16.8%；工业总产值从2012年的12117600万元增加到2013年的15234212万元，增幅为25.7%（见表4）。表4数据显示，工业总产值的增幅远大于企业数的增幅。

表4　珠海市高新技术企业情况（2012～2013年）

指　标		2012年	2013年
高新技术企业	企业数（家）	285	333
	工业总产值（万元）	12117600	15234212
软件企业	企业数（家）	238	190
	软件产业总收入（万元）	2883300	3538900
	出口额（万美元）	101800	105900
	软件产品数（个）	1928	2200

数据来源：《珠海统计年鉴（2014）》。

专利是创新的典型形式，珠海市2003年申请的专利总数量为989项，2013年专利申请的总数量为8017项，10年时间增长了7.1倍（见表5）。

表5 珠海市专利申请授权概况 (2001～2013年)

单位: 项

年 份	申请总量	其中:发明专利	授权总量	其中:发明专利
2001	759	97	458	10
2002	825	102	599	12
2003	989	137	703	21
2004	1370	140	696	43
2005	1680	255	931	42
2006	2118	401	1251	63
2007	2217	458	1657	50
2008	2244	437	1797	143
2009	2778	644	2008	203
2010	3554	847	2768	201
2011	5594	1484	3690	323
2012	7097	2287	4936	503
2013	8017	2729	4805	482

数据来源:《珠海统计年鉴 (2014)》。

3. 珠海市创新型人才呈集聚状态

高新区作为珠海市最重要的创新区域,创新资源丰富,有留学生创业园、民营科技园、清华科技园、哈工大新经济资源开发港、南方软件园、高新技术创业服务中心、珠海高科技成果产业化示范基地等人才聚集地,还有一大批高新技术企业,吸引和容纳了一批创新型人才,成为创新型人才密集区。

4. 珠海市政府吸引创新型人才的举措

早在2004年,珠海市政府就专门设立了人才资源开发专项资金(以下简称专项资金),从2005年开始,每年划拨1000万元,用于人才工作的专项扶持。资金使用的范围包括资助市人才培养工程重大项目、资助引进创新型人才、提高创新型人才生活补贴、重要人才投保、实施珠海人才奖项、扶持市西部经济欠发达地区人才资源开发、资助海外人才资源开发、市管创新型人才信息库和创新型人才网站及境外人才招聘窗口的建设、人才资源开发基础理论研究等。

同时,珠海市政府还发布了《关于支持企业打造自主创新型人才队伍的实施意见》(珠人字〔2006〕116号),为自主创新型企业开辟引进人才的绿色通道。凡自主创新型企业需要引进的实用型人才，不受学历限制，由用人单位申请，经有关部门审核批准，其本人的劳动、人事关系和户口可迁入珠海。鼓励留学人员来珠海发展，加强与海外留学生组织、华侨组织的联系与合作，引进更多的留学人员来珠海创业。市政府设立留学人员专项资金扶持留学人员在珠海创办科技型企业，对留学人员实施的创业项目经本人申报并通过专家评审后，给予5万~10万元的创业前期费用补贴；对经相关部门审批同意引进的留学人员科技项目，每年从市财政科技投入中安排经费择优支持，每一个项目支持额度为10万~20万元。

探索构建社会化人才评价体系。推动珠海市人才资源协会的组建，为从事、关注人力资源管理与开发事业的团体和个人创建一个交流、合作的平台，组织会员根据各行业特点开展社会化人才评价工作，在制定创新型人才的认定标准和建立以业绩能力为导向的社会公认的创新型人才评价体系方面发挥重要作用。

（三）珠海市创新型人才的需求分析

影响创新型人才需求的有众多因素，这些因素相互叠加、组合在一起发挥作用。在影响人才需求的众多因素中，每个因素的作用不一样，影响有强有弱；有些是长期起作用，有些则是短期有影响；有的是间接影响，有的是直接作用。同时，不少因素自身的不确定性很大，难以准确预测人才需求，甚至不可能对人才（包括创新型人才）需求进行有意义的预测。例如，产业发展状况对人才需求影响很大，但是产业发展又受到诸多因素的影响，有些因素甚至无法预见，比如2008年爆发的对世界经济造成巨大破坏的国际金融危机就不为人们所准确预见。

1. 数量需求

尽管预测人才需求难度大、意义有限，但是对人才需求规模进行预测还是有必要的，它可以明确创新型人才队伍建设导向，为创新型人才培养提供必要的理论依据。根据现有资料，可以对珠海创新型人才发展数量进行推算。随着经济的快速发展，对人才的需求必定会有所增加，特别是高端技术人才和管理人才。

珠海人才市场、珠海人力资源网首次发布人才市场需求报告，报告从企业类型、需求职位、地理分布、文化程度、薪资涨幅等几个层面阐述 2015 年上半年人才市场的需求特点与发展趋势。珠海市人社局资料显示,2014 年全市技术人才缺口为 9.5 万人,高技能人才缺口增加至 3.3 万人。随着产业转型升级,技能人才需求缺口有明显增大的趋势,同比增加 5.24%。报告认为,和广州、深圳等城市比较,珠海缺乏竞争性薪酬,在人才争夺中处于不利地位,这也是珠海高技能人才紧缺的原因之一。此外,珠海高端经营管理人才十分抢手。

2. 需求因素分析

从人才需求看,既要分析影响人才需求的长期因素,又要分析短期因素。长期因素是影响人才需求的基本因素,但是分析短期因素更有意义,因为这是政府部门可以对人才发展施加更大影响、进行直接调节的领域。从珠海的角度看,影响人才需求的基本因素主要有城市发展规模、发展格局、发展阶段和经济活跃程度。

珠海的城市规模和经济规模在珠江三角洲地区排名靠后,尽管在奋力追赶,但是短期内这一局面不会发生根本改变。在珠三角的各个城市中,珠海人口规模最小,这意味着为人口、居民服务的创新型人才会因服务对象有限而受到限制;珠海经济规模几年来一直徘徊在第七八位,这在某种程度上反映了珠海承接人才的经济载体较少。《广东省统计年鉴》的数据显示,珠海市第二、第三产业法人单位数和产业活动单位数都排在第七位,和经济规模排位大致相同。

从城市规模和经济规模看,珠海对创新型人才的需求还未与深圳、广州处于同一水平,在短期内可能与周边其他城市处于同一层次。但是珠海不能因城市规模和经济规模的限制长期与周边其他中等城市处于同一水平,否则珠海就无法建成珠江口西岸核心城市。人才尤其是创新型人才是核心城市的构成要素,同时核心城市的其他要件也离不开创新型人才的支撑。例如,现代服务业(包括现代金融业、现代物流业、现代商业等)和要素市场对于建设核心城市十分重要,相应地,与之对应的、足够数量的创新型人才也不能缺少,这对珠海有特殊意义。

城市在区域中的地位、知名度、美誉度和城市经济格局决定了城市发展格局,而城市发展格局是影响人才吸引力的重要因素。珠海作为珠江三角洲核心城市,毗邻香港、澳门,环境优美,是全国有名的宜居城市,同时珠海经济外向特征非常明显。2010 年,珠海出口依存度为 148.2%;外贸依存度(进出口总额与国内生产总值之比）为 327.9%，是珠三角城市中最高的。全市近 3/4 的工业产值由港澳台及外商投资企业创造，工业严重依赖加工贸易出口。珠海这种经济格局表明其需要更多的经贸人才、外向型人才，尤其是国际经贸人才。虽然珠海的城市规模、经济规模在珠三角中排名靠后，但其珠三角核心城市的地位以及较高的城市美誉度对人才具有较强的吸引力。因此，珠海的人才基础在全省还算排名靠前的，对人才的吸引力排名超过其经济规模排名。珠海的城市地位、外向型经济和较高的美誉度产生了积极作用。

当前珠海的经济活跃程度受外部因素影响很大，虽然可以通过制定政策、采取措施对当地经济施加一定影响，但毕竟外部限制太多而自身的影响程度有限。从宏观调控看，有来自中央政府和广东省政府的宏观调控政策措施的影响；从发展环境看，有国际、国内、区域一体化和广东省发展环境的制约。珠海的经济增长速度在珠江三角洲地区处于落后地位已经有较长时间了，要想很快扭转这一局面并不容易实现，还有很长的路要走，因此经济活跃程度的不稳定性是外界对珠海人才环境存在质疑的最大限制因素。

从发展阶段看，我国沿海地区早已从初级资源的争夺转变为对人才的争夺。在工业时代，技能型人才是经济中的活跃因素，创新型人才对工业的发展起到至关重要的作用。而后工业时代是创意人才、知识型人才、技术领军人才、创新资源组合人才大显身手的时代。目前，珠海正由工业化中期向后期过渡，服务业、先进制造业、高新技术产业将成为新的经济增长点，将带动相关产业的高层次人才集聚。

3. 战略人才需求分析

一个城市的人才战略是城市整体发展战略的组成部分，它服务并从属于城市整体发展战略。不同城市发展战略不同，人才战略也不同；同一城市不同发展阶段的发展战略有调整，相应的人才战略也应该调整，所以，离开珠海市的整体发展战略，人才发展战略就无从谈起。珠海的整体发展战略包括经济发展战略、社会发展战略、城市开发建设战略等，而对人才需求最重要、最有影响的是经济发展战略。

珠海目前的战略是：加快建设珠江口西岸交通枢纽城市、生态文明新特区、科学发展示范市，推进"西部大开发、东部大转型"，打造香洲区服务品牌和"西部"制造品牌，着力开发横琴新区，构建"交通、产业、城市"三大格局。珠海的人才战略必须从属于这些战略，并为推进和实现整体发展战略服务。珠海应围绕产业定位和导向，促进人才发展和产业发展相匹配。珠海已经明确以"大力发展高端服务业、高端制造业、高新技术产业'三高'产业"和"大力发展以民营科技企业为主的'占地少、用工少，有研发、有品牌、高技术、高效益'的'两少、两有、两高'产业"为导向，重点发展八大产业集群。这些产业是珠海今后着力发展的产业，有些产业还是目前珠海的优势产业，形成对业内人才需求的强力拉动。珠海应该形成相应的人才集群，与产业集群发展相适应。

在未来一段时间里，珠海对创新型人才的需求趋势分地区表示如下。珠海市主城区：现代服务业、现代制造业高层次人才，包括外贸、金融、咨询策划、法律、会计、设计、科技服务、文化创意、房地产、旅游酒店、现代商业等产业的人才。高新、高栏港、三灶等经济功能区：石化产业、造船产业、软件产业、服务外包、航运产业、港口物流产业、生物医药产业、电子电器产业、精密制造产业等领域的人才。横琴新区：金融业、旅游业、服务外包、科教产业、高新技术产业等产业的人才。

（四）珠海市创新型人才的供给分析

创新型人才的供给来源主要是培养和引进。从全国范围来看，在人才供给方面，各个层级人才的供需缺口都在不断扩大，而创新型人才缺口更大。在竞争性的人才市场上，有能力的高层次创新型人才很容易被竞争对手的优厚待遇所吸引。企业之间如此，城市之间同样如此。从珠海的实际情况来看，创新型人才的来源主要有珠海市外的国内高校（教师和学生）、国外高校和企业（归国留学人员）、市内外科技机构（科技人员）、企事业单位经营管理人才、技术开发人员、突出专长人才、本市机关企事业单位（机关企事业单位现有人才继续成长和素质提升）等。从人才来源看，有本市培养和从市外引进两大渠道。

1. 本地培养创新型人才

本地培养包括本市社会、企业培养和本市高校培养。尽管珠海目前已经有8所高校，但是珠海的高校均不是研究型大学，都是以本科生、专科生教育为主，创新型人才数量非常有限，仅遵义医学院珠海校区等有少量的研究生教育，没有对珠海高层次创新型人才供给形成有力的支持。

社会、企业培养创新型人才是一个缓慢的过程，而且贡献极为有限。无论是独立的科研机构还是企业的科研机构，都以吸纳市外人才为主，实验室的建设也是如此。鉴于培养创新型人才所需的时间较长且培养的人才数量较少，缓解人才需求的解决方案还是以定期进行外部招聘为主。

2. 从市外引进创新型人才

海外引进主要是吸引中国海外留学生归国创业、就业，但引进外国创新型人才暂时还难以形成规模。中国在海外的留学生是国内创新型人才供给的一个很重要的来源，全国各省份把吸引出国留学生回国创业作为人才工作的一个重点。国内许多城市在引进创新型人才时纷纷聚焦于吸引留学生。吸引留学生大多以北美、欧盟、日本、澳洲等发达国家为重点。

从国内引进的创新型人才大多集中于外地的科研机构和高校。其中，高校是最重要的人才产出地。

（五）当前存在的主要问题

1. 人才意识滞后

长期以来，许多地方政府在发展中的主要思路是着重于招商引资，找投资、招项目，存在资金、技术、市场缺口，而资金的制约作用更为明显。所以初期引进资金、项目以启动经济发展进程是正确和必要的。但当经济发展到一定阶段后，要素所起的作用发生了转变，人才的作用不断增大，尤其随着知识经济的到来，创新驱动成为经济增长的动力来源，而创新型人才更为重要，在资源构成中占据核心地位。

近年来，珠海市政府不断加大对人才资源的开发力度，在实施人才战略、营造和优化人才环境方面采取一系列重大举措，对珠海经济建设和社会发展起到了重要的推动作用，但是长期形成的惯性和思维模式仍然在影响人们的观念，对人才的认识与发展形势的认识不到位，与国内先进城市相比还有较大的差距。例如，尽管珠海出台的《珠海市博士后管理工作暂行办法》对企业设立博士后工作站的支持力度很大，但是一些知名企业设立博士后工作站的积极性依然不高。

2. 人才政策的比较优势欠缺

一是人才政策缺失。珠海在引进创新型人才的工作中缺乏政策支持，所有关于人才引进或管理的政策均散落在政府各部门的文件中，全市缺乏一部纲领性法规的支撑，使得各部门、企业在引进、管理、培养人才的时候各为其政，甚至会产生一定的冲突和矛盾。二是仅有的人才政策创新性不强，没有比较优势。对引进人才提供的一般性表态多，可供操作的办法少，能够吸引高层次人才的内容少。与先进地区相比，人才政策落后。三是仅有的人才政策执行不到位。例如，《珠海市人事局关于支持企业打造自主创新型人才队伍的实施意见》明确提出设立珠海市创新型人才、杰出贡献奖、建设珠海人才公寓等内容，由于种种原因很晚才得以落实。人才政策的执行牵涉方方面面，需要多个部门协调配合形成合力，但是现实与之尚有差距。

3. 人才服务机制不完善

服务管理高层次人才的政府部门不明确，是目前珠海市高层次人才队伍建设的一大硬伤。例如高层次卫生人才、高层次教育人才、高层次创新人才等工作有时由相应的卫生部门、教育部门、科技部门负责安排，有时由人力资源主管部门负责，或者由人力资源主管部门与相应的部门一起负责。为高层次人才服务的专设机构没有成立，服务流程没有建立，服务内容没有明确，对高层次人才进行服务和管理的部门多，如果只按照对普通人员的一般办事流程开展服务，势必会影响服务质量和效率。目前由相关政府部门为高层次人才提供的服务大多是临时性、应急性的，既影响了行政效率，又不能很好地满足服务需求，同时政府相关部门的工作负担也陡然增大。

4. 人才专项资金投入不足

人才专项资金数量有限。在珠三角地区，许多城市的政府部门每年对人才的投入已经占到政府财政支出的1%。在珠海市有限的人才资源开发专项资金中，分配到高层次专业人才方面的资金极少。主要原因还是缺乏人才政策配套措施，人才开发资金支持难以落实到高层次人才上，用于产业第一线的人才专项资金不多。珠海仍然围绕项目进行投入，让人才依附于项目。留学人员专项资金更是很少，对企业的支持都在10万元以内，在沿海地区处于较低水平。

5. 其他一些制约因素

虽然珠海环境优越，具有后发优势，但和周边地区相比，多年来珠海经济总量偏低，实业经济不振，经济总量在珠三角地区始终徘徊在后几位；产业竞争力不强，缺少规模较大、特色突出的产业集群，吸引人才、留住人才的硬件优势弱化，缺乏人才生存与可供发展的有效载体，对人才缺乏吸引力，甚至导致人才外流。

二 创新型人才支撑体系的构建

（一）珠海市科技产业人才政策

1. 形成中央部委到省市的多层次人才政策支撑体系

珠海市一直以来都坚持人才工作的机制创新、体制创新和政策创新。依靠创新型国家发展战略的时代机遇和广东省科技创新、人才创新的宏观指导，不断探索和实践，形成了多层次的人才政策支撑体系。

广东省委、省政府高度重视全省创新驱动发展的顶层设计和总体布局。2014年6月，广东省在全国省级层面率先出台《关于全面深化科技体制改革 加快创新驱动发展的决定》（粤发〔2014〕12号，简称《决定》），明确了新时期新形势下广东省全面深化科技体制改革、加快创新驱动发展的总体要求、目标任务和工作举措，是全省当前和今后一个时期的科技工作发展的纲领性文件。同时，为狠抓《决定》的落实和落地，破除体制机制障碍，最大限度地解放和激发第一生产力潜能，广东省于2015年2月出台了《广东省人民政府关于加快科技创新的若干政策意见》（粤府〔2015〕1号）。这是广东省迄今关于促进科技创新最具普惠性、引导性的文件，12条政策从创新券补助、科技企业孵化器建设用地和财政补助，以及科技成果转化收益和人才安居等方面，提出了多项国内首创的重大创新政策，充分体现了广东敢为人先的创新精神。目前，已制定并出台了可落地、可操作的实施细则和系列具体操作指引8项，超过半数的政策条款已经进入实操环节，全省各地市也纷纷制定并出台了相关政策措施，初步构建起覆盖全创新链条的政策体系。

珠海出台的相关人才政策有《珠海市创新驱动发展三年行动计划（2015～2017年）》《珠海市加快推进科技创新若干政策措施》《珠海市创新驱动公共平台建设规划方案》《珠海市关于做好推动大众创业万众创新工作

的实施方案》《珠海市人民政府关于印发珠海市产业发展与创新人才奖励办法的通知》《关于加快我市高新技术产业发展的若干政策意见》《关于"蓝色珠海高层次人才计划"的实施意见》。这些政策成为珠海开展人才工作的重要依据。

2. 加强创新型人才和创业型人才的引进和培养

珠海市大力引进创新型人才、创业型人才、高层次人才和紧缺型人才。珠海市立足于重点发展领域，对支柱产业、新兴产业以及现代服务业的一些重点企业，通过引进高水平、业务娴熟的各类研发人才和经营管理人才，支持其发展。通过提供人才发展专项资金等人才优惠措施，吸引和支持那些有技术、项目和资金创办（领办）科技型企业的创新型领军人才。

珠海市优先发展支柱产业、新兴产业、现代服务业等领域的重点企业，应引进所急需的掌握重大项目核心技术的高水平研发专家及精通相关领域业务、善于经营管理、有丰富实践经验的高级经营管理人才。吸引那些带技术、项目或资金的创新型领军人物，鼓励其投资创办科技型企业。珠海针对科技产业改造传统产业也出台了相应的人才政策措施，如鼓励科技人员创办农业高新技术企业，盘活人才存量，实现人才聚集，发挥集群效应，做大做强科技产业，带动传统产业优势的进一步发挥，推动战略性新兴产业的优势互补和有效结合，提升城市自主创新能力，实现城市产业结构的优化升级。

对海外高层次人才，坚持"突出重点、按需引进、重在使用、特事特办、统筹实施"的工作原则，坚持政策倾斜，加快引进急需和紧缺型的海外高层次人才。珠海市对高层次人才的引进和培养采取灵活的政策措施，突破原有的制度障碍，推出了"一企一策""特事特办"等措施，并实行特殊优惠政策。建立高层次人才信息库，建立海内外高层次人才特聘专家制度，注重人才与产业结合、创新与创业结合、创新创业与人才培养结合。珠海市在鼓励人才培养方面从产业出发，依托特定研发项目，组建创新团队，注重人才队伍梯次的引进和培养。对高层次人才的引进培育和各领域人才的引进培养都强调青年人才队伍的建设。对于优秀青年科技人才，加强关注，着重培养。确保人才队伍结构向年轻化方向发展，保证科技产业发展的可持续性。强调各类人才培养主体的多元化，形成以企业为主体、以院校为基础、政府推动和社会支持相结合的培养体系。

3. 完善人才保障和服务体系

（1）激励保障。

一是健全以政府奖励为导向、用人单位和社会奖励为主体的人才奖励体系。如最新修订的《珠海市科学技术奖励办法》大大提高了科技杰出贡献奖的奖金金额，激励更多国内外的科研工作者参与珠海市的科学研究和建设。接下来珠海市还将尝试设立珠海市优秀人才贡献奖、引进人才工作奖等奖项，进一步引进人才，鼓励人才工作取得更高实效。

二是完善以养老保险和医疗保险为重点的社会保障制度。通过提高工资水平和福利待遇等方式提高人才工作待遇和保障水平。如增加对做出特殊贡献的企业经营管理人才的奖励，奖励的水平可以达到新创税后利润的10%。为高端人才和领军人才提供珠海市干部保健门诊、住院和相关的医疗服务。

三是提供户籍、住房和租房等优惠政策。珠海市规定，被企业录用的高级"蓝领"可以直接落户珠海，领军人才和高端人才在珠海买房则能得到一定的补贴。

四是对外籍人员及其配偶、子女的保障。

五是对海外留学人员来珠海创业贯彻"支持留学、鼓励回国、来去自由"的方针。另外还为他们提供工资福利待遇，出入境，职务、编制，职称评聘，户籍、档案关系，创办企业，家属安置、子女就学入托，住房、租房，表彰奖励等方面的优惠政策。

（2）组织保障。

一是提高政府服务效率，如推进行政审批制度改革，全面清理面向企业的行政和事业型收费项目，减少行政审批事项，安排市行政服务中心集中办理行政许可项目，为企业提供方便。二是建立统一的人才工作领导机制，组成市人才工作领导小组，统筹协调市人才工作。三是在全市范围内遴选各级各类有代表性的单位和企业建立市人才工作联系点，在联系点建立工作交流和人才培训机制，并进行项目倾斜和适当经费资助。四是健全管理机制，强化人才工作目标责任考核。将定性考核、定量考核和满意度测评结合，考核市人才工作领导小组成员单位。五是鼓励各类企业、科研院所、高校、科技创新平台和科技中介服务机构等人才载体为城市科技产业创新型人才提供最广泛的组织保障。

（3）政策保障。

珠海市还在其他许多方面为引进和培养人才构建了良好的政策环境。一是不断加大对各类人才的投入和扶持力度，实施促进人才投资优先保证的财税金融政策，在各级政府中设立人才发展专项资金，形成政府、个人和社会多元投入机制。二是不断优化科技产业发展的基础设施和科技产业人才的生活设施。三是推进人才工作信息化建设，包括建立人才信息网络和数据库。四是完善高层次人才一站式服务措施，建立人才跟踪服务和沟通反馈机制。不断优化人才的工作环境、生活环境、政策环境和法制环境。

（二）形成多层次人才政策支撑体系

1. 建立人才工作统一领导机制

珠海市建立由各政府管理部门组成的人才工作小组，负责其职能范围内的政策建议和政策制定工作，确保人才政策制定有依据可循，避免领导拍脑袋决策。同时，由市政府牵头，市人才工作办公室负责具体协调，建立各部门间人才政策目录定期上报和发布机制，以及人才工作定期交流和协调机制。

2. 设立人才政策研究机构

珠海市从人才培养的角度出发，设立人才政策研究机构。研究机构除政府内部主要负责创新型人才工作的各部门人员外，还邀请高校、科研院所、专业人力资源开发机构、相关社会组织等科技产业领域或人才领域的专家参与进来。珠海市现有人才政策的外部咨询主要依靠临时邀请有关专家以座谈会的形式提供政策建议，未能形成人才政策专家咨询的常态机制。设立人才政策研究机构可以避免政出多门和部门间的利益纷争。

此外，一些政府部门已经建立自己的专家库或专家小组名单，但规模不大，专家库或专家小组名单之间多有重复，导致专家人才资源的作用发挥不足。对此，可以由市政府或市科技局牵头，成立珠海市人才库和专家库，依据产业、行业和专业领域对专家库进行划分，并与专家取得联系，签订专家聘任书，使他们加入政策咨询、技术咨询的人才储备库。还要建立专家库的信息系统，促进政府部门之间、企业之间对专家库的信息共享，实现专家资源的最优配置。

3. 规范人才政策制定程序

规范人才政策制定程序，一是要形成良好的政策制定流程，针对政策目标，对具体的政策措施进行设计和选择，形成解决人才政策问题的具体方案。二是要加强对人才政策实施过程的评估和反馈，重视人才政策的调整。珠海市现有人才政策中有许多具体政策都是以试行的形式颁布的，随着试行政策效果的不断显现，需要对效果进行评价，以便纠正政策执行中存在的问题，进一步优化方案，形成本地区有吸引力的人才政策。三是要提高人才政策的权威性和合法性，将政策建议以政策文件的形式公布。将经受住时间考验、被实践证明有效的政策措施以法律法规的形式进行公布，确保政策的延续性和权威性。

4. 形成具有地方特色的人才政策体系

要避免对其他城市政策经验的简单复制，珠海市需要在制定人才政策过程中充分考虑自身实际情况，政策内容应有所侧重。通过制定合理的政策，形成本地区的政策优势，避免不合理的政策影响人才结构的合理性，影响人才政策效能的发挥。

（三）创新型人才政策体系层面的优化措施

1. 进一步完善科技产业人才规划

根据珠海市的经济基础、科教资源现状、产业机构的发展阶段和人才状况，对科技产业人才进行合理规划。规划要侧重高新技术产业和战略性新兴产业所需的人才，对领军型、国际化、跨学科科技创新人才，战略性、高层次企业管理人才，高素质专业技术人才，复合型市场营销人才，综合型党政干部人才，全方位中介服务人才和科技创业人才等要进行详细调查和研究，确保珠海市人才发展始终占据主动。规划同样要对科技产业所需的全方位人才进行考虑，重视科技产业带动传统产业，以及高新科技改造传统生产和管理方式，为科技创业人才和科技创新人才向其他产业的流动提前开辟通道，提供政策支持，实现产业结构的优化升级和人才的合理、有序流动。

珠海市在人才发展的地方性法规、规范性文件和一系列人才工程的基础上，加快出台相应的配套政策，落实国家和广东省相关政策的要求。对已制定的具体实施方案进行评估反馈，总结成功经验，将一般性政策进一步升级为地方性法规。对还未制定配套政策的政策条文，适时建立相关人才领导小组和研究机构进行研究，抓紧颁布操作办法。

2. 科技产业人才政策内容层面的优化措施

（1）整合人才工程，明确实施方案。

依据人才层次不同、人才所属行业领域不同，对现有人才工程进行整合。将中央和省属人才工程与市属人才工程结合起来，对其中重复的人才政策进行重新调整，将政策资源、人才资源、创新资源较为集中地进行分配，减少政策分散造成的资源浪费。同时，减少人才、企业、各类科技创新载体和社会组织对政策的混乱理解，减少公共服务中不必要的解释和资源付出。适时终结无效的人才工程和人才政策，对现阶段适应效果不好，继续下去无法充分满足人才发展需要的，应当及时终止，或通过人才工程的整合，将其纳入新的人才工程建设中去。加快研究和制定人才工程的实施方案，一些人才工程的建设还停留在指导性意见阶段，难以发挥政策效应，为此，需要抓紧研究人才工程实施方案，确定方案的可行性。

（2）平衡人才政策体系，协调人才政策内容。

弥补缺失的人才政策。通过对珠海市科技产业人才政策进行分析可见，人才评价方面的政策较少，只有针对珠海市政府部门人才工作的评价办法，而对引进、开发和培养的人才是否满足企业发展需要的评价机制还不成熟，对引进项目、团队和人才的评价、监督和反馈机制也不完善。因此，要进一步制定人才评价政策和监督政策。

平衡人才引进、开发和培养，在引进海内外人才并制定相关优惠政策的同时，也要针对本地同等层次人才制定相应的优惠政策，为了保持本地高校、科研机构和企业培养人才的热情和积极性，应当对其人才培养给予相应的政策支持。此外，为了提高本地人才培养的质量和留住本地人才而为经济发展做贡献，一方面要利用城市现有的各方面资源为人才培养提供帮助，如建立大学生、研究生实习基地等；另一方面还要为那些留下来的人才给予不同于户籍等优惠政策的更有吸引力的政策。

进一步完善对科技人员事业发展的激励和保障措施，完善对科技人员创业的优惠措施，继续推行企业股权和分红激励试点工作，尝试制定对民间创新人才和创新成果的激励政策。加强对青年人才的政策支持，协调人才政策内容。对现有政策和本地实际进行科学考察，就人才引进、人才培养、人才使用、人才评价、人才激励和人才保障制定出一套平衡、同步的政策体系。

（3）提高人才创新意识，形成社会创新文化。

创新文化也是一种尊重人才的社会文化。只有全社会形成一种尊重人才的文化氛围，才能够鼓励人才成长和事业发展。要形成全社会尊重人才、尊重创新的文化，鼓励人才创新。一是要营造良好的公共服务环境，地方政府要切实改进工作方法，转变政府管理方式，向服务型政府转变。进一步完善各级行政服务中心功能，继续增加一站式服务的服务对象并完善服务功能，继续精简行政项目，向下属部门放权，提高服务效率。二是要加快科技创新载体和人才载体的规划和建设。科技创新园区应当有完善的基础设施、齐全的服务功能、优美的生态环境和浓郁的创新氛围。加大对各类人才载体的投入和支持力度，加强人才载体之间的相互合作。继续推进产学研合作，将基础研究优势转化为应用开发优势，将人才优势转化为科技产业发展优势。继续加强省内人才交流与合作，还要加强与珠三角其他地区的人才交流与合作。形成区域范围内的人才为我所用、合作共赢的模式。

3. 引入市场机制，形成政策与市场的合力

从全国来看，人才随着产业结构的调整而流动，各地区经济发展水平和所处阶段的不同导致人才需求结构动态的非一致性，因此，不能只考虑一个地区的人才需求和供给，还要将人才跨区域流动因素考虑进来。一是要在全国范围内进行人才开发合作，探索区域内人才合作机制。二是要重视人才政策的落实和执行情况。从珠海市现有的行政区划来看，既有的高新技术产业区聚集着市内最多的创新型企业和创新型人才，其他区产业结构亦各有侧重，因此，要实现珠海市人才资源的合理分配、人才政策的最大效用，既要求各区加快落实并严格执行人才政策，又要求在统一规划的基础上出台适应各区特点的人才政策。

当前，地方政府人才政策侧重于政府引导，缺乏有效的竞争机制，导致人才使用效率低下，人才的积极性和创造性受到限制。从人才政策效果来讲，人才政策对人才供给与需求的调节作用也造成限制，易导致人才配置效率低下、人才资源的浪费。因此，要进一步理顺政府和市场之间的关系。一方面要营造良好的政策服务环境，为人才的自由流动提供条件；另一方面要完善人才市场法规体系，使政府对人才市场的管理由过去的直接管理转向间接管理。

4. 政策目标强调国际化、信息化，实现发展与创新的合力

进入 21 世纪以来，人才在国际范围内的流动更加频繁。要满足自主创新人才的需求，需要不断加大人才政策的创新力度。人才引进应重视对国际高水平、高层次人才的政策支持。人才培养政策研究应符合本地产业特点，符合时代发展要求，具有前瞻性。人才激励政策应借鉴和吸纳国外先进理论和成功经验，要能够为科技人才提供多样化的措施。此外，还应加强人才管理的信息化，建立自己的人才信息数据库，依靠中央，与其他省份紧密合作，统一人才结构信息的指标，提高区域乃至全国的人才信息库联网程度，并及时更新数据。开发科技人才管理信息系统，向公共决策部门和社会提供查询服务。公共决策部门还可以对人才结构状况进行分析，并根据科技产业的发展规划，对未来人才的数量和结构状况进行预测，进而制定政策和方案，应对未来的人才需求。

参考文献

曹永辉：《国家创新型城市科技产业人才政策研究》，硕士学位论文，安徽大学，2014。

陈茵：《聚集创新人才　助推"珠海制造"》，《珠海特区报》2010 年 1 月 25 日。

冯慧：《大学生拔尖创新人才个性化思想政治教育研究》，博士学位论文，郑州大学，2015。

郭世田：《当代中国创新型人才发展问题研究》，博士学位论文，山东大学，2012。

郝瑞峰：《黔中经济区增长极研究》，硕士学位论文，贵州财经大学，2012。

胡小军：《福建省产业转型升级的创新型人才保障研究》，硕士学位论文，福建农林大学，2011。

黄多能：《高层次创新型人才开发的激励政策研究》，硕士学位论文，安徽大学，2014。

贾栗：《珠三角产业转移升级期科技创新人才培养模式研究》，《科技进步与对策》2012 年第 24 期。

赖宝：《广东省战略性新兴产业科技人才开发机制研究》，硕士学位论文，华南理工大学，2013。

李碧宏：《产业集聚与增长极的形成》，博士学位论文，西南大学，2012。

李斌宁：《高校管理者的公信力》，《经营与管理》2007 年第 3 期。

李斌宁：《基于培训的企业外包服务探索》，《商业研究》2007 年第 9 期。

李斌宁：《论教育教学能力开发的基本模式》，《教育探索》2007 年第 7 期。

李斌宁：《论社会保障的模式选择》，《工业技术经济》2007 年第 4 期。

李斌宁：《农村财政体制扁平化改革》，《经济导刊》2008 年第 6 期。

李斌宁：《农村社会保障制度的理论分析与历史演进》，《农业经济》2007 年第 4 期。

李斌宁：《社会保障指标体系的实证分析》，《工业技术经济》2007 年第 8 期。

李斌宁：《我国农村社会保障模式与县域经济发展的匹配及实证研究》，《河南社会科学》2008 年第 4 期。

李斌宁：《我国农业上市公司的公司治理评价体系实证研究》，《宏观经济研究》2009 年第 8 期。

李斌宁：《我国农业上市公司经理层治理体系的实证分析》，《岭南学刊》2009 年第 5 期。

李斌宁：《校企合作式的电子商务实训模式实践》，《现代教育技术》2007 年第 9 期。

李斌宁：《引领广东省产业集聚规模效应的创新型人才培养模式研究》，《价值工程》2012 年第 7 期。

李培根：《构建创新人才培养体系之我见》，《中国高等教育》2008 年第 5 期。

廖峰：《中小企业自主创新的人才支撑体系研究》，硕士学位论文，广西师范大学，2013。

林雅：《企业创新人才培养之途径》，《人民论坛》2013 年第 6 期。

刘艺芬：《高层次人才一站式服务平台建设研究》，硕士学位论文，吉林大学，2015。

潘春华：《创新企业人才资源管理模式》，《理论学习与探索》2012 年第 4 期。

施海柳：《创新人才培养与其影响要素关系研究》，《科技管理研究》2013 年第 9 期。

时玉宝：《创新型科技人才的评价、培养与组织研究》，博士学位论文，北京交通大学，2013。

王贝贝：《创新型科技人才特征：结构维度、相互影响及其在评价中的应用》，硕士学位论文，南京航空航天大学，2013。

王海丽：《广东省产业技术创新平台有效性评价研究》，硕士学位论文，华南理工大学，2012。

魏佳琦：《美国经济学创新型人才的培养模式及其对我国的启示》，硕士学位论文，江西师范大学，2013。

徐静：《产业转型升级中科技创新人才培养模式研究》，《科学管理研究》2013 年第 1 期。

徐学超：《王选的创新人才思想研究》，硕士学位论文，浙江工商大学，2012。

许燚：《珠海市高层次人才队伍建设研究》，硕士学位论文，广东工业大学，2013。

薛炜：《中美高校本科创新人才培养比较研究》，硕士学位论文，南京信息工程大学，2013。

杨华：《山西省经济转型发展中科技创新人才供需矛盾分析》，硕士学位论文，太原理工大学，2014。

曾红：《基础教育和高等教育协同培养创新型人才研究》，硕士学位论文，河南大学，2013。

周瑛：《创新人才培养的误区与体系构建》，硕士学位论文，西安理工大学，2005。

珠港澳更紧密合作环境下
横琴新区人才工作研究报告[*]

潘琦华

一 横琴新区人才情况调查

（一）调查的目的

为全面掌握横琴新区高层次人才状况并为新区切实做好服务高层次人才工作提供依据，本文进行了调查，以深入了解目前高层次人才的需求现状，了解横琴新区在满足高层次人才需求和服务高层次人才中存在的问题，为新区管委会党群工作部下一步的工作提供有针对性的参考建议与改进措施，对现有高层次人才政策做进一步调整和完善，以便更好地满足高层次人才的需求，达到留住现有人才，同时吸引更多高层次人才加盟横琴新区的目的，从而进一步优化产业人才结构与布局，实现人才与产业发展的有效配置，全面推动横琴新区经济的快速、高效、持续的发展，顺利完成横琴新区阶段性发展的预期目标。

（二）调查的实施

本次调查采用匿名问卷调查方式，历经一个多月进行问卷设计，其中就调查问卷内容与横琴新区管委会党群工作部进行多次沟通、修改，最终由横琴新区管委会党群工作部审核并定稿。调查对象为目前在横琴新区注册的大横琴、广发珠海分公司、横琴长隆、中交南方投资发展有限公司、中电投资公司、中铁建南

---

  * 课题负责人：潘琦华，广东科学技术职业学院教授。课题组成员：袁晓斌，广东科学技术职业学院研究员；张良凤，横琴新区管理委员会发展改革局（政策法规定）办公室主任；覃曼卿，广东科学技术职业学院副教授。

方有限公司等 20 多家有代表性的企业及部分小微企业的高层次人才（主要是本科以上学历或中级以上职称的企业管理人员或技术人员），调查采用现场发放问卷、现场或快递回收方式进行，回收期截止到 2014 年 12 月 31 日，共计回收调查问卷 380 份，其中无效问卷 61 份，有效问卷 319 份。调查问卷涉及内容主要包括高层次人才的基本情况、获得现职工作的途径、目前急需解决的问题、对新区现有人才政策的熟悉程度、对现有相关配套政策和设施的满意度、最希望新区政府帮助解决的问题等 34 项问题，其中 33 项为封闭式问题，1 项为开放式问题。封闭式问题填写状况良好，开放式问题填写状况较差，仅有少数人进行作答。

（三）调查结果与分析

本次统计分析使用 SPSS 与 Excel 相结合的方式进行，分析结果如下。

1. 横琴新区人才基本状况

根据统计结果，在本次调查的横琴新区高层次人才中，以男性居多，占总调查人数的 71.16%，女性占 28.84%。从居住场所来看，居住地主要集中在珠海本地，占调查总数的 64.64%。

从年龄来看，40 岁及以下的占总人数的 74.88%，说明目前横琴新区的高层次人才主要以年轻人为主（见图 1）。

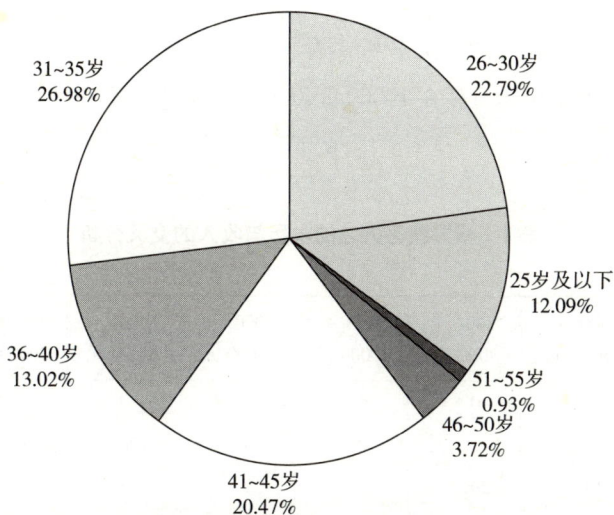

图 1　横琴新区人才的年龄结构

从学历及职称（职业技术资格）来看，本科学历的占68.84%，高学历人才（硕士及以上）仅占25.59%（见图2）；专业技术职称（职业技术资格）以中级为主，占总调查人数的53.02%，副高职称（高级职业技术资格）以上仅占8.84%。说明目前横琴高层次人才中高学历和高职称（高职业技术资格）人才相对较少，尤其博士及以上学历的高层次人才相对缺乏。

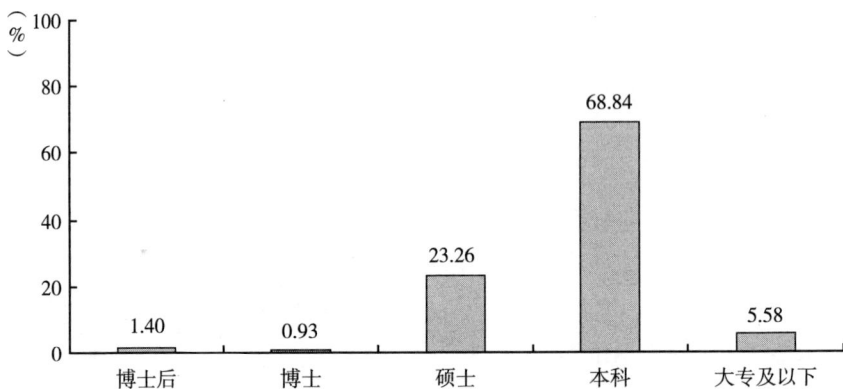

图2 横琴新区人才的学历情况

通过对学历与收入的交叉分析来看，在一定程度上学历与工资收入正相关，博士及以上学历的月薪在10000元以上。硕士研究生的月收入普遍高于本科（见表1）。

表1 横琴新区人才的学历与收入的交叉分析

单位：%

学历	3000～5000元	5001～7000元	7001～10000元	10001～15000元	15001～20000元	15001～20000元	20001元以上
博士后	0	0	0	66.67	0	33.33	0
博士	0	0	0	0	100	0	0
硕士	18	20	18	22	14	8	0
本科	47.3	14.86	20.27	10.14	3.38	4.05	0
大专及以下	41.67	0	16.67	33.33	0	8.33	0

2. 调查对象所属单位现状及对单位的满意度分析

从本次调查结果来看，参加调查的对象来自国企的有 76.74%，来自中外合资企业的仅为 1.4%，来自私营企业的占 1.86%。由此可见，目前国企在横琴新区占主导地位。对行业性质的调查统计结果分析显示，横琴新区现有行业领域主要以金融服务业（33.49%）、高新技术（11.16%）以及电力能源（15%）为主。从企业规模的调查结果来看，1000 人以上的大型企业仅占调查总数的 7.91%，50 人以下的企业占 25.58%，200 人以下的企业占 76.65%。从调查结果可以估计出，横琴新区现有企业的规模相对不大，主要以中小型企业为主。

目前在横琴新区的高层次人才大部分是通过公开招聘入职的，占调查总数的 65.12%。企业在招聘人才方面主要以人才市场招聘和校园招聘为主，约占招聘总数的 70%，仅有 8.84% 的招聘通过猎头公司进行，原因主要在于校园招聘的人才虽然工作经验不足、离职率高，但可塑性强，一般不涉及配偶工作调动和子女转学问题，对于企业而言还可以节约成本。通过猎头公司招聘主要是针对企业高层管理人才和高级技术人才的。这类人员实践经验丰富，有很强的组织管理能力和技术研发能力，但企业需支付较高的薪酬，且需要此类人员的岗位较少。因此目前企业的招聘形式主要还是以传统的校园招聘和人才交流中心招聘为主，以网络招聘和猎头公司招聘为辅。

从高层次人才对目前企业提供待遇的满意程度来看，有 58.6% 的高层次人才对企业所提供的发展机遇与空间较满意，有 26.98% 的高层次人才对企业提供的培训较为满意，有 10.23% 的高层次人才对企业目前的各项表示不满意（见图 3）。企业除了为员工提供较好的发展空间和培训机会之外，还要在工资待遇、住房、职称评审和配偶调动方面进一步改进。

3. 调查对象对横琴新区现有政策的满意度分析

横琴新区现有的交通、医疗和居住环境等也是影响高层次人才引进的重要因素。在接受调查的高层次人才中，有 59.07% 的人认为目前横琴新区的交通不便利，仅有 6.51% 的人认为交通方便（见图 4）。

在医疗方面，66.98% 的被调查者认为横琴目前的医疗条件不好，5.58% 的被调查者对目前的医疗条件满意。在休闲娱乐方面，大部分被调查者选择的休闲娱乐项目为电影和健身，75.81% 的被调查者认为横琴新区现有娱乐设施

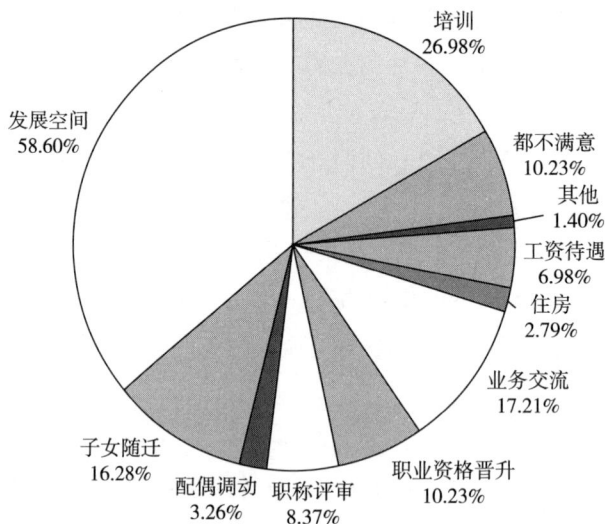

图3　横琴新区高层次人才对各种待遇的满意情况

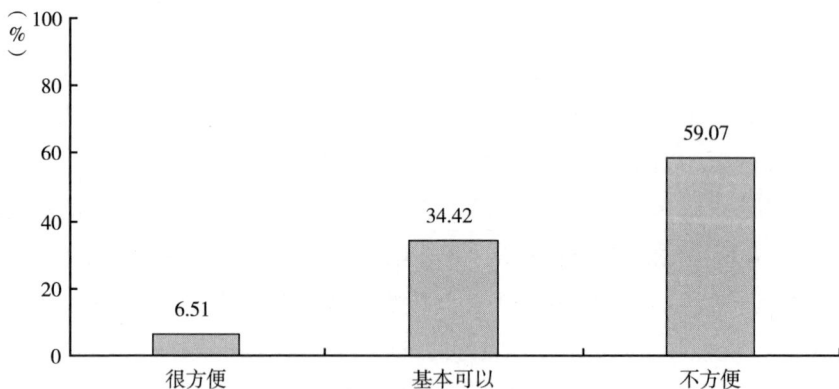

图4　横琴新区高层次人才对交通的满意情况

和项目不能满足娱乐需求，71.76%的被调查者认为横琴新区不能满足购物消费需求。上述调查的统计分析结果凸显了横琴新区的公共基础设施建设和购物娱乐设施建设方面的不足。政府部门在下一步的工作中应进一步加大对基础设施的投入力度，加强购物娱乐场所建设，以满足横琴新区现有人员的相关需求。

高层次人才急需解决的问题主要集中在工资待遇、住房条件、子女升学或就业、配偶工作调动几个方面。其中68.37%的被调查者认为当前的工资待遇偏低，34.88%的被调查者认为住房条件需要改善，55.68%的被调查者认为政府需解决子女和配偶方面的问题。对于新区现有人才政策的了解程度，仅有10.23%的被调查者表示了解，40.93%的被调查者表示对现有人才政策一无所知；认为政府相关部门有待进一步完善现有政策措施的占调查总数的86.05%。这说明横琴新区政府在人才政策的宣传方面尚存在较大问题。相关部门应加强对企业的定期或非定期的情况通报，通过企业联席会议、网络等各种渠道多方了解区内人才的现状及需求，并加大人才政策的宣传力度，以使现有人才对新区更有信心，增加他们的稳定性，同时，不断吸引更多高层次人才到新区发展。

本次调查时间短，虽然配合调查的企业有较强的代表性，但是相对不全面，而且部分被调查者出于应付的心态填写问卷，致使部分回收的问卷无效。在调查的过程中，调查小组也先后与许多企业进行沟通和交流，希望企业积极配合和支持调查工作，组织相关人员认真进行问卷填答。经过多轮沟通，有一部分企业比较理解和支持调研，收回问卷及时且问卷填答质量较高。但还有一部分企业支持力度不大，配合意愿不强，并给出各种原因推辞：如调查时间临近年底，企业忙于年末收官工作，没有时间组织员工进行问卷的填写；企业人员流动性较大，不方便组织调查；企业虽然注册地在横琴，但办公在外地，对横琴没有太多了解，等等。再加上本次调查采用的是抽样式问卷调查，因此统计分析结果与实际状况有偏差在所难免。

二　横琴新区人才政策分析

（一）横琴新区人才政策梳理

自2009年国务院批准的《横琴总体发展规划》提出加强适应横琴发展需要的高端产业人才体系建设以来，围绕着横琴吸引高端人才的愿景，珠海市委、市政府出台了系列人才政策和制度。

1. 珠海市范围内的相关政策文件

为了落实《中共珠海市委、珠海市人民政府关于加强高层次人才队伍建设若干意见》（珠字〔2011〕11号），珠海市出台了高层次人才引进的系列配套政策，涵盖了从创业到住房、医疗保险、子女入学、配偶就业等多方面的保障问题，具体包括《珠海市鼓励海外高层次人才创业和引进国外智力暂行办法》《珠海市博士后管理工作暂行办法》《珠海高层次人才补充养老保险和特定医疗保障暂行办法》《珠海市高层次人才工作津贴和创业项目启动补贴暂行办法》《珠海市高层次人才住房保障暂行办法》《珠海高层次人才子女入学和配偶就业促进暂行办法》等文件。在高级技能人才引进方面，出台了《珠海市引进高技能人才实施办法》《珠海市优秀技能人才评选奖励暂行办法》《珠海市技术工人招调办法》等文件。2013年，针对珠海"三高一特"现代产业发展需要，市委、市政府还出台了《关于"蓝色珠海高层次人才计划"的实施意见》（珠字〔2013〕8号）等文件。

2. 专门针对横琴新区的人才政策文件

在横琴适用的政策文件包括《横琴新区建设人才管理改革试验区行动计划（2013~2015）》《珠海经济特区横琴新区条例》《关于珠海横琴新区建设"粤港澳人才合作示范区"的实施方案》等，具体形成了以下人才引进和培养的措施。

（1）人才建设三大工程（高端人才集聚培育工程、国际化人才交流服务创新工程、开放包容的人才安居发展工程）。

（2）重点打造五大人才团队（休闲旅游业人才团队、高端金融服务业人才团队、文化创意业人才团队、产业领军型人才团队、公共服务和社会管理人才团队）、人才交流服务创新工程（建立粤港澳高端人才交流服务平台，探索建立辐射珠三角地区的国际职业资格认证基地，建立粤港澳国际高层次人才数据库系统，打造粤港澳才智交流品牌，打造粤港澳及海外人才聚集高地）。

（3）人才安居发展工程（人才公寓供应体系，与港澳衔接的医疗保障体系，与港澳互动、与国际接轨的教育体系，标准化、国际化的社区管理与服务体系）。

（4）创新人才发展体制机制（创新粤港澳人才开发合作、人才引进培养、人才自由流动、创业服务、人才激励评价机制）。

（5）对在新区工作的香港、澳门居民实施个人所得税税负差额补贴。

（6）实施"横琴居住证"制度，针对亟须引进的紧缺人才和特殊岗位人才，进一步消除国籍、身份、编制限制，简化引进程序。

（7）建立"人才驿站"，为对档案、户籍、社保等有特殊要求的高层次人才提供人事挂靠或代理服务。

（8）解决引进人才及家属的入户办理、子女入学、居住问题。

（9）职称和职业资格评定等人事关系的办理。

（10）高层次人才创业资金扶持、成果转化及产业化优先获得投资资金的支持、园区租金减免等优惠政策等。

（二）横琴新区人才政策实施情况及存在的问题

横琴新区的建设承载着国家战略，珠海市政府出台了吸引和留住高层次人才的相关政策文件，从创业到就业、从工资待遇到社会保险、从出入境便利到个人所得税税负差额补贴、从职业资格互认到职称评定办理、从住房到医疗、从配偶就业到子女入学、从实体政策到相关程序性规定，在营造优质的创业和就业环境、提供优厚的福利待遇等方面，进行了周全考量和布局。政策文件所形成的制度对于吸引高层次人才来到横琴、留在横琴并参与横琴的开发建设，有极大的推动作用。然而，通过分析相关的政策文件，结合本课题的调研结果，课题组发现现有政策尚有不足之处。

1. 政策和制度有待于落到实处

第一，需要制定相关配套规定。《横琴新区建设人才管理改革试验区行动计划（2013~2015）》当中有许多优惠的人才政策，但由于缺乏相关的配套制度和文件，政策尚停留在纸面上，比如职业资格互认、粤港澳的创新人才合作机制、人才交流机制、人才柔性引进机制等方面欠缺相应的落地政策。

第二，现有规定缺乏可操作性。通过梳理现有的人才政策，课题组发现一些规定的可操作性存在问题。比如高层次人才较为关注的配偶就业和子女入学问题，现有文件的规定多属于倡导性的柔性政策，落实力度不强。比如《珠海高层次人才子女入学和配偶就业促进暂行办法》关于配偶就业和子女入学问题的规定均为倡导性条款，甚至出现了对安排高层次人员配偶就业的单位予以通报表扬的规定。这些政策看似关注高层次人才的家庭问题，但可操作性不强及政策力度较弱将成为明显短板。

2. 相关政策和制度的宣传不到位

根据本次的调研数据，对于现有人才政策，仅有 10.23% 的受访者表示比较了解，48.37% 的受访者表示仅仅是听说过，40.93% 的受访者则表示完全不知道。虽然本次调研的样本未能完全涵盖在横琴工作的所有高层次人才，但调研的单位和受访者具有一定代表性，这充分说明横琴新区在人才政策的宣传方面亟待加强。横琴要吸引人才、留住人才，政策和制度的优惠程度是关键性的因素，但好的政策更需要被人才知晓，并实实在在为人才服务。

3. 与上位法冲突

《横琴新区建设人才管理改革试验区行动计划（2013～2015）》在近期的工作安排中提到要"以劳务派遣为突破口，依托企业和社会组织创新奖惩机制和薪酬机制，打破职称、学历、工作年限限制，为横琴长远发展打造一支稳定的执行队伍"。事实上，劳务派遣作为一种近年来被企业普遍用来规避《劳动合同法》侵害劳工合法权益的用工方式，已经受到了政府的高度关注。我国在 2013 年和 2014 年密集出台了《劳动合同法（修正案）》和《劳务派遣暂行规定》来规制劳务派遣的滥用问题。最新的规定是劳务派遣比例不得超过单位整体用工的 10%，这一红线的划定已经限制了劳务派遣员工在用人单位的发展。同时，劳务派遣的适用范围被严格限定在符合"三性"的岗位上，也即"临时性、替代性、辅助性"，并不是用人单位的所有岗位都能无限制地使用劳务派遣工。更需要注意的是，劳务派遣作为一种临时性的用工方式（临时性岗位被限定工作期限不超过 6 个月；替代性和辅助性虽未限定时间，但替代性岗位具有偶然性，辅助性岗位的认定需要复杂的程序），根本不可能为横琴提供"一支稳定的执行队伍"。因此，横琴希望通过劳务派遣实现相关机制的突破是不现实的。

（三）改进建议

1. 健全人才法规体系

现有的人才政策大多是政府文件，在法律效力体系里，属于最低的"地方政府规章"的等级。特别是专门针对横琴的人才政策，只是以由政府部门出台的"行动计划"或"规划"的形式颁布的，甚至都不属于地方政府规章，也就是说，根本不具有法律的效力。因此，应当积极借鉴我国港澳及发达国家成功运行的国际规则与惯例，利用经济特区和新区立法权和较大市立法权，加快形成有利于国际化人才发展的法制环境，实现人才管理工作的科学化、制度化、规范化。只有人才政策入法，才能最大限度地保证制度的延续性和稳定性，如此才能保证高层次人才在横琴的稳定性。

2. 发挥用人单位在政策制度的解释和落实上的作用

在本次调研中，课题组发现40.93%的受访者完全不知道相关的人才政策。这一方面说明政府部门的宣传工作不到位，另一方面说明用人单位的人事管理部门也存在缺位现象。政府可以定期对用人单位人事部门的工作人员进行培训，将优惠政策宣传到位，引导相关人事工作人员做好与本单位高层次人才相关的申报和申请工作，让人才政策能真正落到实处。

3. 进一步优化创业环境，通过品牌产业吸引人才

良禽择木而栖，本次调研中有72.09%的受访者认为发展机会是引进和留住人才的关键问题。虽然相关的配套优惠政策十分必要，但人才的去留关键在于是否有足够的发展空间和机会。因此，要更好地吸引人才，最有效的途径是推动品牌产业的发展，靠产业吸引更多高层次人才，让其认识到横琴是创业的乐土，而不仅仅是有着优惠条件的养老圣地。只有实现产业和人才的良性互动，才能吸引真正的人才。

三 国内外人才工作成功经验及做法总结

国内一些地区或其他一些国家对自由贸易区、新区或高新区等制定的有关人才政策及相关措施，对区域内人才集聚和产业发展，起到了积极作用。

（一）国外及中国港澳台地区的人才政策及做法

1. 税收激励政策

新加坡、阿联酋等地对自由贸易区制定了极具竞争力的个人所得税激励政策。较低的个人所得税税率使许多新加坡学者的"税前收入不比欧美低，税后收入则比欧美更高"。这也是吸引海外人才定居新加坡的重要原因。而且，企业在招聘人才方面的支出可以享受减税。阿联酋制定了其他国家难以做到的优惠鼓励政策，对企业和个人基本实施无税政策，没有公司所得税、营业税和

个人所得税等税负。

2. 较高的国际通行自由度

香港作为自由港，实行自由出入境制度。香港地区居民及境外人员进出香港地区十分自由，所办手续也非常方便。中国香港特区政府与众多外国政府签有协定，持特区护照的香港地区居民到海外旅游或办理商务时，在签有协定的国家均可享受免签证入境的待遇（这些国家的人员进出中国香港地区时也可享受同等的待遇）。目前，持香港特别行政区护照可免签证或落地签证入境旅游的国家和地区有147个；持有英联邦成员国护照的，进入香港也可免签证手续，这就大大便利了各方人士进出香港，为香港社会带来了人才引进的优势。

3. 人才储备全球化

新加坡经济发展局和人力资源部共同成立了"联系新加坡"（Contact Singapore）组织，通过该组织与全球人才建立联系，为人才提供有关新加坡的就业机会及行业发展的最新信息，为有意寻求新加坡职业发展机会的人才和雇主搭建联系平台，提供一站式服务，协助各地人才到新加坡工作、投资和生活。在国外，新加坡政府也设有许多猎头机构，对获得博士学位的学者进行详细的背景调查，对被政府看中的人才量身定做一整套"待遇套餐"：提供比之前工作岗位高出20%～50%的工资待遇，提供充裕的科研经费，解决配偶工作、家庭住房、子女入学等问题。我国台湾为吸引海外高层次人才，设立了如留辅会、青辅会等专门机构，研究海外学者回台服务政策，协助解决留学生返台工作安排，还建立了旅外人才专长档案，编印旅外人才名录，随时提供用人单位信息，以备咨询。

4. 高度重视人才培训与发展

我国香港职业训练局每两年对各行业从业人员技术状况和需求做一次调查，政府据此制订人才培训计划，确保香港各行业有足够的受训职业技术人才。新加坡为了对员工实行全过程、全员培训，设立了员工技能发展基金，用于资助企业对员工的培训，企业每年缴纳20%、国家拿出80%的费用来培训员工，提高员工的技能。企业训练职工可以向基金协会申请津贴。另外，毛里求斯一贯重视人才培训与发展，注重培养各类人才，逐年增加教育经费，民众受教育程度高居非洲国家榜首。

5. 人才综合环境宜居化

新加坡由于政治稳定、基础设施健全、气候和治安环境良好，同时能够将东西方文化融会贯通，具有全球视野，从而对全球人才具有持续不断的吸引力。韩国政府在自由经济区建设中，推出了多项措施营造适合外国人经营及定居的环境。如韩国仁川自由经济区在政府服务中使用英语，区内公文以英文发刊、接收和处理；设立外国教育机构和外国人专用医疗机构；区内的外国人可以无限制地就读于各种外国人学校；区内外国放送占用频道可达到首都全部频道的 20％；为方便外国人入住，区内建设大量绿地与休闲娱乐设施等。毛里求斯在经济上居非洲国家榜首，被誉为"非洲小龙"，其良好的发展势头也离不开宜居环境的创造。毛里求斯政治稳定，法制健全，社会安定，金融服务完善，工作环境和生活环境良好，生活质量在世界上排名第 54 位，在非洲和印度洋国家名列第一。

6. 重视科技成果转化成为生产力

新加坡政府出台了"科技公司培养计划"，新加坡国家科技局为新成立的科技公司提供 85％ 的运营开支，并且委托富有经验的科技企业经理为新公司提供管理支持；政府还扶持高科技与高风险公司为二级挂牌公司，方便他们筹措资金；鼓励公司、研究机构、大学在研发方面进行合作并给予资金等多种形式的支持；鼓励企业进行风险投资，风险投资的资金享有免税权，管理风险资金的公司可以有让税的优惠。新加坡政府通过这类措施创造了一个有利于科技企业家成长的环境，并吸引各类专业人才来新加坡就业。

7. 加强高等教育国际交流和合作，培养具有国际眼光的专门人才

中国香港各高校积极与国外高校建立合作关系，开展联合办学活动。同时，香港高校还重视聘请外籍教师和国外知名人士到校任教。此外，各高校积极参加国际大学联合会国际教育组织机构，使学校成为国际大学大家庭中的一员，为学校的对外合作与交流打下良好的基础，也为人才培养的国际化奠定基础。

8. 重金聘用高级紧缺人才

在香港，求才若渴的大公司不惜以重金聘用所需的高级人才。香港尊重知识、尊重人才，培育了港人积极进取的精神，客观上形成了港人素质不断提高的良性循环的势态，这无疑促进了香港经济的发展，同时有利于整个社

会的进步。

9. 建立人才培养的长效机制

澳门特区政府成立人才发展委员会，全面启动澳门人才培养的长效机制。人才发展委员会的职责主要是制定、规划及协调澳门特区总体的人才培养长远发展策略。构思并落实人才培养的短、中、长期措施和政策，特别是构思和制订精英培养计划、专才激励计划及应用人才促进计划，研究建立鼓励人才留澳及回澳的机制等。

（二）国内人才工作经验与借鉴

1. 天津滨海新区

天津滨海新区启动人才开发与人才队伍建设"565"计划，即体现五个特色、建好六支人才队伍、实施五大人才工程。

（1）五个特色。

第一，以特惠政策促进人才引进。充分发挥滨海新区"先行先试"的政策优势，围绕建设高端产业、自主创新、生态宜居"三个高地"，在滨海新区范围内进一步打破现有户籍政策对引进人才的约束，加快制定更加合理、有效的引才政策，努力建设成为科技创新领航区。

第二，用特色模式加速人才培养。探索人才 D–T–T 培养模式（D 即 Demand，指实际需求；第一个 T 即 Train，指专业化理论培训；第二个 T 即 Training，指实训基地培训），即从滨海新区对人才的需求出发，通过专业化理论培训与实训基地培训相结合的方式，培养一支适应滨海新区发展需要、既有丰富理论知识、又有很强实际工作能力的人才队伍。

第三，用特殊政策强化人才奖励。在物质奖励方面，探索以试点方式逐步推行股权和期权奖励，鼓励管理、资本、技术等生产要素参与收益分配。在精神奖励方面，通过建立"滨海新区领军人才奖""滨海新区科技进步奖"等奖项，给予人才相应的精神鼓励。

第四，以特效机制选拔任用人才。构建及时发现人才的机制，不断创新发现人才的渠道；创新不拘一格的人才选拔机制，坚持和完善公开选拔、竞争上岗等制度；建立不求全责备人才的任用机制，力争做到信其所能、用其所长、任其所宜、才尽其用。

第五，用特定标准规范人才评价。坚持科学的人才观，制定不同领域各种人才认可标准，加快建立和完善以业绩为依据，由品德、知识、能力和业绩等要素构成的人才评价指标体系。完善现有的人才测评手段，应用现代测评技术，积极探索符合各类人才特点和职业能力要求的评价方式。

（2）六支人才队伍。

第一，党政人才队伍。

第二，企业经营管理人才队伍。

第三，专业技术人才队伍。以产业发展为导向、以各功能区和各类创新创业基地建设为载体，力争到2015年，全区专业技术人才总量突破50万人，初步建立起一支门类齐全、结构合理的专业技术人才队伍。积极面向海内外引进创新创业领军人才，带动创新创业人才团队建设；改革和完善专业技术人才工资分配制度，鼓励企业允许各类专业技术人才以专利、发明、专有技术、管理等要素参与奖励性分配。

第四，高技能人才队伍。以提升职业素质和职业技能为核心，以技师和高级技师为重点，增加全区高技能型人才总量，逐步建设一支数量充足、结构合理、技艺良好的高技能人才队伍。加快高技能人才培养，积极探索高技能人才多元评价机制，进一步加大对高技能人才的奖励力度。

第五，农村实用人才队伍。

第六，社会工作人才队伍。以人才培养和岗位开发为基础，以中高级社会工作人才为重点，培养造就一支职业化、专业化的社会工作人才队伍。建立不同学历层次教育协调配套、专业培训和知识普及有机结合的社会工作人才培养体系；完善社会工作人才正常的升迁制度，建立社会工作人才进入其他事业单位、机关单位的接口。

（3）五大人才工程。

第一，科技人才领航工程。围绕电子信息、汽车及装备制造等优势产业和航空航天、生物医药、海洋科技、新能源、新材料等战略性新兴产业，建立滨海新区科技人才供需信息库。到2015年，累计引进和培养科技创新创业领军人才50名、科技精英人才1000名、高层次科技从业人员1.2万名，并吸引100家国家级和省部级科学家工作室、重点实验室、工程技术中心等落户，新建创业孵化器30个、科技成果转化与产业化基地20个。

第二，海外人才灯塔工程。围绕提升人才国际化水平和国际竞争力，紧盯世界科技前沿和产业高端，健全引才工作机制，建立海外高层次人才远程供需对接服务平台，规划建设 10～20 个区级引才基地，认真落实国家和天津市"千人计划"。到 2015 年，累计引进 100 名国际一流科学家和创新创业领军人才、500 名海外精英、1500 名高层次海外从业人员。

第三，企业人才旗舰工程。围绕打造一批行业领先、国内一流、跨国经营的大企业和大集团，提升区域竞争力，以滨海新区大型国有企业和著名民营企业为重点，面向海内外选拔任用企业领导人员。到 2015 年，造就能够引领企业进入中国企业 500 强的战略企业家 25 名，引进和培养经营管理精英 300 名、高层次经营管理从业人员 5000 名。

第四，技能人才蓝海工程。围绕发展先进制造业，高水平推进国家职业教育试验区建设，依托重点职业院校、培训机构和大型骨干企业，建设一批示范性高技能人才培养基地和公共实训基地。到 2015 年，累计引进和培养具有较强专业操作技能和丰富生产实践经验的高技能人才 24 万名，其中技师、高级技师 4 万名。

第五，服务人才港湾工程。围绕发展航运物流、现代金融、旅游会展、科技服务、商贸服务、服务外包、总部经济、文化创意、新闻出版等高端服务业和生产性服务业，加快于家堡金融服务区、开发区服务外包产业园、北塘总部经济区等园区建设和功能开发，形成一批国际高端服务业中心，实施服务业重大项目人才引进对接计划。到 2015 年，累计引进和培养服务业领军人才 25 名、服务业精英 300 名、高层次服务业从业人员 3000 名。

2. 浦东新区

浦东新区自 2005 年以来出台的系列人才政策对新区吸引和稳定人才起到了积极作用。如《张江区域人才安居工程（青年公寓）实施办法》和《张江区域青年公寓总体规划及建设方案》规定，凡符合条件并入住的员工，每人每月以 200 元为基准进行适当补贴。根据青年公寓运行情况和公寓点的增加情况，将逐步按照"同步、差别、点对点"原则，适当调整补贴额度，逐步实现补贴额度与租金挂钩。《浦东新区集聚金融人才实施办法》对金融法人机构高管、管理人员和专业人员给予奖励或补贴，提供就医方便等。《浦东新区支持鼓励人才若干意见》提出吸引金融人才、扶持创新人才、支持博士后工作、实施"安居工程"、建立绿色通道，在高层次人才户籍、就医及子女入学入园方面给予支持。《浦东新区人才子女入学入园实施办法》提出，安排在浦东工作或创业的"新世纪百千万人才工程"国家级人选、上海市和浦东新区领军人才、享受国务院特殊津贴专家、享受浦东新区学术休假津贴专家、金融机构高级管理人才、归国留学人员、企业博士后研究人员各类人才的子女入学入园。《浦东新区人才医疗和体检实施办法》规定，为在浦东工作或创业的"新世纪百千万人才工程"国家级人选、上海市和浦东新区领军人才、享受国务院特殊津贴专家、享受浦东新区学术休假津贴专家发放健康卡以上人员在特需门诊就医享受优先诊疗以及特需医疗保健服务。《浦东新区人才安居工程实施办法》规定，具有大学本科（含本科）以上学历、从其他省份来浦东工作和创业、与符合新区产业发展方向的企事业单位或社会团体签订了一年以上劳动（聘用）合同并符合相关条件的人员可入住人才公寓，享受不超过三年的房租补贴。《浦东新区支持博士后工作实施办法》规定，注册地和税收户管均在新区的单位每招收一名博士后，给予一次性补贴 10 万元。其中 6 万元用于博士后个人生活补贴，4 万元用于单位开展项目研究。对于为开展博士后创新实践项目研究、引入流动站博士后的单位，每个项目给予 3 万元资助，用于单位开展技术创新及科研项目研究。《上海市张江高科技园区激励自主创新人才发展的暂行办法及实施细则》规定，对区内的企事业单位中符合相关条件人员、曾获得"自主创新领军人才"称号的个人及从事国家"863""973"等国家级重大科技攻关项目研究的课题负责人的个人所得中年工资薪金和劳务所得形成功能区地方财力的部分给予 100% 的补贴；个人所得中来源于其所在企业的股权、期权、知识产权成果所得形成地方财力的部分每年给予 50% 的补贴。《浦东新区高层次归国留学人员住房补贴专项资金管理暂行办法》规定，符合条件的归国留学工作者可获得一次性住房补贴资助 14400 元；创业者分三年资助，每年一次性资助 14400 元，累计资助不超过 43200 元。《浦东新区激励自主创新科技人才扶持意见》指出，设立相关奖项并对符合相关条件的项目和企业给予人才资助；对符合条件的科研人员和领军人物所得形成新区财力的部分给予不同比例的补贴；解决科技人才的住房问题；鼓励自主创新领军人才到国外开展符合条件的学术研究活动并给予学术休假津贴；对相关人才子女就学、办理户籍手续、就医等方面提供便利。

3. 重庆两江新区

重庆两江新区提出"十百千万"的人才发展思路，到 2020 年将引进创新型人才 10 万名，总量达到 30 万名；吸纳大中专毕业生和实用技能人才 100 万名；引进和培育重点科技创新项目带头人 1000 名；引进和培育投资创业者 10000 名，产业人才迅速集聚。到 2015 年，重点产业人才资源总量达到 107.4 万名，占重点产业从业人员的比例达到 51%。到 2020 年，重点产业人才资源总量达到 161.11 万名，占重点产业从业人员的比例达到 55%；各类人才基本能够满足产业发展需要。到 2015 年，人才投资占 GDP 的比例达到 16%，全社会 R&D 经费支出占 GDP 的比例达到 3.2%；人才服务体系和人才体制机制初步建立。到 2020 年，人才投资占 GDP 的比例达到 19%，全社会 R&D 经费支出占 GDP 的比例达到 6%；人才工作体制机制更加完善，重庆成为西部地区最具吸引力的区域。

4. 兰州新区

2012 年 8 月，国务院批复同意设立兰州新区，兰州新区上升为国家战略层面新区。《兰州新区人才特区建设试点工作实施方案》推出了"333"人才引育计划，即五年内引进国家"千人计划"、"新世纪百千万人才工程"、领军人才 30 名以上；引进和培育掌握关键技术、引领产业发展的创新创业人才 300 名以上；引进和培育高技能人才 3000 名以上。兰州新区实施了"人才发展政策创新、人才集聚平台搭建、人才服务环境优化"三大工程，全面启动智库建设。智库包括政策法规与战略研究、经济发展、环境保护、人文社科等九个子库，智库成员覆盖经济、金融、法律、管理等宏观学科和规划、给排水、环保、土地资源管理等专业学科。凡事关兰州新区战略定位、发展方向等重大决策事项，智库成员都将提出专业意见。

四 结论与建议

通过对横琴新区人才情况调查、现有人才政策及其实施情况梳理及国内外人才工作成功经验及做法总结，不难发现，珠海市及横琴新区的人才政策及做法在全国都走在前列，甚至在国际上也具有领先性。横琴新区通过这些政策的实施，创新性地开展了人才工作，吸引了包括港澳企业在内的众多企业入驻，也吸引了一批高素质人才来横琴发展。未来五年，横琴新区将面临"新区"和"自贸区"带来的叠加机遇和挑战，也必须更加重视人才工作。新区管委会党群工作部适时提出梳理与总结五年来人才工作的经验和不足，以进一步做好未来五年的人才工作，具有很强的现实意义。

（一）研究结论

从本课题调研情况来看，目前新区人才工作存在以下问题：第一，现有人才尤其是高层次人才缺乏，无法对未来产业发展提供充足的智力保障；第二，虽然制定了一些具有前瞻性、领先性和竞争力的人才政策，但政策没有完全落地且受益面较窄，个别规定欠缺可操作性或与上位法冲突；第三，参与调查的人员很少在横琴新区购买住房，在一定程度上表明新区商品房的价格偏高，而且缺乏相应的生活配套设施；第四，薪酬水平对高层次人才而言不具有吸引力，很多受访者渴望企业在薪酬方面有进一步的完善措施；第五，高层次人才的子女随迁和配偶调动存在困难；第六，因为横琴新区成立的时间较短，医院、购物商场、娱乐中心相对缺乏，参与调查的高层次人才大部分认为新区内交通不便利，缺乏医疗、娱乐、购物场所，不能满足高层次人才日常看病、购物及娱乐方面的需求；第七，对有关高层次人才的引进政策及相关的优惠措施宣传力度不够，仅有小部分人知晓。

（二）完善横琴新区人才工作的建议

大量高素质、国际化的专业人才将成为促进未来新区产业升级和发展的主要力量，对进一步优化产业与人才的匹配度的意义重大。

1. 落实高层次创新人才的优惠政策

一是使高层次人才引进的优惠政策透明化。通过多种媒介（网站公告、公众微信、公众微博）将新区对高层次人才的优惠政策进行宣传，或是组织企业人力资源部门的负责人进行集中培训，并将优惠政策内容做成明白纸的形式，要求其在招聘的过程中向高层次人才表述和传达，让高层次人才对区内的人才优惠政策进行充分透彻的了解。二是大力支持企业积极引进高层次人才，给予引进企业一定的政府补助，直接降低企业引进高层次人才的门槛，减少企业的成本，促使企业有更多的动力进行引进。三是突出人才的实际使用价值。

建立相关的人才信息库、人才储备库，并给予相关人才及企业一定的扶持、补助，以解决高层次人才相对缺乏的问题。四是政府结合企业出台相应的政策，解决已引进的高层次人才的子女随迁、配偶工作和子女教育方面的问题，消除高层次人才的后顾之忧。

2. 完善人才引进机制

随着大量企业的落户，新区人才需求将大幅增长，尤其是中高级技术和管理人员将成为企业关注的重点。

一是加强创新型人才供求信息引导，以定性、定量的方式向全社会发布包括创新型人才在内的紧缺人才信息，吸引全国高层次创新型人才积极融入横琴新区的经济建设中来，指导企业大力引进各类紧缺的、高层次的创新型人才。二是鼓励和支持企业以兼职、顾问、合作等方式柔性引进高层次创新型人才和智力，并纳入相关人才政策的保障范围，拓宽企业柔性引才引智渠道。三是及时掌握企业对高层次创新型人才的需求，帮助企业及时引进高素质创新型人才，为企业提供方便快捷、优质高效的服务。通过大力扶持和政策性倾斜，大力改善人才环境，提升人才能级。四是实时了解高层次人才的需求状况。横琴新区政府相关部门在下一步的工作中应加大针对高层次人才需求及企业对高层次人才相关政策的调研力度，实时了解高层次人才的需求，第一时间发现存在的问题，并针对存在的问题做出相对完善或整改。例如目前高层次人才普遍认为企业薪酬有待提高，政府相关部门可以通过调查了解企业的薪酬设计体系，引导和督促企业完善薪酬绩效考核体系和人才激励机制，注重人力资本对企业发展的重要性，制定相应的激励措施，激发员工的工作热情，在留住老员工的同时，吸引新员工加盟。

3. 政府牵头建立资源平台

要吸引来自全球的各类优秀人才，特别是国内的管理人才和技术人才，不仅需要企业主动出击、积极接触，也需要政府通过建立一些资源和信息平台，从而更好地解决人才需求问题。

第一，信息平台。建议管委会成立大数据工作机构，与相关院所合作对人才领域的大数据公共服务平台进行顶层设计，为产业人才结构优化提供准确无误的信息。此外，将各类人才的招聘信息集中起来，发布到网络平台或大型招聘活动上，这样企业可以通过平台收集到相应的人才信息，比企业自己四处撒网、招聘人才所产生的效果和影响力都强得多。另外，依靠价格杠杆调节人才余缺，促使珠海市乃至广东省相关人才现有存量向区内转移，同时从境内外引入高端人才，优化产业人才结构。

第二，政策平台。有时候，政府推出了很有效的人才政策，但企业和个人未能及时了解。通过构建政策平台，让企业和个人能够及时获知并全面了解相关政策，这样才能给企业和人才带来实质的好处。

第三，资源平台。政府在帮助企业吸引人才的同时，也可以帮助新区构建一个商业生态圈，吸引从产业上游到下游的各种企业。以金融行业为例，金融行业平台在吸引金融企业和人才的同时，也能够吸引为金融产业服务的IT、公关媒体等相关企业和人才。企业可以通过这个平台及时了解该生态圈目前的状况，发掘客户和供应商，个人可以通过这个平台了解该生态圈的发展现状和前景，为个人职业规划提供依据。这样，商业生态圈就会成为一个可供企业和个人共享的高效资源平台。

4. 借鉴港澳经验，重视人才培训与发展

香港和澳门政府一直高度重视人才培训与发展。香港专门成立了职业训练局，每两年对各行业从业人员技术状况和需求做一次调查。政府据此制订人才培训计划，确保香港各行业有足够的受训职业技术人才。澳门政府设立了人才发展委员会，构思并制订了精英培养计划、专才激励计划及应用人才促进计划，研究设立鼓励人才留澳及回澳的机制，构建澳门人才培养的长效机制。横琴新区毗邻港澳，有相近的自然和人文环境，有借鉴港澳人才工作的条件和基础。横琴新区也可引进一些专业的、有影响力的教育培训和职业技能培训机构，提高企业员工的职业化程度和专业水平，使其成为其他地区不可比拟的特殊资源优势。

5. 发挥毗邻港澳的优势，促进与港澳的人才合作

自贸区服务业扩大开放的措施有："允许设立中外合资人才中介机构"，"允许港澳服务提供者设立独资人才中介机构"。这些人才中介机构在境外拥有大量资源，其入驻自贸区意味着无论是企业向海外招聘，还是外资企业在内地招聘，都便利了不少。

此外，横琴新区在产业发展方面也紧贴港澳的发展走向，重点发展金融服务、商务服务和休闲旅游等高端服务业，而港澳在这方面已经集聚了众多国际

性人才，横琴新区若能通过一系列优惠措施吸引来自港澳的高端服务业人才加盟，无疑会使新区的发展事半功倍。

6. 加大对高端服务业人才的引进力度

广东人大委员、暨南大学经济学院杨英教授 2014 年 7 月撰文称，前海、横琴、南沙的产业发展定位过宽，发展特色不够突出，区域间在定位目标和发展重点上有些重合，存在一定程度的功能替代和同质竞争问题，容易造成重复建设和资源浪费。横琴新区应重点发展商务服务、金融服务、休闲旅游、文化创意、科教研发、高新技术和中医药等现代化服务业。

最先公开呼吁横琴设立自贸区的拱北海关缉私局横琴分局主任科员吴满平也提出："比金融创新横琴拼不过前海，比研发制造和外贸额拼不过南沙，比保税展示又拼不过白云空港区域。"吴满平建议，横琴新区的比较优势是地理上与港澳毗邻，要争取融入粤港澳优质生活圈，在通关便利、旅游购物、娱乐休闲方面多做文章。"今后，横琴新区的主导产业依然是高端服务业，包括商务服务、金融服务、文化创意、科教研发、休闲旅游、中医保健、高新技术，等等。"横琴新区管委会主任牛敬也回应说，横琴新区没有上海自贸区和广东南沙那样的加工制造业、物流业基础，更多地要在服务贸易开放方面探索出新路子。因此，未来新区在人才引进方面，势必要加大高端服务业人才的引进力度。

7. 进一步完善公共基础设施，解决生活、购物、休闲问题

可以由横琴新区管委会牵头，通过减免税收、租金补贴、加大基础设施投入等相应措施，吸引大型购物、餐饮、娱乐中心落户新区，逐步形成休闲购物商业圈，满足目前新区内高层次人才的购物休闲需求，同时也可以有效刺激区内消费，促进相关产业的聚集，促进新区经济的快速发展；针对交通不便利的问题，首先应加大对公共基础设施的投入，拓宽现有道路或新修公路，加大对区内公交车辆的配备，增加公交车营运班次，对于住宿地点距离工作地点较远的企业，可以采用交通补贴的形式，鼓励企业配备通勤班车，方便区内人员出行。

8. 完善薪酬制度，接轨"国际工资"

薪酬作为吸引人才和激励人才的一个重要方面，其作用不容忽视。横琴自贸试验区挂牌成立后，横琴将积极配合澳门建设世界休闲旅游中心和与葡语系国家的国际贸易平台，并深入推进粤港澳服务贸易自由化，进一步取消或放宽对港澳投资者的资质要求、股比限制、经营范围等准入限制，重点在金融服

务、商贸服务、信息服务、专业服务、科技文化服务、工业设计、社会公共服务和休闲度假等领域取得突破。随着与港澳的联系和合作更加紧密，横琴新区的国际化水平将不断提高，区内企业相关岗位高端人才的薪酬水平也应与港澳接轨。

9. 提供多样化的福利产品，营造新区良好的用人环境

随着"80后""90后"员工逐渐成为企业的主力军，仅靠薪酬吸引和保留人才已不能成为唯一有效的措施，非经济薪酬的作用越来越不能小觑，尤其是福利项目。"80后""90后"员工会更加在意所在企业提供福利的贴心程度，除了薪酬，他们更愿意和家人、朋友分享所在企业在福利和员工关系管理方面的优势。横琴新区拥有特殊的地理位置，区内人员可以享受到很多理想的福利产品，如价格优惠的出境旅游项目、增值空间更大的金融产品、理财服务、外资商业健康医疗保险等均可起到相当不错的激励作用。

10. 健全人才法规体系，发挥用人单位在政策制度的解释和落实工作上的作用，进一步优化创业环境、通过品牌产业吸引人才

详见前述研究内容之二"横琴新区人才政策分析"中的改进建议。

11. 关注和鼓励科研创新，重视科技成果转化成为生产力

由珠海市政府和横琴新区管委会出台"科技创新培养计划"，为新成立的科技公司提供较大比例的运营开支，并且委托富有经验的科技企业经理为新公司提供管理支持；政府与相关部门还可扶持高科技与高风险公司挂牌上市，方便他们筹措资金；资助公司、研究机构、大学在研发方面进行合作；鼓励企业进行风险投资，用于风险投资的资金享有免税权，管理风险资金的公司可以享有让税的优惠。创造一个有利于科技企业家成长的环境，并吸引各类专业人才来横琴就业。

12. 创新横琴新区职称政策，推进职业资格互认制度

组建横琴新区工程技术高级职称评价委员会，制定、实施符合新区人才队伍建设特点和要求的职称评审政策，率先在新区探索和建立与国际接轨的人才评价机制和职业资格认证体系。对新区引进的国内外高层次人才，打破常规，不受时间、资历和岗位职数限制，可直接报评高级职称；为重点吸引港澳的各类人才及服务机构来珠海发展，加快引进国际先进职业标准和认证体系，会同港澳相关机构探索构建职业资格的双向互认或多向互认制度。

珠海高校学生对珠海的认同感与留珠就业意向相关性的调研分析[*]

杨 芳

一 研究设计及内容

（一）概念界定

结合大学生这个群体的特点，本文在研究中将做如下概念界定。

珠海高校学生是指在珠海各大高校就读的学生。高校包括中山大学珠海校区、暨南大学珠海校区、北京师范大学珠海分校、北京理工大学珠海学院、吉林大学珠海学院、遵义医学院珠海校区、广东科学技术职业学院、北京师范大学－香港浸会大学联合国际学院（UIC）、珠海城市职业技术学院和珠海艺术职业学院等多所院校。

珠海高校学生对珠海的认同感是指珠海高校学生对珠海这座城市的生活环境、工作及生活方式、城市文化、城市价值观及理念等的认可、向往，以及对珠海这座城市的总体印象和评价。

留珠意向是指珠海高校学生在毕业之后留在珠海工作和生活的意愿。

（二）研究内容

目前的高校学生绝大多数是 1990 年后出生的，被称为"90 后"，年龄集中在 18～24 岁。"90 后"多为独生子女，成长过程中物质条件较好，环境宽松，集中了全家的情感投入，一般都接受了较好的教育。他们从小就在现代社

---

[*] 课题负责人：杨芳；课题组成员：盛小丰、张蔚鸽、汪洋；所在单位：北京理工大学珠海学院。

会的传媒环境中不断地接触新鲜事物，接受中外文化的共同洗礼，总体上表现出个性张扬、乐于表现、目标明确、意识客观的特点。"90后"在进入高校后接受高等教育，能够在日常的生活中同来自全国各地的年轻人共同生活、相互交流。而且他们对网络、智能手机等现代通信和交流工具非常熟悉并运用自如，能够通过各种渠道及时获取各种信息，这使他们对社会有自己的独立见解，自我意识和独立性进一步增强，注重自我发展，个性更加凸显。"90后"更注重自我价值的体现，其价值观呈现出多元化，推崇的消费理念、认可的文化、向往的职业、追求的生活方式同"70后""80后"有着明显的区别，因而在对外界事物是否产生认同感方面也有着显著的差异。在对未来的选择和规划上，由于"90后"年龄和阅历的限制，在一定程度上会受到父母意见及其他外界因素的影响，但他们更愿意遵从自己内心深处的想法和意愿。

由于地理位置及招生范围的特殊性，珠海高校学生多为广东省内的户籍，他们从小就在广东省这个经济较为发达的地区经受着市场经济发展的冲击，经济观念较强。由于广东省的文化较为多元，包含多种地区文化，如粤中的广府文化、粤西的闽南文化、粤东的客家文化等，各地区的地域文化观念较深，再加上本地语言的独特性和复杂性，广东省内的学生到省外高校就读的比例较低，而大部分学生更愿意选择在省内的高校就读，从而毕业时也尽可能地选择在省内的地区就业，特别是珠三角经济发达地区。而这些因素都会对珠海高校学生是否对珠海产生认同感、愿意在此就业并长期生活下去产生非常大的影响。

1. 珠海大学生对珠海城市认同感的测量

基于以上分析，本项目将主要从四个维度对珠海高校学生对珠海的城市认同感进行测量（见表1）。

表1　测量珠海高校学生对珠海城市认同感的四个维度

客观评价	我觉得珠海是座很不错的城市
	我觉得珠海很有发展潜力
	我喜欢珠海这座城市
	我觉得我很适合在珠海生活

续表

总体依恋	我觉得我属于珠海这座城市
	如果毕业要离开珠海,我会恋恋不舍
	每次回到珠海我都会有很熟悉的感觉
	我希望成为一个珠海人
亲近感	能来珠海上大学很幸运
	当有人夸珠海时,我觉得很自豪
	我希望珠海发展得越来越好
承诺	我会努力了解更多珠海的有关信息
	我会通过自己的努力积极融入珠海的生活
	我会推荐朋友来珠海游玩、工作或生活

2. 珠海大学生留珠工作意向的调研

研究假设：珠海大学生对珠海这座城市的认同是他们留在这里工作、生活的动力。对珠海的城市认同感越强，珠海对他们的吸引力就越大，个人留在珠海就业的意愿也就会越强。珠海大学生对珠海的城市认同感与其留珠工作意向正相关。

3. 影响珠海大学生留珠工作意向的因素调研

根据珠海市大学生的群体特点，对其留珠工作意向影响因素的调研主要从以下几个方面展开。

（1）个人社会关系网络。

社会关系网络是指学生个人的亲情关系、友情关系、爱情关系及其他社交关系所形成的人际交往网络，如父母、亲戚、同学、朋友、恋爱对象等所处的地区和他们的想法都会对学生个人的工作意向城市有一定程度的影响。学生的个人社会关系网络同珠海的联系越紧密，学生留在珠海工作、生活的意愿可能就会越强。

（2）个人—城市匹配。

个人—城市匹配是指学生的个人特征与城市特征的匹配度。学生在个人的性格特点、生活习惯、职业发展定位、知识修养、技能素质等方面表现出的特征各不相同，这些特征与珠海的城市定位、生活节奏、文化习俗、环境设施等方面会相符或者产生冲突。两者之间的匹配程度会对学生留在珠海工作、生活的意愿产生一定的影响。

（3）城市认知。

城市认知是指学生对城市的感觉、记忆、想象的总和，包括学生从不同渠道获得的关于城市方方面面的信息所形成的印象和在珠海的求学过程中留下的情感记忆。学生对珠海的认同往往会受到之前的一些刻板印象的影响，对珠海更深入、更全面的了解将在一定程度上改变即成的刻板印象，学生留在珠海工作、生活的意愿可能就会增强。

（4）城市吸引力。

城市吸引力是指珠海在城市服务、城市环境、城市文化、城市活力等方面表现出的吸引力。城市服务包括城市在交通、通信、医疗、卫生、教育、养老等方面的便利与保障程度；城市环境包括珠海的绿化整洁美感度及休闲场所（公园、景区等）、文化场所（图书馆、艺术馆等）、消费购物娱乐场所等的完善程度；城市文化包括珠海的历史文化、地域文化、语言文化、价值观念、消费文化、开放与创新程度等方面；城市活力包括珠海的经济实力和地位、城市规模、产业结构、科技和创新氛围、就业机会、薪酬水平、生活成本、城市责任等方面。珠海的城市吸引力在很大程度上影响着学生的留珠工作意向。

4. 问卷设计及编制

本文的问卷以 Lalli 编制的城市认同感问卷为基础，结合国内各学者、各地区对外来务工人员的城市认同感调查问卷，以及深圳等城市的市民城市认同感调查问卷内容，根据珠海高校学生的群体特点，在原有问卷内容的基础上增加、删减和调整调研项目设计而成。样本根据性别、学校、专业、年级、入校前户口所在地等基本特征进行区分。其中根据珠海各高校专业数量将专业归集为五类，将学生入校前户口所在地归集为三类。

5. 问卷发放及回收

本次问卷共发放 400 份，回收 383 份，有效问卷 327 份，调研对象涵盖珠海十所高校各专业的四个年级。调研时间为 2015 年 3 ~ 5 月。调研样本分布合理，符合统计条件。

二 调研结果分析

（一）城市认同感现状

在调查问卷设计中，对认同感的测量共有 14 个选项。通过因子分析，该问卷具有良好的信度和效度，可以较好地呈现调研内容，可以作为正式的珠海大学生城市认同感的测量问卷。

根据问卷结果，目前珠海大学生对珠海的城市认同感并不高（均值仅为3.0460），处于中等水平。通过差异性分析，男、女大学生的城市认同感并无明显差异（sig 为 0.868）；不同年级之间的认同感差异也不显著，只有大一与大四的认同感差异稍大，这与学生来珠海时间长短及其对珠海的熟悉程度有关；不同专业的认同感差异并不显著，只有理工类同其他学科的差异稍大（理工类的认同感均值最高），这与珠海各大学的专业设置中理工科专业整体偏少而导致理工类人才需求量大有关；学生原户籍地导致的认同感差异显著，珠海本地户籍大学生认同感最高（均值为 4.1104），而省外户籍大学生认同感最低（均值为 2.8866），调研结果与实际情况相符，本地户籍大学生在各方面对珠海的高熟悉度和对出生地的认可产生了较高的城市认同感，省外户籍大学生则受到文化理念、地域环境、生活方式等各方面因素的制约而呈现出较低的城市认同感。

（二）留珠意向

调研结果显示，有 9.48% 的学生毕业以后非常希望留在珠海工作生活，统计均值为 2.8410（在进行认同感与留珠意向相关性分析时，按意愿程度从小到大划分为 1~5 级），可见整体珠海大学生留珠意向偏低。

（三）城市认同感同留珠意向的相关关系

根据调研结果数据分析，珠海大学生的城市认同感与其留珠意向呈明显的正相关关系。珠海大学生的城市认同感越高，其毕业之后留在珠海工作、生活的倾向就越大。如果想要增强珠海大学生的留珠意向，使更多的珠海大学生毕业之后留在珠海，使之成为珠海发展的人才储备力量，则应考虑通过更多的途径和方法进一步提高珠海大学生的城市认同感。

（四）影响珠海大学生留珠意向的因素分析

1. 个人社会关系网络

大学生就读期间的个人社会关系的建立更多地基于自己的校园环境，与同学、朋友有关，同时受到亲人的影响。从调研中发现，42.15%的大学生认为大学经历会在很大程度上影响自身对珠海的城市感受，而12.54%的大学生认为这种影响非常大；42.81%的大学生有较大可能性会因为亲人、朋友或恋人的意愿而决定是否留在珠海工作、生活，12.84%的大学生选择了一定会；51.68%的大学生在珠海有一定数量的亲戚或朋友，有非常多和比较多在珠亲友的大学生比例分别为5.2%和21.71%。根据交叉分析，当学生在珠海的亲朋好友越多时，其留珠意愿就越强（按照亲朋好友数量从高到低排列，希望和比较希望留珠的比例之和依次为75.0%、58.34%、45.0%、39.7%、33.52%）。由此可见大学生在珠海的个人社会关系网络对其毕业后的留珠意向有着明显的影响。为增强珠海大学生毕业后的留珠意向，应在强化大学生在珠个人社会关系网络方面给予关注并提出相应的解决方案。

2. 个人—城市匹配

63%的学生在个人喜欢的生活方式中选择了"自由、创新、充满挑战和不断有变化"的选项，说明"90后"大学生对于生活方式的喜好已经同"70后""80后"的大学生有着比较大的不同。大部分的"90后"大学生不喜欢一成不变的生活，希望生活能够有更多的新意，有挑战性，以体现自身的价值。55.35%的大学生认为珠海的生活节奏一般，25.99%的大学生认为珠海的生活节奏比较慢，37.92%的大学生认为珠海的生活方式和自己所向往的非常相似或比较相似，54.13%的大学生认为自己非常适合或比较适合在珠海生活。根据交叉分析，当大学生认为珠海的生活方式和自己向往的越相似，留珠意向就越强（选择非常相似的大学生中非常希望留在珠海的大学生比例为41.18%，而选择完全不一致的大学生中非常希望留在珠海的大学生比例仅为6.25%，该比例基本保持从高到低依次递减的趋势）。当大学生认为自己非常适合或比较适合在珠海生活时，非常希望和比较希望留在珠海的比例之和分别为 86% 和 52%，而当大学生认为自己不太适合或完全不适合在珠海生活时，选择不希望和非常不希望留在珠海的比例之和分别为 80% 和 100%。通过分析可以看出，大学生与珠海的城市匹配度越高，留珠的意向就越显著，反之则更加倾向于离开珠海。

3. 城市认知

对珠海的地理位置和环境不太熟悉的大学生比例达到了 46.79%，而选择完全不熟悉的学生比例接近 3.5%，这主要与大学生的年级有关，高年级的大学生对珠海的熟悉程度相对较高。对于珠海的发展历史和现状，28.14% 的大学生表示不太了解或非常不了解，了解程度一般的大学生比例为 43.12%。对于珠海的本地企业，只有 16.52% 的大学生对珠海的企业知道得较多或非常多，了解比较少的大学生比例达 34.86%。通过交叉分析，当大学生认为自己对珠海越了解时，留珠意向就越强。

在对珠海的印象的选项中，"城市环境优美""毗邻港澳""生活悠闲""有发展潜力"这四个选项位列前四，比例分别为 69.11%、69.11%、67.89%、51.68%。在珠海的城市文化选项中，"自由""包容""开放"位列前三，比例分别为 52.29%、45.57%、43.12%。总体来看，珠海大学生对珠海的城市认知并不是很深入，不管是城市历史、发展现状还是本地企业等方面都更趋近于表面认识和基本印象判断。在文化方面，传统的"浪漫珠海""时尚之都"的打造在目前珠海大学生的认知中并没有形成深刻的印象，而对于"自由""开放"的感受更加明显。

根据以上现状，珠海城市的整体形象还没有在当前的大学生群体中形成很明确的城市品牌效应。除了少数珠海本地的大学生外，其余的大学生在一定程度上既不了解珠海的以前，也不了解珠海的现在，并没有真正融入珠海的本地生活中，城市市民身份意识明显较低。因此，为了提升珠海大学生的留珠意向，应进一步深化学生群体的城市认知，将塑造珠海城市形象、打造城市品牌的方式同学生的认知渠道和方式联系起来，利用好大学校园以及周边地区的环境平台。

4. 城市吸引力

在选择就业方向时，选择外企就业的大学生比例最高，为 43.43%，排在第二位和第三位的分别是事业单位和国企。但从调研数据中发现，选择自由职业和创业的大学生数量也比较多，说明"90后"大学生在传统的就业方向之外有了更多创业的热情。对于珠海的就业机会，认为适合自身的就业机会"一般"的比例高达55.05%，认为"较少"的比例达到了28.13%，过半同学认为珠海没有太强的吸引力。

54.43%的大学生认为珠海的经济实力一般，认为珠海经济实力较弱的比例为25.69%。在珠海的城市知名度问题上，总体认为珠海的城市知名度还是比较高的，特别是城市整体生活环境，超过70%的大学生认为较好或很好。面对城市生活成本，大多数大学生认为珠海的生活成本较高，压力较大，特别是在房价、消费水平等方面；认为交通、医疗等方面的费用也比较高，特别是出行不太方便，这与大学生出行时的感受相关。

在娱乐休闲方式方面，排名前三的是看电影、吃美食和购物，运动、本地游玩、唱K和上网也是选择较多的。大学生对珠海的购物消费场所和休闲场所总体反映较好，认为选择较多，比较适合，但对图书馆、博物馆等公共场所反映较差。在本地的代表性游玩地点的选择中，选择长隆公园的比例高达64.83%，超过珠海渔女（57.8%）。这也说明游乐性比较强的景点对学生更具吸引力。

认为珠海政府在公共服务意识和水平方面表现较好和非常好的比例总和为39.45%，51.07%的大学生认为一般；在珠海政府为大学生提供服务的相关政策和措施方面，有21.1%的大学生选择了"不知道，没印象"，50%的大学生了解得较少。这整体说明珠海政府的公共服务水平在大学生心目中的印象还是比较好的，但是在跟大学生切身相关的政策方面大学生感受不深。目前珠海政府针对高校学生出台了众多的支持政策和措施，如何让更多的学生知晓和深入地了解这些政策是接下来政府要积极宣传的方向。

5. 小结

在"你毕业之后可能不选择留在珠海工作、生活的最主要原因"问题上，按比例高低排序的选项依次是"个人就业和发展机会""薪酬水平""房价""消费水平""生活方式""城市经济发展水平""朋友圈"。其余选项表现较为分散。根据对以上几个方面的因素分析，总体可以看出受制于珠海目前的就业发展环境和企业平台，大学生在一定程度上认为同珠海周边的广州、深圳等一线城市比起来，个人的发展机会相对较少，而珠海的高房价、高消费相对于珠海并不匹配的薪酬水平来说，生活压力还是较大的。有大学生反映，横向比较而言，珠海同中山、佛山等城市相比，其吸引力并没有那么强。同时，珠海良好的生活环境、较大的发展潜力、适当的生活节奏和相对人文的生活方式对于一部分大学生而言也是其留在珠海工作、生活的非常重要的原因。因此，发挥珠海的城市优势，弥补存在的不足，解决大学生关心和亟须解决的核心问题，将会在未来一段时间内逐步增强珠海大学生留在珠海工作、生活的信心和意愿，使这个群体能够发挥所长，成为珠海最具竞争力的核心优势。

三 提升珠海高校学生留珠意向的途径

（一）珠海高校毕业生留珠就业现状

2011年，珠海高校毕业生人数为22941人，留珠人数为2130人，仅占当年毕业生总数的9.28%。2014年，根据珠海各高校毕业生质量报告公布的数据，北京理工大学珠海学院的4619名毕业生中首次就业选择留在珠海的有1080人，占比为23.38%，与2013年（24.0%）相比略有下降；北京师范大学珠海分校的同一数据为20.5%，与2013年（17.2%）相比有所上升；吉林大学珠海学院、UIC和暨南大学珠海校区的数据分别为14.74%、14.9%和4.64%。总体来说，目前珠海的高校毕业生中留在珠海工作的人数比例较之前有所提高，但提高幅度有限，情况不容乐观。值得注意的是，《2014年广东省高校毕业生就业质量年度报告》的数据显示，2014年广东省各院校（含研究生培养单位）应届毕业生有45.95万人，流向珠海的就业人数为13243人，仅占总人数的2.9%，这也从另一个侧面说明愿意选择留在珠海就业的大学毕业生并不是很多，珠海对高校毕业生而言吸引力不足。

（二）提升珠海高校学生留珠意向的途径

1. 增强城市体验，深化城市感知

大学生活丰富多彩，校园生活和城市经历都会对大学生毕业之后的选择产

生重要影响。除了在校园里度过的时间外，在城市中的见闻也会使大学生对城市具有独有的体验和感知。他们在这座城市的所见、所闻、所识、所想，综合形成对珠海这座城市的印象。根据珠海大学生的家庭背景资料信息，"90后"大学生家庭条件普遍较好，有一定的消费能力。除了上网这个基本的选择之外，购物、运动、看电影、吃美食、集体游玩都是珠海大学生度过休闲时间的方式。在走过街道时，他们会看到珠海的环境风貌；在购物消费时，他们会了解珠海的消费水平和生活成本；在看电影、吃美食时，他们会找到珠海餐饮休闲的好去处；在集体出游时，他们会知道珠海的交通位置和公共服务；在参观艺术场馆时，他们会了解珠海的历史，感受珠海的文化气息。这些是他们融入珠海的方式，也是可以使他们深化城市感知、增强城市认同感，进而增强他们毕业后选择留在珠海工作的意向的途径选择。

（1）改善出行条件。

城市体验的第一步是走出校园、融入城市，出行的便利是重要条件之一。出行不便是珠海各高校目前普遍面临的一个问题。以唐家湾为例，周围有北京理工大学珠海学院、北京师范大学珠海分校、中山大学珠海校区、UIC等几所学校，在广珠轻轨开通之前，学生去珠海其他区域的出行方式非常有限。公交线路少，班次少，周末和节假日出行时车上十分拥挤，很多学生宁愿宅在宿舍，这无疑大大降低了他们感知城市的可能性，也会给学生留下"珠海出行不方便"的负面印象。调研数据也显示，多数同学反映珠海的交通不太方便，对珠海的地理方位并不是很熟悉。轻轨开通后，这种情况在一定程度上有所好转，但也仅仅是部分解决了从唐家湾到拱北区域的交通问题。吉林大学珠海学院、珠海城市职业技术学院等学校由于位于珠海西部区域，离目前的市区距离较远，交通不方便的问题则更为突出。因此，通过合理的规划来解决各高校的出行问题，是打造全新城市体验的第一步。

具体实施可以选择从以下几个方面进行。

第一，增加区域出行公交路线和班次。珠海高校主要集中在两个区域，除了使目前已有的主要公交线路增加班次、适当延长运行时间外，应新开通一些高校直达珠海市各主要区域的公交路线。珠海的学生人数较多，直达公交一方面可以解决学生出行难问题，另一方面也可以让学生走进珠海的更多区域，熟悉珠海的城市风貌。

第二，丰富出行工具。充分利用市区已经建设好的绿道，对于路途较短的出行鼓励学生骑行，沿途规划建设休息处和微景区。同时有效利用即将建成和正在规划建设的城市电轨车，使城市绿道、公交与电轨车实现站点的无缝衔接，进一步提升学生对便利出行的感知。

第三，降低出行成本。调研发现，很多大学生反映珠海的出行成本比较高。目前国内很多城市都对大学生乘坐交通工具有价格优惠，如北京对大学生实施公交优惠政策，刷学生卡可以享受原票价两折的价格，优惠幅度很大。而珠海的大学生只能办理和普通市民一样的公交卡，刷卡没有额外优惠，这也是令大学生不满的一个问题。应该提高大学生刷卡出行的优惠幅度，以中小学学生卡的优惠幅度为参考标准。具体操作上可以单独开设大学生优惠卡，也可以将各高校的学生卡直接与公交系统（包括公交车和电轨车）连接，未来还可以考虑将"珠海大学一卡通"的理念从校内延伸到城市再延伸到珠三角主要地区的出行与消费等方面。这样既可以充分体现珠海城市公共服务的领先性，又可以增强珠海大学生的身份认可感和自豪感，有效提高对珠海的城市认同感。

（2）完善城市宣传。

珠海在2012年提出"蓝色珠海，科学崛起"战略，推动珠海走科学发展新路。中央对珠海的发展给予了高度重视，随着整个西部区域的产业推进和横琴新区的火热开发，加上港珠澳大桥开通指日可待，珠海未来的发展潜力是无穷的。同时，珠海被中国社科院评为"中国最宜居城市"，被麦肯锡评为"中国可持续发展城市"第一名，是"2014中国最具幸福感城市"之一。珠海正在努力打造的城市气质——"珠海蓝"，是"美丽珠海""人文珠海""浪漫珠海""幸福珠海""蓝色经济带"的综合体现。城市发展蓝图的宣传和普及对增强市民城市认同、提升凝聚力有着明显的推动作用，对于大学生群体而言同样如此。

在调研中发现，多数大学生对珠海的城市发展历史和现状并不十分了解，对"蓝色珠海"这个城市形象关键词印象不深，甚至从来没有听说过，对于到底什么是"蓝色珠海"、珠海未来的发展蓝图和实施规划、珠海正在大力发展的产业与自己所学专业的联系、未来可选择就职的行业及企业等方面的内容都不十分清楚。这在很大程度上影响了大学生对城市的认知和毕业后选择留在珠海就业的可能性。因此，针对大学生的城市宣传是提升大学生城市认同感的必不可少的一个途径。

具体措施包括以下几个方面。

第一，政府进校园。珠海政府部门可以通过和学校合作，利用好学校的公共空间和场所，长期进行户外、室内的标志性宣传；利用标语、横幅、图片、视频等形式，让学生在日常生活中能够获取和了解一定量的关于珠海的各种信息，强化珠海的存在感。政府部门人员代表到各高校定期开展一些有关珠海的讲座，这也是很好的宣传方式之一。

第二，多媒体宣传。在新媒体时代，学生接触信息的渠道更为丰富，如学校附近的公交站台、学校电台、学生杂志、学校网络平台、手机 APP，都是学生接触最多的有效宣传媒介。充分利用好这些学生熟悉的和依赖度较高的宣传平台，如 QQ、微博、微信、人人网等，开展社交化的城市宣传，介绍珠海的发展规划和相关政策、产业园区和优秀企业、历史故事和人文风情以及游玩和餐饮消费等各方面的信息，让大学生看到整个珠海的面貌，使他们对珠海有更全面的了解和认知，改变他们对珠海片面、单一的印象。

第三，设立大学生开放日。珠海市通过与学校机构或社团组织合作，设立定期专门面向各高校大学生的开放日，通过与政府直接对话近距离地了解珠海的动态。到宣传部门进行现场参观、听讲解和直接问答，到珠海各代表产业区参观等都是可以选择的方式。在调研中有大学生反映，学校曾组织学生到横琴新区十字门中央商务区进行参观，在直观地感受横琴的发展变化以及未来的巨大潜力之后大多改变了以前对横琴以至珠海的印象，并表示愿意将珠海作为未来就业的备选城市之一。可见，通过政府的力量和平台让城市直接与学生面对面，有权威性，可信度高，也会让大学生对珠海政府产生好感，这一点对于受过高等教育的高素质人才来说尤其重要。

第四，搭建意见反馈平台。单向的宣传效果是有限的，现代的有效传播方式更注重互动。利用新媒体渠道建立政府官方意见反馈平台，专门针对大学生来收集意见和建议，可以在第一时间更直接地了解大学生对城市的所知所想。对于学生的意见和建议能够给予高度重视和及时反馈，这种体验会让他们更愿意关心和关注有关珠海的相关信息和大小事件，也能够与他们的价值体验联系在一起，进一步增强对城市的认同感。

（3）有效利用赛事活动。

相关部门可以通过和各高校合作，多举办珠海市级别的各种比赛，鼓励大学生参与。关于珠海发展规划实施过程中的具体策略可以通过举办比赛的形式征集优秀的想法和创意。不同专业的大学生都有自身的优势，工科的大学生可以提供具体的科研实体产品，将其运用到公共设施提供和服务中，商科的大学生可以为城市的产业发展提供推广策划方案，文法科的大学生可以为城市地方政策的制定献计献策等。

参加比赛是大学生熟悉和热衷参与的一种学习方式，各种级别的专业比赛在珠海各高校都得到了高度重视，参与积极性普遍较高，比赛成绩普遍较好。利用好这个平台，一方面确实能够拓宽珠海市政府获取发展意见的渠道，另一方面也可以使珠海各高校的大学生更加关注珠海的变化，关心珠海的发展，增加对珠海认知的兴趣，以一个珠海人的身份进行思考和言行，增强对"珠海人"这个身份的认同。

珠海斗门区政府2013年曾组织过针对高校的农产品营销推广大赛，借用大学生的创意和智慧为地区农产品的推广征集优秀实施方案。比赛在各高校中的反响热烈，效果显著，一方面让斗门区政府有所收获，另一方面也促进了各高校学生对斗门地区的了解和认识。位于唐家湾区域的很多大学生表示以前几乎不了解斗门，认为斗门就是珠海的郊区，很落后，通过比赛才知道原来斗门有很多值得去的地方和优秀的产品，对斗门区的印象整体发生改变。目前，珠海市类似的比赛并不多见，已举办的赛事活动在前后期的宣传也不到位，以致成效不明显。赛事活动形式的有效利用是增强大学生城市认同感的有力武器。

2. 打造城市魅力，增强珠海吸引力

（1）创造更多就业机会。

调研显示，影响珠海大学生留珠工作意愿的首要因素是珠海的就业机会相对较少，没有形成产业集群效应，看不到职业发展的空间。多数学生之所以会倾向毕业后选择到相邻的广州、深圳等地工作，一方面是因为广州和深圳本身是广东省内的大城市，多数广东省内生源的学生能够很好地适应其城市文化和生活方式；另一方面则是由于广州和深圳有良好的经济发展环境，就业机会更多，职业发展空间更大，可以更快地接触到各行业的发展前沿，因而形成了大学生喜欢的"机会多、平台多、朋友多"的工作、生活氛围。因此，在目前的产业引入和发展政策的基础上，要引导更多的高新技术产业、高端服务业、电子商务产业、文化创意产业、现代物流产业等企业入驻珠海，打造标志性产业园，形成区域产业集群效应，使之成为珠海的经济发展标志，让珠海高校毕业生能够在珠海发挥自己的专业所学，既能够满足基本的就业生活所需，也能看到未来发展的可能性，实现自身的价值。目前珠海各高校的专业设置完备，文理结合，各有所长，能够满足和适应各现代产业的人才需求。

一是利用好各传播渠道。加大对珠海现有企业和产业园区的宣传力度，定期举行大型的企业联合招聘和宣讲会，让学生了解珠海的优秀企业数量也很多，其中有很多可以作为将来的就业选择对象。这对学生、学校、企业、政府、社会来说是共赢的事情。

二是促使校企搭建合作平台。实现企业到校园的直接衔接，对于珠海的优秀企业和大型企业来说，可以在一定程度上实现定制式的专业学习，避免"企业招不到人、学生找不到工作"的两难局面。

三是加大鼓励珠海企业录用本地大学生的政策支持力度。通过一定量的直接补贴或税收优惠，企业才会有持续的动力将本地大学生作为重要的人力资源进行招聘和人才培养。珠海各高校有大量的优秀人才，被企业录用后口碑普遍较好，而以往毕业的学生在企业工作后也往往会推荐自己的学弟学妹来企业工作，有的企业直接来学校招聘，形成良性循环。

以上措施的实施应是一个持久的过程，对改变珠海大学生城市就业印象的效应会逐渐得以显现。

（2）提供创业支持。

调研发现，创业、自由职业是珠海大学生未来职业类型中选择较多的选项。很多学生希望毕业后能够选择更为自由的从业方式，不喜欢朝九晚五的枯燥工作模式。"90后"大学生更倾向于关注自我，不希望生活一成不变，向往更为自由和有创造力的生活方式，希望自身的价值得到更好的体现，不想一辈子给别人打工。广东省一直以来就有经商贸易的经济环境和传统，很多省内生源的学生从小就在家族企业里成长，对商业经营耳濡目染，因此有很强的创业动力和热情。

珠海目前支持学生就业和创业的政策很多，力度也较大，因此应在原有基础上扩展支持广度，出台相应政策，鼓励学生集体创业、组团创业，形成学生"创业圈"和"创业园"，打造创业文化（应借助学校平台确保政策的宣传到位，让学生了解到相关政策信息）。鼓励创业的政策应从创业前期的资金、设施、环境、税收等方面的优惠政策延伸到创业中的企业研发、生产、传播、销售等环节的支持政策。同时引导建立珠海高校毕业生创业协会，成立专门机构负责相关事宜，对在珠海进行创业（符合珠海发展规划的现代产业）的本地大学毕业生建立的企业优先通过各官方宣传平台和商展渠道进行宣传推荐，让这些企业能够拥有更多的发展机会和成功运营的可能性，让珠海真正成为大学生的创业乐园，吸引更多的学子留在珠海实现个人目标，也给未来珠海城市的经济发展注入新鲜的活力。

（3）降低生活成本。

根据《2014年广东省高校毕业生就业质量年度报告》数据，珠海整体的薪酬水平虽然低于广州、深圳等大城市，但同珠三角的其他地区相比还是具有一定竞争力的。但是调研发现，大部分学生不愿意留在珠海工作的重要原因之一就是珠海的薪酬水平。珠海的薪酬水平虽然比珠三角其他地区略高，但珠海的生活成本高、物价高、消费水平高、房价高，导致生活压力较大，因此留在珠海工作和生活的性价比不高。这大大降低了珠海对大学生的就业吸引力。可见，缓解大学生在珠海就业初期的生活压力、降低生活成本是非常有必要的。

第一，提升薪酬水平。通过建立"珠海高校毕业生就业人才补贴"的形式提升大学生的薪酬水平。在工作初期一定年限内的本地毕业生可以享受一定的直接或间接补贴，随着工作年限的增加可以转换补贴形式。薪酬的直接激励作用可以有效增强珠海大学生选择留在珠海工作的动力。

第二，打造"珠海大学生城市居住圈"。高房价是造成学生在珠海生活压力较大的重要因素，也是他们对珠海望而却步的一个重要原因。对于珠海的"90后"大学生而言，从小的生活条件较为优越，对生活品质要求较高，是否在一个城市中有合适的居住空间会影响到其是否对这个城市产生较强的归属感。通过"大学毕业生安居工程"，在城市的公租房政策中给予大学生一定的倾斜，租房申请有一定的优先权，对于毕业后一定年限内的大学生租房发放补贴。同时适当引导房地产商建造适合大学毕业生集中进行购买或租住的房产项目，形成聚集效应，打造大学生喜爱的社区特有文化，形成有代表性的"珠海大学生城市居住圈"，使其发挥示范作用，让生活在这里的大学生能找到家的感觉，大大增强对城市的认同感。

第三，其他方面。在交通、医疗、教育、社会保障方面可制定相应的支持政策。

（4）鼓励学生落户。

调研数据显示，珠海本地大学生的城市认同感明显高于外地大学生，特别是广东省外的大学生。主要原因在于外地大学生相对本地大学生而言在珠海的亲戚朋友较少。大学生个人社会关系网络覆盖面有限，加上亲人和朋友的意见影响，导致其留珠工作的意愿不强。因此，对外地生源的珠海大学生毕业落户应实行"零障碍"政策，同时考虑给予在珠海工作一定年限以上的本地大学毕业生将亲属迁入落户的机会。这将对增强外地大学生选择留在珠海工作和生活的意愿起到重要作用。

（5）规划城市商圈。

大学生对城市的感知和情感往往会与自己大学期间在城市的经历和回忆联系在一起。珠海高校大学生由于家庭经济条件普遍较好，因此更向往生活在一个适合自身消费、购物、游玩的城市环境中。他们有自己钟情的快时尚消费品牌，交友聊天时喜欢去星巴克，去书店时寻找诚品书店那样的去处，喜欢听演唱会、看艺术展，休闲时间希望有朋友一起游玩、聚餐。对于城市生活应该是什么样，他们有着自己的理解和认知。在调研中有学生反映，之所以不愿意留在珠海的很重要的原因就是"感觉珠海没地方吃、没地方玩、没地方消费"。多数大学生认为珠海虽然环境很好，但生活氛围并不强。在游玩方面，目前珠海大学生出游次数比较多的代表性游玩地有梦幻水城、神秘岛和部分海岛，普遍规模较小，设置不完备，体验较差，横琴长隆海洋公园由于价格较高只适合偶尔去。在购物、餐饮、消费方面，目前珠海市适合大学生集中消费休闲的商圈较少，没有给大学生留下深刻印象。从珠海华发商都开业后各高校学生给予的高度关注和消费热情中可见大学生对珠海城市消费休闲环境的渴望。类似的大型消费中心只是集中商圈的一种模式，可以通过合理规划和引导，让珠海出现更多适合大学生的游玩地和集中消费区域，形成珠海的城市标志。当珠海的高校学生觉得在珠海有地方购物、有地方休闲的时候，珠海的城市吸引力无疑会大幅度提高。

四　结论

经过 30 多年的发展，珠海已经从一个海边的小渔村成长为珠三角最有发展潜力的美丽城市，从经济规模、城市地位、人口数量、建设规划各个方面来看，珠海都已经进入了发展的快车道。得天独厚的地理位置、整洁优美的城市环境和幸福浪漫的海滨文化是珠海的宝贵财富，但对于珠海而言，最宝贵的资源是目前正在珠海就读的这十万高校学子。人才是一座城市的灵魂，让更多的珠海大学生爱上珠海、留在珠海，在珠海这座城市里发光发热，让他们既能够发挥自己的专业所长，为珠海的未来发展贡献聪明才智，又能够在珠海幸福生活，实现自己的人生价值。这是珠海在十多年前引入高校办学、大力发展高等教育的初衷，也是未来要实现的最重要的目标。本项目通过调研目前珠海大学生对珠海的认同现状发现，珠海大学生对珠海的城市认同感并不强，相关的影响因素主要有大学生对珠海的认知程度、大学生个人的社会关系网络和珠海对大学生的城市吸引力等几个方面。在此基础上，本项目提出从增强珠海的城市体验和提升珠海的城市魅力两个方面提升珠海大学生对珠海的认同感。希望本项目的研究能够给珠海未来的发展策略提供一定的参考意见。

参考文献

池丽萍、苏谦：《青少年的地方依恋：测量工具及应用》，《中国健康心理学》2011年第 12 期。

龚花、毛端谦：《国内地方依恋研究综述》，《江西科技师范大学学报》2013 年第 6 期。

洪昆鹏：《大学生地域认同及其培育》，《合作经济与科技》2011 年第 8 期。

李超海、唐斌：《城市认同、制度性障碍与"民工荒"现象》，《青年研究》2006 年第 7 期。

刘丽莲：《深圳居民城市认同感分析》，《中国统计》2011 年第 10 期。

刘信：《石家庄城市认同的缺失与构建》，《中共石家庄市委党校学报》2009 年第 10 期。

邵建平:《李芳红欠发达地区核心人才流失与地域认同度关系实证研究》,《科技进步与对策》2012 年第 7 期。

孙德俊:《人在他乡:大学生异地求学的地方认同感建构》,《长春教育学院学报》2012 年第 8 期。

唐文跃:《地方感研究进展及研究框架》,《旅游学刊》2007 年第 11 期。

温淑春:《农民工城市认同感缺失的成因及对策探析》,《前沿》2008 年第 5 期。

熊帼:《大学生的地方依恋特征与形成机制》,《人文地理》2013 年第 6 期。

徐翔:《网络文化提升城市认同的路径探析》,《城市观察》2012 年第 2 期。

杨静、王俊拴:《地域认同度与大学生人际交往的关系》,《教育理论研究》2014 年第 2 期。

朱竑、刘博:《地方感、地方依恋与地方认同等概念的辨析及研究启示》,《华南师范大学学报》(自然科学版)2011 年第 2 期。

邹渐维:《跨城市认同:城市转型发展中的凝聚力——以广佛肇城市群发展为视角》,《广东经济》2012 年第 12 期。

人文历史篇

珠海唐家湾历史名人
家风家训考与当代价值[*]

马　丽

  在近代中国历史上，珠海唐家湾人才辈出。彼时不足 6000 人的偏僻小镇走出了开平矿务局和轮船招商局创办人唐廷枢、中华民国第一任内阁总理唐绍仪、华茶公司（跨国企业）创办人唐翘卿、第一部日汉词典编纂人唐宝锷、民国内阁代总理蔡廷干、外交总长梁如浩、财政部长唐悦良、裕繁煤铁矿创办人唐耐修、清华大学首任校长唐国安、领导省港大罢工的中国共产党领导人苏兆征等。他们能够在中国近代历史舞台上施展才华，固然同中国政治、经济、社会的急剧变迁有关，但也同地方传统和文化品格存在密切联系。本文旨在探讨的问题是：珠海唐家湾历史名人的成就是否受到家风家训的影响；他们所展现的品行和魅力如何成为当代珠海文明城市建设的资源。本文以唐家湾唐姓历史名人为研究对象，通过历史文献的分析和田野调查，以期回答这两个难题。

---

 *　课题负责人：马丽，北京师范大学珠海分校副教授。课题组成员：王华锋，北京师范大学珠海分校副教授。

一　珠海唐家湾历史名人家风家训的辩证理解

家是中国传统社会物质生产的基本单位，也是中国人重要的精神寓所。著名哲学家黑格尔认为，中国文化的特质是家族精神。社会学家韦伯提出，中国社会是家族结构式的社会。正因为家在中国社会生活中的重要性，中国人总是存在将家做出扩大化解释的倾向。"四海之内皆兄弟"、"天下一家"和"五百年前是一家"类似的谚语，就是一种极好的例证。当然，中国人最关心的家，是以直系血亲和姻亲为纽带而建立起来的社会结构。不同的家有着不同的风气和习俗，从而形成了不同的家风；为了建立或维持理想的家庭风气和习俗，而制定相应的家庭规范，就成为家训。对家风家训的重视，是中国自古以来重要的民间传统。

（一）家风家训的基本内涵

根据《汉语大词典》的解释，风俗有两个方面的含义：一是积久而成的风气、习俗；二是民间歌谣。良好的风俗对于化育民德具有非常重要的作用。家风是流淌于一家一族之中的风气和习俗，其优劣直接影响着家庭或者家族成员的品性。因此，家风潜移默化的影响成为中国自古以来教化的重要维度。家风可以在家庭长期的演进过程中逐步形成；也可以因家庭或家族成员中有识之士有意识地制定家训，并以此教育后人，从而形成家风。

1. 家风的内涵

家风是特定领域内的社会风俗或者社会风气，又称门风。它是一个家庭特殊的传统，是一个家庭独有的文化。西晋文学家夏侯湛（约243～约291）年幼时很有才华，文章宏富，善于制作新词，又容貌美丽，与潘岳友善，时常行走同车，歇止接席，京都的人称他们为"双璧"。刘义庆《世说新语》卷上《文学》写道："夏侯湛作《周诗》成，示潘安仁。安仁曰：'此非徒温雅，乃别见孝悌之性。'潘因此遂作《家风诗》。"夏侯湛自恃文才超群，将《诗经》中有目无文的六篇"笙诗"，补缀以成《周诗》，并给潘岳看。潘岳认为，这些诗篇不仅温文尔雅，而且可以看到孝悌的本性。为与友人唱和，潘岳因此写作了《家风诗》，自述家族风尚："绾发绾发，发亦鬒止。日祇日祇，敬亦慎止。靡专靡有，受之父母。鸣鹤匪和，析薪弗荷。隐忧孔疚，我堂靡构。义方既训，家道颖颖。岂敢荒宁，一日三省。"在这首诗中，潘岳并没有具体描述自家家世，而是通过歌颂祖德、称美自己的家族传统以自我勉励。[1] 他先说从小深受儒家思想的熏陶，为人恭敬谨慎；再提潘氏家教严谨，以义方为训；最后坚定信念，业儒习儒的家学不可荒宁，须一日三省。

潘岳称颂家风同彼时的政治权力分配制度相关。在中国历史上，获取政治权力的基本途径是入仕从政。在不同的历史发展时期，统治者设计出的入仕从政的方式方法相异。先秦时期实行"乡举里选""选贤举能"，汉代推行"荐举""察举"，魏晋南北朝时期发展出了九品官人法，隋朝开始科举考试制度。在这四种入仕从政的方式方法中，魏晋时期的九品官人法特别重视门第。该法施行早期，品第人才坚持才能、德行与门第的综合考察。但到了西晋时期，门第在才能和德行之上，成为品第人才的核心标准。"据上品者，非公侯之子孙，则当涂之昆弟也。"（《晋书》卷四十八）"中正所铨，但存门第，吏部彝伦，仍不才举。"（《魏书》卷八）"今之中正，不精才实，务依党利；不均称尺，务随爱憎。所欲与者，获虚以成誉；所欲下者，吹毛以求疵。高下逐强弱，是非由爱憎。随世兴衰，不顾才实，衰则削下，兴则扶上，一人之身，旬日异状。或以货赂自通，或以计协登进，附托者必达，守道者困悴。无报于身，必见割夺；有私于己，必得其欲。是以上品无寒门，下品无势族。"（《晋书》卷四十五）两晋以后，"家风"逐渐流行，尤其是在北朝，更是使用甚广。

"家风"往往和"门风"互用。由"门生故吏，遍于天下，而言色恂恂，出于诚至，恭德慎行，为世师范，汉之万石家风、陈纪门法所不过也，诸子秀立，青紫盈庭，其积善之庆欤"（《魏书》卷五十八），"少而清虚寡欲，好学有家风"（《北齐书》卷四十二），"昶年十数岁，为《明堂赋》。虽优洽未足，而才制可观，见者咸曰有家风矣"（《周书》卷三十八），等等。由于家风是世代累积的传统，因此，又往往同"世德"并举。庾信在《哀江南赋序》中提出，"潘岳之文采，始述家风；陆机之辞赋，先陈世德"。既然家风是传统和世德，那么，家风就必须是历经时间的磨砺而不能是短暂性的家庭时尚。但

---

[1] 徐梓：《家风的意韵》，《寻根》2014 年第 3 期，第 4 页。

是，一个家庭的时尚或者特殊的品行，需要经历多久才可以被恰当地称为家风呢？西方第一部全面系统地探讨"传统"概念的力作，是由美国社会学家爱德华·希尔斯所著的《论传统》一书。书中对传统概念的理解包括三个要点：其一，传统是人们代代相传的事物；其二，相传的事物具有内在的同一性；其三，传统具有持续性。① 在解释传统的"持续性"时，希尔斯论述说："一种范型要被延传和继承多长时间，才能作为一个持续的实体被看作传统呢？如果一种信仰在形成之后立刻被摒弃，如果其创始人或倡导者提出或身体力行这种信仰，但没有人接受它，那么它就显然不是传统，如果一种信仰或惯例'流行'了起来，然而仅存活了很短的时间，那么，它也不能成为传统，虽然在其核心部分包含了作为传统本质的延传范型，即从倡导者到接收者这样的过程。它至少要持续三代人——无论长短——才能成为传统。"② 由此可认为，一家的精神或者气质必须至少历经三代，才可以被认为是形成了特定类型的家风。

2. 家训的内涵

家训也可叫家规，是家庭或家族中的规矩，是家人所必须遵守的规范或法度，是父祖长辈为后代子孙所制定的立身处世、居家治生的原则和教条，它是借助尊长的权威，加之于子孙族众的道德约束。③ 家训在我国已有 3000 多年历史，内容几乎涉及古人社会生活的所有内容，启蒙明理、安身立命、求学成人、为人处世要法、居家治生、天地阴阳、育儿闺训、谋事和人、忠孝仁爱、男女力戒等，无所不包。在古代中国家训中，影响最大的当属南北朝时颜之推的《颜氏家训》。它是历史上流传最广、影响最大的家训。清代的王三聘在《古今事物考》中断定，"古今家训，以此为祖"。此之谓"祖"，不是就时间而言，而是从其影响而论。《颜氏家训》堪称中国传统第一部内容系统全面、体例周详的家训。但从时间的维度，在家国一体的政治格局背景中，古人治国的劝诫往往就是家训的内容，如《尚书》中的《康诰》《酒诰》《召诰》《梓材》《无逸》《立政》，《诗经》中的《周南》《召南》《郑风·将仲子》《魏

---

① 爱德华·希尔斯：《论传统》，傅铿、吕乐译，上海人民出版社，1991，第15～21页。
② 爱德华·希尔斯：《论传统》，傅铿、吕乐译，上海人民出版社，1991，第19～20页。
③ 徐梓：《家风的意韵》，《寻根》2014 年第 3 期，第 4 页。

风·陟岵》《小雅·小宛》《小雅·蓼莪》《小雅·斯干》《大雅·抑》，《周易》中的《说卦》《家人》等。

在古代社会生活中，家和族往往联系在一起。家训通常隐含在族规中，或者族规就是家训。族规家法源于人们的日常生活，融道德劝谕、社会伦理和宗教信仰为一体，是宗族推行伦理教化的主要教材。在家国同构的礼法社会秩序中，它们既是宗族内部的道德约定，又是受国家政权认可的法律规条，是人们自我评价和评价他人的标准。它们将抽象的"微言大义"具体化于人们的日常生活，依凭人们内心的认同而产生社会舆论，在传统封闭的自然环境中发挥着重要的道德治理的作用。这种族规家法，或附之于族谱之首，或刻印成专门的书籍，其中贯穿着三纲五常、三从四德等封建道德原则，要求族人忠君尊祖、父慈子孝、兄友弟恭、谨守名分、和睦宗族、严肃闺门、坚守贞节、笃尚信义、勤于职业、崇尚节俭、振兴文教。此外，族规中还普遍设有"禁邪巫""禁赌博""禁闲游""慎交游""远匪类"等条款。各宗族惯于在宗族祠堂内向族众定期宣讲族规家法，更有将族人的行为分等记录于祠堂簿册之中、书写张挂于祠堂墙壁之上、详细告之于祖宗神位之前，使族人产生一种心灵的震撼，由此产生"善"者更为趋善、"恶"者努力迁善的心理效应。刘王瑞成在《中国传统的宗族统治》中说："（宗规家法）将道德说教和人的悟性结合起来，把社会伦理同宗族信仰结为一体。在叙述伦理的真谛、风习和法规时，族规将这三者寓于其中，使之成为浑然一体的约束工具。"①

家训和家风最重要的区别是，家训是一种刻意的教诫或传授，是有形的，也可能是短暂的；而家风是潜移默化的熏陶，是无形的，但必定是长久的。家训在历经时间的磨砺后可以转化为家风。

（二）珠海唐家湾历史名人家族变迁

唐家湾含唐家、鸡山、后环、唐乐、银星、那洲、永丰、北沙、会同、宁堂、官塘、上栅、下栅、东岸、金峰和淇澳16个自然村（居委会）。主要姓氏有唐、梁、莫、蔡、苏、卓、徐、孙等。姓氏复杂，仅官塘村历史上就生活过90余姓。唐姓人口最多，且历史名人尤盛，故本文主要介绍珠海唐家湾唐

① 转引自冯尔康《中国古代的宗族与祠堂》，商务印书馆，1996，第81页。

氏历史名人。

1. 珠海唐家湾历史名人家族变迁简谱——以唐氏为例

唐家湾唐氏主要居住在唐家村。该村因最早居住者为江、程、冯三姓人家，故初名"三家村"。唐宋以后更名"釜涌境"，又因为村子地形像一口塘，被称为"塘家村"。13世纪，唐、梁二姓因避战祸先后南迁至此，且唐氏渐占多数，"塘家村"就改称"唐家村"。

据传，因为朝廷捕捉逃匿在粤北南雄珠玑巷的宫女苏氏，为避兵祸迁来唐家，而繁衍子孙。一种稍详细的说法是，南宋宁宗年间，唐家村唐姓一世祖自南雄珠玑巷南迁，经过二世、三世和四世，到了五世子英公时，开始居住于唐家村。子英公生了六个儿子，分别是长子广礼、次子广达、五子广通、六子广润，其三子和四子没有后代（《子英房谱》）。由于中国民间社会普通百姓被准许修谱的时间起于明朝嘉靖年间（1522～1566），距离南宋宁宗三百余年，时间比较久远。因此，民间族谱是否能准确地反映出唐家族人的变迁，可以留待商榷。但这种模糊性或者不准确性并不会对本文的研究造成致命影响。正如本文所指出的，家风的时间只需要跨越三代。这是一个基本的量的规定。因此，只需要以选定的历史名人为中心，至少梳理出三代就足够了。这应该不是特别困难的学术操作。现以唐廷植和唐绍仪为例。

唐尚勋生子唐宝臣。唐宝臣生长子唐廷植、次子唐廷枢、三子唐廷庚、四子唐廷坚。唐廷植生长子唐杰臣、幼子唐荣机。唐杰臣生子唐康泰。唐康泰生女唐明珍和唐宝珍。唐荣机生子唐康成。唐康成生子唐崇基。唐崇基生一子二女，儿子无子女。唐康泰1930年起定居秦皇岛。唐崇基燕京大学毕业后，曾在开滦煤矿管理处工作，1970年前后退休，1974年唐山地震时病逝。唐崇基的长女唐雪蓉现年72岁；长子曾在大连工作，1991年去世；幼女在1976年唐山地震时离世。依此，唐廷植这一脉已无直系子嗣。

唐巨川生子唐绍仪与唐绍和。唐绍仪共育有6子13女。五子早夭，长子唐榴，族名宗辰，复旦大学毕业，获文学学士学位；次子唐栋；三子唐柱；四子唐梁，由美国总统胡佛资助赴美国留学；六子唐健，留学英国，学习建筑。长女唐宝珠；次女唐宝璋，嫁给驻外公使张谦；五女唐宝玥，夫婿顾维钧，留学美国；六女唐宝珆；八女唐宝玫；九女唐宝璇；十女唐宝玩；十一女唐宝璿；十二女唐宝珅，留学美国获硕士学位；十三女唐宝珊，留学英国学习护理学。唐榴生子唐平。唐柱生子唐景崑。唐景崑生子唐瑛。在唐绍仪的子嗣中，居住在唐家村的是其孙子唐景崑。他是唐绍仪与朝鲜郑氏所生子唐柱的儿子。依此，唐绍仪一脉中，其孙辈至少有唐平和唐景崑。唐平为美国波音公司工程师，曾数次返珠海省亲。

唐景崑早些年一直生活在苏州。20 世纪 80 年代，珠海市开始找寻名人后代，唐绍仪的侄孙即唐绍和的孙子唐鸿光联络上了唐景崑。2002 年，唐鸿光邀请唐景崑和妻子沈筱斌第一次返回珠海唐家湾镇。2012 年，唐景崑携 95 岁的母亲由苏州搬到唐家村定居后，要求拿回祖屋产权，屡次与地方政府及唐鸿光发生矛盾，并把故居大院开辟成菜地，锁住了大门禁止任何人进入参观。2013 年，唐绍仪的女儿唐宝珊特地从澳大利亚返乡，希望能够帮助相关文物单位解决此事。唐宝珊在约见唐景崑时，诚恳表达将故居托予政府保护的心愿。

2. 珠海唐家湾历史名人家族起源的分析

唐家湾唐姓族谱记载其始祖迁自南雄珠玑巷。调查发现，不只唐姓，其他姓氏如官塘的卓姓也认定其源自珠玑巷。他们都曾有一个共同的故乡——珠玑巷。这一民间文化现象如何解释呢？

珠玑巷这个地名在珠三角并不陌生，其几乎成为广府人祖先居住地的代名词，在广府人众多姓氏的族谱中，也都出现了这个共同的地名。对于这种把祖先迁移地都指向珠玑巷的现象，研究的学者很多，也众说纷纭。有学者认为这种现象是到了明代，经历了两宋及元社会动乱之后，珠江三角洲居民应对明朝编户齐民的策略。如有认为珠玑巷迁徙故事"所要应付的，显然是明代户籍登记以及由此产生出来的种种与确认身份有关的现实问题。……关于迁移入籍这一情节很显然是配合明代里甲户籍制度形成的"，"族谱中关于明代甚至更早祖先的户籍来历的故事，不管是真实的还是虚构的，所要应付的，显然是明代户登记以及由此产生出来的种种与确认身份有关的现实问题。此外，珠玑巷传说或者类似的故事，还与黄萧养之乱以后重新整顿和编制里甲户籍有关"。①也有学者认为，这是岭南当地的少数民族试图融入日益庞大的汉族群体的一种策略。如井上彻就认为"珠玑巷传说是明代中叶珠江三角洲民族在汉化过程中，最终通过登录国家户籍而成为良民时，为了证明自己是正统的汉族而采用

---

① 刘志伟：《附会、传说与历史真实》，《中国谱牒研究》，上海古籍出版社，1999。

的，可以把珠玑巷传说看作象征着三角洲地带被卷入儒教文化圈过程（儒化）的话语而出现的。"还有学者认为这是南宋末年一支起义军抗元失败后集体藏匿时，为了应付入元以后的编户齐民而编造的故事，而大量随扈南来的军民和广州府勤王义民恰好也需要这种身份故事来掩护自己，从而变成珠三角宗族的集体记忆，成为宗族"历史"。这些观点的重点都在于通过构建一段家族迁徙历史，从而制造一种户籍和身份，而这种户籍和身份往往与中央王朝的编户齐民政策有关。①

唐氏族人中了解族谱的人都认为他们迁自珠玑巷确凿无疑，但是，族谱的修撰实际是一种祖先重构的手段，这种重构起到了整合宗族的作用。如一般族谱中常见的追根溯源、攀附名门的现象，可以提高宗族的声誉和地位，形成宗族的精神支柱，培养宗族成员的荣誉感和认同感，增强宗族的内部凝聚力，但族谱所述并非信史。今天研究珠三角社会史的史学家都有一个共识：南雄珠玑巷南迁传说的主要情节并不可信。学者陈乐素就曾指出珠玑巷南迁的传说其实是出自明朝，但这一传说与宋代以后移民和珠江三角洲经济开发有联系。②

唐氏族谱强调其来自南雄珠玑巷的一个原因可能是为了增强村内的凝聚力，协调与其他姓氏的关系。由于唐家湾所居住的人口中并不止唐氏一支，对有限资源的争夺也从未间断。虽然唐姓占优势，但其他姓氏的力量也不容小觑，特别是同属唐家村的梁姓。两大姓氏虽然占优势，但也需要极力协调彼此之间的关系。唐氏强调他们与珠三角大多数姓氏一样来自珠玑巷，在村落中能够团结其他姓氏（唐家湾其余几大姓均称来自南雄珠玑巷，尤其是同在唐家村另一大姓梁氏的族谱也记载南迁自珠玑巷）。通过强调唐姓与其他姓氏同样来自珠玑巷，就有了共同的祖居地，在感情上更亲近了些，在村落的摩擦冲突中起到了润滑剂的作用。村中老人们提到历史上在村里曾出现过多次土地纠纷，最后也没发展成械斗，而是通过协商解决的，与构建共同的祖先地从而增强村落凝聚力不无关联。

正如有学者言"明代以后的珠江三角洲宗族历史记述，虽然不能说是信

---

① 叶显恩：《关于珠玑巷的传说》，《珠江经济》2007 年第 5 期。

② 陈乐素：《珠玑巷史事》，《学术研究》1982 年第 6 期。

史，但我们的确可以看出其叙事结构大致反映了明代中期以前本地区宗族社会发展的实况。不过，值得我们研究的不仅仅是这种历史叙事本身所蕴含的事实，更有意义的是，在宗族历史叙述中，无论是真实记录也好，附会虚饰也好，都是后来被刻意记录下来的，因而是人们一种有意识的集体记忆，而这种集体记忆，在地方社会发展的历史过程，更有其特定的社会和文化的意义。"①在唐氏的家族迁徙叙事中，虽然附会的痕迹很明显，但是这种附会本身也反映了另一种历史真实：该宗族在当时有进行这种家族历史附会的需要。这种需要往往与当时的现实紧密关联。如前所述，这一附会至少在这一多姓村落中起到了团结其他姓氏、增强村落凝聚力并在村落摩擦中充当润滑剂的作用，这对于一个宗族的生存和发展至关重要。

二　珠海唐家湾历史名人家风家训分梳

在对唐家湾历史名人文献的整理和分析中，本课题组发现其家风家训并未以文本的形式保存下来，而是以潜移默化的方式对其后人产生影响。因此，本部分重点分析以唐氏为代表的唐家湾历史名人如何得益于父辈的影响，又如何影响着后世。在历史的流变中，无形的家风就可以在潜移默化当中渐次形成。也许当事人不会直接感受到，但是，在选择的关口，他们会间接受到这种独特的家庭风俗或者精神气质、文化品格的形塑。

（一）尚学

从明朝末年开始，唐家湾先民就冲破了农业生产的桎梏，而转向历代封建王朝鄙夷的商业。鸦片战争爆发后，随着广州作为通商口岸的开放，唐家湾先民走出村寨、融入世界的势头更加迅猛，产生了积蓄丰厚的富商巨贾。道光七年（1827）梁尚举撰写的《重修三（间）庙碑文》记载："唯自乾隆四十二年（1777）重修后，风俗敦庞，人心厚鼓，士气腾茂，农谷丰登，商贾往来之繁，鱼盐居积之富，迨有过之而无不及。"美国旧金山的"淘金热"传播到唐家湾后，唐家湾人远涉重洋，冒险赴美淘金。"道光二十九年（1849），有

---

① 刘志伟：《附会、传说与历史真实》，《中国谱牒研究》，上海古籍出版社，1999。

佴由上海回家，告余曰，欲往金山，……遂于四月与数人同往……果有大获。由香港扬帆一路向东，过日本国后，由东转北，海天倾洞，上下一色，七十余日到埠……廿九三十年间，掘金多为夷人，唐人仅数百人……咸丰六年后（1856），唐人源源而来，即如我都，大乡六七百人，小乡二三百人，他如外县外府更难仆数。"① 融入世界后，唐家湾人更清晰地意识到学习的重要性，更加自觉地对学习内容进行选择。

1. 朴实的学习观念

读书不能局限于谋取功名，而是在社会中谋生立足的基本前提和手段。容闳的母亲希望儿子能谋得翻译或洋务委员的职位，所以，希望送儿子去澳门读书。容闳在《西学东渐记》中这样叙述："予生于彼多罗岛（PedorIslnad）之南屏镇。镇距澳门西南可四英里。""一八三四年，伦敦妇女会议在远东倡女学，英教士古特拉富之夫人（Msr. Gutzaff）遂于是时在澳，初设一塾，传授女生。未几复设附塾，兼收男生。其司事某君，予同里而父执也，常为予父母道古夫人设塾授徒事。"②"意者通商之后，所谓洋务渐趋重要，吾父母欲先着人使，冀儿子能出人头地，得一翻译或洋务委员之优缺乎。"③ 唐廷枢的父亲唐宝臣是唐家村贫穷的农民，在香港马礼逊学校布郎校长手下听差，以挣些钱养家糊口。唐宝臣家境非常贫寒，上有年迈的父亲唐尚勋，下有未成年的4个儿子，妻子梁氏终日在农田劳作。即便如此，他依然以给布朗当8年差作为条件来换取让两个稍大的儿子15岁的唐廷植和10岁的唐廷枢进入马礼逊学校读书。他希望儿子读书的目的很简单，即使给外国人当仆人，也必须努力读书。

2. 致用的学习态度

唐家湾的历史名人出生在唐家湾，受到传统文化的熏染，更有人幼时读过私塾。但是，这并不影响他们以开放的心态迎接西方文化的挑战和接受西方文化知识。唐廷枢在马礼逊学校接受了6年的西式教育。该校的教学内容不是中国的"四书""五经"，而是英文、国文、算术、地文。教学不以谋取功名为目的，而是注重实用。唐廷枢1848年离开马礼逊学校时，英语才华就已显露。

---

① 唐步派：《子英房谱》，民国二十三年戊春，现为私人珍藏。
② 容闳：《西学东渐记》，中州古籍出版社，1998，第67页。
③ 容闳：《西学东渐记》，中州古籍出版社，1998，第67页。

他不仅英文写得漂亮，而且说起英语来像一个英国人。在香港从事翻译时，他于 1862 年出版了《英语集全》。这是中国人自己编著的第一部英汉字典。这本书共 6 卷，内容包括天文、地理、日常生活、工商业、官制、国防等。第 6 卷中有一节为"买办问答"，有 300 多个单词。唐绍仪自幼随父到上海读书，较早就学习外语并接触洋务知识。1874 年官派留学美国，留美 7 年，深受西方文化熏陶。

鸡山村的唐国安在家乡读私塾，经族叔唐廷枢举荐，以第 36 名的排序与梁敦彦、詹天佑、容揆、唐绍仪、梁如浩、刘玉麟、梁丕旭（即梁晟）等 120 人入选为清政府公派留美幼童，于 1873 年第二批赴美。他先入读康涅狄格州哈特福德市新不列颠中学，6 年后毕业，考入耶鲁大学法律系。后因清政府中止留学政策，学业未竟提前回国。他任清华学校第一任校长后，努力借鉴西方教育经验，完成教育服务社会、造就实用人才的使命。他改革清华学校章程，力图通过各项措施提高学生素质，提高学校的档次，让学生经过几年学习之后，中等科（高小程度入学）毕业能达到美国高中一、二年级的水平，高等科毕业能达到美国大学一、二年级的水平，相当于美国的初级大学。学生赴美后，可以直接上三、四年级，缩短了上大学的期限，也为早日进入研究院攻读硕士、博士学位创造了条件。

（二）睦亲

"家和万事兴"，这是中华民族朴素的信念。为了实现家庭和睦，每个成员都必须有奉献精神和牺牲意识。中国人的家又是一个充满了伸缩性的概念，小到夫妻之间，大到四海之内；近可只在眼前，远可追溯到 500 年前。这种空间和时间的弹性，养成了中国人一种特殊的品格，就是在力所能及的范围内，承担起照顾周边人的义务，"老吾老以及人之老，幼吾幼以及人之幼"。

1. 孝亲

中华民族是一个重孝的民族，"百善孝为先"。孝直接指向的是爱父母。它既是人的动物性反哺本能的显现，又是文化教育的结果。在访谈中，村民讲起了唐家村口耳相传的孝的故事。以前在唐家共乐园旁边有个孝子牌坊，但在"文化大革命"时被拆掉了。那个孝子牌坊有个典故，清朝时唐家有对母子，儿子叫唐文基，母子俩生活贫困，相依为命。有一天，母亲精神很好，对唐文基说"阿基，能不能给我买点肉吃，特别想吃肉。"唐文基听了想，母亲平时不轻易开口让买肉，因此得想办法满足母亲的愿望，但是手头没钱买肉，于是，就从自己大腿上割下一块肉，煮给母亲吃。母亲吃了，说特别好吃，能不能再买一点再吃一顿，但发现了唐文基裤腿上流血，问怎么回事，唐说是不小心摔跤摔的，母亲非要看个究竟，这才发现真相，母子俩抱头痛哭。后来唐文基因伤口发炎而死。这件事情从地保层层上报到朝廷，皇帝赐予孝子牌匾嘉奖。这一故事在唐家代代相传，唐家人说当年唐绍仪每次路过这一孝子牌匾，都会下车行礼（受访人：梁文坚，92 岁；访谈地点：唐家湾老人活动中心；访谈时间：2015 年 1 月 31 日）。这个故事流传下来，就成为无形的精神力量，影响着生于斯的人们。

唐绍仪是唐家湾人重孝的典范。他回老家后，为了缅怀母亲，特地在母亲坟前建了一个平台和一座房子。房子是当时"中山县政府"的办公地点。每当办公累了，唐就走出房子，站在平台上，远远望去，就是母亲的坟墓，于是唐为其起名为"望慈山房"，并亲笔书写"望慈山房"四个大字，嵌在屋楣上。当地人把望慈山房叫望母楼，因为当年这个楼对面就是他母亲所葬之处。只是今日时过境迁，当年的望母楼周边矗立起一排排楼房，已无法远眺，但望母楼的名称仍保留了下来，也成为唐家人口耳相传的孝的象征。

2. 公益

"远亲不如近邻"，可以说是基于理性算计的结论，因为在危险紧急发生时，"远水难救近火"；也可以说是情感的自然流露，因为在中国家族社会中，邻居中很多人原本就与自己有着或远或近的血缘关系。因此，重视邻居，使生活共同体内的成员和睦共处，以自己的成就与他们分享，展现公益之心，就成为中国人价值实现的一个重要维度。

唐绍仪热心公益事业。1910 年，唐绍仪回家乡唐家湾，在鹅峰山麓建了私人花园"共乐园"，寓意是"官民共乐"。他亲笔书写竹刻对联"开门任便来宾客，看竹何须问主人"。1932 年唐绍仪设了 10 多桌酒席，宴请了乡亲父老，当众宣布将"共乐园"赠给"乡民委员会"。为了防止亲属在他死后反悔，唐令其妻室子女都在"赠送书"上签了字。1989 年，唐绍仪遗孀吴维翘率子女将故居（包括望慈山房）捐献给政府。故居与"共乐园"被列为市级文物保护单位。

唐绍仪的女儿唐宝珊经济条件并不优越。她在结束法国护理学习后，在香港某医院做了 30 多年护士长，一直到退休。她的先生曹培庆是医生，但已在 2008 年离世，独生子曹国雄因身体问题，至今未婚，也没有工作，孤儿寡母在澳洲相依为命，靠领取退休工资生活。尽管如此，唐宝珊依然乐善好施，每次返乡要么捐资助学，要么捐赠文物。1993 年，唐宝珊将父亲唐绍仪的"钦差议约全权大臣银牌"和"军政府南北议和全权总代表印"捐献给珠海市博物馆。这两件文物成为珠海博物馆的"镇馆之宝"。唐绍仪曾经穿过的八龙袍也由唐宝珊一并捐给了珠海市博物馆，尽管曾有人开价 200 万元向唐宝珊购买。2005 年，唐宝珊向唐家湾中学捐赠了 6 万港元，助其筹办图书馆，另外还捐助 3000 多港元，贴补老人活动中心和唐家湾侨讯经费。

（三）济世

"穷则独善其身，达则兼济天下"，这是先哲留给后人宝贵的精神指引。从唐家湾走出去的唐家人没有满足于一己名利之追求和满足，而是将自身事业的成就与国家和民族的繁荣相衔接，以济世的情怀完成不朽的伟业。

1. 投身救国的情怀

唐廷枢早年服役于洋行，其后投身洋务事业，在中国工业史、中国路政史、中国矿业史以及近代西方对华贸易史中，都留下了亮丽的风景。他所创办的天津矿务局依然为国家创造着财富。1892 年 10 月 7 日，唐廷枢在天津逝世。当时上海《北华捷报》称他的一生标志着中国历史上的"一个时代"，"他的死，对外国人和对中国人一样，都是一个持久的损失"。李鸿章感叹："中国可以没有我李鸿章，但不能没有唐廷枢！"唐国安一生没有子嗣，生前留下遗言：不留私产，全部财产待夫人过世后捐给慈善事业。1914 年 4 月 12 日，清华学校为唐国安立下一面纪念铜牌，悬于工字厅大门墙壁，是日举行揭幕典礼，周诒春校长主持，全校师生铭记他始创清华的历史功绩。《清华年刊》称颂他"坦诚、忠实、正义、富自我牺牲精神，是为国谋最大福祉的真正爱国者"。

2. 服务社会的厉行

唐绍仪虽曾担任中华民国第一任总理，但这种曾经的光环，并没有阻挡他在更低的职位上为社会服务的热情。1931 年，唐绍仪出任家乡香山县（时已改为中山县）的县长。他办事群策群力，有一定的民主作风，并且做到身体力行。据不完全统计，唐在政期间，共召开"训委会"73 次；1931～1933 年，共举行 113 次县政会议。唐事事躬亲，各项决议均经会议讨论，甚至连公园修石级、石凳，学校扩充班级等事，亦经讨论通过。唐在乡期间，穿着朴素，平易近人，经常到基层察访，即时解决一些群众关心的问题，时人称之为"布衣县长"。在不到 4 年的时间里，他"四处化缘"，修马路、建医院，把自家的花园改建成城市公园，对市民开放，甚至还想在中山县的海岸上建成一个大海港。

唐鸿光的侄孙唐景昙从珠海一中退休后，办起了免费英语培训班。唐鸿光的母亲赵丽莲 72 岁高龄且已身患血癌之时，她还在台湾中华电视台开设了英语教学节目"鹅妈妈教室"，打扮成鹅妈妈的模样，在电视上教授基础英语，掀起了岛内青少年学习英语的风潮，成为台湾英语基础教学的重要奠基人。1989 年，赵丽莲病情恶化，台湾社会各界为其捐款 400 多万台币，但赵丽莲决定将其中未用完的大量资金用于英语基础教育的推广和普及。1990 年，财团法人赵丽莲教授文教基金会成立，至今仍在台湾举办各式各样的免费英文教学和演讲比赛等。

当然，同一家庭养育的人，其品行也可能存在差异。唐家湾尚学、睦亲和济世的家风，造就了一批历史英才，也深刻影响着他们的后人。但是，不可否认的是，同样的家庭走出了善恶不同的人。

1938 年 9 月 28 日上午，日本特务头子土肥原贤二在唐绍仪女婿岑德广（朝鲜郑氏所生小女儿唐宝玫的第二任丈夫）带领下，亲赴唐宅长谈，拉拢已投身金融界多年但仍有很高政治声望的唐绍仪出山。这直接导致唐绍仪死于上海的国民党军统特务的利斧之下。在郑氏一脉中，除了大女儿唐宝珺与民初外交总长梁如浩的第三子梁宝畅指腹为婚，婚后移居香港外，唐宝玫和唐柱一生境况都不顺遂，甚至还先后任职于汪伪政府。唐绍仪死后，唐柱由姐夫岑德广推荐给大汉奸陈公博，出任伪上海市政府专员和少将侍从室副主任等职务。

三　珠海唐家湾历史名人家风家训的当代运用

中国古代的思想家和政治家非常重视风俗的作用。《管子》认为国有经俗，民有经产，朝有经臣，"三者见一焉，则敌国制之矣"①，并把风俗作为观察一个地区管理好坏的标志之一，"入州里，观习俗，听民之所以化其上，而治乱之国可知也"。② 风俗总是处在不停变动之中，君主立法也应"随时而变，因俗而动"："古之所谓名君者，非一君也，其设赏有薄有厚，其立禁有轻有重，迹行不必同，非故相反也，皆随时而变，因俗而动。"因此，治国立法"必先观国政，料事物，察民俗，本治乱之所生，知得失之所在，然后从事，故法可立而治可行"，提出"与时变，与俗化"。③

（一）家风家训育人的传统路径

明清时期，地方官僚和士绅等通过宗族伦理教化、学校伦理教化和社会伦理教化三个方面的相互联系、密切配合，结成有机的伦理教化网络，形成良好的社会风俗，使生活于其中的田野小民亦皆知耻畏义。

1. 宗族伦理教化

它主要体现在以祠堂、族谱为主的物质载体中和以族规家法为中心的规范性文件中。"尊祖"必叙谱版牒，"敬宗"当建祠堂、修坟墓，"睦族"需有族产以赈济。族谱、祠墓和族产成为实现尊祖、敬宗和睦族必不可少的举措。根据理学的伦理纲常制定的宗规家法，其作为约束族众以及佃仆举止的规范。④ "深山大谷中人，皆聚族而居，奉先有千年之墓，会祭有万丁之祠，宗祐有万世之谱。"⑤ 新安"聚族而居，一姓相传，历数百载，衍千万丁，祠宇、坟茔世守勿替"。⑥

① 《管子·重令》。
② 《管子·八观》。
③ 《管子·正世》。
④ 叶显恩：《徽州与粤海论稿》，安徽大学出版社，2004，第54页。
⑤ 《（乾隆）绩溪县志·序》。
⑥ （清）江登云：《橙阳散志》。

祠堂是宗族伦理教化的重要场所。"邑俗旧重宗法，聚族而居。每村一姓或数姓，姓各有祠，支分派别，复为支祠，堂皇闳丽与居室相间，岁时举祭礼，族中有大事亦于此聚议焉。祠各有规约，族众公守之；推辈行尊而年齿高者为族长，执行其规约。族长之能称职与否则视乎其人矣。祠之富者皆有祭田，岁征其租以供祠用，有余则以济族中之孤寡，田皆族中富室捐置。良法美俗兹其一也。"① 举宗大事，莫最于祠。无祠则无宗，无宗则无主。在中国古代封建社会，"刑不上大夫，礼不下庶人"的观念使得只有天子和一定品级的臣子才有资格设祠庙祭祀先祖。明嘉靖十五年（1536），嘉靖皇帝采纳夏言建议允许天下臣庶"专构以礼先"建祠堂祭祀先祖之后，民间才有大量祠堂之设。"创建宗祠，上以奉祀祖宗，报本追远；下以联属亲疏，惇叙礼让，其晟典也。"② 宗族内部祠堂日益细分。一般的宗族，除一族合祀的总祠外，族内各房、各支房往往有各自的支祠、房祠，以奉祀各自直系的祖先。同时，专祀某一个祖先的专祠也陆续出现。通过创建宗祠，既可以实现"奉祀祖宗，报本追远"的彼岸关怀，又可以达到"联属亲疏，惇叙礼让"的现世目的，为儒学的平民化、民间化发挥了不可低估的作用。因此，从这种意义而言，"祠之时义大矣战！人本乎祖，昉于一人之身，而渐而为千百人之身，而渐而为亿万人之身，求其合族众而咸知尊祖，尊祖而敬宗，敬宗而睦族，非祠曷由臻此"。③

族谱是宗族伦理教化的重要载体。族谱又称家谱、家乘、世牒、世志等。修谱是宗族中的神圣事业，一般10年或20年一修，修期视各族的经济能力而定。久不修谱，是为不孝。通过缮修族谱，达到明族属、叙昭穆、辨亲疏、示劝惩和尊祖敬宗睦族的目的。"夫谱成而族之位尊秩然彪分，可谓异矣。异而后有敬，曰此诸父也，此诸兄也，不敢忽也。谱行而族之情睦熙然春洽，可谓同矣。同而后有亲，曰此当爱也，此当恤也，不敢鳌也。"④ "谱之于家，若纲在纲；纲张则万目具，谱定则万枝在。"⑤ 谱牒的修撰使世系得以明朗，"家

---

① （民国）《歙县志·风土》。

② 《新安西溪南吴氏世谱·续刻溪南吴氏世谱·序》。

③ 《金山洪氏宗谱·卷二·世祠·引》。

④ （明）程敏政：《篁墩文集·休宁流塘詹氏家谱·序》。

⑤ （明）方孝孺：《逊志斋集·族谱·序》。

系"得以确认。通过父子的连续链，每个人便和一代又一代的先祖联结起来，同时确定了每个人在血缘共同体中与其宗族成员的亲疏远近关系，宗族成员就有了归属、同源观念。

2. 学校伦理教化

地方官学、社学、义学、塾学和书院相互衔接，形成了完整而系统的教育体系。数量众多的各级各类学校在传播知识的同时，广为宣传儒家的伦理道德，"其有益于风化，殆非浅矣"①。

明初洪武二年（1369），朱元璋颁布圣谕："宜令郡县皆立学校，延师儒，授生徒，讲论圣道，使之日渐月化，以复称先王之旧。"② 洪武八年（1375），本着"治国以教化为先，教化以学校为本"③ 的指导思想，明朝统治者在全国城乡推行元朝的社学之制，方便"乡社之民"就学，延师儒以教民间子弟，凡子弟8岁以上者，悉令送入社学教之，诵读诗书，使其知晓孝悌忠信、礼义廉耻，以"导民善俗"。"社学之设，所以教乡之子弟，古人家塾党庠之意也。除已出给条教外，合仰晓谕，凡子弟8岁以上者，悉令送入社学教之，诵读诗书，俾知孝弟忠信礼义廉耻。"④

义学和塾学有明确的层次之分：以教授初学儿童识字、句读、背诵的称蒙学或蒙馆；以教授具有一定文化积累的士子经解、经义、做八股文的叫经馆。蒙学或蒙馆的塾师称"蒙师"，或"句读师""童子师"；经馆的塾师则称"经师"。⑤ 这些"蒙师"或"经师"中很多人乃理学名儒，对儒学精髓理解极深，不少人更在训蒙实践中，通过对传统教材的变通、改造，编写出一系列适合儿童特点的蒙学教材。

书院可划分为三种类型：第一类主要是"聚一邑之秀良者于其中"，为生员、士绅际会读书之所；第二类主要是聘名师"以教乡之俊秀者"，为一乡或一族之"俊秀者"讲学会文之所；第三类则属族学、义学性质。⑥ 它们既为已

---

① 《（弘治）徽州府志》卷十二。
② 《明史·选举志一》。
③ 《明史·选举志一》。
④ 《（嘉靖）休宁县志》卷七。
⑤ 李琳琦：《徽商与明清徽州教育》，湖北教育出版社，2003，第84~85页。
⑥ 李琳琦：《徽商与明清徽州教育》，湖北教育出版社，2003，第56页。

有相当儒学根底的人讨论理学精义、切磋科举制艺提供了场所，又担负着对乡族子弟进行中级和初级儒学和科举教育的重任。①

3. 社会伦理教化

社会伦理教化的形式丰富多彩。但是，由于篇幅关系，我们仅以乡约、乡饮等组织和戏曲民谣等形式为例来说明。

乡约思想源于张载，其主张直接进入他的弟子蓝田吕大钧的《吕氏乡约》。朱熹对《吕氏乡约》进行了扩充，并编修《南赣乡约》。从明朝开始，乡约思想受到政府和士大夫们的普遍接受并付诸实践，成为明朝政府对基层社会进行治理的重要手段。明中叶以后是乡约发展的重要时期，尤其在嘉靖以后，在国家政府的大力推行下，全国各地皆广行乡约。"城市坊里相近者为一约，乡村或一图一族为一约。"② 乡约的教化内容主要是宣讲"圣谕"和根据"圣谕"的教条来彰善纠过，以达到"正人心而厚风俗"的目的。其基本教材主要是明太祖的《教民六谕》③、康熙皇帝的《圣谕十六条》④ 和雍正皇帝的《圣谕广训》⑤ 等。

与乡约相类似的是乡饮酒礼。乡饮是周代的古礼，经过后世统治者不断充实和完备后，逐渐成为乡村教化的重要手段。明朝曾规定，举行乡饮酒礼时，先宣传国家法律，再饮酒、拜礼。清朝规定，"京师及直省府州县每岁举行乡饮酒礼"，并颁布了统一的祝酒词、仪礼程序。乡饮的教化功能主要表现在两个方面：一是表彰有德行的老人，并通过宴会礼仪，"敦叙长幼之节"；二是讲读律令，以"期申明朝廷之法"，使乡民能自觉遵法守法。正如程敏政在《赠朱克绍处士序》中所说的："乡饮之礼，所以示敬让而明教化者也。敬一人而民不偷，让一人而民不争。不偷不争，教行化成，其系于王政也甚大。"

戏曲是传统社会礼乐的组成部分，是化成天下、由民于轨的重要手段，其

---

① 李琳琦：《徽商与明清徽州教育》，湖北教育出版社，2003，第56页。

② 《（嘉庆）绩溪县志·学校志·乡约》。

③ 其内容重要包括：孝顺父母，尊敬长上，和睦乡里，教训子孙，各安生理，毋作胡为。

④ 其内容主要包括：敦孝悌以重人伦，笃宗族以昭雍睦，和乡党以息争讼，重农桑以足衣食，尚节俭以惜财用，隆学校以端士习，黜异端以崇正学，讲法律以儆愚顽，明礼让以厚风俗，务本业以定民志，训子弟以禁非为，息诬告以全善良，诫匿逃以免株连，完钱粮以省催科，联保甲以弭盗贼，解仇忿以重身命。

⑤ 即雍正皇帝对康熙《圣谕十六条》的解释。

对乡间教化的规范作用，历来为统治者所重视。及至近代革命家陈去病、柳亚子以及丰子恺等仍倡导以戏文改良社会，也有过改良戏文、教化社群的实践。[1] "庙会前好些日子，各人便忙着搬亲戚，从外祖起一直到自己的女儿，女儿的小姑，几世不走动了的亲戚，因此也往来起来，有孩子的不消说要带着看戏，就是不会看，哭哭闹闹地还热闹"[2]；"每次开演，看客不止一村，邻近二、三十里内的大家来看。老人女人坐了船来看，少年人跑来看，'看戏文去！'、'看戏文去！'""戏剧知识都是由老者讲给少者听，历代传授下来的，夏日，冬夜，岁时伏腊的时节，农家闲话的题材，大部分是戏情。"[3] "豆棚茅舍，邻里聚谈。父诫其子勉其弟，多举戏曲上之言词事实，以为资料，与文人学子引证格言历史无异。"[4] 民间思想的传播方式本来有"下等小说"及各种说书；民间有不识字、不曾听过说书的人，却没有不曾听过戏的人。[5] "即使有极顽固的老人，也从来不反对戏文为赘余；即使有极勤俭的好人，也从来不反对戏文为奢侈。不，村中若有不要看戏文的人，将反被老人视为顽固，反被好人视为暴弃呢！"[6] 虽然戏文文本一般取材于历史题材，但戏文的演出基本不是为了普及历史知识，而是赋予历史以社会教化的意义，至于历史事实的真实性如何，那是很可怀疑的，甚至让历史事实来将就某种教化信条的情况也是屡见不鲜的。[7] 明清时期，徽俗"最喜搭台观戏"，常于逢年过节之际举行丰富的戏剧表演。徽州的官僚、绅士以此用作教化的工具。郑之珍的《新编目连救母劝善戏文》、汪道昆的《唐明皇七夕长生殿》、汪廷讷的《狮吼记》、方成培的《雷峰塔》等皆是常演剧目。这些戏文以宣扬封建伦理道德为依归，劝诫人们行善避恶，践行义夫节妇、孝子顺孙等美德。比如《劝善记》通篇贯穿着提倡行善、宣扬孝义的内容。如第一折傅罗卜的唱词道："少年养正事修行，论修行善为本。至心皈万法，竭力奉双亲"，"天经地义孝为先，力孝

① 朱小田：《苏州史纪（近现代）》，苏州大学出版社，1998，第124页。
② 臧克家：《社戏》，《申报》1934年4月17日。
③ 丰子恺：《深入民间的艺术》，《新中华》1936年3月26日。
④ 高劳：《谈屑·农村之娱乐》《东方杂志》第14卷第3号，1917年3月15日。
⑤ 周作人、钱玄同：《论中国旧戏之应废》，《新青年》第5卷第5号，1918年11月15日。
⑥ 丰子恺：《深入民间的艺术》，《新中华》1936年3月26日。
⑦ 朱小田：《近世庙会戏文与乡土社群教化》，《戏曲·民俗·徽州文化论集》，安徽大学出版社，2004，第480页。

须当自少年"。在下卷"开声"中说："词华不及西厢艳，但比西厢孝义全"；在"三殿寻母"中唱："三大苦，真惨凄，不由人心痛悲，论爹娘苦楚真无极，人子如何不三思？那跪乳的羊四足驰，反哺的鸟双翅飞，若为人不念爹娘苦，比着禽兽存心反不如。"

（二）家风家训育人的传统特色

高度完善和系统的伦理教化设置有助于形成"比户习歌弦，乡人知礼让"的良好社会风尚，造就"人文辈出，鼎盛辐臻，理学经儒，在野不乏"[①] 的盛景。在反思家风家训育人的传统路径中，可以顺带梳理出其中常见的几条特色。

1. 建筑伦理

积极采取物化的建筑表达伦理的内涵，其中最为典型的是牌坊和雕刻。牌坊大致可分为标志坊、功名坊、忠孝节烈、尚义坊和百岁老人坊。除标志坊和百岁老人坊外，其他类型的牌坊皆同表彰善行有关。如功名坊或显示官位与政绩，或表明科举成就；忠孝节烈坊或表彰忠臣，或表彰妇女节孝贞烈；尚义坊乃为旌表"义行"而建。牌坊既是对前人的旌表，又是对后人的激励。它以物化的方式，传递着封建主义的纲常名教，使生活于其间的人们于潜移默化中受其影响而"日迁于善"。"人有善欲与天下共其荣之，以劝勉当世，故为之异其车服、榜其门闾。犹恐不足以垂久远也，复为之建坊而立表。圣王之所以奖进激厉（励），使民日迁于善而不自知，意何深欤！"[②] 这是一种有形的精神奖励。通过给践行封建道德礼教之士树立坊表，以孝悌忠信、礼义廉耻八德为基本内容的儒家伦常得以强化，人们也因之有了坚持符合封建政权需要的人格操守的强大动力。

雕刻如木雕、石雕和砖雕三雕作品，除了表现出艺人高超的手工艺外，更蕴示着封建社会的道德观念，在审美的愉悦中成就伦理教化。如表现忠、孝、节、义的三雕题材有岳母刺字、卧冰求鲤、苏武牧羊、孔融让梨等。有一户民宅中表现"孝"的木雕尤使人不可避免地产生心灵的震撼：画面的内容是饥

---

① 《（道光）重修徽州府志·序》。
② 《（康熙）休宁县志·坊表》。

馑之年，儿媳敞胸用干瘪的乳头喂自己的婆婆，而置膝下一双因饥饿而啼泣的幼儿于不顾。

2. 惩罚机制

借助有形的惩罚激励村民趋善避恶。许多宗族将族规"缮列粉牌，悬挂祠内"，使族众入祠可睹，时时知所戒省。倘有族人违反族法家规，宗族首领有权召集族众在祠堂对其实施处罚制裁。处罚措施主要包括斥责训诫、屈膝罚跪、鞭笞责罚、经济制裁、革除族籍、送官究治，甚至剥夺生命。如黟县南屏叶氏宗族族规规定："有不孝支丁，族长、房长和缙绅集团即开祠堂大门，将犯者唤至祠堂，轻者教育、训斥，重者杖责惩处；杖责不改，即书白纸字条，横贴祠堂门外，《支丁名册》除名，革除族籍。"[1] 有的地方民间评说宗祠执法是"家法大于国法"。这是一种物质的有形的惩罚。它使人们不敢无视族规而肆意妄为。

3. 民间信仰

利用村民对神的信仰和恐惧，达到伦理教化的目的。长达100出的《目连救母劝善戏文》通篇贯穿着"积德行善"的主题。为使主题能深入人心，《劝善记》借助佛教的因果轮回、儒家的善恶相报的"神道设教"之法，增加其教化的效果。例如徽州各地流行的傩舞莫不借助神灵的威慑，达到教化人心的目的。它使善者来世获得幸福，恶者转世遭受痛苦。"借助宗教符号表达出来的道德力，是我们必须考虑的、不以我们意志为转移的真实的力。"[2] 这是一种精神的无形的奖惩。

为使伦理教化更能深入人心，他们往往诉诸神秘的封建仪式。正如涂尔干所说的："仪式对我们道德生活的良性动作是必须的，就像维持我们物质生活的食物一样。"[3]"通过举行仪式，群体可以周期性地更新其自身的和统一体的情感；与此同时，个体的社会本性也得到了增强。"[4] 例如，通过在宗祠举行祭祖仪式、清明节祭扫祖坟，强化族众对祖宗的信仰、崇拜，既使后世子孙与祖先在心灵上得以沟通，又使族人确立同根同源的意识。祠堂祭祀行朱熹

① 赵华富：《黟县南屏叶氏宗族调查研究报告》，《徽州社会科学》1994年第2期。
② 爱弥尔·涂尔干：《宗教生活的基本形式》，上海人民出版社，1999，第502页。
③ 爱弥尔·涂尔干：《宗教生活的基本形式》，上海人民出版社，1999，第502页。
④ 爱弥尔·涂尔干：《宗教生活的基本形式》，上海人民出版社，1999，第495页。

《家礼》"三献礼",族内所有成年支丁严格按照穆世次和年龄排列,各就各位,在香烟缭绕、钟鼓齐鸣的肃穆气氛中,在执事礼生指挥下,向老祖宗行初献、亚献、终献礼。祠堂祭祀的祭品都行"少牢礼"猪羊祭,祭品都非常豪奢和丰厚。再如相约,"从讲约的仪式来看,不仅排列坐立有序,鞠躬叩拜依礼,处处体现出封建的森严等级,而且敲锣集合,击鼓肃静,童生歌诗,钟磬琴鼓齐鸣,制造出一种超自然的宣有宗教意味的神圣庄严气氛,使与会者容易产生对天子的崇拜和敬畏"。① 这些仪式从其本质而言,与宗教仪式没有任何区别。"道德与宗教的全部,根本就是我们接受世界的态度",但宗教"实际上含有一些纯粹道德所没有的元素":纯粹的道德态度是认同外在并加以遵从,同时也感到束缚,而"强烈而完全发展"的宗教态度,却从来不觉得受外在世界的束缚。② "借助宗教符号表达出来的道德力,是我们必须考虑的、不以我们意志为转移的真实的力。……仪式对我们道德生活的良性动作是必须的,就像维持我们物质生活的食物一样。"③

(三)家风家训的当代实践

传统是我们无法摆脱的命定。我们一生下来,就处在传统文化的"掌心"之中。因此,应批判性地继承传统的家风家训文化及其行之有效的方法。社会主义核心价值观本身也是传统文化的继承和发展。核心价值观是一个国家、一个民族最持久、最深层的力量,承载着一个国家、一个民族的精神追求,体现着一个社会评判是非曲直的价值标准。党的十八大提出和倡导的社会主义核心价值观把涉及国家、社会、公民的价值要素融为一体,回答了我们要建设什么样的国家、建设什么样的社会、培育什么样的公民的重大问题。④ 它在内容构成上既继承了中华优秀传统文化,同时,在实现途径上又必须从中华优秀传统文化中汲取丰富营养,否则就不会有生命力和影响力。我们在分析家风家训的当代价值时,有几个根本性的理念是需要厘清的。

---

① 陈柯云:《略论明清徽州的乡约》,《中国史研究》1990 年第 4 期。
② 威廉·詹姆士:《宗教经验之种种——人性之研究》,商务印书馆,2002,第 38 页。
③ 爱弥尔·涂尔干:《宗教生活的基本形式》,上海人民出版社,1999,第 502 页。
④ 中共中央宣传部:《习近平总书记系列重要讲话读本》,学习出版社、人民出版社,2014,第 93~94 页。

1. 重视文化传统的预制性

传统是历史上流传下来的习惯性力量，是从前辈继承下来的遗产。"这应当是属于昔日的东西。但是今日既然还为人们所使用，那是因为它还能满足人们今日的需要，发生着作用，所以它曾属于昔，已属于今，成了今中之昔，至今还活着的昔，活着的历史。"①

文化传统"使代与代之间、一个历史阶段与另一个历史阶段之间保持了某种连续性和同一性，构成了一个社会创造与再创造自己的文化密码，并给人类生存带来了秩序和意义"②；它积淀成的预制力使得文化的发展主要不是表征为普遍的和制造的进程，而是呈现经由历史延续而培育的特征。"预制"是一个形象的比拟。工匠们在建造水泥板时，总是要先做成预制块；注入的混凝土干涸后就成为水泥板。只要预制块不变，那么，水泥板就大同小异。昔日传统对今日文化具有同样的预制力。"本源二字是中国人最看重的，一个民族是一个大生命，生命必有本源。思想是生命中的一种表现，我们亦可说，思想亦如生命，亦必有它的一本源。有本源就有枝叶，有流派。生命有一个开始，就必有它的传统。枝叶流派之于本源，是共同一体的。文化的传统，亦必与它的开始，共同一体，始成为生命。"③ 因此，无论人们是否愿意，传统文化所具有的惯性和拉力，都是不可回避的现实。"尽管充满了变化，现代社会生活的大部分仍处在与那些从过去继承而来的法规相一致的、持久的制度之中；那些用来评判世界的信仰也是世代相传的遗产的一部分。"④ 人一生下来就生活在传统文化的"掌心"中，这是无法逃脱的文化"命定"。

2. 汲取道德生态学智慧

生态学是一门描述动植物之间在特定的物理空间相互作用的科学。在生态系统中，存在一种共生的平衡，某类物种或子系统的损害必然危及整体性生态系统的健康。因此，细心呵护生态系统中的所有物种就成为理性的选择。如果说对自然生态系统的承认已经成为基本的科学常识，那么，与此形

---

① 费孝通：《重读〈江村经济·序言〉》，《北京大学学报》（哲学社会科学版）1996 年第 4 期。

② 樊浩：《中国伦理精神的现代建构》，江苏人民出版社，1997，第 199 页。

③ 钱穆：《从中国历史来看中国民族性及中国文化》，香港中文大学出版社，1979，第 77 页。

④ 爱德华·希尔斯：《论传统》，傅铿、吕乐译，上海人民出版社，1991，第 2 页。

成强烈对比的是，人们对道德生态的理解明显滞后且乏力。事实上，一个乡村社会或者城市社区就是一个相对健全的道德生态系统，其间充满了以关爱、文明和互助等为形式的"能量"交换与传递，生活习俗、文化传统、价值观念等组成了这一道德生态系统中的土地、空气、水、植物和动物群。同自然生态类似，其中某一组成部分所遭受的损害如果超过自我净化能力，必将危及其中每一个物种的健康发展。反过来，由于生态系统中某个物种的生存受到破坏，它又以生物链的方式危及其他物种的生存。于是，如果生态破坏持续下去，展现在我们面前的将是道德生态系统残破的画面。教皇约翰·保罗二世认为，除了对自然生态非理性的破坏外，我们必须意识到更严重的对道德生态的破坏，尽管人们正在为采取措施保护各种物种的自然栖息环境而焦虑，但是，更少有人愿意为保护真正的人类生态所需的道德条件而努力。①

传统的家风家训在进入现代社会中能否取得真正的实效，能否被受众接受，并不完全取决于传播本身，而是受制于当下整体的道德生态。道德传播只是道德生态系统中的微小部分，而系统内任何其他组成部分的受损都必然以反应链的方式威胁传统的家风家训的接受性。

3. 尊重人们的利益追求

心理学家马斯洛将人的需要分为五个层次，并认为一般情况下人的需要总是从最低层次的生理需要的满足开始的，逐步提升到自我价值实现需要的满足。对于生活在乡村社会的多数人而言，生命的全部主要围绕生理需要的满足而展开，"日出而作，日落而息"被现代人赋以田园般的诗性幻想。其实对于身临其境的村民而言，那无非是为生活而展开的往返重复。生活在乡村社会的人的生命中首要的不是精神追求，而是基本的物质需要。无论是男耕还是女织，都围绕这一生命法则而展开。就此而言，在乡村社会中生活的人是理性的、会算计的经济人，当然也是最简单的理性人，一切活动安排都从属于生存。但他们对生存的理解又往往是狭隘的、短视的，他们不会明白集体与个人的辩证法，不会理解局部与整体的辩证关系，他们的眼光只是在眼前、在当

---

① 关于道德生态的论述请参阅 Allen D. Hertzkel, "Theory of Moral Ecology," *The Review of Politics* Vol. 60, No. 4 (Autumn, 1998)。

下。现代知识分子习惯性地给其贴上"小农意识"的标签。对这部分人而言，道德、情操等高尚的口号或者过于精美奢侈而不敢碰，或者过于脱离实际而不屑于碰。他们的目的只有一个，那就是在生存得以维持后，尽可能在物质上生活得更好些。现代政治精英和知识精英最为关注的话题在他们看来比不上每月的收成来得更切实际，更让人心动。这就是农民的生存理性。

乡村社会村民的计算理性和生存理性为传统家风家训民间传播的制度化提供了空间。我们可以通过制度化的方式完善激励和约束机制，约束人们的生存理性，促使人们以合乎传播者的方式行动。这样，我们就把解决问题的方法推进到了规则—法律—制度的领域。这就意味着我们首先必须有某种激励或约束机制的存在。

4. 发挥重要群体的示范性

基层政府应该成为当地善良风俗的表率，通过自身的德行引导当地的风俗。孔子提出："君子之德风，小人之德草。草上之风必偃。"意思是说"君子"的德行就像风一样，而"小人"（一般百姓）的德行就像草一样，风朝哪边刮，草就朝哪个方向倒地。在一个国家里，政府的品质是该民族性格品质的楷模。当政者树立的良好榜样会促进社会的廉洁诚实和正直公道。一个公道的政府会激发人们的正义感。一个虚假欺诈的政府必然会使社会流行阳奉阴违的两面派伪善习气。"公卿大夫相与循礼恭让，则民不争；好仁乐施，则下不暴；上义高节，则民兴行；宽柔和惠，则众相爱。"相反，如果"朝有变色之言，则下有争斗之患……上有好利之臣，则下有盗窃之民"。上层的行为是"风俗之枢机"，风俗的发展方向，"审所上而已"[1]。风俗"或直或邪，或善或淫"，"圣人作而均齐之，咸归于正，圣人废则还其本俗"。[2] "上为淫侈如此，而欲使民独不奢侈失农，事之难者也。"[3] 社会中一个人道德败坏，他的影响范围是有限的；而当社会中某个政府道德败坏的时候，那么，它的影响将是全社会的。政府应该随时准备从实际结果的角度和伦理的角度，为自己的行为负责。

---

① 班固：《汉书·匡衡传》，中华书局，1962。
② 王利器：《风俗通义校注·序》，中华书局，1981。
③ 班固：《汉书·东方朔传》，中华书局，1962。

参考文献

爱德华·希尔斯：《论传统》，傅铿、吕乐译，上海人民出版社，1991。

爱弥尔·涂尔干：《宗教生活的基本形式》，上海人民出版社，1999。

樊浩：《中国伦理精神的现代建构》，江苏人民出版社，1997。

冯尔康：《中国古代的宗族与祠堂》，商务印书馆，1996。

李琳琦：《徽商与明清徽州教育》，湖北教育出版社，2003。

刘志伟：《附会、传说与历史真实》，《中国谱牒研究》，上海古籍出版社，1999。

钱穆：《从中国历史来看中国民族性及中国文化》，香港中文大学出版社，1979。

容闳：《西学东渐记》，中州古籍出版社，1998。

威廉·詹姆士：《宗教经验之种种——人性之研究》，商务印书馆，2002。

叶显恩：《徽州与粤海论稿》，安徽大学出版社，2004。

朱小田：《苏州史纪（近现代）》，苏州大学出版社，1998。

汉语国际推广背景下香山文化推广研究[*]

刘金哲

一 理论研究

本文以"博爱、创新、包容、和谐"四个专题所代表的"名人、民俗、景点、衣食住行（生活）"为主要研究内容展开了深入的理论研究。

（一）博爱篇——香山文化名人代表

香山文化名人众多，本文选取以下 12 位作为主要研究对象，涉及政治、经济、文化、音乐等众多领域，尤其是政治领域内的几位代表如孙中山、唐绍仪、苏兆征等心系祖国大业、百姓安稳，足见其"博爱"特征。

1. 容闳

容闳（1828～1912）原名光照，族名达萌，号纯甫，英文名 Yung Wing，广东香山县（今中山市）南屏村（今珠海市南屏镇）人，中国近代著名的教育家、外交家和社会活动家。容闳是第一个毕业于美国耶鲁大学的中国留学生，是中国留学生事业的先驱，被誉为"中国留学生之父"。

在清末洋务运动中，他因促成并且经历了两件大事而彪炳史册：建成了中国近代第一座完整的机器厂——上海江南机器制造局；组织了第一批官费赴美留学幼童。在中国近代西学东渐、戊戌变法和辛亥革命中，容闳都有不可磨灭的贡献。其主要作品有《西学东渐记》《容闳回忆录》。

2. 徐润

徐润（1838～1911），又名以璋，字润立，号雨之，别号愚斋，1838 年 12 月 14 日出生，广东香山北岭村（今属珠海）人。徐润被誉为"近代中国的茶

＊ 课题负责人:刘金哲,北京师范大学珠海分校助教。

王"、上海滩的买办巨商。经李鸿章向朝廷保奏，加徐润为四品官衔。后为李
鸿章效力，创办上海轮船招商局。徐润的这一举动，除了顾及自身利益外，也
有希望自己国家富裕、强大之意愿的一面。1876 年，徐润与唐廷枢等人集资
创办了仁和水险公司，后又开办济和水火险公司，这是中国保险业的开始。徐
润是中国近代私人企业的首创者之一。他早年曾创办许多茶号，经营各种农副
产品；19 世纪 70 年代初，他在上海创办同文书局；20 世纪初，他在上海创办
景纶衫袜厂，这是近代中国最早的私人企业之一，他应李鸿章之邀创办上海轮
船招商局，并为招商局的早期发展立下汗马功劳；在招商局任职期间，他还先
后创办并经营了池州煤矿、永平煤矿、开平煤矿等，为中国近代民族资本主义
的发展做了很大的贡献。

3. 郑观应

郑观应（1842～1921），本名官应，字正翔，号陶斋，别号侍鹤山人或罗
浮侍鹤山人，祖籍广东香山县（今中山市）三乡镇雍陌村。他是中国近代最
早具有完整维新思想体系的理论家、揭开民主与科学序幕的启蒙思想家，也是
实业家、教育家、文学家、慈善家和热忱的爱国者。主要成就：编撰《盛世
危言》，提出"商战"理论。代表作品：《盛世危言》与《罗浮侍鹤山人
诗草》。

4. 唐国安

唐国安（1858～1913），字国禄，号介臣，唐族子英房长子广礼祖裔孙，
清咸丰八年九月廿一日（1858 年 10 月 27 日）出生于广东省香山县上恭都鸡
山村（今广东珠海市唐家镇鸡山村）。1912 年 4 月至 1913 年 8 月出任清华学
校（清华大学前身）第一任校长（1912 年 5 月以前称监督）。在任期间唐国安
对学校进行了全面整肃，整顿校务和教学秩序，制定学制和课程，扩展校址面
积，聘请了外籍教师，还开设了体育课程，把学制定为 8 年，并在北京和上海
设立招生处，在全国范围内招生。清华学校后来升格为清华大学，与唐国安在
筹建、发展时期所奠定的基础是分不开的。主要成就：清华大学第一任校长，
上海《南方报》编辑、主笔。

5. 唐绍仪

唐绍仪（1862～1938），字少川，1862 年 1 月 2 日生于广东唐家镇唐家
村，是清末民初著名政治活动家、外交家，清政府总理总办，山东大学第一任

校长，中华民国首任内阁总理，国民党政府官员，曾任北洋大学（现天津大学）校长。自幼到上海读书，1874年作为第三批幼童之一，赴美留学，后进入哥伦比亚大学学习，1881年归国。曾任驻朝鲜汉城领事、驻朝鲜总领事、清末南北议和北方代表、民国第一任内阁总理等，为中国主权、外交权益及推进民主共和做出了重要贡献。与孙中山政见分歧后，意志消沉，后任中山县县长。上海沦陷后，与各方暧昧不明，引起多方揣测，置自身于险境。盛传日敌拟利用唐绍仪等组织华中伪政府，蒋介石令戴笠派特务赵理君于1938年9月30日将其杀害于家中。主要成就：维护中国外交权益、推进民主共和；清末南北议和北方代表。重要任职：驻朝总领事、民国第一任内阁总理。

6. 孙中山

孙中山（1866~1925），名文，字载之，号日新，又号逸仙，幼名帝象，化名中山。生于广东省香山县（今中山市）翠亨村的农民家庭。青少年时代受到广东人民斗争传统的影响，向往太平天国的革命事业。孙中山是中国近代民主主义革命的开拓者、中国民主革命的伟大先行者、中华民国和中国国民党的缔造者、三民主义的倡导者，首举彻底反封建的旗帜，"起共和而终二千年帝制"。

1905年（清光绪三十一年）成立中国同盟会。1911年（清宣统三年）辛亥革命后被推举为中华民国临时大总统。1925年3月12日，孙中山在北京逝世，1929年6月1日，根据其生前遗愿，葬于南京紫金山中山陵。1940年，国民政府通令全国，尊称其为"中华民国国父"。

孙中山著有《建国方略》《建国大纲》《三民主义》等。其著述在逝世后多次被结集出版，有中华书局1986年出版的十一卷本《孙中山全集》，台北1969年、1973年、1985年出版的《国父全集》等。孙中山是中国伟大的民主革命开拓者，为了改造中国耗尽毕生的精力，在历史上留下了不可磨灭的功绩，也为后继者留下了珍贵的遗产。

7. 苏曼殊

苏曼殊（1884~1918），原名子戡，小名三郎，学名玄瑛，香山（今广东中山）人，光绪十年（1884）年生于日本横滨。父亲是广东茶商，母亲是日本人。

苏曼殊一生能诗擅画，通晓日文、英文、梵文等多种文字，可谓多才多艺，在诗歌、小说等多个领域皆取得了成就，后人将其著作编成《曼殊全集》

（共五卷）。作为革新派的文学团体南社的重要成员，苏曼殊曾在《民报》《新青年》等刊物上投稿，他的诗风清艳明秀、别具一格，在当时影响甚大。

8. 苏兆征

苏兆征（1885~1929），原名苏吉，广东香山县淇澳岛淇澳村人（今珠海市淇澳岛人）。他是中国工人运动的先驱和著名领袖、中华全国总工会的主要创建人和领导人、国际工人运动活动家、中国共产党早期重要领导人之一。

1908年加入孙中山先生领导的同盟会，积极参加推翻清政府的革命活动。1921年与林伟民等在香港建立中华海员工业联合总会，参与并领导了震惊中外的香港海员大罢工和省港大罢工。1925年春加入中国共产党。此后苏兆征历任中华全国总工会委员长、中央政治局候补委员、中央临时政治局常务委员、中央政治局常务委员。1927年被推举为广州苏维埃政府主席。1928年当选为执行委员。1929年2月在上海病逝。

2009年，苏兆征被中央宣传部、中央组织部等11个部门评为"100位为新中国成立做出突出贡献的英雄模范人物"。主要成就：领导香港海员大罢工，领导省港大罢工，策划广州起义。

9. 杨匏安

杨匏安（1896~1931），中国共产党早期优秀的理论家和革命活动家，五四时期华南地区最早的马克思主义传播者。

杨匏安原名麟焘，又名锦焘，笔名匏庵、王纯一，出生于广东省香山县南屏乡北山村的一个破落茶商家庭。他曾参与领导省港大罢工，任罢工委员会顾问。1927年出席中国共产党第五次全国代表大会，当选为中央监察委员会副主席。1929年在上海中共中央机关工作，参加编辑党刊、党报，并任农民部副部长。1929年编译了20多万字的《西洋史要》，这是我国的第一部用唯物史观叙述国际共产主义运动历史的著作。1931年7月因叛徒出卖，于上海被捕，8月被害于龙华，享年36岁。主要贡献：太阳社发起人。代表作品：《西洋史要》《地租论》。

10. 阮玲玉

阮玲玉（1910~1935），原名阮凤根，中国无声电影时期著名影星，民国四大美女之一，生于上海，祖籍广东香山县（今中山市南朗左步头村人）。由于父亲早逝，阮玲玉自孩童时期随母亲为人帮佣，母亲节衣缩食供她上学。

1926年为自立谋生奉养母亲，阮玲玉考入明星影片公司，出演《野草闲花》《神女》《新女性》等。阮玲玉成名后陷于同张达民和唐季珊的名誉诬陷纠纷案，因不堪舆论诽谤于1935年妇女节当日服安眠药自尽，噩耗传来震惊电影界，各方唁电不可胜数，上海20余万民众走上街头为其送葬，队伍绵延三里，鲁迅曾为此撰文《论人言可畏》。阮玲玉生前出演电影29部，但历经乱世战火，目前仅发现9部。主要成就：中国默片时代最具代表性的影星。代表作品：《野草闲花》《三个摩登女性》《小玩意》《城市之夜》。

11. 冼星海

冼星海（1905~1945），曾用名黄训、孔宇，祖籍广东番禺，出生于澳门，是中国近代著名的作曲家、钢琴家。冼星海在短暂的一生中，创作了大量题材丰富、体裁多样、具有鲜明民族风格的音乐作品，受到广大人民群众的喜爱。他于1939年创作的大型声乐作品《黄河大合唱》在中国近代音乐史上具有深远的影响，被认为是反映中华民族解放运动最具代表性的音乐史诗。由于在音乐方面的巨大贡献，冼星海被毛泽东誉为"人民的音乐家"。主要成就：1939年创作《黄河大合唱》。代表作品：《在太行山上》《到敌人后方去》《黄河大合唱》《生产运动大合唱》等。

12. 容国团

容国团（1937~1968），1957年代表工联队参加香港乒乓球埠际赛，一举夺得了男子团体、双打、单打3项冠军。1959年3月，容国团参加在德国多特蒙德举行的第25届世界乒乓球锦标赛，最终以3∶1的成绩击败了曾7次获得世界冠军的36岁匈牙利老将西多，夺得了男子单打冠军，成为我国在世界性体育比赛中获得的第一个冠军，在中国体育史上写下了光辉灿烂的一页。接着，在1961年北京举行的第26届世界乒乓球锦标赛中，作为主力，他和队友共同努力，夺得男子团体冠军；在1965年第28届世界乒乓球锦标赛上，他作为教练，统帅中国女子乒乓球队荣获团体冠军。

1968年6月20日晚上，他不堪"文化大革命"极"左"分子的迫害，含冤去世，年仅31岁。1978年，国家体委为容国团恢复名誉。

（二）创新篇——香山文化民俗表现

香山文化的民俗方面不仅体现了传统文化的博大精深，更多的是向我们展示了民俗表现如何与时俱进，其加入现代元素，如水上婚嫁、舞醉龙、菊花会，处处新意盎然但意味深远。

1. 观音开库

此节时间为农历正月二十六日。澳门民间信仰观音颇为流行。现有建于明中叶的望厦观音古庙、建于明天启七年（1627）或以前的望厦观音堂（即普济禅院）、约建于清光绪二年（1876）的氹仔望海观音庙、建于清光绪七年（1881）的路环九澳观音庙，以及路环观音古庙；氹仔还有观音岩等。每逢此节，澳门的善男信女不分老幼，成群结队地去各观音堂进香，求签问卜，祈望观音菩萨开库，给自己带来好运。

据传，在观音修道的时候，有500位护法罗汉，为了要考核观音大士的修行成绩，于是化为人间和尚，到观音庙化缘讨饭充饥。

观音见有和尚求助，就打开仓库让这些和尚尽情享用各种精美斋菜，当500个和尚填满肚皮之后，余下来的食物就留给前来参拜的善男信女享用。

此后，农历正月廿五日晚子时就定为"观音开库"日。在每年的这个日子，千千万万的信徒都会涌到观音庙祈福及借库，希望借库后财运亨通。

下列是最常见的作福物品。香三支，红烛一对，或另加长寿香。拜观音的金银衣纸一份：观音衣、大光宝、寿金或潮州金、长禄马、圆禄马、转运宝牒、百解符、贵人符等。五斋：五种不同的蔬菜生果，可用橙、苹果、提子、雪梨、水晶梨或其他生果。罗汉斋用五种菜炒在一起，故罗汉斋代表另外五种斋菜。茶三杯、水三杯、筷子三对，切忌用酒、用荤。其步骤是，先燃点红烛，叩拜三次，然后插在香炉上。接着燃点檀香三枝，也叩拜三次，插香炉上。念咒诵经会增强感通。流行的经文有《心经》、《观音心咒》或《六字大明咒》，效力一样。说一些吉利话，如祈求观世音菩萨保佑，身体健康，厄运尽除。最后，将金银衣纸焚化。焚化时再念《观音心咒》18遍或108遍。礼成。上香祈拜之后，敲钟三下，示意观音大士得悉。信徒前往借库，依照指示，到"金银库"取利是，然后再取生菜红包，内有花生或莲子等食物，最好吃下肚里去，不要丢弃。离开观音庙之前，再一次向观音许下承诺，年底回来酬神。借库前，斋戒沐浴，以表真诚；上香前需洗手；借库时，要表达阁下是何许人、家住何方、出生日期。不能求赌胜之道，要求正财；祈求时应立即道出希望。借库之日忌食与肉有关的食物，例如猪肉、鸡红绝不能沾口，否则会遭遇血光之灾。借库返家后，要在东南方向上 81 支香，以谢神恩为要。

2. 妈祖诞

农历三月二十三日是妈祖圣诞，妈祖是福建、浙江、广东、台湾等沿海地区共同信奉的海神。后来，华侨漂洋过海，又将这种信仰习俗带到东南亚各国以至世界各地。在香山地区，妈祖诞也是一项重要的民俗活动。

在澳门地区，妈祖诞时最热闹的是妈阁庙，特别是妈阁庙的天生殿。每年妈祖诞时，在妈阁庙前面的空地上，人们都会搭起寮棚，并且要从香港专门请来粤剧戏班，表演神功戏。

3. 舞醉龙

舞醉龙，是流行于澳门、中山、珠海一带的汉族传统民俗活动。传说龙能行云布雨、消灾降福，象征祥瑞，所以以舞龙的方式来祈求平安和丰收就成为全国各地汉民族的一种习俗。舞醉龙一般于每年农历四月初八即佛诞节举行。

2006 年，舞醉龙被广东省人民政府列入省级第一批非物质文化遗产代表作名录，同时中山醉龙也被列入了国家级非物质文化遗产。

舞醉龙源自数百年前的广东省香山县（今中山市）。来源有两种说法。一种说法是在 200 多年前的浴佛节那天，一个和尚来到香山县一条小河边洗澡，刚脱下衣服，一条大蟒蛇就直奔过来。那和尚拔出宝剑，把蟒蛇斩成几截，丢在河边。这时正好来了个老渔翁。只见渔翁似醉非醉地抓起蛇头，又搬来蛇尾，胡乱地跳起舞来。这一舞，竟使那条蟒蛇死而复生，变成了一条龙，腾空而去。

另一种说法是那时香山境内瘟疫横流，乡民求助佛祖，抬着佛像路过河边时，河中突然跃出一条大蛇，遭乡民砍断后血染河水。乡民喝了河水除病祛瘟，都认为大蛇是龙的降凡，便创造出舞醉龙以志纪念。随着香山乡民迁澳，百余年前舞醉龙习俗传入澳门。

渔业行会为庆祝这个传统节日，四月初八、初九两天全行业休假，并举行独有风格的舞醉龙、醒狮大会。

每年四月初八上午，行会先在营地街市三街会馆前举办醉龙、醒狮点睛开光典礼。随后，与会人员出发到各街市及鱼栏区进行庆祝。队伍由醉龙、醒狮领衔，沿途敲锣打鼓，热闹非凡。

舞醉龙原没有一定的套路，任凭舞者自由发挥，通过澳门渔行艺人总结逐渐有了一定的程式。

在表演结束之后，醉龙队沿着澳门多个街市进行巡游表演。在中午十二点和下午三点，主办方开始派发载放在龙舟头部的长寿饭（龙船头饭）。根据民间说法，吃过龙船头饭可以驱除疾病，还可以帮助小孩健康成长，因此有大批澳门市民早早排队等候。有市民表示，一方面是来看看热闹，另一方面是来讨个吉利。

4. 小榄菊花会

小榄镇位于珠江三角洲中部，是广东省中山市的重镇。小榄有"菊城"的美誉。菊花文化贯穿小榄的历史，初起有"菊试""菊社"等民间组织，后来逐渐演变成为十年一度的"黄花会"。清代嘉庆甲戌年（1814），有10个菊社联合举办大型菊花盛会，并相约以先人定居小榄时的甲戌年为一大盛会（即60年一届）。

小榄人善做盆菊，技艺精湛。历史上每逢菊花盛开时，各家族将各种菊艺摆设在一起评比高下，曰"菊试"，后发展为菊花会。会期数天至十数天不定，活动内容主要包括赏菊、赛菊、吟菊、画菊、尝菊、水上飘色、菊花戏等。小榄菊花会以花为媒，以菊会友，技艺精巧，规模宏大，构成了独具一格的民间传统综合性花会。

2006年由广东中山市申报的小榄菊花会经国务院批准列入第一批国家级非物质文化遗产名录。

5. 斗门水上婚嫁

斗门水上婚嫁习俗是广东省珠海市独特的汉族民俗文化。斗门是著名的水乡，水上婚嫁已有数百年历史。据记载，广东当时有"陆上人家"、"山上人家"和"水上人家"。"陆上人家"从中原迁徙而来，"山上人家"即如今的客家人，而"水上人家"以船为家，被陆地人鄙视，不得上岸。直到雍正七年，官府才允许他们上岸务农，与陆人混居，于是，在斗门形成了独特的水上婚嫁。2008年6月入选国家级第二批非物质文化遗产名录。

斗门水上婚嫁每一项仪式都饱含吉祥美好的寓意，颂扬感恩孝顺的传统美德，人们通过咸水歌、高堂歌抒发情感和心声，是汉族水乡文化的一大特色。

作为一种传统的人生礼俗，斗门水上婚嫁习俗现仍受水乡居民，特别是年长一辈的推崇和采用，但由于现代文明婚嫁礼仪的影响，这一传统的形式正受到冲击。很多年轻人认为传统婚嫁礼仪过于烦琐，他们结婚时的婚礼礼仪也逐渐简化，其中一些礼仪程序和相关器具、用具也被新的东西所取代。如现代歌曲的流行，使原来婚礼"叹情"时的哭叹或咸水歌伴唱仪式日渐式微；用来迎亲的花船也日渐被汽车替换了，真正懂得操办此礼仪的仅是那些六七十岁或更年长的老人。

（三）包容篇——香山文化景点掠影

珠海、中山、澳门所构成的香山文化，本身就融合了传统与现代的元素，而地处三个不同城市的景点也最大限度地包容了不同类型的文化掠影，下面选取澳门大三巴牌坊、珠海渔女、孙中山故居及特色乡村四个专题进行详述，以体现香山文化之景点的包容度。

1. 澳门大三巴牌坊

大三巴牌坊（Ruínas da Antiga Catedral de São Paulo），是澳门最具代表性的名胜古迹，为1580年竣工的圣保禄大教堂的前壁，此教堂糅合了文艺复兴时期欧洲建筑与东方建筑的风格而成，体现出中西艺术的交融。雕刻精细，巍峨壮观。大三巴牌坊是最具代表性的"澳门八景"之一，大三巴牌坊是西方文明进入中国历史的见证。1583年，著名的传教士利玛窦在这里改绘世界地图为《万国图》，加上中文标识，送给了中国地方政府。1569年，大三巴附近建起了圣加扎西医院，西医、西药从这里开始流入华夏大地。葡萄牙医生戈梅斯也从澳门将"种牛痘"引入中国，医治当时的不治之症"天花"。大三巴附近的圣保禄学院，是东亚最早的一所西式大学，在实施西方教育的同时，还在这里对即将进入东方的传教士进行东方文化的培训。澳门回归后，在巍峨挺拔的大三巴牌坊的广场、石坊上，几乎天天都有数以千计的澳门各界人士在这里集会、高歌。历经四百多年沧桑的大三巴，迎来了她辉煌的新生，见证澳门曲曲折折的回归历史。

牌坊高约27米，宽23.5米，为意大利文艺复兴时期"巴洛克"建筑物，共分五层，底下两层为同等的矩形，由三至五层构成三角金字塔形。顶端竖有十字架，其下嵌有象征圣灵的铜鸽；铜鸽像的旁边围着太阳、月亮及星辰的石刻，象征圣母童贞怀孕一刹那的时光；铜鸽之下为一圣婴雕像，其左上是"永恒之火"的雕像，右侧则是"生命之树"的石刻；第三层的正中刻着一个童贞圣母像，旁边以牡丹和菊花环绕，前者代表中国，后者代表日本；雕像左方还刻有"永恒之众"——一艘葡式帆船及一个面目狰狞的魔鬼；第四层分别供奉耶稣四名圣徒的雕像；第三层与第四层的左右两侧雕刻有中华民族传统文化艺术的象征动物——狮子；底层为三面门户，正门的楣额上用葡文刻着"MATERDEL"，意为"天主圣母"，两侧的门上刻有耶稣的记号"HIS"。大三巴牌坊上各种雕像栩栩如生，既保留传统，又有创新；既展现了欧陆建筑风格，又继承了东方文化传统，体现了中西文化结合的特色，堪称"立体的圣经"，是远东著名的石雕宗教建筑。

2. 珠海渔女

珠海渔女雕像是珠海城市的象征。渔女姿态优雅，神情喜悦，手擎明珠，向人类奉献珍宝，向世界昭示光明。雕像是中国著名雕塑家潘鹤的杰作。建成于1982年，用花岗岩石材10吨，分70件组合而成，通高8.7米。渔女形象蓝本源自珠海一个美丽的爱情传说，渔女雕像的成功创作开创了中国大型海滨雕像之先河。

相传古代有位仙女被香炉湾美丽的风光迷住了，不愿返回天上，决意下到凡间，尽享这人间美景。她扮成渔女，织网打鱼，捞蚌采珠，心灵手巧，而且心地善良，常采灵芝草配上珍珠粉为渔民治病，深受渔民的爱戴。在劳动中，她结识了一位憨厚老实的渔民青年海鹏，两情缱绻，朝夕相依。不幸的是，耿直的海鹏轻信了一个矮子的谗言，要仙女摘下手镯给他做定情信物，仙女听了泪如泉涌，向海鹏倾诉了自己的身世，原来仙女是南海龙王的女儿，龙宫中八个管家婆为防她思凡遁逃，每人给她套上一只手镯，只要脱掉一只，她就会死去。然而海鹏却不肯相信渔女的话，鬼迷心窍，转身要走，渔女为明心志，猛力拉下一只手镯，旋即死在情人怀里。海鹏此时悔恨已晚，饮声泣血，哀天恸地。九洲长老为这人神之间的深情厚爱所感动，引导海鹏上大九洲岛，找到一株"还魂草"，并嘱咐他"还魂草"须用男人的鲜血浇灌，才能长大作药用，救人命。海鹏于是每天用自己的血浇灌"还魂草"，日复一日，年复一年，精诚所至，金石为开，"还魂草"终于长大，救活了仙女。从此，仙女真正来到人间。成亲那天，她和姑娘们在海边拾到一枚硕大无比的海蚌，挖出一颗举世无双的宝珠，于是，渔女高擎着宝珠，献给德高望重的九洲长老。

3. 孙中山故居

孙中山故居纪念馆位于广东省中山市翠亨村，南、北、西三面环山，东临珠江口，距中山市城区 20 公里，距广州城区 90 公里，距澳门 30 公里，隔珠江口与深圳、香港相望。本馆成立于 1956 年，目前管理范围为 20 万平方米，从业人员有 135 人，现为国家一级博物馆、国家 AAAA 级旅游景区。

4. 特色乡村

本文选取了具有一定影响力的会同村作为研究对象。会同村位于珠海唐家湾镇西南约 10 公里处，地处凤凰山脉北部的丘陵上。村子坐东向西，北、东、南向为凤凰山山体环绕，西侧原有月形荷花塘一座，村中地势东高西低，四周山环水绕、古树森然，符合中国传统村落风水堪舆理念。

会同村始建于 1732 年，距今已有 282 年历史。会同村近代建筑群主要包括栖霞仙馆、两座碉楼、三座祠堂和 40 多座民居，大多建于晚清和民国年间。

会同村作为珠海保存最完整的近代村庄，具有近代香山地区独特的村落民俗风情，是以莫氏宗族为代表的买办文化的物化缩影，也是大陆文化与海洋文化兼容的村镇建设典型。

会同村所在的唐家湾是首个以近代历史遗迹申报历史文化名镇成功的古镇，也是首个地处岭南滨海的国家级历史文化名镇，更是唯一的地处经济特区的历史文化名镇，彰显了珠海在近代史中"中西文化交融地"和"改革开放实验区"的独特历史地位，对唐家湾历史文化资源保护、利用和发展及推动唐家湾地区经济、旅游、文化等各方面的发展，乃至对珠海城市文化品位的提升及推动珠海文化产业的整体发展都具有里程碑式的意义。

（四）和谐篇——香山文化之衣食住行

香山文化在衣食住行方面处处彰显着和谐，中山装体现着国家一统之和谐，澳门手信说明了人民生活之和谐，建筑风格的凝聚性代表了中外关系之和谐，交通便利通达彰显着道路顺利之和谐。

1. 衣

主要以中山装为例。1949 年新中国成立以后，"中山装""毛装"等领袖装风靡一时。中山装自 20 世纪 20 年代起开始流行，由孙中山先生设计并率先穿着而闻名。因毛泽东在西方世界知名度很高，因此中山装也叫"毛装"。中山装上衣的特点是有小翻领、四袋及五扣；裤子前面开缝，一律用暗扣，左右侧各有一大暗袋，裤头右前部有一小暗袋，俗称"表袋"，裤袋腰部打褶，裤管翻脚。

中山装被赋予了一定的政治含义，四个口袋代表礼、义、廉、耻；五个纽扣代表行政权、立法权、司法权、考试权和监察权；左右袖口的三个纽扣分别代表民族、民权和民生及共和理念的平等、自由、博爱；封闭式翻领表示严谨的治国理念。

2. 食

澳门手信食品，往昔风行的是咸鱼、蚝油、香虾，原因是澳门原是渔港，制作这类海产食品颇具特色。同时流行的还有猪油糕、牛油糕、云片糕。20世纪90年代流行的是云吞、水饺、花生糖、牛油饼、葡国酒类、沙甸鱼和"西洋垃圾草"。目前流行的有杏仁饼、蛋卷、肉干、花生糖、牛油饼，这类店铺多设在清平直街、新马路、大三巴街及港澳码头等处。

凉茶，是消暑解渴、清热祛病的良药，药性平和。本澳不少居民尤其是广府人常常喝一两碗凉茶，调理肠胃。凉茶因用料不同分为苦茶和甜茶。其中苦茶也有廿四味、三桠苦、感冒茶等；甜茶有竹蔗水、银花菊花茶、五花茶等。著名的店铺有百家昌、海清纯、大声公。

中山钵仔禾虫。中山沙田广阔，历来盛产禾虫，每年上半年立夏至小满，下半年寒露至霜降的节令之间，禾虫钻出泥面，这时用网具装捕。禾虫含丰富蛋白质、脂肪、铁、磷和维生素B等，营养价值高，味道非常鲜美、香甜。钵仔禾虫的做法是将禾虫洗净后放钵仔中用剪刀剪碎至充分出浆，再加上适量捣碎的蒜茸、陈皮、粉丝、旦白、榄角和油、盐等调味拌匀，放钵于锅中隔水炖熟，再将钵仔禾虫移至慢火炭炉或电炉上烘干至有焦香味即可上桌。如将钵仔中烘好的禾虫切件用生猪网油包裹放油锅炸至微焦，其味则更佳。禾虫由于味甘香、性温，能补脾、暖胃、生血、利小便、去脚气，属滋补食疗上品。

中山小榄菊花宴。小榄镇种菊尝菊成为几百年来的优良传统。每逢甲戌年即60年一届的菊花盛会更是闻名中外。而小榄镇由于盛产菊花，利用菊花所特制的菊花宴，也是这里最有名的菊花系列菜式，如三蛇菊花羹、菊花炸鱼球、菊花蒸肉丸、菊花鱼榄、菊花鱼片、菊花鸡、菊花海鲜、菊花焖猪肉、菊花炒牛肉、腊肉蒸菊饼、油炸菊香条、菊花咕噜肉等，每种菜式既有肉的鲜味，又有浓浓的菊花清香。明朝《岭南杂录》记载："小榄之菊花饼，中含菊花，较之杏仁饼尤为美味。菊花肉丸风味亦殊不俗，非他处所可比拟者也。"

珠海膏蟹。珠海地处珠江和西江的出海口，咸淡水交界，海岸线长，滩涂广阔，加上沿岸工业污染少，膏蟹肉厚膏多，膏充满蟹盖，蟹肉甚鲜美，营养丰富。南水、淇澳两岛和斗门五山出产的膏蟹味道特别鲜美。

珠海横琴蚝。横琴岛周边海域潮流畅通，海水咸淡适宜，温度适中，水质肥沃无污染，非常适合蚝的繁殖生长，因此横琴蚝身体肥硕，鲜嫩质美，清甜味香，以"一大、二肥、三白、四嫩、五脆"享誉海内外。

3. 住

澳门既有中式传统建筑，也有西式风格建筑，其中最有特色的要属中西合璧的建筑。澳门的中式建筑具有岭南特色。明朝时，葡萄牙商人就以"借滩晒货"为由始建楼房。澳门的西式建筑具有南欧风格。早期，不管是中式建筑还是西式建筑都十分简陋，在建筑材料、布局及风格上具有各自的家乡特色。这些中西合璧的建筑在形式上，西式外观与中式格局相结合；在文化上，体现了儒、道、佛文化与以天主教为代表的西方宗教文化的融合；在建造方法与美学标准方面，具有中、葡双重特色。

香山地区是著名的买办之乡，传统建筑受到周边地域的间接影响和外来文化的直接作用，20世纪二三十年代就有西洋建筑出现，数量也不在少数。在装饰题材上，大的有地球、小火车、摩天轮模型，小的有手提包、香水瓶、马球等时尚要素。与日常生活密切相关的粗笨栅门下面还安装了滑轮，窗框之间镶嵌了滚动的防盗窗。

平民小院建房的经济做法是采用海边的蚝壳进行墙体填充，可以防风防蛀。因为海风中带有盐分，对石灰砂合成的砖具有侵蚀作用。人们因地制宜，就地取材，蚝壳、贝壳烧成壳灰作为装饰材料，具有很强的抗腐蚀性。档次高的民宅采用磨砖对缝的优质青砖、楠木柱、石柱础。

4. 行

澳门开辟为自由港至今已有数百年的历史，16、17世纪的澳门是一个重要的转口贸易中心。水运是澳门一种非常重要的交通方式，客运航线主要往返港澳之间，这是世界上最繁忙的航线。澳门国际机场于1995年12月建成并启用，从而结束了长期没有空港的历史。该机场由填海建筑而成，位于氹仔岛东侧。澳门至今无铁路,对外交通也只有经澳门北端关闸通往内地的一条公路。为了进一步发展澳门经济,加强对外交通联系,澳门今后还将规划兴建连接澳门填海区和珠海横琴岛的新大桥,以便经横琴岛再开辟通往内地的道路。

和谐之余,香山地区的文化也是与时俱进的,除了水陆空传统交通工具的配合外,在 2013 年 6 月,珠海市交通运输局在网上公示了《珠海市公共交通系统规划(报批稿)》(简称《规划》),为优先发展公共交通,《规划》从公共交通系统的设施空间布局、运营服务优化和财务政策保障三个方面明确珠海公交的发展规划。《规划》提出,到 2020 年,珠海要建设有轨电车 4 条,出租车运力达 6000 台。在建设者的精心奋战下,珠海现代有轨电车 1 号线首期工程设备安装在 2015 年年底全部完工进入联调测试阶段,可望通车投入运营,届时该线路将成为世界首条采用有轨电车地面供电系统投入商业运营的城市轨道交通线路,对缓解城市交通、美化城市环境将发挥重要作用。

在理论研究的基础上,本文设计了调查问卷,在留学生中展开调查,以准确把握汉语国际教育推广过程中的重点项目。

二　调查分析

(一)调查简介

调查问卷设计了中英两个版本,以适应不同水平的调查者。为了更直观地表达,问卷还对某些项目插入了形象化的图片。全篇从香山文化简介展开,设置的参考变量分别是姓名、性别、年龄、国籍、学习汉语时间、受教育程度、来香山地区的时间,以便最大限度地分析各因素对教学案例设计的影响。问卷题目的设计采取递进式,首先从食物、景点、人物、民俗四大类引入,让受访者先选取最感兴趣的种类,然后依次在这四个专题内选择感兴趣的研究点,进而过渡到采用何种途径介绍文化更易于接受,再到教学中的何种方式及活动更能提高学习兴趣,最后以主观题对比香山文化和中国其他地区文化作为结束。调查问卷短小精悍,内容信息量大但重点突出。

本次共发放调查问卷 70 份,回收有效问卷 62 份,调查对象主要分为三类,第一类为在北京师范大学珠海分校攻读汉语言专业本科学位的外国留学生，第二类为来中国进行短期交流或语言学习的留学生，第三类为自发学习汉语的外国社会人士（非学生）。

（二）调查结果分析

下面先分析调查问卷中设计的参考变量，以此作为非常重要的数据支撑。

性别：男士38人，女士24人，配比合理。年龄：20岁以下16人，20~30岁40人，30岁以上6人。因汉语国际教育推广的主要对象是中青年，故此次调查问卷全部投放的是中青年群体，且以青年为主。国籍：加拿大20人，美国16人，沙特阿拉伯10人，印度6人，尼日利亚、韩国、菲律宾、尼泊尔、英国各2人，范围较广，具有很高的参考价值。学习汉语时间：1年以下（初级水平）14人，1~3年（中级水平）28人，3年以上（高级水平）20人，学生水平分布较广泛。受教育程度：高中生8人，大学生46人，研究生2人，以大学生为主要参考群体。融入香山文化环境时间：1个月以下32人，1个月以上1年以下14人，1年以上16人，选择不同融入时间的受访者，可以更准确地判断出他们在不同接触时期的不同需要，从而制定不同的宣传方案。下面就题目进行个别分析。分析过程全部用中文题目。因为大部分题目是多选题，故所有题支选择总数之和未必是62，百分比之和也不全是100%。

第1题旨在调查学习者对香山文化所涉及的几个方面的兴趣度排名，从而安排教学内容，设置"E 其他"选项主要是为了考察是否有研究者没列举出但大部分学习者感兴趣的话题。由图1可以清楚得知，学习者对香山文化所涉及的几个方面的兴趣度从高到低排序分别是景点、民俗、食物、其他、人物。其中人物部分的选择为0，可见在教学设计过程中，不能单纯介绍人物，应该穿插与之相关的故事或拓展内容以便提起学生的兴趣。"其他"部分受访者列举的有酒吧、运动、传统文化、佛教道教、涂鸦，但都只有一两个人列举，不作为参考。

同时通过数据再次分析，20岁以下的16人中有8人次选择A，10人次选择B；20岁以上的46人中，仅有12人次选择A，但有28人次选择B，20人次选择D，说明根据受访者的不同年龄需要做不同的教学内容调整，以便更好地推广香山文化。

1. 你对以下哪方面更感兴趣？（多选）

   A 食物　B 景点　C 人物　D 民俗　E 其他_____

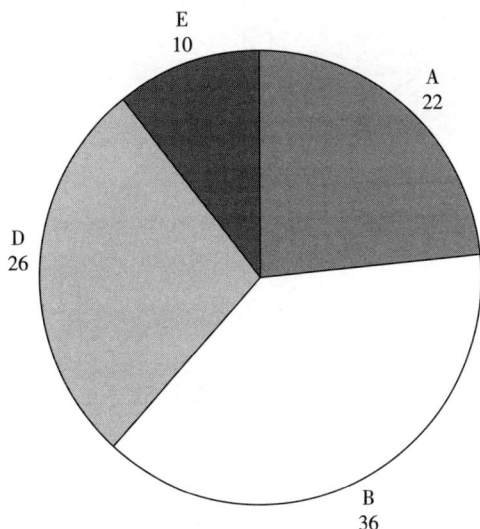

图 1　第 1 题各选项统计

第 2 题旨在调查学习者在食物话题中最感兴趣的方面。由图 2 可知，排序分别为海产类、澳门手信、其他、乳鸽。在列举的"其他"类中有 4 人次提到清真食物，他们不吃猪肉，所以不能选择澳门手信；有 2 人次提到下午茶茶点，如虾饺。这个部分应该引起重视，在教学过程中要关注跨文化交际中的禁忌，考虑学习者的风俗习惯，进行相应的教学内容调整。

2. 你对香山文化区以下的哪些食物感兴趣？（多选）

   A 海产类（如横琴蚝、膏蟹）

   B 澳门手信（如杏仁饼、肉干）

   C 乳鸽

   D 其他_____

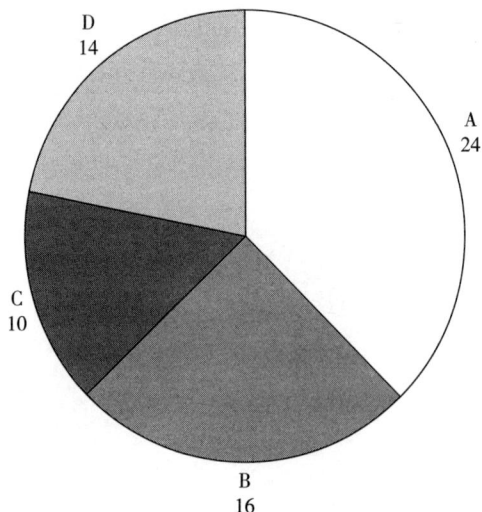

图 2　第 2 题各选项统计

第 3 题旨在调查学习者对香山文化区各景点的感兴趣程度。由图 3 可知，学习者对景点的感兴趣排名分别是珠海渔女、乡村文化体验、孙中山故居、澳门大三巴牌坊，有 2 人次列举北京师范大学珠海分校，2 人次列举寺庙、山峰。由此可知，珠海渔女作为珠海的标志性旅游景点已经深入人心，会同古村所代表的乡村文化体验也足以吸引学习者的注意。

同时，数据显示，在融入香山文化环境 1 个月以下的 32 人中，有 16 人次选择了珠海渔女；在融入环境 1 个月以上的 30 人当中，仍然有 18 人次选择了珠海渔女。可见对于经典景点可以在不同阶段做不同教学内容的调整，学习者仍然不会觉得乏味。

---

3. 你对香山文化区以下的哪些景点感兴趣？（多选）

A 澳门大三巴牌坊　B 孙中山故居　C 珠海渔女

D 乡村文化体验（如会同古村）　　　　E 其他_____

第 4 题旨在调查香山地区的名人对学习者的影响程度。从图 4 可以明显看出，有 52 人次都选择了孙中山，比重高达 83.9%，且不受年龄、学习时间长短、融入时间、性别等因素的影响，可见在做教学设计过程中，

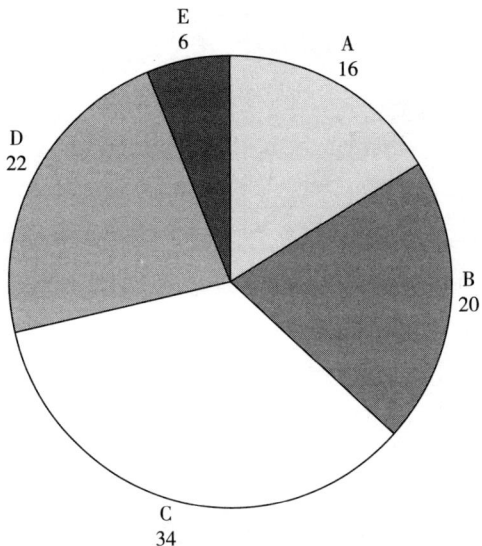

图3　第3题各选项统计

应该把孙中山作为主要人物。结合第1题的结果，应该进行内容上的扩展和形式上的改变，不以人物传记的形式出现，以免引起学习者的抵触情绪。

---

4. 你对香山文化区以下的哪些名人感兴趣？（多选）

　　A 孙中山　　　B 唐绍仪　　　C 容闳　　　D 其他＿＿＿＿＿＿

　　第5题旨在考察学习者对香山文化最有代表的几个项目的感兴趣程度。数据显示，44人次选择澳门舞醉龙，应该将其作为主要介绍内容，然后分别是小榄菊花盛会、皇族集体婚礼、妈祖诞、其他。"其他"类中只有1人列举的是希望了解香山地区人民的日常生活，暂不做考虑。

---

5. 你对香山文化区以下的哪些民俗感兴趣？（多选）

　　A 皇族集体婚礼　　B 澳门舞醉龙　　C 妈祖诞

　　D 小榄菊花盛会　　E 其他＿＿＿＿＿＿

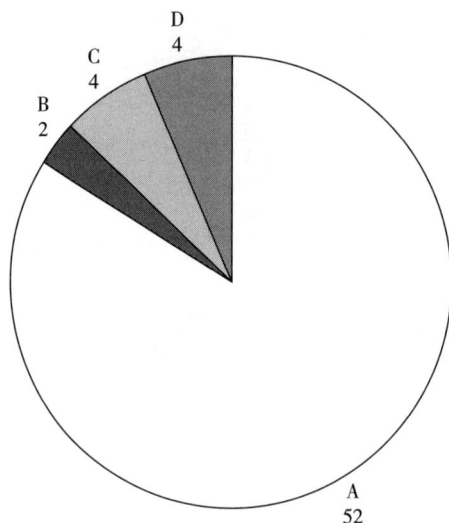

图4 第4题各选项统计

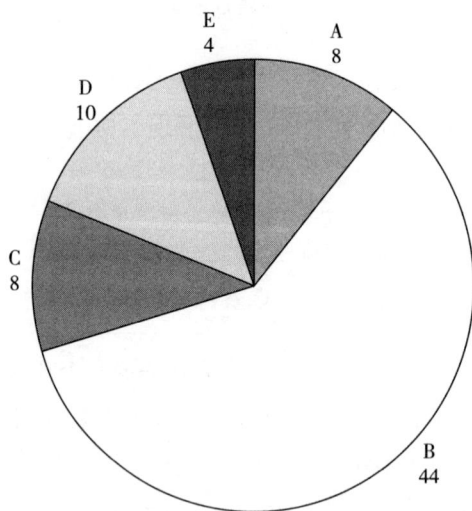

图5 第5题各选项统计

第6题旨在调查学习者希望通过何种途径了解香山文化。图6显示，亲身体验是学习者最希望尝试的途径，调查中所涉及的文化表现形式也确实以体验式居多，通过采访学习者发现他们非常希望能够自己参与舞醉龙或者亲自去会同古村展开田野调查等。除了亲身体验外，学习者了解香山文化的理想途径依次为课堂、影视、网络、其他。因为课堂与影视都位居第二，所以在教学设计环节，可以把二者结合起来。

6. 你想通过什么途径了解香山文化？（多选）

A 课堂　　　B 网络　　　C 影视（纪录片、宣传片）

D 亲身体验　E 其他_____

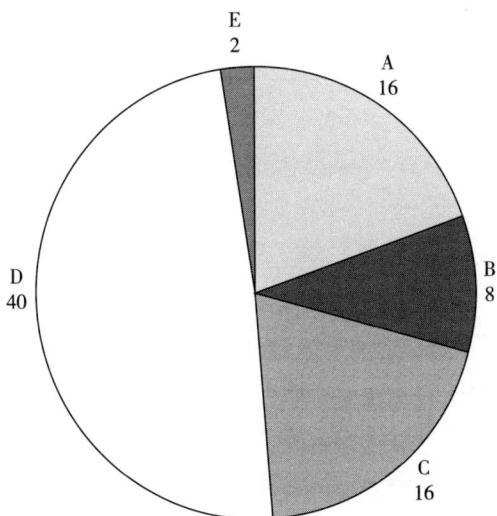

图6　第6题各选项统计

第7题旨在考察学习者在课堂环境中希望通过何种途径了解香山文化，图7显示，有40人次希望通过授课时文化穿插的形式，而非机械地进行文化介绍，这一结果也对后面的教学案例的设计提供了非常好的数据支撑。

7. 在教学过程中，你更容易接受以下哪种方式了解香山文化？（多选）

A 课文介绍　　　B 教材文化拓展　　　C 课堂模拟实践

D 授课时文化穿插　　　　　E 其他_____

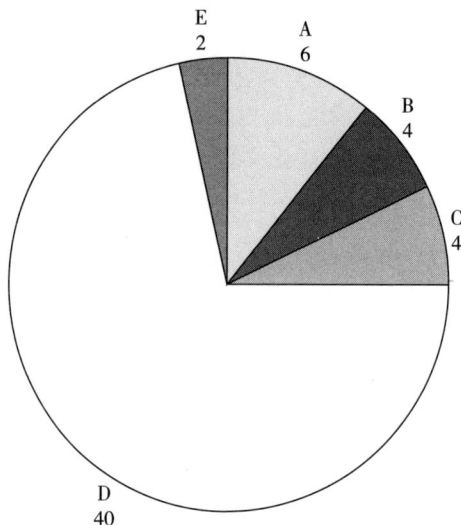

图 7　第 7 题各选项统计

第 8 题旨在考察学习者对何种文化体验活动的形式感兴趣。图 8 显示有 36 人次首选是文化景点之旅，通过访谈发现，他们认为如果在授课过程中穿插实践教学，如可以去景点进行参观是最好的，其次是文化展、模拟定向越野、讲座、汉语口语大赛、座谈会、知识竞赛等。

> 8. 你会选择参加以下哪些活动？（多选）
>   A 知识竞赛　B 模拟定向越野　C 汉语口语大赛　D 讲座
>   E 文化展　F 座谈会　G 文化景点之旅　H 其他_____

第 9 题旨在考察学习者的文化敏感性，是否能够准确把握香山文化和中国其他地方文化的差别。可惜因为香山文化在汉语国际教育领域宣传力度较小，所以学习者并不知道什么是香山文化，在解释之后也并没有真正理解香山文化的内涵，所以无一人给出该题目的有效答案。

> 9. 你觉得香山文化和中国其他地方的文化有什么不同？

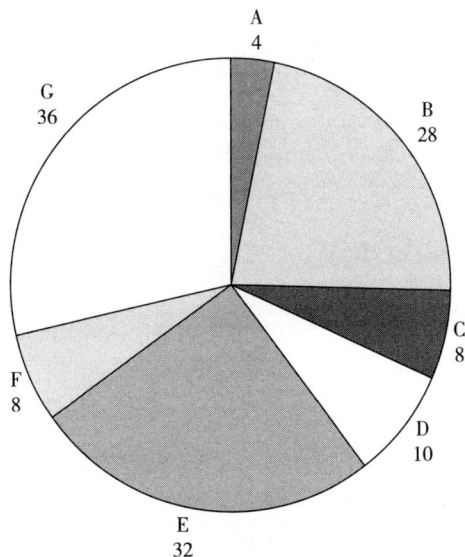

图8　第8题各选项统计

总结来看，调查问卷为教学案例的设计可以提供的建议主要有以下几点。

第一，尽量根据学生的兴趣安排教学内容及呈现形式。根据调查结果，应该首选景点，然后是民俗、食物、人物，且人物的教学形式要多样。在民俗方面可以选择舞醉龙作为主要教学内容，同时尽量穿插学生的模拟体验，同时语言的教学应该与影视、网络结合起来，实现上课形式的多样化，激发学习者的学习兴趣。

第二，应该根据学习者语言水平、融入文化时间长短、年龄等做相应教学内容的调整，比如对于高水平且融入时间较长的学习者就可以介绍一些古村落的历史背景等相关知识。

第三，语言及文化推广时重视跨文化交际中的文化禁忌，尽量不出现与学习者文化冲突的内容，比如清真的问题。

第四，相同的话题可以在不同阶段出现，但难度要有梯度。比如珠海渔女的介绍就可以贯穿初级、中级、高级三个阶段。

第五，语言文化的教学要与生动有趣的互动结合起来。参观、模拟等体验式活动更容易激发学习者的学习兴趣，相反，座谈、竞赛就不太受欢迎。

三 对策建议

下面从人物、民俗、景点、生活四个话题分别拟订推广方案和教学案例，方案中所涉及的教学方法及教学 PPT 已经经过一轮教学试点，并进行了修改，可以直接在相关教学中投入使用。

（一）人物话题

以上调查问卷显示，孙中山在留学生当中影响较大，故而选择孙中山作为人物话题代表做一个人物话题的示范案例。

香山文化人物话题部分推广方案

活动背景及目的

香山文化在地缘上是指包括今天的中山、珠海、澳门在内的地域文化。它在本质上集中体现了岭南文化中广府文化的特征，是中原文化、土著文化、西洋文化、南洋文化相互碰撞和不断融合的产物，是相对于岭南文化而言的子文化，是岭南文化的重要组成部分。香山文化内容包括方言文化、商业文化、华侨文化、民俗文化、洋务文化、名人文化和思想文化等，本次宣传方案即面向留学生，针对名人文化这一部分在文化课展示与课外实践活动两部分做初步策划，以求让留学生能够对香山文化中的名人文化有初步的印象，对代表人物有较为深刻的记忆。

活动主题

回顾香山文化名人代表（以孙中山为例）生平功绩，实地接触名人遗迹，通过小活动加深留学生对名人事迹的印象。

活动时间：语言课、文化课、课外活动时间

活动地点：教室、名人故居、其他课余活动场所

活动内容

本次活动分为课上展示与课外实践活动两部分。文化课上将以孙中山为名人代表做一份 PPT 来为留学生们普及基础信息、生平事迹、历史功绩、名人名言等，课后还会有一些小练习强化留学生的记忆。课外主要采取拜访名人故

居的形式来让留学生们实地体验名人历史遗迹。在课外活动中，老师的适度讲解可以加深留学生们对孙中山与其生平事迹的记忆与体会。其他名人主要采取制作名人卡片（给学生提供几位不同的香山名人的资料，让学生用自己的创意来为他们量身定做明信片，趣味了解名人文化的同时加深学生对名人事迹的记忆）、历史年表排列（此部分主要在为留学生介绍几位名人的生平事迹后给出学生只有时间轴的图标与历史事件卡贴，让学生凭记忆来排序）、连线题（名人与代表作、历史功绩等打乱，让学生排序）、你来模仿我来猜（让学生根据不同文化名人的特质或历史事件，比如孙中山为革命家，陈芳为著名商人，根据想象来表现或模仿，让其他学生根据回忆猜测）、播放名人视频的方式，让学生最直观地了解名人事迹与生平。

PPT 介绍（孙中山部分）

PPT 主要介绍孙中山，介绍内容主要分为以下几部分。

生平档案：主要介绍孙中山国籍、生卒年、毕业院校、信仰、语言等信息，使留学生对孙中山的基本信息有所了解。

主要成就：对成立兴中会、建立共和体制、建立中国国民党、创立黄埔军校等功绩做简要介绍。

大事年表：清晰明了地展示出孙中山生平中重要的历史事件与发生年份，让留学生对孙中山生平有整体了解。

重要理论：此部分主要对孙中山"三民主义"做简要介绍。

中山装由来：中山装是 20 世纪 80 年代以前中国民众的主要服装样式，由孙中山亲自设计，今天中国和朝鲜的领导人在一些重要场合也会穿中山装。在介绍中山装由来的时候可以适当解释时至今日中山装更多代表的是中国共和与宪法精神。

名人名言＋品质概括：此部分主要介绍孙中山的名言，引导学生尝试根据孙中山的名言来表达自己对孙中山个人品质的看法。

小测试：此部分包含几个选择题，考查学生对之前介绍的孙中山的个人信息、生平事迹的记忆情况。

课外实践（孙中山部分）

此次课外实践暂定为留学生前去孙中山故居接触名人文化遗迹。孙中山故居是著名历史遗迹，可以让学生在参观过程中从身边同学、老师的介绍中了解更多关于孙中山的生平事迹，从而拓宽学生对孙中山的了解范围。

其他文化名人部分

考虑到其他文化名人不会有如孙中山部分一样的文化课与课外实践两部分时间来介绍，其他文化名人的介绍主要在课余活动时间进行，可能会采用最直接的播放简短视频或其他形式来尽可能简明扼要地介绍，活动主要采取制作名人卡片（给学生提供几位不同的香山名人的资料，让学生用自己的创意来为他们量身定做明信片，在趣味了解名人文化的同时加深学生对名人事迹的记忆）、历史年表排列（此部分主要在为留学生介绍几位名人的生平事迹后给学生只有时间轴的图标与历史事件卡贴，让学生凭记忆来排序）、连线题（名人与代表作、历史功绩等打乱，让学生排序）、你来模仿我来猜（让学生根据不同文化名人的特质或历史事件，比如孙中山为革命家，陈芳为著名商人，通过想象表现或模仿，让其他学生来回忆和猜测）的形式。活动可适当加入奖励机制，可以给答对题目最多的留学生颁发有关香山名人的小纪念品。

其他宣传形式

可将留学生们课下参与香山文化名人活动的过程制作成图片集形式的视频记录下来，对于课堂教学或课下活动都较有纪念性，或者所宣传的名人以MAKA的形式做一份简单的宣传视频以微信推送形式发送给留学生，省时也较有趣味。

（二）民俗话题

在前文的调查中，舞醉龙、小榄菊花盛会等在民俗话题中易于被学习者接受，故选取这两个作为民俗部分的代表案例。

香山文化民俗话题部分推广方案

活动背景及目的

香山文化在地缘上是指包括今天的中山、珠海、澳门在内的地域文化。它在本质上集中体现了岭南文化中广府文化的特征，是中原文化、土著文化、西洋文化、南洋文化相互碰撞和不断融合的产物，是相对于岭南文化而言的子文化，是岭南文化的重要组成部分。香山文化内容包括方言文化、商业文化、华侨文化、民俗文化、洋务文化、名人文化和思想文化等，本次宣传方案即面向留学生，针对民俗这一部分在文化课展示与课外实践活动两部分做初步策划，以求让留学生能够对香山文化中的民俗文化有初步的印象，对典型民俗案例有较为深刻的记忆。

活动主题

介绍香山文化民俗代表（以舞醉龙、小榄菊花盛会为例），了解民俗文化背景以及特色，实地参观民俗活动，通过小活动加深留学生对民俗活动的印象。

活动时间：语言课、文化课、课外活动时间

活动地点：教室、香山文化民俗展示地、其他课余活动场所

活动内容

本次活动分为课上展示与课外实践两部分。语言课及文化课将以舞醉龙等民俗为代表做一份 PPT 来为留学生们普及基础信息，课后还会有一些小练习强化留学生的记忆。课外主要采取实地参观的形式来让留学生们实地感受民俗魅力，在课外活动中，老师的适度讲解可以加深留学生们对民俗活动的体会。其他民俗活动主要采取制作民俗活动卡片（给学生提供几个不同的民俗活动的资料，让学生用自己的创意来为民俗活动量身定做明信片，在趣味了解民俗活动的同时加深学生对民俗活动的记忆）、连线题（民俗活动与时间、传说等打乱，让学生排序）、故事王大赛的形式，每个人分享不同香山文化民俗活动的文化传说，让同学猜出是哪一个民俗活动，并评出讲得最好的人。这样不仅能让学生自觉了解香山文化，而且能激发大家的竞争意识。

PPT 介绍（民俗部分）

澳门舞醉龙

①中英文简介（图文并茂）

②简单的词汇教学

③舞醉龙视频观赏

中山小榄菊花盛会

①中英文简介（图文并茂）

②相关的菊花品种图片欣赏并且进行简单的词汇教学

妈祖诞

①中英文介绍（图文并茂）

②介绍澳门妈祖庙

斗门皇族集体婚礼

中英文简介（图文并茂）

课外实践（会同村部分）

其他民俗部分

考虑到其他民俗活动不会有如上一样的文化课与课外实践两部分的时间来介绍，其他民俗活动主要在课余活动时间进行，在介绍方面可能会采用最直接的播放简短视频或其他形式来尽可能简明扼要地介绍。活动中可适当采用奖励机制，可以给答对题目最多的留学生颁发有关香山景点的小纪念品。

其他宣传形式

可将其他民俗活动作为课后作业以任务教学法的形式分配给学生，让他们自己完成模拟民俗表演，要求学生在课后去查阅相关资料，然后在课堂上展示。

（三）景点话题

在前文的调查中，珠海渔女和会同古村在景点话题中较易引起学习者的兴趣，又因珠海渔女较为经典，可查资料较多，在此不做介绍，故而本次选取会同古村作为案例做景点话题的推广方案。

香山文化景点话题部分推广方案

活动背景及目的

香山文化在地缘上是指包括今天的中山、珠海、澳门在内的地域文化。它在本质上集中体现了岭南文化中广府文化的特征，是中原文化、土著文化、西洋文化、南洋文化相互碰撞和不断融合的产物，是相对于岭南文化而言的子文化，是岭南文化的重要组成部分。香山文化内容包括方言文化、商业文化、华侨文化、民俗文化、洋务文化、名人文化和思想文化等，本次宣传方案即面向留学生，针对景点文化这一部分在文化课展示与课外实践活动两部分做初步策划，以求让留学生能够对香山文化中的景点文化有初步的印象，对著名景点有较为深刻的记忆。

活动主题

介绍香山文化景点代表（以会同村为例），了解景点文化背景以及景点特色，实地参观典型景点，通过小活动加深留学生对景点的印象。

活动时间：语言课、文化课、课外活动时间

活动地点：教室、香山文化景点、其他课余活动场所

活动内容

本次活动分为课上展示与课外实践活动两部分。文化课上将以会同村为景点代表做一份 PPT 来为留学生们普及基础信息，如生词介绍、语法要点，以及会同村的旅游路线、建筑背景、文化传说、景点特色等，课后还会有一些小练习强化留学生的记忆。课外在会同村这个景点上主要采取实地参观的形式来让留学生们感受历史遗迹，在课外活动中，老师的适度讲解可以加深留学生们对会同村修建意义的记忆与体会。其他景点主要采取制作景点卡片（给学生提供几个不同的香山景点的资料，让学生各用自己的创意来为景点量身定做明信片，趣味了解景点文化的同时加深学生对景点名胜的记忆）、连线题（景点与建筑、传说等打乱，让学生排序）、故事王大赛的形式，每个人分别分享不同香山文化景点的文化传说，同学猜出是哪一个景点，并评出讲得最好的人。这样不仅能让学生自觉了解香山文化，而且能激发大家的竞争意识。

PPT 介绍（会同村部分）

PPT 主要介绍会同村，介绍内容主要分为以下几部分：

课文导入与讲解：讲解生词和语法，从课文中引出会同村。

生词：会同村、知道、坐、出租车、巴士、站。

语法：你……知道吗；介词：离、从、往、在。

简单的会同村旅游路线：简要地提供游览会同村的大概路线，依次对每个景点进行讲解。

会同宗祠→会同碉楼→会同栖霞仙馆→会同画家村→会同存艺2046→会

同 10 号。

会同村的简介：简要了解会同村的地理位置、占地面积、修建时间、建筑特色以及名字的由来。

会同村位于珠海唐家湾镇西南约 10 公里处，地处凤凰山脉北部的丘陵上。村子坐东向西，北、东、南向为凤凰山体环绕，西侧原有月形荷花塘一座，村中地势东高西低，四周山环水绕、古树森然，符合中国传统村落风水堪舆理念。

会同村始建于 1732 年，距今已有 282 年历史。会同村近代建筑群主要包括栖霞仙馆、两座碉楼、三座祠堂和 40 多座民居，大多建于晚清和民国年间。

会同村作为珠海保存最完整的近代村庄，具有近代香山地区独特的村落民俗风情，是以莫氏宗族为代表的买办文化的物化缩影，也是大陆文化与海洋文化结合兼容的村镇建设典型。

典型景点的详细介绍：分别介绍会同村内典型建筑莫氏大宗祠、调梅祠、会同祠、会同碉楼、南北闸门、栖霞仙馆、雕塑、驿站、画家村、老屋咖啡、会同 10 号的具体建设背景、文化传说以及建筑特色。

课外实践（会同村部分）

此次课外实践暂定为留学生前去会同古村亲身感受景点文化遗迹。会同古村作为著名历史遗迹，可以让学生在参观过程中从身边同学、老师的介绍中了解更多关于会同古村的文化知识，从而拓宽留学生对会同村的了解范围。

其他景点部分

考虑到其他文化景点不会有如会同村部分一样的文化课与课外实践两部分时间来介绍，其他文化景点主要在课余活动时间进行，介绍方面可能会直接采用最直接的播放简短视频或其他形式来尽可能简明扼要地介绍，活动主要采取制作景点卡片（给学生提供几个不同的香山景点的资料，让学生各用自己的创意来为景点量身定做明信片，趣味了解景点文化的同时加深学生对景点历史的记忆）、连线题（景点与建筑、传说等打乱，让学生排序）、故事王大赛的形式，每个人分别分享不同香山文化景点的文化传说，同学猜出是哪一个景点，并评出讲得最好的人。这样不仅能让学生自觉了解香山文化，而且能激发大家的竞争意识。活动可适当加入奖励机制，可以给答对题目最多的留学生颁发有关香山景点的小纪念品。

其他宣传形式

可将其他景点作为课后作业以任务教学法的形式分配给学生，让他们自己完成模拟定向越野，要求学生在课后去相关景点考察，然后绘制出景点的简单地图，并在地图上设置障碍，以飞行棋的形式，让其他同学在课后完成模拟定向越野；也可以举行模拟定向越野大赛，不仅面向留学生，中国学生也可一起组队参加，甚至市民也可参加。

（四）生活话题

在前文的调查中，关于生活话题中食物的第二题并没有显现出哪一个方面是最具有优势的，所以为了让留学生可以更深刻地理解香山地区衣食住行各方面的特点，从衣食住行四个方面进行案例设计。

香山文化生活专题部分推广方案

活动背景及目的

香山文化在地缘上是指包括今天的中山、珠海、澳门在内的地域文化。它在本质上集中体现了岭南文化中广府文化的特征，是中原文化、土著文化、西洋文化、南洋文化相互碰撞和不断融合的产物，是相对于岭南文化而言的子文化，是岭南文化的重要组成部分。香山文化内容包括方言文化、商业文化、华侨文化、民俗文化、洋务文化、名人文化和思想文化等，本次宣传方案即面向留学生，针对生活文化中衣食住行四方面在文化课展示与课外实践活动两部分做初步策划，以求让留学生能够对香山文化中的生活文化有初步的印象，对生活背后所显示出的香山文化内涵有较为深刻的记忆。

活动主题

介绍香山文化生活代表（衣食住行），了解生活文化背景以及景点特色，亲身体验生活场景，通过小活动加深留学生对衣食住行的印象。

活动时间：语言课、文化课、课外活动时间

活动地点：教室、其他课余活动场所

活动内容

本次活动分为课上展示与课外实践活动两部分。语言课及文化课上将以衣食住行为内容做一份 PPT 来为留学生们普及基础信息，如生词介绍、语法要点以及生活文化衣食住行四方面的主要表现和特色等，课后还会有一些小练习强化留学生的记忆。课外在生活话题上主要采取亲身体验的形式来让留学生们实地感受香山生活，在课外活动中，老师的适度讲解可以加深留学生们对香山生活的记忆与体会。

PPT 介绍（衣食住行部分）

PPT 主要介绍香山生活，介绍内容主要分为以下几部分。

课文导入与讲解：讲解生词和语法，从课文中引出中山装。

衣：中山装介绍及布行简介。

食：澳门钜记饼家及香山佳节饮食集锦。

住：澳门中西混搭建筑风格介绍

行：水陆空三种交通及有轨电车。

课外实践（衣食住行部分）

此次课外实践暂定为带留学生去最具代表性的地方观察食物的制作流程，品尝食物并尝试制作。如去官塘村品尝官塘茶果，或者去果园采摘龙眼，体验制作笼糕。

其他宣传形式

中外餐桌礼仪大比拼，学生按照国家组成不同方队，在餐桌前展示自己国家的礼仪，然后由其他组别来猜测礼仪的重点及避讳，再进行模仿。

（五）余论

在研究过程中，本文还有一些未用到示范案例中的推广方案，作为余论罗列如下，以便发挥香山地区的地缘优势，解决管理、学科、招生问题，起到良好的宣传效果，开发出更多香山资源。

（1）留学生资助和奖学金设置。学校对全校学生设有国家资助和奖学金的机制，但对于留学生没有系统的奖学金机制。学校或者政府可以通过设立奖学金和开展资助项目的形式鼓励更多外国学生来香山地区就读，一方面可以吸引更多留学生学习汉语，增强汉语的吸引力，另一方面可借此机会向留学生推广香山文化。

如有可能的话，联合珠海、中山及澳门的高校，让留学生可以在不同的校区进行连贯学习，使三个地点成为一条为留学生量身打造的"香山汉语文化之路"。留学生可以先在珠海或中山感受中国历史文化的魅力，再到澳门体验国际化的现代中国魅力，在不同的地点学习中文，同时也可以增添趣味性和新鲜感。

（2）开展香山文化系列讲座。邀请资深教授和专家做客珠海各大高校及市区极具影响力的舞台，向师生及市民详细介绍香山文化，包括其产生的背景、历史、名人等，使留学生对香山文化有更深的理解和体会。

（3）举办珠中澳留学生汉语口语大赛。应该发挥珠中澳三地的地缘优势，举办三地留学生汉语口语比赛，以便调动留学生的积极性，同时促进三地之间的文化交流，为香山文化注入更多新鲜血液。

（4）举办有关香山文化的书展。

（5）开通网上有关香山文化的汉语教学课程。鉴于日本已经开始了网上汉语教学的课程，利用多媒体技术，即使身在他国也可以学习汉语，超越了时空的限制。为了使香山文化更好地发挥国际推广的功能，可以开通网上汉语教学课程供其他地方、其他国家的人学习，以最大限度地把汉语和香山文化推广出去。

参考文献

蔡澜：《蔡澜品味 2：蔡澜叹名菜　粤港澳美食地图》，广东旅游出版社，2014。

陈航、张文尝、金凤君：《中国交通地理》，科学出版社，2000。

陈园园：《容国团　小球打出"大"命运》，《中国新闻周刊》2008 年第 6 期。

广东省中山市旅游局：《伟人故里　锦绣中山》，广东旅游出版社，2000。

胡净栋：《遇见最地道的珠海美食》，http：//zh. southcn. com/content/2014 － 08/14/content_ 106586263. htm。

黄金河：《珠海水上人》，珠海出版社，2006。

姜鸣：《唐国安：从留美幼童到清华创始人》，《东方早报》2014 年 1 月 26 日。

李洁：《音乐天才冼星海的艺术成就概述》，《兰台世界》2012 年第 22 期。

刘金源：《洋务运动的马前卒——徐润》，《档案与史学》1999年第1期。

刘世红：《传承文化旅游理念　发掘香山文化精髓》，《亚太经济时报》2006年11月9日。

刘志强、赵凤莲：《徐润年谱长编》，北京师范大学出版社，2011。

卢成：《人生能有几回搏——容国团》，《文史月刊》2006年第6期。

陆琦：《广东民居》，中国建筑工业出版社，2008。

孟晖：《苏曼殊传记研究探析》，《忻州师范学院学报》2012年第4期。

牟翔：《清华大学第一任校长唐国安》，《广东史志》2002年第2期。

秦启明：《冼星海》，长江文艺出版社，1980。

邱茂慧：《基于GIS的广东省岭南特色建筑旅游文化景点竞争力分析》，《安徽农业科学》2010年第35期。

邵盈午：《苏曼殊新传》，东方出版社，2012。

宋凤英：《与李大钊并称"北李南杨"的杨匏安》，《党史纵横》2011年第6期。

孙国林：《冼星海入党前后》，《党史博采（纪实）》2006年第2期。

孙沛东：《时尚与政治》，人民出版社，2013。

唐绍明、杨毅：《唐国安：清华首任校长》，《光明日报》2011年4月20日。

唐思：《澳门风物志》，中国友谊出版公司，1998。

王远明：《香山文化——历史投影与现实镜像》，广东人民出版社，2007。

叶桉：《论香山文化与红色经典文化的渊源流变》，《江西科技师范大学学报》2013年第1期。

张国雄：《澳门文化源流》，广东人民出版社，2005。

张家康：《陈独秀与苏曼殊》，《文史天地》2006年第3期。

张世红：《晚清买办与实业家徐润研究》，博士学位论文，暨南大学，2005。

张幼冬：《汉语国际推广背景下的文化传播》，《现代传播》2010年第5期。

张元章、张冰梓、王殿玺：《杨匏安：南中国传播马克思主义的先驱》，《珠海特区报》2011年6月15日。

周松芳：《岭南饕餮广东饮膳九章》，广州南方日报出版社，2011。

朱晓明、周芃：《寻找唐家湾》，同济大学出版社，2006。

珠海市社会科学界联合会编：《杨匏安研究文选》，珠海出版社，2008。

珠海市委宣传部选编：《珠海历史名人·容国团》，珠海出版社，2006。

珠海市宣传部编选：《珠海历史名人·杨匏安》，珠海出版社，2006。

庄伟光、刘世红：《香山文化与文化旅游可持续发展》，《亚太经济时报》2006年11月2日。

宗和：《"实业大王"徐润：中国近代民族工商业拓荒者》，《名人传记》2013年第4期。

Bond language Institute. Zhongshan, China Introduction of Zhongshan. http：//

www. tefl – bond. com∕zhongshan – china. html.

Drunk dragon dance staged in Macao to mark Buddha's birthday. http：∕∕ news. xinhuanet. com∕english∕photo∕2014 – 05∕06∕c_ 133313939_ 3. htm.

Mazu Cultural Tourism Festival opens in China's Macao. http：∕∕ www. womenofchina. cn∕html∕womenofchina∕report∕146091 – 1. htm.

国际品牌审美传播在珠海的
本土化研究调研报告[*]

黄　琰

一　调查方法综述

（一）问卷调查

问卷调查是最实用可靠并且最常用的调查方法，是本次调查最基本的方法。本文首先精心地设计了问卷。问卷的设计不仅将受访者的性别、年龄、收入状况、婚姻状况等因素考虑在内，而且将文化程度、职业特点等因素也考虑在内。问卷问题的设计不仅涵盖了通常人们比较关注的品牌消费环节的消费需求、消费习惯、消费能力等关乎经济的内容，而且从品牌传播的角度设计了信息获得、传播途径等生产环节关乎策略的内容，还特别注意到消费心理、消费选择、消费方式等关乎文化的内容。这是因为消费心理往往也是文化心理，消费过程往往也是一个文化选择的过程，消费方式往往也表现了一种生活方式，这里面包含更多的不是经济因素而是审美因素，而审美因素是现代品牌传播的重要因素。为了使调查结果更有代表性，本文借助暨南大学成教班和研究生进修班的学生来自各行各业、有一定社会阅历的优势，发动他们发放了近 300 份问卷，回收 209 份，其中有效问卷 200 份。从问卷回收的情况看，受访者的职业、年龄、收入状况、文化程度、性别、婚姻状况等不同，这些因素造就了他们不同的消费习惯、消费审美、消费能力等，它们都不可避免地被打上了生活的烙印。而且，不少现象往往不是单纯由某一方面因素决定的，而是综合的反

＊　课题负责人:黄琰,暨南大学珠海校区讲师。课题组成员:李亦非、黄艳琼,暨南大学珠海校区讲师。

映。了解这些，对于我们更全面、更真实、更有层次地获得所需信息是极其有益的。

（二）传播途径调查

在收回问卷后的初步分析中，对国际品牌比较常见的"传播途径"进行了一些更深入具体的跟踪调查。如在线上传播中，常见的有上星频道、杂志、网络、微信、微博等，本文选取了电视广告进行跟踪。具体的操作是用人工的方法，连续多天守在电视机前，对珠海一台黄金时段的广告情况，包括广告数量、涉及国际品牌的比例、广告的设计方式等进行统计记录。又如在线下传播中，店面专柜的装潢是影响较大的传播方式，我们就直接到品牌专柜去查看、拍摄相关的广告图文。这些方式虽然略显笨拙，但是它在获取第一手资料方面往往是难以替代的。所以我们深入珠海的一些较大规模的超市、商场的国际品牌专柜去观察，收集有代表性的广告图文案例，以便与问卷调查的结果进行比较、分析以及相互印证，以提高调查结果的可信度和说服力。此外，我们还收集了一些国产品牌传播的具体案例，对它们的传播方法、传播环节以及传播的一些细节也给予关注。因为我们认为，有比较才能有辨别，不同的传播方式可以反映不同的传播理念，或许可以从中找出一些规律性的东西来。

二 调查结果分析

（一）线上传播的优势和新媒体的兴起

消费者从知道、了解、选择、使用到最终认可某个品牌会有一个途径，这就是我们所说的传播途径。从调查结果看，消费者接受品牌信息的常见途径排序依次为：电视（68.5%）、朋友推荐（64.0%）、微博和微信（59.5%）、网站（52.0%）、报刊（39.0%）、专卖店装潢（29.0%）、自己试用（25.5%）、街头图文（19.5%）、直销（14.5%）（见图1）。从以上调查结果看，传统的线上传播方式仍然具有明显的优势，如电视的广告传播名列前茅。值得特别指出的是，64.0%的人也常常通过"朋友推荐"来接受品牌信息，仅次于电视。"朋友推荐"从表面来看，并不属于线上传播。但是，众所周知，现代人们交往早已经脱离了传统的方式，极少采用直接见面交流、纸质信件等传统的交流方式，而更多地采用现代的交际工具如电话、电子邮件、微信朋友圈等方式。尤其是近年来，微信朋友圈盛行。人们发现了好产品或者使用了好产品，在朋友圈上晒晒，是十分常见的事；从微信朋友圈获取了品牌信息，觉得感兴趣，进而去了解甚至设法购买，也是十分方便的事情。近期更是微店盛行，直接在网上向朋友圈销售各种产品，其中不乏从各种途径得来的各种国际品牌。所以有理由认为，"朋友推荐"实际上也更多地属于线上传播。看起来更为直观的街头图文、直销等传播方式则日渐式微，其针对对象基本上是一些老人以及文化程度较低的对于接受和使用现代传媒工具有一定困难的人。因此，可以预测，随着现代传媒渠道的拓宽、传媒工具的进步和传媒方式的更新换代，品牌传播的方式还会发生变化，甚至会发生让我们难以想象的变化，但是这种以线上传播为主的趋势是不可能改变的，而只会进一步加强。因为线上传播方便、快捷、准确等优势是不言而喻的。此外，我们还注意到，通过报刊进行传播一直是比较盛行的，在这次调查中，它位居第五。这也充分证明了上述观点：线上传播越来越占优势，随着传统媒体的衰落和新媒体的兴起，具体的传播方式和传播工具在不断发生变化。

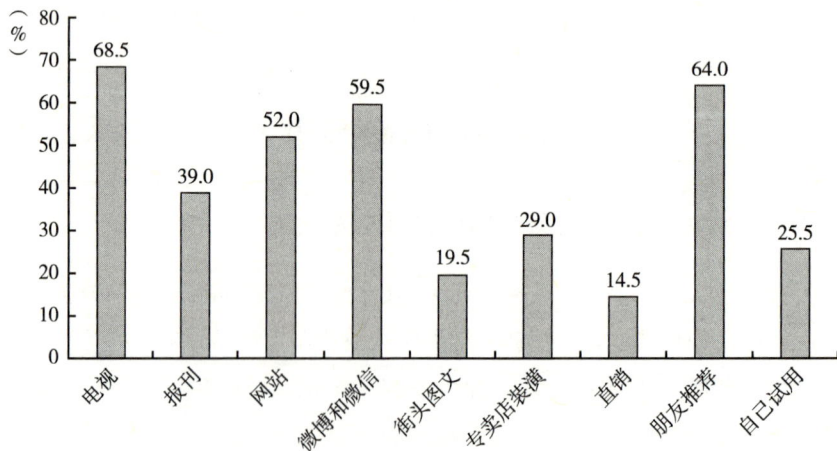

图1 消费者接受品牌信息的常见途径

对于传播方式的具体分析如下。

电视作为接收人数最多、传播范围最大和受众面最广的媒体，主要投放一些快消产的广告，如食品、日化用品等。这些国际品牌的广告所传递的信息属于大众化的信息，以实用性、使用效果等为主诉求。品牌本身的本土化程度也非常高，多数属于中外合资、中国生产的国际品牌。广告多数也是由本土广告公司专为中国市场量身定做的视频广告。广告所使用的代言人也通常为中国普通百姓或本土的明星，偶尔也有一些在中国家喻户晓的欧美、日韩的明星。在电视上出现的广告中，以审美为主诉求的广告相对较少，这些广告也主要是一些时尚产品广告或汽车广告。这类国际品牌广告主要出现在国家级电视台和省级卫星电视台的黄金时段，伴随收视率最高的电视剧或娱乐节目出现。在地方电视台如珠海本土电视台出现的广告中，国际品牌广告占比本身就较低，此类以审美为主诉求的偏向奢侈品的广告几乎没有，而以实用性为主诉求的快消产品广告占很大比例。考虑到电视媒体的受众面过广，几乎无法精准定位，品牌广告投放的这个格局是非常合理的。

杂志是时尚奢侈品广告最常使用的投放途径之一，主要投放以审美为主诉求的广告。其中时尚类、财经类杂志以及旅游、摄影、汽车类专业杂志更受青睐。这些杂志的一个共同特点就是，阅读者普遍有着较高的收入和对生活品质较高的要求，对生活审美诉求能够有所回应。因此杂志是以审美为主诉求的广告的主要投放途径。这类杂志上出现的广告几乎全是国际品牌，偶有若干本土时尚品牌和汽车、运动品牌。无论是时尚服饰、护肤化妆品的广告，还是偏向耐用品的大小家电、家居用品、汽车的广告，其特点都是排版精美、文字精练，突出产品外观以及产品能够为消费者带来的尊贵感和精神享受。而国际品牌在这类媒体上，除了购买硬广告版面之外，还做了大量的公关软文广告。

同为纸质媒体，报纸则与杂志有着很大的区别。杂志的特点是能够对人群进行精准定位，但是对地域的定位则不那么精准。报纸则正好相反，能够对地域进行精准定位，但面对的是该地区的大众群体。因此我们可以看到，在报纸媒体上投放的广告大多是当地广告，如房地产、旅行社等，而国际品牌广告较少。经过查阅可以发现，以《珠海特区报》为例，该报上出现的国际品牌广告多为汽车、电器类广告。且此类广告的投放者并非品牌商本身，而是当地销售商。广告以促销为主要目的，因此广告所传达的信息主要是产品的优惠价格、优惠时期、购买方式等有利于当下销售的信息，不以品牌形象的推广为主要目的。

传统媒体虽然有着受众面广的优点，但也有着目标群体定位不精准的缺点。因此国际品牌尤其是以审美为主诉求的国际品牌的广告投放更多地青睐于新兴媒体。

这次调查发现，通过网站方式获得国际品牌信息的人数比例达到52%，在大众媒体中仅次于电视。几大视频网站（如优酷、搜狐视频、腾讯视频、爱奇艺等）视频播放前后的广告时段，可以说是目前大品牌争抢的焦点，这类网站的广告创收已经超过了传统的电视媒体。此类广告播放途径有着既能定位地域又能定位人群的优点，而且观众不得不接收广告信息：看电视遇到广告可以换台，看网络视频却必须先把广告看完。虽然对地域的定位在技术上是可行的，但是大多数广告商会选择在全国范围播放。我们偶尔会看到一些地域选择性广告，如当地销售商发布的广告或者与当地文化相关的广告（如粤语广告）。对人群的定位是通过对视频内容的选择来实现的。在国产电视剧、综艺节目等高收视率视频前后播放的广告以快消产品和生活用品为主，其中不乏国际品牌，但是主要也是以实用性为诉求。这些广告通常与国家级电视台和省级卫星电视台的黄金时段广告是重合的。而以审美为主诉求的广告，例如一些时尚奢侈品的广告，主要在一些美剧、好莱坞电影之前播放。

微博、微信是介于线上线下之间的一种传播方式。虽然是借助了媒介，但实际上是一种口耳相传的模式。口耳相传是一种传播速度虽慢，但是效果最为理想，能够在最大限度上促成购买行为的传播方式。而微博、微信朋友圈等新型社交方式的出现，在很大程度上弥补了口耳相传速度慢的缺点，却又保留了效果好的优点。但是，由于这类媒介是以人际关系为基础的，因此在本质上抗拒过于明显的硬性广告。所以，品牌在此类媒体上主要是借助公关软文、名人推荐、借题发挥等软性的宣传方式。国际品牌尤其是时尚奢侈品牌乐于利用此类媒体来讲述品牌历史和品牌故事，以此提高品牌知名度和认可度，提升品牌的内涵，培养一批潜在的消费者。同时，国际品牌的销售商也善于利用此类媒体开展宣传促销活动，直接拉动消费。

相比线上传播，线下传播与城市形象有着更密切的关系。巴黎的香榭丽舍大街，纽约的时代广场、第五大道等，代表着最繁华的国际都市形象的区域，其最大特点之一就是遍布着国际品牌旗舰店和广告牌。珠海正在向着国际都市的方向迈进。珠海市最新建成的高档消费场所华发商都引进了不少国际品牌商家,华发商都也用高大的建筑挂上了入驻国际品牌的商标。商场外的彩旗标语也写明"从此珠海进入大商业时代";拱北迎宾大道上兴建中的商场也在场外悬挂着"太古汇没有珠海人""连卡佛没有珠海人"等标语。这些标语都说明,在珠海市民和商业人士眼中,国际品牌门店的入驻是一个城市繁华程度的体现。而这些品牌的门店装潢、海报、大型广告牌等也参与了城市形象的建设。

调查发现,目前珠海市在国际品牌的入驻和为国际品牌提供线下传播途径方面,跟北上广深有着较大的差距。首先,入驻的品牌主要为快消品牌,缺少奢侈品牌。其次,除了公交车站广告牌之外,许多线下的传播途径尚未得到充分的利用。珠海与广州往来的大巴上只有澳门酒店和赌场的广告贴在座位椅背上,而且广告更新得非常慢,常常在广告宣传的活动时间已过之后仍未撤换。广州与珠海往来的轻轨则缺少站台广告,车体、车厢内的空间也未得到充分利用,车上的免费杂志主要为一些不知名的品牌宣传。与轻轨相同的情形也出现在珠海和香港往来的码头与船体上。珠海市也很少举行国际品牌的发布会、品牌文化展等品牌公关活动。可见这些线下传播的空间尚未得到充分的利用和开发。

(二)以审美为标准的消费心理

从对品牌消费的选项看,消费者呈现出较明显的以审美为标准的消费心理。

随着人们生活品质的提高、市场的饱和,商品的更新换代、购买行为的不断循环越来越依赖于产品的审美价值而非实际价值。例如,当消费者决定要更换汽车时,往往不是因为这辆汽车不够大或不够快,而是因为这辆车不够漂亮、不够高档,不再符合车主的形象与地位了。美和精神享受本身没有疆界,当技术和实用性无法持续推动产品的生产和销售时,审美的动因发挥了无限的推动作用。因此,在国际品牌的广告中,不再只有服装、化妆品等本身就与审美息息相关的产品会应用到审美诉求,而是会有越来越多的日常消费品、耐用品等产品以审美诉求为主要信息。首先向审美需求倾斜的就是耐用品。汽车的流线外形、锅具的鲜艳色彩、电子产品的造型等都是广告宣传的重点。以雀巢的咖啡机广告为例，广告中强调其咖啡机造型如同一件现代艺术品，并以"咖啡新美学"为广告标语，而咖啡机用于冲制咖啡的功能仅在这个广告中被一句话带过。

珠海本地品牌格力于2014年推出了一款红色的婚庆空调。这款新产品在技术上并没有什么更新，而是通过对产品外形的更新开拓了一个小众市场，以审美性而非实用性作为开拓市场的杠杆。且不论这款产品的实际销量如何，这款产品的推出就证明了珠海本地品牌已经意识到了审美作为推动消费的无限动力的趋势。

我们在国际品牌在中国投放的广告中发现了一个趋势：不管是平面广告还是视频广告，在从实用性诉求向审美性诉求过渡的坐标上，越是以实用性诉求为主的广告，其本土化程度越高，越是以审美为诉求的广告，其本土化程度越低。日常家用物品的广告基本上是为中国市场量身定做的，由本土广告公司制作，采用的是中国老百姓形象或本土明星形象。护肤品、化妆品等介于快消品与奢侈品之间的产品广告，则以中国本土明星形象为主，偶有欧美日韩的模特和知名演员作为代言人。而属于奢侈品的香水、名牌手表、箱包等，则基本上采用的是国际通用版本的广告，以欧美模特和国际巨星作为广告形象，即使是中国面孔也是在国际上有着较高知名度的中国一线明星，广告中的语言也常常不经过配音，而是采用英语或法语原文配以中文字幕。

我们在设计问卷时，将比较常用的商品分为服饰、日用消耗用品及耐用消费品三大类共25个项目，对"是否喜欢国际品牌""是否选择国际品牌""是否以审美为标准选择国际品牌"三个问题进行调查。调查表明，在服饰、日用品和耐用消费品中，认可国际品牌的以服饰居多，并且数据相差甚大。尤其服饰类以审美为标准选择国际品牌的总项数达到500，而以同样标准选择日用品的项数只有127，二者之比大致为4:1。一般来说，喜欢国际品牌和选择国际品牌往往不能同步，有可能受经济条件、流通渠道等因素的限制。如在经济条件受限的情况下，人们只能保留某些喜好而不得不放弃另一些喜好时，更坚持的往往是服饰而不是日用消费品。而选择的标准更是反映了在消费问题上的文化心理。这个结论我们可以从问卷中另一个问题的调查结果中得到印证。

在问题6的答案中，在价格、品质、档次、环保、美观、适用性六个选项中，国产品牌除价格占较大优势外，适用性也比国际品牌略胜一筹（见图2）。

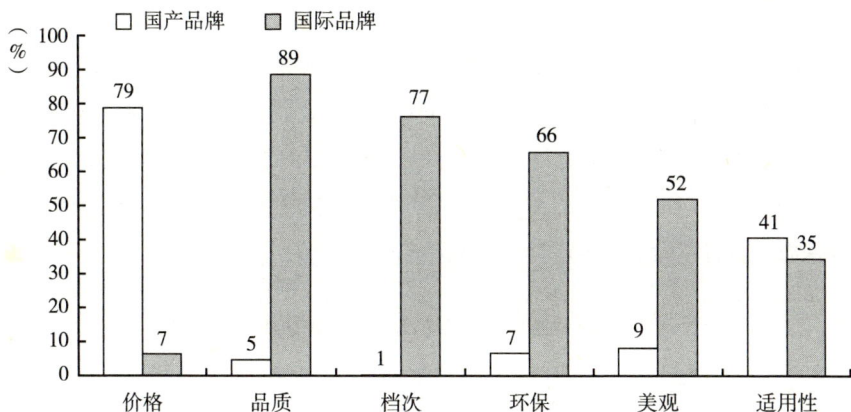

图 2　国产品牌与国际品牌的优势比较

但在品质、档次、环保、美观等方面，国际品牌占了绝对的优势。如在回答问题的人中，仅有 1 人认为国产品牌更上档次，认为国际品牌更上档次的则有 153 人。这表明，人们普遍认为使用国际品牌是有面子、上档次、有利于提升形象的。认为国际品牌更美观的人数是认为国产品牌更美观的人数的 6 倍以上。这里有一个有趣的情况值得注意，即在"适用性"问题上，认为国产品牌较占优势的人数略多于国际品牌。中国人设计的产品更适合中国人也在情理之中，但是，"适用性""档次""质量""美观"等难以兼得。因此，我们就不难理解，在国际品牌的各选项中，"服饰"选项会居于首位，并且遥遥领先。尽管一些国际品牌的价格令人咋舌，但是仍有不少人趋之若鹜。这也充分地说明了，现代消费往往已超出实用性等物质层面的要求，而更多地进入审美层面的选择。而所谓的审美，也不单纯是传统的款式、质地、花色等方面的审美，而更是一种心理上的满足，最突出的如品牌的审美。如一个一般人看来款式质量都没有什么特殊之处的 LV 包，往往具有几万元甚至几十万元的价格，就是因为使用者觉得拥有这样的世界名牌包是一种身份、品位、形象的标志。而 A 货或者另外一些小品牌，即使具有同样的款式、质量，并且价钱低得多，吸引力也将大打折扣。在问卷问题 4、5、6 中，对于服饰类品牌，我们还可以看到"喜欢"、"选择"和"以审美为标准选购"的项数比较接近，分别为512、422、500。这说明在人们的审美选择中，对于服饰类有关身份、面子且可以出现于公众场合这一点都比较注重。在大多数情况下，人们如果喜欢都会不惜代价地去选择拥有，且在选择时更注重审美因素。选择耐用消费品的频数因审美而大大降低，为233；选择日用消费品更是很少考虑审美因素，仅为127。一般来说，在审美因素和质量等因素不可兼有的情况下，人们往往不得不进行某种取舍。很显然，对于日常消费品和耐用消费品来说，更重要的是质量和实用程度，其审美因素的重要程度则远不如服饰类。而服饰类尤其是其中的奢侈产品，审美诉求已然成为珠海消费者在做消费决定时选择舶来品的重要原因。

（三）对国际品牌的追求反映的是经济问题

当然，人们都清楚，从喜欢到拥有并不是可以随心所欲的。这里面最大的制约因素是经济条件。

1. 收入状况与选择原装进口或合资生产的相关关系

众所周知，国际品牌的价格明显高于国产品牌，而原装进口的国际品牌价格又明显高于合资生产的国际品牌。所以，对于高端国际品牌的喜欢和拥有是需要经济实力做后盾的。调查表明，收入与选择之间有着较为明显的相关关系。在曾使用国际品牌的答题者中，年收入在6万元以下的被调查者为92人，其中有47人表示使用国际品牌时更多地选择"原装进口"，占比为51.1%。而在年收入6万元以上的88人中，有51人表示使用国际品牌时更多地选择"原装进口"，占比达到58%。收入较高者选择原装进口国际品牌的比收入较低者多了约7个百分点（见图3）。

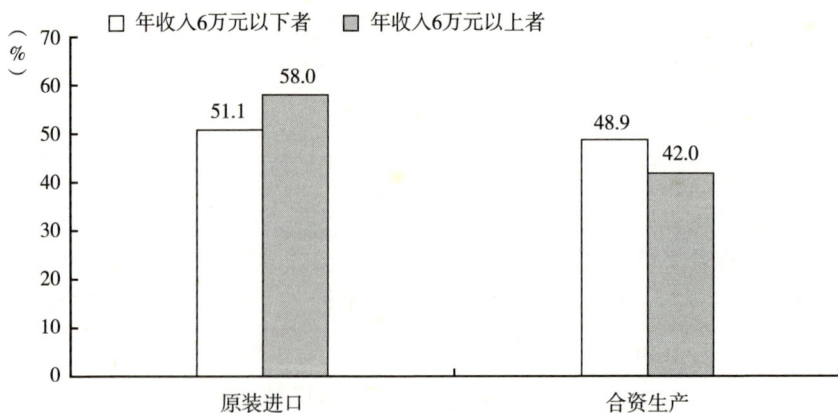

图3　不同收入水平的受访者对原装进口和合资生产国际品牌的选择

2．年龄阶段与选择原装进口或合资生产国际品牌的相关关系

从表面来看，年龄阶段与选择原装进口或合资生产国际品牌的关系并不明显，但是归根结底反映的是经济问题。

被调查者的年龄主要集中于18～30岁、31～45岁、46～60岁三个年龄段，经对比分析发现：18～30岁年龄段共109人，其中选择原装进口的为60人，占该年龄段的55%；而31～45岁年龄段的64人中选择原装进口的为34人，占该年龄段的53.1%；而46～60岁年龄段的8人中有4人选择了原装进口，占比50%（见图4）。从以上数据来看，各年龄段对于原装进口国际品牌的热情都不低，而且选择的频数相当接近，似乎在这个问题上，年龄因素的影响不大。但是如果我们仔细分析，还是可以发现一些值得注意的问题。一般来说，在同一行业层次的人群中，年龄较长者的收入会高一些。如大学老师其职称与收入是相关的，而每一个大学老师的职业生涯基本上都是按照助教—讲师—副教授—教授一步一步上升的。很显然，30岁及以下的群体主要集中了助教、讲师等低职称者，而副教授、教授等高职称者则主要集中于30岁以上的群体。按理说，30岁以上的群体是事业精英、主力军，他们的收入水平较高，社会形象良好。他们更需要也更可能拥有人们较普遍认为的可以提升形象档次的原装进口国际品牌。但是，上述统计显示这两个年龄段的人选择原装进口国际品牌的比例分别为55%和53.1%，差距微乎其微。这不禁令人有所迷惑。但是仔细考量，又可以发现其中的奥妙和道理。虽然30岁及以下群体的收入相对较低，但是大多数尚无养家糊口的负担，其中不少甚至可以从父母处得到资助。这种情况在珠海这样的沿海特区城市中应该是不奇怪的。但是30岁以上群体就不同了，他们中的大多数不仅面临着结婚、生子、买房等压力，而且逐渐进入需要扶助长辈养老的阶段。他们的收入虽然相对较高，但是需要承受种种压力。所以，诸如此类的问题归根结底反映的是经济问题。也就是说，人们只能在经济能力允许的情况下去获得自己心仪的原装进口国际品牌，所以，年龄并不是重要的决定因素，经济问题才是决定性的问题。

3．文化程度与选择原装进口或合资生产国际品牌的相关关系

本文按文化程度将受访者分为大专及以下文化程度组和本科及以上文化程度组。大专及以下的人数为74人，选择原装进口的有36人，占该组人数的48.6%，而本科及以上的人数为104人，选择原装进口的有61人，占该组人数

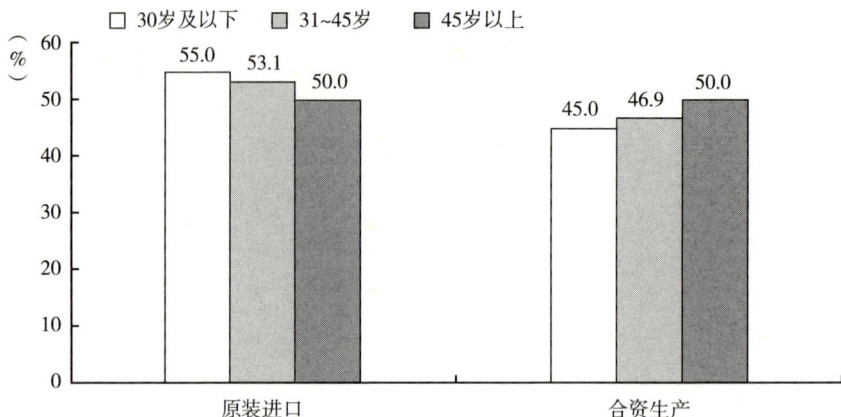

图4　不同年龄段的受访者对原装进口和合资生产的选择

的58.7%（见图5）。文化程度高的一组选择原装进口国际品牌的比例比文化程度较低的一组高出约10个百分点。一般来说，文化程度高者在就业上较占优势，收入也比低学历者要高一些。所以，文化程度问题归根结底反映的也是经济问题。

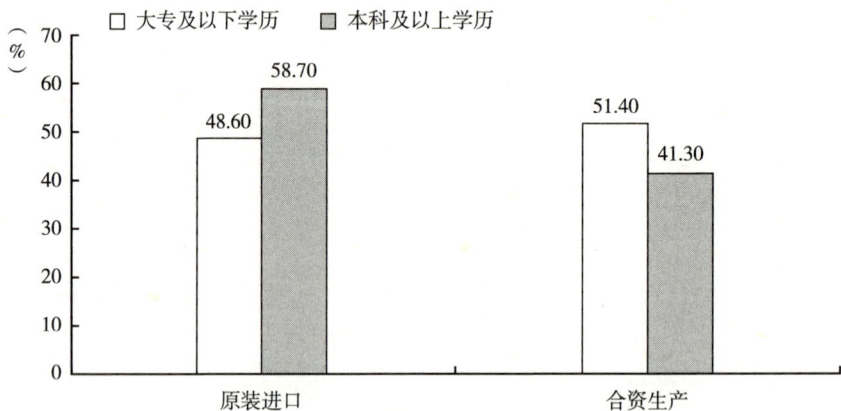

图5　不同文化程度的受访者对原装进口和合资生产国际品牌的选择

（四）珠海在获得国际品牌方式上的地域特点

在获得国际品牌产品的途径和方式上，珠海充分体现了其地域特点。

一般来说，某些合资品牌的产品是为了满足人们对国际品牌产品的需求，它比原装进口的产品具有数量上和价格上的优势。所以，当人们对国际品牌的需求由于地域、价钱、渠道等方面的因素而得不到满足时，合资生产的国际品牌成为较多人的选择也是顺理成章的。事实上，从国内销售的数量看，合资生产的国际品牌非常多。人们普遍认为，用上原装进口的国际品牌是一件很奢侈的事情，在受经济条件制约的情况下，合资生产的国际品牌也可替代。我们可以从问题8"购买和使用的国际品牌产品更多的是原装进口的还是合资生产的"回答中有独特的发现（见图6）。

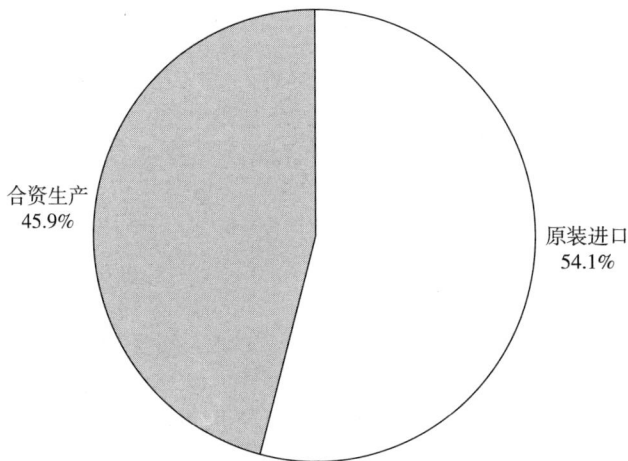

图6 购买和使用原装进口与合资生产国际品牌的比例

应说明的是，这道题对于从不使用国际品牌的受访者是免答的。在作答的181人中，表示购买的国际品牌产品更多的是原装进口的人数为98人，占答题者总数的54.1%，这个比例显然是高于其他地区的；而选择合资生产的是83人，占45.9%，这个比例又显然是低于其他地区的。这说明，珠海消费者相比于其他地区消费者，明显更热衷于原装进口国际品牌。

当然，人们都清楚，从喜欢到拥有并不是可以随心所欲的。那么，为什么珠海的消费者可以如此任性、如此潇洒，不但可以更多地使用国际品牌，而且可以更多地选择更高档次的原装进口国际品牌呢？这里有一个非常重要的原因，就是珠海特殊的人文氛围和地理优势。

从历史上看，珠海只是一个不起眼的小渔村。借着改革开放的"东风"，珠海成了引人注目的特区城市。各地高端人才和文化单位纷纷涌入，改变了珠海的文化氛围，如北京师范大学、北京理工大学、吉林大学、暨南大学以及一大批高职高专院校纷纷进入珠海，使珠海这样一个不起眼的小渔村成为一个大学城，这大大提高了珠海的文化品位。另外，高新技术开发区和众多项目集团的进驻，尤其是横琴的开发和港珠澳大桥的建设，都大大提升了珠海的现代气息和国际风范。此外，还有一个重要的原因，珠海毗邻澳门、香港，而港澳在国际品牌的销售上有着关税上的优势。珠海居民来往港澳有着天然的地理优势。也正因为如此，珠海在国际品牌的销售上反而受到一定的限制。因为对于珠海居民来说，直接到澳门、香港去购买国际品牌产品是一件很方便的事情，也是一件很平常的事情，甚至当天就可以往返，跟普通的逛街差不多。调查表明，在获得国际品牌产品的途径上，有过直接到港澳购买经历的人数达157人。需要说明的是，这个问题对于从不使用国际品牌的人是免答的，而选答的157人全部都有过直接去港澳购买的经历。这种优势显然是内地其他城市不具备的。相比之下，曾经在本地专卖店购买国际品牌产品的人数则少得多，只有87人。因为直接到港澳购买的人数比例为100%，那么这些本地专卖店的购买者也包含在其中。可以想见，他们只是在需要而又一时没空去港澳的情况下才去本地专卖店的，这只是一种权宜之计。另一项调查结果也可以证实人们对这个优势的充分利用。"有没有外地亲友委托您到香港澳门购买国际品牌产品的情况"是一道单选题，回答"经常"的有41人，回答"偶尔"的有131人，两项相加是172人。前面的分析曾经说过，受访者中只有157人是使用过国际品牌的，那么我们可以断定，这157人全部都有过受托于亲友到港澳购买国际品牌的经验，甚至至少有15人虽然自己从来不使用国际品牌，但仍然有过代亲友到港澳购买国际品牌的经验。而从来不去港澳购买国际品牌，也从来没有受托代人去港澳购买国际品牌产品的受访者还不到10%。可见，"要想使用国际品牌产品，就去澳门或者香港购买"已经成为珠海市民利用珠海的地理优势所特有的消费方式。

（五）审美选择上的性别差异

对国际品牌的审美选择表现出较明显的性别差异。

在这个世界上，男性和女性的差异是永远存在的，这里指的差异体现在对于国际品牌消费上所表现出来的文化心理。调查发现，国际品牌审美选择上的性别差异表现出来的文化心理几乎无所不在，下文试着选取几个较明显的例子进行相关分析。

在认识和了解国际品牌的途径上，"朋友推荐"是一个重要渠道，总共有128位受访者表示曾经通过朋友推荐去接受品牌的信息，占受访者的64%。但是在这个问题上，男性和女性存在着相当大的差距。男性中曾通过朋友推荐接受品牌信息的有36人，占被调查的男性总数的56.3%，而女性中曾通过朋友推荐接受品牌信息的有92人，占被调查的女性总数的67.6%。女性在这个问题上比男性高出约11个百分点。这个结果充分反映了男性和女性在社交上的特点。社会学的研究一般认为，即使当下女性社会地位普遍提高，女性社会化的程度仍然远不如男性。也就是说，男性的社会交往在时间的长度、交往的内容范围以及交往的人群范围方面，都远胜过女性。但是统计数据表明，在品牌问题上，女性的信息交流比男性频繁。这跟我们平时观察到的男女社交特点是较符合的。男性比较关注与事业相关的内容，而女性之间的交流则集中于自身所体验、关心的问题，如婚姻、家庭、心理、情感等，除此之外，最热衷的就是时尚品牌了。也就是说，女性对于国际品牌的关注程度和追求的热情是远胜于男性的。相对而言，男性在这方面的追求就显得淡定和理性得多。

本文把人们常见常用的25种产品按"服饰类"、"日常用品类"和"耐用消费品类"三大类进行调查，对受访者从"喜欢国际品牌"、"使用国际品牌"和"从美观角度选择国际品牌"三个角度进行调查。调查表明，男女对国际品牌的偏好是不同的。如男性选择"服饰类"的人均项数是1.9项，选择"耐用消费品类"的人均项数是2.6项。女性选择"服饰类"的人均项数是2.8项，选择"耐用消费品类"的人均项数为2.1项（见图7）。

从问卷第11题"写出几个您比较喜欢的国际品牌"的答案也可以看出，女性列出的多是一些服饰、箱包、珠宝的品牌，而男士列出的多是一些手机、汽车、运动品等的品牌。

很显然，女性关注和购买的国际品牌主要集中在彩妆、箱包、首饰等提升

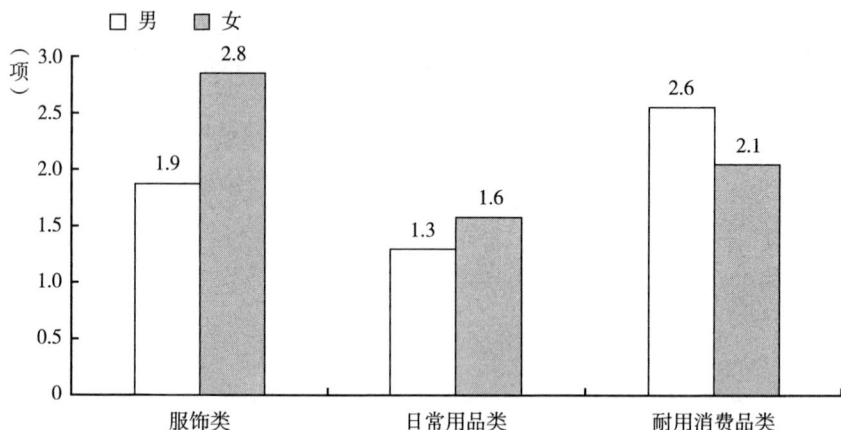

图 7　男女对国际品牌不同项目的偏好

自己外在形象的产品上，当然，其审美选择的着眼点是"上档次""美观"等因素。而男性关注和购买的国际品牌则更多地集中在耐用消费品上，其审美选择的着眼点更多的是"品质"等因素。

一般来说，国际品牌分为原装进口和合资生产两种，两者的品质和价格有一定的差距。选择原装进口无疑对经济实力有更高的要求，也反映了某些特殊的审美心理。把国际品牌分为原装进口和合资生产进行深入调查发现，男性选择原装进口的人数为 22 人，占男性受访者的 34.4%，而女性选择原装进口的人数为 75 人，占女性受访者的 57.6%，相差 23.2 个百分点。这个结果表明，在国际品牌的问题上，女性比男性的热情得多，而且更青睐原装进口的国际品牌。一般认为，合资生产某些品牌的某些产品是为了满足人们对国际品牌产品的更大需求，它比原装进口的产品在数量上和价格上更有优势。但是，珠海的女性消费者更倾向于更为昂贵的原装进口国际品牌。这种倾向非常明显地表现于不同文化程度、不同收入状况、不同年龄段的女性身上。以年收入的相关分析为例，男性年收入 6 万元以下的为 18 人，6 万元以上的为 38 人，高收入者占 67.9%；而女性年收入 6 万元以下的有 74 人，6 万元以上的有 50 人，高收入者占 40.3%。男性高收入者比女性高收入者多了 27.6 个百分点。无疑男性的总体收入高于女性。但是女性消费原装进口国际品牌的热情远胜过男性。如年收入在 6 万元以下的男性选择原装进口国际品牌的为 6 人，占该收入水平的男性总数的 33.3%；而该收入水平的女性选择原装进口国际品牌的为 41 人，占 55.4%，女性比男性高了 22.1 个百分点（见图 8）。年收入在 6 万元以上的男性选择原装进口国际品牌的为 16 人，占 42.1%；年收入在 6 万元以上的女性选择原装进口国际品牌的为 35 人，占 70%，女性比男性高出近 30 个百分点。虽然收入低对于获得原装进口国际品牌有一定的影响，但是对于女性来说，这个影响小得多。

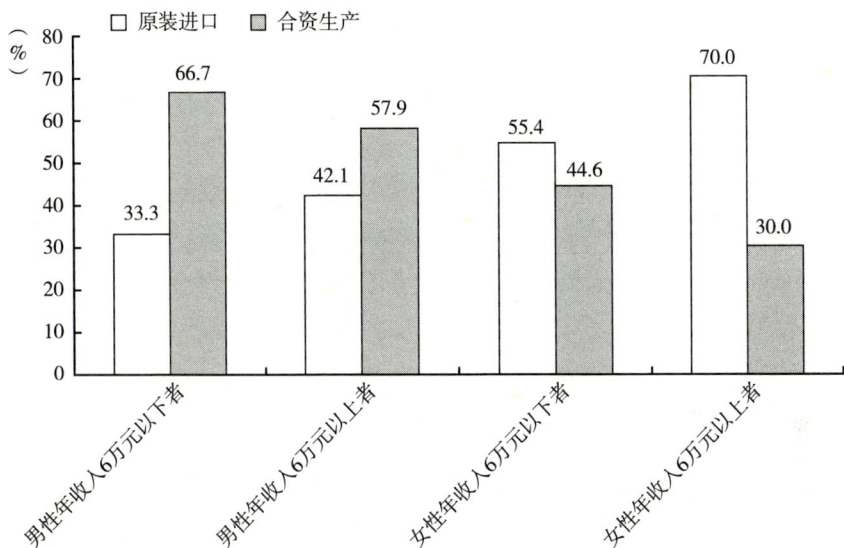

表8　不同性别、收入水平的人对国际品牌的选择

从受教育程度的角度去分析亦有同样情况。如受过本科及以上教育的男性占男性受访者总数的 64.3%，而受过本科及以上教育的女性占女性受访者总数的 55.3%，比男性低 9 个百分点。但是，这个文化层次的女性选择原装进口国际品牌的比例远远高于男性。本科及以上学历的女性受访者人数为 68 人，选择原装进口的为 44 人，占该群体的 64.7%；而本科及以上学历的男性受访者人数为 36 人，选择原装进口的为 17 人，占该群体的 47.2%。女性比男性高 17.5 个百分点。值得注意的是大专及以下学历的群体，男性中只有 25% 的人选择了原装进口国际品牌，而女性中却有 57.4% 的人选择了原装进口国际品牌。女性比男性高出了 32.4 个百分点。而且我们还注意到，男性

对于国际品牌的选择与学历的相关系数较大，选择原装进口国际品牌的高学历者比低学历者高 22.2 个百分点，而女性对于原装进口国际品牌的选择与学历的相关系数较小，高学历群体比低学历群体只高 7.3 个百分点（见图9）。

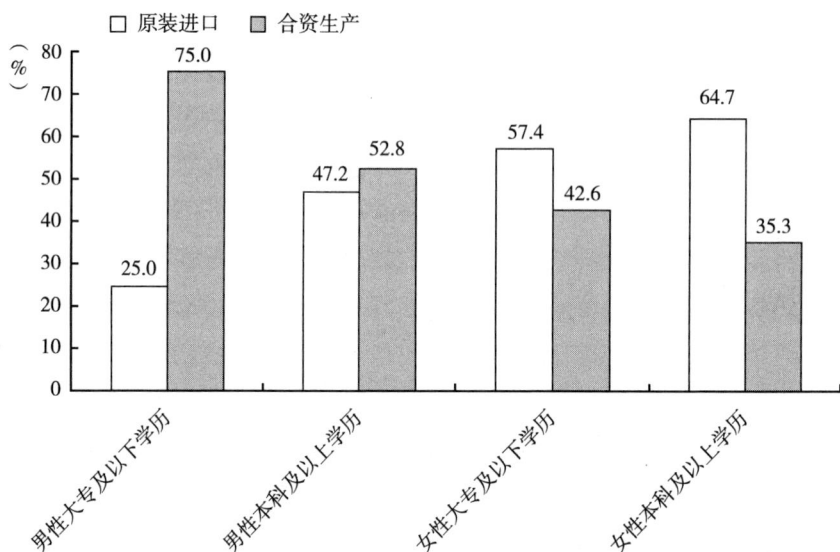

图9　不同性别、受教育程度的人对国际品牌的选择

本文从年龄的角度将受访者分为 30 岁及以下、31～45 岁、46 岁及以上三个年龄段。选择原装进口国际品牌的男性相对集中于低年龄段（见图10）。以上各年龄段选择原装进口国际品牌的比例依次为 46.4%、36.0% 和 0；女性却恰好相反，越是年长越热衷于原装进口国际品牌，各年龄段比例依次为58.0%、64.1%、80%。

30 岁及以下的女性对原装进口国际品牌的向往虽然已经远远超出同年龄段的男性（高出近 12 个百分点），但是满足这一需求并不是可以随心所欲的。过了而立之年的女性一般家庭事业稳定、经济实力增强，可以选用能够延缓衰老、提升气质和品位、更安全环保的原装进口国际品牌消费品。毫无疑问，原装进口的各种高档化妆品、服装、箱包以及其他奢侈品的消费者主要是这个年龄段的女性群体。

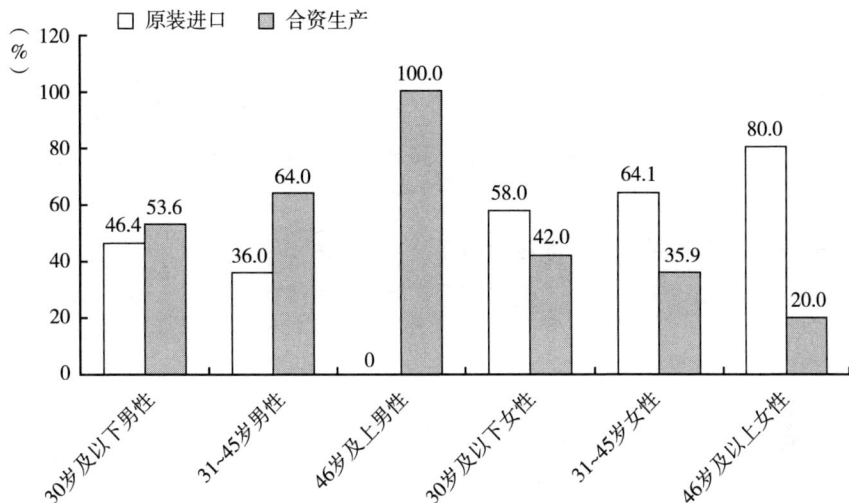

图10　不同性别、年龄的人对国际品牌的选择

　　这样的结果从现代品牌传播学的角度说明，女性是现代审美传播的引领者和先锋。现代传播的特点证明，在人们对产品进行消费选择时，审美是一个重要的因素。而这个审美也逐渐淡出了传统的概念，如色泽、款式甚至超越了质量，而逐渐进入品牌的审美，品牌的审美包含了很大成分的心理上的因素。高品质的国际品牌不仅可以让女性在外观形象上得到提升，而且可以让女性通过心理上的满足而产生在社会形象上的自信，它的性价比是很难直接用金钱来衡量的。

三　启示和建议

（一）整合多方资源为国际品牌提供传播机会

　　国际品牌的进入对于珠海来说有着极为特殊的意义。由于观念上的先行和毗邻港澳的优势，珠海较之于大多数内地城市，在获得和使用国际品牌的问题上有较大的便利，极大地改变和影响了珠海市民的生活方式，反之生活方式也可以影响珠海的市民文化。所以，商品品牌的问题从表面上看是一个商业策略的问题，实际上它所包含的观念、品位问题等是一个文化问题。珠海从一个封闭的渔村发展成为一个现代的国际化都市，国际品牌的进入也有一定的潜移默化的影响。人们在追求品牌的同时，开阔了视野，提高了品位，提升了审美能力。这在整体上提高了珠海市民的文化品位是不言而喻的。所以，从宏观来看，国际品牌的进入并不是一件坏事。珠海可充分利用自身在文化上、地域上的优势，进一步在国际品牌进入珠海的问题上做足文章。珠海是一个自然风光秀丽的沿海城市和闻名遐迩的旅游城市。如果能将国际品牌的进入作为珠海的一个亮点，那么到珠海来的人们不仅可以观赏美丽的自然风光，而且可以便利地选购国际品牌。珠海旅游业和商业的相互促进对于提升珠海作为国际大都市的综合实力，一定是大有裨益的。

由于珠海毗邻澳门，而澳门有着高档购物场所集中且免税的优势，因此珠海在国际品牌尤其是时尚奢侈品牌的销售上的优势并不突出。然而，作为澳门、香港、广州的交通枢纽，尤其在港珠澳大桥建设以来，珠海在交通要道上的作用不可忽视。即使不以本地消费为主要目的，而以产品和品牌宣传为主要目的，珠海也能为国际品牌带来很大的利益。国际品牌可以在消费者具体消费行为发生之前，使消费者对所要购买的产品增进了解、做出选择。

珠海作为一个风景秀丽的宜居海滨城市，不但拥有绿化程度高的山丘和步行区宽敞的海岸线，也拥有潜水、游艇、海岛度假等与高档休闲度假产业息息相关的项目，因此非常适合与国际品牌开展整合化的品牌宣传活动，将国际品牌的宣传与珠海城市形象的建设融为一体。而且，在珠海进行品牌的营销传播，尤其是高端国际品牌的传播，能够触及一个比较广泛又有针对性的受众群体。这不但能够满足珠海市民对都市生活和较高消费的需求，而且能够满足来港珠澳休闲旅游或经港珠澳中转的游客，以及到珠三角公干的商旅人士的需求。建议珠海市整合多方面的资源向国际品牌提供参与都市文化建设的宣传机会。

第一，提供赞助珠海的美食节、沙滩音乐节、歌剧院的演出等文化活动的机会。文化活动的参与者普遍是对生活品质有一定要求、有一定审美情趣的人，这一群体也是国际品牌的审美传播所针对的对象。应积极向国际品牌提供这样的机会，同时也将满足珠海市民和游客日益增长的文化需求。

第二，提供与航展和游艇展等专业展会合作的机会。航空和游艇在某种程度上属于高端奢侈品产业，珠海具有特有的优势可以开办此类展会。随着人们对生活品质要求的提高，私人飞机和游艇即使对绝大多数人来说仍然只是个梦想，但是中等收入以上的人已经普遍对此类生活方式表现出好奇和向往。因此在这类展会上对一些具备审美价值的产品进行宣传可以起到很好的效果。除了可以在这些活动上为国际品牌提供展示平面和视频广告的机会之外，还可以更多地让国际品牌的产品宣传融入飞机和游艇的展示中，例如，将高端的家用电器、家居用品等融入私人飞机和游艇的展示中，用品牌服饰装扮现场模特等，由此呈现一种审美生活的概念。

第三，在珠海的地标性旅游点（如情侣路）一带建设符合珠海城市文化的装置艺术作品。装置艺术作品在城市中出现，成为都市的新地标，这是许多国际大都市的特点，可以将珠海市兴建的贝壳外形的大剧院看作一座巨大的装置艺术。珠海市可以考虑与国际品牌合作，让品牌冠名中小型装置艺术作品，或者在尊重珠海城市文化的前提下，让品牌参与到艺术作品的设计中。这既为品牌提供了提升品牌形象的机会，也为珠海市提供了打造大都市形象的机会。

第四，整合车站、码头、机场、口岸以及交通工具上的空间做广告和产品目录的投放点。在这些空间做宣传可以得到很好的效果，因为这是游客和商旅人士的必经之路，且通常人们在这里逗留的时间较长，会更加认真地关注身边的广告和宣传册子。尤其是在香港和澳门可以购买到的国际品牌，可以利用这些空间进行比较详尽的产品介绍。具备审美性的平面广告也能够使这些空间得到美化。但应注意资源整合，以免因信息过度给旅客带来困扰。

第五，在珠海市中心和横琴新区开设产品展示区。因毗邻港澳，珠海市在国际品牌的销售上并不具备突出优势。但珠海可以利用地域优势，为国际品牌提供以展示为主，不以销售为目的的展示区。尤其是某些需要量身定制的高端产品，如特定尺寸或特定款式的首饰、服饰等，往往不能在赴港澳的短时间内获取现货。而在珠海开设展示区则可以让消费者在珠海对产品进行比较、选择以及预定，这也增加了游客在珠海逗留和消费的时间。

此外，珠海市还可以利用美术馆、度假中心等场所举办品牌文化展，租借海岛为品牌举行大型招待活动，在高档休闲娱乐场所和高档社区会所投放免费杂志等。通过传播公司与珠海市的合作，将上述传播途径整合起来，在尊重珠海城市文化的前提下为国际品牌提供品牌推广的机会。

（二）以质量为本，以审美为方向,宣传本土品牌

从前面的分析看，人们之所以追求国际品牌，有着不同的文化心理。品质、美观、价格、适用性、品牌的知名度都影响着人们的选择。仔细分析这些因素，对于珠海发展本地的品牌具有很好的启示作用。当然，对于不同的产品，人们选择的侧重点是有所不同的。人们对商品的要求是有层次的，依次为适用性、质量、环保、美观、档次，逐渐从物质层面向精神层面过渡。对于日用品和耐用品，人们更注重质量；而对于服饰和奢侈品，人们会更注重品牌的知名度。如前些年人们对日本的电饭锅趋之若鹜，不惜花高于国产品牌数倍的价钱去购买，原因是它的质量好，煮饭好吃。但是，最近在《财经早餐》的新闻上报道，有一个日本的记者做了实验，用同样的米，用日本的电饭锅和中国的电饭锅分别同时做饭，结果做出来的饭一样好吃。相信人们如果知道这一点，便再也不会千里迢迢地花大价钱去买日本的电饭锅，而会去选购物美价廉的本土电饭锅了。所以，打造本土优质品牌是最根本的策略。而打造本地品牌要以质量为立足点，根据人们对产品的不同追求和各品牌的不同亮点，以审美为方向去拓展市场、做好品牌宣传的工作。要让更多的人知道本土品牌，认可本土品牌。本土品牌可以通过工作室和会所模式，为固定群体服务。虽然对广大消费者来说，这些本土品牌稍显陌生，但对设计师群体和精英层而言则如数家珍。事实上，在高层力推简朴新风、倡导国货的背景下，本土品牌开始加足马力发展。在本土品牌的传播上，第一夫人彭丽媛做了很好的示范。彭丽媛在随同习近平主席出访欧洲时，一直在外交礼仪场合大秀国货，手机、服饰、手袋以及对外的赠品都是国货，这是国产品牌的一次惊艳的亮相。当然，前提是这些国产品牌的制造水平达到了一定的高度。这个无声的导向对于珠海来说具有现实的意义。前面说过，珠海在国际品牌的获得方面，有地域上的优势，这也在客观上抑制了珠海本土品牌的发展。但是如果就此放弃本土品牌的发展，从长远来说，对珠海的发展是不利的。珠海应在为国际品牌的宣传提供方便的同时，大力发展本土品牌，并在本土品牌宣传的工作上做足文章。除广告宣传以外，应提倡本地人使用质量优、款式好的本地品牌，尤其是名人和精英层等

有导向性的消费群体。如公务员群体、公款消费应以本土品牌为主；应提倡富人、明星、高级白领等做使用本土品牌的表率。如果珠海创造了某个有特色、高质量的本土品牌，政府不仅应在政策上扶持，而且应在品牌的宣传上给予大力支持，这对于珠海的经济发展意义重大。

（三）引入"社会性别"理论，研究和实施品牌传播

近年来社会学的研究观念认为，性别分两个层次，一个是生理上的性别，另一个是社会观念上的性别，也叫社会性别。生理性别属医学上的概念，是无法改变也无须改变的。而社会性别则是由人们的社会观念所决定的，它的内容会随着社会性质、社会观念的变化而变化。符合时代要求的女性性别观念，能体现社会的正能量，不但可以提升女性的社会形象和整体素质，而且可以提高全民族的素质。随着现代社会女性社会地位的提高，她们不仅有意愿而且有能力来按照自己的审美理念去提升自己的社会形象和自信心，以进一步确立和提升自己的社会地位。这在前面的分析中可以得到非常充分的证明。

由前面分析可见，珠海女性喜欢、拥有各种心仪的国际品牌产品尤其是原装进口国际品牌产品的热情度和实施力度都大大超越男性，说明珠海女性已然成为高级审美享受的主力军。我们可以从两个方面去认识这种现象。一方面，说明珠海女性的自主意识和审美诉求都处于较高水准。这种爱美、爱生活的热情正是品牌发展的源泉和动力。可以说，在国际品牌的引进、宣传和本土品牌的打造上，女性都是不可忽视的一个群体。

与男性相比，女性的品牌消费有一定的盲目倾向。尤其明显的情况是，收入较低（年收入6万元以下）的女性群体中选择原装进口国际品牌产品的频数甚至远远高于收入较高（年收入超过6万元）的男性。虽然价值取向有性别差异，爱美之心人皆有之，但是以月收入不及5000元的经济能力去大量选用昂贵的原装进口国际品牌产品，显然是力不从心的。由此而产生一些社会问题也是在所难免的。在这里，就存在一个品牌的消费宣传引导理性消费的导向问题。理性消费指的是消费者在消费能力允许的情况下，按照效用最大化原则进行消费。当物质还不充裕时，消费者追求的商品应该是物美价廉、经久耐用的。

另一个相关的问题是，品牌传播要让女性树立这样的观点：提升形象不仅

是外在包装的问题，而且是一个内涵提升的问题。第一夫人彭丽媛美丽大方的形象为国际所公认，也成为国人的骄傲。可是，她的形象包装基本上用的是国产品牌，据说她使用的一款包包，是价格仅为 4000 多元的某国产产品。这里有两个问题：一是国产品牌也有好的、上档次的，甚至物美价廉的，可能是我们的传播方式、侧重点和力度不够；二是女性的形象不仅是个外在形象问题，而且是一个内涵的问题。因此，以女性为对象的品牌宣传不仅要在外在形象上做文章，而且要在内涵上注重提升女性的自主意识。这对于引导女性理性消费，提升女性自尊、自信的社会形象是大有裨益的。

参考文献

奥利维耶·阿苏利：《审美资本主义》，华东师范大学出版社，2013。

克洛、巴克：《广告、促销与整合营销传播》，清华大学出报社，2012。

谭祖雪、周炎炎：《社会调查研究方法》，清华大学出版社，2013。

珠海历史文化中的"珠海精神"研究[*]

易振龙

广东省珠海市地处祖国南部，位于珠江出海口西岸，与澳门接壤，与深圳、香港隔江相望。在漫长的历史发展过程中，这里始终只是几个小渔村，一直默默无闻，如今的珠海市也是最近30年发展起来的新城市。奇怪的是，珠海这片土地自近代开始，在炮与火的洗礼之中，在社会转型的激荡之中，突然群星闪耀，一大批开风气之先、影响中国历史发展进程的政界、商界、教育界巨擘仿佛一夜之间从这些小渔村里冒了出来。这里哺育了"中国近代留学生之父"容闳，民国第一任内阁总理唐绍仪，华南最早的马克思主义传播者杨匏安，中华人民共和国首位世界冠军荣国团，以及近代著名实业家徐润、唐廷枢、莫仕扬、蔡昌和中国工人运动的领袖苏兆征、林伟民，清华第一任校长唐国安，著名文人苏曼殊等200多名历史名人，创造出了中国历史上多个"第一"。可以说，中国近现代历史上出现的每一种新思潮在珠海都能找到代表人物。这些名人体现出的"珠海精神"影响了珠海的历史发展进程。探讨这些问题有助于我们挖掘历史传统，传承珠海人优秀的精神品质。

一 研究缘起与意义

有关珠海精神的研究处于起步阶段，从珠海历史文化的角度发掘珠海精神的价值元素，将历史与现实结合起来进行研究的成果比较少见。目前，有关珠海历史文化的研究可以分为三大类：第一类，由于珠海和中山的历史关系，将珠海历史文化纳入香山文化研究的范围之内；第二类，珠海市政府相关部门近年来加强了珠海区域文化史研究，出现了不少有价值的作品，披露了大量史

---

* 课题负责人：易振龙，湖北大学副教授。课题组成员：郭亚红，北京师范大学珠海分校副教授。

料；第三类，是全国各地的学者有关珠海名人的传记及论著。

珠海市面向 21 世纪，在科学发展观的指导下，决心走一条与广州、深圳等大城市不一样的发展道路，要做科学发展、生态文明模范城。近几年来，其越来越重视珠海文化品位的提升，珠海市自主的人文历史研究从无到有，已经渐成规模，质量也得到了提高。珠海本土的研究侧重在两个方面：一是发掘珠海历史名人重点是近现代历史名人的资料，填补空白；二是以容闳研究为龙头的中国近代留学生研究。"珠海历史文化书系"代表了这类研究的最高成就，它由"珠海历史名人丛书""珠海历史名人著作丛书""珠海人文风物丛书""容闳与留美幼童研究丛书"组成。

总体来看，已有成果以基础性研究为主，对于历史文化的现实关照不够，存在为研究过去而研究过去的倾向，对珠海精神的总结不够。除了香山文化研究中包含部分珠海区域文化研究和珠海市自主研究外，全国其他地方的学者有关珠海文化的研究总体不多，其关注热度不仅低于广州、深圳等大城市，甚至处于江门、中山、佛山等地区之后，这与珠海所处的地位和作用是不相匹配的。从珠海本土的研究来看，相关学者和政府部门在填补空白方面做了很多探索，但总体来说，研究还难成体系，量和质都不够，还停留在资料整理阶段，还没有系统科学的阐释。

本课题尝试破译珠海有别于其他区域的独特文化气质。明清以降，随着西方殖民势力的东来，包括香山县在内的珠江三角洲地区成为中西文化的交汇之地，这里的人们率先对来自西方的冲击和挑战做出回应，中国开始走进一个新型的世界。毗邻港澳的珠海在中国走出传统封建社会的历史进程中扮演了先驱的角色。历史上的时代弄潮儿为何出现在这片热土上？他们又塑造了珠海人怎样的精神品质？在新的历史发展机遇中，应该如何塑造和强化珠海人的精神品质，为珠海走出一条新型发展道路提供精神动力和增强文化认同感？解答这些问题将有助于总结珠海区域文化的独特气质，颇具理论及实践意义，有助于为塑造新一代珠海人的精神品质提供资源，为珠海精神架起历史和现实的桥梁。珠海精神的核心在于解放思想、敢闯敢干，发展思路不落俗套，以民生为基点。这既是珠海现实的选择，也是珠海历史发展积淀的结果。要对珠海精神内涵进行提炼，就要打通历史特别是近现代文化历史传承与现实的通道。该研究将是这方面的有益探索。

二 历史名人产生的文化土壤分析：古代渔民文化与近代特殊时代背景

（一）古代渔民文化催生了珠海先民艰苦奋斗、敢于冒险的精神

唐宋以前，西北江三角洲的滨海线处于五桂山（今中山市境内）以北，珠海全境为散落在珠江河口外的偏僻海岛，据考古发现，早在5000多年以前的新石器时代便有先民生活在这些海岛上。珠海在秦汉时期隶属于番禺县，以后又曾隶属于宝安县、东莞县，至宋绍兴二十二年（1152）设置香山县，隶属于广州府，沿至元、明、清三代，民国时期改名中山县。1953年由原中山、宝安、东莞县划出部分沿海地区和海岛组成珠海县，县址先后设在唐家湾、香洲。由于珠海面向海洋，近海岛屿星罗棋布，自古以来，这里的居民主要以渔业为生。宋元交际之时，北方逃避战乱的不少民众为躲避追杀也迁徙到这里，成为流动渔民。

珠海渔民以小小的渔船为家，以博大而又富含风险的海洋为人生舞台，赤手空拳与大海搏斗，生命时刻面临挑战，生活异常艰辛，特殊的生活方式淬炼并传承出坚忍不拔、敢冒风险的精神品质。与内地的农民相比，他们敢于放弃一成不变的生活，重开拓、敢挑战；不似内地民众重乡土、难迁徙，以男耕女织为理想。千百年历史的风霜洗礼，催生了珠海先民艰苦奋斗、敢于冒险的精神，这成为珠海近代大批开风气之先的杰出人士的精神基石。

生活在珠海一带的渔民除了要与风浪搏斗、向大自然讨生计外，还要面对官府盘剥、渔霸欺凌，甚至海盗的抢掠，生活异常艰辛，终日过着贫穷、朝不保夕的生活。历代封建统治者蔑称其为"疍民""疍家"。旧社会海匪、渔霸、官兵横行，流动渔民政治上受尽凌辱，经济上饱受盘剥，渔栏主常与官兵勾结，垄断渔产品的购销，通过压价、骗秤、扣佣、放高利贷等手段盘剥渔民。有170多年历史的珠海"疍家"沙田民歌曾辛酸地唱出："捕鱼人仔世世穷，条条涌口有兵公，捕鱼三斤不够送，迟些不给用枪舂（打），还要赔埋豆豉葱。"这是水上居民悲惨生活的真实写照。渔民要想生存下来，反抗统治者的压榨便成为生活中的常态，经过生活环境长期的浸染，生活在珠海一带的民众

养成了敢于反抗的精神，民风强悍。这种精神在近代中国动荡的社会环境中催生出众多革命斗士和敢于创新的先驱。

（二）港澳地带成为近代珠海名人产生的土壤

明清以降，随着西方殖民势力东来，包括香山县在内的珠江三角洲地区成为中西文化的交汇之地，这里的人们率先对来自西方的冲击和挑战做出回应，中国开始走进一个新型的世界。毗邻港澳的珠海在中国走出传统封建社会的历史进程中扮演了先驱的角色。

梳理中国近现代历史，我们会发现，近代各色新式思想在广东都能找到代表人物，甚至可以说，正是这些开风气之先人物的言行在当时影响着整个中国的潮流。这与近代以来广东所处的地域位置密切相关。广东地处南海边陲，远离中央权力中心，从来不是历代封建统治者关注的焦点，直到近代西方人经由海路侵入南海边境并不断向内陆推进，才越来越多地受到关注。西方资本主义新兴强国的侵略带给中国难以言说的苦痛，却也带来了新的思维和截然不同的体制，广东沿海沿江民众首先接触到西方的思想、文化和科技。近代商业也首先出现在这些区域，商业的平等交易规则天生是反抗专制、不平等的有力武器。经过"西风"或急或柔的洗礼，一些思想先进的中国人开始反思传统，为中国的改革和进步大声疾呼，从而载入史册，成为近代历史文化名人。

梳理近现代广东的历史名人，我们还会发现一个有趣的现象：广东近现代开风气之先的名人多数产生于珠江口西岸地区。那么，这些名人为什么没有大批地出现在珠江口东岸（深圳、东莞、惠州）而是出现在珠江口西岸地区（佛山、江门、中山、珠海）？众所周知，珠江口东岸在香港经济的拉动之下，最近30年发展迅猛，与香港相比，澳门对珠江口西岸地区经济社会发展的拉动作用十分有限，那么，澳门在近代珠海出现大批历史名人过程中扮演了什么样的角色，与香港又有何差异？寻找历史的踪迹，我们发现，澳门在近代西风东渐、中国逐渐走向现代社会的过程中发挥的独特作用或许是这个问题的答案。

澳门是西方文化传入中国的第一个据点，毗邻澳门的珠海（旧香山县的一部分）地区最先接触到了海洋文明带来的浓郁商业气息。据历史记载，澳门早在 1553 年便被葡萄牙非法占据，由此开始了葡萄牙对澳门 400 余年的统治。与澳门相比，香港城市的历史要晚得多。香港岛 1841 年被英国强占成为殖民地，成为殖民侵略的大本营，但文化的浸染有一个长期的过程，绝非朝夕之间的事情。当我们被鸦片战争的炮火震慑，步履蹒跚地走入近代中国时，弹丸之地澳门的异国文化已经悄悄地影响了它的近邻将近 300 年。仔细考察澳门历史，我们发现葡萄牙占据澳门与英国占据香港的情形大为不同，长期以来中国中央政府对澳门仍有一定的控制权，它还不是一个外国治理下纯粹的"独立王国"。长期以来，葡萄牙人还需向中国政府纳税，澳门的主权控制在中国政府手中，内地居民与澳门居民还没有完全隔开，在一定程度上，人口、经济、文化在澳门与香山地区能够形成对流。即便在 1840 年以后，内地人还能较为方便地进入澳门，靠近澳门的内地穷苦老百姓开始把孩子送到澳门的教会学校读书，有的将他们的子女经由澳门送到美洲和南亚做工，或者是替外国商人跑腿帮工，又或者是做一名外国船上的水手。事实上，澳门长期以来是内地通向海外、接触西方文化最便捷、最稳定的通道。比如，容闳、孙中山都是从澳门走向世界的。从澳门一隅率先走出去的人，很多成为近代开风气之先的大人物，构成珠海众多历史文化名人这一群体。

三　珠海历史文化中塑造出的精神传统

珠海近现代历史名人大致可以分为三类，即教育家、实业家、政治家。他们在各自的领域有着非凡的成就，不仅改变了当时的中国，也深深地影响了中国人特别是珠海人的精神世界。

（一）改革以革新思想为先、以发展教育为本

近代中国，政治黑暗、经济落后、思想保守，中国人在封闭的世界里过着贫穷、一成不变而又没有希望的生活，那是龚自珍笔下"万马齐暗"的时代。偶尔有一天，在茫茫的黑暗之中，开始出现微弱的星光，就在鸦片战争的暴风雨即将惊醒沉睡的古老帝国时，靠近澳门的南海一隅，几个小青年开始寻求在关闸对岸的澳门找到改变自身命运的钥匙。他们就是以出生于珠海南屏村的容闳为代表的第一批留学教育先驱。他们以实际行动

阐明了现代教育的意义。

珠海的第一代也是全国第一代留学生以容闳和黄宽为代表。容闳，1828年11月出生于珠海南屏镇。那里离澳门不远，是中国最早受到西方传教士文化影响的地区之一。1835年，7岁的容闳跟随父亲前往澳门，此后入读马礼逊学校（Morrison School），1847年赴美，1854年从耶鲁大学毕业，获得文学学士学位，成为中国人接受美国高等教育的第一人。容闳从耶鲁大学毕业后，强烈的爱国心和振兴中华的愿望使他毅然返回祖国，其后，容闳支持洋务、倡导教育救国、投身戊戌维新、赞助辛亥革命，为中国的进步鞠躬尽瘁。因促成中国第一批官派留学生、开启中国教育的现代化进程而被载入史册，被称为"中国留学生之父"，是中国留学生教育的拓荒者，为革新保守思想、发展近代教育做出了卓越贡献。黄宽，1829年出生于今珠海唐家湾镇东岸村，幼年父母双亡，由祖母抚养长大；1840年12岁时入读澳门马礼逊学校，比容闳稍早；1847年与容闳、黄胜在美国人布朗的帮助下入读美国孟松学校，1849年毕业；1850年入英国爱丁堡大学，先后攻读文学和医学学位，获得医学博士学位，成为中国最早毕业于英国的博士留学生。1857年，黄宽归国，在广州行医，开启中国西医界众多"第一"。容闳和黄宽是中国近代留学运动当之无愧的先驱，他们引导了近代中国学生留学西洋、探索救国救民道路的潮流。

在容闳的倡导和游说下，清政府从1872年开始，先后派出4批共120名幼童赴美留学，这在大清国历史上是一个破天荒的事件，这批人是近代成规模留学海外的第一个留学生群体。据统计，在这4批120人的留学幼童中，香山籍的占1/3，其中很多分布在今日珠海的唐家、金鼎、南屏等地，比如民国第一任总理唐绍仪、清华学堂第一任校长唐国安、北洋大学校长蔡绍基等。据说，当时远在异国的人给家里写信，信封上只需标明"中国唐家"便可以寄达。回国后的留美学生很多参与了中国最早的电报、矿山、铁路的建设，还有一部分人历经了1884年中法海战和1894年中日甲午海战，甚至为国捐躯。到20世纪初，这些当年的留美幼童纷纷成为国之栋梁，活跃在实业、铁路、电报、矿冶这些新兴产业。在外交领域，他们的足迹遍布世界各地，他们积极联络华侨，保护侨工利益，维持弱国的尊严。

从近代珠海人首先打开眼界、革新思维、重视教育的历程中，我们隐约找到了珠海出现众多历史名人的原因：近代珠海人重视教育，敢为天下先，敢于接收和吸纳不同文化、不同思想。中西文化的融会正是珠海近现代出现众多历史名人的基础性条件。

（二）勇于尝试、敢于拼搏、锐意进取

珠海近代实业界的先驱人物很好地阐释了近代珠海人勇于尝试、敢于拼搏、锐意进取的精神品质。如果说近代中西文化的交流是以留学生这个群体为显著代表的话，洋行则是近代资本主义植入中国的最典型代表。鸦片战争以后，在珠海这片土地上出现了很多买办商人，当时全国的大买办几乎都出自珠海地区，以至于在相当长的一段时间里，香山（珠海）人就是买办的代名词。他们的代表人物有唐廷枢、徐润、莫仕扬、蔡昌等。

唐廷枢，1832 年出生于珠海唐家湾，10 岁时与兄弟唐廷植、唐廷庚同入马礼逊学校读书，1848 年从该校毕业时已经学得一口流利的英语。此后，他先后在拍卖行、洋行当助手、翻译，辗转香港、澳门、上海等地，1863 年出任怡和洋行总买办，牵头并倡议在洋行中设立华股，并投资上海的钱庄、保险公司、航运公司，逐渐转型为财力雄厚的民族资本家；1873 年参与李鸿章创办的轮船招商局的改组工作，任总办；1876 年筹办开平矿务局，开创了中国实业界众多"第一"。徐润，珠海北岭村人，幼时受到较好的传统教育，14 岁随叔父至上海宝顺洋行当学徒，由于聪明好学、勤劳吃苦，很快从学徒升为主账，后又升为宝顺洋行的副买办、总买办。1868 年，徐润脱离宝顺洋行，自立门户，在上海开设了宝源祥茶栈，成为上海最大的经营出口茶叶的茶栈，因此，有人将徐润誉为"近代中国的茶王"。不久以后，徐润又投资上海房地产业，成为地产大亨。1873 年，为应对轮船招商局的困境，其接受李鸿章之邀，任招商局会办，与唐廷枢一起改组招商局，收购了当时东亚最大的商业船队——美商旗昌轮船公司，奠定了中国近代航运业的基础。1875 年他仿照外国保险公司的做法，开办了中国的第一家保险公司——仁和水险公司。1878年，又成立了济和水火险公司，1886 年，徐润将这两家保险公司合并为仁济和保险有限公司，首开中国近代保险业之先河。除此之外，徐润在推动中国文化和社会事业走向近代化方面做了大量的工作，诸如创办格致书院、仁济医院、中国红十字会等，其中影响最为深远的是创办了中国第一家机器印刷

厂——同文书局。珠海金鼎会同村的莫仕扬家族是近代商业界另一个神话。莫仕扬祖孙三代任英太古洋行总买办 60 余年，会同村也成了近代中西文化交融的古村落，这里是全国第一个用上电的村庄，甚至还有周末的露天电影。金鼎的蔡昌 20 世纪 20 年代便在广州、上海开办百货公司，是当时内地最大的百货公司，也是最早在商场使用电梯的百货公司。

无论是唐廷枢、徐润还是莫仕扬和蔡昌，考察他们发迹的历史，我们发现他们既非官宦之家，也非殷实之户，每一个人的历史都是一部披荆斩棘、敢为人先的奋斗史，从帮工、学徒干起，凭借非凡的毅力和勤奋获得了最后的成功。他们开启的多个中国"第一"，很好地诠释了珠海先民勇于尝试、敢于拼搏、锐意进取的精神品质。

（三）爱国爱家，勇担历史使命

珠海近现代诸多名人都有一个共同的特点：爱国爱家。他们能自觉地将个人命运与家乡、祖国命运联系起来，无论身在何处，家乡永远在他们心中。有些人甚至为此付出生命的代价。

作为中国最早留学美英的容闳和黄宽，尽管少年时代就已经离开祖国，但祖国永远在他们心中，他们从学校毕业后的第一件事便是设法回到祖国，对国外优越的生活和工作条件没有丝毫留念，回国后分别成了中国留学运动和西医的先驱。在留学在外的日子里，他们也时刻思念着家乡的亲人。我们从留下的信件里面可以看到他们对祖国、家乡深深的爱。1849 年 4 月 12 日，容闳给抵达广东的美国友人威廉写信，拜托他到家中替其问候家人，并请其向母亲和叔叔解释迟回祖国的原因，还拜托威廉雇用自己的哥哥，以此减轻家庭经济困难。对家人深深的爱溢于言表。实业界的楷模唐廷枢、徐润、莫仕扬都是爱国爱家的典型。唐廷枢经常参与慈善和公益活动，经常赈济灾民，为此光绪皇帝为其赐建"乐善好施"牌坊，在晚年他还受李鸿章之托，考察欧洲，订购军舰，为国防贡献力量。徐润长期在外，但对家乡公益事业十分关心，凡筑路、济贫、办学总是竭尽所能。莫仕扬家族发达不忘乡梓，为村民重新规划建造房屋，新办学校，为全村供电。抗日战争时期，会同村百姓保家卫国，同日本侵略者进行了英勇斗争，甚至还组建了抗日童子军。政界代表人物唐绍仪任清朝外务部侍郎、署邮传部尚书、奉天巡抚、赴美专使及民国第一任内阁总理等要职,曾是 1911 年和 1919 年两次南北议和中的重要角色,曾加入同盟会,反对袁世凯专制,国民政府时期曾任中山县县长,为家乡的发展做出了贡献,还将自己的私家花园开辟成市民的公园。晚年,日寇对其诱降,终未成功。

珠海爱国爱家的典型以共产主义运动的先驱人物杨匏安、苏兆征、林伟民最为突出。20 世纪初,社会主义运动方兴未艾,思想先进的中国人历经千辛万苦,付出血的代价,最终找到了马克思主义,而珠海人再次走在了时代的前列。出生于珠海南屏的杨匏安,早年求学于我国广州、日本,逐渐接触到马克思主义学说,"五四"以后,翻译共产主义著述,并写成《世界学说》,与李大钊的著名文章《我的马克思主义观》几乎同时问世,在中国南部最先宣传马克思主义,因此有"北李南杨"之说。1921 年,杨匏安加入广东的共产党组织,1923 年受中共中央委派参加国民党改组,后任组织部长,1926 年,蒋介石反叛之心昭然若揭,杨被迫辞职,1931 年被国民党逮捕,蒋介石亲自诱降,杨不为所动,面对严刑拷打,坚贞不屈,被反动派杀害,年仅 36 岁。出生于珠海淇澳岛的苏兆征是中国工农运动先驱。他曾加入同盟会,掩护过孙中山的革命活动,1921 年在香港主持成立中华海员工会联合总会。1925 年 6 月,为了支援上海人民五卅反帝爱国运动,广州和香港爆发了规模宏大的省港大罢工。罢工期间,成立全港工团联合会作为香港组织罢工的公开指挥机关,苏兆征任干事长,后又成立罢工委员会,苏兆征任委员长。1926 年夏天,北伐战争开始,数千名罢工工人组成运输队、宣传队、卫生队、慰劳队等开赴前线,罢工工人纠察队和工人群众镇守后方,为北伐战争的胜利进军提供了有力的保障。这场罢工坚持 16 个月之久,在中国工人运动史上是空前的,在世界工人运动史上也属罕见。1925 年苏兆征加入中国共产党,先后任中华全国总工会委员长、中共中央委员、政治局委员、常委等职。为了国家和党的事业,苏兆征长期忘我工作,积劳成疾,于 1929 年 2 月病逝。出生于珠海三灶的林伟民的经历与苏兆征极其相似,他早年到香港谋生,1924 年加入中国共产党,参与组织、领导省港大罢工,曾任中华全国总工会委员长,为国家与党的事业终日操劳,抱病工作,因腿部的骨结核病于 1927 年逝世。他们的行为很好地诠释了近代珠海人为了国家独立和人民幸福不怕牺牲、大公无私的精神品质。

四　新时期的珠海精神

改革开放之后，珠海和深圳成为中国最早的经济特区，引领了中国改革开放的发展历程。20世纪80年代初期，珠海经济总量很小，交通也十分不便，但是，珠海借助国家放开搞活的特殊政策，从吸收港澳资源转移开始，一步步把自身建设成为一座新兴的移民城市。几十年以来，珠海创下全国多个"第一"，在广东省1000个改革开放"第一"之中，珠海有200多项。随着改革开放的深入，中国全境进行了全方位的改革开放，珠海作为经济桥头堡的地位下降，但是，珠海以其独特的发展路径成为中国城市发展的"新样板"。

综观珠海近现代历史文化名人，如果说要找到他们共同的精神品质，"敢为人先"四个字是最好的概括。当前，我国正处于经济社会转型的关键时期，经济体制正在发生深刻变革，社会结构正在发生深刻变动，利益格局面临着深刻调整，思想观念正在经历深刻变化，进一步解放思想、开拓进取十分重要。珠海有着经济社会改革"先行先试"的重要历史使命，因此，传承近现代珠海历史名人勇于开拓、敢为天下先的精神品质有着特殊意义。

（一）敢为人先、勇于开拓是新时期珠海精神的关键点

珠海毗邻港澳，面向东南亚，是最早的经济特区之一，是改革开放的前哨重地，"革新"和"特色"是发展的应有之义。自改革开放以来，珠海在经济与社会均衡发展、环境保护、改善民生方面取得了重大成绩，开拓了城市发展的新路径。当其他城市和地区大搞"GDP至上"之时，珠海强调社会事业的建设，强调环境的保护，强调居民幸福指数的提高和福利的改善。这种发展思路不落俗套，也是敢为人先的反映。这种模式无论是在过去还是在未来都将承担一定的压力，但是，从人类社会发展的趋势和终极目标角度来看，珠海的均衡发展之路，恰恰是极为正确之路。以高等教育发展为例，珠海"不求所有，但求所在"的发展理念，超越了现实中的诸多羁绊，实现了珠海高等教育的跨越式发展，成为全国高等学校最密集、在校学生人数最多的地级市。

当然，我们也要警惕思想中安于现状的某些苗头。改革30余年之后，珠海也面临着"二次创业"和"三次创业"的问题，在全国人民生活蒸蒸日上

之时，珠海仍有很多短板需要弥补，比如经济高度依赖少数支柱企业和房地产，高新技术企业还缺乏龙头，高端人才的聚集还比较缺乏，等等。2008 年，中央颁布的《珠江三角洲地区改革发展规划纲要（2008～2020 年）》将珠海放到前所未有的高度，此外，随着横琴新区的开发和建设，珠海面临新的重大机遇。珠海人亟须解放思想，冲破习惯的束缚，发扬敢为人先的精神品质，注重创新，走前人没有走过的道路，以世界的眼光和开阔的心胸革除弊政，选贤任能，促进经济社会发展。

（二）奋发图强、励精图治是新时期珠海人精神品质塑造的基础

"实干兴邦"，每一个创新、每一项工作要发挥实际功效，必须靠实践。在实践中奋发图强、励精图治才能取得最后的成功。要以科学发展的态度对待工作，一丝不苟，奋力拼搏，敬业守职，扎实工作，讲求实效，不摆花架子，杜绝形式主义。在具体的工作实践中，提高行政效率，简化不必要的办事流程，变被动式管理为主动式服务；清廉为官，勤政为民，将群众路线贯穿于决策、实施、监督的各个环节。在大众创业、万众创新的大潮中，尊重知识、尊重人才，创造良好的制度和文化环境。

"群众是真正的英雄"，在珠海文化精神的创建中，要发挥人民群众的积极作用。一方面，用先进的文化、积极向上的情感、高尚的精神引领民众；另一方面，让广大人民参与珠海精神的创建之中。

（三）爱国爱家、服务人民是新时期珠海人精神品质塑造的归宿

近现代历史上的珠海先贤爱国爱家，自觉将自己的命运与祖国命运联系在一起，为人民做出了卓越贡献。新时期，以人为本、始终为广大人民谋福利是我们一切工作的出发点和归宿。这就要求我们在工作中，将民生作为经济社会发展的最终落脚点，在人民群众中大力提倡社会主义核心价值观，将国家、社会、个人三个层面的要求内化成公民的行为。

十八大以后，全面深化改革的新征程已经开启，珠海紧跟时代潮流、把握时代脉搏需要将自身的发展和国家的发展紧密联系起来，珠海人需要将自身的命运和国家的前途结合起来，多一些"仰望星空"的有识之士。唯有如此，我们才能找到强大的后盾和雄厚的精神支撑。

参考文献

黄金河：《珠海水上人》，珠海出版社，2006。

杰弗里·C. 冈恩：《澳门史》，中央编译出版社，2009。

李喜所：《敢为天下先：容闳的人格魅力——纪念容闳赴美留学 160 周年》，《神州学人》2007 年第 1 期。

马永明：《关于晚清香山籍留美幼童的地域集中性——一个群体的研究视角》，《中南民族大学学报》（人文社会科学版）2004 年第 3 期。

容闳：《容闳回忆录：我在中国和美国的生活》，东方出版社，2006。

汪敬虞：《唐廷枢研究》，中国社会科学出版社，1983。

肖一亭：《先秦时期的南海岛民：海湾沙丘遗址研究》，文物出版社，2004。

政协上海市委员会史料工作委员会：《旧上海的外商与买办》，上海人民出版社，1987。

珠海容闳与留美幼童研究会：《容闳与留美幼童研究丛书》，珠海出版社，2006。

城市化进程中对珠海传统聚落的
保护与开发机制研究[*]

黄　鹄

一　引言

传统聚落是人们长期适应环境的结晶，其间经历了漫长和复杂的蜕变过程，方得以形成独特的聚居文化和艺术，并以其深厚的积淀、古朴的民风民俗、形态万千的建筑模式、如画如诗般的自然景观和人文景观等，成为地域文化的载体和历史人文的见证，是中华民族的宝贵遗产和流徙各地乡人"乡愁认同"的情感皈依之地。广东是中国近代最早受到外来文化侵蚀的地方，改革开放后又位居发展前沿，再次经历了"新"对"旧"的吞噬过程，因此，所保留下来的能体现本土文化特色的传统聚落就显得愈加珍贵，这才有了广东省近期公布的第二批共 64 个古村落的保护举措，出台了一些保护政策，制定了相关的保护规划，并着力于提高全社会特别是原住民的保护意识。但现代信息社会对人们观念的更新使得人们对原有物质的扬弃太迅猛、太无情了，传统聚落所面临的潜在危机依然在不断蔓延。传统聚落的保护现状，无论是文物还是景观，从百姓聚居环境的角度来看，都令人担忧。所以，我们还有大量工作急需开展，保护力度有待加强，措施需要落实，规划必须论证，学术研究应该跟上，等等。

基于此，笔者通过广泛采集意见、实地考察、反复思考，在立足现实的基础上针对实际情况提出自己的一些想法。文中对现代化进程中传统聚落所面临的尴尬，采取正视态度加以客观分析。笔者认为应解决问题、理顺关系，绝不

＊ 课题负责人:黄鹄,广东科学技术职业学院副教授。课题组成员:叶海青、沈鸿才,广东科学技术职业学院副教授;全福泉,广东科学技术职业学院讲师。

能回避现实、忽视存在。只有面对客观事实，才会设计出合理的、科学的、人性化的方案；只有尊重客观事实，才能体现历史、保持原貌，并且有效提升村民的生活水平。

二　珠海地区传统聚落衰落的原因分析

传统聚落是一种空间形态相对封闭和独立的社会单元，但聚落内部的交流是频繁而密切的。正是这种对外相对封闭和独立，对内靠族规家风、公序良俗的自我化育来调节和完善，在一定时期内促进了传统聚落的地域文化特色的形成与稳定。这也符合中国传统农耕社会自给自足的生活形态和传统哲学思想中"外静内动"的文化形态，故而才有几千年以来的亘古不变。但是，随着人类科学技术的进步，生产力不断发展必然会撼动原有的生产关系和改变人的思想观念。作为站在历史潮流前方的广东，这种"变"的痕迹随处可见，表现在作为传统文脉和传统生活方式载体的村落民居，"开平碉楼"就是一个生动的例证，只不过限于当时的种种条件，这种"变"的态势尚无法向纵深继续推进，于是才有今天珠海地区传统聚落的存在。不过，清末民初的国门是被"轰"开的，而改革开放后是主动开启的，一时全球化等新思潮涌入，工业信息社会迅速到来，外部的生活方式、信息观念在不长的时间内便以其强大的渗透力浸入聚落内部人们的生活中去，颠覆性地改变了原有的生活形态和思想意识。具体表现在以下三个方面。

（一）城镇化趋向的冲击

珠海由于不是省会城市，区位方面的劣势使其在改革开放后与发达的广州、深圳逐渐拉大差距。随着现代化进程初始阶段中政治、经济、文化、教育资源向城市高度集中，加上交通便捷、信息发达和观念逐步开放，珠海地区的民居群开始发生大规模变化，众多农业人口、渔民尤其是青壮年劳动力纷纷奔向城市或人口比较集中、交通相对发达、能够提供就业机会的地区，为的是寻求发展机会。背井离乡对现代人而言已不具悲情意味，相反被当作"重新创业、勇于开拓、思想开放"等先进理念的实战而成为常态，紧接的是携家带口、为子女获得高水平教育的举家迁徙。传统聚落原有家庭成员的阶梯结构遭到瓦解，从根本上伤了传统聚落的社会细胞，维持健康、正常的传统生活状态已不可能，聚落颓势逐渐显现。因为维护这些年代久远的老旧建筑和长期形成的乡风民俗、邻里关系等靠的毕竟是人气的凝聚、人脉的贯通、人情的热量以及人力的支撑。

（二）现代生产方式的冲击

在传统农耕社会，聚落村民的生活依附于土地。日出而作、日落而息的安稳生活，男耕女织的惬意，儿孙绕膝，兄弟姐妹相互照应均是通过聚落周边的耕地和全家的栖息空间——祖宗代代相传的老房子得以实现。如今，厮守一亩三分地，外加养殖家畜、家禽的生产方式所获得的有限收入已远远满足不了现代生活的需求。尤其是耕地实行承包责任制后农业机械化停滞（土地分割给各家各户独立经营，已无法适应机械化大面积生产），依赖人力"面朝黄土背朝天"的原始耕作方式必然会被新一代人所抛弃。农村产业结构的调整、经济收入渠道的增加、人口流动的自由、职业选择空间的增大、思想观念的改变，使得保障传统聚落长期稳定、正常运行的耕地失去了原有的吸附力，耕地撂荒、土质下降、水利设施毁坏等现象普遍存在。农业没落，田园失色，传统聚落走向衰落表现出不可挽回的趋势。

（三）现代生活起居方式的冲击

由于聚族而居所形成的防范意识，传统聚落建筑空间布局一般都倾向于密集、拥塞、逼仄，连成一片的住宅间隔和通道都很狭窄（这才有封火墙等防止火灾蔓延的设计）。旧时家具和日常生活用具无论是在形制上还是在体积上都与现代家具有一定差别，古今生活习性也不相同，因此房子内部的空间分隔、房间的应用设计已适应不了现代生活的要求。其中最使现代生活无法接受的是采光、通风和交通。花格窗户过分追求装饰而忽略了采光通风的实用功能。古民居建筑中有一个通病是不能合理地运用空气对流原理（可能有的是出于风水的考虑），房内阴暗、潮湿。至于交通，因为当时没有汽车，当然只需在房与房之间的交接部留出供人通行的巷道，这与当今以车代步的生活方式显然格格不入，成为阻碍人们通往现代生活大道的一大瓶颈。另外，下水道排放、电线安装、生活垃圾处理等都要重新设置，施工起来困难重重，成本高昂。正是因为这些对现代生活造成了制约和不便，才必然遭到追求便捷、舒适美好生活（起码是物质生活）的居民的遗弃。

三　珠海地区传统聚落的现状

（一）聚落主体原貌受创

珠海地区传统聚落中的建筑物大多年久失修、倒塌现象严重。聚落中随处可见被废弃的居民院落和房屋，残垣断壁比比皆是（见图1）。据当地村民反映和现场勘察，聚落内旧民居出现破损或坍塌时，刚刚走出贫困的主人往往不会挪出有限的资金进行修葺或维护，更不会出于对祖宗的尊重或对祖宗的怀念，依原样复制一幢新房，因为他们毕竟是普通老百姓，不是名人，无须保留纪念性的故居。这里有出于成本的考虑，如现在的人力支出要比材料费用高得多。基于此，村民往往会选择省时省力、施工方便又显示现代气派的砖混结

图1　被废弃的民居损毁严重（作者拍摄）

构，实施一步到位的"安居工程"（见图2）。还有一些老房子的主人，眼睛老盯着房子所占的宅基地，由于翻建用地审批手续简单，干脆推倒重来，来个全面的破旧立新。当然其中也有对居住的老房子采取修修补补或局部改造者，由于缺乏文物知识而擅自改造，比如为了采光而把一些极富传统工艺价值与原建筑融为一体的花格窗换成铝合金大玻璃窗，木门换成金属门，重新粉刷外墙为求新鲜抢眼而不顾及周围建筑的整体基调等，给传统聚落植入了不和谐元素，使之整体性被肢解、原真性被破坏。

图2　聚落中新建楼房影响整体风貌（作者拍摄）

（二）聚落空心化加剧

上面所提到的现代化对传统聚落的冲击是人在思想观念解放过程中派生出来的必然现象。当"水往低处流，人向高处走"的本能得到全社会的理解并等同于"积极进取、努力追求"而获得赞誉时，走出那些物质或观念上显得落后的乡村也在情理之中，导致了珠海地区传统聚落空心化现象的产生，且随着时间的推移不断加剧。

根据实地调查，目前留守在古村落、旧民居的都是一些上了年纪的人，他们的生活习惯和观念早已形成并固化，对新生事物缺乏兴趣也无力接受，只求安于现状、稳居一隅。虽然他们还充当着当地建祠堂、修族谱、传习俗的倡导者、带头人的角色，但他们只是作为厮守上一代家业、延续家室宗族命脉的一种符号而存在，已经无法给传统聚落注入活力。空心化较典型的是唐家湾镇会同古村。19世纪30年代，莫、鲍、欧阳三族人自不同地方会同到该地建村，取名为"会同村"。后来，会同村的三姓人员中莫氏发展成为最大一族。莫氏家族的祖孙三代在香港太古洋行担当买办有60余年之久，在他们的帮助下，当时许多莫氏族人也前往香港和广州等地为太古洋行工作，因此不少人都积累了一定财富。在清同治至光绪年间，会同村在统一规划下重建，所形成的村落格局和建筑历经100多年保持至今。但作为摇篮的传统聚落中几乎无住户，所有原住民都外挪到聚落外围另建住宅。还有珠海淇澳岛白石街，该村除了外围一圈面临主村道的几座旧宗祠留有今人痕迹和一些古民居改造为店铺做点买卖外，越往内越荒凉，根本不见人迹。由于长期无人居住，老宅任其荒废，墙体风化、瓦砾遍地、杂草丛生，一派凋零败落景象，令人惶悚（见图3）。当然如果辩证地看，传统聚落空心化所形成的自然衰落，较之于居住者肆意人为破坏，就保持历史建筑原真性而言，或属于"塞翁失马，焉知非福"，但这属于另一话题，留待另文论及。

图3　传统民居无人居住而荒废（作者拍摄）

（三）聚落周边环境恶化

与皖南古村落一样，珠海传统聚落所选择的自然环境也是依山傍水。这与南方丘陵地势、水量丰沛有关，更有在居住上融入道家阴阳学说（山为阳，水为阴）和儒家"仁者乐山，智者乐水"思想的考虑。即使一些没有天然溪流环绕的聚落，周围也会有人工挖掘的池塘。水在聚落里的作用体现在：一是农业灌溉，二是生活日常洗濯，三是安全防御，四是滋育灵气，五是风水需要。水与传统聚落的关系如此密切，保持其清澈，理所当然地演化为昔日全村居民的自觉。如今，我们只能在绘画作品中看到清纯美丽的村妇在池边淘米、洗菜、捣衣的美妙乡村图景，寻回"诗意地栖居"的感觉。因为伴随着新一代传统聚落感情的淡化，加之公共意识的减弱，水环境保护问题未引起重视。特别是现代农业生产很少使用自沤垃圾和牲畜粪便等有机肥，大量的活水只能往池塘和溪流排泄，垃圾向无人搭理的公共空间（池塘附近地带一般属于公共空间）抛弃、堆集。昔日清澈如镜的"半亩方塘"成了藏污纳垢之所，水质严重恶化。

珠海传统聚落周边的百年古树也是一道亮丽、不可再生的风景。这是因为聚落中间房屋密度很高，没有空间可供植树种草，在周边种植大树，应是先人对聚落缺树少木的一种补救。聚落前后左右、池塘宗祠等公共地带留下的遮天蔽日的古树，既为一村的风水考虑，又能挡风遮日，还可优化环境。树下是全村男女老少纳凉休憩、聚首聊天、开会议事、开展文化娱乐活动的地方。聚落空心化现象出现后，已经很少有人来消受这一祖先赐予的荫庇，当然也就缺少了对古树名木的养护和爱护，有些树木还惨遭剥皮刨根、删枝削权的创伤。

农田是传统聚落的延伸，是聚落的生命线，皖南古村落的油菜花还被列为一道美丽的旅游景观。珠三角地区经济发展模式的成功早已使珠海失去了对农业的兴趣，阡陌纵横、沟渠回环、绿野平畴的田园风光因农民懒于光顾和疏于打理也失去了昔日风采。"希望的田野""乡间的小路"等美妙歌词表达的只是对过去的怀念。珠海地区传统聚落的建筑主体、配套设施、延伸部分以及独特的历史文化出现了全面危机。

四　珠海地区传统聚落的保护与更新

为了解决上述种种问题，笔者对珠海地区的会同村、斗门古街、网山村、排山村等传统聚落开展了实地调研。根据调研分析，这几处传统村落除具有其他历史名村落所具备的一般功能外，还具有其他历史名村落所没有的独特的历史文化资源优势。这些优势表现为其独特、科学、合理的城乡规划的手法与理念，生态哲学，审美情趣，文化内涵等。例如，会同村的布局吸收了西方现代村镇规划的先进理念，格局严整。其选址的理念则暗合了中国择居的传统文化特点：人类聚落的营造首先考虑的是贴近自然、融入自然、与自然同生同息。斗门排山村以祠堂和大屋构成点面交织的建筑空间，其中菉猗堂祠堂群和古民居大屋传递出的先祖崇文重商、重教明德的历史人文信息至今有一定的价值。菉猗堂龙舟屋脊富含阳刚之美；蚝壳与黄泥浆堆砌而成的65厘米厚的墙体排列得如一幅幅细腻图案，是广东著名的"蚝宅"。用红谷石砌成的院落台基，装饰于主体建筑中的石雕、木雕、砖雕、壁画，线条流畅，人物形神兼备，颇具明代地方建筑特色。菉猗堂是斗门赵姓族人生活中也是心目中最重要的一座祠堂。排山村则以祖先创立的理学思想作为代际延续的魂魄，无论是宗风的培养，还是建筑物的含义，处处都体现着理学风规。这几个自然村在姓氏构成上各有特点，如排山村仅赵氏一姓，形成了一脉纵向传续的形态。而会同村则是多姓氏多宗派的横向集聚，笔者认为如果能从这种纵的传续与横的结合中去深入研究，定会发现一些有趣现象，并会抽取出有益于现代社会的正能量。因此，对传统聚落的保护与更新，应思考如何利用和发挥特殊资源优势，使这些传统聚落以特有的方式和动力实现可持续发展，确保传统文脉的延续和资源利用的最大化。

下面，笔者就以会同村为例来探寻珠海传统聚落民居的保护更新模式，通过个案的试行提取相应的适宜性更新理念，获得融合自然、尊重原貌的保护措施。适宜性的民居保护与更新，目的在于用适当的改动和修整实现传统民居的更新改造，而深层目的在于以适宜性的更新对传统民居的资源进行最佳重组和利用，使之重获新生。

（一）完整保护村落风貌

1. 原样修复文物保护单位和保存建筑

原样修复三大宗祠、莫氏大宅、莫如彬家祠的中式建筑形制，拆除搭建，翻盖瓦顶，加固柱、梁、檩、枋、椽等大木建筑结构构件，修补门、窗、雀替、花板、壁画等小木装修，恢复室内外传统铺地，补齐室内陈设，增设防火、防虫设施；原样修复栖霞仙馆、南碉楼、北碉楼、绍庐的西式建筑形制，拆除已严重毁损的楼面结构及楼梯，进行结构加固改造，恢复多层登高功能。翻修平屋面和墙面，特别加强屋面防水能力。按原来细部式样补修围墙、女儿墙、门、窗、栏杆、浅浮雕、题字等细部装饰。

在这几处主体建筑、园林保护范围外的建设控制地带内，凡需保留的传统民居应加强维修，无须保留的建筑物应逐步拆除，改建建筑用地应符合原有总体规划，建筑平面布局应为合院式，建筑外观风貌必须与主体建筑相协调。

2. 村落空间及建筑物的保护修缮

作为一个完整的近代聚落，除必须将已有的建筑加以保存之外，也应将它的聚落空间、村内环境和相应的附属构筑物列入保护、保存范围。以保存现存公共建筑和部分尚为完整的旧民居为基础，就可以保证村落原有的整齐空间格局。这些必须保存的对象的总量，据统计可占村落全部建筑的80%，已残破或已被毁弃的约占15%，仅有3处为拆除旧房后建造的新住宅。对聚落空间的保护，首先应明确各个单体的位置和破损状况，根据各类个体不同的情况，分别采取相对应的、有效的整理和修缮措施。

整修应以"修旧如旧"为原则。更换破损严重的构件和材料，如墙体、梁架及屋面等，修补缺失的装饰构件，如脊饰、灰雕、山墙彩绘、壁饰雕花、格扇、通花、门窗以及地面、台阶和内墙面等。

3. 村落及周边环境的整治与改造

（1）环境整治。

整饬道路路面，修补、更新已残路石。村落内外尽可能地少建或不建硬质的水泥地，修补材料应采用会同村附近出产的天然而且朴素的材料（见表1）。同时，将原排水明沟加以疏浚、整修，使道路和排水系统恢复原貌，利用石砌明沟排放雨水。保存和维护好现有树木，并尽可能多地增补绿地。同时，可将个别次要的旧建筑改建成与居民生活相配套的公用建筑，如饮水净化站、变电所、生活服务设施等。

表 1 传统聚落保护与更新案例设想

		更新前	更新后
聚落空间整治和利用	巷道空间整治		
	池塘空间整治		
	新建民宅协调性整治		
建筑的适宜性改造利用	传统民居空间改造		

		更新前	更新后
建筑的 保护性 修复利用	建筑主体 修复		
	建筑装饰 特征修复		

（2）修景与复原。

对已新建的住宅局部外观进行必要的修饰，尽量使其与相邻旧民居和空间形态相协调；或者在新建筑的外围选种一些适宜的、比较高大的树木、竹丛或花卉，形成一定的新旧隔离绿带，使新旧建筑融合在自然环境之中（见表1）。目前，原村落的外围界墙大部分已倒塌，仅留有断续的残破的墙基，应参照残余墙体局部所用的材料和做法、高度、走向，复建部分外围界墙，恢复这一防御性景观。同时，应适时复原整饬南、北闸门及南门边的碉楼，以达到聚落景观整体复原的目的。

（3）周边环境的治理与改造。

在今后资金充足和条件许可的情况下，迁出建于荷花塘上的新住宅楼，修整荷花塘石岸、原有旧桥梁、村头砂石道路，补种树木，加强绿化，清修池塘的基底和岸石，补种荷花、水草，逐步复建已毁的文阁、三座庙宇和养云山馆等建筑和景观（见表1）。进行以上各栋建筑的复建、复原规划与设计时，应严格遵照历史形象和格局，准确而周详地把握原建筑的风格和尺度。

对于附近的农田、鱼塘、果园等，应保持其生产性功能，逐步加以规整，并积极创造条件，增加适宜的经济作物及名贵的、观赏价值高的品种的种植数量，使生态系统和自然形态进一步丰富起来。

4. 维护、修缮村落公共空间

维护"三街八巷"的通道断面形式、尺度、走向，维修通道界面、民居出入口、地面铺砌、环境小品、市政设施，保证其通达、安全及风貌协调，街巷内市政管线均应采取地下铺设的方式；维护北闸门村口、三大宗祠前广场、缉庐前村委会广场、南闸门村口四处公共开放空间原有的空间尺度、空间退让、绿化植被，修缮空间界面、环境小品。扩展长塘、四方塘的水面面积，疏浚河道、治理驳岸，尽可能恢复原村前月塘的面貌。

5. 配套公共厕所和垃圾处理点

配套公共厕所和垃圾处理点。但选址和外观、造型一定要与传统聚落融为一体，同时要指定专人管理。

（二）建筑的适宜性改造利用

聚落中有许多传统民居建筑由于其功能与空间缺点而被遗弃，对这些建筑功能进行置换、空间进行改造使之适应现代生活的需要具有重要意义。对传统建筑的改造绝不能盲目地进行。首先要对建筑进行适应性评价和价值评估，如改造过程是否会破坏建筑的整体形态，改造后是否能达到预期效果。传统建筑物的改造目的主要是提高人们生活的舒适度，可以通过以下几方面进行。一是建筑内部光线处理：改善传统阴暗的空间照明，增强内部空间对自然光的利用，在不改变建筑外部形态的前提下，增大内部空间对天井的开窗面积，通过增加屋顶玻璃瓦的方式或类似老虎窗的形式增加屋内的照明。从屋顶开始改造就不会像立面改造那样显眼和突兀，而且相对于四周房屋间距逼仄的现状来说，其采光效果更好。二是建筑屋内地坪处理：传统建筑屋内多是灰土地坪，有的是砖砌地坪，这些地坪使地面潮湿而且带有许多灰尘与泥土，最直接的改造就是铺水泥地面或者铺地板砖或木地板。三是传统建筑墙体改造：传统建筑墙体多是青水砖墙，由于历史与自然因素，部分墙体出现了酥碱或开裂现象，最直接的方式就是墙体清理后砂浆抹面或贴室内面砖。四是传统民居中卧室改造为现代卧室，主要在采光不足以及形体单一而无法满足现代主卧室需求等问题上采取改善措施。原先功能为礼仪、社交、就餐的厅堂可设计为现代的起居室。在必要时也可以对空间进行重新分隔，在保留柱网关系的前提下进行局部调整。为方便居民生活，在民居内增设带有淋浴设备的卫生间。在改造好建筑的基础上，更要完善与现代生活相适应的服务设施。改造并非恢复传统建筑面貌，是要更新建筑功能，完善现代人居环境，吸引居民回流，使传统聚落生活得以延续，为未来古村落旅游开发做好先期准备（见表1）。

此外，要充分利用原有宗祠、庙宇、书院、古树、池塘等"硬件"，拓宽公共建筑功能。如把祠堂多余空间开辟为老年人活动场所（尊宗敬祖原就与尊老不矛盾），庙宇在敬神活动中适当加入一些健康的现代文化元素，废旧书院可辟为公共图书室、阅览室或幼儿园等；将公共建筑原有大埕和古树巨大树冠覆盖下的空地重新铺平并设置休息座椅，营造村民健身、娱乐、休憩的空间。会同村的公共场地与众多池塘连片，可请专业人士勘察地形，根据空地、池塘、建筑物的空间分布设计农民公园。为新农村建设和旧村改造利用树立典型。

（三）建筑的保护性修复利用

根据会同村的传统建筑特征，可从物质形态上将保护对象划分为建筑外观、主体结构、装饰特征三个部分，以保存、修复和改造为主要的更新模式，以满足村民的现代生活需要，使其使用价值进一步提升。

一是建筑外观。建筑的外观是决定古村落整体风貌的关键因素，在传统建筑的保护与更新工作中主要包括建筑体量、立面形态、装饰特征等方面，对与文物建筑或具有较高研究价值的历史建筑而言，其内部形态也包括在内。在建筑体量方面，可按照建筑的原有体量进行复制完善。在立面形态方面，传统建筑外立面的更新首先应与古村落的整体风貌保持一致，采用当地传统用材，尺寸、颜色均需与传统建筑保持一致。立面形态更新的部分主要包括山墙形式、立面墙体、门窗样式、屋顶等内容（见表1）。

会同村传统建筑外立面墙体的维护应根据其原有材料、构造特征和破损情况采取修复或加固等相应措施。在采用现代材料进行墙体的修复、加固时，不宜改变其外观、结构、质感等。门窗依照原本样式进行修复。若需新增门窗，则按原来的风格加以处理，避免出现与传统样式冲突的情况。会同村传统建筑的屋面多为瓦顶，易出现瓦片破碎漏水造成梁架的损坏，进而影响整体结构的安全性。因此，应该仔细勘查屋顶的渗漏情况，制订出具体的修复方案。在保持传统风格的前提下，做好防水防漏措施，改善传统建筑的居住条件。

二是主体结构。主体结构决定传统建筑的整体外观，也是古代营建技术留存的主要依据，因此应该重点保护传统建筑的主体结构。会同村传统建筑的主体结构主要包括梁、柱、枋、檩等主要内容。会同村传统建筑的柱子多为石柱，其柱础形式多样化，有方形、束腰方形、八角形等。在石柱的维修上，可对其进行加固和翻新。梁、枋、檩的维修方面：会同村传统建筑中的梁、枋、檩均为木质结构，因此破损、腐蚀、变形、开裂现象较为普遍，对于弯曲变形的部分，则应矫正或者更换；对于腐朽或老化变质的部分，应用化学加固或更换的方法；而对于受损部分如开裂，则应采用铁活加固的方法。另外，传统建筑的木构件均需做白蚁防治工作，端面和侧面需要刷上防治白蚁药和沥青漆进行保护。

三是装饰特征。会同村传统建筑的装饰主要体现在勒脚、屋脊、梁柱、枋、檩、山墙等，主要装饰艺术是石雕、木雕、彩画等。木质非承重构件的艺术化处理，包括镂雕雀替、挂落、屏楣、壁画、彩绘等。对此类装饰的保护与更新，应先做形制勘察，对具有历史、艺术价值的部分应按照原样修补拼接加固或按照原样复制。而对保护要求较高的彩绘和历史典故的图案等均需要按照原样修补，之后可用有机硅封护等（见表1）。

（四）适度发展旅游文化观光事业

会同村有着丰富的历史文化价值，其文化观光潜力正日益显现，这对会同村经济复兴是一个契机。我们需要制定细致的村落再生利用及发展规划，通过对用地性质、功能布局、道路交通、人口和社区生活等的规划，引导适度的旅游文化观光事业，激活凝滞的生产、生活活力，使古村得以持续维持、永续利用。

（五）居民自助、参与、合作

村民凭借对生长的土地的依恋和热爱，他们比建筑师、开发商这些局外人更具有发言权。我们应逐步增加居民参与讨论、商定制度的机会，一系列的建造活动如策划、设计，甚至施工等都可以发动当地居民参与。国外如英国尤利住房（公房）更新和布莱克路（私房）更新等实例就表现了居民参与合作获得的成功。当居民与当地政府、设计专家建立合作关系时，将营建出更能满足居民环境生活需求的住居形式，保持当地传统景观的连续、渐进发展。

（六）珠海市政府应加大对文物的保护和修缮力度

会同村作为珠海保存最完好的明清建筑群，应该受到越来越多的关注。政府应充分发掘本土历史人文资源，多渠道筹措资金对重点文物进行保护和修缮，认真做好文化遗产的保护工作。

五　结语

随着社会的进步，人们对传统聚落的保护意识越来越强，改善人居环境的呼声也越来越高。因此，既要保护和恢复传统聚落的空间格局、街坊肌理与建筑风貌，延续城市历史记忆和文脉，又要整治和更新传统聚落脏乱的环境、破败的建筑和陈旧的设施，提高居民的居住环境与生活质量。我们应该认识到，只有采用与当今社会的经济、文化及审美观念相适应的更新手段去保证传统文化的延续，传统聚落的可持续发展才能落到实处。

参考文献

陈传康、李蕾蕾：《风景旅游区与景点的旅游形象策划》，《沿海新潮》1996 年第6 期。

陈立旭：《论城市历史文化遗产的价值》，《文化研究》2003 年第 3 期。

黄鹄：《关于珠海城市环境景观美学的定位思考》，《福建建筑》2011 年第 4 期。

黄璐：《社区营造视角下的梅州客家古村落保护与更新策略研究》，硕士学位论文，华南理工大学，2012。

李蕾蕾：《城市旅游形象设计探讨》，《旅游学刊》1998 年第 1 期。

林炎钊：《旅游形象设计：我国旅游城市面临的新课题》，《北京第二外国语学院学报》1995 年第 3 期。

马武定：《城市美学》，中国建筑工业出版社，2005。

盛夏：《徽州民居适宜性保护与更新研究》，《2010 年建筑环境科学与技术国际学术会议论文集》，2010。

王景慧、阮仪三：《历史文化名城保护理论与规划》，同济大学出版社，1999。

王景慧、阮仪三、王林：《历史文化名城保护和规划》，同济大学出版社，1999。

杨永春、赵鹏军：《中国西部河谷型城市职能分类初探》，《经济地理》2000年第6期。

张京祥：《西方城市规划思想史纲》，东南大学出版社，2005。

赵力：《珠海：怎样建成休闲旅游城市》，中国建设报网，http：//news. xinmin. cn/domestic/gnkb/2010/11/29/7993843. html。

赵润田：《菏泽老城的保护与更新》，《城市问题》2006年第7期。

图书在版编目（CIP）数据

珠海经济社会发展研究报告. 2016 / 蔡新华主编
. -- 北京：社会科学文献出版社，2017.9
ISBN 978 - 7 - 5201 - 0987 - 1

Ⅰ.①珠…　Ⅱ.①蔡…　Ⅲ.①区域经济发展 - 研究报
告 - 珠海 - 2016②社会发展 - 研究报告 - 珠海 - 2016
Ⅳ.①F127.653

中国版本图书馆 CIP 数据核字（2017）第 150105 号

珠海经济社会发展研究报告（2016）

珠海市社会科学界联合会
主　　编／蔡新华

出 版 人／谢寿光
项目统筹／王玉敏
责任编辑／王玉敏　崔红霞

出　　版／社会科学文献出版社·独立编辑工作室（010）59367153
　　　　　地址：北京市北三环中路甲 29 号院华龙大厦　邮编：100029
　　　　　网址：www. ssap. com. cn
发　　行／市场营销中心（010）59367081　59367018
印　　装／北京季蜂印刷有限公司

规　　格／开　本：787mm × 1092mm　1/16
　　　　　印　张：32　字　数：540 千字
版　　次／2017 年 9 月第 1 版　2017 年 9 月第 1 次印刷
书　　号／ISBN 978 - 7 - 5201 - 0987 - 1
定　　价／149.00 元

本书如有印装质量问题，请与读者服务中心（010 - 59367028）联系